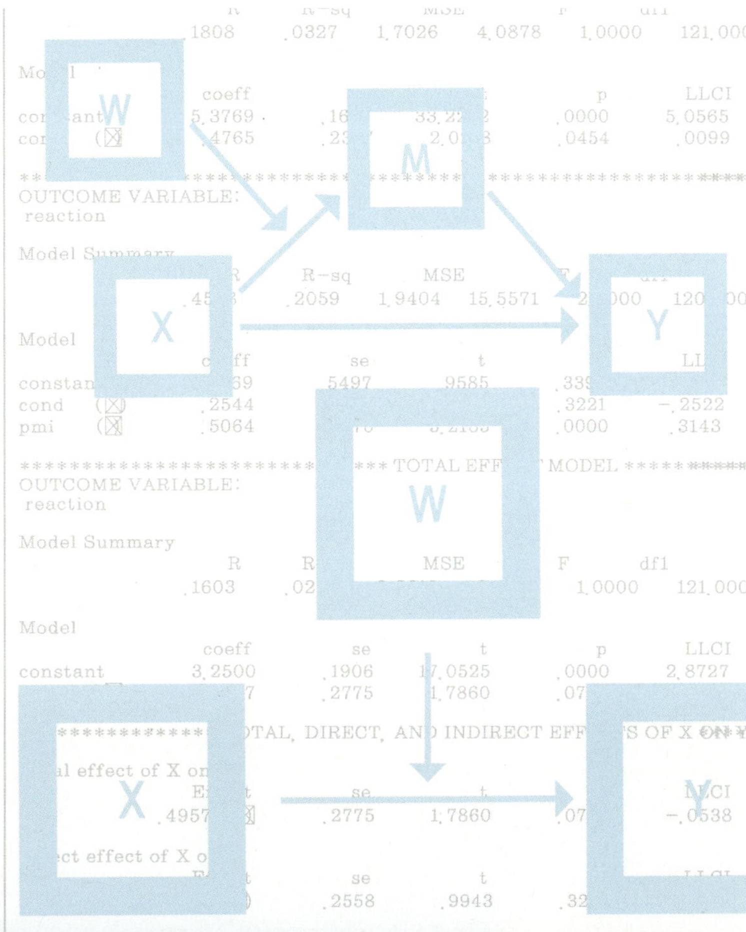

제2판

PROCESS macro를 이용한

조절된 매개효과분석

이형권

신영사

머리말

변수 간의 인과관계를 분석하기 위하여 그동안 여러 가지 통계기법들이 개발되어 왔습니다. 초기의 연구는 주로 두 변수, 즉 선행변수 X와 결과변수 Y 간의 관계에 대한 증거확보에 초점이 맞추어져 있었습니다. 하지만 연구영역이 확장되면서 관심의 초점이 두 변수 간 관계의 확인에서 이러한 관계가 작동하는 메커니즘(how) 그리고 두 변수 간 관계의 한계상황(조건부상황 : when)을 규명하는 단계로 이동하고 있습니다. 이러한 어떻게(how)와 언제(when)의 문제를 해결하는 것은 연구 중인 현상의 심도 있는 이해를 도울 것입니다.

분석적으로 볼 때에 "어떻게"에 관한 문제는 과정분석(process analysis) 혹은 매개분석(mediation analysis)을 이용하여 접근하고 "언제"에 관한 문제는 조절분석(moderation analysis)을 통하여 해결합니다. 매개분석의 목적은 원인변수 X가 한 개 이상의 매개변수(M)를 통하여 결과변수 Y에 영향을 주는 정도를 분석하는 것이고 조절분석은 X가 Y에 미치는 영향의 크기와 부호가 특정한 방식으로 조절변수에 의존하는지(조절변수와 상호작용하는지)를 분석하는 것입니다.

최근 들어 연구방법론 학자들은 "어떻게"에 관한 문제만 다루거나 "언제"의 문제만 다루는 것은 불완전하다는 데에 인식을 같이하고 있습니다. 이러한 견해는 매개분석과 조절분석을 통합하여 메커니즘(매개과정)의 조건부상황(contingencies of mechanism)을 설정하는 것인데, 이는 "어떻게가 언제 발생하는가(when of the how)"의 문제로 귀결됩니다. "어떻게"와 "언제"를 결합한 분석을 Hayes는 조건부 과정분석(conditional process analysis)이라고 명명하였는데, 이러한 분석이 바로 조절된 매개분석(moderated mediation analysis)입니다. 이러한 분석과 관련하여 Hayes는 "모든 효과는 무언가에 의하여 매개된다(All effects are mediated by something)" 그리고 "모든 효과는 무언가에 의하여 조절된다(All effects are moderated by something)"라고 주장하였습니다. 첫 번째 주장은 X가 Y에 미치는 영향에 매개변수(들)를 도입할 필요가 있다는 의미이고, 두 번째 주장은 $X \rightarrow M \rightarrow Y$의 매개과정에 조절변수(들)를 도입하여 조절된 매개분석을 실행할 필요성이 있다는 내용을 말한 것입니다.

본서는 Hayes(2013, 2018, 2022)의 저서(Introduction to Mediation, Moderation and Conditional Process Analysis)를 중심으로 하고 필자가 추가한 설명내용을 담고 있습니다. 특히 최근에 Hayes(2022)는 매개분석과 조절분석 및 조건부과정분석에 대한 개정판(제3판)을 출간하였습니다. 본서도 이러한 Hayes의 제3판의 개정내용을 모두 반영하여 집필되었습니다. 다만 Hayes의 제3판에는 R을 이용한 PROCESS command(PROCESS for R)를 추가하였는데, 본서는 R을 다루지 않고 SPSS만을 이용하기 때문에 이러한 R code는 생략하였습니다.

본서의 내용은 앞부분에서 매개분석을 다루고 다음으로 조절분석을 다루며 마지막으로 이들 매개분석과 조절분석을 결합한 조절된 매개분석(조건부과정분석)을 다루고 있습니다. Hayes(2013, 2018, 2022)의 저서에서는 조절변수가 하나인 두 개의 조절된 매개모형(PROCESS models 8 and 14)만 다루고 있지만 본서에서는 이와 더불어 조절변수가 하나인 또 다른 조절된 매개모형 및 조절변수가 두 개인 조절된 매개모형 그리고 다중매개모형과 조절모형을 결합한 조절된 매개모형도 소개하고 있습니다. 특히 조절변수가 두 개인 모형들 중에서 조절된 조절된 매개모형(moderated moderated mediation model)은 가장 복잡한 조절된 매개모형으로 미개척분야에 속하는 연구영역입니다.

본서에서 다루는 PROCESS macro는 회귀분석에 기초한 방법입니다. 또한 잠재변수(요인)를 구성하고 있는 지표변수들을 평균하여 하나의 값을 해당 변숫값으로 결정하여 분석하는 방법입니다. 만일 잠재변수와 지표변수들을 모두 이용하는 경우에는 구조방정식 모델링(SEM) 방법 중에서 Mplus를 이용하여 분석할 것을 권장합니다. 특히 잠재변수와 지표변수를 모두 도입하여 조절분석 혹은 조절된 매개분석을 실행하는 경우에는 Mplus가 매우 유용하고 강력한 소프트웨어입니다.

Hayes와 그의 동료들이 2007년에 조절된 매개분석을 분석하기 위한 MODMED macro를 설명한 논문을 발표한 이후로 최근 10여 년 동안 조절된 매개분석에 관한 연구가 국내와 해외에서 폭발적으로 증가하고 있습니다. 우리나라도 2008년 이후로 조절된 매개분석에 관한 연구가 활발히 이루어지고 있습니다. 이러한 차원에서 본서가 연구자들의 조절된 매개분석의 올바른 이해에 도움이 되기를 기원합니다.

본서에서 사용하는 자료파일은 (주)신영사의 홈페이지(www.shinyoungsa.co.kr)의 자료실에 업로드되어 있으므로 다운로드하여 사용할 수 있습니다. 그리고 본서의 출간에 힘써 주신 권영섭 사장님과 편집부 관계자분들께 깊은 감사의 말씀을 드립니다.

2024년 1월

저자 이형권

차 례

제 1 장 PROCESS macro의 사용법

제 2 장 단순매개모형

제 3 장 다중매개모형

제 4 장 매개분석의 기타주제

제 5 장 다항범주형 선행변수가 포함된 매개분석

제 6 장 조절분석의 기초

제 7 장 조절분석 원리의 확장

제 8 장 조절분석의 기타주제와 조절분석의 추가확장

제 9 장 다항범주형 선행변수와 조절변수

제10장 조건부과정분석의 기초

제11장 조건부과정분석의 추가예제

제12장 다항범주형 변수가 포함된 조건부과정분석

제13장 조절변수가 한 개인 다른 조절된 매개모형

제14장 조절변수가 두 개인 조절된 매개모형

제15장 다중매개모형이 포함된 조절된 매개모형

제16장 PROCESS의 사용자정의모형

CHAPTER 1

PROCESS macro의 사용법

PROCESS를 사용하는 방법은 custom dialog menu(dialog box)를 사용하는 방법과 command syntax를 사용하는 방법 두 가지가 있다. 이들을 알아보기 전에 먼저 PROCESS를 설치하는 방법을 살펴보기로 한다. PROCESS macro는 Hayes 교수의 웹페이지인 www.afhayes.com에서 다운받을 수 있다. 이는 압축파일로 구성되어 있기 때문에 압축을 풀어서 사용하면 된다.

1.1 PROCESS macro를 설치하는 방법

PROCESS macro를 설치하는 방법은 dialog box와 syntax의 설치로 나누어진다. 특히 dialog box의 설치는 연구자가 사용하고 있는 SPSS의 버전에 따라 달라진다. 이하에서 이들을 자세히 알아본다.

1.1.1 dialog box의 설치방법(process.spd)

dialog box를 설치하기 위해서는 시작메뉴에서 마우스를 SPSS Statistics icon 위에 가져다 놓은 후에 마우스의 오른쪽 버튼을 누르면(right click) pop up menu가 뜨는데 이들 중에서 “관리자 권한으로 실행(run as administrator)”을 클릭하여 SPSS를 연다. 컴퓨터 기종에 따라 이 과정을 생략할 수도 있다.

1) SPSS version 23 이전

① process.spd(dialog box를 이용하는 경우의 실행파일)가 저장된 폴더를 찾아서 process.spd를 더블클릭한다. process.spd는 압축을 푼 폴더 중에서 process v.4.2 for SPSS → Custom dialog builder file에 저장되어 있다. process.spd가 정상적으로 설치되어 있는지를 확인하려면 SPSS의 Analyze(분석) 메뉴에서 회귀분석(Regression)에 마우스를 가져다 놓은 후에 “PROCESS v.4.2 by Andrew F. Hayes”가 보이면 설치가 끝난 것이다.

② 그리고 process.spd를 더블클릭하는 방법으로 process.spd가 정상적으로 설치가 안 되는 경우에는 다른 방법을 이용해야 한다. 즉, SPSS의 Utilities 메뉴에서 Custom Dialogs를 선택한 후 Install Custom Dialog를 클릭하여 압축을 풀어서 생성된 process v.4.2 for SPSS → Custom dialog builder file에 저장되어 있는 process.spd를 클릭하면 된다.

2) SPSS version 24 이후

SPSS의 version이 version 24 이후인 경우에는 위의 ①의 방법과 같이 process.spd를 단순히 더블클릭하는 방법으로는 설치가 되지 않고 ②의 절차를 거쳐야 한다. 그런데 SPSS version 24 이후에는 Utilities 메뉴 대신에 Extensions 메뉴를 사용해야 한다. 즉, "Extensions menu → Utilities → Install Custom Dialog click → process v.4.2 for SPSS → Custom dialog builder file → process.spd 선택"의 절차를 따라야 한다.

1.1.2 command syntax의 설치와 사용

syntax의 사용은 위와 같은 절차를 거칠 필요가 없다. 즉, syntax를 사용하고자 하는 경우에는 SPSS에서 File → Open → syntax(명령문)를 클릭한 후에 process.sps가 저장된 폴더(process v.4.2 for SPSS)를 찾아서 process.sps를 실행하면 된다.

1.2 PROCESS macro의 사용

PROCESS를 사용하기 위해서는 SPSS version 19 이상이 필요하지만 version 22 이상에서 최상으로 작동된다.

1.2.1 dialog box의 사용

앞서 언급한 바와 같이 PROCESS를 사용하는 방법은 두 가지가 있다. 먼저 dialog box를 이용하는 경우에는 SPSS의 Analyze에서 Regression에 설치되어 있는 PROCESS v.4.2 by Andrew F. Hayes를 클릭하여 원하는 분석을 실행하면 된다.

1.2.2 command syntax의 사용

syntax를 사용하고자 할 때에는 두 가지 절차를 따라야 한다. 먼저 process.sps가 저장되어 있는 폴더에서 process.sps를 더블클릭하여 process.sps를 연다. 다른 방법으로는 SPSS 창에서 File → Open → syntax(명령문)를 클릭하여 process.sps가 저장되어 있는 폴더를 찾아서 process.sps를 더블클릭해도 된다. 다음으로 process.sps를 불러들인 상태에서 Run(실행) → all(모두)을 클릭하여 process.sps를 실행한다. 이때 반드시 유의할 점은 process.sps를 수정하지 않고 있는 그대로(as is) 실행해야 한다는 점이다. process.sps를 조금이라도 수정하면 오류가 발생하기 때문에 추후분석이 실행되지 않는다.

process.sps 창은 세 가지로 구성되어 있다. 세 가지 창 중에서 왼쪽 창의 맨 아래 "!ENDDEFINE"의 바로 위에 있는 "DEFINE"을 클릭하면 오른쪽 창에 "DEFINE PROCESS … !default("-999"))."의 명령문들을 볼 수 있다. 이 명령문은 line 3038에서 line 3056까지(가운데 창)이다. 이러한 명령문은 preserve의 윗부분이다. 이 영역을 앞으로 "syntax 영역"으로 부르기로 한다. 연구자가 설정한 모형을 분석하기 위해서는 이러한 syntax 영역에 syntax 명령문을 타이핑하면 된다([그림 1.4] 참조).

[그림 1.1]은 이러한 process.sps의 syntax editor 창이다.

그림 1.1 syntax editor

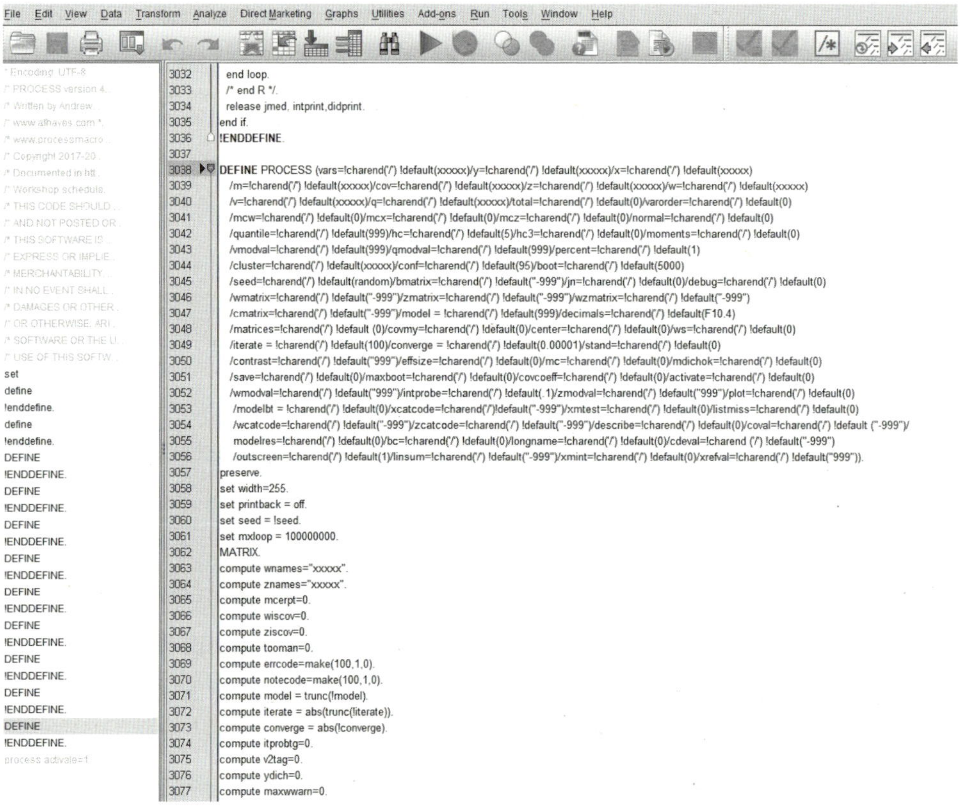

1.2.3 PROCESS macro의 사용예제

앞에서 설명한 두 가지 방법에 관한 예제는 단순매개효과를 분석하는 방법에 관한 것이다. 이 예제는 제2장의 단순매개분석에서 자세히 다룰 예정이다. 먼저 SPSS에서 파일 PMI.sav를 불러들인다.

1) dialog box의 사용예제

이 방법을 사용하기 위해서는 분석하고자 하는 자료파일(PMI.sav)을 띄운 상태에서 SPSS Windows의 Analyze → Regression → PROCESS v.4.2를 클릭하여 dialog box를 연다.

그림 1.2 SPSS Windows

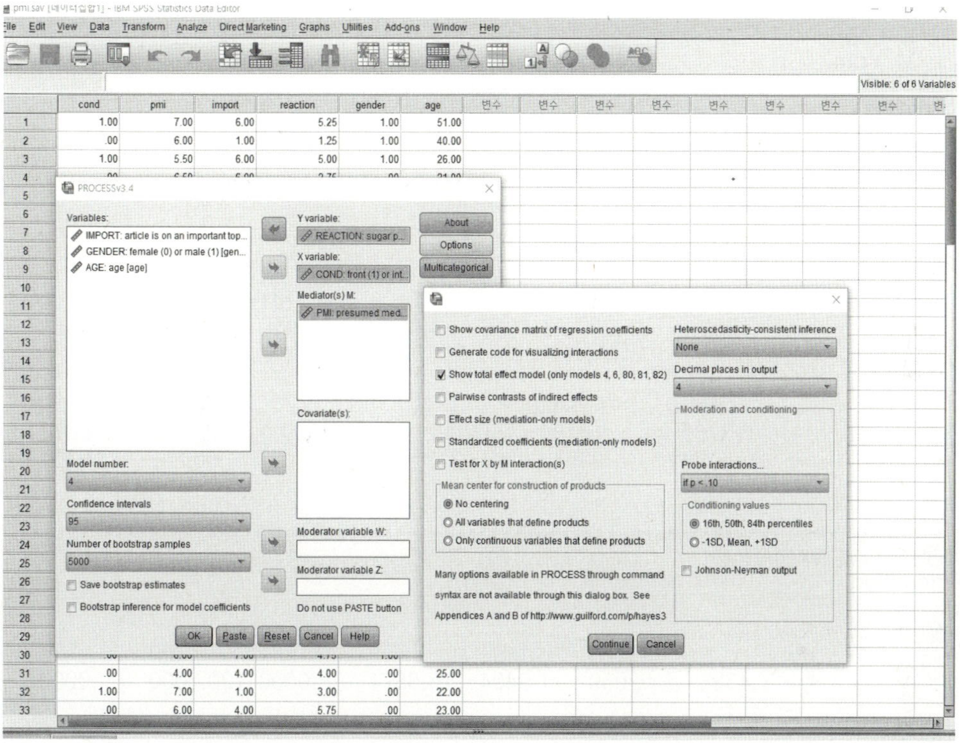

그리고 [그림 1.2]와 같이 "Model number=4"로 설정하고 종속변수 REACTION을 Y variable로 지정하며 독립변수 COND와 매개변수 PMI를 각각 X variable과 Mediator(s) M으로 지정한다. 다음으로 Options에서 총효과를 알아보기 위하여 Show total effect model을 선택한 후에 Continue를 클릭한다. 마지막으로 dialog box에서 OK를 누른다.

이러한 실행결과는 [그림 1.3]과 같다.

그림 1.3 단순매개분석결과

```
Run MATRIX procedure:

******************* PROCESS Procedure for SPSS Version 4.2 beta *******************

        Written by Andrew F. Hayes, Ph.D.       www.afhayes.com
   Documentation available in Hayes (2022). www.guilford.com/p/hayes3

**********************************************************************************
```

```
Model  : 4
    Y  : reaction
    X  : cond
    M  : pmi

Sample
Size:  123

**************************************************************************
OUTCOME VARIABLE:
 pmi

Model Summary
              R       R-sq        MSE          F        df1        df2          p
          .1808      .0327     1.7026     4.0878     1.0000   121.0000      .0454

Model
              coeff         se          t          p       LLCI       ULCI
constant     5.3769      .1618    33.2222      .0000     5.0565     5.6973
cond          .4765      .2357     2.0218      .0454      .0099      .9431

**************************************************************************
OUTCOME VARIABLE:
 reaction

Model Summary
              R       R-sq        MSE          F        df1        df2          p
          .4538      .2059     1.9404    15.5571     2.0000   120.0000      .0000

Model
              coeff         se          t          p       LLCI       ULCI
constant      .5269      .5497      .9585      .3397     -.5615     1.6152
cond          .2544      .2558      .9943      .3221     -.2522      .7609
pmi           .5064      .0970     5.2185      .0000      .3143      .6986

************************** TOTAL EFFECT MODEL ****************************
OUTCOME VARIABLE:
 reaction

Model Summary
              R       R-sq        MSE          F        df1        df2          p
          .1603      .0257     2.3610     3.1897     1.0000   121.0000      .0766

Model
              coeff         se          t          p       LLCI       ULCI
constant     3.2500      .1906    17.0525      .0000     2.8727     3.6273
cond          .4957      .2775     1.7860      .0766     -.0538     1.0452

************** TOTAL, DIRECT, AND INDIRECT EFFECTS OF X ON Y **************

Total effect of X on Y
         Effect         se          t          p       LLCI       ULCI
          .4957      .2775     1.7860      .0766     -.0538     1.0452
```

```
Direct effect of X on Y
          Effect       se        t        p      LLCI     ULCI
           .2544    .2558    .9943    .3221    -.2522    .7609

Indirect effect(s) of X on Y:
          Effect   BootSE  BootLLCI  BootULCI
pmi        .2413    .1300     .0061     .5219
```

2) syntax 명령문의 사용

syntax를 사용하기 위해서는 수정하지 않은 syntax file을 실행한 상태에서 syntax 영역에 다음의 syntax 명령문을 [그림 1.4]와 같이 입력하면 된다.

```
PROCESS y=reaction/x=cond/m=pmi/total=1/model=4.
```

모든 명령문은 대문자든 소문자든 상관이 없다. 주의할 점은 변수 사이는 슬래시(/)로 구분하되 process 다음에는 슬래시를 타이핑하면 안 되고 syntax의 마지막에는 period(.)를 찍어야 한다. [그림 1.4]에서 Run → All을 클릭하여 실행하면 [그림 1.3]과 동일한 결과물을 얻을 수 있다.

만일 [그림 1.4]의 syntax를 실행하였는데 원하는 결과물을 얻지 못하는 경우에는 다시 한 번 실행해 보고 그래도 오류가 발생하는 경우에는 syntax를 종료한 후에 syntax를 불러오는 과정부터 시작하여 앞에서 설명한 과정을 다시 밟으면 된다. 이러한 현상은 가끔 발생하므로 당황할 필요는 없다.

그림 1.4 단순매개분석을 위한 syntax

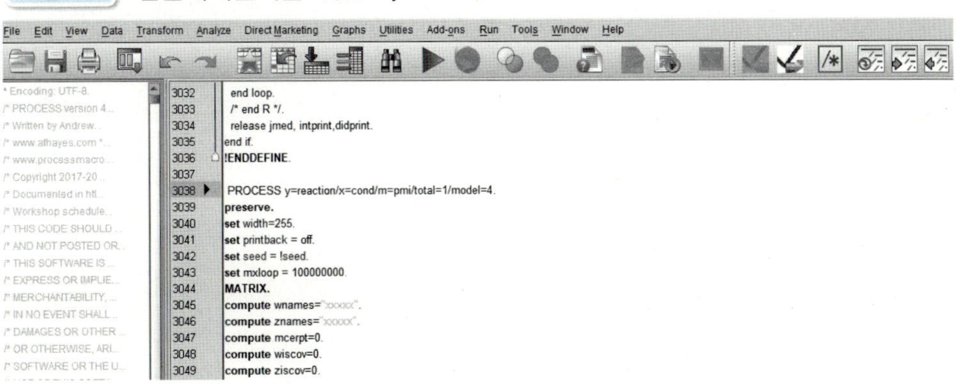

1.2.4 dialog box의 메뉴와 syntax 명령문의 비교

여기에서는 먼저 dialog box의 메뉴를 살펴보고 이러한 dialog box의 메뉴에 대응되는 syntax 명령문에 대하여 알아보기로 한다. dialog box에서 사용가능한 모든 기능과 옵션은 syntax 명령문에서 사용할 수 있는 반면에 syntax 명령문에서 사용할 수 있는 옵션 중에서 dialog box의 메뉴에서 사용할 수 없는 기능이 상당수 존재한다. 이러한 내용은 dialog box의 Options를 클릭하면 8개의 옵션 밑에 다음의 안내문이 제시되어 있다.

> Many options available in PROCESS through command syntax are not available through this dialog box(syntax 명령문에서 사용가능한 많은 옵션들이 dialog box에서는 사용불가능하다).

1) Model number

PROCESS에서 사용할 수 있는 모델번호는 model=1에서 model=92까지이다. 이들을 모두 분석할 수 있는 것은 아니고 중간에 분석할 수 없는 모델번호가 있다. 연구자는 분석하고자 하는 연구모형에 해당하는 모델번호를 지정하면 된다. 분석가능한 모델번호는 〈부록〉에 제시되어 있다.

syntax에서 모델번호를 사용하는 경우에는 "/model=number"를 타이핑하면 된다. 예를 들어 단순조절분석을 위해서는 "model=1"을 지정한다.

2) Confidence interval

신뢰구간 설정을 위한 신뢰수준을 선택할 수 있는 명령문으로 90%와 95% 및 99% 중에서 선택할 수 있다. default는 95%로 설정되어 있다.

syntax에서는 "conf=ci"를 지정한다. 가령 99% 신뢰구간을 지정하기 위해서는 "/conf=99"로 지정한다. conf 옵션을 지정하지 않으면 default인 95% 신뢰구간의 결과를 제시해 준다.

3) Number of bootstrap samples

매개분석의 통계적 추론검정방법은 Sobel 검정과 부트스트랩 신뢰구간 설정방법(Baron & Kenny 방법은 제외)이 많이 사용되고 있다. 부트스트랩 신뢰구간 설정방법은 비모수재표본추출방법으로 최근 각광을 받고 있는 방법이다. 이는 표본수 n개의 원자료에서 무작위복원추출을 통하여 동일한 표본수 n개로 이루어진 표본(부트스트랩 표본)을 k개 형성하고 이를 이용하여 신뢰구간을 계산하는 방법이다. k는 최소한 수천 번 행해지는데 k=10000을 권장한다. default는 5,000회로 설정되어 있다. 이와 관련된 자세한 내용은 매개분석에서 다룬다.

syntax에서는 "/boot=z"를 설정하는데 부트스트랩 표본을 10,000개로 설정하는 boot 옵션은 "boot=10000"이다.

4) Save bootstrap estimates

이는 추가분석을 위하여 모든 회귀계수들의 부트스트랩 추정치들을 저장하는 기능이다. 이 옵션을 실행하면 새로운 자료파일이 생성되는데 이 자료파일에는 요청한 부트스트랩 표본크기만큼 행이 만들어지고 모형에서 추정되는 회귀계수의 숫자만큼 열이 생성된다.

syntax에서 이를 이용하기 위해서는 "/save=1"을 지정하면 된다.

5) Bootstrap inference for model coefficients

PROCESS에서는 모든 회귀계수들에 대하여 최소자승법(OLS)에 의한 신뢰구간을 제공하고 있다. 만일 회귀계수들에 대한 부트스트랩 신뢰구간을 얻고자 할 때에는 이 옵션을 사용해야 한다. 회귀계수들에 대한 부트스트랩 신뢰구간은 결과물의 마지막 부분에 "BOOTSTRAP RESULTS FOR REGRESSION MODEL PARAMETERS"의 제목 아래에 제시된다. 이 옵션을 사용하면 OLS에 의한 신뢰구간과 부트스트랩 신뢰구간이 함께 제시된다.

syntax 명령문은 "/modelbt=1"을 사용한다.

6) 변수의 지정

① Y variable : 여기에는 종속변수를 지정한다.
syntax에서는 "/y=변수명"을 사용한다. 단 y가 syntax의 처음에 사용하는 경우에는 슬래시를 사용하면 안 된다. 다른 변수들도 마찬가지이다.

② X variable : 여기에는 독립변수를 지정한다.
syntax에서는 "/x=변수명"을 사용한다.

③ Mediator(s) M : 여기에는 매개변수(들)를 지정한다. 모형에 따라 다를 수

있지만 매개변수는 최대 10개까지 지정할 수 있다.
syntax에서는 "m=매개변수 목록"을 사용한다.

④ Covariate(s) : 여기에는 공변량(들)을 지정한다.
syntax에서는 "/cov=공변량 목록"을 사용한다.

⑤ Moderator variable W : 여기에는 조절변수를 지정한다. W는 한 개만 지정할 수 있다.
syntax에서는 "/w=조절변수명"을 사용한다.

⑥ Moderator variable Z : PROCESS에서는 조절변수를 두 개까지 사용할 수 있는데 Z는 두 번째 조절변수이다. Z 역시 한 개만 지정할 수 있다.
syntax에서는 "/z=조절변수명"을 사용한다.

7) Options

dialog box에서 사용할 수 있는 옵션은 8가지가 있다.

① Show covariance matrix of regression coefficients : 이 옵션을 사용하면 각 모형(매개변수(M)모형과 종속변수(Y)모형 등)에서의 회귀계수들에 대한 분산-공분산 행렬을 얻을 수 있다.
syntax에서는 "/covcoeff=1" 옵션을 사용하면 된다.

② Generate code for visualizing interactions : 이 옵션은 상호작용(조절효과)의 결과를 그래프로 그리기 위한 자료를 요청하는 옵션이다. 이 옵션은 상호작용을 포함하고 있는 모든 모델에 적용된다.
syntax에서는 "plot=1"을 사용한다.

③ Show total effect model(only models 4, 6, 80, 81, 82) : 총효과의 결과를 확인하기 위한 옵션이다.
syntax에서는 "/total=1"로 지정한다.

④ Pairwise contrasts of indirect effects : 이 옵션은 매개변수가 두 개 이상인 다중매개모형에서 특정간접효과들 간의 간접효과의 차이를 검정하는 옵션이다.
syntax에서는 contrast 옵션을 사용하는데 여기에는 dialog box와는 달리 두 가지가 있다. 먼저 "/contrast=1" 옵션을 사용하면 두 특정간접효과의 차이의 유의성을 검정하는 반면에 "/contrast=2" 옵션을 사용하면 두 특

정간접효과의 절댓값의 차이의 유의성을 검정한다.

⑤ Standardized coefficients(mediation-only model) : 이 옵션은 표준화된 회귀계수를 알고자 하는 경우에 사용된다.
syntax에서는 이를 확인하기 위한 옵션이 따로 설정되어 있지 않다. 회귀계수는 비표준화회귀계수가 중요하기 때문이다. 만일 syntax 구조를 이용하여 표준화회귀계수를 얻고자 하는 경우에는 PROCESS를 실행하기 전에 변수들을 표준화해야 한다. 특히 유의할 점은 표준화변수들을 이용한 매개분석에서 PROCESS에 의하여 산출된 간접효과의 부트스트랩 신뢰구간은 표준화 간접효과의 신뢰구간으로 해석해서는 안 된다. 표준화 간접효과의 신뢰구간은 effsize 옵션을 이용해서 얻어야 한다.

⑥ Test for X by M interactions : 이 옵션은 매개분석에서 매개변수 M이 종속변수 Y에 미치는 영향을 독립변수인 X가 조절하는지를 검정하는 내용을 담고 있다.

⑦ Residual correlations : k개의 매개변수가 포함된 매개모형 혹은 조건부과정모형은 $k+1$개의 회귀식이 설정된다. 어떤 모형에서는 일부(또는 모든) 회귀방정식들의 잔차상관이 0일 수도 있고 0이 아닐 수도 있다. 이러한 경우에 잔차상관은 모형설정과 평가에 유용하게 사용될 수 있다. syntax에서 잔차상관 행렬을 얻기 위해서는 modelres=1을 추가하면 된다. 이 옵션은 version 3.5에 추가된 것이다.

⑧ Identify cases with missing values : 이 옵션은 자료에서 결측치가 있는 경우에 이에 관한 정보를 제공한다.

⑨ Allow X by M interaction(model 4 only) : 이 옵션은 위의 ⑥ Test for X by M interactions와 마찬가지로 X와 M이 상호작용하여 Y에 미치는 영향을 검정한다. 두 방법의 차이는 ⑥ "Test for X by M interactions"는 상호항(X*M)을 Y모형에 도입하지 않은 상황에서 상호효과의 결과를 보여주는 반면에 "Allow X by M interaction(model 4 only)" 방법은 Y모형에 상호항을 포함시켜서 분석한다.

⑩ Mean center for construction of products : 상호효과를 추정하기 위한 회귀계수가 포함된 모형에서 모형을 분석하기 전에 적항(product)인 상호항(XW)을 구성하는 독립변수 X와 조절변수 W를 평균중심화(mean centering)하는 옵션이다. 결과물에 제시된 조건부효과는 평균중심화된 조절변수

를 기준으로 해석한다. 이에 관한 자세한 설명은 조절분석에서 이루어진다. syntax에서는 "center=1" 옵션을 사용하면 된다. 평균중심화의 종류는 다음과 같이 세 가지가 있다.

ⓐ No centering : 이는 X와 W를 평균중심화하지 않는 옵션이다.

ⓑ All variables that define products : 이 옵션은 상호항을 구성하는 모든 변수들을 평균중심화하는 내용이다.

ⓒ Only continuance variables that define products : 이 옵션을 사용하면 상호항을 구성하는 변수들 중에서 연속형 변수만 평균중심화한다. 왜냐하면 명목형 척도(예 : 성별)를 평균중심화하는 것은 의미가 없기 때문이다.

8) 기타 옵션들

위의 옵션 이외에 PROCESS에서 사용할 수 있는 옵션은 다음과 같다.

① Heteroscedasticity-consistent inference : PROCESS의 default는 결과변수의 추정에서 회귀계수의 표준오차 추정량을 사용하는 경우에 오차항의 등분산성(homoscedasticity)을 가정한다. 이분산성(heteroscedasticity)은 회귀계수의 표준오차에 영향을 미치고 결과적으로 통계적 추론에 영향을 미친다. 경미한 이분산성은 큰 문제가 없다. 연구자가 등분산성 가정이 위배된다는 합리적인 확신이 있는 경우에는 이분산성일치 공분산행렬 추정량을 사용할 수 있다. 이들은 모두 5가지가 제공된다. 이 옵션은 거의 사용되지 않는 옵션이다.

syntax에서는 "/HC=number"를 사용하는데 number는 0에서 4까지이다.

② Decimal places in output : 이 옵션은 소수점 자릿수를 지정하는 것이다. PROCESS에서는 소수점 넷째 자리(default)까지 제공한다. 이를 변경하려면 원하는 자릿수를 지정하면 된다.

syntax에서는 decimals 옵션을 사용한다. 이는 Fa.b로 구성된다. 여기에서 a는 총 자릿수이고 b는 소수점 자릿수이다. 가령 "/decimals=F12.6"을 선택하면 12개의 자릿수 중에서 소수점이 오른쪽 6자리까지 산출된다.

③ Probe interactions : 조절효과를 포함하고 있는 모형에서 조절효과가 유의하게 산출된 경우에 추후 분석으로 실행하는 것이 조절효과의 탐색작

업(probing)이다. 즉, 조절효과가 유의한 경우에 조절변수의 어느 값에서 독립변수(X)의 조건부효과가 유의하고 유의하지 않은지를 분석하는 기법이다. default는 α=0.10하에서 유의한 경우에만 조절효과의 탐색결과를 보여준다. 이러한 조건을 변경하고자 하는 경우 원하는 조건을 선택하면 된다.

syntax를 이용하는 경우에는, 예를 들어 α=0.05로 변경하고자 하면 intprobe 옵션을 이용하여 "/intprobe=0.05"로 설정하면 된다. "/intprobe=1"로 지정하면 조절효과의 유의성과는 관계없이 모든 상호효과의 탐색결과를 보여준다.

④ Conditioning values : 이 옵션은 조절효과의 탐색작업에 관한 것으로 다음과 같은 세 가지의 하위 옵션들을 제공하고 있다. 이들에 관한 내용은 조절분석에서 자세한 설명이 이루어질 것이다.

ⓐ 16th, 50th, 84th percentiles : 이 옵션은 조절변숫값 중에서 16과 50 및 84백분위값에서의 X의 조건부효과의 유의성을 보여준다. 이는 default이다.

ⓑ −1SD, Mean, +1SD : 이 옵션을 지정하면 조절변수의 평균−1표준편차와 평균값 및 평균+1표준편차값에서의 X의 조건부효과의 유의성을 보여준다.

syntax에서는 "/moments=1" 옵션을 사용한다.

ⓒ Johnson-Neyman output : 이는 조절변수가 계량변수인 경우에 조절변수의 전체 구간에서 X의 조건부효과가 유의하지 않은 영역과 유의한 영역(유의성 영역 : region of significance)을 제시한다.

syntax 구조에서는 "/jn=1"을 타이핑하면 된다.

⑤ Multicategorical : 이 옵션은 독립변수(X) 혹은 조절변수(W 및 Z)가 다항범주형(multicategorical) 변수인 경우에 사용하는 옵션이다. 즉, X, W, Z가 세 집단 이상으로 구성된 범주형 변수인 경우에 사용하는 것이다. 이러한 범주는 9개까지 지정할 수 있다. 그리고 X, W, Z가 두 집단으로 이루어진 경우(예 : 성별이 0과 1로 코딩된 경우)에는 PROCESS가 자동으로 이를 이분형(dichotomous) 변수로 인식한다. 코딩형태는 더미코딩, 연속코딩, 헬머트(Helmert)코딩 및 효과코딩의 네 가지가 있다.

syntax를 사용하는 경우에는 mcx, mcw 및 mcz 옵션을 사용한다. 예를 들어 X가 다항범주형 변수이고 더미코딩을 이용하였다면 "/mcx=1"로 입력한다. syntax를 이용하는 경우에는 위의 네 가지 코딩방법 이외에 사용자 정의 코딩방법을 사용할 수 있다.

1.2.5 dialog box에서 사용 불가능한 옵션들

비록 dialog box가 SPSS의 GUI를 사용하기 때문에 쉬운 방법이긴 하지만 PROCESS syntax에서 사용가능한 몇 가지 방법들은 dialog box에서 실행되지 않는다. 이러한 옵션은 bmatrix, wmatrix, zmatrix, wzmatrix, cmatrix, wmodval, zmodval, xcatcode, wcatcode, zcatcode, seed 및 maxboot 등이 있다. 그리고 매개분석에서 간접효과의 선형결합을 구축하기 위한 contrast 옵션과 조절분석에서 두 조건부효과를 비교하기 위한 contrast 옵션도 사용할 수 없다. 또한 dialog box는 신뢰구간을 위한 신뢰수준도 세 가지만(90%, 95% 및 99%) 사용할 수 있고 상호효과를 탐색하기 위한 유의수준도 네 가지만(1, .20, .10, .05) 사용할 수 있다. 또한 신뢰구간 설정을 위한 부트스트랩 표본크기도 6가지로(1,000, 2,000, 5,000, 10,000 및 20,000개) 제한되어 있으며 신뢰구간 구축을 위한 몬테카를로 방법 또한 사용할 수 없다. 이러한 이유로 Hayes는 초판(2013)뿐만 아니라 개정판(2018)에서도 dialog box는 전혀 사용하지 않고 모든 모형을 syntax에 의하여 분석하고 있으며 syntax의 이용을 적극 권장하고 있다. 본서에서도 PROCESS는 모두 syntax를 이용할 예정이다.

이와 더불어 Hayes는 SPSS를 사용하는 경우에도 dialog box(point-and-click 방법) 대신 SPSS syntax의 사용을 권장하고 있다. SPSS에서도 dialog box에서는 사용할 수 없는 매우 많은 기능들이 SPSS syntax에서만 사용할 수 있다. SPSS syntax를 사용하기 위해서는 SPSS 윈도우 창에서 File → New → Syntax를 클릭하여 syntax 창을 연 후에 명령문을 입력하면 된다. SPSS syntax의 사용법은 Command Syntax Reference에 자세히 설명되어 있으므로 이 매뉴얼을 다운받은 후에 참조하면 된다. 여기에는 2,000페이지 이상의 방대한 내용이 수록되어 있다.

1.2.6 PROCESS version 2에 비하여 version 3에서 달라진 중요한 변화들

PROCESS version 2 시리즈에 비하여 version 3 시리즈에서는 많은 변화가 발생하였다. 여기에서는 이러한 변화들 중에서 중요한 내용들을 알아보기로 한다. 그리고 이들은 주로 syntax에 관한 것이다.

① 모형에서 사용하는 변수들은 더 이상 "/vars=모든 변수명"에 기입하지 않는다. 대신 변수역할에 따라 X, Y, M, W, Z 등으로 직접 지정한다.
② 공변량(들)은 새로운 "/cov=공변량(들)" 옵션을 사용한다.
③ 조절효과를 분석하는 모형 1, 2 및 3에서 조절변수명이 M은 W로, W는 Z로 변경되었다.
④ 조절변수 V와 Q는 모든 모형과 템플릿에서 삭제되었다.
⑤ 이전 버전과는 달리 Y는 이분형 변수를 사용할 수 없다.
⑥ 분석할 수 있는 모형의 숫자가 감소되었는데 특히 조절변수를 세 개 이상 사용하는 모형(2 시리즈의 모형 23-27 및 30-57)이 삭제되었다.
⑦ 직렬매개모형의 조절효과분석모형과 직렬매개모형과 병렬매개모형을 결합하는 13개의 새로운 모형이 추가되었다.
⑧ 연속형 조절변수의 quantile 옵션이 삭제되었다. 그 대신 16th, 50th 및 84th 백분위가 default로 사용된다. 이러한 default를 변경하기 위해서는 "/moments=1" 옵션을 사용하면 된다.
⑨ 모형과 관계없이(이전 버전에서는 모형 1, 2 및 3에서만 사용가능) $p < .10$ (default)인 경우에는 상호작용을 자동적으로 탐색한다. 이러한 default는 intprobe 옵션을 이용하여 변경할 수 있다.
⑩ 부트스트랩 신뢰구간(bootstrap confidence interval)은 백분위(percentile) 방법만 사용할 수 있고 bias-corrected 방법은 삭제되었다.
⑪ X, W 및 Z가 다항범주형 변수인 경우에 9개 집단까지 지정할 수 있다.
⑫ 조건부효과를 확인하는 경우에 wmodval과 zmodval의 값을 두 개 이상 사용할 수 있다.
⑬ 공변량(들)은 이전 버전(M과 Y모형에 강제적으로 적용)과는 달리 서로 다른 회귀방정식(M 또는 Y)에 차별적으로 적용할 수 있다.
⑭ 상호작용의 그래프를 그리기 위한 자료를 요청하는 plot 옵션은 상호효

과를 분석하는 모든 모형에 사용할 수 있다. 이전 버전에서는 모형 1, 2 및 3에서만 사용이 가능하였다.

⑮ 간접효과뿐만 아니라 모든 회귀계수에 대하여 부트스트랩 신뢰구간을 산출할 수 있다.

⑯ bmatrix, wmatrix, zmatrix, wzmatrix 등의 옵션을 통하여 사용자가 정의하는 새로운 모형(custom model : 사용자정의 모형)을 구축할 수 있다. 이들을 이용하여 PROCESS가 사전에 설정된 모형(preprogrammed modes)에서 유의하지 않은 경로를 삭제하거나 새로운 경로를 추가할 수 있다. 이에 관한 내용은 제16장에 자세히 설명되어 있다.

⑰ 이전 버전에서 사용가능한 cluster, ws, varorder 및 percent 옵션이 삭제되었다.

1.2.7 PROCESS version 4에 추가된 사항

version 4는 version 3에 비하여 크게 달라진 점은 없다. 다만 R사용자들을 위하여 각 모형의 syntax에 R code(PROCESS for R)를 새롭게 도입하였다. 하지만 본서에서는 SPSS syntax만을 다루고 PROCESS for R은 제시하지 않을 예정이다.

이 외에도 version 4에서는 효과크기(effect scaling : 이전에는 effect size라고 표기)의 자세한 설명과 더불어 비표준화 효과와 완전표준화 효과 및 부분표준화 효과의 상세한 토론과 함께 PROCESS에서의 사용법을 도입하였다. 또한 다중매개모형에서 부호가 다른 두 특정간접효과의 크기의 비교에 관하여 새로운 분석 방법을 제시하고 있다. 그리고 다중매개모형에서 매개변수 간의 편상관(partial correlation)을 계산하기 위한 새로운 옵션을 도입하였다. 다음으로 매개분석에서 인과선행변수 X와 매개변수 M이 상호작용하여 종속변수 Y에 영향을 주는 상호효과를 분석하는 방법을 제시하고 있다.

1.2.8 PROCESS 사용시 유의사항

① PROCESS의 SPSS 버전은 SPSS의 Variable View의 "Measure"에서 지정된 변수의 속성은 무시한다.

② 모형의 어떠한 변수에 대해서도 사용자 혹은 시스템 결측치로 지정된 사례는 분석에서 제외된다.

③ 모형의 어디에서도 STRING형태의 변수는 사용하지 말아야 한다. 만일 사용하면 오류가 발생한다. 모든 변수는 NUMERIC형태로 사용해야 한다.

④ mvlist에 지정된 매개변수와 yvar에 지정된 Y는 이분형 혹은 다항범주형 변수를 사용할 수 없다.

⑤ SPSS용 PROCESS는 SPLIT 명령문을 이용하여 파일을 분할하지 못한다.

⑥ 모든 회귀식의 회귀계수는 OLS회귀를 이용하여 추정한다. PROCESS는 이산형 및 서열 척도 등에 대하여 최대우도추정법(MLE)을 사용할 수 없다.

⑦ yvar, xvar, wvar 및 zvar의 인수는 각각 한 개의 변수만 입력할 수 있다. 매개변수는 mvlist에 10개까지 입력할 수 있는데 예외적으로 model 6과 사용자정의 모형에서는 모형에 따라 mvlist에 두 개에서 여섯 개까지 지정할 수 있다. 그리고 각 변수는 이러한 인수에 한 번만 지정할 수 있는데 예외는 model 74이다.

⑧ 결과물의 모든 회귀계수는 비표준화계수이다. PROCESS에는 표준화회귀계수를 산출하는 옵션이 없다. 표준화회귀계수에 관심이 있는 연구자는 PROCESS의 사용 전에 모형에서 변수들을 표준화해야 한다. 표준화변수를 입력한 매개모형에서 PROCESS가 산출한 간접효과의 부트스트랩 신뢰구간은 표준화 간접효과의 신뢰구간으로 해석하면 안 된다. 표준화 간접효과의 신뢰구간을 얻기 위해서는 effsize=1 옵션을 사용해야 한다. 그리고 이분형 선행변수의 표준화회귀계수는 의미가 없기 때문에 해석하거나 사용해서는 안 된다.

⑨ PROCESS에서 부트스트래핑 절차는 매개과정을 포함한 모형에서 간접효과(조건부 혹은 비조건부)의 부트스트랩 신뢰구간과 부트스트랩 표준오차의 추정에만 사용된다. 모형회귀계수와 표준오차 및 기타 추론검정은 부트스트랩 방법을 사용하지 않는다. modelbt=1 옵션을 사용하는 경우에만 회귀계수에 대한 부트스트랩 추론이 가능하다.

⑩ 부트스트래핑은 어느 정도 시간이 걸린다. 표본수가 많을수록 그리고 모형이 복잡할수록 시간은 더 많이 걸린다. SPSS창의 오른쪽 아랫부분에 “Running matrix”의 메시지가 보이면 PROCESS가 작동되고 있다는 의미이므로 인내심을 가지고 기다리면 된다.

⑪ 사용자의 실수 때문에 오류가 발생하는 경우에는 SPSS창의 아랫부분에 “Running Continue …”의 메시지가 나타난다. 이러한 경우에는 “File” 메뉴의 “Stop Processor”를 이용하여 SPSS processor를 수동으로 중단해야 한다.

CHAPTER 2

단순매개모형

설득과 태도변화에 관한 문헌에는 행동에 영향을 미치는 이득 틀(gain framing)과 손실 틀(loss framing)의 차별적 효과를 다룬 많은 연구들이 발표되고 있다(O'Keefe & Jensen, 1997). 이득 틀메시지(gain frame message)는 메시지에서 옹호하는 행동을 취하는 경우에 얻게 될 모든 이익을 강조하는 메시지를 말한다. 예를 들어 친구에게 금연을 설득하고자 하는 경우에 금연하면 매일 신체적으로 좋은 느낌을 갖게 되고 장수할 수 있으며 다른 사람들이 호감을 갖게 될 것이라고 친구에게 주장하는 것이다. 반면에 손실 틀메시지(loss frame message)는 금연을 하지 않으면 잃게 될 모든 것을 강조하는 것이다. 예를 들어 금연을 하지 않으면 건강이 악화되고 요절하며 친구에게 따돌림을 당한다는 내용을 친구에게 말하는 것이다.

선행연구들은 어떤 상황에서는 이득 틀메시지가 사람들을 설득하는 데에 더 효과적이지만 다른 상황에서는 손실 틀이 더 효과적이라고 제시하고 있다. 달리 말하면 메시지의 틀 효과는 상황에 달려 있기 때문에 메시지효과가 조절된다(moderated)고 말할 수 있다. 이와 같이 효과의 한계상황(boundary conditions)을 설정하고 효과의 크기에 영향을 주는 요인들을 규명하는 것은 중요한 과학적 연구의 일환이 될 수 있다.

이러한 조절효과를 연구하는 것과 마찬가지로 효과들이 어떻게 발생하는지를 연구하는 것 또한 중요한 과학적 연구영역이다. 예를 들어 금연행동에 영향을 미치는 데에 있어서 이득 틀메시지가 손실 틀메시지보다 효과적이라는 것을 연구하는 경우에 이득 틀이 더 많은 행동변화를 가져오는 과정은 무엇인가? 즉, 흡연을 계속하는 경우의 손실보다 금연하는 경우에 발생하는 잠재적 이득에 대하여 들은 후에 더 많은 금연가능성을 발생시키는 메커니즘(mechanism)은 무엇인가? 이득 틀메시지가 손실 틀메시지보다 사람들로 하여금 더 잘 금연할 수 있게 만들고 이는 다시 금연행동의 가능성을 증진시키는가? 혹은 손실 틀메시지가 많은 반박논리를 촉진시키고 이는 이득 틀메시지에 비하여 메시지의 설득력을 감소시키는가?

언제(when) 또는 누구를 위하여(for whom)에 관한 질문에 답하는 것이 조절분석의 영역인 반면에 어떻게(how)에 관한 문제에 답하는 것이 매개분석에 속하는 것이다. 그리고 매개분석은 본장과 다음의 세 개 장에서 다룰 예정이다. 본장에서는 단순매개모형(simple mediation model)을 소개하고 선행변수 X가 최종결과변수 Y에 미치는 영향이 두 가지 영향에 관한 경로인 직접효과와 간접효과로 어떻게 분할되는지를 OLS회귀분석에 의한 경로분석(path analysis)을 이용하여 예제를 다룰 것이다. 또한 직접효과와 간접효과의 추론검정을 다루는 다양한 방법들에 대해서도 알아볼 것이다.

2.1 단순매개모형

매개분석(mediation analysis)은 인과 선행변수(causal antecedent variable) X가 결과변수(consequent variable) Y에 어떻게 영향을 미치는지에 관한 가설을 검정하는 통계방법이다. X가 Y에 영향을 미치는 메커니즘(감정적, 인지적, 생물학적 혹은 기타)은 무엇인가? 금연연구에서 손실 틀에 비하여 이득 틀(X)은 반박의 숫자에 미치는 영향을 통하여 금연행동에 영향을 주기 때문에 금연가능성(Y)에 영향을 미치는가? 또는 손실 틀은 근심과 같은 부정적인 감정반응을 유발시켜서 결과적으로 메시지의 효과를 감소시키는가?

매개모형의 가장 단순한 형태인 단순매개모형(simple mediation model)의 개념모형(conceptual diagram)은 [그림 2.1]과 같다.

이 모형에는 두 개의 결과변수(M과 Y)와 두 개의 선행변수(X와 M)가 있는데 X는 M과 Y에 인과적으로 영향을 미치고 M은 Y에 인과적으로 영향을 준다. 단순매개모형은 인과체계(causal system)인데 이 체계에서는 적어도 하나의 선행변수(X)가 단일매개변수(M)를 통하여 결과변수 Y에 영향을 준다. 이러한 모형에는 X가 Y에 미치는 영향에 관하여 두 개의 경로가 있다. 이들 경로는 화살

그림 2.1 단순매개모형의 개념모형

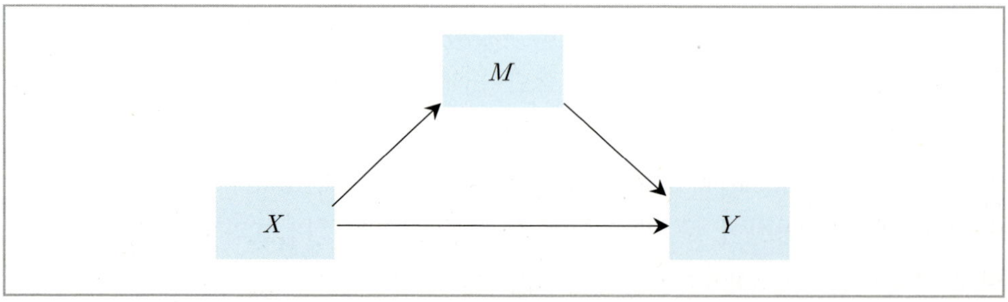

표의 반대방향으로 가지 않으면서 X가 Y로 가는 방향을 살펴보면 알 수 있다. 첫 번째 경로는 M을 경유하지 않고 X에서 Y로 가는 경로인데 이 경로는 X가 Y에 영향을 미치는 직접효과(direct effect)라고 부른다. 두 번째 경로는 X가 M을 경유하여 Y에 영향을 미치는 간접효과(indirect effect)이다. 이는 선행변수 X가 첫 번째 결과변수 M에 영향을 미치고 M은 최종결과변수 Y에 영향을 전달하는 효과이다. 즉, 간접효과는 X가 M에 영향을 미치고 M은 다시 Y에 영향을 미치는 인과 연속(causal sequence)을 통하여 Y가 X에 의하여 어떻게 영향을 받는지를 나타낸 것이다.

매개모형에서 M은 일반적으로 매개변수(mediator variable)로 부르지만 경우에 따라서는 중개변수(intermediary variable) 혹은 대리변수(surrogate variable)로도 부른다. 금연연구에서는 반박논리와 근심이 틀 유형이 금연가능성에 미치는 효과의 잠재적 매개변수로 개념화되었다. 금연연구는 블랙박스인 매개과정의 메커니즘을 매개변수를 도입하여 구체화시킨 것이다. 일단 X가 M에 영향을 미치면 M도 Y에 인과적 영향을 미치는 것이다.

역사적으로 "어떻게(how)"의 문제는 X와 Y의 관계가 유의한 경우에만 분석이 가능하다고 여겨져 왔다. 이러한 주장의 근거는 인과관계를 충족시키는 세 가지 기준 중의 하나인 X와 Y의 상관관계가 존재해야 한다는 내용(나머지는 X가 Y의 선행변수이고 인과설명 이외의 대체설명을 배제시킬 수 있을 것)에 기반을 두고 있다. 따라서 금연연구실험에서 서로 다른 두 메시지집단(X) 간에 금연가능성의 평균차이가 나타나지 않으면 X가 Y에 영향을 미치지 않으므로 "어떻게"의 문제는 조사할 필요가 없다는 것이다.

매개분석을 이러한 방식으로 개념화하는 것은 지금은 더 이상 권장되지 않는 특정방식(Baron & Kenny(1986) 방법)에 부분적으로 뿌리를 두고 있다. 이 방법은 최근까지 매개분석을 지배하고 있고 아직까지 사용되고 있으며 연구자들의 뇌리에 깊이 각인되어 있다. 이 방법은 X와 Y의 유의한 상관관계를 매개효과의 선결요건으로 내세우고 있다. 하지만 이러한 사고는 잘못된 것이고 낡은 개념이라는 인식이 확장되어 왔다. Bollen(1989)이 유명한 저서(Structural Equations with Latent Variables, p.52)에서 밝힌 바와 같이 "상관관계의 결여가 인과관계를 부정하는 것은 아니다." 그리고 "상관관계는 인과관계의 필요조건도 아니고 충분조건도 아니다." 이러한 사고는 전통적인 지식과 방법론 저서에서 주장하는 내용과 배치되는 것처럼 보인다. 하지만 이러한 주장은 사실이며 매개분석을 연구하는 대부분의 학자들도 지금은 Bollen의 주장을 지지하고 있다(Cerin & MacKinnon, 2009 ; Hayes, 2009 ; Hayes & Rockwood, 2017 ; MacKinnon, 2008 ; Rucker, Preacher, Tormala, & Petty, 2011 ; Shrout & Bolger, 2002 ; Zhao, Lynch, & Chen, 2010). 매개분석에서 이제는 더 이상 X와 Y의 유의한 상관관계를 선결요건으로 주장하지 않는다.

단순매개분석은 매개분석의 기초에 해당하지만 X가 Y에 미치는 영향에 대한 과정을 지나치게 단순화한 것이다. 뒤에 이어지는 장에서는 서로 다른 매개변수를 통하여 X가 Y에 미치는 영향을 다루는 좀 더 현실적인 다중매개모형을 다룰 것이다. 복잡한 모형을 분석하기 전에 단순매개모형을 이해하는 것은 필수조건이다.

연구자가 연구하는 현상이나 이론을 매개과정으로 개념화하는 경우에 매개분석은 궁극적으로 인과설명(causal explanation)이라는 사실을 명심하는 것이 중요하다. 즉, 매개과정에서의 변수들의 관계는 인과적이고 M은 X와 Y 사이에 인과적으로 위치하게 된다. 따라서 X가 M의 원인이고 M은 Y의 원인이라는 사실이다. 만일 M이 X와 Y 사이에 인과적으로 위치하지 않으면 M은 X의 영향을 Y에 전달할 수 없다.

혹자는 원인-결과 관계를 확신할 수 있는 자료가 없는 경우에는 매개모형을 추정하거나 해석할 수도 없고 그렇게 해서도 안 된다고 주장한다. 하지만 자료수집과 연구설계의 한계점을 고려하면 인과관계를 명확하게 설정할 수 없는 경우에도 매개분석을 실행할 수 있다. 수집한 자료가 순수한 상관자료이거나 자료가 동일 시점에 측정된 것이거나 실험적 처치 혹은 무작위배정을 하지 못하는 경우는 자주 발생한다. 자료의 한계성을 고려하면 때로는 이론 혹은 명쾌한 논리가 인과주장의 유일한 근거가 될 수도 있는 것이다. 따라서 인과적 주장이 불확실한 근거에 입각하고 있는 경우에도 매개분석과 같은 인과분석을 실행하는 것이 문제가 되지 않는다. 수학적 절차에 의미를 두고 해석하는 것은 우리의 두뇌이지 절차 그 자체가 아니다. 자료가 수집된 경우에 필요한 주의와 단서를 가지고 인과관계를 주장한다면 변수 간의 관계를 모형화하고 해석하기 위하여 어떠한 통계적 방법도 사용할 수가 있다.

2.2 독립변수(X)의 직접효과와 간접효과 및 총효과의 추정

매개모형의 인과과정을 실증적으로 검정하는 경우에 주요 관심사는 직접효과와 간접효과의 추정과 해석 그리고 이들의 추론검정(inferential test)이다. 이러한 효과들을 도출하기 위해서는 간접효과의 구성요소들(X가 M에 미치는 효과와 M이 Y에 미치는 영향 : 이들은 현대 매개분석에서 주요 관심사는 아니다)을 추정해야 한다. 비록 해석목적상 필요한 것은 아니지만 많은 연구자들은 X가 Y에 영향을 미치는 총효과를 추정하기도 한다.

단순매개모형의 통계모형(statistical diagram)은 [그림 2.2]와 같다.

[그림 2.2]에는 두 개의 결과변수가 있으므로 두 개의 선형모형이 필요한데 다음은 이러한 선형모형에 관한 회귀방정식이다.[1)]

$$M = i_M + aX + e_M \quad (2.1)$$

$$Y = i_Y + c'X + bM + e_Y \quad (2.2)$$

위의 식에서 i_M과 i_Y는 회귀상수이고 e_M과 e_Y는 각각 M과 Y의 추정오차이다. 그리고 a, b, c'은 각 선행변수의 회귀계수들이다. 매개분석의 목적은 이들

그림 2.2 단순매개모형의 통계모형

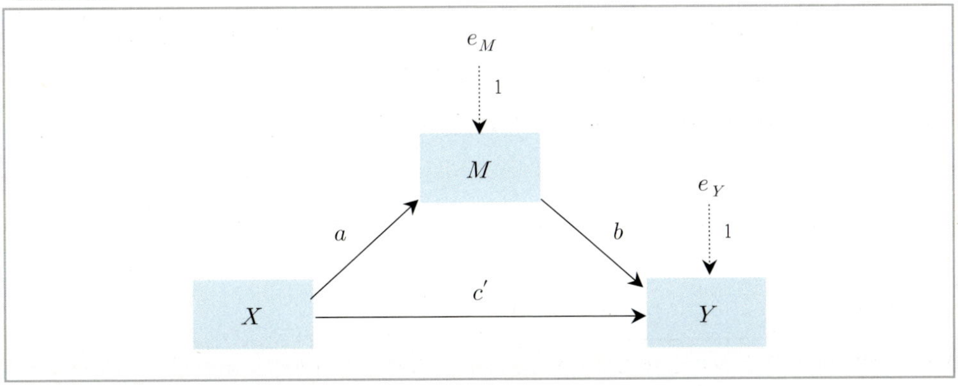

1) Hayes의 초판(2013)에서는 i_M과 i_Y를 i_1과 i_2로 표기하였다.

회귀계수들을 추정한 후에 이들을 결합하여 해석하는 것이다. 이러한 회귀계수들은 SPSS, SAS 등의 통계소프트웨어 혹은 구조방정식모델링프로그램(LISREL, AMOS, Mplus, EQS 등) 또는 본서의 PROCESS를 이용하여 추정할 수 있다. 하지만 OLS회귀절차는 본장의 후반부에 소개할 권장되는 추론검정방법의 수행에 필요한 정보들을 모두 제공하지는 않는다.

2.2.1 X의 Y에 대한 직접효과

식 (2.2)에서 c'은 X가 Y에 영향을 미치는 직접효과를 추정한 것이다. 직접효과는 동일한 M값(equal on M)[2]을 가지면서 X가 한 단위 차이나는 두 사례의 Y값의 차이의 추정치라고 해석한다. 그리고 직접효과는 다음과 같이 나타낼 수 있다.

$$c' = [\hat{Y}|(X=x,\ M=m)] - [\hat{Y}|(X=x-1,\ M=m)] \tag{2.3}$$

위의 식에서 m은 M의 특정값이고 |는 "조건으로(conditioned on)" 혹은 "주어진 경우에(given)"로 해석하며 hat(^)은 모형으로부터 추정되거나 혹은 기대되는 값을 의미한다. 즉, c'은 동일한 $M=m$의 값을 가지면서 $X=x$의 값을 가지는 사례와 $X=x-1$의 값을 가지는 사례가 각각 Y에 미치는 영향의 추정된 차이이다. 양의 직접효과는 X가 더 큰 사례의 Y값이 더 크다는 것을 의미하고 음수인 경우에는 X가 더 큰 사례의 Y값이 더 작다는 것을 의미하는 것이다. 만일 X가 한 단위 차이나는(예 : $X=1$과 0) 이분형(dichotomous) 변수라면 $\hat{Y}$은 집단평균($\overline{Y}$)으로 해석되며 c'은 다음과 같이 나타낼 수 있다.

$$c' = [\overline{Y}|(X=x,\ M=m)] - [\overline{Y}|(X=x-1,\ M=m)]$$

---

2) "동일한", "일정하게 유지하고(holding M constant)", "통제한 상태에서(controlling for M)", "독립적으로(independent of M)", "수정한 후에(adjusting for M)" 및 "설명한 후에(accounting for M)" 등은 모두 같은 의미를 다르게 표현한 것이다. 이는 다중회귀모형에서 특정변수의 회귀계수는 다른 변수들을 통제한 상태(동일한 값)에서의 추정치(편회귀계수)라는 개념과 상통한다.

따라서 c'은 동일한 M값을 갖는 두 집단의 집단평균(Y값)의 차이에 대한 추정치라고 할 수 있다. 이러한 값은 공분산분석(analysis of covariance)의 용어로 말하면 수정평균의 차이(adjusted mean difference)와 동일한 개념이다.

2.2.2 X의 Y에 대한 간접효과

간접효과를 정의하기 전에 먼저 식 (2.1)과 (2.2)가 추정하는 a와 b를 알아보는 것이 필요하다. 단순매개모형에서 계수 a는 X가 한 단위 차이나는 두 사례가 M에 미치는 영향의 차이를 의미한다. 그리고 부호는 X가 한 단위 더 큰 사례의 M값이 더 큰지(+) 혹은 더 작은지(−)를 결정해 준다. 즉, a는 다음과 같이 나타낼 수 있다.

$$a = [\hat{M}|(X = x)] - [\hat{M}|(X = x - 1)]$$

만일 X가 한 단위 차이나는 이분형 변수라면(예 : $X=1$과 $X=0$) a는 다음의 식과 같이 두 집단의 M의 평균의 차이를 의미한다.

$$a = [\overline{M}|(X = x)] - [\overline{M}|(X = x - 1)]$$

그리고 식 (2.2)에서 계수 b는 다음의 식과 같이 동일한 X값을 가지면서 M이 한 단위 다른 두 사례의 Y값이 b만큼 차이난다는 것을 의미한다. a 그리고 c'과 마찬가지로 b의 부호는 M이 더 큰 사례의 Y값이 더 큰지(+) 혹은 더 작은지(−)를 알려준다.

$$b = [\hat{Y}|(M = m,\ X = x)] - [\hat{Y}|(M = m - 1,\ X = x)]$$

X가 M을 경유하여 Y에 영향을 미치는 간접효과는 a와 b의 적항(product : 곱셈)인 ab이다. 예를 들어 $a = 0.3$이고 $b = 0.8$이라면 X가 M을 경유하여 Y에 영향을 미치는 간접효과는 $ab = 0.24$로 계산된다. 간접효과는 X값이 한 단위 다른 두 사례는 X가 M을 경유하여 Y에 미치는 영향이 ab만큼 차이난다는 것을

의미한다. 간접효과는 a와 b가 모두 양수이거나 음수이면 양의 값(양의 간접효과)을 가지고 a 혹은 b가 음수이면(둘 다 음수는 아님) 음의 값(음의 간접효과)을 갖는다.

비록 a와 b의 부호를 고려하지 않고 간접효과를 해석할 수는 있지만 이러한 접근은 위험한 발상이다. 왜냐하면 ab의 부호는 a와 b의 개별적인 부호에 의하여 결정되기 때문이다. 연구자가 검정하려는 이론에서 a와 b가 모두 양수라고 설명하는 경우에 ab의 부호는 양수로 예측될 것이다. 하지만 실증분석결과 a와 b가 모두 음수로 나타난다면 어찌할 것인가? 분석결과는 이론에서 설명하는 것과 동일하게 양의 간접효과가 나타났지만 a와 b의 부호는 이론과 정반대로 나타났다. 따라서 이러한 연구결과는 이론이 연구자의 분석과정을 제대로 서술하고 있는지에 대하여 의문을 던지게 된다.

2.2.3 X의 Y에 대한 총효과

직접효과와 간접효과는 X의 차이가 Y의 차이에 미치는 영향(총효과 : c)을 완벽하게 분할한다. 총효과(total effect)는 X가 한 단위 차이나는 두 사례의 Y의 차이의 추정치를 말한다. 그리고 총효과는 다음의 수식으로 나타낼 수 있다.

$$c = [\hat{Y}|(X = x)] - [\hat{Y}|(X = x - 1)]$$

단순매개모형에서 c는 다음의 식과 같이 단일의 선행변수에서 Y를 추정함으로써 도출할 수 있다.

$$Y = i_{Y*} + cX + e_{Y*} \tag{2.4}$$

만일 X가 한 단위 차이(single unit difference)나는 이분형 변수라면 c는 다음의 식과 같이 Y에 대한 집단평균의 차이이다.

$$c = [\overline{Y}|(X = x)] - [\overline{Y}|(X = x - 1)]$$

X가 이분형 변수인지에 관계없이 총효과는 다음과 같이 X의 직접효과와 간접효과의 합계와 같다.

$$c = c' + ab$$

위의 식에서 $ab = c - c'$으로 표현할 수 있는데 이 식은 간접효과의 또 다른 정의를 알려주고 있다. 즉, 간접효과는 X가 Y에 영향을 미치는 총효과와 M을 통제한 경우에 X가 Y에 영향을 미치는 직접효과의 차이라고 할 수 있다.

X의 총효과가 직접효과와 간접효과의 합계라는 사실은 식 (2.1)을 (2.2)에 대입하여 다음과 같이 Y를 X만의 함수 형태로 변환하면 쉽게 알 수 있다.

$$Y = i_Y + c'X + b(i_M + aX + e_M) + e_Y$$

위의 식은 다음과 같이 X에 대하여 정리할 수 있다.

$$Y = (i_Y + bi_M) + (ab + c')X + (e_Y + be_M) \tag{2.5}$$

식 (2.5)는 (2.4)와 동일하게 X의 단순선형함수이다. 식 (2.5)에서 $c = ab + c'$, $i_{Y*} = i_Y + bi_M$, $e_{Y*} = e_Y + be_M$으로 바꾸면 식 (2.4)와 (2.5)는 동일한 모형이 된다. 따라서 $ab + c'$은 c와 동일하게 해석할 수 있다. 직접효과와 간접효과의 합계는 X가 한 단위 차이나는 두 사례의 Y값의 차이가 된다.

$c = ab + c'$의 수학이 OLS회귀를 이용하여 M과 Y의 추정에 적용된다는 사실을 이해하는 것은 매우 중요하다. 또한 이러한 관계는 연속형 변수에 대하여 구조방정식모델링(structural equation modeling)에서 사용하는 최대우도(maximum likelihood)기준모형에서도 적용된다. 하지만 일반선형모형에서 이탈된 다른 모델링 방법에서는 통용되지 않는다. 예를 들어 결과변수가 이분형 혹은 3집단 이상의 범주형 변수라면 연구자는 b, c 및 c'을 추정하기 위하여 OLS회귀 대신 로지스틱회귀분석 또는 프로빗(probit) 회귀방법을 사용한다. 이러한 경우에는 일반적으로 c는 $c' + ab$와 같지 않게 된다. 이러한 불일치는 총효과를 직접효과와 간접효과로 어떻게 나눌 것인가에 관한 문제를 야기한다. 이는 고급분야이기 때문에 여기에서는 다루지 않는다.

2.3 매개모형 1 : 미디어영향력 연구(X가 이분형 변수)

단순매개모형에서 직접효과와 간접효과의 추정을 위하여 Tal-Or, Cohen, Tsfati, & Gunther(2010)가 이스라엘에서 실시한 연구의 자료를 이용할 것이다. 자료파일은 PMI.sav이고 Hayes 교수의 웹페이지(www.afhayes.com)에서 다운로드받을 수 있다. 실험참가자(이스라엘 대학에서 정치학과 커뮤니케이션학을 전공하고 있는 43명의 남학생과 80명의 여학생)는 설탕의 가격과 공급에 영향을 미칠 수 있는 경제위기에 관한 두 개의 신문기사 중 하나를 읽는다. 학생들을 무작위로 두 집단으로 나누고 한 집단($n=58$)의 실험참가자들에게는 기사가 이스라엘의 주요 일간지의 1면(1면 상황)에 실렸다고 알려주고 다른 집단($n=65$)에게는 1면이 아닌 경제기사면(중간면 상황)에 실렸다고 알려준다. 이러한 독립변수(X)는 COND로 명명하였고 1면 상황은 COND=1, 중간면 상황은 COND=0으로 코딩되어 있다. 실험참가자들의 다른 모든 조건은 동일하게 유지한다.

연구자들은 실험참가자들이 신문기사를 읽은 후에 기사내용에 대한 여러 반응을 측정하였다. 먼저 설탕구매의도변수(REACTION)는 얼마나 빨리 설탕구매계획을 세우고 얼마나 많이 설탕을 구매할 것인지에 관한 질문이다. 다음으로 미디어영향력변수(PMI : presumed media influence)는 다른 사람들이 기사를 읽은 후에 설탕을 구매할 것이라는 실험참가자들의 믿음을 측정한 것이다. REACTION과 PMI는 값이 클수록 해당변수의 강도가 강한 것이다.

Tal-Or et al.(2010)은 중간면 상황보다 1면 상황의 기사가 다른 사람들이 설탕재고부족의 가능성에 영향을 받아서 설탕을 구매할 것이라는 실험참가자들의 믿음을 촉진시킬 것으로 예측하였다. 그리고 이러한 믿음은 다음 순서로(in turn) 실험참가자들로 하여금 밖으로 나가서 설탕을 구매해야 한다는 믿음도 촉발시킬 것이라고 추론하였다. 즉, 사람들은 자신의 행동을 결정하는 기준으로 다른 사람들이 설탕의 가격인상과 재고부족을 예측하는 기사에 어떻게 반응할 것인지에 관한 믿음(예 : “다른 사람들이 설탕을 모두 살 것이기 때문에 나도 가격이 오르고 재고가 바닥나기 전에 설탕을 구매해야 한다”)을 이용한다는 내용이다.

이 모형에 관한 통계모형은 [그림 2.3]에 제시되어 있고 두 실험상황에 대한 각 변수들의 서술통계량은 〈표 2.1〉에 나타나 있다.

그림 2.3 미디어영향력 연구의 통계모형

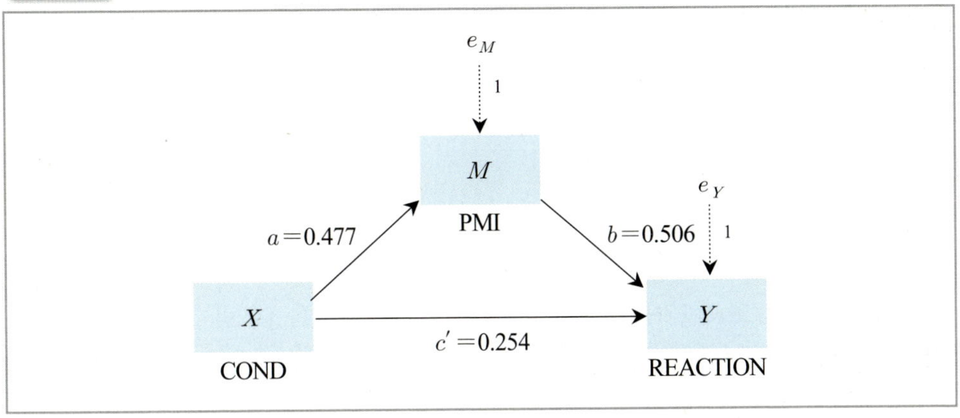

표 2.1 미디어영향력 연구의 서술통계량

		Y REACTION	M PMI	Y adjusted
Front page (X=1)	Mean	3.746	5.853	3.616
	SD	1.452	1.267	
Interior page (X=0)	Mean	3.250	5.377	3.362
	SD	1.608	1.338	
	Mean	3.484	5.602	
	SD	1.550	1.321	

실험조작(X)이 직접 혹은 M을 통하여 간접적으로 설탕구매의도(Y)에 미치는 영향은 OLS회귀프로그램을 이용하여 식 (2.1)과 (2.2)의 회귀계수들을 추정하면 된다. 이러한 a와 b 및 c'을 추정하기 위한 SPSS syntax는 다음과 같다.

```
regression/dep=pmi/method=enter cond.
regression/dep=reaction/method=enter cond pmi.
```

위의 SPSS syntax를 실행하기 위해서는 SPSS에서 File → New → Syntax를 선택하여 Syntax창을 띄운 다음 위의 명령문을 타이핑한 후에 menu에서 Run → All을 클릭하면 된다.

그리고 앞의 syntax는 M모형을 추정하는 내용이고 뒤의 syntax는 Y모형의 추정에 관한 것이다. 그리고 총효과는 다음의 syntax를 이용하여 추정할 수 있다.

```
regression/dep=reaction/method=enter cond.
```

2.3.1 회귀계수의 해석

회귀분석결과가 〈표 2.2〉에 제시되어 있고 회귀계수들은 [그림 2.3]의 모형 위에 겹쳐져 있다.

오차항을 제거한 회귀분석결과는 다음과 같다.

$$\hat{M} = 5.377 + 0.477X$$
$$\hat{Y} = 0.527 + 0.254X + 0.506M$$

먼저 회귀계수 $a = 0.477$은 X가 한 단위 차이나는 두 사례의 M값은 0.477 단위만큼 차이난다는 것을 의미한다. X는 1면 상황($X = 1$)과 중간면 상황($X = 0$)의 이분형 변수(한 단위 차이 : single unit difference)이기 때문에 a는 두 집단의 M의 집단평균의 차이와 같다. 즉, $a = [\overline{M} | (X = 1)] - [\overline{M} | (X = 0)]$이다. 따라서 신문기사가 1면에 실렸다고 들은 사람들은 중간면에 실렸다고 들은 사람들보다 PMI의 값이 평균적으로 $a(a = \overline{M}_{1면} - \overline{M}_{중간면} = 5.853 - 5.377 \approx 0.477$: 소수점 반올림의 차이)단위만큼 크다는 것을 의미한다.

표 2.2 미디어영향력 연구의 회귀계수

		Consequent						
		M (PMI)				Y (REACTION)		
Antecedent		Coeff.	SE	p		Coeff.	SE	p
X (COND)	a	0.477	0.236	.045	c'	0.254	0.256	.322
M (PMI)		—	—	—	b	0.506	0.097	<.001
Constant	i_M	5.377	0.162	<.001	i_Y	0.527	0.550	.340
		$R^2 = 0.033$				$R^2 = 0.206$		
		$F(1, 121) = 4.088,\ p = .045$				$F(2, 120) = 15.557,\ p < .001$		

계수 $b = 0.506$은 동일한 실험상황(동일한 X값 : equal on X ; X값의 통제 : controlling for X)에 속하면서 M(PMI)값이 한 단위 차이나는 두 사람의 Y값의 차이는 0.506단위로 추정된다는 것을 의미한다. 수식으로는 $b = [\hat{Y}|(M = m,\ X = x)] - [\hat{Y}|M = m - 1,\ X = x)]$로 표기할 수 있다. 그리고 b가 양수이므로 신문기사의 위치를 동일하다고 알고 미디어영향력이 한 단위 더 큰 사람들은 한 단위 더 작은 사람들보다 설탕구매의도가 0.506단위 더 높다는 것을 알 수 있다.

간접효과(ab)는 신문기사의 위치조작이 미디어영향력에 미치는 효과(a)와 신문기사의 위치를 통제한 후에 미디어영향력이 설탕구매의도에 미치는 영향(b)의 적(product : 곱셈)이다($ab = 0.477(0.506) = 0.241$). 따라서 기사의 위치가 미디어영향력에 영향을 미치고 미디어영향력은 설탕구매의도에 영향을 미치는 결과로서 신문기사가 1면에 실렸다고 들은 사람들은 중간면에 실렸다고 들은 사람들에 비하여 설탕구매의도가 평균적으로(on average) 0.241단위만큼 높다고 결론을 내린다.

직접효과의 추정치는 $c' = 0.254$로 나타났다. 즉, 동일한 M값을 가지면서(M을 통제한 상태에서) X값이 한 단위 차이나는 두 사례의 Y값의 차이는 0.254단위로 추정된다. X는 1과 0으로 구성되어 한 단위 차이나기 때문에 미디어영향력이 설탕구매의도에 미치는 영향과는 관계없이(independent of M) 1면 상황에 배정된 사람들($X = 1$)은 중간면 상황의 사람들($X = 0$)보다 평균적으로 0.254단위만큼 더 설탕을 구매하려 한다고 말할 수 있다. 즉, $c' = [\overline{Y}|(X = 1,\ M = m)] - [\overline{Y}|(X = 0,\ M = m)] = 0.254$로 계산된다.

우리는 M의 특정값을 선택하고 식 (2.2)를 이용하여 X와 M으로부터 Y를 추정할 수 있다. 합리적인 선택방법은 M의 평균값($\overline{M} = 5.602$)을 이용하는 것이며 $\overline{M}$와 X가 Y에 미치는 영향을 계산하면 다음의 식 (2.6)과 같은 Y의 수정평균($\overline{Y}^*$: adjusted means for Y)을 얻을 수 있다(〈표 2.1〉 참조).

$$\overline{Y}^* = i_Y + b\overline{M} + c'X \tag{2.6}$$

예를 들면 1면 상황($X = 1$)에 속하고 $\overline{M} = 5.602$의 값을 갖는 사람들의 $\overline{Y}^*$의 평균치는 다음과 같다.

$$\overline{Y}^* = 0.527 + 0.506(5.602) + 0.254(1) = 3.616$$

그리고 중간면 상황($X=0$)에 속한 사람들의 $\overline{Y}^*$의 평균치는 다음과 같다.

$$\overline{Y}^* = 0.527 + 0.506(5.602) + 0.254(0) = 3.362$$

위의 두 수정평균의 차이는 0.254이고 이 값은 어느 M값을 선택해도 동일하다.

총효과(c)는 직접효과와 간접효과의 합계($c' + ab = 0.254 + 0.241 = 0.495$)인데 이는 신문기사가 1면에 실렸다고 들은 사람들은 중간면에 실렸다고 들은 사람들보다 설탕구매의도가 평균적으로 0.495단위만큼 높다는 것을 의미한다. 단순매개모형에서 c는 M을 배제시키고 Y를 X에만 회귀시킴으로써 구할 수 있다. 총효과는 두 집단의 Y에 대한 집단평균의 차이($\overline{Y}_{1면} - \overline{Y}_{중간면} = 3.746 - 3.250 = 0.496$)에 해당한다.

X가 한 단위 차이나는(본 연구 : X=1과 0) 이분형 변수로 구성되어 있는 경우에 총효과와 직접효과 및 간접효과의 관계는 다음과 같이 X를 통제한 상태에서 M이 Y에 미치는 영향(즉, b)과 더불어 두 집단의 평균들의 차이들(즉, a와 c')로 나타낼 수 있다.

$$\underset{\text{총효과}(c)}{(\overline{Y}_{X=1} - \overline{Y}_{X=0})} = \underset{\text{직접효과}(c')}{(\overline{Y}^*_{X=1} - \overline{Y}^*_{X=0})} + \underset{\text{간접효과}(ab)}{(\overline{M}_{X=1} - \overline{M}_{X=0})b}$$

미디어영향력 연구의 추정치들을 대입하면 다음과 같다.

$$\underset{\text{총효과}(c)}{(3.746 - 3.250)} = \underset{\text{직접효과}(c')}{(3.616 - 3.362)} + \underset{\text{간접효과}(ab)}{(5.853 - 5.377)0.506}$$

2.3.2 PROCESS를 이용한 모형추정

PROCESS를 사용하는 방법은 제1장에서 설명한 바와 같이 dialog box를 이용하는 방법과 syntax를 이용하는 방법의 두 가지가 있다. 이들 중에서 syntax를 이용하면 훨씬 더 다양한 분석이 가능하기 때문에 본서에서는 syntax를 이용하는 방법을 주로 소개할 예정이다. PROCESS의 특징은 단순매개모형뿐만 아니라 매개변수가 두 개 이상인 복잡한 모형의 회귀계수들을 추정해 주고 간접효과의 추정치와 다양한 추론검정결과 그리고 추가정보까지 제공해 준다. 나아가 조절분석 그리고 매개분석과 조절분석을 결합한 모형(조절된 매개모형)에도 사용할 수 있다. 미디어영향력 연구에 관한 PROCESS syntax(SPSS)는 다음과 같다.

```
process y=reaction/x=cond/m=pmi/total=1/normal=1/model=4/seed=62520.
```

이러한 syntax를 실행하기 위해서는 SPSS에서 File → Open → Syntax를 클릭한 후에 syntax의 실행파일(process.sps)이 저장된 장소에서 process.sps를 불러들인다. 다음으로 process.sps를 수정하지 않은 상태에서 Run → All을 클릭하여 process.sps를 실행시킨다. 다음으로 왼쪽의 하단부의 !ENDDEFINE의 바로 위에 있는 DEFINE을 클릭한 후에 "DEFINE에서 preserve의 바로 위에 있는 !default ((999))."까지를 삭제하고 그 자리에 위의 syntax를 타이핑한다. 마지막으로 메뉴에서 Run → All을 선택하면 분석이 이루어진다.

위의 syntax에서 y, x, m은 종속변수와 독립변수 및 매개변수를 지정한 것이고 total=1 옵션은 총효과의 추정치와 추론검정을 요청하는 것이다. 그리고 model=4는 단순매개(그리고 병렬다중매개)모형을 지정하는 것이고 normal=1은 Sobel 검정을 위한 명령문이다. normal=1과 seed=62520은 다음 절의 간접효과의 추론검정 부분에서 상세한 설명이 이루어질 예정이다. 명령문의 순서와 대문자 및 소문자는 분석결과에 영향을 미치지 않는다. 위의 syntax를 실행한 결과가 [그림 2.4]에 나타나 있다.

그림 2.4 미디어영향력 연구의 PROCESS 결과물

```
Model  : 4
    Y  : reaction
    X  : cond
    M  : pmi

Sample
Size:  123

Custom
Seed:     62520
```

```
**************************************************************************
OUTCOME VARIABLE:
 pmi

Model Summary
               R       R-sq       MSE         F       df1        df2        p
           .1808      .0327    1.7026    4.0878    1.0000   121.0000    .0454

Model
              coeff         se          t          p       LLCI       ULCI
constant     5.3769      .1618    33.2222      .0000     5.0565     5.6973
cond   (a)    .4765      .2357     2.0218      .0454      .0099      .9431

**************************************************************************
OUTCOME VARIABLE:
 reaction

Model Summary
               R       R-sq       MSE         F       df1        df2        p
           .4538      .2059    1.9404   15.5571    2.0000   120.0000    .0000

Model
              coeff         se          t          p       LLCI       ULCI
constant      .5269      .5497      .9585      .3397     -.5615     1.6152
cond   (c')   .2544      .2558      .9943      .3221     -.2522      .7609
pmi    (b)    .5064      .0970     5.2185      .0000      .3143      .6986

***************************** TOTAL EFFECT MODEL *****************************
OUTCOME VARIABLE:
 reaction

Model Summary
               R       R-sq       MSE         F       df1        df2        p
           .1603      .0257    2.3610    3.1897    1.0000   121.0000    .0766

Model
              coeff         se          t          p       LLCI       ULCI
constant     3.2500      .1906    17.0525      .0000     2.8727     3.6273
cond   (c)    .4957      .2775     1.7860      .0766     -.0538     1.0452

*************** TOTAL, DIRECT, AND INDIRECT EFFECTS OF X ON Y ***************

Total effect of X on Y
             Effect         se          t          p       LLCI       ULCI
         .4957 (c)       .2775     1.7860      .0766     -.0538     1.0452

Direct effect of X on Y
             Effect         se          t          p       LLCI       ULCI
        .2544  (c')      .2558      .9943      .3221     -.2522      .7609

Indirect effect(s) of X on Y:
             Effect     BootSE   BootLLCI   BootULCI
pmi       .2413 (ab)     .1311      .0068      .5176
```

```
Normal theory test for indirect effect(s):
              Effect          se          Z          p
pmi          .2413  (ab)       .1300     1.8559      .0635

************************** ANALYSIS NOTES AND ERRORS **************************

Level of confidence for all confidence intervals in output:
  95.0000

Number of bootstrap samples for percentile bootstrap confidence intervals:
  5000
```

2.4 통계적 추론

앞 절에서는 단순매개모형에서 X의 총효과가 어떻게 직접효과와 간접효과로 분할되는지를 알아보았다. OLS회귀를 이용하여 이들 효과를 추정하는 경우에 $c = c' + ab$가 항상 성립한다. 하지만 이러한 c, c' 및 ab값은 표본을 이용하여 모집단의 진정한 값들인 ${}_Tc$, ${}_Tc'$ 및 ${}_Ta_Tb$를 추정한 값이다. 이들은 주어진 자료에서의 변수들 간의 관계를 서술할 뿐 일반화(generalizability)에 대해서는 알려주지 않는다. 연구자들은 전형적으로 일반화에 관심을 가지고 있다. 이러한 일반화는 추정된 효과에 대한 그럴싸한 설명(plausible explanation)인 우연성(chance)을 배제할 수 있는지를 가설검정(hypothesis test)을 통하여 확인하거나 효과들에 대한 구간추정치(interval estimate)의 설정을 이용하여 추정치에 내재하고 있는 표본분산(sampling variance)을 고려함으로써 이루어진다. 본절의 주제는 X의 직접효과와 간접효과 및 총효과에 대한 추론검정(inferential test)이다.

2.4.1 직접효과의 추론

직접효과는 M이 Y에 미치는 영향과는 독립적으로(동일한 M값을 가지면서) X가 한 단위 차이나는 두 사례의 Y값의 차이의 추정치이다. 직접효과의 추론검정은 전형적으로 대립가설에 대하여 $_Tc'$에 대한 귀무가설을 검정하거나 $_Tc'$의 신뢰구간의 설정을 이용한다. 특수한 경우를 제외하고 연구자들은 주어진 자료에 근거하여 $_Tc'$가 0과 다른지(유의한지)에 대한 주장이 정당화될 수 있는지에 관심을 두고 있다. 만일 0과 다르다면 이러한 결과는 M과는 독립적으로 X가 Y와 관계가 있다는 주장을 지지하는 것이다. 그렇지 않다면 M의 영향을 설명한 후에(accounting for M) X와 Y 사이에는 유의한 관계가 존재하지 않는다고 주장할 수 있다. 달리 말하면 M이 Y에 미치는 영향과는 독립적으로 X가 Y에 영향을 주지 않는다고 말할 수 있다.

이러한 과정은 귀무가설 관점에서 보면 대립가설($H_a: {}_Tc' \neq 0$)에 대하여 귀무가설($H_0: {}_Tc' = 0$)을 검정하는 것이고 신뢰구간 관점에서는 $_Tc'$의 구간추정치가 0을 포함하는지를 결정하는 것이다. 그리고 PROCESS뿐만 아니라 대부분의 OLS 회귀분석프로그램들은 두 가지 방법에 관한 결과물을 제시해 준다.

미디어영향력 연구에서 설탕재고부족에 관한 기사위치가 설탕구매의도에 영향을 미치는 직접효과의 증거가 나타났는가? 이러한 질문에 대한 해답이 결과물 [그림 2.4]의 두 군데에 제시되어 있다. 첫 번째로 "Total, Direct, and Indirect Effects of X on Y" 부분에 직접효과의 크기와 함께 표준오차, t값, p값 그리고 95% 신뢰구간이 제시되어 있다. 두 번째는 "Outcome Variable: reaction" 부분의 cond(실험조작에 관한 변수명)에 관한 결과물이다. 결과물에서 직접효과는 통계적으로 유의하지 않게 나타났다($c' = 0.254$, $t(120) = 0.994$, $p = .322$). 따라서 귀무가설은 기각될 수 없다. 그리고 95% 신뢰수준을 이용한 구간추정치도 [$-0.252 \sim 0.761$]로 나타났다. 이러한 신뢰구간은 0을 포함하고 있기 때문에 직접효과가 유의하다는 사실을 확신할 수 없게 된다. 가설검정과 신뢰구간은 동일한 정보를 분석하는 서로 다른 방법이지만 동일한 추론결과를 도출한다.

2.4.2 간접효과의 추론

간접효과는 X가 M에 영향을 미치고 M은 다시 Y에 영향을 미친 결과, X가 한 단위 다른 두 사례의 Y값이 얼마나 차이가 나는지를 수량화한 것이다. 이러한 간접효과는 X가 Y에 미치는 영향이 $X \rightarrow M \rightarrow Y$의 인과사슬(causal chain)로 표현되는 메커니즘을 통하여 전달되는지에 관한 것이다. 직접효과의 경우와 마찬가지로 연구자는 자료가 이러한 메커니즘으로 인하여 발생하는 Y값의 차이가 0과 다르다는 주장을 허용하는지를 알고자 한다. 만일 그렇다면 연구자는 M이 X가 Y에 미치는 영향의 매개변수 역할을 한다고 주장할 수 있다. 직접효과의 추론과 마찬가지로 간접효과의 추론 역시 ${}_Ta_Tb$에 관한 귀무가설검정 혹은 구간추정치의 설정을 통하여 검정할 수 있다.

아래에서는 간접효과를 검정하는 많은 방법들 중에서 몇 가지를 소개할 것이다. 여기에서 소개하는 방법들은 과거부터 지금까지 널리 사용되는 방법이다. 여기에서 다루지 않는 몇 가지 다른 방법들은 Biesanz, Falk, & Savalei(2010), Falk & Biesanz(2016), MacKinnon, Lockwood, Hoffman, & West(2002), MacKinnon (2008), Preacher & Selig(2012) 및 Yuan & MacKinnon(2009)의 연구를 참고하면 된다.

1) 정규이론방법

정규이론방법(normal theory approach)은 Sobel 검정(Sobel test), 델타방법(delta method), 혹은 계수들의 적(product of coefficients) 방법이라고도 불린다. Sobel 검정에서 간접효과는 ab의 표본분포의 정규성(normality)을 가정하고 ab의 표준오차의 추정치를 구한 다음 특정한 ${}_Ta_Tb$에 관한 귀무가설에 대하여 ab의 p값을 계산하거나 신뢰구간(구간추정치)을 도출하는 방법을 이용하여 검정한다.

먼저 정규이론방법을 사용하기 위해서는 ab의 표준오차에 대한 추정치가 필요하다. 매개분석에 사용되는 이러한 추정치를 계산하는 방법은 여러 가지가 있는데(Aroian, 1947 ; Baron & Kenny, 1986 ; Goodman, 1960 ; MacKinnon, Warsi, & Dwyer, 1995 ; Sobel, 1982) 이들은 모두 a와 b 및 이들의 표준오차의 함수이다. 이들 중에서 2차 표준오차(second order standard error) 추정량은 다음과 같다.

$$se_{ab} = \sqrt{a^2 se_b^2 + b^2 se_a^2 + se_a^2 se_b^2} \tag{2.7}$$

위의 식에서 se_a와 se_b는 각각 a와 b의 표준오차이다. se_{ab}를 계산하기 위한 모든 정보는 대부분의 통계프로그램들이 제공하고 있다.

예를 들어 미디어영향력 연구의 결과가 제시된 〈표 2.2〉에서 $a = 0.477$, $b = 0.506$, $se_a = 0.236$ 그리고 $se_b = 0.097$로 나타나 있다. 이들 값을 식 (2.7)에 대입하면 다음과 같은 간접효과의 표준오차에 대한 2차 추정치를 얻을 수 있다.

$$se_{ab} = \sqrt{0.477^2 0.097^2 + 0.506^2 0.236^2 + 0.236^2 0.097^2} = 0.130$$

간접효과의 표준오차 추정치를 이용하여 대립가설($_Ta_Tb \neq 0$)에 대한 귀무가설($_Ta_Tb = 0$)의 검정은 다음과 같이 ab를 표준오차로 나눈 값을 사용한다.

$$Z = \frac{ab}{se_{ab}}$$

미디어영향력 연구에서 $Z = 0.241/0.130 = 1.854$, $p = .064$로 나타났다. 양측검정을 이용하여 양의 간접효과가 비록 "한계적으로 유의(marginally significant)"하기는 하지만 $\alpha = 0.05$ 의사결정 기준에서 간접효과가 나타나지 않는다는 귀무가설은 기각되지 않는다.

두 번째로 귀무가설검정보다 신뢰구간 설정방법을 선호하는 경우에는 ab의 표본분포의 정규분포를 가정하여 ab의 표준오차가 $_Ta_Tb$의 구간추정치를 계산하는 데에 사용되는데, 이러한 구간추정치는 다음과 같이 계산된다.[3)]

$$ab - Z_{ci\%}se_{ab} \leq {}_Ta_Tb \leq ab + Z_{ci\%}se_{ab} \tag{2.8}$$

위의 식 (2.8)에서 ci는 신뢰수준이고 $Z_{ci\%}$는 표준정규분포에서 이 값 이상의 확률이 $(100 - ci)/2\%$의 값을 가지는 Z값을 의미한다. 신뢰수준이 95%이면 $Z = 1.96$이 된다. 결과물을 이용하여($ab = 0.241$) 95% 신뢰구간을 계산하면 다음과 같다.

$$0.241 - 1.96(0.130) \leq {}_Ta_Tb \leq 0.241 + 1.96(0.130)$$
$$-0.014 \leq {}_Ta_Tb \leq 0.496$$

따라서 연구자는 $_Ta_Tb$가 [-0.014, 0.496]의 구간 어딘가에 속한다고 95% 확신할 수 있다. 귀무가설검정의 경우와 마찬가지로 $_Ta_Tb$의 가능한 값으로 0을 배

3) 이러한 수식은 $ab - Z_{\alpha/2}se_{ab} \leq a_Tb_T \leq ab + Z_{\alpha/2}se_{ab}$로 표기할 수도 있다. 신뢰수준이 95%이면 α는 5%이므로 $Z_{\alpha/2} = Z_{.025} = Z_{(100-ci)/2} = Z_{(100-95)/2} = Z_{.025}$로 동일한 수식이 성립한다.

제할 수 없기 때문에 신문기사의 위치가 미디어영향력을 경유하여 설탕구매의도에 영향을 미치는 간접효과가 0과 다르다고(different from 0) 단정할 수 없게 된다. 달리 표현하면 간접효과를 추론하기 위하여 정규이론방법을 사용하는 경우에 *X*가 *Y*에 미치는 영향관계에서 미디어영향력(*M*)이 매개변수역할을 수행한다고 주장할 수 없다.

정규이론방법은 실행하기 쉽고 대부분의 구조방정식모델링(SEM)프로그램들도 단순매개모형을 추정하는 경우에 자동적으로 이러한 검정에 관한 결과물을 보여준다. SEM프로그램 이외의 소프트웨어를 사용하여 이러한 검정을 실행하는 경우에는 특별한 부가기능 혹은 macro가 필요하다. PROCESS macro에서는 normal=1 옵션을 지정하면 이러한 정규이론방법의 결과를 얻을 수 있다. 하지만 dialog box방법에서는 사용할 수 없다. [그림 2.4]의 결과물에서 "Normal theory test for indirect effect(s)"에 이러한 분석결과가 제시되어 있다.

정규이론방법은 크게 두 가지의 단점이 있기 때문에 사용이 권장되지 않는다. 첫째, 이 방법은 *ab*의 표본분포가 정규분포한다는 가정이 필요하다. 하지만 시뮬레이션 연구결과 *ab*의 표본분포는 정규분포하지 않는다는 결과가 도출되었다(Bollen & Stine, 1990 ; Stone & Sobel, 1990). *ab*의 표본분포가 정규분포하는지에 관한 충분한 확신이 없기 때문에 이러한 정규성을 가정하지 않는 검정방법을 사용하는 것이 바람직하다고 할 수 있다.

둘째, 시뮬레이션방법을 이용하여 여러 경쟁적 추론방법들과 비교한 결과 Sobel 검정은 검정력이 가장 낮은 방법 중의 하나이며 아래에 설명하는 방법들보다 신뢰구간도 부정확하게 나타났다(Hayes & Scharkow, 2013 ; MacKinnon et al., 2004). 정규이론방법은 다른 경쟁방법에 비하여 *X*가 *M*을 경유하여 *Y*에 영향을 미치는 간접효과가 존재하는 경우에도 이를 발견해 내지 못할 확률이 크다. 이러한 두 가지 이유 때문에 정규이론방법의 사용은 피해야 한다. 단순매개분석뿐만 아니라 본서에서 다루는 모든 모형분석에서 더 나은 대체방법을 사용하는 것이 가능하다. 아래에서 이들 대체방법들 중에서 몇 가지를 소개할 것이다.

2) 부트스트랩 신뢰구간

재표본추출방법들(resampling methods) 중의 하나로 잘 알려진 부트스트래핑(bootstrapping)은 지난 수십 년 동안 사용되어 온 방법이며 컴퓨터 처리속도가 빨라지면서 분석이 가능해진 기법이다. 이러한 부트스트래핑은 반복표본추출시의 통계량의 행태를 알지 못하거나 이의 계산이 너무 복잡한 경우와 상황에 따라 달라지는 경우(context dependent)에 특히 유용하다. 여기에서는 부트스트래핑에 관한 상세한 내용은 피하고 전체적인 흐름을 설명할 예정이며 세밀한 내용들은 다른 연구들(Good, 2001 ; Lunneborg, 2000 ; Mooney & Duval, 1993 ; Rodgers, 1999 ; Wood, 2005)을 참조하면 된다.

부트스트래핑을 이용하는 경우에 n개의 원표본(original sample)은 모집단의 축소된 대표표본(miniature representation of the population)으로 간주된다. 이 원표본 내의 관찰치들이 반복적으로 복원 재추출(resampled with replacement)되며 관심통계량은 이러한 재표본추출과정을 통하여 얻어진 표본크기가 n개인 새로운 표본에서 계산된다. 이러한 과정을 반복적으로(수천 번 이상) 수행하여 통계량의 표본분포에 대한 대표치가 경험적으로 설정되며 이러한 경험적 대표치(empirical representation)가 추론작업에 사용된다.

매개분석에서 부트스트래핑(bootstrapping)은 간접효과의 표본분포의 대표치를 경험적으로 도출하는 데에 사용되며 이러한 경험적 대표치가 $_Ta_Tb$의 신뢰구간의 설정에 사용된다. Sobel 검정과는 달리 부트스트래핑은 ab의 표본분포의 정규성을 가정하지 않고 부트스트랩 신뢰구간(bootstrap confidence interval)은 ab의 표본분포의 비정규성을 존중하기 때문에 정규이론방법보다 더 정확한 추론을 할 수 있다. 또한 가설검정에 사용하는 경우에도 정규이론방법보다 검정력이 높게 나타난다.

$_Ta_Tb$의 부트스트랩 신뢰구간의 설정은 다음과 같은 6가지 단계로 이루어져 있다.

(1) n개로 이루어진 원표본으로부터 n번의 복원추출을 통하여 n개로 구성된 무작위표본을 만든다. 이를 부트스트랩 표본(bootstrap sample)이라고 부른다.

(2) 부트스트랩 표본으로부터 간접효과(ab^*)를 추정한다.

(3) (1)과 (2)의 과정을 k번 시행하여 매번 계산되는 ab^* $(ab_1^* \cdots ab_k^*)$를 저장한다. k는 클수록 좋고 최소한 수천 번 실시하는 것이 좋지만 10,000회 이상은 필요 없다. 본서에서는 5,000회로 할 것이다.

(4) (1), (2), (3)에서 추정된 k개의 간접효과 추정치들인 ab^*들을 오름차순으로 정리한다.

(5) $ci\%$ 신뢰구간인 경우에 k개로 이루어진 ab^*분포의 $0.5(100-ci)$번째 백분위에 해당하는 ab^*를 구하는데 이는 $ci\%$ 신뢰구간의 하한경계(lower bound)에 해당한다. 이는 분류된 k개의 ab^*분포에서 $0.005k(100-ci)$번째 순서에 해당하는 ab^*값이 된다.

(6) 마찬가지로 k개로 이루어진 ab^*분포의 $[100-0.5(100-ci)]$번째 백분위에 해당하는 ab^*를 구하는데 이는 $ci\%$ 신뢰구간의 상한경계(upper bound)에 해당한다. 이는 분류된 k개의 ab^*분포에서 $k[1-0.005(100-ci)]+1$번째 순서에 해당하는 ab^*값이 된다.

부트스트랩 샘플링과 추론과정에 관한 (1), (2), (3)의 과정을 설명하기 위하여 소표본으로 이루어진 자료를 이용하여 분석하기로 한다(〈표 2.3〉).

X, M, Y를 측정한 $n=10$인 원표본에서 간접효과의 부트스트랩 표본분포를 생성한다고 가정하자. 〈표 2.3〉의 맨 왼쪽의 원자료를 이용하면 간접효과는 $ab=0.770$으로 계산된다. 이 값은 ${}_Ta_Tb$의 점추정치(point estimate)이다. ${}_Ta_Tb$에 대한 부트스트랩 신뢰구간은 원자료에서 복원추출을 통하여 크기 $n=10$인 무작

표 2.3 원표본($n=10$)에서 추출된 두 부트스트랩 표본의 a와 b 및 ab의 부트스트랩 추정치

Original sample				Bootstrap sample 1				Bootstrap sample 2			
Case	X	M	Y	Case	X	M	Y	Case	X	M	Y
1	0	1.500	3.000	4	0	2.500	4.500	10	1	5.000	5.000
2	0	2.000	2.750	8	1	3.000	3.750	3	0	1.000	3.500
3	0	1.000	3.500	2	0	2.000	2.750	7	1	2.500	2.250
4	0	2.500	4.500	3	0	1.000	3.500	5	0	4.500	4.750
5	0	4.000	4.750	1	0	1.500	3.000	6	1	4.500	4.500
6	1	4.500	4.500	2	0	2.000	2.750	8	1	3.000	3.750
7	1	2.500	2.250	6	1	4.500	4.500	8	1	3.000	3.750
8	1	3.000	3.750	8	1	3.000	3.750	4	0	2.500	4.500
9	1	1.500	2.500	5	0	4.000	4.750	10	1	5.000	5.000
10	1	5.000	5.000	9	1	1.500	2.500	2	0	2.000	2.750
a		1.100		a		0.833		a		1.458	
b		0.700		b		0.631		b		0.713	
ab		0.770		ab^*		0.526		ab^*		1.039	

위표본을 반복적으로 추출하여 설정되며 각 재표본(resample)에서의 간접효과를 추정한다. 〈표 2.3〉의 중간 열이 이러한 부트스트랩 표본 중의 하나인데 이 표본의 간접효과는 $ab^* = 0.526$이다. 맨 오른쪽의 열은 두 번째 부트스트랩 표본이고 간접효과는 $ab^* = 1.039$로 계산된다. 이러한 과정은 반복적으로 이루어지고 그 때마다 간접효과를 계산하며 그 결과 전체 ab^*의 분포가 얻어진다.

〈표 2.3〉은 무작위 복원 재표본추출(random resampling with replacement)의 의미를 제시하고 있다. 부트스트랩 표본 1에서 2와 8은 두 번 추출되지만 7과 10은 한 번도 추출되지 않았다. 부트스트랩 표본 2에서는 8과 10이 두 번 추출된 반면에 1과 9는 추출되지 않았다. 이것이 무작위 복원 재추출의 성격이다. 이러한 과정은 한 사례가 동일한 부트스트랩 표본에서 복수로 추출되는 것을 허용하고 또한 원래의 샘플링과정을 모방하기 위하여 필요하며 이것이 바로 부트스트랩 샘플링의 목적이다. 따라서 무작위 복원 추출은 모집단에서 새로운 표본을 추출하는 것이 아니라 원자료(원표본)를 이용하여 반복적으로 조사를 실시하는 것과 같다. 이러한 방법은 얼핏 보면 표본수를 부풀리거나 가공자료를 생성하는 것처럼 보일 수도 있지만 그렇지 않다. 이 방법은 모집단으로부터 실제표본을 반복적으로 추출하는 대신 원표본을 모집단의 대표집단으로 간주하고 표본절차를 반복적으로 실시함으로써 표본이 달라지면서 ab가 어떻게 변동하는지를 확인하는 훌륭한 방법이다.

위의 절차 중 (5)와 (6)은 k개의 간접효과의 부트스트랩 추정치들에 관한 신뢰구간의 양 끝점을 결정해 준다. 예를 들어 신뢰수준이 95%인 경우에 신뢰구간의 하한값과 상한값은 각각 2.5번째 백분위(percentile)와 97.5번째 백분위에 해당하는 ab^*의 부트스트랩값이다. 만일 $k = 10{,}000$이라면 반복적으로 얻어진 10,000개의 ab^*값들을 올림차순으로 정리한 후에 2.5번째 백분위에 해당하는 순서값은 0.005(10,000)(100－95)＝250이 되며 97.5번째 백분위에 해당하는 순서값은 (10,000)[1－0.005(100－95)]＋1＝9,751이 될 것이다. 이들은 각각 $_Ta_Tb$의 95% 신뢰구간의 하한경계와 상한경계가 된다.

이러한 부트스트래핑을 실행하기 위해서는 성능 좋은 컴퓨터가 필요하다. 다행스럽게도 자료분석프로그램(예 : Mplus)들을 이용하면 부트스트래핑 작업결과를 얻을 수 있다. PROCESS macro에서도 모형에서 산출하는 간접효과에 대한 부트스트랩 신뢰구간을 구축해 준다. 나아가 save=1 옵션과 몇 가지 추가 코드를 사용하면 간접효과의 부트스트랩 분포의 그래프까지 그릴 수 있다.

[그림 2.4]의 PROCESS 결과물에서 5,000개의 부트스트랩 표본을 이용한 95% 부트스트랩 신뢰구간(BootLLCI and BootULCI)이 [0.007 ~ 0.518]로 나타나 있다. 즉, 5,000개의 부트스트랩 추정치 중에서 2.5%는 0.007보다 작고 2.5%는 0.518보다 크다고 할 수 있다. 이러한 신뢰구간이 0을 포함하지 않고 또한 0보다 크기 때문에 간접효과는 양수라고 결론을 내린다. 신뢰구간을 이용하는 경우에 "귀무가설($_Ta_Tb=0$)을 기각할 수 있다"고 말하는 것은 기술적으로 틀리지만 실제로는 귀무가설검정방법과 유사한 주장을 할 수 있다. 즉, 간접효과가 "통계적으로 유의한" 정도로 양수(the indirect effect is positive to a "statistically significant" degree)라는 명백한 증거를 확보하게 된다.[4] PROCESS는 또한 간접효과의 표준오차의 부트스트랩 추정치(결과물의 Boot SE=0.131)도 함께 제공한다. 이 값은 간접효과의 5,000개의 부트스트랩 추정치들의 표준편차이다.

[그림 2.5]는 5,000개의 간접효과의 부트스트랩 추정치들을 그림으로 나타낸 것이다. 육안으로 보면 식별이 어려울 수 있지만 분포가 비정규분포하고 있다. 즉, 일반정규분포보다 첨도와 왜도가 큰 것을 알 수 있다. 이러한 양의 첨도와 왜도 때문에 표본분포가 정규분포한다는 귀무가설은 기각된다.

PROCESS에서 간접효과의 신뢰구간 설정에 대한 부트스트랩 표본크기의 default는 5,000개이다. 하지만 이러한 값은 boot 옵션을 사용하여 변경할 수 있다. 예를 들어 10,000개의 부트스트랩 표본을 얻고자 하는 경우에는 boot=10000을 syntax에 추가하면 된다. 또한 default인 95% 신뢰구간 대신에 90% 또는 99% 신뢰구간을 알고자 하면 conf 옵션을 사용할 수 있다. 가령 90% 신뢰구간이 필요한 경우에는 conf=90을 PROCESS 명령문에 추가하면 된다. 그리고 부트스트래핑은 간접효과의 신뢰구간을 계산하는 경우에만 적용되고 다른 모든 신뢰구간은 일반적인 신뢰구간이 제공된다. 만일 모든 회귀계수들의 부트스트랩 신뢰구간이 필요한 경우에는 modelbt=1 옵션을 지정하여 얻을 수 있다.

위에서 설명한 부트스트랩 신뢰구간은 백분위(percentile) 부트스트랩 신뢰구간이다. 왜냐하면 간접효과의 k개의 부트스트랩 추정치들의 분포에서 각각 상한과 하한 $(100-ci)/2\%$에 해당하는 ab^*값을 기준으로 설정되었기 때문이다. 부트스트랩 신뢰구간을 계산하는 다른 방법으로는 편의수정(bias correction) 및 편의

4) 귀무가설검정에서 얻어진 p값은 귀무가설이 사실이라는 가정을 조건으로 계산된 것이다. 부트스트랩 신뢰구간은 $_Ta_Tb$의 크기에 대한 가정에 근거하여 도출된 것이 아니기 때문에 95% 신뢰구간이 0을 포함하지 않는다고 $p<.05$라고 말하는 것은 엄격한 의미에서 옳지 않다.

그림 2.5 미디어영향력 연구에서 5,000개의 간접효과 부트스트랩 추정치들에 관한 히스토그램

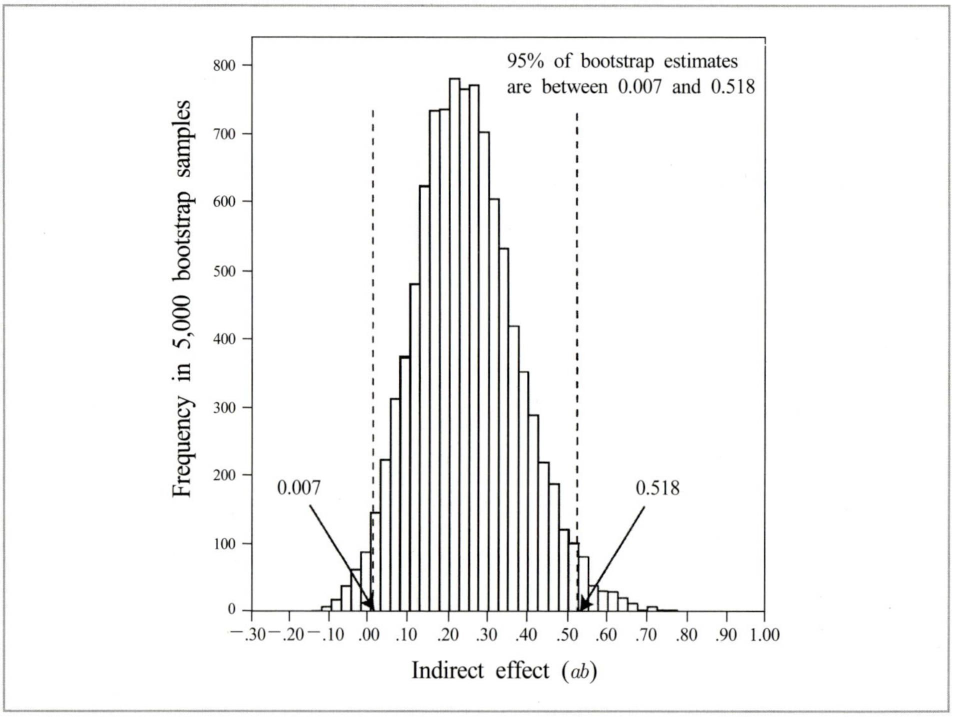

수정가속(bias correction and acceleration)방법이 있다. 편의수정 부트스트랩 신뢰구간은 백분위방법과 유사하지만 다른 점은 간접효과의 k개의 ab^*들 중에서 원표본의 점추정치인 ab보다 작은 값을 갖는 ab^*개의 비율로 양 끝점을 수정한다는 점이다. 편의수정가속 부트스트랩 신뢰구간은 백분위 부트스트랩 신뢰구간을 수정한 편의수정 부트스트랩 신뢰구간을 k개의 부트스트랩 추정치들의 분포의 왜도(skewness)를 이용하여 다시 수정하는 방법이다. 이들 두 방법에 의하여 신뢰구간을 설정하는 방법은 선행연구(Lunneborg, 2000 ; Preacher & Selig, 2012)에 자세히 소개되어 있다.

본서의 PROCESS에서 사용하는 백분위 부트스트랩 신뢰구간 설정방법이 비록 훌륭한 방법이지만 함정과 비판이 존재하는 만큼 사용에 주의를 요한다. 첫째, 부트스트랩방법에 의한 추론이 신뢰를 얻기 위해서는 측정변수들의 분포에 있어서 표본이 모집단을 대표할 수 있다는 믿음이 있어야 한다. 부트스트래핑은 표본 내에서의 복원추출이 모집단으로부터의 표본추출과정을 대신한다는

전제를 근거로 이루어지기 때문에 표본이 모집단을 대표하지 않는 경우에는 부트스트래핑 결과를 신뢰하기 어렵다. 이는 원표본이 모집단으로부터 무작위 추출되어야 한다는 조건이 필요하다는 것이 아니라 단지 측정변수들의 분포가 대략적으로 모집단분포를 반영해야(mirror) 한다는 것을 의미한다. 무작위 표본추출이 대표성을 증진시키지만 필요조건은 아니다.

둘째, 부트스트래핑은 표본크기가 적은 경우에 Sobel 검정과 비교하여 매우 유용한 방법이다. 왜냐하면 소표본에서 ab의 표본분포의 비정규성(non-normality)이 특히 심하기 때문이다. 하지만 원표본의 표본수가 매우 적은 경우에는 한 개나 두 개의 이상치(outlier)가 부트스트랩 표본에 여러 번 추출되어 원칙적으로(in principle) 결과를 왜곡시킬 수 있다. 또한 부트스트래핑은 이상치(outliers)를 가진 소표본에서도 다른 방법들보다 우수할 가능성이 크다.[5)]

셋째, 부트스트랩 신뢰구간은 자료의 무작위 재추출을 이용하여 설정되기 때문에 신뢰구간의 양 끝점은 고정된 값을 가지지 않는다. 즉, 동일한 자료를 이용하여 부트스트래핑을 다시 실행하면 매번 부트스트랩 신뢰구간이 약간씩 달라진다. 이러한 현상은 두 사람이 동일한 방법을 이용하여 동일한 자료를 분석하면 동일한 결과를 얻어야 한다는 관념 때문에 수긍하기 어려울 수 있다. 또한 어떤 연구자는 바람직한 연구결과가 도출될 때까지 부트스트랩 분석을 반복 실행할 수도 있다.

위의 세 번째 단점은 부트스트랩의 표본크기를 매우 크게 설정하면 분석할 때마다 달라지는 표본변동의 크기가 현저하게 감소하기 때문에 어느 정도 해결된다. 그렇다면 부트스트랩 표본크기를 얼마나 크게 설정해야 하는가? 일반적으로 말하면 대부분의 연구에서 부트스트랩 표본은 5,000개에서 10,000개 사이로 설정하면 충분하다. 10,000개를 상회하는 부트스트랩 표본의 실익은 크지 않다. 오늘날에는 컴퓨터의 성능이 매우 뛰어나기 때문에 100,000회 혹은 1,000,000회로 설정하고 싶다면 명령문에 지정한 후에 수면을 취하면서 기다리면 될 것이다.

신뢰구간에 관한 이러한 문제는 난수생성기의 시드값 배정(seeding the random number generator)을 이용하여 비켜갈 수 있다.[6)] 부트스트래핑은 난수생성기가 부

5) Hayes는 미발표 논문인 이상치가 포함된 소표본을 이용한 시뮬레이션 연구에서 부트스트랩 신뢰구간방법이 더 우수하게 나타났다고 소개하고 있다.

6) seed 옵션에 관한 설명은 Hayes(2018a)의 개정판에 새롭게 추가된 내용으로 이를 참조하여 서술하였다.

트스트래핑 알고리즘에 제공한 정보를 기준으로 자료파일의 행들(rows)을 무작위로 추출한다. 하지만 어떠한 난수생성기도 실제로는 난수를 완벽하게 생성하지 않는다. 이러한 이유로 난수생성기들은 전형적으로 의사(pseudo) 난수생성기로 불린다. 이들은 궁극적으로 자신을 반복하는 체계적인 알고리즘에 의하여 긴 숫자계열(sequence of numbers)을 생성한다. 연구자가 난수생성기의 시드값을 배정하면 이는 생성기에게 숫자계열의 어디에서 시작해야 되는지를 알려주는 것이다. 만일 동일한 시드값(예 : 5,000)을 이용하여 두 번 실험을 실행하면 생성기는 두 번 모두 동일한 무작위 숫자계열을 생산한다.

PROCESS에서 seed 옵션을 이용하면 부트스트래핑을 위한 난수생성기의 시드값 배정을 지정할 수 있다. 연구자가 원하는 어떠한 숫자도 시드값으로 사용할 수 있다. 위의 미디어영향력 연구의 syntax에서 "seed=62520"을 지정하였는데 이러한 숫자는 해당분석을 2020년 6월 25일에 실행하였다는 것을 의미한다. 결과적으로 syntax 명령문을 실행할 때마다 자료파일의 행들의 순서가 동일하고 부트스트랩 표본수가 동일하다면 PROCESS는 간접효과의 부트스트랩 신뢰구간을 항상 동일하게 산출해 준다. PROCESS는 결과물의 윗부분에 지정된 시드값을 보여준다. 이러한 시드값을 지정하지 않으면 PROCESS가 어떤 시드값을 사용하였는지 전혀 알 수 없다.

연구자들이 추론검정을 위하여 부트스트래핑을 사용하는 경우에는 항상 난수생성기의 시드값을 배정하는 것을 습관화하는 것이 좋다. 이러한 방법은 동일한 분석을 실행할 때마다 달라지는 신뢰구간과 관련된 문제를 해결할 수 있다. 매 분석마다 동일한 시드값을 지정하면 각 분석에서 동일한 부트스트랩 표본집단을 기준으로 부트스트랩 결과가 도출되기 때문에 항상 동일한 부트스트랩 신뢰구간이 산출된다.

3) 다른 비대칭 신뢰구간 설정방법들

미디어영향력 연구의 95% 부트스트랩 신뢰구간의 상한값과 하한값은 점추정치(0.241)로부터 같은 거리에 있지 않다. 즉, 하한값은 0.241－0.007＝0.234만큼 점추정치에서 떨어져 있고 상한값은 0.518－0.241＝0.277만큼 점추정치에서 떨어져 있다. 이러한 결과는 무작위 재표본추출 때문에 발생한 것이 아니라 ab의 표본분포가 실제로 정규분포하지 않는다는 것을 반영한 것이다. 반면에 정규이론 방법에 의한 신뢰구간은 상한값과 하한값이 점추정치에서 등거리에 있다는 제약을 받고 있다. 식 (2.8)을 살펴보면 95% 신뢰구간의 양 끝점은 점추정치에서 1.96표준오차의 동일한 거리만큼 떨어져 있다. 즉, 양 끝점은 점추정치를 기준으로 대칭적이다. 따라서 백분위 부트스트랩 신뢰구간은 "비대칭적(asymmetric)"이라고 부르고 정규이론방법에 의한 신뢰구간은 "대칭적(symmetric)"이라고 부른다. 추정량의 표본분포가 비대칭적인 경우에는(ab의 표본분포가 대부분 이에 해당한다) 구간추정시에 비대칭적 방법이 선호된다.

비대칭적 신뢰구간을 설정하는 방법은 부트스트래핑이 유일한 방법은 아니다. 다른 방법으로 첫 번째는 부트스트래핑과 동일하게 시뮬레이션에 기반을 두고 있는 몬테카를로 신뢰구간(Monte Carlo confidence interval)방법이 있다. 이 방법은 비록 ab의 분포가 정규분포는 아니지만 정규분포에 가깝다는 사실에 기초를 두고 있다. 또한 OLS회귀를 이용하는 단순매개분석에서 표본을 반복적으로 추출하는 경우에 a와 b는 독립적(이들의 공분산은 0)이다. 따라서 ab의 표본분포의 경험적 근사치는 $\mu = a$, $\sigma = se_a$, $\mu = b$, $\sigma = se_b$(이들은 각각 매개분석에서 얻은 OLS회귀계수와 표준오차이다)를 갖는 정규분포 모집단에서 a와 b의 값을 무작위 추출함으로써 얻을 수 있다. 그리고 a와 b의 표본값을 곱하여 ab^*를 계산하는데 이러한 과정은 k번 반복된다. 다음으로 앞의 부트스트랩 신뢰구간 설정과정 중 (4)에서 (6)의 과정을 거쳐서 ab의 신뢰구간의 상한값과 하한값을 결정한다. 구간추정을 위한 몬테카를로 방법에 관한 종합적인 논의는 Buckland(1984)에 잘 제시되어 있다. 또한 이 분석을 매개분석에 응용하는 절차는 MacKinnon et al. (2004)과 Preacher & Selig(2012)를 참조하면 된다. PROCESS에서도 mc 옵션을 이용하여 몬테카를로 방법을 실행할 수 있다.

적항분포(distribution of the product)방법은 적항의 표본분포에 대한 수학적 근사치에 기반을 두고 있다. 이 방법은 ab를 표준화 척도로 변환하여 간접효과의 신뢰구간의 상한값과 하한값을 표준화 척도값으로 구한 후에 이러한 양 끝점을 다시 ab의 원척도값으로 전환시킨다. 몬테카를로 방법과 마찬가지로 적항분포 방법을 사용하는 경우에는 원자료는 필요하지 않고 매개분석에서 얻은 a, b, se_a, se_b의 값만 알면 된다. 이 방법에 관해서는 MacKinnon, Fritz, Williams, & Lockwood(2007)에 소개되어 있다.

시뮬레이션 연구결과 적항분포방법과 몬테카를로 신뢰구간방법은 타당도와 검정력이 우수하고 결과도 비슷하기 때문에 상호 교환하여 사용할 수 있다(Hayes & Scharkow, 2013). 이들 두 방법은 부트스트래핑과는 달리 원자료를 필요로 하지 않는다.

4) 추론방법은 정말 중요한가?

본절에서 우리는 네 가지의 간접효과 추론검정방법을 알아보았다. 만일 연구자가 이들 네 가지 방법을 모두 이용하여 동일한 자료를 분석한다면 간접효과 추론에 대하여 거의 동일한 결과를 얻게 될 것이다. 하지만 경우에 따라서는 〈표 2.4〉와 같이 결과가 다르게 나타날 수 있다.

이러한 사실은 어느 한 가지 검정방법이 다른 방법들보다 더 우수한지 혹은 더 신뢰할 수 있는지에 관한 문제를 발생시킨다. 많은 연구들이 서로 다른 방법들의 상대적 성과를 비교하였다(Biesanz, Falk, & Savalei, 2010 ; Fritz & MacKinnon, 2007 ; Fritz, Taylor, & MacKinnon, 2012 ; Hayes & Scharkow, 2013 ; MacKinnon et al., 2004 ; Preacher & Selig, 2012 ; Williams & MacKinnon, 2008). 이들 연구의 결론은 어느 방법을 선택할 것인가의 문제는 제1종 오류(간접효과가 없는 경우에 간접효과가 나타났다는 주장)와 제2종 오류(간접효과가 존재하는데 이를 발견하지 못할 확률)의 상대적 관심에 달려 있다는 것이다.

비록 Sobel 검정이 다른 방법에 비하여 보수적이지만 연구자가 제1종 오류에 관심을 둔다면 Sobel 검정은 훌륭한 방법이다. 하지만 이러한 보수성의 검정 비용은 수용하기에는 너무 크다. Sobel 검정을 사용하면 실제로 존재하는 간접효과를 간과할 가능성이 높기 때문에 피하는 것이 좋으며 또한 부트스트랩 신뢰구간방법이 Sobel 검정보다 검정력이 높다. 원칙적으로는 편의수정과 편의수정 가속 부트스트랩 신뢰구간방법이 단순한 백분위방법보다 더 우수하다. 하지만 $_Ta$ 또는 $_Tb$가 0인 경우에는 이 두 가지 방법이 제1종 오류의 가능성을 증가시킨다는 연구결과가 발표되었다(Fritz et al., 2012 ; Hayes & Scharkow, 2013). 불행하게

표 2.4 미디어영향력 연구의 간접효과에 대한 95% 신뢰구간

Method	Lower Limit	Upper Limit
Normal theory	−0.014	0.496
Percentile bootstrap	0.004	0.524
Bias-corrected bootstrap	0.017	0.528
Monte Carlo	0.005	0.523
Distribution of the product	0.011	0.514

도 우리는 $_Ta$ 또는 $_Tb$가 0인지 알 수 없기 때문에 이러한 연구결과를 편의수정 방법의 사용여부에 대한 의사결정에 활용하기가 곤란하다. 어쨌든 제1종 오류의 증가가 염려되는 경우에는 백분위 부트스트랩 신뢰구간방법 혹은 몬테카를로 신뢰구간방법을 사용할 것을 권장한다. 적항분포방법도 우수한 방법이지만 거의 항상 몬테카를로 신뢰구간방법과 상이한 결과가 산출된다.

백분위 부트스트랩 신뢰구간방법은 매개분석에서 간접효과의 추론검정방법으로 더 많이 추천되는 방법으로 인식되어 왔다. 위에서 언급한 시뮬레이션 연구들은 백분위방법이 타당도와 검정력의 균형을 고려하는 경우에 간접효과의 추론검정을 위한 더 나은 방법이라고 할 수 있다. 물론 새로운 검정방법이 개발되면 이러한 순위는 바뀔 수 있을 것이다. 이러한 이유 때문에 PROCESS에서는 간접효과를 포함한 모형을 분석하는 경우에 백분위 부트스트랩 신뢰구간방법을 default로 지정하고 있다.[7)]

2.4.3 총효과의 추론

단순매개모형에서 X가 Y에 영향을 미치는 총효과는 $X \rightarrow Y$의 직접효과와 $X \rightarrow M \rightarrow Y$의 간접효과의 합계로 계산된다. 간접효과의 추정에는 여러 가지 선택이 있지만 총효과의 추론은 간단하다. 비록 총효과가 두 경로의 효과들의 합계지만 모형에서 M을 제외하고 Y를 X에만 회귀하여 추정할 수 있다. 이러한 모형에서 X의 회귀계수(식 2.4의 c)가 X의 총효과이다. 총효과의 추론은 귀무가설검정($H_0: {}_Tc=0$과 대립가설인 $H_a: {}_Tc \neq 0$) 혹은 $_Tc$의 구간추정치가 0을 포함하는지를 이용하여 이루어진다.

대부분의 OLS회귀프로그램들은 두 가지 방법을 실행하는 데에 필요한 결과물을 제시해 준다. PROCESS에서도 total 옵션을 이용하여 총효과를 구할 수 있다. total 옵션은 많은 토글(toggle) 옵션(실행하는 경우에는 인수(argument)를 1로 설정하고 실행하지 않는 경우에는 인수를 0으로 설정하는 옵션) 중의 하나이다. 따라서 total=1을 PROCESS에 추가하면 총효과의 추론결과를 얻을 수 있다. PROCESS의 default 인수는 0인데 PROCESS에서 total 옵션을 제거하면 X의 총효과의 추론결

7) PROCESS version 2 시리즈에서는 편의수정 부트스트랩 신뢰구간이 default로 지정되어 있다.

과를 보여주지 않는다. dialog box를 이용하는 경우에는 Options에서 “Show total effect model”을 선택하면 된다.

위의 syntax에는 total=1을 지정했기 때문에 PROCESS의 결과물에서 “Total effect of X on Y” 혹은 “Total Effect Model”에서 추론결과를 확인할 수 있다. 결과물에서 $c = 0.496$, $p = .077$로 나타나 있기 때문에 $\alpha = 0.05$를 사용하면 통계적 유의성에서 약간 빗나가 있다. 95% 신뢰구간은 [−0.054∼1.045]로 나타났다.

2.5 매개모형 2 : 경제적 스트레스 연구(X가 연속형 변수)

앞의 예제에서는 X가 이분형 변수인 경우의 단순매개분석을 다루었다. 실험연구에서 피험자가 실험집단 혹은 통제집단에 무작위로 배정된 경우에 X는 두 값 중의 하나를 가진다. 실험연구가 아닌 경우에도 X는 이분형 변수(예 : 성별)일 수 있다. 이와 같은 비실험연구(nonexperimental studies)에서도 X의 총효과와 직접효과 및 간접효과는 두 집단의 $\overline{Y}$의 차이로 표현할 수 있다(X의 코딩이 이와 같은 해석이 가능한 경우에).

X가 연속형 변수인 경우에는 간접효과와 총효과 및 직접효과는 두 집단의 평균차이로 나타낼 수 없다. 그렇지만 이들 효과를 추정하는 경우에 2.2절에서 2.4절까지의 절차는 동일하게 적용되며 해석 또한 변하지 않는다. 연속형 변수 X가 Y에 미치는 총효과는 여전히 직접효과와 간접효과로 명확하게 분할되며 지금까지의 절차와 동일한 방법을 사용하여 효과들을 추정할 수 있다.

여기에서는 X가 연속형 변수인 매개모형을 다루는데 이 모형에 관한 자료는 기업가의 경제적 스트레스를 연구한 Pollack, VanEpps, & Hayes(2012)의 연구에서 가져온 것이다. 자료파일명은 ESTRESS.sav이다. 이 연구에 참여한 피험자는 262명의 중소기업 경영자이고 이들은 온라인에서 경제환경에 대한 감정적 및 인지적 반응과 더불어 경영성과에 관한 설문에 응답하였다. [그림 2.6]에 제시한 것처럼 Pollack et al.(2012)은 경제적 스트레스(X)가 억압감정(M)을 경유하여 사업철회의도(Y)에 영향을 주는 매개모형을 설정하였다. 구체적으로 스트레

그림 2.6 경제적 스트레스 연구의 단순매개모형에 대한 통계모형

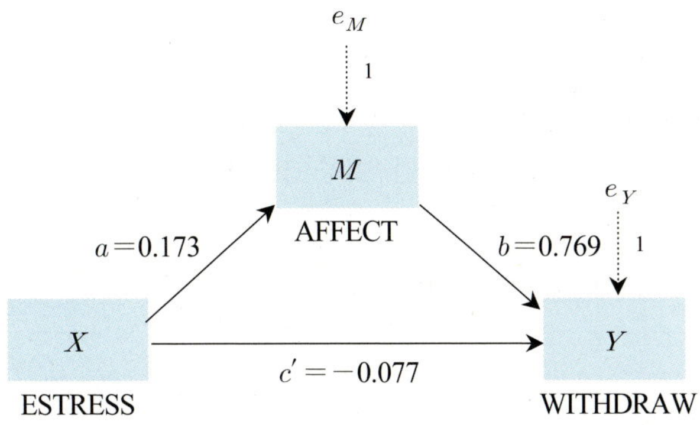

스 경험은 낙담과 절망감을 가져오고 이러한 억압감정이 증가하면 사업철회의도가 더 커진다는 내용이다. 따라서 억압감정은 경제적 스트레스가 사업철회의도에 미치는 영향관계에서 매개변수역할을 수행한다고 가설을 설정하였다.

실험참가자들(162명의 남성과 100명의 여성)은 사업과 관련된 느낌을 묻는 여러 가지 질문에 응답한다. 이러한 응답치들은 경제적 스트레스 변수(자료파일에서 ESTRESS : 높은 점수는 높은 스트레스를 의미)로 사용된다. 다음으로 "낙담하는", "절망하는", "가치 없는" 등과 같은 사업과 관련된 감정을 묻는 질문에 답한다. 이들 질문을 합계하여 사업관련 억압감정 변수(자료파일의 AFFECT : 큰 값은 높은 억압감정을 나타냄)로 사용된다. 그리고 내년에 사업에서 손을 뗄 것인지에 대하여 묻고 이들 자료는 사업철회의도(자료파일의 WITHDRAW : 높은 점수는 높은 철회의도임)를 나타내는 변수로 사용된다.

경제적 스트레스가 사업철회의도에 미치는 직접효과와 간접효과는 이분형 변수 X를 사용한 미디어영향력 연구와 동일하게 추정된다. 즉, 매개변수인 억압감정을 경제적 스트레스(X)에 회귀시켜서 a를 구하고 사업철회의도를 억압감정과 경제적 스트레스에 동시에 회귀시켜서 b와 c'을 얻는다. 이러한 모형을 추정하기 위한 syntax 명령문은 다음과 같다.

```
process y=withdraw/x=estress/m=affect/total=1/model=4/normal=1/stand=1
        /seed=62520.
```

위의 syntax에는 Sobel 검정의 결과물을 얻을 수 있는 normal=1 옵션이 지정되어 있다. 위의 syntax에는 독립변수가 명목척도인 앞의 예제와는 달리 stand=1 옵션이 추가되어 있는데 이는 표준화 효과를 산출하는 데에 사용된다. 예제의 말미에 이에 관한 설명을 추가할 예정이다. syntax 명령문을 실행한 결과가 [그림 2.7]에 나타나 있고 결과를 요약한 내용이 〈표 2.5〉에 제시되어 있다.

그림 2.7 경제적 스트레스 연구의 단순매개모형에 대한 PROCESS 결과물

```
Model  : 4
    Y  : withdraw
    X  : estress
    M  : affect

Sample
Size:  262

Custom
Seed:     62520

**************************************************************************
OUTCOME VARIABLE:
 affect

Model Summary
                  R       R-sq       MSE          F        df1       df2         p
              .3401      .1156     .4650    33.9988     1.0000  260.0000     .0000

Model
               coeff         se          t          p       LLCI      ULCI
constant       .7994      .1433     5.5777      .0000      .5172    1.0816
estress (a)    .1729      .0296     5.8308      .0000      .1145     .2313

Standardized coefficients
               coeff
estress (ã)    .3401

**************************************************************************
OUTCOME VARIABLE:
 withdraw

Model Summary
                  R       R-sq       MSE          F        df1       df2         p
              .4247      .1804    1.2841    28.4946     2.0000  259.0000     .0000

Model
               coeff         se          t          p       LLCI      ULCI
constant      1.4471      .2520     5.7420      .0000      .9508    1.9433
estress (c')  -.0768      .0524    -1.4667      .1437     -.1800     .0263
affect  (b)    .7691      .1031     7.4627      .0000      .5662     .9721
```

```
Standardized coefficients
                  coeff
estress (c̃')      -.0877
affect  (b̃)        .4464

***************************** TOTAL EFFECT MODEL ******************************

OUTCOME VARIABLE:
 withdraw

Model Summary
                  R      R-sq       MSE         F       df1       df2         p
              .0641     .0041    1.5543    1.0718    1.0000  260.0000     .3015

Model
                  coeff        se         t         p      LLCI      ULCI
constant         2.0619     .2620    7.8691     .0000    1.5459    2.5778
estress (c)       .0561     .0542    1.0353     .3015    -.0506     .1629

Standardized coefficients
                  coeff
estress (c̃)       .0641

****************** TOTAL, DIRECT, AND INDIRECT EFFECTS OF X ON Y ******************

Total effect of X on Y
             Effect        se         t         p      LLCI      ULCI       c_cs
         .0561 (c)      .0542    1.0353     .3015    -.0506     .1629  .0641 (c̃)

Direct effect of X on Y
             Effect        se         t         p      LLCI      ULCI      c'_cs
       -.0768 (c')      .0524   -1.4667     .1437    -.1800     .0263 -.0877 (c̃')

Indirect effect(s) of X on Y:
               Effect    BootSE  BootLLCI  BootULCI
affect (ab)     .1330     .0339     .0683     .2021

Normal theory test for indirect effect(s):
               Effect        se         Z         p
affect (ab)     .1330     .0291    4.5693     .0000

Completely standardized indirect effect(s) of X on Y:
               Effect    BootSE  BootLLCI  BootULCI
affect (ab~)    .1518     .0382     .0768     .2264

************************** ANALYSIS NOTES AND ERRORS **************************

Level of confidence for all confidence intervals in output:
  95.0000

Number of bootstrap samples for percentile bootstrap confidence intervals:
  5000
```

표 2.5 경제적 스트레스 연구의 모형계수들

Antecedent		Consequent						
		M(AFFECT)				*Y*(WITHDRAW)		
		coeff.	*SE*	*p*		coeff.	*SE*	*p*
X(ESTRESS)	a	0.173	0.030	<.001	c'	−0.077	0.052	.146
M(AFFECT)		—	—	—	b	0.769	0.103	<.001
constant	i_M	0.799	0.143	<.001	i_Y	1.447	0.252	<.001
		$R^2=0.116$				$R^2=0.180$		
		$F(1,\ 260)=33.999,\ p<.001$				$F(2,\ 259)=28.495,\ p<.001$		

결과물에서 $a=0.173$, $b=0.769$, $c'=-0.077$로 나타났다. 이들을 두 결과변수에 대한 회귀방정식으로 나타내면 다음과 같다.

$$\hat{M}=0.799+0.173X$$

$$\hat{Y}=1.447-0.077X+0.769M$$

a와 b를 곱하면 간접효과가 $ab=0.173(0.769)=0.133$으로 계산된다. 따라서 경제적 스트레스가 한 단위 차이나는 두 사업가는 $X \rightarrow M \rightarrow Y$의 결과(더 많은 경제적 스트레스는 더 높은 억압감정을 가져오고(a가 양수) 높은 억압감정은 높은 철회의도를 발생시킨다(b가 양수))로 사업철회의도의 추정치가 0.133단위만큼 차이난다고 말할 수 있다. 그리고 95% 부트스트랩 신뢰구간이 완벽하게 0보다 크기 때문에(0.068~0.202) 이러한 간접효과는 통계적으로 0과 다르다(statistically different from zero)고 결론을 내린다. 그리고 Sobel 검정(정규이론 검정)결과($Z=4.569$, $p<.001$)도 간접효과가 유의하게 양수로 나타났다.

경제적 스트레스의 직접효과는 $c'=-0.077$로 나타났는데 이는 억압감정의 강도는 같지만 경제적 스트레스가 한 단위 차이나는 두 사업가의 사업철회의도의 차이는 0.077단위로 추정된다는 것을 의미한다. 직접효과의 계수가 음수로 나타났기 때문에 동일한 억압감정을 느끼지만 스트레스는 더 많이 받는 사람의 사업철회의도가 0.077단위만큼 낮다고 해석한다. 하지만 이러한 직접효과는 통계적으로 유의하지 않게 나타났다($t(259)=-1.467$, $p=.144$). 95% 신뢰구간에 0이 포함되기 때문에(−0.180~0.026) 직접효과는 통계적으로 0과 다르지 않다고 말할 수 있다.

경제적 스트레스가 사업철회의도에 미치는 총효과는 직접효과와 간접효과를 합계하거나 사업철회의도를 경제적 스트레스에만 회귀시켜서 얻을 수 있다. 전자의 방법을 사용하면 $c = c' + ab = -0.077 + 0.133 = 0.056$으로 계산된다. 따라서 경제적 스트레스가 한 단위 차이나는 두 사업가의 사업철회의도의 차이는 0.056단위로 추정된다. 총효과의 부호가 양수이기 때문에 경제적 스트레스를 더 많이 받는 사람의 사업철회의도가 더 높다고 해석한다. 하지만 총효과 역시 통계적으로 유의하지 않게 나타났다($t(260) = 1.035$, $p = .302$). 95% 신뢰구간(-0.051 ~0.163)도 0을 포함하기 때문에 총효과는 통계적으로 0과 다르지 않다는 것이 확인되었다.

매개분석에서의 완전표준화 효과

본장에서 X의 총효과는 두 가지 효과인 직접효과와 간접효과로 분리될 수 있다는 것을 알아보았다. 즉, X의 총효과(c)는 X의 직접효과(c')와 X가 M을 경유하여 Y에 영향을 주는 간접효과(ab)의 합계($c = c' + ab$)로 계산된다.

이러한 경로분석 대수학은 회귀계수들이 표준화 형태로 표현되는 경우에도 동일하게 적용된다. X와 M 및 Y를 표준화하여 본장의 매개분석을 실행한다고 가정하는 경우의 회귀식은 다음과 같이 나타낼 수 있다.

$$\hat{Z}_M = i_M + \tilde{a} Z_X \tag{2.9}$$

$$\hat{Z}_Y = i_Y + \tilde{c}' Z_X + \tilde{b} Z_M \tag{2.10}$$

$$\hat{Z}_Y = i_{Y*} + \tilde{c} Z_X \tag{2.11}$$

식 (2.9)에서 $\tilde{a}$(~는 tilde라고 읽는다)는 X가 M에 영향을 미치는 완전표준화 효과(completely standardized effect)이며 X가 1표준편차만큼 차이가 나는 두 사례 간의 M의 표준편차의 추정된 차이라고 해석한다. 그리고 식 (2.10)의 $\tilde{b}$는 X를 통제한 상태에서 M이 Y에 영향을 미치는 완전표준화 효과이다. 이러한 $\tilde{b}$는 동일한 X값을 가지면서 M이 1표준편차만큼 차이가 나는 두 사례의 Y의 표준편차의 추정된 차이를 의미한다. 또한 $\tilde{c}'$는 X가 Y에 영향을 주는 완전표준화 효과인데 이는 M값은 동일하지만 X가 1표준편차만큼 차이가 나는 두 사례 간의

Y의 표준편차의 추정된 차이로 해석한다. 마지막으로 식 (2.11)의 $\tilde{c}$도 X의 완전표준화 총효과이며 이는 X가 1표준편차만큼 차이나는 두 사례의 Y의 표준편차의 추정된 차이를 말한다.

비표준화 효과의 경우와 마찬가지로 X의 완전표준화 총효과는 완전표준화 직접효과와 완전표준화 간접효과로 나눌 수 있다. 즉, $\tilde{c}=\tilde{c}'+\widetilde{ab}$가 성립한다. 이 식에서 $\widetilde{ab}$는 X의 완전표준화 간접효과를 의미하며 $\tilde{a}\tilde{b}$로 정의된다. 이러한 완전표준화 간접효과는 X가 M에 영향을 미치고 M은 Y에 영향을 주는 과정을 통하여 X가 1표준편차만큼 차이나는 두 사례 간의 Y의 표준편차의 추정된 차이를 말한다.

이상의 모든 완전표준화 효과들은 변수들을 표준화하여 식 (2.9)와 (2.10) 및 (2.11)을 추정하는 절차를 밟지 않고도 계산할 수 있다. 즉, 비표준화 효과들인 c, a, b 및 c'의 추정치들과 X와 M 그리고 Y의 표준편차를 알 수 있다면 이러한 완전표준화 효과들은 다음과 같이 계산할 수 있다.

$$\tilde{a}=a(SD_X/SD_M)$$
$$\tilde{b}=b(SD_M/SD_Y)$$
$$\tilde{c}'=c'(SD_X/SD_Y)$$
$$\widetilde{ab}=ab(SD_X/SD_Y)$$

또한 이러한 $\tilde{a}$, $\tilde{b}$, $\tilde{c}$ 및 $\tilde{c}'$는 OLS회귀프로그램(예 : SPSS)이 제공하는 표준화 회귀계수를 확인하면 된다. PROCESS에서 이러한 표준화 회귀계수를 얻기 위해서는 stand 옵션의 인수를 1로 설정하면(stand=1) 된다. 이러한 옵션을 설정한 결과가 [그림 2.7]의 결과물의 “Standardized coefficients”에 나타나 있다. 그리고 [그림 2.7]의 하단부에 완전표준화 총효과와 직접효과가 제시되어 있고 완전표준화 간접효과에 대한 결과가 부트스트랩 신뢰구간과 함께 나타나 있다.

[그림 2.7]에서 $\tilde{a}=0.3401$로 나타났다. 따라서 경제적 스트레스가 1표준편차만큼 차이나는 두 사업가는 억압감정이 0.3401표준편차만큼 차이가 나며 스트레스를 많이 받으면 억압감정도 커진다고 말할 수 있다. 또한 억압감정이 1표준편차만큼 더 크면 사업철회의도가 0.4464표준편차만큼 더 커진다는 것을 알 수 있다($\tilde{b}=0.4464$). 이러한 두 과정이 결합되어 경제적 스트레스가 1표준편차만큼 더

큰 사업가는 0.1518표준편차만큼 더 큰 사업철회의도를 나타낸다고 결론을 내릴 수 있다($\widetilde{ab}$= 0.1518). 그리고 억압감정을 수정(통제)한 후에 경제적 스트레스를 1 표준편차만큼 더 크게 느끼는 사업가는 사업철회의도를 0.0877표준편차만큼 덜 느낀다는 것을 알 수 있다($\tilde{c}'$=−0.0877). 또한 완전표준화 직접효과와 완전표준화 간접효과를 합하면 완전표준화 총효과가 계산된다. 즉, $\tilde{c}'(-0.0877)+\widetilde{ab}(0.1518)=\tilde{c}(0.0641)$의 수식이 성립한다.

이러한 완전표준화 총효과의 분할(partitioning)은 X의 변수형태(연속형 변수 혹은 이분형 변수)와 관계없이 항상 적용된다. 하지만 회귀모형에서 이분형(dichotomous) 변수의 완전표준화 효과는 사용하지도 말고 해석하지도 않아야 한다.

CHAPTER 3

다중매개모형

3.1 병렬다중매개모형
3.2 병렬다중매개모형의 예제 : 미디어영향력 연구
3.3 통계적 추론
3.4 직렬다중매개모형
3.5 병렬다중매개모형과 직렬다중매개모형이 결합된 모형
3.6 다중매개모형의 보충내용과 매개변수들 간의 경쟁

제2장에서 우리는 통계적 매개분석의 기초적인 내용을 알아보았다. 한 개의 매개변수를 포함한 모형에서 X가 Y에 미치는 총효과가 직접효과와 간접효과로 어떻게 분할되는지 예제를 통하여 살펴보았고 총효과와 직접효과 및 간접효과의 통계적 가설검정방법을 학습하였다. 단순매개모형은 연구자들이 종종 사용하지만 현상을 지나치게 단순화한다는 단점을 지니고 있다. 특히 단일의 매개변수만 사용하기 때문에 연구자는 다중 메커니즘을 단일의 모형에 통합한 모형은 분석할 수 없다.

단순매개모형의 한계점은 적어도 네 가지를 들 수가 있다(MacKinnon, 2008 ; Preacher & Hayes, 2008).

첫째, 학자들이 연구하는 대부분의 효과나 현상들은 다중 메커니즘을 통하여 동시에 작용한다. 어떠한 모형도 결과변수를 완벽하게 그리고 정확하게 설명하지 못하기 때문에 어느 정도 틀린 모형이라고 할 수 있다(MacCallum, 2003). 하지만 어떤 모형은 다른 모형보다 더 틀릴 수도 있다. 만일 선행변수가 다중 메커니즘을 통하여 결과변수에 영향을 미친다는 합리적인 이유가 있다면 다중과정을 동시에 허용하는 모형을 추정하는 것이 더 우수한 방법이 될 것이다.

둘째, 단순매개모형에서 특정경로의 인과적 영향 자체가 매개될 수도 있다. 예를 들어서 직접효과는 M과는 독립적으로 X가 Y에 미치는 영향을 추정한 것이다. 하지만 이러한 영향이 전달되는 메커니즘이 식별가능할 수 있다. 즉, 직접효과는 모형에 이미 도입된 매개변수 이외에 X와 Y를 연결해 주는 한 개 이상의 메커니즘의 추정치라고 해석할 수도 있다. 이와 유사하게 단순매개모형에서 a경로는 X가 M에 미치는 총효과를 추정한 것이고 b경로는 X를 통제한 경우에 M이 Y에 미치는 총효과를 추정한 것이라고 볼 수 있다. 이들 총효과는 $X \rightarrow Y$의 총효과와 마찬가지로 각각 한 개 이상의 매개변수를 경유한 직접효과와 간접효과로 분할할 수 있을 것이다. 이렇게 해석하기 위해서는 단순매개모형에 적어도 하나 이상의 매개변수를 추가해야 한다.

셋째, 매개변수가 종속변수에 영향을 미치기 때문이 아니라 종속변수에 인과적으로 영향을 미치는 제3의 변수와 상관관계가 있기 때문에 종속변수와 관련이 있다고 나타날 수 있다. 이러한 비인과적 대체설명이 부수현상(epiphenomenality)이다. X가 X 이외의 다른 Y의 원인변수와 상관관계가 있지만 X가 그 자체로 Y에 인과적 영향을 미치지 않는 경우에 X와 Y의 관계는 부수현상관계라고 한다. 앞의 경제적 스트레스 연구에서 경제적 스트레스가 기업가정신의 철회의도에 미치는 영향의 매개변수가 억압감정이 아니라 실제로는 역할갈등(role conflict)이라고 가정하자. 기업가들은 사업을 유지하기 위하여 일에 많은 시간을 소비하고 가족이나 친구로부터 떨어진 생활을 한다. 이러한 역할 간 갈등(기업가의 역할, 가족, 배우자, 아버지 혹은 어머니의 조력자의 역할)은 상충되는 역할들의 균형을 맞추기 위하여 직업을 바꾸려는 의도를 증가시킬 것이다. 만일 사업관련 억압감정과 역할갈등의 상관관계가 존재하는 경우에 역할갈등을 매개변수로 도입하지 않는 것은 억압감정이 스트레스와 철회의도의 관계를 매개한다는 잘못된 주장을 받아들이게 할 것이다.

넷째, X와 Y의 관계에 다중매개변수들을 도입하면 경쟁이론들을 비교할 수 있다. 예를 들어 A이론은 AA가 매개변수라고 주장하고 B이론은 BB가 매개변수라고 주장한다면 AA와 BB를 통합모형에 동시에 매개변수로 도입하여 이들을 통하여 X가 Y에 미치는 두 간접효과(모형에 따라 세 개 이상의 간접효과도 가능)의 크기에 대한 공식적인 비교(formal comparison)가 가능할 것이다. 이러한 방식을 이용하면 어느 매개변수의 간접효과가 더 큰지를 확인할 수 있다.

3.1 병렬다중매개모형

병렬다중매개모형(parallel multiple mediator model)은 매개변수가 두 개 이상이면서 어떠한 매개변수도 다른 매개변수에 인과적으로 영향을 미치지 않는 모형이다. 예를 들어 Teixeira et al.(2010)은 중년여성들을 대상으로 1년 동안 30회 실시한 체중감량 관여(intervention)프로그램의 효과를 검정하기 위하여 감성적 식사(우울한 기분을 달래기 위한 식사), 절제된 식사(포만감 후에 금식) 및 운동장애요인의 세 가지 매개변수를 도입하였다. 이에 관한 개념모형이 [그림 3.1]에 나타나 있다. 실험결과 통제집단의 여성들보다 실험집단에 배정된 여성들 사이에서 체중감량이 더 크게 나타났다. 그리고 매개분석결과 관여프로그램은 감성적 식사의 빈도수의 감소와 절제된 식사의 증가를 경유하여 체중감량을 증가시키는 것이 확인되었다. 하지만 이러한 두 매개변수와는 독립적으로 관여프로그램이 운동장애요

그림 3.1 병렬다중매개모형의 개념모형

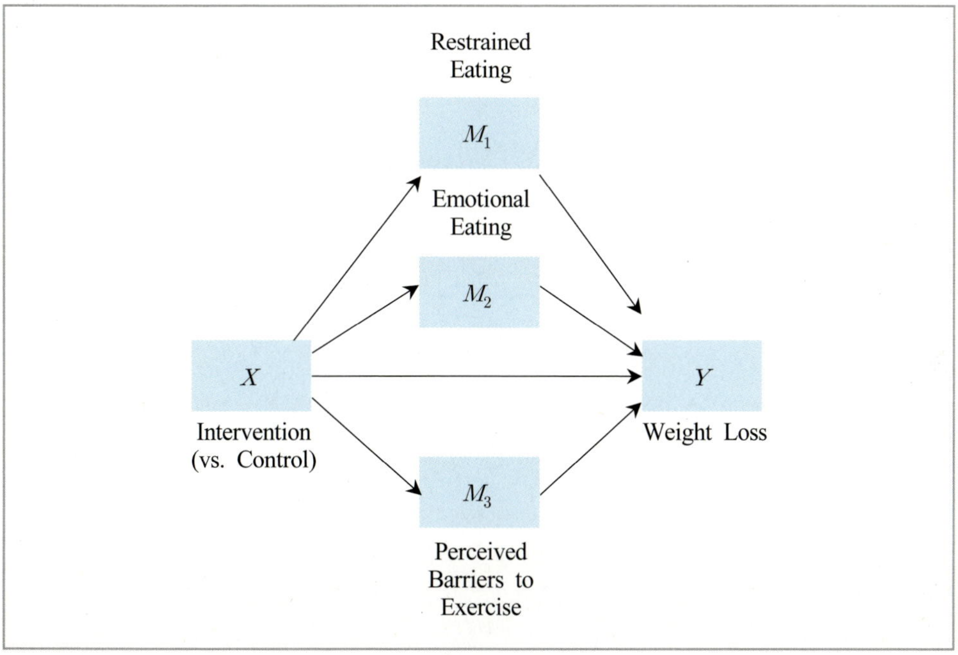

인을 경유하여 체중감량에 영향을 주는 매개효과는 나타나지 않았다.

k개의 매개변수가 도입된 병렬다중매개모형의 일반적인 통계모형은 [그림 3.2]와 같다.

병렬다중매개모형의 특징은 직렬다중매개모형과는 달리 매개변수 간의 영향을 고려하지 않는다는 제한점이다. 이러한 제한은 [그림 3.2]에서 매개변수 간의 화살표가 지정되지 않은 점을 보면 명확히 알 수 있다. 하지만 이러한 제한이 매개변수들이 서로 독립적이라는 것을 의미하지는 않는다. 실제로는 매개변수 간에 상관관계가 존재할 가능성이 있다. 설혹 상관관계가 존재하지 않는다 해도 k개의 단순매개모형을 추정하는 것보다 k개의 매개변수를 모두 도입한 병렬다중매개모형을 분석하는 것에 이점들이 있다. 만일 매개변수 간 상관관계는 낮지만 매개변수들과 Y 사이에 상관관계가 높다면 병렬다중매개모형의 분석은 검정력을 높여주고 서로 다른 매개변수를 경유한 간접효과들의 크기를 비교할 수 있게 만든다.

원칙적으로 병렬다중매개모형에서 도입할 수 있는 매개변수의 숫자는 표본 크기와 변수의 개수에 달려 있다. 실제 연구에서는 2개의 매개변수를 포함한 연구

그림 3.2 k개의 매개변수가 포함된 병렬다중매개모형의 통계모형

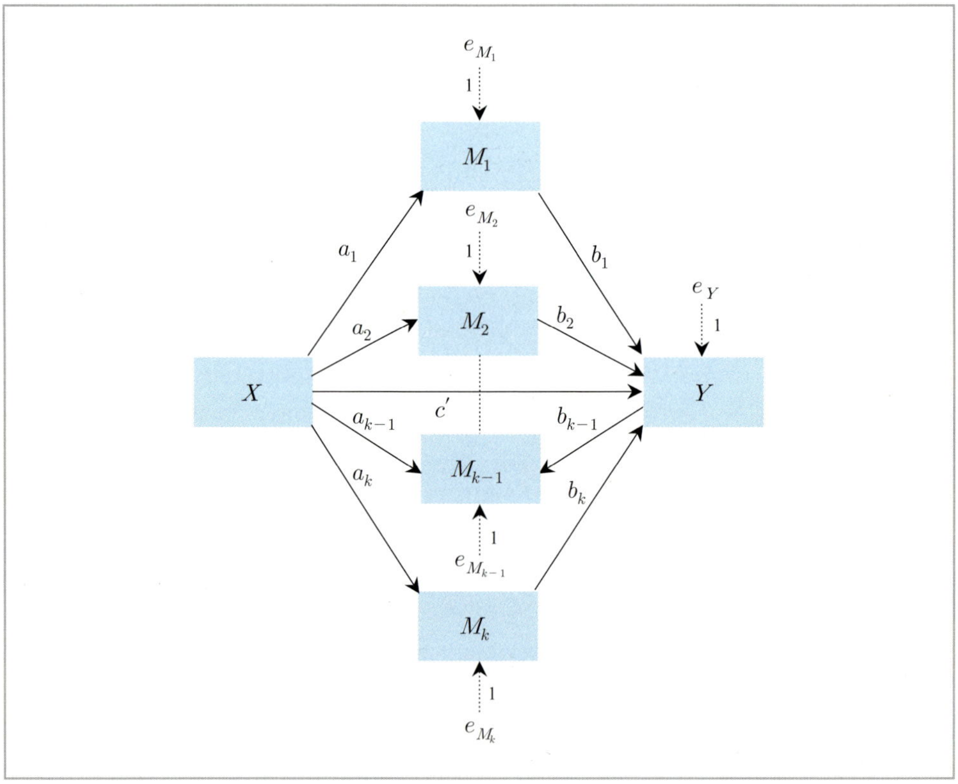

가 가장 흔하다(Gurmen & Rohner, 2014 ; Pitts & Safer, 2016). 이 외에도 매개변수를 3개 도입한 연구(Jones, Willness, & Madey, 2014 ; Merino, Senra, & Ferreiro, 2016), 4개 도입한 연구(Goldman, Goodboy, & Weber, 2016 ; Kirby, Jones, & Copello, 2014), 5개 도입한 연구(Brandt & Reyna, 2010 ; Osberg, Billingsley, Eggert, & Insana, 2012), 6개 도입한 연구(Goldman & Goodboy, 2016 ; Weiss & Burnham, 2015)가 있고 심지어는 7개를 도입한 연구(Hsu, Woody, Lee, Peng, Zhou, & Ryder, 2012 ; Lecheler, Bos, & Vliegenthart, 2015)도 발표되었다.

[그림 3.2]를 보면 알 수 있는 것처럼 k개의 매개변수들로 이루어진 다중매개모형은 $k+1$개의 결과변수(k개의 매개변수와 1개의 종속변수(Y))가 존재하므로 X가 Y에 미치는 모든 영향을 추정하기 위해서는 다음과 같이 $k+1$개의 회귀방정식이 필요하다.

$$M_i = i_{M_i} + a_i X + e_{M_i} \quad i\text{는 1부터 } k\text{까지} \tag{3.1}$$

$$Y = i_Y + c'X + \sum_{i=1}^{k} b_i M_i + e_Y \tag{3.2}$$

위의 회귀방정식들에서 a_i는 X가 M_i에 미치는 영향의 추정치이고 b_i는 X와 다른 $k-1$개의 M을 통제한 상태에서 M_i가 Y에 미치는 영향의 추정치이며 c'는 모든 k개의 M을 동일한 수준으로 유지한 상태(통제한 상태)에서 X가 Y에 미치는 영향에 대한 추정치이다.

예를 들어 체중감량연구와 같이 세 개의 매개변수를 포함한 병렬다중매개모형은 $k=3$이므로 다음과 같이 4개의 회귀방정식이 필요하다.

$$M_1 = i_{M_1} + a_1 X + e_{M_1} \tag{3.3}$$

$$M_2 = i_{M_2} + a_2 X + e_{M_2} \tag{3.4}$$

$$M_3 = i_{M_3} + a_3 X + e_{M_3} \tag{3.5}$$

$$Y = i_Y + c'X + b_1 M_1 + b_2 M_2 + b_3 M_3 + e_Y \tag{3.6}$$

식 (3.3), (3.4) 및 (3.5)에서 a_1과 a_2 및 a_3는 X가 한 단위 차이나는 두 사례가 각각 M_1과 M_2 및 M_3에 미치는 영향의 차이를 의미한다. 그리고 식 (3.6)에서 b_1은 X와 M_2 및 M_3가 동일한 수준에서 M_1이 한 단위 차이나는 두 사례가 Y에 미치는 영향의 차이를 말한다. 마찬가지로 b_2는 X와 M_1 및 M_3를 통제한 상태에서 M_2가 한 단위 차이나는 두 사례의 Y의 차이이며 b_3는 X와 M_1 및 M_2가 동일한 수준에서 M_3가 한 단위 차이나는 두 사례의 Y의 차이이다. 마지막으로 c'은 M_1과 M_2 및 M_3를 통제한 상태에서 X가 한 단위 차이나는 두 사례의 Y의 차이를 의미한다.

a_i와 c'의 해석은 X의 척도유형(연속형 또는 이분형)과는 관계없이 동일하게 이루어진다. 하지만 X가 한 단위 차이(one unit difference)로 코딩된 두 집단(이분형 변수)이라면 이들은 추정된 평균의 차이로 해석한다. 예를 들어 X가 이분형 변수(X=0과 1)로 이루어져 있다고 가정하자. 이러한 경우에 a_i와 c'은 다음과 같다.

$$a_i = [\overline{M_i} | (X=1)] - [\overline{M_i} | (X=0)]$$

$$c' = [\overline{Y}^* | (X=1)] - [\overline{Y}^* | (X=0)]$$

위의 식에서 $\overline{Y}^*$는 모든 매개변수들을 표본평균으로 고정시킨 수정평균값이다(2.3절 참조). 즉, $\overline{Y}^* = i_Y + c'X + \sum_{i=1}^{k} b_i \overline{M}_i$이다.

▌병렬다중매개모형의 직접효과와 간접효과

[그림 3.2]와 같은 병렬다중매개모형에서 X는 $k+1$개의 경로를 통하여 Y에 영향을 미치는 것으로 모형화된다. 한 경로는 매개변수들을 거치지 않고 Y에 영향을 주는 직접효과이고 다른 k개의 경로들은 단일의 특정 매개변수를 통하여 Y에 영향을 미치는 간접효과들이다. 다중매개모형에서 개별경로를 통한 간접효과를 특정간접효과(specific indirect effects)라고 부른다. 따라서 k개의 매개변수를 가진 모형에는 k개의 특정간접효과가 나타나는데 이들은 M_1을 경유한 간접효과($X \rightarrow M_1 \rightarrow Y$), M_2를 통한 간접효과($X \rightarrow M_2 \rightarrow Y$) 및 M_k를 경유하는 간접효과($X \rightarrow M_k \rightarrow Y$) 등으로 표현될 수 있다.

단순매개모형과 마찬가지로 특정 M_i를 통한 간접효과는 경로들의 효과에 대한 적항(product)으로 나타낸다. 병렬다중매개모형에서는 단지 두 개의 경로가 나타나는데 첫 번째 경로는 X가 M_i에 영향을 미치는 경로이고 두 번째 경로는 M_i가 Y에 영향을 미치는 경로이다. 이러한 두 경로에 해당하는 회귀계수들을 곱하면 $X \rightarrow M_i \rightarrow Y$의 특정간접효과가 계산된다. 따라서 식 (3.3)에서 (3.6)까지의 회귀방정식을 이용하여 추정된 간접효과들 중에서 M_1을 경유한 간접효과는 a_1b_1이고 M_2를 경유한 간접효과는 a_2b_2로 계산되며 M_3를 통한 간접효과는 a_3b_3로 추정된다. 일반적으로 말하면 M_i를 경유한 간접효과는 식 (3.1)과 (3.2)에서 a_ib_i로 추정된다.

특정간접효과의 해석은 단순매개모형과 동일하지만 "모형 내의 다른 모든 매개변수들을 통제한 상태에서(controlling for all other mediators in the model)"라는 단서조항이 추가된다. 따라서 X가 M_i를 경유하여 Y에 영향을 주는 특정간접효과는 다른 모든 매개변수들이 일정한 값을 가지는 경우에 X는 M_i에 영향을 미치고 M_i는 Y에 영향을 미친 결과, X가 한 단위 다른 두 사례가 Y에 미치는 영향의 차이를 의미한다.

이러한 특정간접효과를 모두 합계하면 모형 내의 모든 매개변수들을 통과하여 X가 Y에 영향을 주는 총간접효과(total indirect effect)가 산출된다. k개의 매개변수가 포함된 다중매개모형에서의 총간접효과는 다음과 같다.

$$X\text{가 } Y\text{에 영향을 미치는 총간접효과} = \sum_{i=1}^{k} a_i b_i$$

예를 들면 식 (3.3)에서 (3.6)을 이용하여 추정된 병렬다중매개모형의 총간접효과는 $a_1b_1 + a_2b_2 + a_3b_3$로 계산된다.

X의 직접효과(c')는 모든 매개변수들과는 독립적으로(통제한 상태에서) X가 한 단위 차이나는 두 사례의 Y값의 차이를 의미한다. 그리고 총효과(c)는 단순매개모형에서와 마찬가지로 직접효과와 간접효과의 합계이며 매개변수가 k개인 경우에 총효과는 다음과 같다(식 3.1과 3.2).

$$c = c' + \sum_{i=1}^{k} a_i b_i \tag{3.7}$$

그리고 총효과는 식 (2.4)처럼 Y를 X에만 회귀시켜서 추정할 수도 있다. 예를 들어 매개변수가 세 개인 경우에 $c = c' + a_1b_1 + a_2b_2 + a_3b_3$로 계산된다. 식 (3.7)에서 총간접효과는 다음과 같이 X의 총효과와 직접효과의 차이로 나타낼 수 있다.

$$\sum_{i=1}^{k} a_i b_i = c - c'$$

3.2 병렬다중매개모형의 예제 : 미디어영향력 연구

제2장에서 우리는 Tal-Or et al.(2010)의 자료를 이용하여 설탕재고부족 가능성을 다룬 신문기사에 대한 실험참가자들의 반응을 알아보았다. 이 실험에서 피험자의 절반에게는 해당기사가 이스라엘의 유력한 신문의 1면에 실려 있다고 알려

주었고 나머지 절반에게는 신문의 중간면에 실려 있다고 알려주었다. 신문기사를 읽은 후에 다른 사람들이 신문기사에 어떠한 영향을 받았을까(일반대중이 신문기사 때문에 밖으로 나가서 설탕을 구매할 가능성의 정도)에 관한 피험자들의 신념을 측정하였다. 이러한 변수는 PMI로 저장되어 있고 매개변수로 사용되었다. 신문기사의 위치에 대한 조작은 독립변수인 COND로 저장되어 있고 COND=1은 1면 상황이고 COND=0은 중간면 상황이다. 그리고 피험자들의 설탕구매의도는 종속변수인 REACTION으로 저장되어 있다. 즉, 이 모형은 신문기사가 1면에 실렸다고 들은 피험자들은 중간면에 실렸다고 들은 사람들에 비하여 일반대중들이 신문기사에 더 많이 영향을 받을 것이라고 생각하기 때문에 (다른 사람들이 설탕을 사기 전에) 자신들이 빨리 나가서 설탕재고가 바닥나기 전에 설탕을 구입해야 한다고 결정할 것이라는 내용을 담고 있다.

도입부분에서 설명한 바와 같이 단순매개분석에서 X가 M을 경유하여 Y에 영향을 미치는 간접효과를 설정하였다고 해서 X와 Y를 연결시키는 매개변수가 오직 M 한 개만 존재한다는 것을 의미하지는 않는다. 나아가 간접효과는 X와 Y의 인과관계의 "진정한(true)" 매개변수(들)와 단순매개모형에서의 M과의 부수현상관계(epiphenomenal association) 때문에 발생할 수도 있다. 즉, 신문기사조작(X)에 영향을 받으면서 동시에 미디어영향력(M)과 상관관계가 존재하는 다른 변수가 신문기사의 위치가 설탕구매의도에 영향을 미치는 실제 매개변수가 될 수도 있다.

다행히도 Tal-Or et al.(2010)은 이러한 사실을 인식하고 또 다른 매개변수인 이슈중요도(perceived issue importance)변수(자료파일의 IMPORT)를 측정하였다. 즉, 사람들은 신문기사의 위치로부터 해당기사가 어느 정도 주목할 만한 가치가 있는지를 평가한다는 것이다. 이들은 두 문항을 이용하여 설탕재고부족이 얼마나 중요한지에 관한 피험자들의 신념을 측정하였다. 이슈중요도(IMPORT)와 미디어영향력(PMI)의 상관관계는 유의하게 나타났다($r = 0.282$, $p < .01$). 즉, 신문기사가 이를 읽은 다른 사람들의 설탕구매의도에 영향을 미친다고 믿는 사람들은 예견되는 설탕부족 사태를 중요하게 판단한다고 할 수 있다. 따라서 미디어영향력이 기사위치가 사람들의 반응에 미치는 영향력 사이의 매개변수가 되고 이슈중요도 또한 진정한 매개변수가 될 수 있다고 생각할 수 있다.

PMI와 IMPORT를 모두 도입한 병렬다중매개모형에서 간접효과를 추정하면 두 매개변수 간 상관관계를 설명하면서(accounting for) 두 매개변수를 경유한 간접효과들을 동시에 검정할 수 있다. [그림 3.3]은 이와 같이 매개변수가 두 개인

그림 3.3 미디어영향력 연구의 다중매개모형에 대한 통계모형

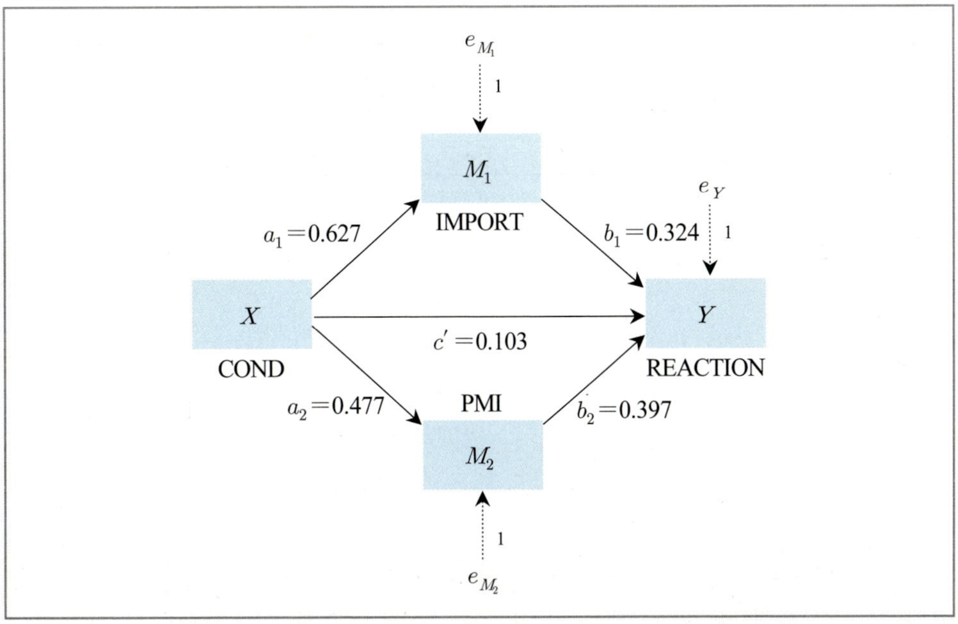

병렬다중매개모형의 통계모형이다.

[그림 3.3]에서 결과변수는 모두 세 개(M_1, M_2 및 Y)이므로 모든 효과들을 추정하기 위해서는 세 개의 회귀방정식이 필요하다. 이러한 세 개의 회귀방정식을 추정하기 위한 SPSS syntax는 다음과 같다.

```
regression/dep=import/method=enter cond.
regression/dep=pmi/method=enter cond.
regression/dep=reaction/method=enter import cond pmi.
```

이 모형에 관한 회귀계수, 표준오차 및 다른 통계량들의 요약치가 〈표 3.1〉에 나타나 있고 [그림 3.3]의 경로에 겹쳐져 있다.

표 3.1 미디어영향력 연구의 병렬다중매개모형의 회귀계수와 표준오차 및 모형요약정보

		Consequent										
		M_1 (IMPORT)				M_2 (PMI)				Y (REACTION)		
Antecedent		Coeff.	SE	p		Coeff.	SE	p		Coeff.	SE	p
X (COND)	a_1	0.627	0.310	.045	a_2	0.477	0.236	.045	c'	0.103	0.239	.666
M_1 (IMPORT)		—	—	—		—	—	—	b_1	0.324	0.071	<.001
M_2 (PMI)		—	—	—		—	—	—	b_2	0.397	0.093	<.001
Constant	i_{M_1}	3.908	0.213	<.001	i_{M_2}	5.377	0.162	<.001	i_Y	−0.150	0.530	.778
		$R^2=0.033$				$R^2=0.033$				$R^2=0.325$		
		$F(1, 121)=4.094$, $p=.045$				$F(1, 121)=4.088$, $p=.045$				$F(3, 119)=19.112$, $p<.001$		

PROCESS를 이용하면 위의 세 가지 회귀방정식을 하나의 명령문에 도입하여 분석을 실행할 수 있을 뿐만 아니라 SPSS를 이용한 회귀분석에서 제공하지 않는 여러 가지 추가적인 통계량들과 추론검정결과를 얻을 수 있다. 이러한 통계적 추론을 위한 PROCESS syntax는 다음과 같다.

```
process y=reaction/x=cond/m=import pmi/total=1/contrast=1
        /model=4/modelres=1/seed=62520.
```

위의 syntax에서 modelres=1을 지정하면 변수 간 편상관(partial correlation)을 얻을 수 있다. [그림 3.4]의 “CORRELATIONS BETWEEN MODEL RESIDUALS” 아래에 이러한 편상관이 제시되어 있다. 결과물에서 두 매개변수 간 편상관은 0.2578로 나타나 있다. 따라서 기사위치의 실험조작이 두 매개변수인 기사의 중요성과 미디어영향력에 미치는 영향을 통계적으로 수정(통제)한 후에 설탕재고부족이 중요하다고 판단하는 사람들은 미디어영향력도 높게 평가한다고 말할 수 있다.

위의 syntax는 제2장의 단순매개모형의 명령문과 유사하지만 몇 가지 달라진 점들이 보인다. 첫째, 매개변수가 두 개이므로 m= 이후에 두 개의 매개변수를 지정해야 한다. 그리고 병렬다중매개모형에서는 어느 매개변수를 먼저 지정

하고 나중에 지정하는 것은 분석에 영향을 미치지 않기 때문에 매개변수의 지정 순서는 중요하지 않다. 모형번호는 model=4로 동일하다. 둘째, 위의 명령문에는 contrast=1 명령문이 지정되어 있는데 이는 특정간접효과들의 차이에 대한 검정을 요청하는 명령문이다. 이에 관해서는 3.3절에서 다룰 예정이다. 위의 syntax에 대한 PROCESS 결과물이 [그림 3.4]에 제시되어 있다.

그림 3.4 미디어영향력 연구의 병렬다중매개모형에 대한 PROCESS 결과물

```
Model  : 4
    Y  : reaction
    X  : cond
   M1  : import
   M2  : pmi

Sample
Size:  123

Custom
Seed:     62520

**************************************************************************
OUTCOME VARIABLE:
 import

Model Summary
                  R       R-sq       MSE         F       df1       df2         p
              .1809      .0327    2.9411    4.0942    1.0000  121.0000     .0452

Model
                coeff         se          t          p       LLCI       ULCI
constant       3.9077      .2127    18.3704      .0000     3.4866     4.3288
cond   (a1)     .6268      .3098     2.0234      .0452      .0135     1.2401

**************************************************************************
OUTCOME VARIABLE:
 pmi

Model Summary
                  R       R-sq       MSE         F       df1       df2         p
              .1808      .0327    1.7026    4.0878    1.0000  121.0000     .0454

Model
                coeff         se          t          p       LLCI       ULCI
constant       5.3769      .1618    33.2222      .0000     5.0565     5.6973
cond   (a2)     .4765      .2357     2.0218      .0454      .0099      .9431

**************************************************************************
OUTCOME VARIABLE:
 reaction

Model Summary
                  R       R-sq       MSE         F       df1       df2         p
              .5702      .3251    1.6628   19.1118    3.0000  119.0000     .0000
```

```
Model
                   coeff         se          t          p       LLCI       ULCI
constant          -.1498      .5298     -.2828      .7778    -1.1989      .8993
cond    (c')       .1034      .2391      .4324      .6662     -.3701      .5768
import (b1)        .3244      .0707     4.5857      .0000      .1843      .4645
pmi     (b2)       .3965      .0930     4.2645      .0000      .2124      .5806

***************************** TOTAL EFFECT MODEL ******************************
OUTCOME VARIABLE:
 reaction

Model Summary
                   R       R-sq        MSE          F        df1        df2          p
               .1603      .0257     2.3610     3.1897     1.0000   121.0000      .0766

Model
                   coeff         se          t          p       LLCI       ULCI
constant          3.2500      .1906    17.0525      .0000     2.8727     3.6273
cond    (c)        .4957      .2775     1.7860      .0766     -.0538     1.0452

******************** CORRELATIONS BETWEEN MODEL RESIDUALS ********************

 → Correlations between regression residuals

               import        pmi   reaction
import         1.0000      .2578      .0000
pmi             .2578     1.0000      .0000
reaction        .0000      .0000     1.0000

****************** TOTAL, DIRECT, AND INDIRECT EFFECTS OF X ON Y ******************

Total effect of X on Y
                 Effect         se          t          p       LLCI       ULCI
             .4957 (c)      .2775     1.7860      .0766     -.0538     1.0452

Direct effect of X on Y
                 Effect         se          t          p       LLCI       ULCI
            .1034 (c')      .2391      .4324      .6662     -.3701      .5768

Indirect effect(s) of X on Y:
                              Effect     BootSE   BootLLCI   BootULCI
TOTAL  (a1b1+a2b2)              .3923      .1667      .0865      .7311
import (a1b1)                   .2033      .1151      .0101      .4609
pmi    (a2b2)                   .1890      .1046      .0047      .4168
(C1)   (a1b1-a2b2)              .0144      .1435     -.2611      .3163

Specific indirect effect contrast definition(s):
(C1)        import    minus    pmi

************************* ANALYSIS NOTES AND ERRORS *************************

Level of confidence for all confidence intervals in output:
  95.0000

Number of bootstrap samples for percentile bootstrap confidence intervals:
  5000
```

〈표 3.1〉과 [그림 3.4]의 결과를 이용하여 세 개의 회귀방정식을 추정한 결과는 다음과 같다.

$$\widehat{M}_1 = 3.908 + 0.627X \tag{3.8}$$

$$\widehat{M}_2 = 5.377 + 0.477X \tag{3.9}$$

$$\widehat{Y} = -0.150 + 0.103X + 0.324M_1 + 0.397M_2 \tag{3.10}$$

따라서 $a_1 = 0.627$, $a_2 = 0.477$, $b_1 = 0.324$, $b_2 = 0.397$, $c' = 0.103$이라는 것을 알 수 있다. total=1 옵션을 사용했기 때문에 총효과 $c = 0.496$을 얻을 수 있다. PROCESS의 결과물에서 신문기사위치에 관한 조작의 PMI와 IMPORT의 분산에 대한 설명력은 모두 낮게 나타났지만($R^2 = 0.033$) 기사위치와 PMI 및 IMPORT는 설탕구매의도의 분산을 32.51%만큼 설명($R^2 = 0.325$)하는 것으로 나타났다.

병렬다중매개모형의 분석결과에서 가장 의미 있는 정보는 기사위치가 설탕구매의도에 영향을 미치는 직접효과와 간접효과에 관한 것이다. 먼저 IMPORT를 통한 간접효과는 $a_1b_1 = 0.627(0.324) = 0.203$으로 추정된다. IMPORT를 경유하여 X가 한 단위 다른 두 사람($X=1$과 $X=0$)의 Y값은 0.203만큼 차이가 발생하는데 이는 1면 상황에 배정된 사람이 중간면에 배정된 사람보다 설탕구매의도가 0.203단위만큼 크다는 것을 의미한다.

1면 상황에 배정된 사람들은 중간면에 배정된 사람들보다 설탕부족현상을 더 중요하게 생각하고($a_1 = 0.627$) 이는 다시 설탕구매의도를 증가시키기 때문에 ($b_1 = 0.324$) 1면 상황에 배정된 사람들의 설탕구매의도가 더 높다. 그리고 X는 한 단위 차이로 코딩(1과 0)되었기 때문에 간접효과(a_1b_1)는 두 X집단의 IMPORT (M)값의 평균차이(a_1)와 IMPORT가 Y에 미치는 편효과(partial effect : b_1)를 곱한 값과 같다. 즉, a_1b_1은 다음과 같이 계산된다.

$$a_1b_1 = ([\overline{M}_1|(X=1)] - [\overline{M}_1|(X=0)])b_1 = (4.535 - 3.908)0.324 = 0.203$$

두 번째 간접효과는 PMI를 경유한 간접효과인데 이는 $a_2b_2 = 0.477(0.397) = 0.189$로 계산된다. 이러한 효과는 신문기사가 1면에 실렸다고 들은 사람들은 중간면에 신문기사가 실렸다고 들은 사람들보다 다른 사람들이 신문기사에 더 많은 영향을 받는다고 믿고($a_2 = 0.477$) 이는 다시 설탕구매의도를 증가($b_2 = 0.397$)시키는 결과로 인하여 설탕구매의도가 0.189단위만큼 크다는 것을 의미한다. IMPORT의 경우와 마찬가지로 $a_2 b_2$는 두 X집단의 PMI의 평균차이(a_2)와 PMI가 Y에 미치는 편효과(b_2)의 곱과 같다.

$$a_2 b_2 = ([\overline{M}_2 | (X=1)] - [\overline{M}_2 | (X=0)])b_2 = (5.853 - 5.377)0.397 = 0.189$$

총간접효과는 두 특정간접효과들의 합계($a_1 b_1 + a_2 b_2 = 0.203 + 0.189 = 0.392$)이다. 이는 신문기사의 위치가 매개변수들에 미치는 영향과 매개변수들이 설탕구매의도에 미치는 영향의 결과로 인하여 1면에 배정된 사람들의 설탕구매의도가 평균적으로(on average) 0.392단위만큼 크다는 것을 의미한다. 다중매개모형에서 총간접효과는 별로 관심을 받지 못하며 때로는 특정간접효과가 상당히 큰 경우에도 총간접효과가 작게 나오는 역설적인 상황이 발생한다. 이러한 내용은 3.6절에서 다룰 것이다.

직접효과($c' = 0.103$)는 두 매개변수가 설탕구매의도에 미치는 영향과는 관계없이 신문기사위치 조작이 설탕구매의도에 미치는 영향을 수량화한 것이다. 즉, PMI와 IMPORT의 집단 간 차이와 관계없이 그리고 두 매개변수가 설탕구매의도에 미치는 영향과는 독립적으로 설탕부족에 관한 신문기사가 1면에 실렸다고 들은 사람들은 중간면에 실렸다고 들은 사람들보다 0.103단위만큼 설탕구매의도를 크게 표명하였다고 할 수 있다. 하지만 차이는 유의하지 않았다. 또한 X가 한 단위 차이로 코딩되었기 때문에 c'은 다음과 같이(2.3절 참조) 두 집단의 수정평균값의 차이로 나타낼 수 있다.

$$c' = [\overline{Y}^* | (X=1)] - [\overline{Y}^* | (X=0)] = 3.538 - 3.435 = 0.103$$

$\overline{Y}^*$는 Y모형에서 다음과 같이 계산할 수 있다.

$$\begin{aligned}\overline{Y}^* &= -0.150 + 0.103X + 0.324\overline{M}_{IMPORT} + 0.397\overline{M}_{PMI} \\ &= -0.150 + 0.103X + 0.324(4.203) + 0.397(5.602)\end{aligned}$$

위의 식에 $X=1$을 대입하면 $\overline{Y}^*_{1면}=3.538$이 산출되고 $X=0$을 대입하면 $\overline{Y}^*_{중간면}=3.435$가 얻어진다. 따라서 $c'=\overline{Y}^*_{1면}-\overline{Y}^*_{중간면}=3.538-3.435=0.103$으로 계산된다.

신문기사위치가 설탕구매의도에 영향을 미치는 총효과는 매개변수에 의하여 결정되지 않는다.

총효과는 다음과 같이 직접효과와 특정간접효과들의 합계로 계산된다.

$$c=c'+a_1b_1+a_2b_2=0.103+0.203+0.189=0.496$$

3.3 통계적 추론

앞 절에서 병렬다중매개모형의 회귀방정식들을 OLS회귀와 PROCESS를 이용하여 추정하는 방법을 알아보았다. 지금까지의 논의는 성격상 서술적인(descriptive) 내용이라고 할 수 있다. 통계적 추론(statistical inference)은 표본이 추출된 모집단 혹은 자료를 얻는 과정을 일반화(generalization)시킬 수 있다. 또한 다중매개변수들이 도입되는 경우에는 특정간접효과들의 차이에 관한 공식적인 검정(formal test)을 실행할 수 있다.

3.3.1 직접효과의 추론

단순매개모형과 마찬가지로 직접효과의 추론은 간단하다. $_Tc'=0$의 귀무가설의 검정은 식 (3.2)를 분석하기 위하여 OLS회귀를 이용하는 모든 통계프로그램의 결과물에서 얻을 수 있다. 직접효과의 검정결과는 PROCESS의 결과물인 [그림 3.4]의 두 군데에서 확인할 수 있다. [그림 3.4]에서 $c'=0.103$, $t(119)=0.432$, $p=.666$으로 비유의적으로 나타났기 때문에 귀무가설을 기각할 수 없다. 그리고 식 (2.6)을 이용한 95% 신뢰구간도 $-0.370\le {}_Tc'\le 0.577$로 0을 포함하는 것으로 나타났다. 어느 방법을 사용해도 PMI와 IMPORT를 통계적으로 통제한 상태에서 신문기사위치가 설탕구매의도에 미치는 영향은 차이가 있다고 주장할 수 없다.

3.3.2 특정간접효과의 추론

2.4절의 단순매개모형에 관한 간접효과를 분석하는 정규이론방법은 제2장에서 제시한 이유로 비록 권장되지는 않지만 병렬다중매개모형의 특정간접효과의 통계적 추론에도 사용된다. X가 M_i를 경유하여 Y에 영향을 미치는 특정간접효과의 추정을 위한 2차 표준오차추정량(second-order standard error estimator)은 다음과 같다.

$$se_{a_ib_i} = \sqrt{a_i^2 se_{b_i}^2 + b_i^2 se_{a_i}^2 + se_{a_i}^2 se_{b_i}^2}$$

위의 식에서 $se_{a_i}^2$과 $se_{b_i}^2$은 각각 a_i와 b_i의 표준오차 자승값이다. ${}_Ta_i\,{}_Tb_i = 0$이라는 귀무가설에 대한 검정은 a_ib_i를 표준오차추정치로 나눈 후에 표준정규분포에서 p값을 구하는 방법으로 이루어진다. 다른 방법으로 $ci\%$ 신뢰구간은 다음과 같이 설정된다.

$$a_ib_i - Z_{ci\%}se_{a_ib_i} \le {}_Ta_i\,{}_Tb_i \le a_ib_i + Z_{ci\%}se_{a_ib_i}$$

위의 식에서 ci는 신뢰수준(예 : 95%)이고 $Z_{ci\%}$는 표준정규분포에서 이 값 이상의 확률이 $(100-ci)/2\%$의 값을 가지는 Z값을 의미한다.

위의 계산을 수계산으로 하면 반올림문제를 포함하여 부정확한 값이 산출될 가능성이 크다. 따라서 PROCESS에서 normal=1 옵션을 사용하면 정규이론방법의 정확한 결과를 얻을 수 있다(2.4절 참조).

원자료를 사용할 수 있는 경우에는 부트스트랩 신뢰구간 설정방법을 이용하는 것이 더 나은 방법이다. 부트스트랩 신뢰구간 설정방법은 a_ib_i의 표본분포에 대하여 가정을 하지 않기 때문에 정규이론방법 등과 같은 다른 경쟁방법들보다 검정력이 더 우수한 경향을 보인다(Williams & MacKinnon, 2008 : 다중매개모형에 관한 시뮬레이션 연구).

백분위방법을 이용한 PROCESS의 특정간접효과들의 부트스트랩 신뢰구간은 [그림 3.4]의 결과물 중에서 "Indirect effect(s) X on Y"에 제시되어 있다. PROCESS의 디폴트는 부트스트랩 표본수를 5,000개로 설정하고 있다. 정규이론방법[1)]과는 달리 95% 부트스트랩 신뢰구간을 구하면 IMPORT(0.010~0.461)와 PMI(0.005~0.417)의 신뢰구간이 모두 0을 포함하지 않는 것으로 나타났다. 이러한 부트스트랩 신뢰구간들은 신문기사위치가 IMPORT와 PMI를 경유하여 설탕구매의도에 간접적으로 영향을 미친다는 주장을 지지하는 것이다.

부트스트래핑은 원자료를 필요로 한다. 만일 원자료의 사용이 불가능한 경우에는 몬테카를로 신뢰구간방법이 훌륭한 대안이 될 수 있다. 다중매개모형에서 몬테카를로 신뢰구간방법을 사용하는 절차는 Preacher & Selig(2012)에 자세히 제시되어 있다.

3.3.3 특정간접효과들의 대응별 비교

다중매개모형에서 때로는 한 간접효과가 다른 간접효과와 통계적으로 차이가 나는지를 검정하는 것이 관심사가 될 수 있다. 예를 들어 신문기사위치가 PMI를 경유하여 설탕구매의도에 영향을 미치는 특정간접효과가 IMPORT를 경유한 특정간접효과와 차이가 발생하는가? 가령 어느 이론에서는 특정 매개변수 i를 통한 간접효과(a_ib_i)가 모형에 적합하다고 주장하고 다른 이론에서는 또 다른 특정매개변수 j를 통한 간접효과(a_jb_j)가 적합하다고 주장한다면 ${}_Ta_i\,{}_Tb_i = {}_Ta_j\,{}_Tb_j$에 관한 추론은 두 모형(메커니즘) 중에서 어느 모형이 X가 Y에 주는 영향을 더 잘 설명하는지를 검정해 준다.

매개변수의 척도가 다른 경우에는 이러한 간접효과의 비교가 불가능할 것처럼 보이지만 이는 전혀 문제가 되지 않는다. 특정간접효과는 다른 매개변수와는 독립적으로 X가 한 단위 차이나는 두 사례가 특정 매개변수를 경유하여 Y에 미치는 영향의 차이로 해석된다. 이러한 해석은 매개변수의 측정척도에 영향을 받지 않는다. 특정간접효과는 전적으로 X와 Y의 척도 관점에서 측정되기

1) 이 모형에 대한 syntax는 정규이론방법에 의한 검정을 요청하는 명령문(normal=1)을 설정하지 않았다. 이 명령문을 추가하면 IMPORT(p=.07)와 PMI(p=.074)가 모두 유의하지 않게 나타난다.

때문에(MacKinnon, 2000, 2008 ; Preacher & Hayes, 2008) 매개변수들이 서로 다른 척도로 측정되었다 해도 동일한 결과변수에 대한 동일한 선행변수의 특정간접효과들의 비교는 의미를 지니게 된다. 따라서 다중매개모형에서 X의 Y에 대한 특정간접효과들의 동질성에 대한 추론검정을 실시하는 경우에 변수의 측정척도에 대하여 표준화 혹은 다른 유형의 변형은 필요하지 않다.

특정간접효과들의 차이에 관한 검정방법은 앞에서 살펴본 바와 같이 두 가지가 있다. 먼저 정규이론방법인데 이를 위해서는 특정간접효과들의 차이$(a_ib_i - a_jb_j)$를 차이의 표준오차 추정량으로 나누어서 추정해야 한다(MacKinnon, 2000 ; Preacher & Hayes, 2008). 차이의 표준오차 추정량은 두 가지 종류가 있는데 그중의 하나는 다음과 같이 계산된다.

$$se_{a_ib_i - a_jb_j} = \sqrt{b_i^2 se_{a_i}^2 - 2b_ib_j COVa_ia_j + b_j^2 se_{a_j}^2 + a_j^2 se_{b_j}^2 - 2a_ia_j COVb_ib_j + a_i^2 se_{b_i}^2}$$

위의 식에서 $COVa_ia_j$는 a_i와 a_j의 공분산이고 $COVb_ib_j$는 b_i와 b_j의 공분산이다. 다른 한 가지로 MacKinnon(2000)은 a_i와 a_j의 공분산이 0이라고 가정하여 위의 식에서 $COVa_ia_j$가 포함된 $2b_ib_j COVa_ia_j$를 제외한 값을 표준오차로 사용하였다. 이 방법은 M_i와 M_j모형의 잔차 간 상관관계를 0으로 제약하는 방법과 동일하다. 따라서 위의 추정량은 다음과 같이 축약된다.

$$se_{a_ib_i - a_jb_j} = \sqrt{b_i^2 se_{a_i}^2 + b_j^2 se_{a_j}^2 + a_j^2 se_{b_j}^2 - 2a_ia_j COVb_ib_j + a_i^2 se_{b_i}^2}$$

${}_Ta_i\,{}_Tb_i = {}_Ta_j\,{}_Tb_j$의 귀무가설의 검정은 특정간접효과들의 차이와 표준오차의 비율을 계산하고 표준정규분포에서 해당비율의 Z값에 대한 p값을 도출하여 이루어진다.

두 번째 검정방법은 다음과 같이 간접효과들의 차이에 관한 95% 신뢰구간을 설정하여 이루어진다.

$$(a_ib_i - a_jb_j) \pm 1.96 se_{a_ib_i - a_jb_j} \tag{3.11}$$

위의 식에서 90(99)% 신뢰구간인 경우에는 1.96 대신 1.645(2.57)로 대체하면 된다.

지금까지 토론한 모든 정규이론방법과 마찬가지로 이 방법은 특정간접효과들의 차이의 표본분포가 정규분포한다는 가정이 필요하다. 이러한 가정은 일견 합당한 것처럼 보이지만 정규성 가정은 전혀 입증된 바가 없기 때문에 이러한 가정을 필요로 하지 않는 부트스트래핑이 좋은 대안이 된다. 특정간접효과들의 차이에 대한 표본분포의 근사치를 이용하여 차이의 부트스트랩 신뢰구간이 설정된다.

PROCESS에서 contrast=1 옵션을 syntax 명령문에 지정하면 특정간접효과들의 대응별 비교(pairwise comparison)에 대한 부트스트랩 신뢰구간을 얻을 수 있다. 매개변수가 k개인 경우 $k(k-1)/2$개의 대응별 비교결과가 도출된다. 두 특정간접효과의 대조결과에 대한 신뢰구간이 0을 포함하지 않는다면 두 간접효과는 통계적으로 차이가 난다고 결론짓는다.

미디어영향력 연구의 결과물인 [그림 3.4]의 아랫부분에 "(C1)"이라고 표기된 부분에 이러한 분석결과가 제시되어 있다. 이 연구모형에는 매개변수가 두 개이므로 단 하나의 대응별 비교결과만 나타나 있다. 이러한 대응별 비교는 결과물의 맨 아랫부분에 제시된 것처럼 $a_1b_1 - a_2b_2$(IMPORT－PMI)의 분석결과이다. 특정간접효과들의 차이에 대한 점추정치는 0.203－0.189＝0.014이지만 95% 신뢰구간(－0.261～0.316)에 0이 포함되므로 두 특정간접효과는 서로 다르다고 명확하게 말할 수 없다.

그리고 간접효과의 차이를 X가 Y에 영향을 미치는 두 메커니즘의 강도(strength)의 차이 혹은 한 간접효과가 절대적인 의미로 다른 간접효과보다 큰 것이라고 해석하고 싶은 유혹이 생기는 것은 사실이다. 하지만 이러한 해석은 두 특정간접효과의 점추정치가 동일한 부호(same sign)를 가지는 경우에만 정당화될 수 있다. 예를 들어 $a_ib_i = -0.30$이고 $a_jb_j = 0.30$인 경우를 가정해 보자. 이러한 두 특정간접효과의 차이검정결과 차이는 유의할 수는 있지만 이러한 차이가 두 메커니즘이 서로 다른 강도를 가지거나 한 간접효과의 크기가 다른 간접효과의 크기보다 더 크다는 것을 의미하지는 않는다. 이러한 점추정치들은 한 메커니즘에서는 Y에 미치는 영향이 양의 차이가 발생하였고 다른 메커니즘에서는 Y에 미치는 영향이 동일한 크기로 음의 차이가 발생하였다는 것을 의미할 뿐이다. 절대적인 의미에서 점추정치들의 크기는 같지만 부호를 고려한 추론검정결과 통계적으로 유의하다는 것을 의미하는 것이다. 하지만 한 간접효과가 다른 간접효과보다 강도가 더 높다는 것을 말하는 것은 아니다. 또한 X가 한 매개변수를 경유하여 Y에 미치는 영향이 다른 매개변수를 통하여 Y에 미치는 영향보다 더 크다는 것을 의미하지도 않는다.

그렇다면 부호가 서로 다른 두 간접효과를 비교하고자 하는 경우에는 어떻게 해야 하는가? 많은 문헌들이 이 문제에 대해서는 대체로 침묵으로 일관하고 있지만 한 가지 방법이 있다. 대조형태를 $a_ib_i - a_jb_j$로 설정하지 않고 다음과 같은 형태로 설정하는 것이다.

$$|a_ib_i| - |a_jb_j| \tag{3.12}$$

즉, 특정간접효과의 부호를 무시하고 차이를 계산한 후에 부트스트래핑을 적용하는 것이다. 차이에 대한 신뢰구간이 0을 포함하지 않는다면 부호를 무시한 상태에서 간접효과들의 차이는 유의한 것이고 이는 간접효과의 강도 차이가 발생하였다는 것을 의미한다. 반면에 신뢰구간이 0을 포함한다면 간접효과들의 강도가 서로 다르다고 주장할 수 없게 된다.

PROCESS에서는 식 (3.12)와 같은 간접효과들의 대응별 비교가 가능하다. 이 방법에 대한 결과물을 얻고자 하는 경우에는 contrast=1 대신 contrast=2 옵션을 사용하면 된다.

Ter Hoeven, Van Vianen, & Fonner(2016)는 다른 검정방법을 제시하였는데 이 방법은 두 간접효과가 크기는 같고 부호가 다르다면 합계가 0이 된다는 인식에 바탕을 두고 있다. 따라서 부호가 다른 두 간접효과의 강도의 동일성 검정(test of equality of strength)에 두 간접효과의 합계에 대한 신뢰구간이 사용된다. 만일 특정간접효과들의 합계에 대한 신뢰구간이 0을 포함한다면 두 특정간접효과들은 동일한 강도라고 평가한다. 하지만 신뢰구간이 0을 포함하지 않는다면 두 특정간접효과의 강도는 다르다고 해석한다. 물론 매개변수가 두 개인 병렬다중매개모형에서 두 특정간접효과의 합계는 총간접효과이고 PROCESS는 자동적으로 이러한 검정을 실행한다. 하지만 두 특정간접효과의 부호가 다른 경우에 이러한 방법은 오직 두 간접효과의 강도의 동일성 검정으로만 해석되어야 한다.

Coutts(2020)는 시뮬레이션 연구를 이용하여 부호가 다른 두 특정간접효과의 강도의 동일성을 검정하는 위의 두 가지 방법을 비교하였다. 연구결과 두 방법 모두 효율적으로 나타났다. 하지만 두 간접효과의 크기가 0에 근접하는 경우에는 합계를 이용하는 방법이 절댓값의 차이를 이용하는 방법보다 더 우수한 방법으로 나타났다. 특히 집단이 소규모인 경우에 절댓값의 차이를 이용하는 방법의 효율성이 더 떨어지는 것이 확인되었다. 또한 두 특정간접효과의 크기가 0에서 멀어지고 표본이 큰 경우에는 두 방법의 성과가 비슷하게 나타났다. 이러한 연구결과를 바탕으로 Hayes(2022)는 절댓값의 차이 방법보다는 두 간접효과의 합계에 대한 부트스트랩 신뢰구간을 사용할 것을 권장하고 있다.

3.3.4 총간접효과의 추론

앞서 설명한 바와 같이 총간접효과는 모든 특정간접효과들의 합계이다. 총간접효과의 검정에는 정규성이론과 부트스트랩 신뢰구간 및 몬테카를로 신뢰구간 등을 이용할 수 있다. 정규성이론은 권장되지 않기 때문에 자세한 설명은 생략하기로 한다. 하지만 이에 관한 자세한 내용을 알고 싶은 경우에는 Preacher & Hayes(2008)와 MacKinnon(2008)의 연구를 참조하면 된다. 또한 많은 SEM프로그램들도 정규이론방법에 의한 총간접효과의 결과물을 제시하고 있다. PROCESS는 정규이론검정결과를 알려주지 않는다.

또한 다중매개모형의 총간접효과에 관한 몬테카를로 방법은 Preacher & Selig(2012)가 제시한 방법을 사용할 수 있고 PROCESS에서도 부트스트랩 신뢰구간을 제공하고 있다. 그리고 총간접효과는 관심을 받지 못하기 때문에 다중매개모형을 해석하는 경우에 중요성이 강조되지 않는다. [그림 3.4]에서 총간접효과의 95% 신뢰구간은 [0.087～0.731]로 나타났다. 따라서 IMPORT와 PMI는 신문기사의 위치가 설탕구매의도에 미치는 영향을 집합적으로 매개(collectively mediate)한다고 주장할 수 있다.

3.3.5 총효과의 추론

신문기사위치가 설탕구매의도에 미치는 영향의 총효과는 직접효과와 간접효과의 합계이다. 병렬다중매개모형에서 총효과 c는 Y를 X에만 회귀시켜서 구할 수 있다. PROCESS에서는 total=1 옵션을 지정하여 총효과를 얻을 수 있다. [그림 3.4]에서 총효과는 $c = 0.496$, $p = .077$로 나타났고 95% 신뢰구간은 [−0.054 ~1.045]로 나타났다. 이러한 결과는 2.3절의 단순매개모형의 결과와 동일하게 나타났는데 그 이유는 총효과는 X와 Y 사이의 매개변수의 개수에 영향을 받지 않기 때문이다.

3.4 직렬다중매개모형

앞 절에서 다룬 병렬다중매개모형은 어떠한 매개변수도 다른 매개변수에 인과적으로 영향을 미치지 않는다는 가정에 입각하고 있다. 하지만 실제로는 매개변수 간에 상관관계를 보이는 경우가 많이 발생한다. 직렬다중매개모형(serial multiple mediator model)에서는 매개변수 간에 인과적 관계가 없다는 가정이 철회될 뿐만 아니라 사전적으로도(a priori) 이론 등에 의하여 배제된다. 직렬다중매개모형의 목적은 X가 M_1에 영향을 미치고 M_1은 M_2에 영향을 미치는 등 매개변수 간의 순차적 인과관계를 설정하고 최종적으로는 Y에 영향을 미치는 매개모형을 설정하여 직접효과와 간접효과를 조사하는 것이다.

병렬다중매개모형보다는 덜 사용되지만 직렬다중매개모형에 관한 연구는 쉽게 발견된다. 예를 들어 Casciano & Massey(2012)는 중산층 거주지역의 인근에 위치한 저소득층을 위한 주택개발지역에 거주하는 사람들의 불안을 해당 개발지역에 거주하기 위하여 대기자명단에 올려놓은 사람들(대응집단)의 불안과 비교하는 실험을 진행하였다. 이들은 중산층 거주지역의 인근에 사는 사람들의 삶은 이웃사람들의 무질서(범죄, 홈리스, 마약, 폭력 등)에 대한 노출을 감소시키고 이러한 노출감소는 스트레스경험의 감소를 통하여 불안증세를 경감시킨다는 모형을 설정하였다. 연구결과 환경 → 무질서 노출 → 스트레스경험 → 불안증세의 인과연속이 확인되었다. 이러한 직렬다중매개모형은 여러 다양한 분야에서 사용되고 있다(Brown-Iannuzzi, Dotsch, Cooley, & Payne, 2017 ; Chugani et al., 2015 ; Kan, Lichtenstein, Grant, & Janiszwski, 2014 ; Li, Shaffer, & Bagger, 2016 ; Schrift & Moty, 2015).

그림 3.5 매개변수가 2개(panel A)와 3개(panel B)인 직렬다중매개모형의 통계모형

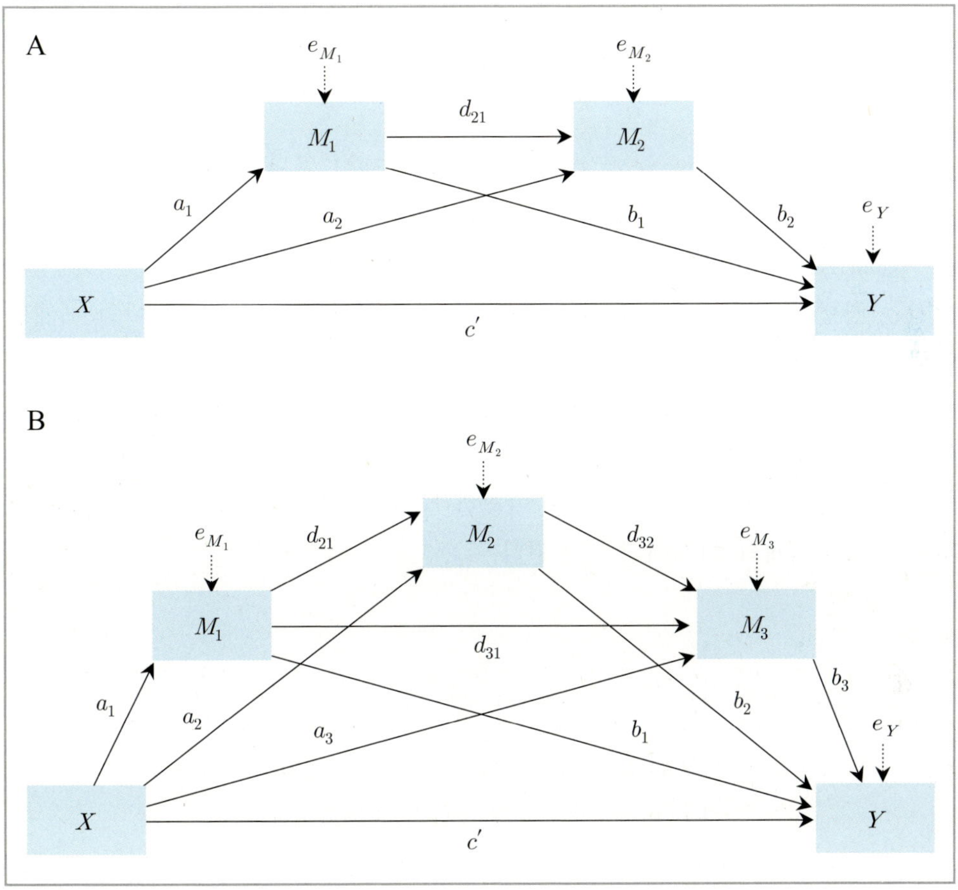

매개변수의 개수가 증가하면서 경로의 숫자가 증가함에 따라 직렬다중매개모형이 매우 복잡해지기 시작했다. 본절에서는 선행 매개변수가 인과연속의 나중에 도입되는 모든 결과변수에 영향을 미치는 것으로 설정하였다. 이러한 모형에 관한 변형형태는 3.5절에서 다룰 것이다.

두 가지 직렬다중매개모형의 통계모형이 [그림 3.5]에 제시되어 있다.

panel A는 매개변수가 2개인 직렬다중매개모형인데 이 모형에는 X가 4개의 경로를 통하여 Y에 영향을 미친다. 즉, $X \rightarrow M_1 \rightarrow Y$, $X \rightarrow M_2 \rightarrow Y$, $X \rightarrow M_1 \rightarrow M_2 \rightarrow Y$의 세 개의 간접효과와 $X \rightarrow Y$의 직접효과이다.

이러한 통계모형은 결과변수가 3개이므로 다음과 같이 3개의 회귀식이 필요하다.

$$M_1 = i_{M_1} + a_1 X + e_{M_1} \tag{3.13}$$
$$M_2 = i_{M_2} + a_2 X + d_{21} M_1 + e_{M_2} \tag{3.14}$$
$$Y = i_Y + c' X + b_1 M_1 + b_2 M_2 + e_Y \tag{3.15}$$

이러한 회귀방정식들에는 각 결과변수들이 해당 결과변수에 인과적으로 영향을 미치는 모든 선행변수들을 포함하고 있다.

panel B는 매개변수가 3개인 직렬다중매개모형이다. 이 모형에는 X가 Y에 미치는 영향에 대한 8개의 경로가 포함되어 있다. 이들 경로에는 하나의 매개변수만 통과하는 3개의 경로들($X \to M_1 \to Y$, $X \to M_2 \to Y$, $X \to M_3 \to Y$)과 2개의 매개변수를 경유하는 3개의 경로들($X \to M_1 \to M_2 \to Y$, $X \to M_1 \to M_3 \to Y$, $X \to M_2 \to M_3 \to Y$) 및 3개의 매개변수들을 모두 통과하는 하나의 경로($X \to M_1 \to M_2 \to M_3 \to Y$) 그리고 $X \to Y$의 8개의 경로들이 포함되어 있다. 이러한 통계모형에는 결과변수가 4개이므로 다음과 같은 4개의 회귀식이 설정된다.

$$M_1 = i_{M_1} + a_1 X + e_{M_1}$$
$$M_2 = i_{M_2} + a_2 X + d_{21} M_1 + e_{M_2}$$
$$M_3 = i_{M_3} + a_3 X + d_{31} M_1 + d_{32} M_2 + e_{M_3}$$
$$Y = i_Y + c' X + b_1 M_1 + b_2 M_2 + b_3 M_3 + e_Y$$

이들을 일반화하여 k개의 매개변수가 포함되면 결과변수가 $k+1$개이므로 다음과 같이 $k+1$개의 회귀식이 필요하다.

$$M_1 = i_{M_1} + a_1 X + e_{M_1}$$
$$M_i = i_{M_i} + a_i X + \sum_{j=1}^{i-1} d_{ij} M_j + e_{M_i} \quad i = 2\text{에서 } k\text{까지}$$
$$Y = i_Y + c' X + \sum_{i=1}^{k} b_i M_i + e_Y$$

3.4.1 직렬다중매개모형의 직접효과와 간접효과

단순매개모형이나 병렬다중매개모형과 마찬가지로 직렬다중매개모형에서도 X가 Y에 영향을 미치는 총효과는 직접효과와 간접효과의 합계로 계산된다. 모형 내의 매개변수의 개수와는 관계없이 직접효과 c'은 모형 내의 모든 매개변수들이 동일한 값을 가지는 경우에 X가 한 단위 다른 두 사례의 Y값의 추정된 차이라고 해석된다. 매개변수의 개수에 따라 달라지는 간접효과는 간접경로를 구성하는 각 경로들의 회귀가중치들을 곱하여 계산된다. 그리고 간접효과는 X가 한 단위 차이나는 두 사례가 "$X \rightarrow$ 매개변수(들) $\rightarrow Y$"의 인과순서를 거쳐서 Y값에 미치는 영향의 추정된 차이라고 해석된다. 매개변수의 숫자와는 관계없이 X의 총간접효과는 모든 특정간접효과들의 합계이고 또한 X의 총효과는 직접효과와 특정간접효과들의 합계이다.

1) 매개변수가 두 개인 직렬다중매개모형

두 개의 매개변수가 포함된 직렬다중매개모형에서는 세 개의 특정간접효과와 하나의 직접효과가 추정된다. [그림 3.5]의 panel A에서 X가 M_1만을 경유하여 Y에 미치는 간접효과는 a_1b_1이고 M_2만을 경유한 간접효과는 a_2b_2이며 M_1과 M_2를 순차적으로 거치는 간접효과는 $a_1d_{21}b_2$이다. X의 총간접효과와 직접효과를 합하면 다음과 같은 총효과 c가 계산된다. 물론 이러한 총효과는 Y를 X에만 회귀시켜서 얻을 수도 있다.

$$c = c' + a_1b_1 + a_2b_2 + a_1d_{21}b_2$$

2) 매개변수가 세 개인 직렬다중매개모형

[그림 3.5]에서 특정간접효과는 7개이고 직접효과는 1개라는 것을 알 수 있다. 예를 들면 M_2만 경유하는 특정간접효과는 a_2b_2이고 M_1과 M_3를 순차적으로 경유하는 특정간접효과는 $a_1d_{31}b_3$이다. 그리고 M_1과 M_2 및 M_3를 순차적으로 경유하는 특정간접효과는 $a_1d_{21}d_{32}b_3$라는 것을 알 수 있다. 이러한 방식으로 각 경로들의 효과계수들을 곱하면 모든 특정간접효과들을 구할 수 있다. 이들을 모두 합계하면 모든 매개변수들을 통하여 X가 Y에 영향을 미치는 총간접효과를 계산할 수 있다. 총간접효과와 직접효과(c')를 더하면 다음과 같이 총효과 c를 얻

을 수 있다.

$$c = c' + a_1b_1 + a_2b_2 + a_3b_3 + a_1d_{21}b_2 + a_1d_{31}b_3 + a_2d_{32}b_3 + a_1d_{21}d_{32}b_3$$

3.4.2 통계적 추론

직렬다중매개모형에서의 직접효과와 간접효과의 추론검정은 단순매개모형이나 병렬다중매개모형과 유사하다. 직렬다중매개모형에서의 간접효과의 추론을 위한 정규이론방법은 간접효과의 크기를 표준오차추정치로 나눈 다음 모집단에서의 간접효과가 0이라는 귀무가설을 검정하기 위하여 표준정규분포를 이용하여 p값을 도출한다. 3.3절에서 다룬 단일매개변수를 통한 간접효과의 표준오차공식이 간접효과 a_ib_i를 계산하는 직렬다중매개모형에도 동일하게 적용된다. 직렬다중매개모형에서 2개의 매개변수 M_1과 M_2를 순차적으로 경유하는 간접효과 $a_1d_{21}b_2$의 표준오차($se_{a_1d_{21}b_2}$)는 다음과 같다(Taylor, MacKinnon, & Tein, 2008).

$$se_{a_1d_{21}b_2} = \sqrt{a_1^2d_{21}^2se_{b_2}^2 + a_1^2b_2^2se_{d_{21}}^2 + d_{21}^2b_2^2se_{a_1}^2}$$

위의 식에서 $se_{a_1}^2$과 $se_{d_{21}}^2$ 및 $se_{b_2}^2$은 각각 a_1과 d_{21} 및 b_2의 표준오차 자승값이다. 매개변수가 2개 또는 3개 이상인 복잡한 다중매개모형의 간접효과에 대한 표준오차공식은 Sobel(1982)에 제시되어 있다.

이러한 표준오차를 수계산으로 계산하는 것은 복잡하기도 하고 오차가 발생할 확률이 높다. 하지만 계산의 복잡성과는 관계없이 단순매개모형과 병렬다중매개모형 부분에서 언급한 바와 같이 정규이론방법은 권장되지 않는다. 왜냐하면 이 방법은 간접효과의 표본분포가 정규분포를 이루어야 한다는 비현실적인 가정에 입각하고 있기 때문이며 따라서 오늘날에는 불필요한 가정이다. 또한 시뮬레이션 분석결과 간접효과의 표본분포의 정규성가정이 필요 없는 부트스트랩 신뢰구간이 더 우수한 방법임이 밝혀졌다(Taylor et al., 2008).

3.4.3 직렬다중매개모형예제(미디어영향력 연구)

3.2절과 3.3절에서 다룬 미디어영향력 연구의 병렬다중매개모형에서는 매개변수 간의 인과관계를 가정하지 않았다. 이러한 가정이 일리는 있지만 다른 사람들이 미디어에 영향을 받을 것이라는 사람들의 신념이 적어도 부분적으로는 이슈중요도에 의하여 결정된다고 생각하는 것이 더 설득력이 있을 것이다. 즉, 다음과 같은 심리적 논리가 전개될 것이다: "이 신문기사는 1면에 게재되었기 때문에 중요한 기사임에 틀림없다. 그리고 다른 사람들은 이러한 중요한 기사를 주목하고 설탕을 비축하기 위하여 설탕을 구매할 것이다. 따라서 나도 빨리 가서 설탕 재고가 바닥나기 전에 설탕을 구매해야 한다."

이러한 과정은 신문기사의 위치(X)가 IMPORT와 PMI에 미치는 영향을 설명한 후에도 이들 매개변수 간에 나머지 상관관계(편상관 : partial correlation)가 존재해야 한다는 것을 예측하는 것이다. 병렬다중매개모형에서 X를 통제한 후에 나타난 M_1과 M_2의 편상관은 X가 두 매개변수에 미치는 영향을 설명한 후에 두 매개변수 간의 나머지 상관관계를 의미한다. 미디어영향력 연구에서 이러한 편상관($r = .258$)은 유의하게($p < .01$) 나타났다. 즉, 신문기사위치에 대한 실험조작이 두 매개변수에 미치는 영향을 수정한 후에 설탕재고부족의 중요성을 상대적으로 높게 평가하는 사람들은 미디어영향력도 높게 평가한다는 것을 의미한다. 물론 X를 설명한 후의 나머지 편상관은 모형에 도입되지 않은 다른 원인 때문이라고 판단할 수도 있지만 M_1과 M_2의 인과적 상관이 없다는 가정에서 생긴 모형설정오류(misspecification)를 반영한 것일 수도 있는 것이다.

이러한 내용을 반영한 직렬다중매개모형의 통계모형이 [그림 3.6]에 나타나 있다.

그리고 이러한 모형을 분석하기 위한 SPSS syntax는 다음과 같다.

```
regression/dep=import/method=enter cond.
regression/dep=pmi/method=enter cond import.
regression/dep=reaction/method=enter cond import pmi.
```

하지만 이러한 OLS회귀분석은 간접효과를 계산해 주지 않고 또한 부트스트랩 신뢰구간과 같은 추론검정결과를 제공하지도 않는다. PROCESS를 이용하면

그림 3.6 직렬다중매개모형의 통계모형(미디어영향력 연구)

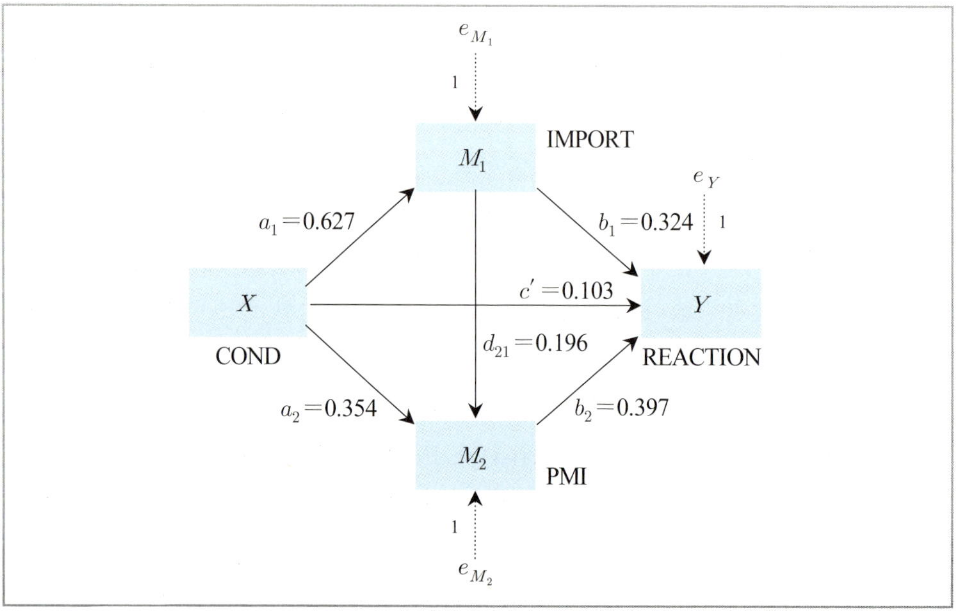

회귀계수들과 추론을 위한 추가정보들을 한꺼번에 얻을 수 있다. 다음은 위의 모형을 분석하기 위한 PROCESS syntax이다.

```
process y=reaction/x=cond/m=import pmi/total=1/contrast=1/model=6
        /seed=62520.
```

위의 명령문은 병렬다중매개모형의 명령문과 유사하다는 것을 알 수 있다. 주요 차이점은 직렬다중매개모형을 지정하기 위하여 model=6을 지정했다는 점이다. 그리고 병렬다중매개모형(model=4)의 경우와는 달리 매개변수의 순서가 중요하다. 매개변수목록에 지정된 매개변수의 순서는 인과순서를 나타낸다. 즉, 먼저 지정된 매개변수가 뒤에 지정된 매개변수에 인과적 영향을 미친다. 이러한 PROCESS 명령문은 5,000개(디폴트)의 부트스트랩 표본을 이용하여 모든 간접효과들의 부트스트랩 신뢰구간뿐만 아니라 간접효과 간의 대응별 비교(contrast=1)의 결과를 보여준다. 하지만 PROCESS에서는 직렬다중매개모형의 경우에 간접효과의 검정을 위한 정규이론방법의 결과는 제공하지 않는다.

PROCESS 결과물이 [그림 3.7]에 나타나 있고 모형회귀계수들과 다른 통계량들의 요약치가 〈표 3.2〉에 제시되어 있다.

표 3.2 직렬다중매개모형의 회귀계수와 표준오차 및 모형요약정보(미디어영향력 연구)

	Consequent											
		M_1 (IMPORT)				M_2 (PMI)				Y (REACTION)		
Antecedent		Coeff.	SE	p		Coeff.	SE	p		Coeff.	SE	p
X (COND)	a_1	0.627	0.310	.045	a_2	0.354	0.233	.131	c'	0.103	0.239	.666
M_1 (IMPORT)		—	—	—	d_{21}	0.196	0.067	.004	b_1	0.324	0.071	<.001
M_2 (PMI)		—	—	—		—	—	—	b_2	0.397	0.093	<.001
Constant	i_{M_1}	3.908	0.213	<.001	i_{M_2}	4.610	0.306	<.001	i_Y	−0.150	0.530	.778
		$R^2=0.033$				$R^2=0.097$				$R^2=0.325$		
		$F(1, 121)=4.094$, $p=.045$				$F(2, 120)=6.443$, $p=.002$				$F(3, 119)=19.112$, $p<.001$		

그림 3.7 직렬다중매개모형의 PROCESS 결과물(미디어영향력 연구)

```
Model  : 6
    Y  : reaction
    X  : cond
   M1  : import
   M2  : pmi

Sample
Size:  123

Custom
Seed:     62520

**************************************************************************
OUTCOME VARIABLE:
 import

Model Summary
              R       R-sq        MSE          F        df1         df2         p
          .1809      .0327     2.9411     4.0942     1.0000    121.0000     .0452

Model
              coeff         se          t          p       LLCI       ULCI
constant     3.9077      .2127    18.3704      .0000     3.4866     4.3288
cond (a1)     .6268      .3098     2.0234      .0452      .0135     1.2401

**************************************************************************
```

```
OUTCOME VARIABLE:
 pmi

Model Summary
          R       R-sq       MSE          F        df1        df2          p
      .3114      .0970    1.6027     6.4428     2.0000   120.0000      .0022

Model
                coeff          se          t          p       LLCI       ULCI
constant       4.6104       .3057    15.0836      .0000     4.0053     5.2156
cond    (a2)    .3536       .2325     1.5207      .1310     -.1068      .8139
import  (d21)   .1961       .0671     2.9228      .0041      .0633      .3290

**************************************************************************
OUTCOME VARIABLE:
 reaction

Model Summary
          R       R-sq       MSE          F        df1        df2          p
      .5702      .3251    1.6628    19.1118     3.0000   119.0000      .0000

Model
                coeff          se          t          p       LLCI       ULCI
constant       -.1498       .5298     -.2828      .7778    -1.1989      .8993
cond    (c')    .1034       .2391      .4324      .6662     -.3701      .5768
import  (b1)    .3244       .0707     4.5857      .0000      .1843      .4645
pmi     (b2)    .3965       .0930     4.2645      .0000      .2124      .5806

****************************** TOTAL EFFECT MODEL ****************************
OUTCOME VARIABLE:
 reaction

Model Summary
          R       R-sq       MSE          F        df1        df2          p
      .1603      .0257    2.3610     3.1897     1.0000   121.0000      .0766

Model
                coeff          se          t          p       LLCI       ULCI
constant       3.2500       .1906    17.0525      .0000     2.8727     3.6273
cond     (c)    .4957       .2775     1.7860      .0766     -.0538     1.0452

**************** TOTAL, DIRECT, AND INDIRECT EFFECTS OF X ON Y ****************

Total effect of X on Y
         Effect          se          t          p       LLCI       ULCI
      .4957 (c)       .2775     1.7860      .0766     -.0538     1.0452

Direct effect of X on Y
         Effect          se          t          p       LLCI       ULCI
     .1034 (c')       .2391      .4324      .6662     -.3701      .5768

Indirect effect(s) of X on Y:
             Effect    BootSE   BootLLCI   BootULCI
TOTAL         .3923     .1667      .0865      .7311  → a1b1 + a2b2 + a1d21b2
```

```
Ind1        .2033   .1151    .0101   .4609  → a1b1
Ind2        .1402   .1002   -.0449   .3561  → a2b2
Ind3        .0488   .0346    .0009   .1350  → a1d21b2
(C1)        .0631   .1554   -.2320   .3913  → a1b1 − a2b2
(C2)        .1546   .1000    .0019   .3861  → a1b1 − a1d21b2
(C3)        .0915   .1074   -.1200   .3105  → a2b2 − a1d21b2

Specific indirect effect contrast definition(s):
(C1)     Ind1     minus     Ind2
(C2)     Ind1     minus     Ind3
(C3)     Ind2     minus     Ind3

Indirect effect key:
Ind1 cond   -> import   -> reaction
Ind2 cond   -> pmi      -> reaction
Ind3 cond   -> import   -> pmi      -> reaction

************************** ANALYSIS NOTES AND ERRORS **************************

Level of confidence for all confidence intervals in output:
  95.0000

Number of bootstrap samples for percentile bootstrap confidence intervals:
  5000
```

또한 모형회귀계수들은 [그림 3.6]의 경로도에 겹쳐서 표기되어 있다. 위의 결과물을 이용하면 다음과 같은 추정회귀방정식을 얻을 수 있다.

$$\widehat{M}_1 = 3.908 + 0.627X$$

$$\widehat{M}_2 = 4.610 + 0.354X + 0.196M_1$$

$$\widehat{Y} = -0.150 + 0.103X + 0.324M_1 + 0.397M_2$$

매개변수들이 서로 인과적 영향을 주는지의 여부는 Y모형에 영향을 주지 않기 때문에 직렬다중매개모형에서의 직접효과는 병렬다중매개모형의 직접효과와 동일하다. 직접효과는 양수로 나타났지만 유의적이지 않았다($c' = 0.103$, $t(119) = 0.432$, $p = .666$). 즉, IMPORT와 PMI와는 독립적으로 신문기사의 위치가 설탕구매의도에 미치는 영향은 나타나지 않았다.

간접효과는 1개의 총간접효과와 3개의 특정간접효과를 포함하여 네 가지가 있고 PROCESS의 결과물에 5,000개의 부트스트랩 표본들에 관한 부트스트랩 신뢰구간값이 제시되어 있다.

첫 번째 특정간접효과는 신문기사의 위치가 IMPORT를 거쳐 Y에 영향을 미치는 특정간접효과($X \rightarrow M_1 \rightarrow Y$)인데 효과크기는 $a_1b_1 = 0.627(0.324) = 0.203$이고 이는 결과물에 “Ind1”으로 표기되어 있다. 이러한 간접효과는 부트스트랩 신뢰구간에 0이 포함되지 않기 때문에(0.010~0.461) 통계적으로 유의한 양의 효과라고 할 수 있다. 따라서 신문기사가 1면에 실렸다고 들은 사람들은 PMI와는 독립적으로 설탕부족을 더 중요하게 생각하고($a_1 = 0.627$) 이러한 중요성의 증가는 설탕구매의도를 더 증가시키기 때문에($b_1 = 0.324$) 결과적으로 설탕구매의도가 0.203단위만큼 크다고 해석한다.

두 번째 특정간접효과(Ind2)는 신문기사위치가 M_2만을 경유하여 Y에 영향을 미치는 간접효과($X \rightarrow M_2 \rightarrow Y$)이다. 이는 신문기사위치가 미디어영향력에 미치는 효과(a_2)와 미디어영향력이 설탕구매의도에 미치는 영향(b_2)를 곱하여 계산되는데 그 결과 $a_2b_2 = 0.354(0.397) = 0.140$으로 나타났다. 하지만 이러한 효과는 부트스트랩 신뢰구간에 0이 포함되기 때문에(−0.045~0.356) 명확하게 0과 다르다고 주장할 수 없다.

세 번째 특정간접효과(Ind3)는 신문기사위치가 IMPORT와 PMI를 순차적으로(in serial) 경유하여 Y에 영향을 미치는 간접효과($X \rightarrow M_1 \rightarrow M_2 \rightarrow Y$)이다. 추정결과 이러한 특정간접효과의 크기는 $a_1d_{21}b_2 = 0.627(0.196)0.397 = 0.049$로 나타났다. 그리고 95% 부트스트랩 신뢰구간에 0이 포함되지 않기 때문에(0.001~0.135) 이러한 특정간접효과는 유의한 양의 효과라고 할 수 있다. 그러므로 신문기사가 중간면에 실렸다고 들은 사람들에 비하여 1면에 실렸다고 들은 사람들은 설탕부족을 더 중요하게 생각하고($a_1 = 0.627$) 이는 다시 다른 사람들이 신문기사에 의하여 영향을 받을 것이라는 판단을 더 크게 증가시키며($d_{21} = 0.196$) 이러한 더 큰 판단은 설탕구매의도를 더 크게 증가시키기 때문에($b_2 = 0.397$) 설탕구매의도가 0.049단위만큼 더 높다고 해석한다.

총간접효과는 모든 특정간접효과들의 합계(0.203+0.140+0.049=0.392)이고 부트스트랩 신뢰구간(0.087~0.731)이 0을 포함하지 않기 때문에 총간접효과는 0과 다르다고 할 수 있다.

PROCESS 명령문에 contrast=1 옵션을 지정하였기 때문에 특정간접효과들 간의 모든 대응별 비교결과를 확인할 수 있다. 이러한 비교결과들은 결과물에 “(C1),” “(C2),” “(C3)” 등으로 나타나 있다. 이러한 세 가지 비교결과는 다음과 같다.

$$C1 = a_1b_1 - a_2b_2 = 0.203 - 0.140 = 0.063$$
$$C2 = a_1b_1 - a_1d_{21}b_2 = 0.203 - 0.049 = 0.155$$
$$C3 = a_2b_2 - a_1d_{21}b_2 = 0.140 - 0.049 = 0.091$$

대응별 비교결과에서 $C2$의 신뢰구간(0.002~0.386)만 0을 포함하고 있지 않기 때문에 a_1b_1의 간접효과가 $a_1d_{21}b_2$의 간접효과보다 크다고 말할 수 있다.

지금까지의 내용들을 자세히 살펴본 독자는 결과가 상충되는 것을 발견할 수 있을 것이다. 앞에서 $X \rightarrow M_2 \rightarrow Y$의 간접효과는 유의하지 않았지만 $X \rightarrow M_1 \rightarrow Y$의 간접효과와 $X \rightarrow M_1 \rightarrow M_2 \rightarrow Y$의 간접효과는 유의하게 나타난 것을 확인하였다. 하지만 두 특정간접효과의 차이는 $C2$만 유의하게 나타났다. 대응별 비교결과가 유의하지 않다는 것은 가설검정관점에서 말하면 해당 두 간접효과는 서로 다르지 않다는 것을 의미한다. 그렇다면 간접효과의 일부는 유의하고 다른 간접효과는 유의하지 않은 상황에서 어떻게 이러한 결과가 도출될 수 있는가?

이러한 상충되는 결과는 매개분석에서 일련의 추론검정들을 해석하는 경우에 연구자가 염두에 두고 있는 세 가지 사항 때문에 발생한다(Hayes, 2018a). 첫째, 특정간접효과의 유의성에 관한 검정은 한 간접효과가 다른 간접효과와 다른지에 관한 검정과 동일하지 않다. 이들은 서로 다른 가설을 검정하는 것이기 때문에 한 가설검정결과가 다른 가설을 검정한 검정결과와 일치해야 한다는 수학적 법칙은 존재하지 않는다. 둘째, 유의성이 유사한 것이 통계적 동질성을 의미하지 않는 것(similarity in significance does not imply statistical equivalence)처럼 유의성의 차이가 통계적으로 다른 것을 의미하지는 않는다(difference in significance does not mean statistically different : Gelman & Stern, 2006). 추론검정결과 한 효과가 유의하고 다른 효과는 유의하지 않은 결과가 도출된 경우에 이러한 결과는 두 효과가 서로 달라야 된다는 것을 의미하지는 않는다. 추론검정결과가 항상 옳다면 이러한 사실이 상충관계가 될 수 있다. 우리는 추론검정과정의 맹점을 알고 있다. 즉, 귀무가설을 기각하지 못했다는 사실이 귀무가설이 반드시 옳다는 것을 의미하는 것은 아니고 귀무가설을 기각했다는 사실이 귀무가설이 확실하게 틀렸다는 것을 의미하지도 않는다. 셋째, 미지의 효과에 대한 추정치에는 항상 불확실성이 존재한다. 단지 어떤 효과의 신뢰구간이 0을 포함한다는 사실이 우리가 추정하는 해당효과가 0이라는 것을 의미하지는 않는다. M_2만을 경유한 특정간접효과와 다른 두 특정간접효과의 차이에 대한 신뢰구간에는 0이 아닌 값

(nonzero values)이 포함되어 있다. 이러한 내용은 이들 간접효과는 서로 다를 수 있다(could be)는 것을 의미한다. 따라서 우리는 신뢰구간이 하나의 가능성으로 0을 포함한다고 해서 신뢰구간이 0이라고 단정적으로 말할 수 없다.

3.5 병렬다중매개모형과 직렬다중매개모형이 결합된 모형

매개변수가 두 개인 경우에 직렬다중매개모형과 병렬다중매개모형의 유일한 차이점은 M_1에서 M_2로 이어지는 인과경로가 포함되는지의 여부이다. 직렬모형은 이 경로를 추정하는 반면에 병렬모형은 이 경로가 0이라고 가정한다. 매개변수가 세 개 이상인 경우에 연구모형은 매개변수 간의 경로가 추정되는지에 따라 병렬과 직렬 매개과정의 혼합모형이 될 수 있다.[2)]

[그림 3.8]의 panel A에 제시된 통계모형을 살펴본다.

panel A의 모형은 매개변수가 세 개이고 M_1이 M_2와 M_3에 영향을 주는 것으로 설정되었다. M_1과 Y 사이에 매개변수를 추가하여 좀 더 복잡한 모형을 설정할 수도 있다. 이 모형의 직접효과와 간접효과를 추정하기 위해서는 다음과 같은 4개의 회귀방정식이 필요하다.

$$
\begin{aligned}
M_1 &= i_{M_1} + a_1 X + e_{M_1} \\
M_2 &= i_{M_2} + a_2 X + d_{21} M_1 + e_{M_2} \\
M_3 &= i_{M_3} + a_3 X + d_{31} M_1 + e_{M_3} \\
Y &= i_Y + c' X + b_1 M_1 + b_2 M_2 + b_3 M_3 + e_Y
\end{aligned}
$$

이 모형은 5개의 특정간접효과가 추정된다. 3개의 특정간접효과는 하나의 매개변수만을 경유한 간접효과들이고(a_1b_1, a_2b_2, a_3b_3) 나머지 두 간접효과는 두 개의 매개변수를 경유한 간접효과들이다($a_1d_{21}b_2$, $a_1d_{31}b_3$). 직접효과는 c'이고 간접효과들의 합계는 총간접효과이다.

---

2) 본절의 내용은 Hayes(2018a)의 개정판에 추가된 내용을 참조하여 기술한 것이다.

그림 3.8 병렬다중매개모형과 직렬다중매개모형을 결합한 두 가지 모형

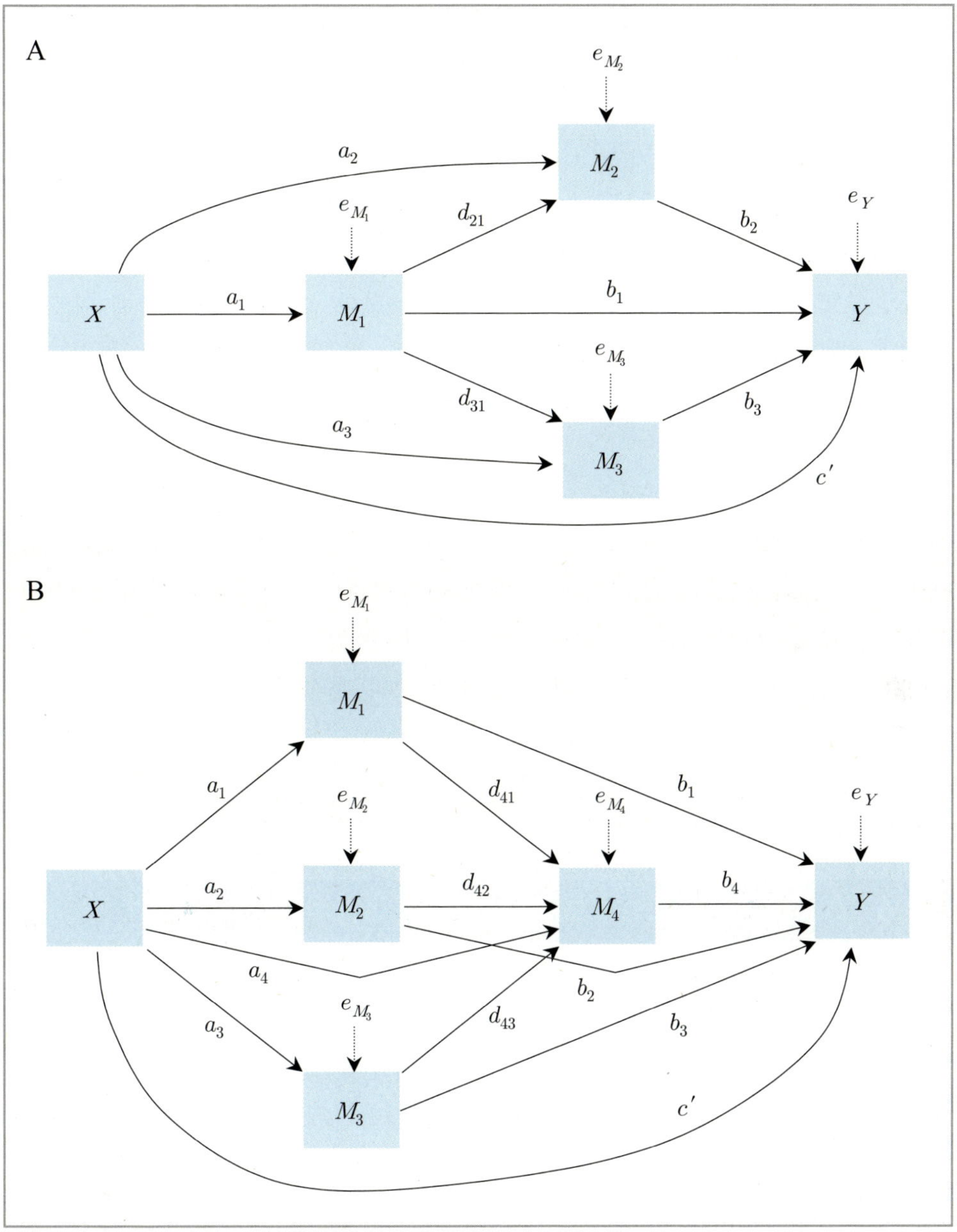

panel B는 세 개의 매개변수가 병렬로 배치되어 있고 이들은 다시 하나의 매개변수에 직렬로 연결되어 있다. 이 모형은 결과변수가 5개이므로 다음과 같은 5개의 회귀방정식을 추정해야 한다.

$$M_1 = i_{M_1} + a_1X + e_{M_1}$$

$$M_2 = i_{M_2} + a_2X + e_{M_2}$$

$$M_3 = i_{M_3} + a_3X + e_{M_3}$$

$$M_4 = i_{M_4} + a_4X + d_{41}M_1 + d_{42}M_2 + d_{43}M_3 + e_{M_4}$$

$$Y = i_Y + c'X + b_1M_1 + b_2M_2 + b_3M_3 + b_4M_4 + e_Y$$

이 모형은 7개의 특정간접효과를 추정해야 한다. 이들은 하나의 매개변수만 경유한 4개의 특정간접효과들(a_1b_1, a_2b_2, a_3b_3, a_4b_4) 및 두 개의 매개변수를 통과하는 3개의 간접효과들($a_1d_{41}b_4$, $a_2d_{42}b_4$, $a_3d_{43}b_4$)로 구성된다. 직접효과의 추정치는 c'이다.

위의 모형들은 회귀분석을 이용하여 분석할 수도 있지만 PROCESS를 이용하면 훨씬 간편하고 다양한 분석결과를 얻을 수 있다. 즉, 위의 panel A는 model 81에 속하고 panel B는 model 80을 이용하여 분석한다. 이 외에도 이러한 "병렬-직렬" 혼합모형을 분석하는 model 82도 분석할 수 있다. 또한 contrast 옵션을 이용하여 특정간접효과들 간의 모든 대응별 비교의 분석결과를 얻을 수 있다.

3.6 다중매개모형의 보충내용과 매개변수들 간의 경쟁

본장에서는 매개변수가 두 개 이상인 다중매개모형을 살펴보았다. 단일 모형에서 다중 메커니즘을 동시에 추정하는 방법의 장점은 의심할 여지없이 명백하지만 다중매개변수를 도입하는 것은 위험이 따르고 때로는 개별매개변수만을 이용한 단순매개모형의 결과와 상충되는 결과를 나타낼 수도 있다. 여기에서는 이러한 위험과 역설 및 모순들을 논의한다.

첫째, 특정간접효과는 다른 모든 매개변수들이 일정한 상태에서 독립변수가 특정매개변수를 경유하여 종속변수에 미치는 영향을 수량화한 것이다. 이는 M_1만을 도입한 단순매개모형에서는 간접효과가 유의하지만 M_1 이외에 추가로 매개변수들을 도입하는 경우에 간접효과가 나타나지 않을 수도 있다는 것을 의미하는 것이다. 이러한 현상은 다중매개모형이 가장 유용한 상황에서 매개변수들 상호 간에 상관관계가 존재하는 경우에 자주 발생할 수 있다. 하지만 다중매개모형에서 각 매개변수가 결과변수에 미치는 영향은 다른 모든 매개변수들을 통제한 상태에서 추정되기 때문에 매개변수들 간의 상관관계가 지나치게 높은 경우에는 다중공선성 문제가 발생하여 결과를 왜곡시킬 수 있다. 다중공선성은 종속변수와의 편관계(다른 매개변수들을 통제한 후의 관계)의 추정치에 대한 표본분산을 증가시키고(Cohen, Cohen, West, & Aiken, 2003 ; Darlington & Hayes, 2017 ; Fox, 1991), 이러한 표본분산은 대칭 혹은 비대칭 신뢰구간의 범위를 확장시키거나 정규이론검정에 의한 특정간접효과의 p값을 증가시킨다.

특정 매개변수만을 도입한 경우에는 간접효과가 나타나지만 다중매개모형에서는 해당 매개변수의 간접효과가 나타나지 않는 경우에 어느 결과가 정확한지에 관한 판단문제가 발생한다. 이 문제에 대한 정답은 없다(no good answer). 다중매개모형에서의 특정간접효과는 단순매개모형에서의 간접효과와는 다르게 검정하기 때문에 두 결과 모두 옳을 수도 있다. 상관관계가 존재하는 매개변수들을 모형에 포함시키면 인과관계와 의사(spurious) 혹은 부수현상적 관계를 분리할 수 있지만 이는 표본분산이 증가하고 간접효과의 검정력이 낮아진다는 비용을 감수해야 한다.

둘째, X의 총간접효과는 모든 매개변수들을 동시에 경유하여 X의 차이가 Y의 차이에 미치는 효과를 수량화한 것이다. 총간접효과가 0과 다르다는 것은 매개변수들이 나타내는 하나 혹은 그 이상의 메커니즘을 통하여 집합적으로(taken together) X가 Y에 간접적으로 영향을 미친다는 것을 의미한다. 이와 같이 총간접효과는 모든 특정간접효과들의 합계이기 때문에 몇 가지 역설적인 결과들이 발생할 수 있다. 먼저 하나 혹은 그 이상의 특정간접효과는 유의적인데도 총간접효과는 나타나지 않는 경우이다. 이러한 현상은 두 가지가 있는데 하나는 간접효과들이 부호가 다르면서 동일한 크기인 경우이다. 이러한 경우에 특정간접효과들의 합계는 0에 근접할 것이다. 또 한 가지 역설은 특정간접효과들이 부호는 같지만 크기가 다른 경우이다. 예를 들어 매개변수가 4개인 다중매개모형에서 한 개의 매개변수만이 매개작용을 발생시킨다고 할 때에 매개작용을 발생시키지 않는 매개변수들을 모형에 도입하면 총간접효과의 추정치의 표본분산을 증가시켜서 추론검정결과 총간접효과가 비유의적으로 나타날 수 있다. 반대의 현상으로 특정간접효과들이 나타나지 않음에도 불구하고 총간접효과가 유의하게 나타날 수도 있다. 가령 모든 특정간접효과들의 크기가 작고 부호가 동일한 경우에 표본수가 적고 매개변수들의 상관관계가 높다면 표본분산의 영향력이 크게 나타나서 작은 크기의 특정간접효과도 발견되기 어렵다. 하지만 다른 조건이 일정하다면 효과크기가 커지면서 검정력도 함께 증가하기 때문에 이러한 작은 크기의 간접효과들도 합해지면 추론검정결과 총간접효과가 나타날 수 있다.

총간접효과와 특정간접효과의 추론검정에 관한 이러한 역설적인 불일치는 통계학이 아니라 이러한 효과들이 0인지 아니면 나타나는지의 2분법적으로 생각하는 우리들의 마음으로부터 발생한다. 이에 대한 한 가지 도피처(escape)는 비록 연구자의 머리에 가설검정 논리가 깊이 각인되어서 어렵기는 하지만 신뢰구간을 이용한 추정치에 내재된 불확실성을 인정하는 것이다. 신뢰구간이 0을 포함한다는 것은 간접효과가 0이라는 것을 의미하는 것이 아니다. 이러한 것은 단지 0이 가능성의 범위 안에 포함되거나 효과의 방향을 확실하게 알 수 없다는 것을 의미한다.

또 다른 한 가지 도피처는 결과를 해석하는 경우에 총간접효과를 단순히 무시하는 것이다. 총간접효과와 이의 추론검정은 회귀모형의 R^2 혹은 ANOVA에서 집단평균들의 동질성에 관한 전반적 검정(omnibus test)과 유사한 것이다. 회귀모형이 우연성에 의한 것이라는 귀무가설의 기각 또는 ANOVA에서 모든 집단평균들이 동일하다는 귀무가설의 기각이 개별예측변수들의 통계적 유의성이나 크기를 알려주지 않고(회귀분석) 집단 간 평균의 대응별 비교에 관한 결과(ANOVA)를 알려주지 않는다. 다만 유의한 예측변수가 없다는 내용에 관한 R^2값 혹은 F값의 통계적 유의성과 집단 간 차이에 관한 전반적인 결과만을 알 수 있을 뿐이다. 총간접효과는 특정간접효과들의 합계이고, 이러한 특정간접효과들 중에서 어떤 간접효과는 크게 나타나고 다른 간접효과는 작게 나타나며, 양수일 수도 있고 음수일 수도 있다. 연구자는 모든 메커니즘의 총계에 관심이 있다기보다 특정 메커니즘에 관심이 있기 때문에 다중매개모형을 추정한다. 다중매개모형의 추론과 해석은 일반적으로 총간접효과가 아니라 직접효과와 특정간접효과에 초점을 두고 있다.

CHAPTER 4

매개분석의 기타주제

4.1 Baron and Kenny(1986) 방법은 어떠한가?
4.2 혼동효과와 인과순서
4.3 효과크기
4.4 복수의 X 또는 복수의 Y : 개별분석인가 아니면 동시분석인가?

제2장과 제3장에서 매개분석의 주요 개념들을 알아보았다. 이러한 내용들은 다중매개모형 그리고 매개분석과 조절분석을 통합한 모형과 같은 복잡한 모형을 이해하는 데에 필수적인 사항들이다. 본장에서는 매개분석에서 관찰된 변수 간의 관계에 대한 대체설명과 효과크기 등을 포함한 복잡한 내용들을 다룰 예정이다. 하지만 먼저 매개효과를 분석하는 방법으로 역사적으로 인기를 구가했던 인과단계방법을 살펴보고 이러한 방법의 사용이 권장되지 않는 이유에 대하여 알아본다.

4.1 Baron and Kenny(1986) 방법은 어떠한가?

본서를 읽는 독자 중에서 지난 10여 년 전까지 매개분석에서 자주 사용되던 방법에 익숙한 독자는 지금까지 인과단계방법(causal steps approach)을 언급하지 않은 이유에 대하여 의아스럽게 생각할 것이다. 이 방법은 1950년대까지 거슬러 올라가지만 본격적으로 인기를 누린 계기는 Baron & Kenny(1986)가 Journal of Personality and Social Psychology에 영향력 있는 논문을 발표하면서부터이다. 이러한 이유로 인과단계방법은 Baron & Kenny 방법(Baron & Kenny method)으로 많은 사람들에게 알려지기 시작했다. 역사적으로 많은 연구자들은 인과단계방법의 논리에 입각하여 매개효과를 분석하였고 지금까지도 여전히 사용되고 있는 실정이다. 하지만 이제는 이 방법의 인기는 시들해졌고 이 방법은 더 이상 권장되지 않는다.

인과단계방법은 어떤 변수 M이 X와 Y의 관계에서 매개변수 기능을 수행하는지에 관한 질문에 답변하기 위해서 사용되어 왔다. 모델링과정 관점에서 보면 인과단계방법은 지금까지 설명한 방법과 거의 동일하다고 할 수 있다. 하지만 이 방법은 인과체계 내의 각 경로에 대한 일련의 유의성검정결과(outcome of a set of tests of significance)에 초점을 맞추고 있다는 점에서 다르다. 이하에서 인과단계방법의 단계들을 알아보기로 한다.

① 제1단계(c의 검정)

인과단계방법을 이용하여 M이 X가 Y에 미치는 영향의 매개변수 역할을 하기 위해서는 먼저 매개되는 효과(effect to be mediated)가 있는지(X와 Y의 유의한 관계가 있는지)를 검정해야 한다. X가 Y에 주는 영향이 유의한지에 관한 검정은 식 (2.4)($Y=i_Y+cX+e_Y$)를 이용하여 총효과 ${}_Tc$의 귀무가설($H_0: {}_Tc=0$)이 기각되느냐에 달려 있다. 만일 기각되면 조건이 충족되기 때문에 다음 단계로 넘어간다. 하지만 기각되지 않으면 매개분석의 모든 검정절차는 종료된다(game over).

② 제2단계(a의 검정)

첫 번째 조건이 충족되면 두 번째 단계로 넘어오는데 이 단계에서는 식 (2.1)($M=i_M+aX+e_M$)을 이용하여 X가 M에 미치는 영향을 추정한다. 만일 a가 통계적으로 유의하면 인과단계전략의 두 번째 조건이 충족된다. 만일 귀무가설(${}_Ta=0$)을 기각하지 못하면 또한 매개분석과정은 종료되고 M은 X가 Y에 미치는 영향의 매개변수 역할을 하지 못한다고 결론을 내린다.

③ 제3단계(b의 검정)

세 번째 단계에서는 X를 통제한 상태에서 M이 Y에 유의한 영향을 미치는지를 조사한다. 여기에서는 식 (2.2)($Y=i_Y+c'X+bM+e_Y$)를 이용하여 Y를 X와 M에 회귀시킨 후에 ${}_Tb=0$의 귀무가설을 검정한다. 만일 귀무가설을 기각하지 못하면 매개분석절차는 종료되고 M이 X가 Y에 미치는 영향의 매개변수 역할을 하지 못한다고 주장하게 된다.

위의 세 가지 조건이 모두 충족되는 경우에 X의 직접효과(c')를 총효과(c)와 비교하여 c'이 c보다 0에 가깝고 c'이 통계적으로 유의하지 않으면 M은 X가 Y에 미치는 영향을 완전매개(complete mediation)한다고 말한다. 하지만 c'이 c보다 0에 가깝지만 통계적으로 0과 다르다면(혹은 유의하다면) X가 Y에 미치는 영향의 일부분만 M을 통하여 전달되기 때문에 M은 X가 Y에 미치는 영향을 부분매개(partial mediation)한다고 말한다.

인과단계방법이 인기를 누린 이유는 사용하고 가르치기 용이하고 방법론 이론을 따르지 않는 일부 연구자들이 여전히 가르치고 있으며 보고서에 단 몇 줄만 서술하면 될 뿐만 아니라 통계학이나 자료분석의 깊이 있는 배경이 필요 없다는 사실 때문이라는 것은 의심할 여지가 없다. 하지만 인과단계방법은 통계학적으로 그리고 이론적으로 적합한 방법이 아니라는 인식이 확산되고 있기 때문에 이제는 아무런 문제의식 없이 인과단계방법을 버젓이 사용하기는 어려운 상황이다. 이제는 "매개의 조건들(conditions of mediation)"을 충족시켜야 하는 시대는 지났다. 머지않아 인과단계전략을 사용한 논문을 출간할 수 없게 될 것이라고 말하는 것은 당연한 표현이고 이미 그 시기가 도래했다.

인과단계전략의 몇 가지 문제점을 설명하기 전에 통계학을 이용하여 추론검정을 실행하는 경우에 세 가지 상식적인 원칙을 알아볼 필요가 있다(Hayes, 2018a). 첫째, 과학자들이 어떤 현상에 대한 주장을 펼치는 경우에는 해당주장과 직접 관련되는 현상의 수량화(quantification)에 기초해야 한다. 둘째, 과학자는 주장을 지지하기 위하여 필요한 가능한 적은 수의 통계적 추론검정(inferential statistical tests)을 사용해야 한다. 셋째, 과학자는 연구결과정보를 소비자들에게 제공하는 경우에는 주장과 관련된 불확실성(uncertainty)을 함께 제공해야 한다. 효과에 대한 점추정치는 훌륭한 수치이지만 표본분산 혹은 가능한 경우에는 다른 불확실성의 원천에 대한 정보도 함께 제공해야 한다.

이러한 원칙을 염두에 두면 인과단계전략이 간접효과를 공식적으로 수량화하지도 않을 뿐만 아니라 간접효과에 대한 어떠한 추론검정도 실행하지 않는다는 것을 알 수 있다. 오히려 인과단계방법에 의하면 간접효과의 존재여부는 간접효과 이외의 다른 무언가를 수량화한 후에 이들에 대한 일련의 귀무가설 검정결과들로부터 논리적으로 추론하는 방법에 의하여 결정된다. 이러한 절차는 위에서 언급한 첫 번째 상식적인 원칙에 위배되는 것이고 과학자들이 일반적으로 증거를 수집하여 주장을 펼치는 방법에 어긋나는 것이다. 우리가 한 치료법이 다른 치료법보다 효과적인지를 알고자 하는 경우에 해당 치료법을 경험한 사람과 경험하지 않은 사람의 결과변수의 차이를 수량화한 후에 가설검정 혹은 신뢰구간 방법을 이용하여 차이가 유의한지를 결정하는 방법을 사용한다. 또한 폭력적인 비디오게임을 자주 이용하는 사람이 덜 이용하는 사람보다 좀 더 공격적인지를 알고자 하는 경우에도 폭력적인 비디오게임과 공격성 간의 상관관계를 추정하여 상관계수에 대한 추론검정을 실행하게 된다. 이러한 방법과 간접효과의 추론방법이 무엇이 다르겠는가? 간접효과의 추론검정은 간접효과의 추정치와 추론절차가 $_Ta_Tb$가 0이 아니라는 주장을 정당화할 수 있느냐에 의하여 이루어져야 하며 $_Ta$와 $_Tb$에 관한 일련의 귀무가설검정결과에 의하여 결정되어서는 안 된다.

한편 인과단계전략에 대한 이러한 주장을 반박하는 논리는 다음과 같이 전개된다.

> "만일 ${}_Ta \neq 0$(유의적)이고 ${}_Tb \neq 0$이라면 ${}_Ta{}_Tb \neq 0$이 성립한다. 그리고 ${}_Ta = 0$(비유의적) 또는 ${}_Tb = 0$이라면 ${}_Ta{}_Tb = 0$이 성립된다. 따라서 간접효과에 대한 추론검정을 실시할 필요가 있겠는가? 우리는 인과단계방법을 통하여 알고 싶은 것을 알 수 있다."

이러한 주장은 일견 그럴듯하게 들리지만 문제는 이 논리가 틀렸다는 점이다. 비록 드문 경우이지만 a와 b가 통계적으로 0과 다른 경우에도 ${}_Ta{}_Tb$의 공식적인 추론검정결과 간접효과가 존재하지 않는 경우가 발생한다. 더욱 중요한 사실은 a와/또는 b가 통계적으로 유의하지 않은 경우에도 ${}_Ta{}_Tb \neq 0$의 결론이 도출되는 경우도 있다. ab가 간접효과의 적합한 추정치이므로 추론검정은 ab에 의하여 이루어져야 하며 ${}_Ta$와 ${}_Tb$에 대한 개별적인 가설검정에 의존하면 안 된다. 간접효과는 a와 b의 적항(product)이다. a와 b의 통계적 유의성은 매개효과의 필요조건이 아니다.

둘째, 인과단계전략방법에 의하면 M이 매개변수 역할을 수행하는지의 주장은 3개의 귀무가설(${}_Tc$와 ${}_Ta$ 및 ${}_Tb$)의 성공적인 기각에 달려 있다. 하지만 가설검정은 틀릴 수도 있는 인간의 발명품이다. 이들은 충족될 수 없고 성과에 영향을 미치는 가정에 근거하고 있다. 이러한 가정들이 충족된다고 해도 가설검정은 틀린 귀무가설을 기각하지 못하거나(β오류) 맞는 귀무가설을 잘못 기각(α오류)할 수도 있다. 주장을 펼치기 위하여 가설검정을 많이 하면 할수록 오류의 가능성은 점점 더 커진다. 주장을 펼치기 위해서는 가능한 추론절차의 숫자를 최소화하는 것이 바람직하다. 단지 필요한 것은 간접효과에 대한 단일한 추론검정(single inferential test)이다. 따라서 인과단계방법은 두 번째 상식원칙에 위배되는 것이다.

셋째, 인과단계방법을 사용하는 연구자는 일반적으로 매개분석을 이분법적으로 생각한다. 즉, "X가 Y에 미치는 영향은 M에 의하여 매개되는가? 혹은 매개되지 않는가?"라고 사고한다. 이는 질적인 주장이고 매개분석에 내재된 불확실성에 대한 정보를 제공하지 않는다. 따라서 세 번째 상식원칙에 어긋난다. 우리는 이미 간접효과를 수량화하고 신뢰구간을 설정하였다. 신뢰구간은 효과가 존재하는지 또는 존재하지 않는지에 관하여 질적인 주장보다 더 많은 정보를 제공한다.

넷째, 연구자는 간접효과를 분석하기 위하여 먼저 총효과($_Tc$)에 대한 가설검정을 수행하여 X가 Y에 미치는 영향을 검정하는 것을 인과단계전략의 첫 단계로 사용한다. $_Tc=0$이라는 귀무가설이 기각되지 않으면 M을 매개변수로 설정하는 나머지 기준들이 무의미하다고 판단하고 인과단계방법의 절차는 종료된다. 이러한 논리는 존재하지 않는 효과는 매개될 수 없다(an effect that does not exist can't be mediated)는 믿음에 근거하기 때문에 그러한 무효과(noneffect)를 일으키는 메커니즘을 설명할 필요가 없다는 것이다.

하지만 이러한 논리는 잘못된 것이다. 총효과가 0과 다르지 않다는 귀무가설이 기각되지 않는 경우(c가 유의하지 않은 경우)에도 X가 M을 통하여 Y에 영향을 미칠 수 있다. 이는 직관에 어긋나는 것처럼 보이지만 틀린 내용이 아니다. 총효과의 크기는 간접효과의 크기를 제한하거나 결정하지 못한다. 총효과가 유의하지 않은 경우에도 간접효과는 유의할 수 있다. 이러한 현상은 연구자가 실감하는 것보다 더 자주 나타난다. 사실 우리는 제2장에서 이미 이러한 내용에 관한 두 가지 사례를 확인하였다. 먼저 미디어영향력 연구에서 기사위치가 설탕구매의도에 미치는 총효과가 유의하지 않아도 간접효과가 유의하게 나타난 것을 확인하였다. 마찬가지로 경제적 스트레스의 간접효과는 통계적으로 유의하지만 총효과는 유의하지 않다는 내용도 알아보았다. 이러한 결과는 생각보다 자주 나타난다. 방법론자들은 X가 Y에 영향을 미치는 총효과가 간접효과의 증거를 탐색함에 있어서 더 이상 필수조건(prerequisite)이 되어서는 안 된다는 의견일치를 보이고 있다(Bollen, 1989 ; Cerin & MacKinnon, 2009 ; Hayes, 2009 ; LeBreton, Wu, & Bing, 2009 ; MacKinnon, 2008 ; Rucker et al., 2011 ; Shrout & Bolger, 2002 ; Zhao et al., 2010).

총효과가 나타나지 않는 경우에도 간접효과가 나타날 수 있다는 논리를 잘 이해하지 못하는 사람들에게서 발생하는 이러한 불편함은 총효과는 단순하게 X가 Y에 미치는 영향의 훌륭한 사고방식이 아니라는 사실을 직시하면 쉽게 해소될 수 있다. 앞서 살펴본 바와 같이 총효과는 직접효과와 간접효과를 합계한 것이다. 만일 이들 두 효과의 부호가 서로 다르다면 이들을 합계하면 0에 가깝거나 심지어는 아예 0이 될 수도 있다. 또는 상당한 확실성(좁은 신뢰구간)을 가지면서 유의한 간접효과와 효과크기가 작고 불확실성이 큰(넓은 신뢰구간) 직접효과를 더한 총효과는 큰 표본오차 때문에 유의하지 않을 수도 있다. 이를 지지하는 연구로 Kenny & Judd(2014)는 효과크기가 비슷한 경우에 총효과보다 간접효과의 유의성이 더 잘 발견된다고 밝혔다. 즉, 크기가 비슷하다면 일반적으로 총효과보다 간접효과의 검정력이 더 크다고 할 수 있다. 따라서 총효과의 검정력이 낮은데도 총효과의 검정을 간접효과검정의 전제조건으로 도입할 필요가 있는가?

총효과가 0에 근접하는 또 다른 상황으로는 X가 Y에 미치는 영향이 서로 반대로 나타나는 하위집단(subpopulations)이 존재하는 경우이다. 예를 들어 남성 집단에서는 X가 Y에 양의 영향을 미치지만 여성 집단에서는 음의 영향을 미치는 경우에 성별 이외의 다른 변수가 이러한 차별적 영향을 설명해야 한다. 만일 표본이 성별로 균등하게 분포되어 있고 집단별 효과크기가 비슷하다면 남성 집단과 여성 집단의 X가 Y에 미치는 차별적 영향을 설명하지 못하는 Y의 X에 대한 회귀는 X가 Y에 영향을 미치지 않는다(총효과가 0)는 잘못된 결론을 이끌어낸다. 또한 A집단에서는 X와 Y의 관계가 나타나지 않는 반면 B집단에서는 X와 Y의 양의 관계가 나타나는 경우에 A집단의 표본이 매우 크다면 역시 총효과가 나타나지 않을 수 있다.

이러한 내용들의 요지는 간접효과의 탐색에 있어서 총효과가 존재해야 한다는 전제를 하는 것은 잘못된 주장이고 이러한 내용은 간접효과를 분석하는 경우에 연구자들 사이에서 의견일치를 보이는 사항이다. 간접효과의 추정과 검정에 앞서 인과단계전략을 사용하여 총효과가 통계적으로 유의해야 한다고 주장하는 연구자는 결국 자료를 다 분석하지도 않은 채 연구를 종료하는 결과를 초래한다. 인과단계방법을 계속 사용하면 간접효과를 발견하지 못할 수 있으며 따라서 이에 근거한 연구결과는 오류를 가져오게 될 것이다. 이러한 인과단계방법을 폐기(abandon)한다면 오류는 훨씬 줄어들 것이다.

어떤 연구자들은 결합유의성검정(test of joint significance)을 이용하여 총효과의 증거 없이(심지어는 증거를 가지고) 매개효과를 평가한다. 이 검정은 매개효과를 주장하기 위하여 총효과(c)는 제외하고 a와 b가 통계적으로 유의할 것을 필요로 한다. 이 방법은 두 가지 검정(단 하나가 아닌)을 필요로 하고 간접효과의 구간추정치 혹은 그 어떠한 불확실성 측정치를 산출하지 않는다. 따라서 결합유의성검정은 두 번째와 세 번째 상식원칙에 위배된다. 또한 이 방법의 변형형태에서는 총효과를 포함하여(Robinson & Sutin, 2017) 개별경로들의 통계적 유의성을 확인하는 인과단계를 반드시 사용한 후에 간접효과검정(예 : 부트스트랩 신뢰구간)을 실행한다. 즉, 인과단계 조건들의 충족여부가 간접효과검정의 문지기(gatekeeper) 역할을 담당한다. 이러한 방법은 단지 중복된 자료분석에 해당하며 매개효과의 통계적 검정력을 저하시킬 뿐이다.

마지막으로, 인과단계방법은 간접효과의 수량화에 입각하고 있지 않기 때문에 이는 연구자들로 하여금 간접효과에 대하여 순전히 질적인(qualitative) 관점에서 생각하게 만든다. 만일 연구자들이 이러한 방식으로 사고한다면 매개과정에 대한 좀 더 세련된 질문(예 : 3.3절에서 다룬 내용으로 다중매개모형에서 하나의 매개변수를 경유한 간접효과의 크기가 다른 매개변수를 경유한 간접효과의 크기와 다른지의 문제)을 검정하기 어렵다. 또한 이러한 질적인 사고는 본서의 후반부에서 다루게 될 조절된 매개분석을 개념화할 수도 없게 된다. 나중에 다루게 될 많은 분석방법들을 적용하기 위해서는 매개분석을 질적인 관점이 아니라 계량적인 관점에서 사고하는 습관이 반드시 필요하다.

하지만 오래된 습관은 변하기 어려운 법이다. 최근에 Yzerbyt, Muller, Batailler, & Judd(2018)는 과거로 돌아가서 매개분석의 추론에 관한 초점을 a와 b의 유의성에 맞추어야 한다고 주장하였다. 이들은 시뮬레이션 분석결과 결합유의성검정이 일정한 상황에서는 존재하지 않는 간접효과를 주장할 위험을 감소시킨다는 것을 밝혀냈다. Hayes(2022)는 이에 관하여 사실이지만 설득력이 떨어진다고 비판하고 있는데 이하에서는 Hayes의 주장을 알아본다. 제2장에서 밝힌 바와 같이 편의수정 부트스트랩 신뢰구간은 어떤 상황에서는 다른 방법보다 검정력이 떨어진다. 백분위 부트스트랩 신뢰구간이 편의수정 부트스트랩 신뢰구간보다 더 우수한 방법이다.

하지만 Yzerbyt 등(2018)은 상황에 따라 결합유의성검정이 백분위 부트스트랩 신뢰구간방법보다 더 우수한 방법이라고 주장한다. 이들의 시뮬레이션 결과는 OLS회귀분석의 모든 가정들(정규성과 등분산성 등)이 충족되는 완벽한 조건에 근거하고 있다. 하지만 부트스트랩 신뢰구간은 이러한 가정들을 요구하지 않으며 회귀분석의 가정이 충족되지 않는 상황에서도 간접효과를 추론하는 더 우수한 방법이다. 즉, 정규성과 등분산성(homoscedasticity)을 필요로 하지 않는 백분위 부트스트랩 신뢰구간방법이 검정력과 타당도 면에서 더 우수한 추론방법이다. 이러한 이유로 2017년 이후로 PROCESS에서는 백분위방법이 부트스트랩 신뢰구간방법의 디폴트방법으로 지정되어 있다.

▌완전매개와 부분매개에 대한 비판

인과단계전략을 사용하는 연구자들은 "매개의 정도(degree of mediation)" 관점에서 연구결과를 서술하려고 시도한다. M은 X가 Y에 미치는 영향에서 매개변수인가? 만일 그렇다면 M은 이러한 효과를 완전매개하는가 아니면 부분매개하는가? 부분매개는 M을 통한 메커니즘이 X와 Y의 관계를 완벽하게 설명하지 못하는 것을 의미하고 완전매개는 X와 Y의 관계가 간접 메커니즘에 의하여 완벽하게 설명된다는 것을 의미한다. 비록 이러한 용어들이 연구논문에 많이 사용되고 가설검정의 주제로 등장하고 있지만 이들은 아래의 이유와 같이 공허한 개념이기 때문에 폐기되어야 한다.

첫째, 완전매개와 부분매개는 총효과가 0과 다른 경우에만 정의될 수 있다는 점을 알아야 한다. 하지만 앞에서 살펴본 바와 같이 총효과가 존재하지 않는 경우에도 간접효과가 나타날 수 있다.

둘째, 연구자들은 완전매개가 부분매개보다 더 바람직하다는 생각을 할 수도 있기 때문에 부분매개보다 완전매개결과가 도출된 경우에 들뜬 기분으로 샴페인을 터뜨리면서 축하할 수도 있다. 만일 M이 X의 영향을 완전하게 설명한다면 연구모형의 과정에 필요한 모든 것을 알았다고 판단하고 혹시 작용할지도 모를 다른 메커니즘의 가능성을 무시한다. 부분매개를 주장하는 것은 작업을 아직 끝내지 않은 기분이 들고 실망감을 가져올 수 있다. 하지만 연구자들은 X가 Y에 미치는 영향을 매개할 수도 있는 또 다른 메커니즘에 대하여 계속 주시해야 한다.

Rucker et al.(2011)이 잘 지적한 것처럼 이러한 추론의 문제점은 어떤 변수 M이 X가 Y에 미치는 영향을 완전매개한다는 사실이 또 다른 매개변수들의 존재여부에 대해서는 아무것도 알려주지 않는다는 것이다. 비록 연구자 A의 연구에서 매개변수 AA를 도입하여 완전매개효과가 나타났다고 해도 이러한 결론은 연구자 B가 다른 매개변수 BB를 이용하여 동일한 결론을 얻을 수 있다는 사실을 배제하지 못한다. 예를 들어 단순매개모형에서 완전매개효과가 나타나는 다수의 매개변수가 있다면 특정한 하나의 매개변수의 역할만을 주장하는 것은 아무런 가치가 없다. 이는 공허한 개념이기 때문에 실질적인 가치나 의미가 없고 따라서 완전매개가 나타났다고 해서 축하할 만한 가치도 없다.

셋째, 부분매개효과의 주장도 사실상 잘못 설정된 모형(misspecified model)에 대한 축하이다. 철학적인 의미에서 모든 효과들은 무언가에 의하여 매개된다(all effects are mediated by something). M이 X의 영향을 부분매개한다는 것은 X의 Y에 대한 영향의 일부분이 M에 의하여 설명되지 않는다는 사실을 인정하는 것이다. 그렇다면 무엇이 X의 나머지 효과를 설명할 것인가? 만일 있다면 모형에 도입되지 않은 다른 변수일 것이다. 모든 모형들은 어느 정도 잘못된 모형이고 우리들의 모든 모형들도 일정부분 잘못 설정된 것들이다. 대부분의 연구자들은 자신의 모형은 해당되지 않는다고 믿고 싶은 경우에도 이러한 사실을 인식하고 있다. 그렇다면 부분매개효과가 발생한 경우에도 무슨 축하할 이유가 있겠는가? 우리들은 잘못 설정된 모형을 검정하고 그 결과를 축하하는 것이다.

넷째, 두 연구자가 동일한 방법과 동일한 측정척도를 이용하여 동일한 모형을 검정하는 경우를 생각해 보자. 그리고 연구결과는 동일하지만 연구자 A의 표본크기가 연구자 B의 표본크기보다 작다고 가정하자. 이러한 상황에서 M의 부분매개효과가 나타났다면 연구자 B의 직접효과(c')의 검정이 높은 검정력(표본수가 더 많음)으로 실시되었기 때문에 연구자 A보다는 연구자 B가 M의 부분매개효과를 더 주장할 가능성이 크다. 연구자 A의 표본수가 더 적음에도 불구하고 완전매개효과가 나타났다면 연구자 A의 결과가 더 인상적으로 보일 것이다. 만일 완전매개효과가 부분매개효과보다 더 우수하고 바람직한 현상이라면 이는 직접효과는 발견되지 않고 M이 매개변수라는 결론(완전매개효과)을 얻을 정도까지만 표본수를 제한하는 것이 좋다는 것을 의미하는 것이다. 다시 말하면 연구목적이 완전매개효과를 발견하는 것이라면 더 적은 표본수를 사용하는 것이 최상이다. 이는 명백하게 잘못된 생각이고 자료수집에 대하여 우리들이 일반적으로 믿고 있는 신념(표본수가 많을수록 좋다 : more is better)에 정면으로 배치되는 것이다.

완전매개와 부분매개는 연구자들의 사고에 깊이 각인되어 있다. 하지만 이들은 표본크기에 따라 지나치게 달라지고(too sample-size-dependent) 이들의 구분도 실질적인 의미나 가치가 전혀 없다. 따라서 매개분석에 대한 가설설정이나 매개분석의 결과를 기술하는 경우에 완전매개와 부분매개의 용어는 사용하지 말아야 한다.

4.2 혼동효과와 인과순서

실험연구의 훌륭한 점은 집단 간 차이에 대한 인과적 해석이 가능하다는 점이다. 훌륭한 실험은 세심한 실험계획과 실험절차에 대한 엄격한 통제, 실험자극의 구축 및 피험자의 처리 등이 필요하다. 하지만 실험설계가 아무리 정교하게 이루어진다 해도 어떠한 실험설계도 X가 결과변수에 미치는 영향의 집단 간 차이가 다른 변수가 아닌 X에 의한 것이라고 확신할 수 없다. 매개모형은 인과모형이므로 X의 M에 대한 영향과 Y에 대한 직접효과와 총효과 등에 대하여 흔들리지 않는 인과주장을 할 수 있는 실험연구가 매력적인 방법이 된다.

하지만 매개모형은 X가 M과 Y에 영향을 미친다는 주장 이상의 문제를 내포하고 있다. 즉, 연구자는 확신을 가지고 M이 Y에 영향을 미친다는 주장을 할 수 있어야 한다. 하지만 피험자들을 X에 무작위배정을 실시하였다는 사실이 M이 Y에 인과적 영향을 미친다는 것을 담보하지는 못하며 다른 대체적인 설명도 존재한다. 예를 들어 X에 의하여 영향을 받는 다른 변수(C)가 M과 상관관계를 유지하고 M보다는 C가 Y에 인과적 영향을 미친다면 실제로는 X가 C를 경유하여 Y에 간접적으로 영향을 미치는데도 X가 M을 거쳐서 Y에 간접적으로 영향을 미친다고 잘못된 결론을 내리게 될 것이다. 이것이 바로 부수현상관계(epiphenomenal association)에 해당하는 것이다. 즉, M과 Y의 관계는 X가 모형에 도입되지 않은 C에 영향을 미치고 C가 Y에 영향을 미치지만 M이 C와 상관관계를 나타내고 있기 때문에 X가 Y에 미치는 영향을 M이 매개하는 것처럼 보인다는 사실의 부수현상이다. 이러한 부수현상적 관계는 매개분석에서 이루어지는 인과적 추론의 타당성을 저해하는 심각한 위협요인이다.

혼동(confounding) 혹은 의사관계(spurious association)도 인과관계의 타당성을 저해하는 또 다른 요인이다. 만일 두 변수의 관계가 두 변수에 동시에 영향을 미치는 제3의 변수 때문에 발생한다면 인과관계는 이러한 혼동요인에 의하여 심각한 타격을 입게 된다. 예를 들어 TV를 더 많이 시청하는 어린이가 과체중이 될 것이라는 사실은 지나친 TV 시청이 반드시 체중문제의 원인변수라는 것을 의미하지는 않는다. 어린이에게 건강한 생활습관을 권장하지 않는 부모들은 아마도 지방과 칼로리가 많은 음식을 더 많이 구입하여 제공할 수 있고 TV 시청보다 건강한 신체를 유지하는 데에 도움이 되는 운동 등의 스포츠행위를 적게 권장할 가능성이 많다. 따라서 체중문제를 발생시키는 것은 과다한 TV 시청보다는 과도한 TV 시청과 체중증가를 일으키는 부모의 행동에 달려 있다고 볼 수도 있다. 건강한 생활습관을 장려한다는 관점에서 어린이들의 부모행동의 차이가 잠재적 혼동변수가 되고 이는 지나친 TV 시청이 체중을 증가시킨다고 설득력 있게 인과적 주장을 펼치는 데에 위협요인이 된다.

X를 실험적으로 조작(manipulation)하지 못하는 경우에 상황은 더 심각해진다. X값(예 : 미디어영향력 연구에서 신문기사의 위치에 대한 조작)에 대한 무작위배정이 이루어지지 않으면 M과 Y의 관계뿐만 아니라 매개모형에서의 모든 관계가 혼동과 부수현상적 관계에 매우 취약해지게 된다. 실험설계가 X에 대한 무작위배정이 이루어졌는가와 관계없이 연구자는 인과추론의 잠재적 위협요인들을 항상 숙고해야 하며 관찰된 인과관계에 대한 대체적 설명(alternative explanation)의 가능성을 감소시키기 위한 조치를 취해야 한다.

4.2.1 혼동과 부수현상적 관계의 설명

인과적 주장의 타당성을 저해하는 부수현상과 혼동관계는 부분적으로 통계적 통제(statistical control)에 의하여 해결할 수 있다. 만일 M과 Y의 두 변수가 다른 변수인 C와의 관계 때문에 부수현상적 관계 혹은 혼동관계를 나타낸다면 동일한 C값을 가지는 사람들에게서는 M과 Y의 관계가 존재하지 않아야 한다. 그러므로 앞의 과체중 예에서 건강한 생활습관을 동일하게 권장하는 부모들의 아이들에게서 더 많은 TV 시청(M)이 더 큰 과체중(Y)을 가져왔다면 잠재적인 혼동변수를 동일하게 유지하였기 때문에 이러한 효과는 이들 관계를 설명할지도 모를 부모들의 권장행동(C)에 기인한다고 볼 수 없을 것이다.

때로는 실험설계를 통하여 위와 같은 방식으로 C를 문자 그대로 동일하게 유지할 수 없는 경우가 있다. 하지만 C를 측정할 수 있다면 매개모형에서 C가 이러한 인과적 관계에 미치는 영향을 제거할 수 있다. 매개모형에서 [그림 4.1]과 같이 C를 M과 Y의 예측변수로 도입하여 C로 인한 혼동효과와 부수현상을 제거할 수 있다. M과 Y의 모형에 C를 추가하면 X와 M 및 X와 Y 그리고 M과 Y의 관계에 대한 인과적 주장을 위협하는 부수현상 혹은 혼동효과를 나타내

그림 4.1 통계적 통제가 이루어진 단순매개모형의 개념모형

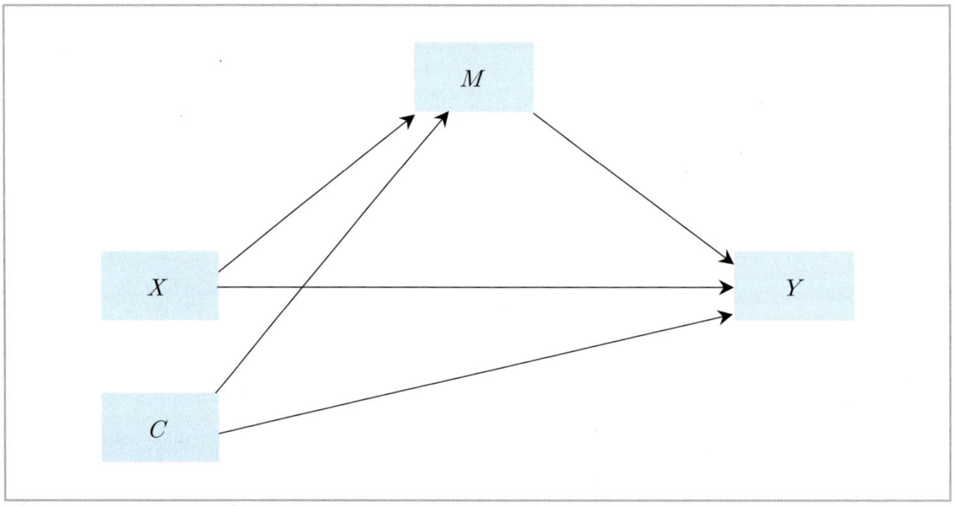

는 C의 영향을 제거할 수 있다.

물론 C를 통제하는 것이 다른 모든 잠재적인 혼동 혹은 부수현상을 모두 제거시키는 것은 아니다. 다른 혼동변수들이 존재하고 측정가능한 경우에는 이들을 매개모형에서 단순히 M과 Y의 예측변수로 추가하기만 하면 된다.

실제로 연구자는 단순매개모형에서 변수 간의 관계를 통계적으로 통제하는 한 개 이상의 잠재적 혼동변수를 염두에 둘 수 있다. 혼동과 부수현상 때문에 인과주장을 위협할 수 있는 q개의 변수(covariates : 공변량)들을 C라고 할 때 이들이 매개모형의 경로들(a, b, c')에 미치는 영향은 다음과 같이 M과 Y모형에서 이러한 계수들을 추정함으로써 통계적으로 제거할 수 있다.

$$M = i_M + aX + \sum_{i=1}^{q} f_i C_i + e_M$$

$$Y = i_Y + c'X + bM + \sum_{i=1}^{q} g_i C_i + e_Y$$

위의 식에서 제2장의 식 (2.1) 및 (2.2)와 달라진 점은 M과 Y모형에 q개의 공변량들이 추가된 것뿐이다. q개의 공변량을 도입한 후의 a, b, c'의 추정치는 공변량의 영향이 제거된 “정화된(purified)” 값이라고 부른다. 공변량들은 모형 내

에서의 다른 효과들의 추정에 있어서 수학적으로 동일한 값을 가지거나 통계적으로 통제된다.

위의 모형에서 c'은 여전히 X가 Y에 영향을 미치는 직접효과이고 ab는 X가 M을 경유하여 Y에 영향을 미치는 간접효과이며 X가 Y에 영향을 미치는 총효과(c)는 직접효과와 간접효과의 합계이다. 총효과는 다음과 같이 M이 제거되고 X와 q개의 공변량이 도입된 Y모형에서의 c와 같다.

$$Y = i_{Y_*} + cX + \sum_{i=1}^{q} h_i C_i + e_{Y_*} \tag{4.1}$$

직접효과와 간접효과 및 총효과의 해석은 동일한 C값(equal on C)을 가지면서 또는 C를 동일하게 유지하고(holding C constant) 혹은 C를 통계적으로 통제한 후에(statistically controlling for C) 등의 조건(이들은 모두 같은 의미이고 상호 교환하여 사용가능하다 : 2.2절 참조)을 포함시키는 것을 제외하고는 전과 동일하다. 따라서 c'은 M과 C를 동일하게 유지한 상태에서 X가 한 단위 다른 두 사례가 Y에 미치는 영향의 차이이고 간접효과인 ab는 C를 동일하게 유지시킨 상태에서 X가 M에 영향을 미치고 M은 Y에 영향을 미치는 결과로 인하여 X가 한 단위 다른 두 사례가 Y에 미치는 영향의 차이를 의미한다. 그리고 총효과(c)는 C를 통계적으로 통제한 후에 X가 한 단위 다른 두 사례가 Y에 미치는 영향의 차이이다.

예를 들어 2.5절에서 다룬 Pollack et al.(2012)의 경제적 스트레스 연구를 이용하여 이러한 관계들을 분석하기로 한다. 이들의 연구에서 기업가의 경제적 스트레스는 억압감정에 영향을 미치고($a = 0.173$) 이러한 부정적인 감정은 기업가정신을 철회하려는 의도에 영향을 미치기 때문에($b = 0.769$) 간접효과($ab = 0.133$)가 통계적으로 0과 다르게 나타났고(95% 부트스트랩 신뢰구간이 0.068에서 0.202 사이) 직접효과($c' = -0.077$, $p = .144$)는 비유의적으로 나타났다.

간접효과는 X가 M에 영향을 미치고 M은 Y에 영향을 미치는 사건의 진실한 인과연속을 반영한다. 하지만 이들 자료는 일회성 관찰연구(one-shot observational study)에서 얻어진 것이다. 어느 것도 실험적 조작이 이루어지지 않았고 어느 것도 시간차를 두고 측정되지 않았기 때문에 잠재적 혼동변수들이 존재할 가능성이 높다. 예를 들어 간접효과는 단지 기업을 경영하는 기업가 자신의 기술이나 확신도의 인식과 같은 개인 차이에 기인한다고 볼 수도 있는 것이다.

자신의 능력에 대하여 좀 더 확신하는 사람들은 덜 확신하는 사람들보다 스트레스를 적게 받는 경향이 있고 어떠한 상황에 처하든지 부정적인 감정을 덜 느끼며 비교적 직업을 즐긴다고 할 수 있다. 만일 그렇다면 경제적 스트레스의 간접효과를 측정하는 경우에 이러한 개인 차이를 통제하면 혼동변수의 효과가 약해지거나 제거될 것이다. 즉, 확신도가 동일한 사람들 사이에서는 X와 M 및 X와 Y의 의사효과가 제거되기 때문에 경제적 스트레스의 간접효과가 나타나지 않아야 한다. 하지만 만일 확신도를 통제하고도 간접효과가 나타난다면 이러한 간접효과에 대한 인과적 주장이 가능해질 것이다.

이러한 대체적 설명은 확신도변수의 측정이 가능한 경우에만 검정할 수 있다. 다행히도 Pollack et al.(2012)은 기업가의 자기효능감(자료파일 ESTRESS.sav의 ESE)을 측정하여 확신도변수로 이용하였다. 이 변수는 목표의 달성, 신제품개발, 위험관리, 의사결정과 같은 기업가정신관련 업무에 성공적으로 종사할 수 있는 능력에 관한 확신도를 의미한다. 실제로 확신도와 X, M, Y의 상관관계분석결과 확신도가 높은 사람들은 비교적 경제적 스트레스를 적게 느끼고($r=-0.158$, $p=.010$) 억압감정을 적게 느끼며($r=-0.246$, $p<.001$) 기업활동을 포기하려는 의도도 적게 표명하는 것으로 나타났다($r=-0.243$, $p<.001$). 따라서 적어도 경제적 스트레스와 억압감정 및 사업철회의도 간의 일부 관계에 대하여 의사관계 혹은 부수현상적 관계가 설득력 있는 대체적 설명이 될 수 있다.

추정 인과모형에서 ESE와 주요 변수들의 공유관계를 설명하기 위하여 M과 Y의 회귀방정식에 ESE(C_1)를 도입하였다. 그리고 다른 공변량들도 통계적으로 통제하기 위하여 ESE 이외에 성별(자료파일의 SEX, 0=여성, 1=남성 : C_2)과 기업경영기간(TENURE : C_3)도 예측변수(공변량)로 함께 도입하였다.

따라서 경제적 스트레스의 직접효과와 간접효과를 추정하기 위한 회귀방정식은 다음과 같이 설정된다.

$$M=i_M+aX+f_1C_1+f_2C_2+f_3C_3+e_M \tag{4.2}$$

$$Y=i_Y+c'X+bM+g_1C_1+g_2C_2+g_3C_3+e_Y \tag{4.3}$$

[그림 4.2]는 위의 방정식을 나타낸 통계모형이다.

OLS회귀분석을 이용하여 식 (4.2)와 (4.3)을 추정할 수 있지만 PROCESS를

그림 4.2 세 개의 공변량이 포함된 단순매개모형의 통계모형(경제적 스트레스 연구)

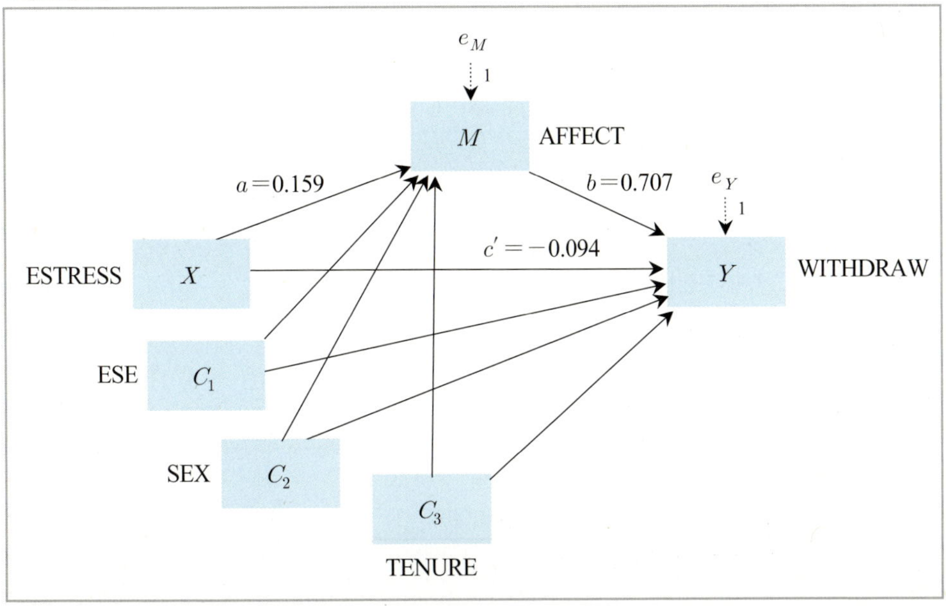

이용하면 개별회귀분석이 제공하지 않는 간접효과의 추론검정을 쉽게 얻을 수 있다. 이러한 분석을 위한 PROCESS syntax는 다음과 같다.

```
process y=withdraw/x=estress/m=affect/cov=ese sex tenure/total=1
        /model=4/seed=62520.
```

위의 명령문과 제2장에서 살펴본 명령문의 유일한 차이점은 cov= 다음에 세 개의 공변량들이 추가된 것뿐이다. PROCESS의 디폴트는 공변량 목록에 추가한 모든 변수들은 M과 Y에 동시에 영향을 주는 것으로 지정되어 있다. 또한 PROCESS에서는 옵션을 이용하여 공변량이 M 혹은 Y에만 영향을 미치는 형식을 택할 수 있다. 이와 관련된 내용은 제16장에서 소개할 예정이다. 이러한 경우에는 $c = c' + ab$가 더 이상 성립하지 않는다. 합리적인 이유가 제시되지 않는다면 이와 같은 디폴트를 취소하는(부분영향을 주는) 지정은 피하는 것이 좋다. 만일 공변량들을 M과 Y에 모두 영향을 주는 방식을 선택하지 않으면 공변량을 완벽하게 통제할 수 없다. 하지만 경우에 따라서는 이러한 부분지정방법이 합리적인 상황이 될 수 있다.

표 4.1 세 개의 공변량을 포함한 경제적 스트레스 연구의 단순매개분석에 관한 모형계수들

		Consequent						
		M (AFFECT)				Y (WITHDRAW)		
Antecedent		Coeff.	SE	p		Coeff.	SE	p
X (ESTRESS)	a	0.159	0.030	<.001	c'	−0.094	0.053	.077
M (AFFECT)		—	—	—	b	0.707	0.105	<.001
C_1 (ESE)	f_1	−0.155	0.044	.001	g_1	−0.212	0.076	.006
C_2 (SEX)	f_2	0.015	0.086	.863	g_2	0.127	0.144	.378
C_3 (TENURE)	f_3	−0.011	0.006	.086	g_3	−0.002	0.011	.846
Constant	i_M	1.786	0.308	<.001	i_Y	2.746	0.550	<.001
		$R^2=0.163$				$R^2=0.206$		
		$F(4, 257)=12.523$, $p<.001$				$F(5, 256)=13.282$, $p<.001$		

PROCESS의 결과물이 [그림 4.3]에 나타나 있고 모형계수는 〈표 4.1〉에 제시되어 있으며 [그림 4.2]의 통계모형에도 그려져 있다.

세 개의 공변량을 지정하지 않은 모형의 결과물([그림 2.7])과 비교하면 별로 달라진 것이 없다. 그리고 이러한 3가지 공변량으로부터 발생하는 의사관계 혹은 부수현상관계를 수정한 후에도(adjusting for) 경제적 스트레스가 억압감정을 통하여 사업철회의도에 영향을 미치는 간접효과는 여전히 유의하게 나타났다(점추정치는 0.113, 95% 부트스트랩 신뢰구간은 0.056에서 0.171 사이). 직접효과($c'=-0.094$, $p=.077$)는 3개의 공변량들의 통제 전($c'=-0.077$, $p=.144$)보다 약간 크게 나타났지만 여전히 비유의적으로 나타났다.

total=1 옵션을 이용하여 산출된 총효과(c)는 C_1과 C_2 및 C_3를 통제한 상태에서 X가 Y에 미치는 영향이고 직접효과와 간접효과의 합계($c=-0.094+0.113=0.019$)이다. X의 총효과와 간접효과 및 직접효과에 관한 이러한 관계는 공변량이 M과 Y에 대한 방정식에 모두 포함된다면 공변량을 도입한 모형에 항상 적용된다.

이러한 종류의 분석은 공변량이 도입되는 경우에 도입되지 않는 경우와 어떻게 다른지에 대한 민감도분석을 실시하거나 인과모형에서 주요 변수들 간의 의사관계를 나타낼지도 모를 변수들을 사전에 알 수 있는 경우에 이루어진다.

그림 4.3 세 개의 공변량을 포함한 경제적 스트레스 연구의 단순매개분석에 관한 PROCESS 결과물

```
Model  : 4
    Y  : withdraw
    X  : estress
    M  : affect

Covariates:
 ese       sex       tenure

Sample
Size:  262

Custom
Seed:     62520

**************************************************************************
OUTCOME VARIABLE:
 affect

Model Summary
              R       R-sq       MSE         F       df1       df2         p
          .4039      .1631     .4452   12.5231    4.0000  257.0000     .0000

Model
              coeff         se         t         p      LLCI      ULCI
constant     1.7855      .3077    5.8033     .0000    1.1796    2.3914
estress (a)   .1593      .0297    5.3612     .0000     .1008     .2179
ese          -.1549      .0444   -3.4892     .0006    -.2423    -.0675
sex           .0148      .0857     .1726     .8631    -.1540     .1836
tenure       -.0108      .0063   -1.7227     .0861    -.0232     .0016

**************************************************************************
OUTCOME VARIABLE:
 withdraw

Model Summary
              R       R-sq       MSE         F       df1       df2         p
          .4539      .2060    1.2586   13.2824    5.0000  256.0000     .0000

Model
               coeff         se         t         p      LLCI      ULCI
constant      2.7461      .5502    4.9913     .0000    1.6626    3.8295
estress (c')  -.0935      .0527   -1.7751     .0771    -.1973     .0102
affect  (b)    .7071      .1049    6.7420     .0000     .5006     .9137
ese           -.2121      .0764   -2.7769     .0059    -.3625    -.0617
sex            .1274      .1441     .8838     .3776    -.1565     .4112
tenure        -.0021      .0106    -.1940     .8463    -.0230     .0189

***************************** TOTAL EFFECT MODEL ****************************
OUTCOME VARIABLE:
 withdraw
```

```
Model Summary
              R       R-sq        MSE          F        df1        df2          p
          .2550      .0650     1.4763     4.4667     4.0000   257.0000      .0017

Model
              coeff         se          t          p       LLCI       ULCI
constant     4.0087      .5603     7.1548      .0000     2.9053     5.1120
estress (c)   .0191      .0541      .3535      .7240     -.0874      .1257
ese          -.3216      .0808    -3.9789      .0001     -.4808     -.1624
sex           .1379      .1561      .8831      .3780     -.1695      .4453
tenure       -.0097      .0115     -.8491      .3966     -.0323      .0128

*************** TOTAL, DIRECT, AND INDIRECT EFFECTS OF X ON Y ****************

Total effect of X on Y
         Effect         se          t          p       LLCI       ULCI
      .0191 (c)      .0541      .3535      .7240     -.0874      .1257

Direct effect of X on Y
         Effect         se          t          p       LLCI       ULCI
    -.0935 (c')      .0527    -1.7751      .0771     -.1973      .0102

Indirect effect(s) of X on Y:
              Effect     BootSE   BootLLCI   BootULCI
affect (ab)    .1127      .0294      .0563      .1706
```

대체적 설명으로서의 의사관계나 부수현상관계의 가능성을 배제시키는 것은 특히 상관적(correlational) 관계를 분석하는 경우에 인과를 주장할 수 있는 중요한 작업이다. 하지만 이러한 작업이 변수들 간의 인과관계를 명료하게 해석할 수 있다는 것을 의미하지는 않는다. 즉, 이러한 분석에서 설명되지 않는 X와 M 및 Y의 관계를 나타내는 또 다른 혼동변수들이 존재할 수 있기 때문이다. 연구자는 측정하여 인과모형에 도입된 혼동변수들만 설명할 수 있다. 만일 다른 혼동변수들이 예견된다면 이들을 측정하여 모형에 도입해야 한다.

4.2.2 인과순서

모든 가능한 혼동변수의 영향을 예상하여 매개모형에 도입한 후에 이들을 제거할 수 있다고 해도 이러한 절차가 인과순서(causal order)의 방향을 설정할 수 있게 하는 것은 아니다. 매개분석은 인과과정을 다루기 때문에 한 변수(원인)가 다른 변수(결과)보다 시간적으로 앞선다는 것을 설정하는 것은 매우 중요한 개념이다. 실험적 조작과 X의 무작위배정(random assignment)은 매개모형에서 X가 M과 Y에 앞선다는 것을 거의 보장해 준다. 왜냐하면 무작위배정은 X를 정의하는 각 집단들(예 : 미디어영향력 연구에서의 1면 집단과 중간면 집단)이 연구 초기에 M과 Y가 평균적으로 동일하다는 것을 거의 확실하게 해주기 때문이다. 집단을 동일시해 주는 무작위배정이 실패하지만 않는다면 무작위배정 이후의 M과 Y 간의 차이는 X의 각 집단에 사례(예 : 피험자)를 배정한 후에 발생한 것이다. 그러나 무작위배정은 M이 시간적으로 Y에 앞선다는 것을 보증하지는 않는다. 즉, "$X \rightarrow M \rightarrow Y$"보다는 "$X \rightarrow Y \rightarrow M$"의 인과순서가 적합할 수도 있다. 예를 들면 미디어영향력 연구에서 사람들이 설탕재고부족 가능성을 다룬 기사에 대한 반응으로 행동을 취해야 된다고 믿는다면 자신들의 믿음을 합리화하는 형태로 이러한 결정을 대중들에게 투사시키려고 한다는 주장도 가능하기 때문이다. 즉, 자신들이 신문기사에 의하여 영향을 받는다는 믿음(Y)이 신문기사의 위치(X)가 다른 사람들이 미디어에 어떻게 영향을 받는가(M)에 미치는 영향을 매개할 수도 있는 것이다.

만일 X가 실험적 조작이나 무작위배정을 통하여 결정되지 않는다면 X, M, Y의 인과순서의 가능성은 다양하게($X \rightarrow M \rightarrow Y$; $X \rightarrow Y \rightarrow M$; $M \rightarrow X \rightarrow Y$; $M \rightarrow Y \rightarrow X$; $Y \rightarrow X \rightarrow M$; $Y \rightarrow M \rightarrow X$) 가정할 수 있다. 어떤 인과경로는 논리적으로 합당하지 않기 때문에 쉽게 무시할 수도 있다. 예를 들어 X가 어떤 사람의 25세 이전의 대학학사학위라고 하고 M은 이 사람의 아들이 고등학교 졸업시의 평균 학점이라고 할 때에 M이 X의 선행변수라는 것은 불가능하다. X와 M이 인과적으로 관계가 있다면 오히려 X가 M에 영향을 미치는 인과흐름이 합리적일 것이다.

합리적인 이론(good theory)은 그릇된 인과방향을 제거하는 데에 도움이 될 수 있다. X가 M에 인과적으로 영향을 미친다는 선행이론이 검증되어 많은 연구자들에 의하여 수용되고 있다면 M이 X에 영향을 미친다고 주장하는 연구자는 거의 없을 것이다. 원칙적으로는 M이 X의 선행요인일 수 있지만 이러한 가능성을 지지하는 이론은 X가 인과적으로 M에 영향을 미친다는 이론보다 설득력이 적게 된다. 어떠한 경우이든 연구자는 "$M \rightarrow X$"보다는 "$X \rightarrow M$"의 가능성을 무난하게 받아들일 수 있고 "$X \rightarrow M$" 이외의 다른 가능성을 실증적으로 합리화시킬 필요가 없게 된다.

인과적 흐름의 대체방향 가능성의 수용여부에 있어서 한 가지 방법은 직접효과와 간접효과가 대체 인과순서가 예측하는 것과 일치하는지를 확인하기 위하여 대체방향에 해당하는 매개모형을 추정하는 것이다. 예를 들어 Shrum, Lee, Burroughs, & Rindfleisch(2011)은 과도한 TV 시청이 물질적 가치(예 : 홈쇼핑의 명품에 대한 욕망)를 촉진시키고 이러한 물질주의 때문에—사람들이 원하는 재화를 모두 얻을 수 없기 때문에—TV를 많이 시청하는 사람들이 TV를 적게 시청하는 사람들보다 생활만족도가 감소한다고 제안하였다. 300명의 피험자들을 대상으로 실험을 실시한 결과 제안모형과 일치하는 결과가 도출되었다. 직접효과는 유의하지 않았지만 TV 시청의 빈도가 물질주의를 경유하여 생활만족도에 영향을 미치는 음의 간접효과가 확인되었다. 즉, TV를 비교적 많이 시청하는 사람들은 물질주의 경향을 크게 나타내고 이러한 물질주의는 생활만족도를 저하시키는 것으로 나타났다. 동일한 자료를 이용하여 물질주의가 TV 시청 횟수를 경유하여 생활만족도에 영향을 미치는 대안모형을 검정한 결과 간접효과가 나타나지 않았다.

이러한 대안모형의 검정으로 미디어영향력 연구(신문기사위치 → 미디어영향력 → 설탕구매의도)에서 미디어영향력을 종속변수로 설정하고 설탕구매의도를 매개변수로 지정하여 신문기사위치가 설탕구매의도를 거쳐 미디어영향력에 영향을 주는 대안모형을 검정한 결과($ab = 0.181$) 5,000개의 부트스트랩 표본의 95% 부트스트랩 신뢰구간($-0.014 \sim 0.417$)이 0을 포함하는 것으로 나타났다. 또한 기업가의 경제적 스트레스 연구(경제적 스트레스 → 억압감정 → 사업철회의도)에서도 대안모형(경제적 스트레스 → 사업철회의도 → 억압감정)을 검정한 결과($ab = 0.012$)에서도 95% 부트스트랩 신뢰구간($-0.013 \sim 0.044$)에 0이 포함되어 간접효과가 확인되지 않았다. 이 외에도 많은 연구들이 이러한 방식으로 대안모형을 검정하였다(Bizer, Hart, & Jekogian, 2012 ; Chugani, Irwin, & Redden, 2015 ; Druckman & Albin, 2011 ; Giner-Sorolla & Chapman, 2017 ; Huang, Peck, Mallya, Lupien, & Fiocco, 2016 ; Usborne & Taylor, 2010).

위에서 다룬 모형들에서는 대안모형의 간접효과가 유의하게 나타나지 않았다. 매개모형에서 인과경로의 순서를 바꾸는 것은 이러한 모형도 모형 내의 변수 간의 동일한 관계를 설정한다는 의미에서 원래 모형과 동일하기 때문에 인과관계의 진실에 가까워지는 것은 아니다(Lemmer & Gollwitzer, 2017). 결국에는 효과의 방향에 대한 명확한 인과적 해석이 가능한 적절한 설계만 이 문제를 해결할 수 있을 것이다. 하지만 대안모형의 분석은 해당자료에 대한 경쟁적 인과흐름을 배척하는 주장을 위한 유용한 접근법이며 과학적 발견의 중요한 일부분이 된다. 만일 경쟁모형의 타당성이 확인된다면(이는 흔히 발생하는 현상이지만) 자료는 인과순서의 경쟁적 설명에 적합하지 않고(uninformative) 따라서 인과방향을 더 잘 설명하는 설계를 이용한 추가연구가 이루어져야 할 것이다.

4.3 효과크기

제2장에서 직접효과와 간접효과는 X와 Y의 측정척도로 이루어진 계량용어로 표현하였다. 즉, X가 한 단위 차이나는 두 사례가 직접경로 혹은 간접경로를 통하여 Y에 미치는 영향의 차이가 c'만큼(직접효과) 혹은 ab만큼(간접효과) 차이가 난다고 서술하였다. 이러한 효과들은 X와 Y의 척도관점에서 측정되었기 때문에 변수 X와 Y의 척도에 좌우된다(scale bound). 따라서 직접효과와 간접효과의 절대치는 이러한 효과크기(effect size)가 이론적이고 실무적인 의미에서 큰지 작은지에 관해서는 말해 주지 않는다. 이들은 X 또는 Y에 상수를 곱하거나 나누면 임의적으로 클 수도 있고 작아질 수도 있다.

이러한 사실은 c'과 ab가 실질적으로 아무런 의미가 없다는 것을 말하는 것은 아니다. 오히려 이들은 큰 의미가 있다. 예를 들어 Y가 2개월간의 체중감량치(파운드)이고 X는 2개월 전에 반나절 동안의 체중감량 세미나에 참석한 경우(1)와 장차 세미나에 참석하기 위하여 대기자 명단에만 올려놓은 경우(0)로 이루어진 이분형 변수이며 M은 세미나가 종료된 후의 체중감량능력의 확신도를 측정한 것이라고 하자. 단순매개분석 결과 세미나 참석의 직접효과가 2로 나타나고($c' = 2$) 확신도를 경유한 간접효과가 5로 나타났다($ab = 5$)고 가정하는 경우에 체중감량 세미나에 참석한 사람들은 참석하지 않은 사람들보다 평균적으로 7파운드의 체중을 더 감량하였다고 할 수 있다. 여기에서 5파운드의 감량은 세미나 참석 → 확신도 → 체중감량의 매개과정의 효과이고 나머지 2파운드의 감량은 모형에 포함되지 않은 다른 요인 때문에 발생한 것이다. 짧은 체중감량 세미나에 참석한 후의 7파운드의 체중감량은 의미가 있는 것처럼 보인다. 간접효과와 직접효과의 측정이 동일한 척도(X와 Y의 척도)로 이루어졌기 때문에 간접효과가 직접효과보다 크다고 말할 수 있을 것이다. 매개변수의 척도는 직접효과와 간접효과의 측정시에 포함되지 않는다.

하지만 이와 같은 의미 있는 척도로부터 얻어진 의미 있는 효과크기는 척도측정 의사결정이 임의척도(arbitrary scales)에 기반을 두고 있기 때문에 반드시 절대적이라고 볼 수는 없다. 이와 같은 사실은 직접효과와 간접효과의 크기의 해석에는 모호함이 존재한다는 사실에 다름 아니다. 나아가 "실무적이고" "이론적인" 유의성은 정확한 계량화가 불가능한 주관적인 용어에 지나지 않는다. 또한 어떤 상황(연구자)에서는 작은 효과이지만 다른 상황(연구자)에서는 비교적 큰 효과로 간주될 수도 있다. 비록 효과가 "작다", "중간 정도이다", "크다"라고 말하기는 하지만 이들은 대략적인 표현에 지나지 않으며 연구 분야나 변수측정방법과 무관하게 무분별하게 적용될 수 없다.

매개분석에서 효과크기의 수량화는 사고방식과 분석방법이 지속적으로 진화하고 있다. 아래에서는 매개모형에서 직접효과와 간접효과 및 총효과에 사용되는 두 가지 효과크기를 설명할 것이다. 또한 사용하기에는 심각한 문제를 내포하고 있는 몇 가지 측정치들도 살펴볼 예정이다. 여기에 제시된 측정치들이 사용가능한 효과크기의 전부는 아니다. 매개효과 분석에서 효과크기의 측정치에 관한 내용은 Preacher & Kelly(2011)가 발표한 훌륭한 논문을 참고하기 바란다.

4.3.1 부분표준화 효과

제2장에서 X의 총효과는 직접효과와 간접효과로 분할된다는 경로분석 대수학은 매개분석 전에 X와 M 및 Y를 표준화하는 경우에도 동일하게 적용된다는 것을 알아보았다. 즉, X의 완전표준화 총효과는 완전표준화 간접효과와 완전표준화 직접효과의 합계이다. 하지만 X가 이분형(dichotomous) 변수인 경우에 표준화 회귀계수는 대부분의 경우에 의미 있는 해석이 불가능하다. 이러한 경우에 X는 원자료(비표준화 형태) 상태를 유지하고 Y를 표준화하는 방법을 사용해야 한다. 두 집단을 의미하는 X가 한 단위 차이나는 두 가지 숫자(예 : 0과 1)로 코딩되어 있는 경우에 X의 부분표준화 회귀계수(partially standardized regression coefficients)는 두 집단 간의 Y의 표준편차의 추정된 차이라고 해석한다.

X는 원래의 비표준화 형태를 유지시키고 M과 Y를 표준화하는 경우에 이러한 내용을 매개분석에 적용하기로 한다. 이러한 부분표준화 회귀계수에 관한 회귀식들은 다음과 같다.

$$\hat{Z}_M = i_M + a_{ps}X \tag{4.4}$$

$$\hat{Z}_Y = i_Y + c'_{ps}X + \tilde{b}Z_M \tag{4.5}$$

$$\hat{Z}_Y = i_{Y*} + c_{ps}X \tag{4.6}$$

위의 회귀식에서 X의 회귀계수는 아래첨자 ps로 표기된 부분표준화 회귀계수를 의미한다. 즉, a_{ps}는 X가 M에 영향을 주는 부분표준화 효과이고 c'_{ps}과 c_{ps}는 각각 X가 Y에 영향을 주는 부분표준화 직접효과와 X가 Y에 영향을 미치는 부분표준화 총효과를 말한다. 그리고 부분표준화 간접효과인 $(ab)_{ps}$는 X가 M에 영향을 미치는 부분표준화 효과(a_{ps})와 X를 통제한 상태에서 M이 Y에 영향을 주는 완전표준화 효과를 곱하여 계산된다. 즉, $(ab)_{ps} = a_{ps}\tilde{b}$로 계산된다. 또한 직접효과와 간접효과의 합계는 X의 총효과라는 사실을 적용하면 X의 부분표준화 직접효과와 간접효과의 합계는 다음과 같이 X의 부분표준화 총효과로 계산된다.

$$c_{ps} = c'_{ps} + (ab)_{ps}$$

X가 이분형 변수이고 두 집단이 한 단위 차이나게 코딩되어 있다면(0과 1 혹은 −0.5와 0.5) c'_{ps}와 ab_{ps} 및 c_{ps}는 각각 X의 직접영향과 X의 간접영향 및 그들의 합계로 인한 두 집단 간의 Y의 표준편차의 차이를 의미하는 것이다.

앞서 설명한 바와 같이 PROCESS에서 stand 옵션(stand=1)을 사용하면 매개모형에서 X의 완전표준화 직접효과와 간접효과 및 총효과를 얻을 수 있다. 이러한 옵션은 X가 이분형 변수인 경우에도 동일하게 적용된다. X가 이분형 변수인 미디어영향력 연구에서 stand=1 옵션을 사용하면 [그림 4.4]의 결과물을 얻을 수 있다. 이러한 결과물을 얻기 위한 syntax는 다음과 같다.

```
process y=reaction/x=cond/m=pmi/total=1/normal=1/model=4/stand=1/seed=62520.
```

X가 이분형 변수인 경우에 PROCESS는 완전표준화 효과가 의미 있는 해석의 결여를 가져온다는 사실을 인식한다. 따라서 X가 이분형 변수인 경우에 “Standardized coefficients”에 제시되는 X의 회귀계수들은 부분표준화 회귀계수이다. 그리고 이분형 변수인 X를 사용하는 경우에 PROCESS에 별도로 알릴 필요가 없으며 PROCESS는 자동적으로 이분형 변수를 식별하고 완전표준화 효과는 제시하지 않는다.

그림 4.4 미디어영향력 연구의 부분표준화 효과에 관한 PROCESS 결과물

```
Model  : 4
    Y  : reaction
    X  : cond
    M  : pmi

Sample
Size:  123

Custom
Seed:     62520

**************************************************************************
OUTCOME VARIABLE:
 pmi

Model Summary
                  R       R-sq        MSE          F        df1        df2          p
              .1808      .0327     1.7026     4.0878     1.0000   121.0000      .0454

Model
                coeff         se          t          p       LLCI       ULCI
constant       5.3769      .1618    33.2222      .0000     5.0565     5.6973
cond   (a)      .4765      .2357     2.0218      .0454      .0099      .9431

Standardized coefficients
                coeff
cond   (a_ps)   .3607

**************************************************************************
OUTCOME VARIABLE:
 reaction

Model Summary
                  R       R-sq        MSE          F        df1        df2          p
              .4538      .2059     1.9404    15.5571     2.0000   120.0000      .0000

Model
                coeff         se          t          p       LLCI       ULCI
constant        .5269      .5497      .9585      .3397     -.5615     1.6152
cond   (c')     .2544      .2558      .9943      .3221     -.2522      .7609
pmi    (b)      .5064      .0970     5.2185      .0000      .3143      .6986
```

```
Standardized coefficients
                 coeff
cond   (c'_ps)   .1641
pmi    (b~)      .4316

**************************** TOTAL EFFECT MODEL ******************************
OUTCOME VARIABLE:
 reaction

Model Summary
                R      R-sq       MSE         F       df1        df2         p
            .1603     .0257    2.3610    3.1897    1.0000   121.0000     .0766

Model
                coeff         se          t          p       LLCI       ULCI
constant       3.2500      .1906    17.0525      .0000     2.8727     3.6273
cond   (c)      .4957      .2775     1.7860      .0766     -.0538     1.0452

Standardized coefficients
                coeff
cond   (c_ps)   .3197

****************** TOTAL, DIRECT, AND INDIRECT EFFECTS OF X ON Y *****************

Total effect of X on Y
           Effect        se         t         p      LLCI     ULCI        c_ps
       .4957 (c)      .2775    1.7860     .0766    -.0538   1.0452 .3197 (c_ps)

Direct effect of X on Y
           Effect        se         t         p      LLCI     ULCI       c'_ps
      .2544 (c')      .2558     .9943     .3221    -.2522    .7609 .1641 (c'_ps)

Indirect effect(s) of X on Y:
             Effect    BootSE   BootLLCI   BootULCI
pmi (ab)      .2413     .1311      .0068      .5176

Normal theory test for indirect effect(s):
             Effect        se          Z          p
pmi (ab)      .2413     .1300     1.8559      .0635

Partially standardized indirect effect(s) of X on Y:
             Effect    BootSE   BootLLCI   BootULCI
pmi ((ab)_ps) .1557     .0830      .0042      .3300

************************* ANALYSIS NOTES AND ERRORS *************************

Level of confidence for all confidence intervals in output:
  95.0000

Number of bootstrap samples for percentile bootstrap confidence intervals:
  5000
```

[그림 4.4]에서 $a_{ps} = 0.3607$로 나타났는데 이는 기사가 1면에 실렸다고 들은 사람들은 중간면에 실렸다고 들은 사람들보다 미디어영향력을 평균적으로

0.3607표준편차만큼 높게 평가한다는 것을 의미한다. 이 값에 $\tilde{b}=0.4316$(미디어 영향력이 설탕구매의도에 영향을 주는 완전표준화 효과)을 곱하면 부분표준화 간접효과의 추정치가 계산된다. 즉, 부분표준화 간접효과는 $(ab)_{ps}=a_{ps}\tilde{b}=0.3607(0.4316)=0.1557$로 계산된다. 이 수치는 기사위치가 설탕구매의도에 주는 영향으로 95% 부트스트랩 신뢰구간은 [0.004~0.330]으로 0을 포함하지 않는 것으로 나타났다. 따라서 기사위치가 미디어영향력을 경유하여 구매의도에 영향을 미치는 결과로 인하여 기사위치가 1면에 실려 있다고 들은 사람들은 중간면에 있다고 들은 사람들보다 설탕구매의도를 0.1557표준편차만큼 더 크게 나타냈다고 말할 수 있다.

그리고 부분표준화 직접효과는 $c'_{ps}=0.1641$로 나타났다. 그러므로 미디어영향력을 경유하는 과정과는 관계없이 기사위치를 1면으로 들은 사람들은 평균적으로 설탕구매의도를 0.1641표준편차만큼 더 크게 평가하였다는 것을 알 수 있다. 또한 부분표준화 직접효과와 간접효과를 합계하면 부분표준화 총효과가 계산된다. 즉, $c_{ps}=0.1641+0.1557=0.3198$로 계산된다. 이러한 부분표준화 총효과는 두 집단 간의 표준편차로 표현된 설탕구매의도의 평균차이를 의미하는 것이다.

4.3.2 완전표준화효과

부분표준화효과는 c'과 ab를 Y의 표준편차로 수정하지만 X는 원래의 척도를 그대로 사용한다. 따라서 부분표준화효과에서 효과크기가 X의 척도에 따라 달라지기 때문에 척도의존형(scale-bound) 측정치이다. 때로는 X의 한 단위 차이가 실질적인 의미가 별로 없는 경우가 있다. 부분표준화효과 측정치에서 X의 척도의 효과를 제거하면 X가 1표준편차 차이나는 두 사례가 미치는 Y의 표준편차의 차이로 표현한 직접효과와 간접효과를 얻을 수 있다. 이를 완전표준화효과(completely standardized effect)라고 부르며 다음과 같이 계산된다.

$$c'_{cs}=\frac{SD_X(c')}{SD_Y}=SD_X(c'_{ps})$$

$$ab_{cs} = \frac{SD_X(ab)}{SD_Y} = SD_X(ab_{ps})$$

위의 두 측정치는 표준화회귀계수(X, M, Y의 원자료 대신 표준화값의 이용)를 이용한 직접효과 및 간접효과와 동일하다. 즉, $c'_{cs} = \tilde{c}'$이고[1] $ab_{cs} = \tilde{a}\tilde{b}$이다(Cheung, 2009).

경제적 스트레스 연구에서 $SD_X = 1.424$, $SD_Y = 1.247$, $c' = -0.077$, $ab = 0.133$이므로 $c'_{cs} = 1.424(-0.077)/1.247 = -0.088$이고 $ab_{cs} = 1.424(0.133)/1.247 = 0.152$로 계산된다. 이러한 수치는 X가 한 단위가 아니라 1표준편차(1.424) 차이나는 두 기업가의 Y의 표준편차의 차이로 계산되기 때문에 부분표준화효과크기보다 크게 나타났다. 따라서 만일 기업가 A의 경제적 스트레스가 기업가 B보다 1표준편차만큼 크다면 $X \rightarrow M \rightarrow Y$의 과정을 거쳐 기업가 A의 철회의도는 기업가 B보다 0.152표준편차만큼 크다고 해석된다. 그리고 직접효과(c'_{cs})의 해석으로 억압감정과는 독립적으로 더 많은 스트레스를 받는 기업가의 철회의도가 0.088표준편차만큼 낮다고 할 수 있다. 부분표준화효과의 경우와 마찬가지로 완전표준화총효과는 다음과 같이 완전표준화 직접효과와 간접효과의 합계로 나타낼 수 있다.

$$c_{cs} = \frac{SD_X(c)}{SD_Y} = c'_{cs} + ab_{cs}$$

따라서 경제적 스트레스가 1표준편차 차이나는 두 기업가 간에는 철회의도가 $c_{cs} = 0.152+(-0.088) = 0.064$표준편차만큼 차이가 난다. 그리고 이러한 완전표준화총효과는 X와 Y의 단순회귀모형에서의 표준화회귀계수($\tilde{c}$)와 동일하다.

만일 X가 이분형 변수(예 : 미디어영향력 연구)인 경우라면 완전표준화효과는 일반적으로 의미가 없다. 이분형 변수인 X를 사용하는 경우의 문제점은 SD_X가 X의 두 집단에 속한 사례들의 분포에 영향을 받는다는 점이다. 예를 들어 표본에 속한 n개의 사례들이 두 집단 간에 균등하게 분포되어 있고 두 집단의 코딩이 한 단위 차이난다면 $SD_X = 0.50$(대표본의 경우)이고 c'_{cs}와 ab_{cs}는 부분표준화효과의 해당값의 절반이 될 것이다. 하지만 n개의 사례들이 두 집단 간에 불균

1) $\tilde{c}'$에서 ~(tilde)는 표준화회귀계수를 의미한다.

등하게 분포되어 있다면 SD_X가 0.50보다 작게 되고 c'_{cs}와 ab_{cs}도 작아지며 c'_{ps} 및 ab_{ps}와 더 크게 차이가 나게 된다.

완전표준화효과와 부분표준화효과의 차이는 그 자체로는 문제가 되지 않는다. 완전표준화효과를 사용하는 경우의 문제점은 직접경로와 간접경로(c'_{ps}와 ab_{ps})에서 발생하는 Y의 표준편차의 동일한 평균차이가 X의 두 집단에 배정된 사례의 분포에 좌우된다는 점이다. 이분형 변수 X의 효과크기 측정치는 이러한 방식으로 평균차이의 크기와 직접적으로 관련이 없는 것에 의하여 영향을 받아서는 안 된다. X가 이분형 변수인 경우에 완전표준화효과는 가능한 사용하지 말아야 한다. 따라서 X가 이분형 변수인 경우에는 표준화회귀계수(OLS회귀분석에서 제공)를 이용하는 것은 피해야 한다.

4.3.3 간접효과의 측정시에 문제가 되는 측정치들

앞에서 설명한 부분 및 완전표준화효과가 간접효과의 효과크기를 수량화하는 방법의 전부는 아니다.[2] 두 방법 이외에도 많은 방법이 제시되었는데 여기에서는 이들 중 네 가지를 살펴보고자 한다. 논점은 이들 방법의 사용은 권장되지 않는다는 점이다. 하지만 어떤 연구자들은 이러한 방법들을 보고하는 경우가 있기 때문에 알아둘 필요가 있다.

1) 간접효과와 총효과의 비율

역사적으로 매개분석은 $X \rightarrow Y$의 효과가 작동되는 과정을 확인하기 위하여 실행되어 왔다. 총효과가 나타나는 경우에 당연한 질문은 총효과 중에서 어느 정도가 간접경로를 통하여 나타나는가에 관한 것이다. 이에 관하여 Alwin & Hauser(1975)와 MacKinnon et al.(1995)은 효과크기를 측정하는 방법으로 다음과 같은 간접효과와 총효과의 비율(ratio of the indirect effect to the total effect)을 소개하였다.

2) Hayes의 초판(2013)에서는 부분표준화와 완전표준화 이외의 방법들도 이들과 대등한 위치에 두고 서술하였지만 개정판(2018)에서는 문제가 되는 측정치들로 통합하여 서술하고 있다.

$$P_M = \frac{ab}{c} = \frac{ab}{c' + ab}$$

위의 식에서 P_M이 1에 근접할수록 총효과가 M을 통한 간접효과로 더 많이 설명되며 0에 가까울수록 총효과가 간접과정에 의하여 덜 설명된다고 할 수 있다. 예를 들어 미디어영향력 연구에서 $ab = 0.241$이고 $c = 0.496$이므로 $P_M = 0.241/0.496 = 0.486$이다. 따라서 신문기사의 위치가 설탕구매의도에 미치는 영향의 48.6%가 미디어영향력을 통한 간접경로에 의하여 발생하는 것을 알 수 있다.

P_M은 이해하기 쉽지만 몇 가지 심각한 문제점을 지니고 있기 때문에 사용이 권장되지 않는다. 첫째, P_M은 정의상 0과 1 사이의 값을 가져야 하지만 계산결과는 그렇지 않을 수가 있다. 즉, 만일 ab와 c 중에서 한 가지만 음수라면 $P_M < 0$이 되고 c가 ab보다 작고 0에 가까워지면 $|P_M| > 1$이 될 것이다. 예를 들어 경제적 스트레스 연구에서 $ab = 0.133$이고 $c = 0.056$이므로 $P_M = 2.375$가 된다. 경제적 스트레스가 철회의도에 미치는 영향이 억압감정을 통한 간접효과에 의하여 237.5%가 설명된다는 것이 가능한 것인가? 명확하게 그렇지 않다. c가 0에 근접할수록 P_M은 ab와 c의 부호에 따라서 "−" 혹은 "+" 무한대의 값을 가지게 될 것이다.

게다가 P_M은 표본에 따라 매우 불안정하다. P_M은 표본분산이 매우 크기 때문에 다른 방법에 의한 효과크기 측정치는 명확하게 간접효과가 나타나는 경우에도 P_M의 신뢰구간에 0이 포함될 가능성이 높다. 이상의 문제점들을 무시한다고 해도 P_M이 간접효과의 측정치로 신뢰를 얻기 위해서는 대표본(MacKinnon et al.(1995)에 의하면 적어도 500 이상)을 이루어야 한다.

2) 간접효과와 직접효과의 비율

간접효과와 총효과 비율의 변형형태로 간접효과와 직접효과의 비율(ratio of the indirect effect to the direct effect)이 개발되었는데 이 효과는 다음과 같이 계산된다.

$$R_M = \frac{ab}{c'}$$

R_M은 P_M의 단순한 변형이다. 이를 P_M 관점에서 표현하면 다음과 같다(Preacher & Kelly, 2011).

$$R_M = \frac{P_M}{1-P_M}$$

만일 $|R_M| > 1$이면 간접효과가 직접효과보다 큰 것이고 $|R_M| < 1$이면 간접효과가 직접효과보다 작은 것이다. 간접효과와 직접효과가 동일한 부호를 갖는 특수한 경우에 $R_M > 1$은 총효과 중에서 더 많은 부분이 간접효과에 의하여 영향이 전달되는 것을 의미하고 $R_M < 1$는 총효과 중에서 더 많은 부분이 간접효과보다 직접효과에 의하여 결정된다는 것을 의미한다.

이 방법은 간접효과의 효과크기 측정치로 사용되는 것이 권장되지 않는다. c'이 0에 근접할수록 작은 간접효과라고 할지라도 직접효과보다 매우 커지는 결과를 가져온다. c'의 추정에서 표본수의 작은 변동도 R_M을 크게 변화시킨다(Preacher & Kelly, 2011). 시뮬레이션 연구결과는 대표본이 아닌 이상 추정량이 매우 불안정하다는 것을 알려 준다. 표본수가 적어도 2,000 이상이 되지 않으면 R_M을 간접효과의 크기로 사용하는 것은 바람직하지 않다(MacKinnon et al., 1995).

3) 간접효과에 의해 설명되는 Y의 분산비율

Fairchild, MacKinnon, Toborga, & Taylor(2009)는 단순매개모형에서 간접효과의 효과크기를 측정하기 위하여 다음과 같은 간접효과에 의해 설명되는 Y분산비율(proportion of variance in Y explained by the indirect effect) 방법을 소개하였다.

$$R^2_{med} = r^2_{MY} - (R^2_{Y.MX} - r^2_{XY})$$

위의 식에서 r^2_{MY}와 r^2_{XY}는 각각 M과 Y 간의 상관자승과 X와 Y 간의 상관자승이고 $R^2_{Y.MX}$은 X와 M에서 Y를 추정하는 경우의 다중상관자승이다. R^2_{med}의 의미성은 X와 Y 사이에 관계가 있다는 가정(X가 Y의 변동의 일부를 설명한다)에 근거를 두고 있다. 이러한 경우에 설명 분산의 일부분이 간접경로에 귀인되는 것이다. 하지만 앞에서 설명한 바와 같이 X와 Y의 관계(총효과)가 존재하지 않는 경우에도 간접효과는 나타날 수 있다. 달리 표현하면 ab는 c보다 값이 클 수가 있다. 이러한 경우에는 경제적 스트레스 연구의 경우처럼 R^2_{med}는 음수로 나타나며 이는 정의상 0과 1 사이의 값을 가져야 한다는 점에서 해석이 불가능해진다. 따라서 R^2_{med}는 설명된 분산비율이라는 해석을 어렵게 만든다.

4) 카파자승

효과크기를 다루는 경우에 0이 참조점(reference point)으로 자주 사용된다. 효과가 0이라는 것은 명쾌한 해석이 가능하다. 따라서 0에 가까운 효과크기는 작다고 할 수 있고 0에서 멀어질수록 효과크기는 커진다고 인식된다. 하지만 효과크기는 언제나 0 이외의 다른 참조점과의 비교 형태로 해석이 가능하기 때문에 참조점의 선택(choice of reference)에 따라서 효과들은 클 수도 작을 수도 있다. 예를 들어 부분표준화간접효과의 크기가 0.50이면 0보다는 확실히 크지만 2에 비해서는 1/4에 지나지 않는다. 그렇다면 0.50은 큰 것인가 작은 것인가? 이는 비교기준(참조점)이 무엇인가에 달려 있다.

Preacher & Kelly(2011)는 단순매개분석에서의 효과크기를 측정하는 새로운 방법을 개발하였는데 이 방법은 측정된 변수들의 분산과 상관관계가 간접효과의 크기를 제약한다는 것을 인정한다. 따라서 이러한 제약을 고려하여 간접효과가 얼마나 커질 수 있는지와 비교하여 간접효과를 측정하는 것이 합리적일 것이다. 이들은 이러한 효과크기 측정치를 카파자승(Kappa-squared : κ^2)이라고 명명하였는데 κ^2은 다음과 같이 계산된 간접효과와 최대 가능한 간접효과값의 비율로 정의된다.

$$\kappa^2 = \frac{ab}{MAX(ab)}$$

위의 식에서 $MAX(ab)$는 주어진 자료에서 X, Y, M의 변동성과 이들의 상관관계를 고려한 경우에 ab가 가질 수 있는 최댓값이다. ab/c나 R^2_{med}와는 달리 κ^2은 0과 1 사이의 값을 갖기 때문에 진정한 비율값이라고 할 수 있다.

간접효과의 크기를 최대 가능한 간접효과값과 비교하는 방법은 매우 매력적인 방법이기 때문에 여기에 소개한 것이다. 이러한 사고방식은 이미 회귀분석(단순 또는 편상관은 이러한 관계가 최댓값과의 비율로 해석될 수 있다)에서 지지를 받고 있다(Darlington & Hayes, 2017). 앞으로 연구자들은 연구보고서에 κ^2을 제시할 것이다. 불행하게도 Wen & Fan(2015)이 지적한 것처럼 κ^2의 분모에 있는 ab의 최대 가능한 값의 계산은 계산상 오류가 발생하고 있다.

5) 표준화는 반드시 필요한가?

X의 비표준화와 부분표준화 및 완전표준화로 표현되는 총효과와 직접효과 그리고 간접효과는 X의 차이가 어떻게 Y의 차이를 가져오는지에 관한 정보를 제공한다. 그리고 차이를 의미하는 척도는 원척도의 한 단위 또는 1표준편차로 나타낼 수 있다. 그리고 부분표준화 및 완전표준화 효과들은 비표준화 효과와 X와 Y의 표준편차를 이용하여 계산이 가능하기 때문에 분석 전에 수작업을 할 필요가 없다. 이러한 척도들은 상호 간의 변환에 불과하다. 〈표 4.2〉는 비표준화와 부분표준화 및 완전표준화의 상호 변환하는 방법을 요약한 것이다.

X와 Y의 표준편차는 일정한 값을 가지는 것이 아니라 부트스트랩 표본에 따라서 변한다. 이러한 이유로 완전표준화 혹은 부분표준화 간접효과의 부트스트랩 신뢰구간을 정확하게 계산할 수 없다. 완전표준화와 부분표준화 부트스트랩 신뢰구간을 계산하기 위해서는 자료에서 계산되는 표준편차가 아니라 표준편차의 부트스트랩 추정치를 사용해야 한다.

표 4.2 비표준화와 부분표준화 및 완전표준화 효과들의 상호 변환방법

총효과	간접효과	직접효과
$c = c_{ps}SD_Y = \tilde{c}\frac{SD_Y}{SD_X}$	$ab = (ab)_{ps}SD_Y = \widetilde{ab}\frac{SD_Y}{SD_X}$	$c' = c'_{ps}SD_Y = \tilde{c}'\frac{SD_Y}{SD_X}$
$c_{ps} = c/SD_Y = \tilde{c}/SD_X$	$(ab)_{ps} = ab/SD_Y = \widetilde{ab}/SD_X$	$c'_{ps} = c'/SD_Y = \tilde{c}'/SD_X$
$\tilde{c} = c\frac{SD_X}{SD_Y} = c_{ps}SD_X$	$\widetilde{ab} = ab\frac{SD_X}{SD_Y} = (ab)_{ps}SD_X$	$\tilde{c}' = c'\frac{SD_X}{SD_Y} = c'_{ps}SD_X$

출처 : Hayes(2022)

연구결과를 보고하는 경우에 어떠한 효과를 제시해야 하는가? 이는 오로지 연구자의 선택에 달려 있다. 유일한 원칙은 X가 이분형 변수라면 완전표준화 효과를 보고하지 않아야 한다는 것이다. 이분형 선행변수 X의 효과를 보고한다면 두 집단의 코딩값을 한 단위 차이나게(예 : 0과 1) 지정하고 완전표준화 효과가 아닌 부분표준화 효과를 제시해야 한다. 그리고 PROCESS에서는 stand=1 옵션을 이용하여 이러한 효과를 쉽게 얻을 수 있다. 또한 PROCESS는 X가 이분형 변수인 경우에 완전표준화 효과들은 제공하지 않으며 PROCESS의 결과물에 제시된 모든 표준화 회귀계수는 부분표준화 효과들이다.

4.4 복수의 X 또는 복수의 Y : 개별분석인가 아니면 동시분석인가?

연구자들은 때로 여러 개의 인과변수(X)가 동일한 매개변수를 경유하여 동일한 결과변수에 영향을 미치는 모형을 분석한다. 여기에서는 X뿐만 아니라 Y가 복수로 모형에 도입되는 경우의 매개효과를 분석하기로 한다.

4.4.1 X가 여러 개인 경우

두 개 이상의 X변수들로 이루어진 모형에서의 직접효과와 간접효과의 계산은 지금까지의 방법과 크게 다르지 않다. 각 결과변수를 선행변수들에게 회귀시키면 된다. 다만 이러한 효과들의 추정과 해석은 주의를 기울일 필요가 있다. 초점은 단일모형에 다중의 X를 포함시키는 경우의 효과들이 개별 X를 이용한 매개분석을 여러 번 시행했을 경우의 효과와 차이를 보이는지를 살펴보는 것이다.

그림 4.5 k개의 독립변수가 포함된 단순매개모형

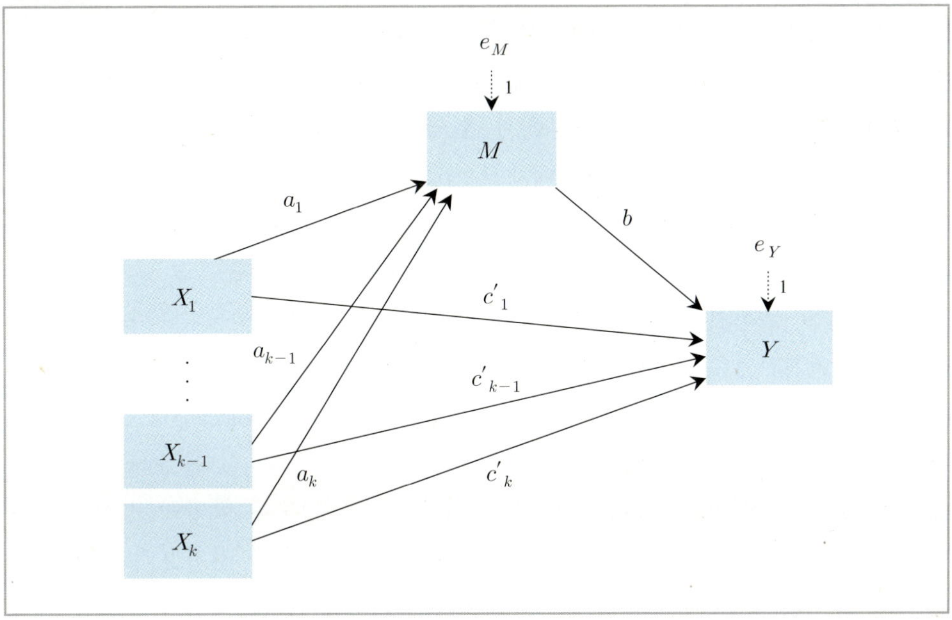

[그림 4.5]는 k개의 독립변수가 직접 Y에 영향을 주거나 단일 M을 경유하여 간접적으로 Y에 영향을 미치는 단순매개모형이다.

이러한 모형에서는 X가 k개이므로 k개의 직접효과와 간접효과가 등장한다. 결과변수는 M과 Y이고 이들에 대한 회귀방정식은 디음과 같다.

$$M = i_M + a_1X_1 + a_2X_2 + \cdots a_kX_k + e_M$$
$$Y = i_M + c'_1X_1 + c'_2X_2 + \cdots c'_kX_k + bM + e_Y$$

그리고 X_i가 M을 경유하여 Y에 영향을 주는 간접효과는 a_ib로 계산되고 직접효과는 c_i'이다. 총효과는 직접효과와 간접효과의 합계이다($c_i = c_i' + a_ib$). 총효과는 다음과 같이 M을 제외하고 Y와 k개의 X의 관계로 표현된 식에서 추정할 수도 있다.

$$Y = i_{Y*} + c_1X_1 + c_2X_2 + \cdots + c_kX_k + e_{Y*}$$

모든 k개의 X가 모형에 동시에 도입되는 경우에 X_i의 직접효과와 간접효과는 다른 $k-1$개의 X는 동일하면서(일정한 상태에서 혹은 통제한 상태에서) 특정 X_i가 한 단위 다른 두 사례의 Y의 추정차이라고 해석된다. 즉, 이들은 나머지 $k-1$개의 X변수들을 통계적으로 통제한 상태에서 특정 X_i에 고유한 X_i의 직접효과와 간접효과(the direct and indirect effects of X_i on Y that are unique to X_i)이다.

k개의 X를 모두 도입한 모형에서 X_i의 총효과와 간접효과 및 직접효과는 $k-1$개의 다른 X를 제외한 단순매개모형([그림 2.2])에서의 효과들과 같을 수도 있고 다를 수도 있다. 이러한 차이는 X_i와 다른 $k-1$개의 X들의 상관관계의 크기 혹은 다른 X들과 M 및 Y의 상관관계에 따라 달라진다.

그렇다면 추정치와 실질적인 의미관점에서 어느 방법이 더 우수하거나 정확한 방법인가? X가 k개인 경우 모든 X를 단일모형에 포함시킬 수도 있고 (Andela & Truchot, 2016 ; Von Hippel, Issa, Ma, & Stokes, 2011 ; Weikamp & Göritz, 2016) 단일 X에 대하여 개별적으로 k개의 모형을 추정할 수도 있다(Gibbs, Ellison, & Lai, 2011 ; Han & Shaffer, 2014). 이에 관한 답은 두 방법 모두 합당한 방법이며 두 방법을 모두 사용할 수도 있다. 다만 두 방법은 직접효과와 간접효과가 서로 다른 것들을 추정하기 때문에 결과의 해석에 유의해야 한다. 독립변수들을 모두 투입하는 경우는 모형 내의 다른 독립변수들과 상대적으로 개별 독립변수(X)에 고유한 직접효과와 간접효과의 추정치를 산출한다. 반면에 특정 독립변수(X)에 대한 단순매개분석을 k번 시행하는 경우에는 X 이외의 다른 독립변수들을 모형에서 배제한 상태에서 X의 직접효과와 간접효과를 추정한다.

통제변수들을 포함하는 경우와 마찬가지로 다중 X를 모형에 도입하는 것은 X들 간의 높은 상관관계가 서로의 영향력(효과)을 상쇄시킬 수 있다는 위험이 뒤따른다. 이는 상관관계를 나타내는 다중의 예측변수가 포함된 선형모형에서 흔히 발생하는 현상이다. 높은 상관관계를 갖는 두 X변수(혹은 X와 통제변수)는 또한 M과 Y와도 상관관계를 나타낼 수 있기 때문에 이들이 매개모형에서 동시에 M과 Y의 예측변수로 도입되는 경우에는 M과 Y의 분산을 설명하기 위하여 서로 경쟁하게 된다. 이들의 회귀계수들은 모형의 매개변수와 결과변수(들)의 고유한 관계를 수량화한 것이다. 극단적으로 두 변수는 마치 두 권투선수가 링 위에서 동시에 서로에게 결정적 펀치를 날리고 동시에 KO를 당하여 승자가 아무도 없는 상황과 같게 된다. 두 변수 간에 상관관계가 강할수록 이러한 가능성은 더 커진다. 이러한 이유로 개별 매개분석에서는 직접효과와 간접효과가 나타나지만 변수들을 동시에 투입한 모형에서는 두 효과가 전혀 나타나지 않을 수도 있다.

PROCESS에서 다중의 X를 도입한 모형의 추정방법

PROCESS의 단점 중의 하나는 x= 부분에 단 하나의 X변수만 지정해야 한다는 점이다. [그림 4.5]와 [그림 4.2]를 비교해 보자. 이들은 수학적으로 동일한 모형이다. 유일한 차이점은 추가되는 선행변수에서 M과 Y로 연결되는 화살표의 해석(공변량의 경우에는 실질적인 관심사가 아니지만 인과적 영향변수인 경우에는 해당효과가 관심사이다)에 있다. 4.2절에서 설명한 바와 같이 PROCESS는 [그림 4.2]와 같이 공변량이 포함된 매개모형을 추정할 수 있고 마찬가지로 다중 X변수가 도입된 매개모형 역시 추정할 수 있다. 하지만 모든 k개의 X변수들의 직접효과와 간접효과를 추정하기 위해서는 한 번에 하나의 X변수만 도입하고 나머지 $k-1$개의 X변수들은 공변량으로 도입하는 방식으로 PROCESS를 k번 실행해야 한다. 그리하면 PROCESS를 실행할 때마다 X로 지정된 변수의 간접효과와 직접효과가 산출된다. 수학적으로 모든 회귀계수와 직접효과 및 간접효과들은 SEM을 이용하여 동시에 분석한 결과와 동일한 결과가 얻어진다.

예를 들어 하나의 매개변수(MED)와 하나의 결과변수(DV) 그리고 세 개의 X 변수(IV1, IV2 및 IV3)로 이루어진 매개모형을 상정해 본다. IV1, IV2 및 IV3가 MED를 경유하여 DV에 영향을 미치는 효과들을 추정하기 위한 PROCESS 명령문은 다음과 같다.

```
process y=dv/x=iv1/m=med/cov=iv2 iv3/model=4/seed=62520.
process y=dv/x=iv2/m=med/cov=iv1 iv3/model=4/seed=62520.
process y=dv/x=iv3/m=med/cov=iv1 iv2/model=4/seed=62520.
```

위의 syntax에서 시드 배정값은 동일하게 지정되었기 때문에 실행할 때마다 부트스트랩 신뢰구간은 동일한 부트스트랩 표본집합을 이용하여 설정된다. 이러한 방법은 좀 더 복잡한 모형과 PROCESS 명령문에 매개변수와 공변량을 추가한 통계적 통제모형에까지 쉽게 확장될 수 있다.

4.4.2 Y가 여러 개인 경우

인과선행변수가 다중의 결과변수에 영향을 주는 직접효과와 간접효과를 분석해야 하는 경우도 종종 발생한다. 예를 들어 Broeren, Muris, Bouwmeester, van der Heijden, & Abee(2011)는 158명의 네덜란드 어린이들을 대상으로 신경증(X)이 걱정(M_1)과 묵상(M_2)을 경유하여 불안증세(Y_1)와 우울증세(Y_2) 및 수면장애(Y_3)에 영향을 미치는 직접효과와 간접효과를 추정하였다.

k개의 Y변수가 포함된 매개모형의 통계모형은 [그림 4.6]과 같다.

이 모형을 자세히 보면 공통의 X와 M으로 구성된 k개의 단순모형에 불과하다는 것을 알 수 있다. 그리고 Y_i는 오직 X와 M에 의해서만 결정되므로 SEM에서처럼 모든 Y를 동시에 투입한 결과와 개별 Y에 대하여 k번 단순매개분석을 실시한 결과는 동일하다. PROCESS에서 다중 Y의 분석기법은 다중 X의 경우와 마찬가지로 부트스트랩 샘플 수를 동일하게 유지하고 매번 개별 Y를 다른 Y로 교체하면서 개별 Y에 대한 단순매개분석을 k번 실시하면 된다.

그림 4.6 k개의 Y변수가 포함된 단순매개모형

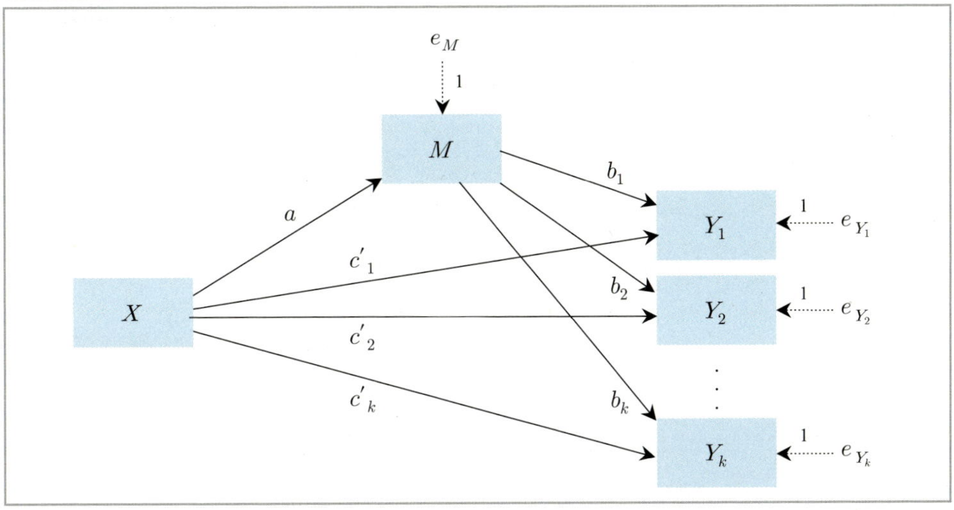

CHAPTER 5

다항범주형 선행변수가 포함된 매개분석

5.1 상대적 총효과와 직접효과 및 간접효과

5.2 예제 : 관광목적지 이미지연구

5.3 지표코딩방법이 아닌 헬머트 코딩방법의 사용

5.4 기타주제

제2장에서 통계적 매개분석의 기초를 알아보았다. 이 분석에서 인과선행변수 X는 이분형 변수 혹은 연속형 변수만을 다루었다. 그리고 X가 이분형 혹은 연속형 변수인지에 관계없이 단순경로분석의 원칙이 동일하게 적용되었다. X의 총효과는 간접효과와 직접효과로 분할되었고 간접효과(들)의 추론이 매개분석의 통계적 검정방법으로 사용되었다.

하지만 연구자들은 때로 이분형 또는 연속형 변수가 아닌 X의 매개분석에 관심을 갖는 경우가 발생한다. 예를 들어 실험계획법을 사용하여 피험자들이 세 집단 이상의 실험상황 중에서 하나의 실험상황에 무작위로 배정되는 상황이 발생할 수 있다. 이와 같이 다항범주형 변수(multicategorical variable)를 선행변수로 도입하는 경우에는 먼저 이러한 다항범주형 변수를 $g-1$개의 변수형태(g는 집단(범주)의 숫자)로 변형해야 한다. 다항범주형 변수 중에서 많이 사용하는 더미코딩(dummy coding)을 이용하는 경우에 집단이 종속변수에 미치는 영향의 차이를 분석하기 위해서는 $g-1$개의 회귀계수를 수량화해야 한다. X가 회귀모형에서 한 개 이상의 변수로 표현되는 경우에 X가 M과 Y에 미치는 영향을 하나의 회귀계수로 나타낼 수 없다면 X의 총효과와 직접효과 및 간접효과의 추정은 다른 방법을 이용해야 한다.

본장에서는 X가 다항범주형 변수인 경우의 매개분석을 다룬다. 구체적인 절차는 Hayes & Preacher(2014)의 방법을 이용하여 Hayes(2018a)가 제시한 방법과 설명을 따를 예정이다. 선행변수 X가 다항범주형 변수인 경우의 매개분석은 Hayes의 초판(2013)에는 소개되어 있지 않고 개정판(2018a)에 추가된 주제이다. 본장에서 다루는 자료는 관광목적지 이미지에 관한 내용이다.

5.1 상대적 총효과와 직접효과 및 간접효과

g개의 범주를 가진 다항범주형 선행변수는 일정한 코딩방법을 사용하여 $g-1$개의 변수로 전환한 후에 이들을 회귀모형의 선행변수로 사용한다. 이러한 한 가지 방법으로 더미코딩(dummy coding)이라고도 부르는 지표코딩(indicator coding)

방법은 집단들을 0 혹은 1의 값을 갖는 $g-1$개의 변수로 표현한다. 지표코딩의 경우에 g개의 집단 중에서 한 집단은 기준집단인 준거집단(reference group)으로 선택된다. 준거집단에 속한 사례들은 모든 $g-1$개의 변수들에 대하여 0의 값을 부여받는다. 나머지 $g-1$개의 집단은 사례가 해당집단에 속하면 1의 값을 부여받고 다른 모든 사례는 0의 값을 부여받는 지표변수(indicator variable)를 갖게 된다. 이 방법에서 한 사례가 g개의 집단 중에서 어느 집단에 속하느냐의 여부는 $g-1$개의 지표변수의 0과 1의 유형에 의하여 표현된다. 이러한 $g-1$개의 지표변수가 회귀모형에서 X를 대신하여 선행변수로 사용된다.

X가 다항범주형 변수인 경우에 지표코딩방법을 이용한 매개분석은 제2장에서 사용한 절차와 동일한 절차를 밟고 g개의 집단을 나타내는 $g-1$개의 변수들이 사용된다는 점만 다를 뿐이다.

다항범주형 변수 X와 하나의 매개변수 M을 포함한 매개모형의 통계모형은 [그림 5.1]과 같다.

그림 5.1 g개의 범주를 가진 다항범주형 선행변수 X를 포함한 단순매개모형의 통계모형

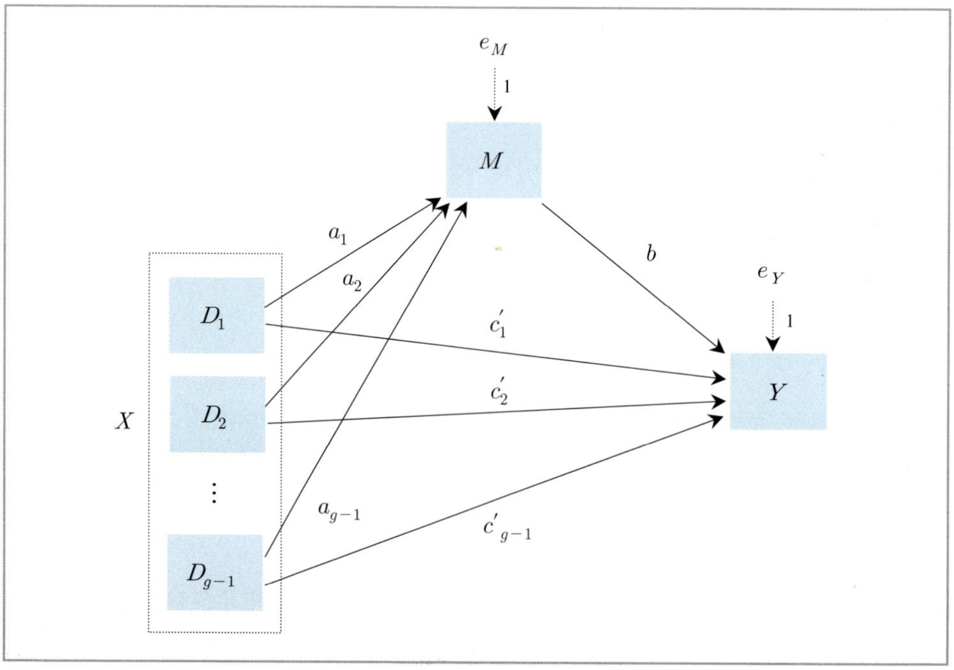

그리고 [그림 5.1]에 관한 회귀방정식은 다음과 같다.

$$M = i_M + a_1 D_1 + a_2 D_2 + \cdots + a_{g-1} D_{g-1} + e_M \tag{5.1}$$

$$Y = i_Y + c'_1 D_1 + c'_2 D_2 + \cdots + c'_{g-1} D_{g-1} + bM + e_Y \tag{5.2}$$

위의 식에서 D_j는 g개의 집단을 나타내기 위하여 사용되는 $g-1$개의 변수들이다. 각 회귀방정식의 회귀계수는 OLS회귀를 이용하여 추정할 수 있다. 그리고 $g-1$개의 c'회귀계수들은 X의 상대적 직접효과(relative direct effects)이고 a_j와 b의 적항들은 X의 상대적 간접효과(relative indirect effects)이며 두 효과를 합계하면 상대적 총효과(relative total effects)가 산출된다.

5.1.1 상대적 간접효과

[그림 5.1]을 살펴보면 X가 이분형 또는 연속형 변수인 경우와는 다르게 X에서 M으로 연결되는 경로가 $g-1$개가 있는데 이들은 각각 X를 나타내는 $g-1$개의 변수의 경로들이다. 이들이 식 (5.1)의 $g-1$개의 a계수이다. 이들은 각각 X가 M에 미치는 영향의 일부분이다. 이들 값과 해석은 g개의 집단을 나타내기 위하여 사용되는 코딩방법에 달려 있다. 예를 들어 X가 세 개의 집단으로 이루어져 있고 지표코딩방법을 사용하여 집단1을 준거집단으로 지정했다면 a_1은 집단2와 집단1 간의 M의 평균차이를 의미한다. 즉, $a_1 = \overline{M_2} - \overline{M_1}$이다. 마찬가지로 a_2는 집단3과 집단1 간의 M의 평균차이($a_2 = \overline{M_3} - \overline{M_1}$)를 말한다. 각 집단의 $g-1$개의 D값을 식 (5.1)에 대입하면 해당집단의 $\overline{M}$값이 계산된다. 따라서 자료를 이용하여 회귀식이 추정되면 식 (5.1)은 M에 대한 g개의 집단평균을 산출한다.

M모형에서는 $g-1$개의 회귀계수가 산출되지만 Y모형에서는 M에 관한 단 하나의 회귀계수가 추정된다. 식 (5.2)의 b가 이러한 회귀계수이고 이는 X가 이분형 혹은 연속형 변수인 경우와 동일하게 해석한다. 즉, b는 동일한 X값을 갖는 경우에 M이 한 단위 다른 두 사례의 Y값의 차이의 추정치를 수량화한 것이다. 여기에서 X가 동일하다(equal on X)는 의미는 동일한 집단에 속해 있다는 것을 말한다. 따라서 b는 X를 통제한 경우에 M이 Y에 미치는 영향의 추정치이

다. 그리고 이러한 b는 집단을 나타내기 위하여 $g-1$개의 변수를 생성하는 코딩방법에 영향을 받지 않는다.

그리고 [그림 5.1]에는 각각의 D_j에서 M을 경유하여 Y로 연결되는 $g-1$개의 경로가 그려져 있다. X에서 M으로 이어지는 경로계수와 M에서 Y로 연결되는 경로계수를 곱하면 a_jb로 표현되는 $g-1$개의 상대적 간접효과가 산출된다. 이들은 각각 $X \rightarrow M \rightarrow Y$의 결과로써 발생하는 집단 간 Y의 차이의 일부분을 수량화한 것이다. X가 이분형 또는 연속형 변수인 경우와는 달리 하나의 간접효과만 존재하는 것이 아니라 $g-1$개의 상대적 간접효과가 도출된다. a계수와 마찬가지로 a_jb의 해석은 코딩방법에 따라 달라진다. 집단이 세 개이고 집단1을 준거집단으로 지정한 경우에 a_1b는 $X \rightarrow M \rightarrow Y$의 결과로써 발생하는 집단2와 집단1의 Y의 차이(간접효과의 차이)를 수량화한 것이다. 또한 a_2b는 $X \rightarrow M \rightarrow Y$의 결과로써 발생하는 집단3과 집단1의 Y의 차이를 수량화한 것이다. 집합적으로 이들은 X가 M을 경유하여 Y에 영향을 주는 매개효과를 수량화한다.

이와 같이 하나가 아니라 여러 개의 간접효과가 존재하는 경우에 간접효과의 존재여부는 어떻게 결정하는가? X가 이분형 혹은 연속형 변수인 경우에 간접효과의 유의성여부에 관한 이러한 질문은 제2장에서 사용한 간접효과의 추론방법을 이용하여 해결할 수 있다. 하지만 두 개 이상의 간접효과가 도출되는 경우에는 추론문제가 복잡하고 논쟁의 소지가 있다. 권장되는 기준은 $g-1$개의 상대적 간접효과들 중에서 적어도 하나의 상대적 간접효과가 0과 다르면 X가 Y에 영향을 주는 효과는 M에 의하여 매개된다고 판단하는 것이다(Hayes, 2018a). 또한 제2장에서 제시한 여러 이유들 때문에 상대적 간접효과들의 추론에 부트스트랩 신뢰구간방법의 사용이 권장된다. 하지만 이러한 기준(최소한 한 개의 상대적 간접효과가 0과 다르다는 기준)은 불완전한 기준인데 그 이유는 g개의 집단을 코딩하는 방법에 따라 매개에 관한 서로 다른 주장이 가능하기 때문이다.

5.1.2 상대적 직접효과

매개모형에서 X는 직접 혹은 M을 통하여 간접적으로 Y에 영향을 미친다. 이러한 내용은 X가 다항범주형 변수인 경우에도 변하지 않는다. 직접효과는 식 (5.2)에서 X를 나타내는 $g-1$개의 변수들에 대한 $g-1$개의 회귀계수들로 수량화된다. 각각의 c'은 상대적 직접효과를 의미하고 이들은 각각 M을 경유하지 않고 Y에 직접 영향을 주는 효과의 일부분이다. 가령 집단이 3개이고 집단1이 준거집단으로 지정된 경우에 c'_1은 집단1에 비하여 상대적으로 집단2가 Y에 영향을 주는 상대적 직접효과이고 c'_2는 집단1에 비하여 상대적으로 집단3이 Y에 영향을 주는 상대적 직접효과이다. 즉, 이들은 M의 영향을 배제한 상태에서 Y의 집단평균차이를 수량화한 것이다. 상대적 직접효과의 추론은 신뢰구간 또는 상대적 직접효과가 0이라는 귀무가설을 검정하기 위한 p값을 이용한다.

식 (5.2)는 공분산분석에서 수정평균(adjusted means)이라고 알려진 값을 산출하는 데에 사용된다. Y의 수정평균은 공변량(들)을 표본평균으로 고정시킨 경우의 각 집단의 Y의 추정치이다. 매개모형에서 매개변수는 수학적으로 공변량과 동일한 기능을 수행한다. 즉, X가 Y에 미치는 영향은 M을 통제한 상태에서 추정된다. 각 집단의 수정평균은 M 대신 $\overline{M}$를 사용하고 식 (5.2)에 각 집단을 나타내는 $g-1$개의 변숫값(0과 1로 구성된 D_j값)과 $\overline{M}$를 대입하여 계산된다. 상대적 직접효과는 이러한 수정평균들의 차이를 의미하는 것이다.

5.1.3 상대적 총효과

매개분석에서 직접효과와 간접효과를 합계하면 X의 총효과가 계산된다. 마찬가지로 X가 다항범주형 변수인 경우에는 $g-1$개의 상대적 직접효과와 상대적 간접효과들 중에서 한 개씩 합계하여 상대적 총효과를 계산한다. 따라서 D_j의 상대적 총효과는 $c_j = c'_j + a_j b$로 계산된다. 상대적 직접효과 및 상대적 간접효과와 마찬가지로 상대적 총효과의 해석은 g개의 집단이 집단을 코딩하는 $g-1$개의 변수를 이용하여 어떻게 표현되느냐에 따라 달라진다. 예를 들어 지표코딩방법을 사용하여 3개의 집단 중에서 집단1을 준거집단으로 설정하는 경우에 $c_1 = \overline{Y_2} - \overline{Y_1}$과 $c_2 = \overline{Y_3} - \overline{Y_1}$로 계산된다.

[그림 5.1]과 같은 모형에서 X의 상대적 총효과는 식 (5.1)과 (5.2)를 이용하여 상대적 직접효과와 상대적 간접효과를 추정한 후에 이들을 합계하거나 식 (5.3)과 같이 M을 제외시키고 Y를 $g-1$개의 변수에만 회귀시켜서 얻을 수 있다.

$$Y = i_Y + c_1 D_1 + c_2 D_2 + \cdots + c_{g-1} D_{g-1} + e_Y \tag{5.3}$$

상대적 총효과 역시 신뢰구간 또는 가설검정을 위한 p값을 이용하여 추론검정할 수 있다. 그리고 식 (5.3)에 각 집단의 $g-1$개의 D값을 대입하면 각 집단의 평균값을 얻을 수 있다.

5.1.4 X의 효과의 전반적 검정

상대적 효과에 대한 검정은 집단 간 비교와 대조에 관한 특별한 정보를 제공한다. 연구는 전형적으로 특정가설을 염두에 두고 설계되며 이러한 특정가설에 관한 정보를 제공하는 상대적 직접효과와 간접효과 및 총효과를 산출하기 위하여 코딩방법을 선택하는 경우에 위에서 논의한 방법 이외의 별도의 추론검정을 사용할 필요는 없다. 하지만 연구자는 상황에 따라 전반적 추론(omnibus inference)에 관심을 가지는 경우가 발생한다. 예를 들어 연구자가 직접효과이든 간접효과이든 관계없이 X가 Y에 영향을 미치는지를 알고자 하는 경우이다. 이러한 문제는 상대적 효과가 수량화하는 집단 간 특정비교를 필요로 하지 않는다. 또는 연구자가 집단 간 특정비교에 관심을 두지 않고 X가 Y에 직접적으로 영향을 미치는지를 알고자 하는 경우이다. 이러한 내용들은 전반적 검정(omnibus test)에 의하여 결정된다.

전반적 검정은 다른 상대적 효과의 검정과는 다르게 코딩방법에 의하여 영향을 받지 않는다. 예를 들어 특정 코딩방법을 이용하여 상대적 직접효과들이 0과 다르지 않은 경우에도 전반적 검정을 이용하면 X의 직접효과가 통계적으로 유의하게 도출될 수 있다. 이러한 경우에 연구자는 비록 더 정확하게 말할 수는 없다 해도 "X는 Y에 직접적으로 영향을 미친다(X does directly affect Y)"고 결론을 내릴 수 있다.

상대적 직접효과와 총효과의 경우처럼 X가 다항범주형 변수인 경우에 X의 직접효과와 총효과에 대한 전반적 검정은 비교적 간단하다. X가 Y에 영향을 미치는 직접효과가 나타나지 않았다는 것은 모든 $g-1$개의 상대적 직접효과가 0이라는 것을 의미한다. 따라서 모든 $g-1$개의 상대적 직접효과를 0으로 고정시키는 모형의 적합도가 이들이 0이 아니라고 설정한 모형보다 양호하게 나타나야 한다. OLS회귀를 이용하는 경우에 직접효과의 전반적 검정은 두 모형의 적합도를 비교하는 방법으로 이루어진다. 첫 번째 모형은 Y모형에 M만 선행변수로 도입하여 Y를 추정한다. 두 번째 모형은 식 (5.2)와 같이 M과 $g-1$개의 변수들을 도입하여 Y를 추정한다. 첫 번째 모형에 비하여 두 번째 모형의 다중상관자승(R^2)이 증가하면 이는 $g-1$개의 D_j변수들을 도입한 모형의 적합도의 개선치를 의미한다. 그리고 이러한 R^2의 증가치를 F비율로 전환하여 검정한다. F비율의 p값이 유의하면 X가 Y에 직접적으로 영향을 미친다는 추론을 지지하는 것이다. 이러한 검정에서 산출된 F비율과 p값은 M을 공변량으로 도입하여 Y의 집단평균들을 비교하는 공분산분석의 F비율 및 p값과 동일하다.

X의 총효과가 유의하지 않다는 것은 모든 $g-1$개의 상대적 총효과가 0이라는 것을 의미한다. 회귀분석에서 이러한 귀무가설의 검정은 $g-1$개의 상대적 총효과를 추정하는 모형(식 5.3)에서 얻어진 R^2의 유의성검정을 통하여 이루어진다. 이러한 검정은 g개 집단의 Y의 집단평균을 비교하는 일원 분산분석(one-way ANOVA)과 동일하다.

간접효과에 대한 전반적 추론은 $g-1$개의 상대적 간접효과를 검정하지 않고 X가 Y에 미치는 영향을 M이 매개하는지에 관한 추론검정을 가능하게 한다. 이는 귀무가설 ${}_T a_j {}_T b = 0$(j는 1부터 $g-1$까지)을 검정하는 것과 같다. 하지만 비현실적 가정에 의존하지 않는 전반적 검정방법은 아직 개발되지 않은 상태이다.

5.2 예제 : 관광목적지 이미지연구

이 예제는 관광목적지 이미지(X)가 방문의도(M)를 경유하여 실제방문행동(Y)으로 이어지는 매개과정을 다루고 있다. 자료파일은 IMAGE.sav로 저장되어 있다. 이미지의 변수명은 image로 지정되어 있다. image는 다항범주형 변수(0과 1과 2)로 구성되어 있는데 0은 이미지가 중간이다(So So)이고 1은 좋다(Good)이며 2는 매우 좋다(Very Good)를 나타낸다. 방문의도는 intent로 지정되어 있고 방문행동은 behavior로 저장되어 있다. 방문의도와 방문행동은 값이 클수록 해당변수의 강도가 강하다는 것을 의미한다.

이 연구의 목적은 관광목적지 이미지가 관광지 방문행동에 미치는 영향을

표 5.1 관광목적지 이미지연구의 서술통계량

		M(INTENT)	*Y*(BEHAVIOR)	*Y*(adjusted)
So So (IMAGE=0)	Mean	3.766	5.404	5.777
	SD	1.326	1.125	
Good (IMAGE=1)	Mean	4.955	5.889	5.751
	SD	1.158	0.868	
Very Good (IMAGE=2)	Mean	5.531	5.775	5.389
	SD	0.941	0.989	
	Mean	4.634	5.669	
	SD	1.384	1.024	

조사하는 것이다. 이와 더불어 이미지가 방문의도에 주는 영향과 방문의도가 방문행동에 미치는 영향도 분석한다. 이러한 매개과정을 분석하기 전에 먼저 각 변수들의 서술통계량을 알아보기로 한다. 〈표 5.1〉은 이러한 서술통계량을 나타낸 것이다.

〈표 5.1〉은 각 집단별 변수들의 평균치를 나타낸 표이다. 맨 오른쪽 열의 수정평균(adjusted means)값은 SPSS에서는 주변평균(marginal means)으로 표기되어 있다. 이러한 수정평균(주변평균)값을 얻기 위해서는 SPSS에서 공분산분석을 이용하면 된다. 이러한 절차는 메뉴에서 Analyze(분석) → General Linear Model(일반선형모형) → Univariate(일변량)을 선택하고 image를 독립변수로, intent를 공변량으로 그리고 behavior를 종속변수로 지정한다. 다음으로 옵션을 선택하여 estimated marginal means(주변평균추정)에서 image를 Display means for(평균출력기준)로 지정하고 하단의 Compare mean effects(주효과비교)를 선택하여 분석하면 behavior의 수정평균값을 얻을 수 있다.

〈표 5.1〉에서 방문의도의 평균값은 이미지가 매우 좋은 경우에 가장 높게 나타났고 다음으로 좋은 이미지와 중간 이미지의 순으로 나타났다. 그리고 방문행동은 좋은 이미지의 경우가 가장 크게 나타났다.

매개분석을 실행하기 위해서는 세 개의 집단으로 구성된 다항범주형 변수인 X를 코드화하여 두 개의 변수를 생성해야 한다. 여기에서는 지표코딩방법을 이용한다. 먼저 준거집단으로 지정된, 이미지가 그저 그렇다고 응답한 사람들은 D_1과 D_2의 값이 모두 0으로 지정된다. 다음으로 D_1은 이미지가 좋다고 응답한 사람들은 1로 고정하고 다른 모든 피험자들은 0으로 고정시킨 변수이다. 두 번째 변수인 D_2는 이미지가 매우 좋다고 응답한 사람들을 1로 지정하고 나머지

표 5.2 세 집단의 지표코딩방법

Group	D_1	D_2
So So (IMAGE=0)	0	0
Good (IMAGE=1)	1	0
Very Good (IMAGE=2)	0	1

사람들은 0의 값을 부여한다. 이러한 내용을 반영한 세 집단의 지표코딩방법은 〈표 5.2〉와 같다.

관광목적지 이미지가 방문행동에 영향을 주는 상대적 총효과는 방문행동(behavior)을 D_1과 D_2로 나타낸 이미지(X)에 회귀시켜서 추정된다. 이러한 회귀분석을 실행하기 위한 SPSS code는 다음과 같다.

```
compute d1=(image=1).
compute d2=(image=2).
regression/dep=behavior/method=enter d1 d2.
```

위의 syntax를 실행하기 위해서는 SPSS 메뉴에서 File → New → Syntax를 지정하여 SPSS Syntax를 연 다음 위의 SPSS syntax를 타이핑하고 syntax창의 메뉴에서 Run → All을 선택하여 명령문을 실행하면 된다.

위의 회귀분석을 실행하면 다음의 회귀모형이 얻어진다. 또한 자료파일에 d1과 d2의 값들이 자동으로 생성된다.

$$\hat{Y} = 5.404 + 0.485D_1 + 0.371D_2 \quad (5.4)$$

이 모형에서 $R^2 = 0.046$, $F(2,\ 157) = 3.751$, $p = .026$으로 나타났고 이러한 결과는 단일요인 분산분석에서 세 집단평균의 동질성검정결과와 동일한 것이다. 또한 이는 앞에서 설명한 총효과의 전반적 검정결과와 같은 것이다. 이러한 결과는 관광목적지 이미지가 방문행동에 영향을 미친다는 것을 의미한다.

위의 식 (5.4)에 각 집단의 D_1과 D_2값을 대입하면 다음과 같이 세 집단의 집단평균을 계산할 수 있다.

$$\overline{Y}_{SS} = 5.404 + 0.485(0) + 0.371(0) = 5.404$$
$$\overline{Y}_{GO} = 5.404 + 0.485(1) + 0.371(0) = 5.889$$
$$\overline{Y}_{VG} = 5.404 + 0.485(0) + 0.371(1) = 5.775$$

회귀분석결과에서 상대적 총효과는 $c_1 = 0.485$와 $c_2 = 0.371$로 나타났다. 이러한 상대적 총효과는 〈표 5.1〉에서 좋은 이미지 집단과 중간 이미지 집단 간 방문행동의 평균차이($c_1 = \overline{Y}_{GO} - \overline{Y}_{SS} = 5.889 - 5.404 = 0.485$)와 매우 좋은 이미지 집단과 중간 이미지 집단 간 방문행동의 평균차이($c_2 = \overline{Y}_{VG} - \overline{Y}_{SS} = 5.775 - 5.404 = 0.371$)라는 것을 확인할 수 있다. 이러한 두 가지 상대적 총효과 중 c_1은 통계적으로 유의하게 나타났고($p = .01$) c_2는 한계적으로 유의하게 나타났다($p = .068$). 따라서 중간 이미지 집단에 속한 사람들보다 좋은 이미지 집단에 속한 사람들의 실제방문행동이 더 크다는 것을 알 수 있다.

이러한 두 가지 상대적 총효과는 상대적 직접효과와 상대적 간접효과로 분할된다. 이들 효과를 구하기 위해서 한 회귀분석에서는 D_1과 D_2로 표현된 X로부터 M을 추정하여 a_1과 a_2를 얻고 다른 회귀분석에서는 Y를 X와 M에 회귀시켜서 c'_1과 c'_2 및 b를 추정한다. 이들을 추정하기 위한 SPSS syntax는 다음과 같다.

```
regression/dep=intent/method=enter d1 d2.
regression/dep=behavior/method=enter d1 d2 intent.
```

위의 syntax를 실행한 결과가 〈표 5.3〉에 제시되어 있다.

표 5.3 관광목적지 이미지 매개분석의 회귀계수와 표준오차 및 모형요약정보

	Consequent											
		Y(behavior)				*M*(intent)				*Y*(behavior)		
Ant		Coeff.	*SE*	*p*		Coeff.	*SE*	*p*		Coeff.	*SE*	*p*
D_1	c_1	0.485	0.185	.01	a_1	1.189	0.216	<.001	c'_1	−0.026	0.175	.881
D_2	c_2	0.371	0.202	.068	a_2	1.765	0.237	<.001	c'_2	−0.388	0.204	.058
M									b	0.430	0.059	<.001
Con.	i_Y	5.404	0.127	<.001	i_M	3.766	0.149	<.001	i_Y	3.784	0.248	<.001
		$R^2 = .046$				$R^2 = .283$				$R^2 = .288$		
		$F(2, 157) = 3.751,\ p = .026$				$F(2, 157) = 31.024,\ p < .001$				$F(3, 156) = 21.000,\ p < .001$		

Note : Ant(Antecedent), Con(Constant), Coeff(Coefficient)

먼저 방문의도(M)모형은 다음과 같다.

$$\hat{M} = 3.766 + 1.189D_1 + 1.765D_2 \tag{5.5}$$

그리고 $R^2 = .283$, $F(2, 157) = 31.024$, $p < .001$로 나타났다. 따라서 서로 다른 이미지는 서로 다른 방문의도를 나타냈다. 식 (5.5)에 각 집단의 D_1과 D_2값을 대입하면 다음과 같이 M에 관한 세 집단평균을 계산할 수 있다.

$$\overline{M}_{SS} = 3.766 + 1.189(0) + 1.765(0) = 3.766$$
$$\overline{M}_{GO} = 3.766 + 1.189(1) + 1.765(0) = 4.955$$
$$\overline{M}_{VG} = 3.766 + 1.189(0) + 1.765(1) = 5.531$$

〈표 5.3〉에서 a_1은 좋은 이미지 집단과 중간 이미지 집단의 M의 평균차이($a_1 = \overline{M}_{GO} - \overline{M}_{SS} = 4.955 - 3.766 = 1.189$)이고 a_2는 매우 좋은 이미지 집단과 중간 이미지 집단의 M의 평균차이($a_2 = \overline{M}_{VG} - \overline{M}_{SS} = 5.531 - 3.766 = 1.765$)라는 것을 확인할 수 있다. a_1과 a_2가 모두 통계적으로 유의하기 때문에 좋은 이미지 집단과 매우 좋은 이미지 집단에 속한 사람들의 방문의도는 중간 이미지 집단에 속한 사람들의 방문의도보다 크다는 것을 알 수 있다.

그리고 〈표 5.3〉에서 방문행동(Y)모형은 다음의 식 (5.6)과 같다.

$$\hat{Y} = 3.784 - 0.026D_1 - 0.388D_2 + 0.430M \tag{5.6}$$

식 (5.6)에 M은 표본평균($\overline{M} = 4.634$)으로 고정시키고 각 집단별 D_1과 D_2값을 대입하면 다음과 같이 각 집단의 수정평균을 계산할 수 있다.

$$\overline{Y}^*_{SS} = 3.784 - 0.026(0) - 0.388(0) + 0.430(4.634) = 5.777$$
$$\overline{Y}^*_{GO} = 3.784 - 0.026(1) - 0.388(0) + 0.430(4.634) = 5.751$$
$$\overline{Y}^*_{VG} = 3.784 - 0.026(0) - 0.388(1) + 0.430(4.634) = 5.389$$

식 (5.6)에서 D_1과 D_2의 회귀계수는 각각 $c'_1 = -0.026$이고 $c'_2 = -0.388$이다. 이들은 각각 중간 이미지에 비하여 좋은 이미지 집단 및 매우 좋은 이미지 집단이 방문행동에 미치는 상대적 직접효과인데 이들은 모두 통계적으로 유의하지 않았다. 그리고 이들은 〈표 5.1〉의 수정평균들의 차이이다. 중간 이미지 집단에 비하여 좋은 이미지 집단의 상대적 직접효과는 $c'_1 = \overline{Y}^*_{GO} - \overline{Y}^*_{SS} = 5.751 - 5.777 = -0.026$이고 매우 좋은 이미지 집단의 상대적 직접효과는 $c'_2 = \overline{Y}^*_{VG} - \overline{Y}^*_{SS} = 5.389 - 5.777 = -0.388$이다.

직접효과에 대한 전반적 검정은 이들 세 가지 수정평균을 서로 비교한다. 이러한 검정은 방문의도(M)를 공변량으로 도입한 단일요인 공분산분석(single-factor analysis of covariance)과 동일하다. 이를 위하여 먼저 M을 회귀방정식에 도입하고 다음으로 두 가지 실험상황변수(D_1과 D_2)를 회귀식에 도입하여 회귀분석을 실행한다. 이러한 직접효과의 전반적 검정을 위한 SPSS code는 다음과 같다.

```
regression/statistics defaults change/dep=behavior/method=enter intent
        /method=enter d1 d2.
```

수정평균이 동일하다는 귀무가설을 검정하는 위의 syntax를 실행한 결과 귀무가설은 기각되지 않았다($\Delta R^2 = .022$, $F(2, 156) = 2.378$, $p = .096$).

식 (5.6)은 동일한 이미지 집단에 속한 사람들 사이에서 방문의도가 방문행동에 미치는 영향인 b의 추정치($b = 0.430$, $p < .001$)를 제공한다. 분석결과 방문의도가 높은 사람들의 방문행동이 더 크게 나타났다. 즉, 동일한 이미지 집단에 속한 두 사람 사이에서 방문의도가 한 단위 높은 사람의 방문행동이 0.430단위만큼 더 크게 나타났다는 것을 알 수 있다.

X가 다항범주형 변수인 경우에는 X의 간접효과가 하나만 존재하는 것이 아니라는 점이 복잡성을 불러온다. 관광목적지 이미지연구에서 상대적 간접효과는 두 가지가 산출된다. 하나는 중간 이미지 집단에 상대적인 좋은 이미지 집단의 간접효과이고 다른 하나는 중간 이미지 집단에 상대적인 매우 좋은 이미지 집단의 간접효과이다. 이러한 상대적 간접효과는 a_1b와 a_2b로 추정된다. 이들 두 간접효과는 위의 식 (5.5)와 (5.6)에서 $a_1b = 1.189(0.430) = 0.511$과 $a_2b = 1.765(0.430) = 0.759$로 계산된다. 따라서 중간 이미지 집단에 비하여 좋은 이미지 집단은 방문행동이 0.511단위만큼 더 크다(좋은 이미지가 방문의도를 증가시키고 방문의도는 방

문행동을 증가시키기 때문에 : X(좋은 이미지) → M → Y)는 것을 알 수 있다. 마찬가지로 매우 좋은 이미지 집단은 중간 이미지 집단에 비하여 방문행동이 0.759단위만큼 더 크다(X(매우 좋은 이미지) → M → Y의 결과)고 말할 수 있다.

하지만 이러한 상대적 간접효과들에 대해서는 어떻게 추론해야 하는가? 상대적 간접효과는 두 회귀계수의 적항이다. 2.4절에서 언급한 바와 같이 두 회귀계수의 표본분포는 정규분포를 이루지 않기 때문에 부트스트랩 혹은 몬테카를로 신뢰구간을 이용하는 것이 적합하다. 뒤에 제시하겠지만 PROCESS를 이용하면(5,000개의 부트스트랩 표본) a_1b와 a_2b의 95% 부트스트랩 신뢰구간은 각각 (0.275~0.788)과 (0.464~1.086)으로 0과 다르게 나타난다. 또한 두 신뢰구간이 모두 0보다 크기 때문에 이러한 상대적 간접효과들은 모두 양수라고 추론할 수 있다. 그리고 두 상대적 간접효과 중 적어도 하나의 상대적 간접효과가 0과 다르게 나타났기 때문에 관광목적지 이미지가 방문행동에 미치는 영향은 방문의도에 의하여 매개된다고 결론을 내릴 수 있다.

그리고 상대적 총효과는 상대적 간접효과와 상대적 직접효과로 분할된다. 즉, $c_1 = c'_1 + a_1b$와 $c_2 = c'_2 + a_2b$로 계산된다. 따라서 $c_1 = -0.026 + 1.189(0.430) = 0.485$와 $c_2 = -0.388 + 1.765(0.430) = 0.371$이 성립한다.

PROCESS에서의 실행방법

X가 이분형 또는 연속형 변수인 경우와 마찬가지로 X가 다항범주형 변수인 경우에도 PROCESS를 이용하면 쉽게 매개모형을 추정할 수 있다. 모형번호는 여전히 매개모형인 model=4로 지정한다. 하지만 연구자는 X의 변숫값들이 집단을 의미하는 것이라고 지정해야 한다. 이를 지정하지 않으면 PROCESS는 이들 값을 구간척도(계량변수)로 해석한다. X가 다항범주형 변수라고 지정하기 위해서는 mcx 옵션(multicategorical X)을 사용하면 된다. 지표코딩인 경우에는 mcx=1로 지정한다. 이를 반영한 PROCESS syntax는 다음과 같다.

```
process y=behavior/x=image/m=intent/mcx=1/total=1/model=4/seed=71620.
```

위의 syntax를 실행하면 [그림 5.2]의 결과물이 산출된다.

그림 5.2 관광목적지 이미지연구의 PROCESS 결과물

```
Model  : 4
    Y  : BEHAVIOR
    X  : IMAGE
    M  : INTENT

Sample
Size:  160

Custom
Seed:     71620                                   → Random number seed

Coding of categorical X variable for analysis:
       IMAGE       X1        X2                   → Indicator codes
        .000      .000      .000
       1.000     1.000      .000
       2.000      .000     1.000

******************************************************************************
OUTCOME VARIABLE:                                 → 식 (5.5)
 INTENT

Model Summary
                R       R-sq       MSE         F       df1        df2          p
            .5322      .2833    1.3895   31.0241    2.0000   157.0000      .0000

Model
                coeff         se          t          p       LLCI       ULCI
constant       3.7659      .1485    25.3578      .0000     3.4725     4.0592
X1 (a1)        1.1895      .2165     5.4945      .0000      .7619     1.6171
X2 (a2)        1.7646      .2365     7.4605      .0000     1.2974     2.2318

******************************************************************************
OUTCOME VARIABLE:                                 → 식 (5.6)
 BEHAVIOR

Model Summary
                R       R-sq       MSE         F       df1        df2          p
            .5364      .2877     .7614   21.0004    3.0000   156.0000      .0000

Model
                coeff         se          t          p       LLCI       ULCI
constant       3.7839      .2482    15.2480      .0000     3.2937     4.2741
X1 (c'1)       -.0262      .1750     -.1496      .8812     -.3718      .3195
X2 (c'2)       -.3885      .2038    -1.9064      .0584     -.7910      .0140
INTENT (b)      .4302      .0591     7.2811      .0000      .3135      .5468

**************************** TOTAL EFFECT MODEL ******************************
OUTCOME VARIABLE:                                 → 식 (5.4)
 BEHAVIOR

Model Summary
                R       R-sq       MSE         F       df1        df2          p
            .2135      .0456    1.0136    3.7506    2.0000   157.0000      .0256
```

Model

	coeff	se	t	p	LLCI	ULCI
constant	5.4038	.1268	42.6024	.0000	5.1533	5.6543
X1 (c_1)	.4855	.1849	2.6256	.0095	.1203	.8507
X2 (c_2)	.3706	.2020	1.8344	.0685	-.0284	.7696

**************** TOTAL, DIRECT, AND INDIRECT EFFECTS OF X ON Y ****************

Relative total effects of X on Y:

	Effect	se	t	p	LLCI	ULCI
X1 (c_1)	.4855	.1849	2.6256	.0095	.1203	.8507
X2 (c_2)	.3706	.2020	1.8344	.0685	-.0284	.7696

Omnibus test of total effect of X on Y:

R2-chng	F	df1	df2	p
.0456	3.7506	2.0000	157.0000	.0256

Relative direct effects of X on Y

	Effect	se	t	p	LLCI	ULCI
X1 (c'_1)	-.0262	.1750	-.1496	.8812	-.3718	.3195
X2 (c'_2)	-.3885	.2038	-1.9064	.0584	-.7910	.0140

Omnibus test of direct effect of X on Y:

R2-chng	F	df1	df2	p
.0217	2.3778	2.0000	156.0000	.0961

Relative indirect effects of X on Y

IMAGE -> INTENT -> BEHAVIOR

	Effect	BootSE	BootLLCI	BootULCI
X1 (a_1b)	.5117	.1318	.2754	.7875
X2 (a_2b)	.7591	.1565	.4639	1.0859

************************** ANALYSIS NOTES AND ERRORS **************************

Level of confidence for all confidence intervals in output:
95.0000

Number of bootstrap samples for percentile bootstrap confidence intervals:
5000

결과물의 윗부분에 세 가지 실험상황을 나타내는 지표변수 X1과 X2를 생성하는 표가 나타나 있다. 또한 중간 이미지 집단(image=0)이 준거집단으로 지정되어 있다는 것을 확인할 수 있다. 지표변수 X1은 좋은 이미지 집단(image=1)이고 지표변수 X2는 매우 좋은 이미지 집단(image=2)을 의미한다. PROCESS는 X의 코딩값들 중에서 가장 작은 값을 갖는 집단을 준거집단으로 자동지정한다. 만일 다른 집단을 준거집단으로 지정하기를 원한다면 해당집단의 코딩값이 가장 작은 값을 가지도록 코딩을 변경해야 한다. total=1을 지정했기 때문에 총효과의 추정결과를 얻을 수 있다. 결과물의 모든 정보는 앞에서 설명한 내용들과 같다.

결과물의 마지막 부분은 *X*의 상대적 총효과와 직접효과 및 간접효과의 결과이다. 또한 앞에서 다룬 총효과와 직접효과의 전반적 검정결과도 확인할 수 있다. 95% 부트스트랩 신뢰구간은 5,000개의 부트스트랩 표본수를 기준으로 계산된 것이다. 만일 이러한 부트스트랩 표본수를 변경하고자 하는 경우에는 boot 옵션(예 : boot=10000)을 이용하면 된다.

PROCESS에서는 다항범주형 변수 *X*의 집단수를 9개까지 허용하고 있다. 또한 지표코딩 외에 PROCESS는 세 가지의 추가적인 코딩방법의 사용을 허용하고 있다. 이 외에도 xcatcode 옵션을 이용하여 사용자정의 코딩방법을 사용할 수도 있다. 다음 절에서 지표코딩방법이 아닌 다른 코딩방법을 이용하여 매개분석을 실행하기로 한다. 회귀분석에서 다항범주형 변수의 코딩에 관한 자세한 내용은 Darlington & Hayes(2017)를 참조하면 된다.

5.3 지표코딩방법이 아닌 헬머트 코딩방법의 사용

앞 절에서는 다항범주형 변수의 지표코딩방법에 의하여 매개분석을 실행하였다. 즉, 중간 이미지 집단을 준거집단으로 지정하였다. 만일 세 가지 실험상황 중에서 다른 상황을 준거집단으로 지정했다면 상대적 효과들도 달라졌을 것이다. 따라서 인과선행변수가 다항범주형 변수인 경우에 매개분석결과는 집단들이 회귀식에 어떻게 지정되느냐에 따라 어느 정도 달라진다고 할 수 있다.

앞에서 지표코딩방법을 사용한 결과에는 좋은 이미지 집단과 매우 좋은 이미지 집단을 비교하는 정보(상대적 직접효과와 간접효과 및 총효과)는 산출되지 않았다. 이러한 결과가 산출되지 않은 이유는 중간 이미지 집단을 준거집단으로 선택했기 때문이고 따라서 두 가지의 비교결과(So So vs Good, So So vs Very Good)만 얻을 수 있었다. 만일 좋은 이미지 집단을 준거집단으로 지정했더라면 좋은 이미지 집단과 매우 좋은 이미지 집단의 비교결과를 얻을 수 있었을 것이다. 이

표 5.4 두 가지 직교대조를 위한 세 가지 실험상황의 지정방법

IMAGE	D_1	D_2
0 (So So)	−2/3	0
1 (Good)	1/3	−1/2
2 (Very Good)	1/3	1/2

러한 문제에 대한 간단한 해결책은 준거집단을 변경하는 것이다. 그리하여 관심을 가지고 있는 두 집단의 비교가 가능하게 만들면 된다.

분산분석에서 사용하는 직교대조(orthogonal contrasts)의 개념이 있다. 직교대조는 집단 간 비교 혹은 집단을 통합한 후의 집단 간 비교를 가능하게 한다. 관광목적지 이미지연구에서 직교대조를 이용하면 연구자는 중간 이미지 집단에 비하여 이미지가 좋은 집단(좋은 이미지 집단과 매우 좋은 이미지 집단)의 효과를 조사할 수 있다. 이러한 분석을 실행하기 위한 코딩방법이 〈표 5.4〉에 제시되어 있다.

〈표 5.4〉는 두 가지 직교대조의 비교를 나타낸 것이다(〈표 5.2〉와 비교). 이러한 코딩방법을 헬머트 코딩(Helmert coding)이라고 부른다. 헬머트 코딩은 범주형 변수가 서열척도인 경우에 흔히 사용하는 용어로 회귀모형에 서열척도로 이루어진 선행변수를 도입하는 경우에 유용하게 사용되는 방법이다.

헬머트 코딩방법을 이용하여 D_1과 D_2를 생성하는 SPSS code는 다음과 같다.

```
if (image=0) d1=-2/3.
if (image>0) d1=1/3.
if (image=0) d2=0.
if (image=1) d2=-1/2.
if (image=2) d2=1/2.
```

일단 D_1과 D_2가 생성되면 이들은 5.1절과 5.2절에서 사용한 방법을 이용하여 매개분석의 M모형과 Y모형에서 선행변수로 사용할 수 있다. 이러한 회귀식의 SPSS syntax는 다음과 같다.

```
regression/dep=behavior/method=enter d1 d2.
```

```
regression/dep=intent/method=enter d1 d2.
regression/dep=behavior/method=enter d1 d2 intent.
```

위의 회귀식에서 첫 번째는 총효과(c)를 구하는 것이고 두 번째 회귀식은 a를 구하는 M모형이며 세 번째 회귀식은 c'과 b를 계산하는 Y모형에 관한 것이다.

하지만 이러한 일반적인 회귀분석은 상대적 간접효과와 이러한 상대적 간접효과의 추론을 위한 부트스트랩 신뢰구간을 제공하지 않는다. PROCESS를 이용하면 이러한 결과를 모두 얻을 수 있다. 다음은 헬머트 코딩방법을 사용하는 경우의 PROCESS syntax 명령문이다.

```
process y=behavior/x=image/m=intent/mcx=3/total=1/model=4/seed=71620.
```

위의 명령문은 지표코딩과 거의 유사하지만 헬머트 코딩을 이용하기 위하여 인수를 3으로 변경하여 mcx=1 대신 mcx=3을 사용하는 점이 다르다.

헬머트 코딩방법을 사용한 PROCESS 결과물이 [그림 5.3]에 나타나 있다.

그림 5.3 관광목적지 이미지연구에서 헬머트 코딩을 사용한 PROCESS 결과물

```
Model  : 4
    Y  : BEHAVIOR
    X  : IMAGE
    M  : INTENT

Sample
Size:  160

Custom
Seed:      71620                         → Random number seed

Coding of categorical X variable for analysis:
      IMAGE        X1        X2
       .000      -.667      .000
      1.000       .333     -.500         → Helmert/orthogonal contrast codes
      2.000       .333      .500

**************************************************************************
OUTCOME VARIABLE:                        → 식 (5.8)
 INTENT

Model Summary
              R       R-sq       MSE          F        df1         df2         p
          .5322      .2833    1.3895    31.0241     2.0000    157.0000     .0000
```

Model

	coeff	se	t	p	LLCI	ULCI
constant	4.7506	.0947	50.1508	.0000	4.5635	4.9377
X1 (a_1)	1.4770	.1917	7.7069	.0000	1.0985	1.8556
X2 (a_2)	.5751	.2423	2.3738	.0188	.0966	1.0537

****
OUTCOME VARIABLE: → 식 (5.9)
BEHAVIOR

Model Summary

R	R-sq	MSE	F	df1	df2	p
.5364	.2877	.7614	21.0004	3.0000	156.0000	.0000

Model

	coeff	se	t	p	LLCI	ULCI
constant	3.6457	.2893	12.6027	.0000	3.0743	4.2171
X1 (c'_1)	-.2073	.1666	-1.2448	.2151	-.5363	.1217
X2 (c'_2)	-.3623	.1825	-1.9847	.0489	-.7229	-.0017
INTENT (b)	.4302	.0591	7.2811	.0000	.3135	.5468

****************************** TOTAL EFFECT MODEL *****************************
OUTCOME VARIABLE:
BEHAVIOR → 식 (5.7)

Model Summary

R	R-sq	MSE	F	df1	df2	p
.2135	.0456	1.0136	3.7506	2.0000	157.0000	.0256

Model

	coeff	se	t	p	LLCI	ULCI
constant	5.6892	.0809	70.3183	.0000	5.5294	5.8490
X1 (c_1)	.4280	.1637	2.6149	.0098	.1047	.7513
X2 (c_2)	-.1149	.2069	-.5552	.5795	-.5236	.2938

**************** TOTAL, DIRECT, AND INDIRECT EFFECTS OF X ON Y ****************

Relative total effects of X on Y:

	Effect	se	t	p	LLCI	ULCI
X1 (c_1)	.4280	.1637	2.6149	.0098	.1047	.7513
X2 (c_2)	-.1149	.2069	-.5552	.5795	-.5236	.2938

Omnibus test of total effect of X on Y:

R2-chng	F	df1	df2	p
.0456	3.7506	2.0000	157.0000	.0256

Relative direct effects of X on Y

	Effect	se	t	p	LLCI	ULCI
X1 (c'_1)	-.2073	.1666	-1.2448	.2151	-.5363	.1217
X2 (c'_2)	-.3623	.1825	-1.9847	.0489	-.7229	-.0017

```
Omnibus test of direct effect of X on Y:
             R2-chng         F        df1        df2          p
               .0217    2.3778     2.0000   156.0000      .0961
----------

Relative indirect effects of X on Y

 IMAGE       ->    INTENT      ->    BEHAVIOR

                Effect      BootSE    BootLLCI    BootULCI
X1 (a1b)         .6354       .1360       .3882       .9224
X2 (a2b)         .2474       .0987       .0637       .4467

************************* ANALYSIS NOTES AND ERRORS *************************

Level of confidence for all confidence intervals in output:
  95.0000

Number of bootstrap samples for percentile bootstrap confidence intervals:
  5000
```

[그림 5.3]의 윗부분에 〈표 5.4〉의 헬머트 코딩방법이 제시되어 있다. 그리고 결과물의 총효과 모형("Total Effect Model")에 다음의 결과가 나타나 있다.

$$\hat{Y} = 5.689 + 0.428D_1 - 0.115D_2 \tag{5.7}$$

위의 식 (5.7)에서 $c_1 = 0.428$, $c_2 = -0.115$로 나타났다. 이 모형의 F비율(3.751)은 통계적으로 유의하며 총효과는 코딩방법에 영향을 받지 않기 때문에 지표코딩방법과 동일한 값으로 나타났다. 이 모형에서 다음과 같은 Y의 집단평균(〈표 5.1〉)이 산출된다.

$$\overline{Y}_{SS} = 5.689 + 0.428(-2/3) - 0.115(0) = 5.404$$
$$\overline{Y}_{GO} = 5.689 + 0.428(1/3) - 0.115(-1/2) = 5.889$$
$$\overline{Y}_{VG} = 5.689 + 0.428(1/3) - 0.115(1/2) = 5.774$$

하지만 지표코딩방법과는 달리 c_2는 유의하지 않고 c_1만 통계적으로 유의하게 나타났다. 그렇다면 이러한 c_1과 c_2는 무엇을 의미하는가? 지표코딩과 헬머트 코딩은 서로 다른 것을 나타내는 것이다. 먼저 D_1의 회귀계수인 c_1은 이미지가 좋은 집단(좋은 이미지와 매우 좋은 이미지)의 비가중평균값(unweighted average)과 중간 이미지 집단의 평균값의 차이를 수량화한 것이다. 즉, c_1은 다음과 같다.

$$c_1 = \frac{\overline{Y}_{GO} + \overline{Y}_{VG}}{2} - \overline{Y}_{SS} = \frac{5.889 + 5.774}{2} - 5.404 = 0.428$$

따라서 c_1은 중간 이미지 집단에 비하여 이미지가 좋은 집단(좋은 이미지와 매우 좋은 이미지)의 상대적 총효과이다. 그리고 이러한 상대적 총효과는 통계적으로 유의하게 나타났다. 그리고 D_2의 회귀계수인 c_2는 다음과 같이 좋은 이미지 집단에 비하여 매우 좋은 이미지 집단의 효과를 수량화한 것이다.

$$c_2 = \overline{Y}_{VG} - \overline{Y}_{GO} = 5.774 - 5.889 \;\; = -0.115$$

하지만 이러한 차이는 통계적으로 유의하지 않게 나타났다.

다음으로 이미지(X)가 방문의도(M)에 미치는 영향을 분석하기로 한다. M을 D_1과 D_2에 회귀시키면 다음의 결과가 얻어진다.

$$\widehat{M} = 4.751 + 1.477 D_1 + 0.575 D_2 \tag{5.8}$$

식 (5.8)에서 $a_1 = 1.477$, $a_2 = 0.575$이다. 지표코딩의 경우와 마찬가지로 M 모형은 다음과 같이 집단평균을 산출해 준다.

$$\overline{M}_{SS} = 4.751 + 1.477(-2/3) + 0.575(0) = 3.766$$
$$\overline{M}_{GO} = 4.751 + 1.477(1/3) + 0.575(-1/2) = 4.955$$
$$\overline{M}_{VG} = 4.751 + 1.477(1/3) + 0.575(1/2) = 5.531$$

분석결과에서 a_1과 a_2가 모두 유의하게 나타났다. 그리고 a_1은 다음과 같이 계산할 수 있다.

$$a_1 = \frac{\overline{M}_{GO} + \overline{M}_{VG}}{2} - \overline{M}_{SS} = \frac{4.955 + 5.531}{2} - 3.766 = 1.477$$

즉, a_1은 이미지가 좋은 집단의 방문의도의 비가중평균치와 중간 이미지 집단의 방문의도의 평균치의 차이를 의미한다. 다음으로 a_2는 다음과 같이 계산된다.

$$a_2 = \overline{M}_{VG} - \overline{M}_{GO} = 5.531 - 4.955 = 0.575$$

이러한 a_2는 매우 좋은 이미지 집단과 좋은 이미지 집단의 방문의도의 차이이다.

다음으로 방문행동을 이미지와 방문의도에 회귀시킨 결과는 다음과 같다.

$$\hat{Y} = 3.646 - 0.207D_1 - 0.362D_2 + 0.430M \tag{5.9}$$

위의 식에서 $c'_1 = -0.207$, $c'_2 = -0.362$, $b = 0.430$으로 나타났다. 직접효과의 전반적 검정에 대한 F비율값($F = 2.378$)은 지표코딩의 경우와 동일하다. 또한 식 (5.9)를 이용하면 M을 표본평균($\overline{M} = 4.634$)으로 고정한 후에 다음과 같이 Y의 수정평균들을 계산할 수 있다.

$$\overline{Y}^*_{SS} = 3.646 - 0.207(-2/3) - 0.362(0) + 0.430(4.634) = 5.777$$
$$\overline{Y}^*_{GO} = 3.646 - 0.207(1/3) - 0.362(-1/2) + 0.430(4.634) = 5.751$$
$$\overline{Y}^*_{VG} = 3.646 - 0.207(1/3) - 0.362(1/2) + 0.430(4.634) = 5.389$$

식 (5.9)의 추정결과 b($b = 0.430$, $p < .001$)가 유의하게 나타났다. 따라서 동일한 이미지 집단에 속한 사람들 사이에서 방문의도가 한 단위 더 높은 사람의 방문행동은 0.430단위만큼 더 높다고 해석한다. 그리고 X가 동일한 경우에 M이 Y에 미치는 영향(b)은 코딩방법에 의하여 영향을 받지 않기 때문에 b값 또한 지표코딩의 경우와 동일하다.

식 (5.9)에서 D_1과 D_2의 회귀계수인 c'_1과 c'_2는 상대적 직접효과이다. 먼저 c'_1은 다음과 같이 계산된다.

$$c'_1 = \frac{\overline{Y}^*_{GO} + \overline{Y}^*_{VG}}{2} - \overline{Y}^*_{SS} = \frac{5.751 + 5.389}{2} - 5.777 = -0.207$$

따라서 방문의도가 동일한 사람들 사이에서 이미지가 좋은 집단들(좋은 이미지와 매우 좋은 이미지)에 속한 사람들의 방문행동의 비가중평균치와 중간 이미지 집단에 속한 사람들의 방문행동의 평균치의 차이는 0.207단위라고 할 수 있다. 그리고 이러한 차이는 통계적으로 유의하지 않았다.

마찬가지로 c'_2는 다음과 같이 방문의도가 동일한 사람들 사이에서 매우 좋은 이미지 집단에 속한 사람들과 좋은 이미지 집단에 속한 사람들의 방문행동의 평균차이를 의미한다. 이 효과는 통계적으로 유의하게 나타났다.

$$c'_2 = \overline{Y}^*_{VG} - \overline{Y}^*_{GO} = 5.389 - 5.751 = -0.362$$

상대적 간접효과는 두 경로계수를 곱하여 계산된다. 중간 이미지 집단에 비하여 이미지가 좋은(좋은 혹은 매우 좋은) 집단의 상대적 간접효과는 $a_1b = 1.477(0.430) = 0.635$로 계산된다. 5,000개의 부트스트랩 표본을 이용한 95% 부트스트랩 신뢰구간(0.388~0.922)에 0이 포함되지 않기 때문에 이러한 상대적 간접효과는 유의하게 양수라고 할 수 있다. 그리고 좋은 이미지 집단에 비하여 매우 좋은 이미지 집단의 상대적 간접효과는 $a_2b = 0.575(0.430) = 0.247$로 계산되는데, 부트스트랩 신뢰구간(0.064~0.447)에 0이 포함되지 않기 때문에 이러한 상대적 간접효과 또한 0과 다르다고 말할 수 있다.

코딩방법을 변경하여도 상대적 총효과는 여전히 상대적 간접효과와 상대적 직접효과로 분할된다. 즉, $c_1 = c'_1 + a_1b = -0.207 + 0.635 = 0.428$과 $c_2 = c'_2 + a_2b = -0.362 + 0.247 = -0.115$로 계산된다.

이상의 분석에서, 우리는 관광목적지 이미지가 방문행동에 미치는 영향을 방문의도가 매개한다고 결론을 내릴 수 있다. 즉, 이미지가 좋은 경우(좋은 이미지와 매우 좋은 이미지)에는 중간 이미지의 경우보다 방문의도를 증가시키고 방문의도의 증가는 실제방문행동을 증가시킨다고 할 수 있다. 또한 매우 좋은 이미지의 경우에도 좋은 이미지의 경우보다 방문의도를 더 증가시킨 결과 방문행동이 증가하는 것으로 나타났다.

5.4 기타주제

X가 다항범주형 변수인 경우에 매개모형의 추정은 X가 이분형 또는 연속형 변수인 경우와 크게 다르지 않다. X가 변수들의 결합으로 이루어지는 경우에 추가로 복잡한 문제가 발생한다. 이러한 경우에는 상대적 효과로 해석되는 직접효과와 간접효과 및 총효과의 숫자와 회귀계수가 증가하게 된다.

5.4.1 매개변수가 두 개 이상인 경우

앞에서 선행변수 X가 $g \geq 3$인 g개의 집단을 가진 경우의 단순매개분석을 알아보았다. 단순매개분석은 매개변수가 한 개인 경우이다. 단순매개분석의 논리와 수학은 직렬 또는 병렬로 구성된 다중매개모형으로 일반화시킬 수 있다. 이러한 모형의 분석결과는 $g-1$개의 상대적 총효과와 직접효과 및 $g-1$개의 상대적 총간접효과 그리고 $X \rightarrow Y$경로의 개수에 따라 $g-1$개보다 많은 상대적 특정간접효과(relative specific indirect effect)를 산출한다. 예를 들어 $g=4$이고 매개변수가 두 개인 병렬다중매개모형의 회귀방정식은 다음과 같다.

$$M_1 = i_M + a_{11}D_1 + a_{21}D_2 + a_{31}D_3 + e_{M_1}$$
$$M_2 = i_M + a_{12}D_1 + a_{22}D_2 + a_{32}D_3 + e_{M_2}$$
$$Y = i_Y + c'_1D_1 + c'_2D_2 + c'_3D_3 + b_1M_1 + b_2M_2 + e_Y$$

위의 식에서 세 개의 상대적 직접효과는 c'_1, c'_2 및 c'_3이다. X를 나타내는 세 개의 D변수 각각에 대하여 두 개씩의 상대적 특정간접효과가 계산된다. 예를 들어 D_1이 매개변수 M_1을 경유한 상대적 특정간접효과는 $a_{11}b_1$이고 매개변수 M_2를 통한 상대적 특정간접효과는 $a_{12}b_2$로 계산된다. 그리고 이들을 합계하면 상대적 총간접효과($a_{11}b_1 + a_{12}b_2$)가 계산된다. 또한 D_1의 상대적 총효과는 상대적 직접효과와 상대적 간접효과의 합계($c'_1 + a_{11}b_1 + a_{12}b_2$)로 계산된다.

mcx 옵션은 PROCESS가 추정하는 모든 모형에서 사용할 수 있다. 예를 들어 model 4(병렬다중매개모형)와 model 6(직렬다중매개모형) 및 models 80, 81, and 82(병렬과 직렬의 혼합모형)에 모두 적용할 수 있다. 따라서 PROCESS는 X가 다항범주형 변수인 경우의 보다 복잡한 모형들도 쉽게 분석할 수 있다.

5.4.2 코딩방법 선택의 중요성

X가 g개의 집단으로 이루어진 다항범주형 선행변수인 경우에 신뢰구간 설정방법 등을 이용하여 집단을 나타내는 $g-1$개의 변수가 M을 경유한 상대적 간접효과들 중에서 적어도 하나의 효과가 유의하면 X가 Y에 미치는 영향이 M에 의하여 매개된다고 결론을 내릴 수 있다. 하지만 앞의 두 가지 코딩방법에 의한 분석결과에서 상대적 간접효과의 크기와 부호가 코딩방법에 따라 달라진다는 것을 확인하였다. 즉, 매개효과가 나타났다고 주장하기 위한 기준이 한 코딩방법에서는 충족되지만 다른 코딩방법에서는 충족되지 않을 가능성이 있다. 예를 들어 지표코딩을 사용하는 경우에 특정집단을 준거집단으로 설정하면 적어도 하나의 상대적 간접효과가 유의한 반면에 다른 집단을 준거집단으로 설정한 경우에는 상대적 간접효과가 모두 유의하지 않게 산출될 수도 있는 것이다.

이러한 내용은 적어도 하나의 상대적 간접효과가 유의하지 않다는 사실이 다항범주형 변수 X가 Y에 미치는 영향을 M이 반드시 매개하지 않는다는 것을 의미하지는 않는다는 것을 알 수 있다. 다른 코딩방법을 사용하면 매개효과가 유의하게 산출될 수도 있는 것이다. 이러한 내용은 검정하려는 가설에 부합되지 않는 코딩방법을 사용하거나 코딩방법 선택의 이론적 근거가 빈약한 경우에 발생하는 문제점이다. 코딩방법 선택의 기준이 없는 경우에는 다른 코딩방법을 선택한 후에 결과가 어떻게 달라지는지를 살펴보는 것도 하나의 방법이다. 이러한 경우에는 다중검정의 문제점을 고려하는 것이 권장되는데, 그 이유는 유의한 효과를 발견하기 위한 “유리한 조사방식(fishing expeditions)”은 과학자들이 허용하기에는 너무 높은 허위 유의성(false positives)[1)]을 산출할 수 있기 때문이다.

앞에서 살펴본 바와 같이 다항범주형 변수 X가 포함된 매개모형에서 X의 총효과와 직접효과에 관한 전반적 검정을 실행할 수 있다. 이들 효과는 코딩방

1) 허위 유의성이란 특정효과가 유의하지 않음에도 통계적으로 유의한 결과가 도출되는 현상을 의미한다. 따라서 허위 유의성은 제1종 오류(Type Ⅰ error, α)를 증가시킨다.

법에 의하여 영향을 받지 않는다. 하지만 간접효과에 대한 전반적 검정방법은 아직까지 보편화되지 않았다. 이러한 검정방법이 개발된다면 코딩방법과는 관계없이 X가 Y에 미치는 영향을 M이 매개하는지에 관한 물음에 답을 제공할 것이다. 이 분야에 관한 연구는 연구수행의 가치를 남보하고 있다. 이러한 검정은 SEM에서 모든 상대적 간접효과를 0으로 제한하는 모형의 적합도와 제한하지 않은 모형의 적합도를 비교함으로써 실행할 수 있다. 하지만 적합도의 검정은 상대적 간접효과들의 분포의 다변량 정규성(multivariate normality)의 가정이 필요하다. 회귀계수들의 적항에 관한 표본분포가 정규분포를 이루지 못하면 $g-1$개의 상대적 간접효과들의 결합분포가 다변량 정규성을 이루지 못할 수도 있다.

CHAPTER 6

조절분석의 기초

변수 X가 변수 Y에 미치는 영향의 크기(size), 부호(sign) 또는 강도(strength)가 W에 따라 달라지면 X가 Y에 주는 영향이 조절된다고 말한다. 이러한 경우에 W는 X가 Y에 주는 영향의 조절변수(moderator)라고 부르며 X와 W는 두 변수가 Y에 주는 영향관계에서 상호작용(interaction)한다고 말한다. 두 변수의 영향관계에서 조절변수의 도입은 한계상황(boundary condition), 즉 상황이나 자극 또는 피험자의 유형에 따라 X의 Y에 대한 영향이 큰지 작은지, 존재하는지 존재하지 않는지, 양인지 음인지 등을 식별할 수 있게 해준다.

그리고 조절변수가 한 개인 단순조절모형(simple moderation model)의 개념모형(conceptual diagram)은 [그림 6.1]과 같다. [그림 6.1]의 개념모형은 관심을 갖는 어떤 변수 X(초점선행변수(focal antecedent))가 Y에 미치는 영향이 W에 의존한다(dependent on M)는 것을 의미한다.

factorial ANOVA도 한 변수가 종속변수에 미치는 영향이 조절변수에 의하여 달라지는지를 분석한다. 즉, 두 변수가 상호작용하여 종속변수에 미치는 영향의 분석결과를 제공한다. 통계적 상호작용(statistical interaction)은 조절효과의 또 다른 용어이기 때문에 본서에서는 이러한 두 용어를 상호 교환하여 사용할 예정이다. 그리고 ANOVA를 이용하여 상호효과를 분석한 연구자는 이미 조절효과에 대하여 어느 정도 이해하고 있을 것이다.

factorial ANOVA와 지금부터 다룰 조절분석을 위한 회귀분석은 수학적으로 동일하지만 회귀분석절차가 더 일반적이고 탄력적인 방법이다. factorial ANOVA는 선행변수가 명목형 척도(공분산분석에서는 연속형 변수를 공변량으로 도입가능하다)라고 가정하지만 회귀분석은 이러한 제약이 필요하지 않다. 회귀분석은 선행변수가 명목형, 연속형 혹은 이들이 결합된 형태인 경우에도 사용할 수 있다.

그림 6.1 단순조절모형의 개념모형

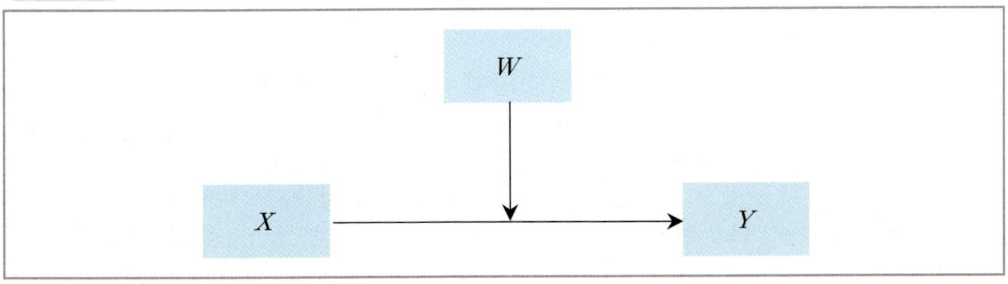

6.1 조건부효과와 비조건부효과

두 선행변수 X와 W로부터 Y를 추정하는 다중회귀모형 $Y = i_Y + b_1X + b_2W + e_Y$을 상정해 본다. 예를 들어 추정회귀식이 $\hat{Y} = 3 + 2X + 4W$라고 가정해 본다. 이러한 회귀식에서 $b_1 = 2$는 W를 고정시키고 X를 한 단위 변화시켰을 때 변화하는 Y값이다. 일반적으로 $W = w$로 일정한 값을 갖는 경우에 $X = x$인 경우와 $X = x - 1$인 경우의 $\hat{Y}$의 차이인 b_1은 다음과 같이 표현된다.

$$b_1 = [\hat{Y} | (X = x,\ W = w)] - [\hat{Y} | (X = x - 1,\ W = w)]$$

즉, X 한 단위의 증가가 $\hat{Y}$에 미치는 영향은 W에 의존하지 않는다. W값과는 관계없이 X 한 단위의 변화는 $\hat{Y}$을 $b_1 = 2$만큼 변화시킨다. 이와 같이 X 한 단위의 변화가 $\hat{Y}$에 미치는 영향은 W에 의존하지 않기 때문에 이러한 효과는 W에 비조건적(unconditional on W)이라고 말한다. 이러한 효과를 비조건부효과(unconditional effect)라고 부른다.

동일한 논리가 b_2에도 적용된다. 임의의 X값을 선택한 경우에 W가 한 단위 증가하면 $\hat{Y}$값은 $b_2 = 4$단위만큼 증가한다. b_1과 마찬가지로 b_2는 다음과 같이 표현된다.

$$b_2 = [\hat{Y} | (W = w,\ X = x] - \hat{Y} | (W = w - 1,\ X = x)]$$

따라서 W의 한 단위 변화가 $\hat{Y}$에 미치는 영향은 X와는 관계가 없으므로 X에 비조건적(unconditional on X)이다.

이러한 형태의 회귀모형은 조절효과에 대한 질문을 검정하는 데에는 적합하지 않다. 사실 이러한 모형은 조절작용의 개념과는 정반대의 현상이다. 만일 X가 Y에 미치는 영향이 모형 내의 다른 변수에 의하여 조절된다면 이는 X의 효과가 해당변수에 의존한다는 것을 의미한다. 하지만 이 모형은 X의 효과가 W에 비조건적(X의 효과가 W의 모든 값에서 동일하다)이라고 제약하고 있다.

6.1.1 비조건부제약의 철회

우리는 X가 Y에 미치는 영향이 W에 의존하는 모형을 설정하기 위하여 제약조건을 철회할 것이다. 즉, 비조건성(unconditionality)을 철회하는 경우에는 W값이 달라지면 X가 Y에 미치는 영향도 달라질 것이다. 이러한 모형은 다음과 같이 표현된다.[1)]

$$Y = i_Y + b_1 X + b_2 W + b_3 XW + e_Y \tag{6.1}$$

식 (6.1)은 다음과 같이 나타낼 수 있다.

$$Y = i_Y + (b_1 + b_3 W)X + b_2 W + e_Y \tag{6.2}$$

혹은 다음과 같이 추정된 회귀식으로 표현된다.

$$\hat{Y} = i_Y + b_1 X + b_2 W + b_3 XW$$

위의 회귀식에서 XW는 X와 W의 적항(product : 곱셈항)이다. 이러한 회귀식은 [그림 6.1]의 개념모형과 [그림 6.2]의 통계모형(statistical diagram)으로 표현되는 단순선형조절모형(simple linear moderation model)이다. Saunders(1956)의 업적으로 귀결되는 이러한 방법은 X가 Y에 미치는 영향이 W에 의존되는, 즉 조건적인(conditional) 모형을 분석하는 수단이 된다.

식 (6.2)에서 X 한 단위 변화가 Y에 미치는 영향은 다음과 같은 함수로 표시된다.

$$\theta_{X \to Y} = b_1 + b_3 W \tag{6.3}$$

---

1) Hayes의 초판(2013)과 PROCESS version 2 시리즈에서는 조절변수를 M으로 표기하였지만 개정판(2018a)과 PROCESS version 3 시리즈에서는 조절변수를 W로 표기하고 있다. 그리고 PROCESS를 사용하기 위하여 dialog box를 이용하는 경우와 syntax를 이용하는 경우에 모두 조절변수를 W로 지정해야 한다.

그림 6.2 단순조절모형의 통계모형

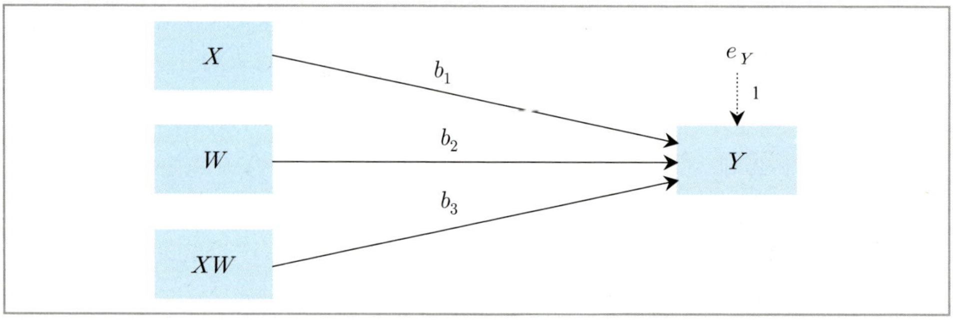

식 (6.3)에서 $\theta_{X \rightarrow Y}$는 X가 Y에 영향을 미치는 조건부효과(conditional effect)이며 이는 X가 한 단위 차이나는 두 사례가 Y에 미치는 영향의 차이를 의미한다. 이 방정식에 W값을 대입하면 W값이 주어진 경우에(특정한 W값 수준에서) X 한 단위의 변화(one-unit change in X)가 Y를 어느 정도 변화시키는지에 관한 추정치를 얻을 수 있다.

6.1.2 조절작용의 대칭성

위의 식 (6.2)는 다음과 같다.

$$Y = i_Y + (b_1 + b_3 W)X + b_2 W + e_Y$$

또한 위의 식은 다음과 같이 나타낼 수 있다.

$$Y = i_Y + \theta_{X \rightarrow Y} X + b_2 W + e_Y \quad (6.4)$$

식 (6.4)에서 $\theta_{X \rightarrow Y} = b_1 + b_3 W$이다. 이 식에서 X가 Y에 미치는 영향이 W에 의존한다는 것을 명확하게 알 수 있다. 하지만 단순조절모형은 또한 또 다른 수학적으로 동일한 모형으로 나타낼 수 있다. 즉, W가 Y에 미치는 영향이 X에 의하여 조절된다고 표현하는 것인데 이는 다음과 같이 나타내거나

$$Y = i_Y + b_1 X + (b_2 + b_3 X) W + e_Y \tag{6.5}$$

혹은 다음과 같이 표기할 수 있다.

$$Y = i_Y + b_1 X + \theta_{W \to Y} W + e_Y \tag{6.6}$$

식 (6.6)에서 $\theta_{W \to Y} = b_2 + b_3 X$인데 이는 W가 Y에 영향을 미치는 조건부효과이다. 이러한 형식으로 표현하면 W가 Y에 미치는 영향이 X에 의존한다는 것을 의미한다.

따라서 b_3는 X와 W 중에서 어느 변수를 조절변수로 선택하느냐에 따라서 두 가지로 해석할 수 있다. 만일 W를 조절변수로 도입하면 b_3는 W가 한 단위 증가하는 경우에 X가 한 단위 차이나는 두 사례가 Y에 미치는 영향의 차이를 의미하는 것이다. 하지만 X를 조절변수로 선택하는 경우에는 b_3를 X가 한 단위 증가할 때 W가 한 단위 차이나는 두 사례의 Y의 영향의 차이로 해석한다. 식 (6.1)은 어느 변수가 조절변수인지를 말해주지 않으며 두 가지 해석이 모두 옳다. 이러한 현상을 조절작용의 대칭성(symmetry in moderation)이라고 한다.

6.1.3 회귀계수의 해석

위에서 단순조절모형에서의 b_3의 의미를 해석하였다. 이를 일반화하면 $X = x$와 $W = w$인 경우에 b_3는 다음과 같이 차이들의 차이(difference between differences)라고 해석한다. 이러한 b_3가 통계적으로 유의하면 조절효과가 유의하다고 말한다.

$$\begin{aligned} b_3 = &([\hat{Y}|(X = x,\ W = w)] - [\hat{Y}|X = x - 1,\ W = w)]) \\ &- ([\hat{Y}|(X = x,\ W = w - 1)] - [\hat{Y}|(X = x - 1,\ W = w - 1)]) \end{aligned} \tag{6.7}$$

그렇다면 b_1과 b_2는 어떻게 해석하는가? b_1의 해석은 식 (6.3)을 보면 명확해진다. 식 (6.3)에서 만일 $W = 0$이라면 $\theta_{X \to Y} = b_1$이 된다. 따라서 b_1은 $W = 0$인 경우(조건)에 X가 Y에 미치는 조건부효과를 의미한다. 즉, b_1은 $W = 0$인 경우에 X가 한 단위 차이나는 두 사례가 Y에 미치는 영향의 차이이다. $X = x$인 경우의 b_1은 다음과 같이 표현된다.

$$b_1 = [\hat{Y}|(X = x,\ W = 0)] - [\hat{Y}|(X = x - 1,\ W = 0)] \tag{6.8}$$

따라서 b_1을 "W를 통제한 상태에서(controlling for W)", "평균적으로(on average)" 또는 "W와 XW를 통제한 상태에서(controlling for W and XW)" X가 Y에 미치는 영향으로 해석하거나 ANOVA에서 사용하는 용어인 "X의 주효과(main effect of X)"로 해석하는 것은 잘못된 해석이다. b_1은 $W=0$을 조건으로 하는(conditioned on $W=0$) X와 Y의 관계를 의미한다. ANOVA의 용어로는 b_1은 단순효과(simple effect : $W=0$인 경우의 X의 단순효과)와 유사한 개념이다.

마찬가지로 $\theta_{W \to Y} = b_2 + b_3 X$에서(식 6.5와 6.6 참조) $X=0$인 경우에 $\theta_{W \to Y} = b_2$가 된다. 따라서 b_2는 $X=0$인 경우에 W가 Y에 영향을 미치는 조건부효과이다. $W=w$인 경우의 b_2는 다음과 같다.

$$b_2 = [\hat{Y}|(W = w,\ X = 0)] - [\hat{Y}|(W = w - 1,\ X = 0)] \tag{6.9}$$

b_1과 마찬가지로 b_2는 조건부효과이며 $X=0$을 조건으로 하고(conditioned on $X=0$) W가 한 단위 차이나는 두 사례의 Y값의 차이로 해석한다. 또한 b_2는 "X와 XW를 통제한 상태에서" W가 Y에 미치는 영향으로 해석할 수 없고 나아가 W가 Y에 미치는 평균효과 혹은 W의 주효과로 해석해도 틀린 것이다. 이는 $X=0$인 경우의 W와 Y의 관계인 것이다.

b_1과 b_2를 이와 같이 해석하는 것은 선행변수에 XW가 포함되지 않은 경우와는 다르다는 것을 주목해야 한다. XW가 모형에 도입되면 b_1과 b_2는 조건부효과를 의미하지만 XW가 모형에서 제외되면 b_1과 b_2는 편효과(partial effects)이고 비조건부효과(unconditional effects)를 의미한다. 비조건부모형(unconditional model)에서 b_1은 W를 일정한 값으로 유지한 상태에서(holding W constant) X가 한 단위 차이나는 두 사례의 Y값의 차이를 의미하고 b_2는 X를 일정한 값으로 유지한 상태에서(holding X constant) W가 한 단위 차이나는 두 사례의 Y값의 차이를 의미한다. 이들은 완전히 다른 의미이고 해석도 다르다. 이러한 해석은 많은 사람들이 혼동하고 있다(Hayes, Glynn, & Huge(2012) 참조). X와 W 및 XW가 모형에 도입되면 X와 W의 계수는 상호항(XW)을 형성하고 있는 상대방 변수가 0을 조

건으로 하는 경우의 조건부효과이다. 만일 XW가 모형에 포함되지 않으면 이들은 편효과이다.

6.1.4 조절분석에서 b_3의 중요성

단순조절모형은 X가 Y에 미치는 영향이 W의 선형함수라는 것을 허용한다. 물론 X의 효과가 W에 의존하는 것을 허용한다고 해서 이러한 효과가 실제로 반드시 나타나는 것을 의미하는 것은 아니다. 조절가설(moderation hypothesis)을 검정하는 경우에 주요 관심사는 X의 Y에 대한 영향이 W에 의하여 조절되는지와 더불어 b_3가 표본분산에 영향을 받는다는 전제(다른 통계량과 마찬가지로)하에 b_3가 기대 이상으로 0에서 멀리 떨어져 있는지(유의한지)를 결정하는 데에 있다. 달리 말하면 $_Tb_3$에 대한 추론검정은 X의 Y에 대한 영향이 진실로 W에 의존하는지 혹은 계산된 b_3는 W가 X의 영향을 선형적으로 조절하지 않는다는 가정하에 단지 우연성(chance) 때문에 발생할 것으로 기대되는 범위 내에 있는지를 결정해준다.

대부분의 과학자들은 W가 X의 영향을 조절하는 선형조절변수의 기능을 수행한다고 주장하기 위해서 $_Tb_3$가 0과 다르다는 증거(가설검정 혹은 신뢰구간에 의한)가 필요하다는 점에 동의하고 있다. 만일 이러한 증거가 조절작용을 한다는 주장과 일치하지 않는다면 X의 Y에 대한 영향은 W에 의존하지 않는다는 간명한(parsimonious) 모형, 즉 비조건부모형을 사용하는 것이 합리적이다. 따라서 XW를 모형에 도입하여 b_1과 b_2가 조건부효과인지를 검정한 결과 X가 W에 의하여 조절된다는 증거가 확인되지 않는 경우에는 XW를 제외한 모형을 추정하는 것이 최선이다.[2] 이러한 경우에 b_1과 b_2는 조건부효과가 아니라 편효과의 추정치로 해석한다.

이러한 모형 간결화전략(model cleansing strategy)은 조절효과가 확인되어 XW가 모형에 도입되는 경우에 b_1과 b_2에는 적용되지 않는다. 다시 말하면 XW를 모형에 포함시킨다면(조절효과가 확인된 경우에) b_1과 b_2가 통계적으로 유의한지에 관계없이 X와 W를 모형에 반드시 포함시켜야 한다. 즉, 전체변수를 포함한

2) 연구자들의 발표논문을 살펴보면 조절효과가 나타나지 않은 경우에도 이를 그대로 연구결과로 발표하는 경우가 있는데 이러한 접근법은 합리적인 방법이 아니다.

회귀식 $Y=i_Y+b_1X+b_2W+b_3XW+e_Y$를 추정해야 하며 XW만을 포함한 $Y=i_Y+b_3XW+e_Y$를 추정해서는 안 된다는 의미이다. X와 W를 배제시키고 XW만을 모형에 도입할 수 있는 상황은 거의 없다. 따라서 XW를 모형에 포함시키는 경우에는 b_1과/혹은 b_2의 추론검정결과(b_1과 b_2가 유의한지 아닌지)와는 관계없이 X와 W를 반드시 모형에 포함시켜야 한다.

6.2 예제 : 성차별연구

Garcia et al.(2010)은 직장 내에서의 성차별에 관한 연구를 발표하였다. 129명의 여성들로 이루어진 피험자들은 상사의 차별로 인하여 자격이 부족한 남성 직원에게 승진을 빼앗긴 여성변호사(Catherine)에 관한 상황에 대하여 서면보고를 받는다. 피험자들은 이러한 이야기를 읽은 후에 성차별에 대한 Catherine의 반응에 관한 정보를 받는다. 그리고 피험자들은 Catherine이 승진탈락에 대하여 항의하지 않았다고 들은 집단(no protest condition : PROTEST=0으로 코딩)과 항의했다고 들은 집단(protest condition : PROTEST=1로 코딩)에 무작위로 배정(X)된다. 다음으로 각 피험자들은 Catherine의 호감도 평가(LIKING으로 코딩 : Y)에 관한 6가지의 질문과 사회에서 성차별이 어느 정도 만연되어 있다고 믿는가의 신념(SEXISM : W)에 관하여 응답한다. LIKING과 SEXISM은 크기가 클수록 해당변수의 강도가 높은 것을 의미한다. 자료파일은 liking.sav로 지정되어 있다.

이 연구의 초점은 Catherine의 행동이 그녀의 호감도에 미치는 영향과 이러한 영향이 성차별의 만연도의 인식에 달려 있는지(조절되는지)를 조사하는 것이다. 먼저 이 연구결과의 서술통계량은 〈표 6.1〉과 같다.

〈표 6.1〉의 집단평균에서 Catherine이 항의했다고 들은 사람들($\overline{Y}=5.789$)은 항의하지 않았다고 들은 사람들($\overline{Y}=5.310$)보다 Catherine을 더 좋아한다는 것을 알 수 있다. 독립표본 t검정을 이용한 추론검정결과 유의수준 $\alpha=0.05$하에서 $t(127)=2.458$, $p=.015$이므로 두 집단의 호감도의 차이는 유의하게 나타났다. 즉, 호감도의 차이는 우연성(chance)에 기인한 것이 아니다.

표 6.1 성차별연구의 서술통계량

		Y LIKING	W SEXISM
No-Protest Condition	Mean	5.310	5.071
(X=0)	*SD*	1.302	0.767
Protest Condition	Mean	5.789	5.138
(X=1)	*SD*	0.877	0.795
	Mean	5.637	5.117
	SD	1.050	0.784

수학적으로는 동일하지만 본서의 방법인 회귀분석에 의하여 호감도(Y)를 항의조건(X)에 회귀시키는 모형은 다음과 같다.

$$Y = i_Y + b_1 X + e_Y$$

〈표 6.2〉의 model 1에서 $i_Y = 5.310$, $b_1 = 0.479$로 나타났다.

이러한 단순선형모형은 $X=0$인지 혹은 $X=1$인지에 따라 Y에 관한 두 개의 추정치가 산출된다. 먼저 $X=0$(항의하지 않은 집단)인 경우에 Y의 추정치는 다음과 같다.

$$\hat{Y} = 5.310 + 0.479(0) = 5.310$$

그리고 $X=1$(항의집단)인 경우의 $\hat{Y}$은 다음과 같이 계산된다.

$$\hat{Y} = 5.310 + 0.479(1) = 5.789$$

이러한 두 가지의 $\hat{Y}$값은 〈표 6.1〉의 집단평균에 해당하는 값이다.

실험상황의 회귀계수가 $b_1 = 0.479$의 양수로 나타났는데 X는 0과 1로 한 단위 차이(single unit difference)나게 코딩되어 있기 때문에 b_1은 집단평균의 차이로 해석한다. 즉, X가 한 단위 차이나는 두 사례의 Y의 차이는 다음과 같이 0.479단위로 추정된다.

$$b_1 = [\overline{Y}|(X=1)] - [\overline{Y}|(X=0)] = 5.789 - 5.310 = 0.479$$

표 6.2 호감도를 추정하는 여러 회귀모형들의 결과

		Coeff.	*SE*	*t*	*p*
Model 1					
R^2=0.045, *MSE*=1.060					
Intercept	i_Y	5.310	0.161	33.024	<.001
Condition (X)	b_1	0.479	0.195	2.458	.015
Model 2					
R^2=0.052, *MSE*=1.061					
Intercept	i_Y	4.747	0.611	7.768	<.001
Condition (X)	b_1	0.471	0.195	2.417	.017
Modern Sexism (W)	b_2	0.111	0.116	0.956	.341
Model 3					
R^2=0.133, *MSE*=0.978					
Intercept	i_Y	7.706	1.045	7.375	<.001
Condition (X)	b_1	−3.773	1.254	−3.008	.003
Modern Sexism (W)	b_2	−0.473	0.204	−2.319	.022
$X \times W$	b_3	0.834	0.244	3.422	.001
Model 4 (mean-centered W)					
R^2=0.133, *MSE*=0.978					
Intercept	i_Y	5.288	0.155	34.184	<.001
Condition (X)	b_1	0.493	0.187	2.631	.010
Modern Sexism (W')	b_2	−0.473	0.204	−2.318	.022
$X \times W'$	b_3	0.834	0.244	3.422	.001
Model 5 (mean-centered W, X coded −0.5 and 0.5)					
R^2=0.133, *MSE*=0.978					
Intercept	i_Y	5.535	0.094	59.125	<.001
Condition (X)	b_1	0.493	0.187	2.631	.010
Modern Sexism (W')	b_2	−0.056	0.122	−0.457	.648
$X \times W'$	b_3	0.834	0.244	3.422	.001

b_1이 양수이므로 X가 높은($X=1$) 사람들의 Y의 추정치가 더 높다는 것을 알 수 있다. 즉, Catherine이 항의했다고 들은 사람들은 항의하지 않았다고 들은 사람들보다 Catherine의 호감도를 0.479단위만큼 더 높게 평가한다고 해석한다. 그리고 이러한 차이는 통계적으로 유의하게 나타났다. 그리고 회귀상수인 $i_Y=5.310$은 $X=0$인 경우의 Y의 추정치이다. 회귀상수는 항의하지 않았다고($X=0$) 들은

사람들의 호감도의 평균치인데 이 값은 〈표 6.1〉에 제시된 값과 일치한다.

이러한 분석은 항의했다고 들은 사람들과 항의하지 않았다고 들은 사람들의 호감도에 대한 평균치가 다르다는 사실만 알려줄 뿐이다. 위의 결과는 Catherine의 결정이 성차별인식 정도에 관하여 서로 다른 믿음을 가진 사람들에게 차별적인 영향을 미친다는 것은 알려주지 않는다. 두 집단의 Y값이 평균적으로 다르다는 것과는 관계없이 X의 효과가 다른 변수에 의존하는지를 결정하기 위해서는 조절분석의 공식적인 검정(formal test)을 실행해야 한다. 그리고 X와 Y의 관계(X가 Y에 유의한 영향을 미쳐야 한다)에 대한 증거는 X가 Y에 미치는 영향이 조절변수에 의하여 조절되는지를 분석하는 데에 필요조건이 아니다. 왜냐하면 X와 Y의 유의한 관계는 X의 영향이 무언가에 의하여 조절되는지에 관하여 아무것도 알려주지 않기 때문이다.

우리의 관심사는 항의여부(X)가 호감도(Y)에 미치는 영향이 성차별인식(W)에 의해 조절되는지를 조사하는 것이다. X가 Y에 미치는 영향이 W에 의하여 선형적으로 조절되는지에 관한 조절모형의 회귀계수를 추정하기 위해서는 X 및 W와 더불어 X와 W의 적항(XW : product)을 다음과 같이 회귀모형에 추가해야 한다.

$$Y = i_Y + b_1 X + b_2 W + b_3 XW + e_Y$$

우리의 관심은 b_3의 추정치와 추론검정에 있다. 만일 $_Tb_3$에 대한 가설검정 혹은 신뢰구간 설정방법에 의하여 b_3가 통계적으로 0과 다르지 않게 나타난다면 이는 항의여부가 호감도에 미치는 영향은 성차별에 의하여 조절되지 않는다는 것을 의미한다. 하지만 b_3가 통계적으로 0과 다르게 나타난다면 항의여부가 사람들의 호감도 평가에 미치는 영향이 성차별인식의 크기에 따라 다르게 나타난다고 결론을 내릴 수 있다.[3)]

조절모형을 분석하는 경우에 특별한 소프트웨어가 필요한 것은 아니다. 조절모형에 X와 W 및 XW를 도입하여 OLS회귀를 이용하여 분석하면 된다. 이러한 모형을 분석하기 위한 SPSS syntax는 다음과 같다.

```
compute prosex=protest*sexism.
```

3) 연구자들은 한 개 이상의 공변량이 X가 Y에 미치는 영향을 통제하기 위하여 공변량을 조절모형에 도입하기도 한다. 조절모형에 공변량을 도입하는 것은 쉽게 이루어질 수 있다.

regression/dep=liking/method=enter protest sexism prosex.

〈표 6.2〉의 model 3의 결과물에 위의 회귀분석을 실행한 결과가 제시되어 있다. 즉, OLS회귀계수와 더불어 표준오차 및 t값과 p값이 나타나 있다. 이들을 추정회귀식으로 나타내면 다음과 같다.

$$\hat{Y} = 7.706 - 3.773X - 0.473W + 0.834XW$$

위의 회귀식에서 $i_Y = 7.706$, $b_1 = -3.773$, $b_2 = -0.473$, $b_3 = 0.834$로 나타났다. 중요한 점은 b_3가 통계적으로 유의하게 나타났다는 점이다($t(125) = 3.422$, $p < .001$). 따라서 Catherine의 항의여부가 그녀의 호감도에 미치는 영향은 성차별인식의 신념에 의해 조절된다고 결론지을 수 있다. 즉, Catherine의 항의여부에 대한 실험적 조작이 호감도에 미치는 영향은 성차별인식에 관한 믿음이 서로 다른 사람들에게 서로 다르게 나타난다고 주장할 수 있다.

만일 b_3가 통계적으로 유의하지 않기 때문에 조절효과의 증거가 확인되지 않은 경우에 가장 합리적인 방법은 상호항을 제외하여 X의 효과가 W와 무관한 모형을 설정하여 다시 추정하는 방법이다. 이러한 모형은 X가 Y에 미치는 영향을 추정하는 경우에 W를 통제하느냐에 따라 〈표 6.2〉의 model 1 혹은 model 2를 사용한다.

성차별연구에서는 조절효과가 명확하게 나타났다. 모형의 조절부분(상호항)은 호감도의 분산을 8.1%만큼 추가로 설명하는 것으로 나타났다($\Delta R^2 = R^2_{\text{model3}} - R^2_{\text{model2}} = 0.133 - 0.052 = 0.081$). 비록 회귀분석에서 조절효과의 크기를 측정하는 방법은 여러 가지가 있지만(Darlington & Hayes, 2017) 0.081은 조절효과의 "크기"의 측정치(measure of the "size" of the moderation effect)라고 해석할 수 있다.

조절효과에 관한 회귀모형은 다음과 같이 표현할 수 있다.

$$\hat{Y} = 7.706 + \theta_{X \to Y} X - 0.473W$$

위의 식에서 $\theta_{X \to Y}$는 다음과 같다.

$$\theta_{X \to Y} = b_1 + b_3 W = -3.773 + 0.834W \tag{6.10}$$

식 (6.10)에 W의 다양한 값을 대입하면 항의여부가 호감도에 미치는 영향이 성차별인식의 값에 따라 어떻게 변화하는지를 알 수 있다. 자료를 살펴보면 W의 척도는 2.87에서 7 사이의 값을 가지며 대부분의 피험자들은 4에서 6 사이의 값을 갖는 것으로 나타났다. 임의로 W의 값을 4와 5 및 6의 값을 선택하는 경우에 각 값에서의 조건부효과는 다음과 같다.

$$W=4 : \theta_{X \to Y} = -3.773 + 0.834(4) = -0.437$$
$$W=5 : \theta_{X \to Y} = -3.773 + 0.834(5) = 0.397$$
$$W=6 : \theta_{X \to Y} = -3.773 + 0.834(6) = 1.231$$

위의 결과에서 성차별인식이 낮은 사람들에서는 Catherine이 항의했다고 들은 사람들과 항의하지 않았다고 들은 사람들의 Catherine에 대한 호감도의 차이는 음수로 나타났기 때문에 항의하지 않았을 때보다 항의했을 때 덜 좋아한다는 것을 알 수 있다. 반면에 성차별을 비교적 높게 인식하는 사람들에게서는 이러한 차이가 양수로 나타나서 항의하지 않았을 때보다 항의했을 때 Catherine을 더 좋아한다는 것을 알 수 있다.

6.2.1 PROCESS를 이용한 추정

PROCESS는 조절모형을 추정하여 그래프를 그리기 위한 자료와 나중에 설명하게 될 상호효과의 탐색을 포함한 많은 결과를 제공한다.

위의 조절모형을 분석하기 위한 PROCESS syntax 명령문은 다음과 같다.

```
process y=liking/x=protest/w=sexism/model=1/jn=1/plot=1.
```

위의 syntax를 실행한 결과는 [그림 6.3]에 제시되어 있다.

그림 6.3 성차별연구의 단순조절분석에 대한 PROCESS 결과물

```
Model  : 1
    Y  : liking
    X  : protest
    W  : sexism

Sample
Size:  129

**************************************************************************
OUTCOME VARIABLE:
 liking

Model Summary
                 R       R-sq        MSE          F        df1        df2          p
             .3654      .1335      .9777     6.4190     3.0000   125.0000      .0004

Model
                     coeff         se          t          p       LLCI       ULCI
constant            7.7062     1.0449     7.3750      .0000     5.6382     9.7743
protest  (b1)      -3.7727     1.2541    -3.0084      .0032    -6.2546    -1.2907
sexism   (b2)       -.4725      .2038    -2.3184      .0220     -.8758     -.0692
Int_1    (b3)        .8336      .2436     3.4224      .0008      .3515     1.3156

Product terms key:
 Int_1    :        protest  x        sexism

Test(s) of highest order unconditional interaction(s):
               R2-chng          F        df1        df2          p
X*W              .0812    11.7126     1.0000   125.0000      .0008
----------
    Focal predict: protest   (X)
          Mod var: sexism    (W)

Conditional effects of the focal predictor at values of the moderator(s):
```

→ $\theta_{X \to Y} | W$ → $b_1 + b_3 W$ (식 6.10)

```
             sexism     Effect         se          t          p       LLCI       ULCI
             4.2500     -.2301      .2775     -.8291      .4086     -.7792      .3191
             5.1200      .4951      .1872     2.6443      .0092      .1245      .8657
             5.8960     1.1420      .2710     4.2141      .0000      .6056     1.6783

Moderator value(s) defining Johnson-Neyman significance region(s):
             Value    % below    % above
            3.5087     1.5504    98.4496
            4.9753    44.1860    55.8140

Conditional effect of focal predictor at values of the moderator:
             sexism     Effect         se          t          p       LLCI       ULCI
             2.8700    -1.3804      .5724    -2.4113      .0173    -2.5133     -.2474
             3.0765    -1.2082      .5252    -2.3007      .0231    -2.2476     -.1689
             3.2830    -1.0361      .4785    -2.1653      .0323    -1.9831     -.0891
             3.4895     -.8640      .4327    -1.9969      .0480    -1.7203     -.0077
             3.5087     -.8480      .4285    -1.9791      .0500    -1.6959      .0000
```

```
          3.6960    -.6918     .3879   -1.7834     .0769   -1.4596     .0759
          3.9025    -.5197     .3447   -1.5076     .1342   -1.2020     .1625
          4.1090    -.3476     .3037   -1.1445     .2546    -.9487     .2535
          4.3155    -.1755     .2659    -.6598     .5106    -.7017     .3508
          4.5220    -.0033     .2329    -.0143     .9886    -.4642     .4576
          4.7285     .1688     .2069     .8158     .4162    -.2407     .5783
          4.9350     .3409     .1909    1.7855     .0766    -.0370     .7188
          4.9753     .3745     .1892    1.9791     .0500     .0000     .7490
          5.1415     .5131     .1875    2.7360     .0071     .1419     .8842
          5.3480     .6852     .1973    3.4729     .0007     .2947    1.0757
          5.5545     .8573     .2185    3.9235     .0001     .4249    1.2898
          5.7610    1.0294     .2482    4.1468     .0001     .5381    1.5208
          5.9675    1.2016     .2838    4.2332     .0000     .6398    1.7633
          6.1740    1.3737     .3234    4.2481     .0000     .7337    2.0137
          6.3805    1.5458     .3655    4.2288     .0000     .8224    2.2693
          6.5870    1.7180     .4096    4.1946     .0001     .9074    2.5285
          6.7935    1.8901     .4549    4.1551     .0001     .9898    2.7904
          7.0000    2.0622     .5012    4.1149     .0001    1.0704    3.0541

Data for visualizing the conditional effect of the focal predictor:
Paste text below into a SPSS syntax window and execute to produce plot.

DATA LIST FREE/
   protest    sexism     liking    .
BEGIN DATA.
           .0000     4.2500     5.6981
          1.0000     4.2500     5.4681
           .0000     5.1200     5.2871
          1.0000     5.1200     5.7822     → Output from the plot option
           .0000     5.8960     4.9204
          1.0000     5.8960     6.0624
END DATA.
GRAPH/SCATTERPLOT=
 sexism   WITH     liking   BY       protest   .

************************* ANALYSIS NOTES AND ERRORS *************************

Level of confidence for all confidence intervals in output:
  95.0000

W values in conditional tables are the 16th, 50th, and 84th percentiles.
```

PROCESS에서 단순조절분석은 model=1을 이용한다. PROCESS에서는 상호항인 XW를 자동으로 생성시키기 때문에 수동으로 계산할 필요가 없으며 XW의 추정결과는 결과물의 "int_1"에 나타나 있다(int_1=0.834). 또한 조절작용으로 인한 Y의 분산비율의 증가분($\Delta R^2 = 0.081$)도 "Test(s) of highest order unconditional interaction(s)"에 제시해 준다. 또한 이러한 증가분에 대한 p값($p = .0008$)도 제공하는데 이 값은 b_3의 p값과 동일하다. jn=1과 plot=1 옵션은 뒤에서 다룰 것이다.

6.2.2 회귀계수의 해석

앞에서 설명한 것처럼 회귀식 $Y = i_Y + b_1X + b_2W + b_3XW + e_Y$의 계수인 b_1과 b_2는 조건부효과이다. 이러한 두 회귀계수는 각각 $W=0$인 경우의 X의 효과 그리고 $X=0$인 경우의 W의 효과를 추정한 것이다(식 6.8과 6.9). 앞으로 다루겠지만 이러한 회귀계수들이 항상 의미 있는 해석이 가능한 것은 아니다.

위의 분석에서 $b_1 = -3.773$으로 나타났다. 이 값은 성차별인식(W)이 0인 사람들에서($W=0$) 항의했다고 들은 사람들과 항의하지 않았다고 들은 사람들의 호감도의 추정된 차이이다. 회귀계수가 음수로 나타났기 때문에 성차별인식의 값이 0인 사람들 사이에서 Catherine이 항의했다고 들은 사람들($X=1$)의 호감도 값이 항의하지 않았다고 들은 사람들($X=0$)의 호감도값보다 낮다는 것을 의미한다. 비록 이러한 해석이 수학적으로는 맞지만 실질적으로는 아무런 의미가 없다(nonsense). 성차별인식의 척도는 1에서 7점 사이로 측정되었다. $W=0$이라는 조건(그러한 사람은 존재하지 않음)하의 실험조작의 효과에 대한 추정치는 의미가 없다. 따라서 이러한 추정치와 유의성검정결과는 버려야 한다. 성차별인식의 값이 0이라는 수치는 자료의 척도범위 밖에 위치하고 있다.

하지만 이러한 추론이 b_2에는 적용되지 않는다. 회귀계수 b_2는 $b_2 = -0.473$으로 통계적으로 유의하게 나타났다($p = .022$). 이 값은 항의하지 않았다고 들은 사람들($X=0$) 사이에서 성차별인식이 한 단위 차이나는 두 사람 간의 호감도 평가치의 추정된 차이(조건부효과)를 말한다. b_2계수가 음수이므로 Catherine이 항의하지 않았다고 들은 사람들에게서 성차별을 더 많이 인식하는 사람들은 Catherine을 덜 좋아한다는 것을 확인할 수 있다. 하지만 b_1과는 달리 자료파일에 $X=0$ (no-protest condition)이 존재하기 때문에 b_2는 의미가 있다.

상호항 XW의 회귀계수는 $b_3 = 0.834$로 양수로 나타났다. 이러한 회귀계수는 W가 한 단위 변화할 때 X가 Y에 미치는 영향이 어떻게 변화하는지를 수량화한 것이다. b_3가 통계적으로 유의하게($p < .001$) 나타났기 때문에 항의여부가 호감도에 미치는 영향은 성차별인식에 의존한다는 것을 의미한다. 구체적으로 성차별인식값이 한 단위 증가하면 항의집단과 항의하지 않은 집단의 호감도값의 차이는 0.834단위만큼 증가한다는 것을 말한다. 따라서 b_3는 차이들의 차이를 수량화한 것이다(식 6.7).

6.2.3 변수의 척도 및 b_1과 b_2의 해석

b_1과 b_2는 X와 W의 척도에 따라서 신중하게 해석해야 하며 이들 계수와 추론검정은 척도에 따라 실질적인 의미가 없을 수 있다. 하지만 조절분석을 실행하기 전에 X와 W의 척도를 변환(rescale)하여 b_1과 b_2의 해석을 가능하게 할 수 있다.

척도를 변환하는 간편한 방법은 변수를 중심화(centering)하는 것인데 중심화는 변숫값에서 상수를 차감하는 방법이다. XW를 생성하기 전에 X와 W를 중심화해도 b_1과 b_2는 여전히 조건부효과이다. 하지만 적항의 생성 전에 이들을 중심화하면 이들은 해석이 가능한 계수를 생성하는 새로운 변수를 조건으로 하게 된다.

예를 들어 성차별연구에서 성차별인식값을 평균중심화(mean centering)한다고 가정하자. 이 방법은 새로운 변수 W'를 생성하기 위하여 다음과 같이 W의 각 값에서 W의 표본평균값을 차감하는 것이다.

$$W' = W - \overline{W}$$

성차별연구에서 성차별인식값의 표본평균은 $\overline{W} = 5.117$이므로 평균중심화되는 변수는 $W' = W - 5.117$로 계산된다. W의 평균중심화값은 평균이 0이고 표준편차는 W의 표준편차와 동일하다. 이러한 변환을 실행한 후에 단순조절모형은 W가 W'로 전환되어 다음과 같이 변환된 회귀식으로 표현된다.

$$\hat{Y} = i_Y + b_1 X + b_2 W' + b_3 X W'$$

이 모형은 다음의 식과 수학적으로 동일하다.

$$\hat{Y} = i_Y + b_1 X + b_2 (W - \overline{W}) + b_3 X (W - \overline{W})$$

SPSS syntax를 이용하기 위해서는 다음의 code를 입력하면 된다.

```
compute sexismp=sexism-5.117.
compute prosexp=protest*sexismp.
regression/dep=liking/method=enter protest sexismp prosexp.
```

위의 syntax를 실행하면 다음의 결과(〈표 6.2〉의 model 4)를 얻을 수 있다.

$$\hat{Y} = 5.288 + 0.493X - 0.473W' + 0.834XW'$$

위의 회귀식과 〈표 6.2〉의 model 3을 비교하면 W를 변환한 후에도 b_2와 b_3는 변하지 않았고 해석 또한 동일하다. 그리고 표준오차와 신뢰구간 및 p값도 동일하다. 나아가 모형적합도 또한 같다. 사실상 model 4는 model 3과 Y의 추정치들이 정확하게 일치한다. 왜냐하면 이들은 수학적으로 동일한 모형이고 한 모형은 다른 모형의 재모수화(reparameterization)에 지나지 않는다.

하지만 W를 평균중심화한 재모수화는 b_1을 변화시켰다. b_1은 XW'가 모형에 도입한 경우의 조건부효과라는 것을 기억해야 한다. b_1은 $W' = 0$인 경우에 X가 Y에 미치는 영향을 추정한 것이다. 따라서 $W' = 0$인 경우에 X가 한 단위 차이나는 두 사례의 Y값은 0.493단위만큼 차이난다고 추정된다. $W = \overline{W} = 5.117$일 때 $W' = 0$이므로 b_1은 성차별인식이 평균값을 가지는 사람들 사이에서 Catherine이 항의했다고 들은 사람들과 항의하지 않았다고 들은 사람들의 호감도값의 차이를 추정한 값이다. 성차별인식값이 평균값을 가진 사람들 사이에서 항의했다고 들은 사람들은 항의하지 않았다고 들은 사람들보다 호감도를 평균적으로 0.493 단위만큼 높게 평가한다는 것을 의미한다($p < .01$). 이러한 해석은 W가 원래의 척도로 구성된 모형과는 달리 실질적인 의미를 갖게 된다.

〈표 6.2〉의 model 3과 model 4에서 b_2는 $X = 0$인 경우에 W가 Y에 미치는 영향을 추정한 값이다. 성차별연구에서 b_2는 항의하지 않았다고 들은 사람들($X = 0$) 사이에서 성차별인식값이 한 단위 차이나는 두 사람의 호감도값의 차이를 의미하기 때문에 실질적인 의미를 가지게 된다. 비록 b_2가 실질적인 의미를 가지지만 b_2는 실험상황인 X의 코딩방법에 따라 결정된다. 코딩방법에 따라 b_2는 변화할 가능성이 크고 b_1과 b_3도 달라질 수 있다.

예를 들어 항의한 경우를 $X = 0.5$로 코딩하고 항의하지 않은 집단을 $X = -0.5$로 코딩하였으며 W는 평균중심화하였다고 가정하자. 이러한 경우의 결과물이 〈표 6.2〉의 model 5에 제시되어 있다. 이 모형은 model 3 및 model 4와 수학적으로 동일한 모형이기 때문에 모형적합도가 동일하며 Y에 대해서도 동일한 추정치를 산출한다. 하지만 X를 변환하였기 때문에 모형이 재모수화된다. b_3의 회귀계수($b_3 = 0.834$)는 model 3 및 model 4와 동일하고 표준오차 및 p값도 같다. X에 대한 코딩방법의 변경은 두 코딩값의 차이가 여전히 한 단위 차이나기 때문에 model 4와 비교했을 때 b_1은 변화하지 않았다. 하지만 b_2는 변화되었다. 회귀계수 b_2는 $X=0$인 경우에 성차별인식이 한 단위 차이나는 두 사람의 호감도값의 차이를 수량화한 것이다. X는 두 집단을 임의로 코딩하였기 때문에 $X=0$은 의미가 없게 보일 수도 있지만 b_2는 여전히 의미 있는 해석이 가능하다. b_2는 두 실험상황에서 성차별인식이 호감도에 영향을 미치는 비가중평균효과(unweighted average effect)를 의미하게 된다.

이제는 명확해졌지만 회귀식 $Y=i_Y+b_1X+b_2W+b_3XW+e_Y$에서 b_1과 b_2를 해석하는 경우에 반드시 주의를 기울여야 한다. 비록 X와 W의 척도와는 관계없이 수학적 해석은 동일하지만 실질적 해석은 척도의 내용, 평균중심화 및 코딩방법에 따라 완전히 달라진다. 하지만 척도의 변환이 X와 W의 평균만 변화시킨다면 b_3와 ${}_Tb_3$에 관한 통계적 추론은 영향받지 않는다.

XW가 포함된 모형에서 조절가설(moderation hypothesis)을 정확히 검정하기 위해서는 평균중심화와 같은 척도변환이 수학적으로 필요하다는 믿음이 만연되어 있어야 한다. 비록 평균중심화가 어느 정도 가치가 있긴 하지만 반드시 평균중심화를 할 필요는 없다. 이러한 신화 깨뜨리기에 관한 내용은 장을 달리하여 상세하게 설명할 것이다. 평균중심화하는 경우에 따로 평균중심화과정을 실행할 필요 없이 dialog box를 이용하는 경우에는 PROCESS의 Options에서 제공하는 "Mean center for construction of products" 중에서 하나를 선택하면 된다. dialog box에서는 평균중심화에 대한 세 가지 옵션 중에서 하나를 선택하여 사용하면 된다(제1장 참조). 그리고 syntax 명령문을 이용하는 경우에는 syntax에 "center=1"의 명령문을 추가한다. PROCESS syntax에서는 XW의 생성에 사용되는 모든 변수들(예 : X와 W)을 평균중심화시키며 X와 W의 평균중심화값에 따라 결과가 산출된다.[4]

4) 평균중심화에는 예외가 하나 있다. center 옵션은 다항범주형 선행변수 혹은 조절변수는 평균중심화하지 않는다.

6.3 조절작용의 그래프 그리기

상호항 XW가 도입된 회귀모형은 어느 정도 추상적인 표현이기 때문에 상호항이 없는 모형보다 해석이 어렵다. b_1과 b_2는 실질적인 해석이 불가능할 수도 있는 조건부효과이며 XW의 계수는 추가적인 정보가 없으면 이해하기 어려운 "차이들의 차이"로 해석된다. 비록 b_3의 부호는 명확하게 해석이 가능하지만 때로는 예측된 방향으로 나타나지 않는 경우도 있다. 이러한 경우에는 상호항이 도입된 회귀모형을 해석하기 위하여 그래프를 이용하는 것이 유용할 때가 많다. 그래프를 그리기 위해서는 X와 W의 다양한 조합을 이용하여 Y값을 추정하는 추정치들이 필요하다.

성차별연구에서 Y모형의 추정회귀식은 $\hat{Y}=7.706-3.773X-0.473W+0.834XW$로 나타났다. 이는 평균중심화하지 않은 결과이다. $\hat{Y}$의 다양한 값을 산출하기 위해서는 자료범위 내에 속하는 X와 W값을 선정한 후에 이들을 이용하여 Y의 추정치들을 계산하면 된다. 이러한 값들의 선택은 임의로 결정되지만 반드시 자료범위 내에 속해야 한다. 만일 W가 계량변수라면 $mean \pm 1SD$ 혹은 다양한 백분위(percentiles)값을 사용할 수 있다. 많은 연구자들이 평균과 $mean \pm 1SD$을 사용하고 있다. 하지만 이러한 방법을 사용하는 경우의 문제점은 W의 왜도(skewness)가 높은 경우에는 $mean \pm 1SD$의 값이 척도범위 밖에 위치할 수 있다(즉, 자료의 최솟값보다 작거나 최댓값보다 클 수 있다)는 점이다(Hayes, 2018a). 이러한 이유로 16th, 50th 및 84th 백분위의 사용이 권장된다. 만일 W의 분포가 정확하게 정규분포를 이룬다면 이들 값은 각각 $mean-1SD$, $mean$, $mean+1SD$의

표 6.3 $\hat{Y}=7.706-3.773X-0.473W+0.834XW$에서 추정한 $\hat{Y}$값들

X(PROTEST)	M(SEXISM)	$\hat{Y}$
0	4.250	5.698
1	4.250	5.468
0	5.120	5.287
1	5.120	5.782
0	5.896	4.920
1	5.896	6.062

값과 일치한다. 물론 W가 이분형 변수라면 W의 두 가지 값을 사용하면 된다.

성차별연구의 W는 연속형 변수이기 때문에 여기에서는 16th, 50th 및 84th 백분위를 사용하는데 이들 값은 각각 4.250, 5.120 및 5.896으로 나타났다. X값은 0과 1을 사용한다. 이들 값을 회귀모형에 대입하면 〈표 6.3〉의 결과를 얻을 수 있다.

〈표 6.3〉의 자료들을 연구자가 선호하는 그래프 편집용 프로그램을 이용하여 그래프를 그리면 되는데 이러한 그래프는 [그림 6.4]와 같다.

만일 연구자의 모형에 공변량이 도입되는 경우에는 조절회귀모형에 이러한 공변량을 포함시키면 된다. 회귀모형에서 이러한 공변량(들)의 회귀계수도 추정된다. 명심할 점은 공변량이 회귀모형에 도입되는 경우에는 공변량들의 표본평균이 사용된다는 점이다. 예를 들어 성차별연구에서 두 개의 공변량(C_1과 C_2)을 도입하여 회귀식을 추정한 결과 이들의 추정치가 각각 $b_4 = 0.2$와 $b_5 = -0.7$로 나타났다고 가정하자. 이러한 경우에는 $\hat{Y} = 7.706 - 3.773X - 0.473W + 0.834XW + 0.2\overline{C_1} - 0.7\overline{C_2}$의 회귀식을 이용하면 X와 W의 6가지 조합에 대하여 $\hat{Y}$값이 산출된다. X와 W의 함수로 산출되는 Y값은 C_1과 C_2가 평균값을 가지는 경우의 추정치를 의미한다. 이상하게 들릴지 모르지만 공변량들이 임의의 숫자로 코

그림 6.4 성차별연구의 조절효과 그래프

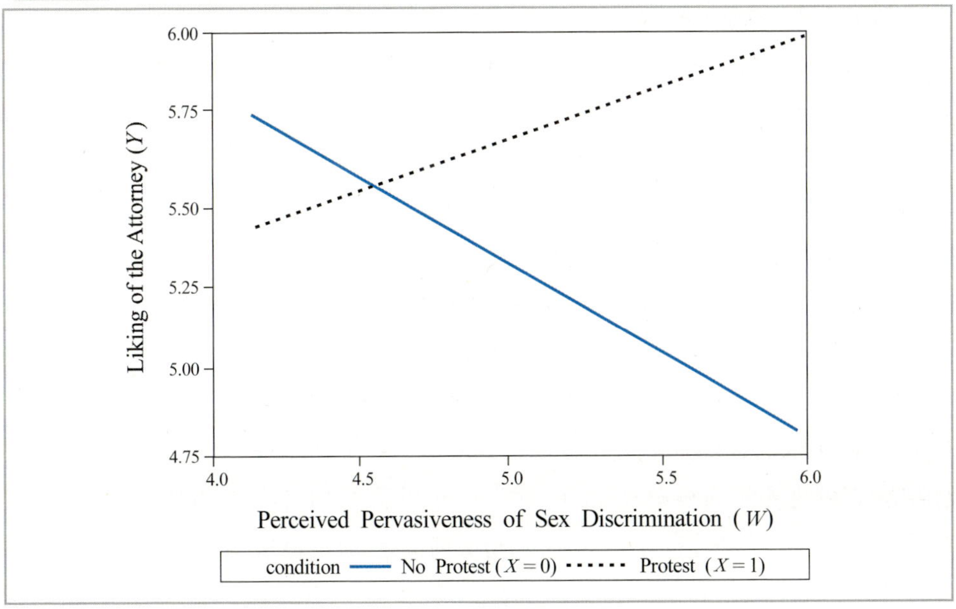

딩된 이분형 변수인 경우에도 공변량들의 평균을 사용하면 된다. 심지어는 공변량이 g개의 범주로 구성된 다항범주형 변수인 경우에도 집단을 나타내는 $g-1$개의 평균을 사용한다.

PROCESS에서는 plot=1 옵션을 이용하면 조절효과의 그래프를 그리기 위한 자료들을 얻을 수 있다. 결과물([그림 6.3])의 마지막 부분에 제시된 다음의 자료를 복사하여 PROCESS의 syntax 명령문 아래에 붙여넣기를 한 다음 명령문을 실행하면 그래프를 얻을 수 있다.

```
DATA LIST FREE/
   protest      sexism      liking  .
BEGIN DATA.
      .0000      4.2500      5.6981
     1.0000      4.2500      5.4681
      .0000      5.1200      5.2871
     1.0000      5.1200      5.7822
      .0000      5.8960      4.9204
     1.0000      5.8960      6.0624
END DATA.
GRAPH/SCATTERPLOT=
 sexism  WITH  liking   BY  protest .
```

위의 SPSS code를 실행하면 X와 W의 6가지 조합에 해당하는 $\hat{Y}$의 산점도가 서로 다른 색으로 그려진다. [그림 6.4]의 그래프를 이용하여 좀 더 정교한 그래프 편집기를 이용하여 그래프를 그리면 된다.

[그림 6.4]를 살펴보면 회귀계수의 형태로 추상적으로 이해하는 것보다 자료에서 무슨 일이 발생하는지를 명확하게 알 수 있다. 항의여부(X)가 호감도에 미치는 영향은 두 직선의 거리에 반영되어 있다. [그림 6.4]를 보면 직선의 거리는 성차별인식의 값에 따라 변화하는 것을 알 수 있다. 먼저 성차별인식이 낮은 사람들 사이에서는 항의하지 않은 집단이 항의한 집단보다 호감도값이 높게 나타났다. 하지만 성차별인식이 높은 사람들에서는 이와는 반대로 항의하지 않았다고 들은 사람들보다 항의했다고 들은 사람들의 호감도값이 높게 나타났다.

이런 방식으로 조절효과의 그래프를 이해하는 것은 반직관적(counterintuitive)으로 보일 수도 있다. 즉, [그림 6.4]는 성차별인식이 호감도에 영향을 미치는 조건부효과를 의미하는 것이다. 따라서 이와 같이 조절효과를 해석하는 것은 원래의 조절효과 분석목적(항의여부가 호감도에 미치는 영향이 성차별인식에 의하여 조절되는가?)과 비교하면 독립변수와 조절변수가 바뀐 것이라고 할 수 있다. 조절작용의 대칭성원리에 의하여 [그림 6.4]는 실험상황의 조작이 호감도에 미치는 영향이 성차별인식에 의하여 조절되는지에 관한 내용으로 해석할 수 있다. 따라서 [그림 6.4]에서 두 직선의 거리는 여전히 초점선행변수(실험상황의 조작)의 영향을 의미하는 것이다.

6.4 상호작용의 탐색

그래프가 조절효과를 이해시키는 데에 천 마디 말(a thousand words)의 가치가 있지만 일부 연구자들을 설득시키기 위해서는 천 마디 이상의 말이 필요하다. 즉, 앞에서 언급한 성차별연구의 결론에 대한 총체적인 해석은 많은 연구자들이 충분치 않다고 생각할 수도 있다. X가 Y에 미치는 영향이 W에 의하여 조절되는 조절효과가 나타났다는 사실이 예를 들면 W가 높은 사람들에게서 X가 Y에 미치는 영향이 유의하고 W가 낮은 사람들에게서는 유의하지 않다는 것을 의미하지는 않는다. b_3의 유의성검정(혹은 신뢰구간)은 X가 Y에 미치는 영향이 W에 의존한다는 사실만 알려줄 뿐이다. 성차별연구에서 b_3를 이용한 조절효과의 확인과 [그림 6.4]의 조절효과의 그래프는 어느 것도 성차별이 만연되어 있다고 믿는 사람들은 성차별에 항의하지 않은 사람보다 항의한 사람을 더 좋아한다거나 혹은 성차별의 만연을 덜 믿는 사람들이 성차별에 항의하는 사람보다는 성차별을 수용하는 사람을 더 좋아한다는 내용들을 확인시켜 주는 것은 아니다. 기술적으로는 연구결과가 효과의 추세와 일치한다. 하지만 두 실험상황 사이의 호감도값의 차이의 강도는 조절변수인 성차별인식의 각 값의 표본오차(sampling error)에 의하여 영향을 받는다. 즉, 특정한 W값에서 X가 Y에 미치는 영향의 추정치에는 "우연성" 요인("chance" component)이 작용한다.

이러한 불확실성을 해결하기 위해서는 조절효과의 검정과 더불어 추가적으로 W의 어느 영역에서 X가 Y에 미치는 영향이 유의하고 다른 영역에서는 유의하지 않은지를 조사해야 한다. 이러한 과정을 상호작용의 "탐색"("probing" an interaction)이라고 부른다. 이는 마치 식료품 가게에서 망고가 잘 익었는지를 확인하기 위하여 망고를 손으로 짜보는 것과 같은 의미이다. 상호작용의 실질적인 해석을 돕는 이러한 상호작용의 탐색에는 두 가지가 있는데 하나는 많이 사용되고 있는 방법(특정값 선택방법)이고 다른 하나는 최근에 각광을 받고 있는 방법(존슨-네이만 방법)이다.

6.4.1 특정값 선택방법

단순기울기분석(analysis of simple slopes)이라고도 부르는 특정값 선택방법(pick-a-point approach : Bauer & Curran, 2005 ; Rogosa, 1980)은 상호효과의 탐색에 가장 많이 사용되는 방법으로 다중회귀를 이용한 조절효과를 다루는 문헌들에 소개되어 있다(Aiken & West, 1991 ; Cohen et al., 2003 ; Darlington & Hayes, 2017 ; Hayes, 2005 ; Jaccard & Turrisi, 2003 ; Spiller, Fitzsimons, Lynch, & McClelleand, 2013). 이 방법은 조절변수 W의 특정값(들)을 선택하여 특정값(들)에서의 X가 Y에 미치는 조건부효과($\theta_{X \to Y}$)를 계산하고 조건부효과의 추론검정을 실시하는 일련의 과정들을 포함하고 있다. 이를 위해서는 다음과 같이 특정한 W값들에서의 X의 조건부효과의 표준오차 추정치가 필요하다(Aiken & West, 1991 ; Bauer & Curran, 2005 ; Cohen et al., 2003).

$$se_{\theta_{X \to Y}} = \sqrt{se_{b_1}^2 + (2W)COV_{b_1 b_3} + W^2 se_{b_3}^2} \tag{6.11}$$

식 (6.11)에서 se_{b_1}과 se_{b_3}는 각각 b_1과 b_3의 표준오차이고 W는 조절변수의 특정값이며 $COV_{b_1 b_3}$는 b_1과 b_3의 공분산이다. 특정 W값에서의 $\theta_{X \to Y}$와 표준오차의 비율은 해당 W값에 대한 ${}_T\theta_{X \to Y} = 0$의 귀무가설하에서 $t(df_{residual})$분포를 이룬다. 이러한 비율에 대한 p값은 t분포표에서 얻을 수 있고 신뢰구간도 얻을 수 있다. 이러한 수계산을 이용한 계산과정은 오류의 가능성 때문에 권장되지 않는다. PROCESS에서는 이러한 특정값 선택방법의 결과물을 제공하고 있다. 특정값 선택방법의 수계산과정은 Aiken & West(1991)와 Cohen et al.(2003)의 연구를 참조하면 된다.

1) 회귀중심화에 의한 특정값 선택방법의 실행

특정값 선택방법을 이용하는 쉬운 방법은 W를 일정한 값을 기준으로 중심화(centering)하는 것이다. 회귀모형 $Y=i_Y+b_1X+b_2W+b_3XW$에서 b_1은 $W=0$인 경우에 X가 Y에 영향을 주는 조건부효과라는 것을 염두에 두자. 상호항 XW의 생성 전에 W를 평균에 대하여 평균중심화하면 회귀분석은 $W=\overline{W}$인 경우의 X가 Y에 영향을 미치는 효과를 산출한다. 이를 일반화하여 $W'=W-w$(w는 조절변수의 특정값)라고 하면 다음의 식에서 b_1은 $\theta_{X\to Y}|(W=w)$, 즉 $W=w$인 경우에 X가 Y에 영향을 미치는 조건부효과를 의미한다.

$$Y=i_Y+b_1X+b_2W'+b_3XW'+e_Y$$

b_1의 표준오차는 식 (6.11)을 이용하여 계산되고 t값과 p값은 ${}_T\theta_{X\to Y}|(W=w)=0$이라는 귀무가설을 검정하는 데에 이용된다.

성차별연구와 같이 W가 계량변수인 경우에 상호효과의 탐색에서 가장 흔한 방법은 W의 특정값으로 평균($\overline{W}$)과 평균에서 W의 1표준편차를 뺀 값($\overline{W}-SD_W$)과 더한 값($\overline{W}+SD_W$)을 이용하는 방법이다(Aiken & West, 1991). 그리하여 W가 "비교적 낮은 수준($\overline{W}-SD_W$)"과 "중간수준($\overline{W}$)" 및 "비교적 높은 수준($\overline{W}+SD_W$)"에서 X가 Y에 유의한 영향을 미치는지를 조사한다. 하지만 연구자가 특정값 선택방법을 사용하는 경우에 W값을 선택함에 있어서 더 나은 다른 방법이 없다면 비교적 낮은 수준과 중간수준 및 비교적 높은 수준을 결정하는 방법으로 조절변수의 16th, 50th, 84th 백분위의 사용이 권장된다. 6.3절에서 언급한 것처럼 W의 왜도가 심한 경우에는 $\overline{W}-SD_W$값과 $\overline{W}+SD_W$값이 자료범위 밖에 위치할 수도 있다. W의 16th, 50th, 84th 백분위값은 분포의 모양과는 관계없이 항상 관찰된 자료범위 내에 속한다. 그리고 W의 분포에서 중앙값(50th 백분위)은 항상 중심에 위치하지만 W의 왜도가 존재하는 경우에는 그렇지 않을 수도 있다. 비록 16th, 50th, 84th 백분위가 이상하게 보일 수도 있지만(예를 들어 왜 25th, 50th, 75th 백분위는 사용하지 않는가?) W가 정확하게 정규분포를 이룬다면 16th, 50th, 84th 백분위는 각각 $\overline{W}-SD_W$와 $\overline{W}$ 및 $\overline{W}+SD_W$에 대응되는 값에 해당한다.

아래의 SPSS code는 조절작용의 탐색작업을 위하여 이러한 회귀중심화 방법(regression-centering approach)을 실행하는 명령문이다. 이러한 명령문은 W를 4.250 (16th 백분위)과 5.120(50th 백분위 : 중앙값) 및 5.896(84th 백분위)에 대하여 각각 중심화한 후에 회귀분석을 3회 실행하는 code이다.

```
compute sexismp=sexism-4.25.
compute prosexp=protest*sexismp.
regression/dep=liking/method=enter protest sexismp prosexp.
compute sexismp=sexism-5.12.
compute prosexp=protest*sexismp.
regression/dep=liking/method=enter protest sexismp prosexp.
compute sexismp=sexism-5.896.
compute prosexp=protest*sexismp.
regression/dep=liking/method=enter protest sexismp prosexp.
```

위의 code를 실행하면 $\theta_{X\to Y}|(W=4.250)=-0.230$, $t(125)=-0.829$, $p=.409$로 나타나고 $\theta_{X\to Y}|(W=5.120)=0.495$, $t(125)=2.644$, $p<.01$이며 $\theta_{X\to Y}|(W=5.896)=1.142$, $t(125)=4.214$, $p<.001$의 계산결과를 얻을 수 있다. 이러한 X의 조건부효과들은 [그림 6.4]에서 두 직선의 거리에 해당하는 값이고 이는 다시 [그림 6.5]에 제시되어 있다.

항의여부는 성차별인식이 비교적 높은 사람들 사이에서 호감도에 유의한 영향을 미치는 것으로 나타났다. 즉, 성차별인식이 중간 정도와 높은 사람들 사이에서 호감도값은 항의하지 않은 집단보다 항의한 집단에서 더 높게 나타났다. 하지만 성차별인식이 낮은 사람들에서는 통계적으로 유의한 관계가 나타나지 않았다.

W값의 낮은 값과 중간값 및 높은 값의 선정은 임의로 선택했다는 점을 명심해야 한다. 더구나 이러한 값들은 표본마다 달라질 수 있다. 한 연구자가 낮다고 부르는 값은 다른 연구자의 표본의 평균이 매우 낮은 경우에는 높다고 주장할 수도 있다. 만일 연구자가 사용하는 조절변수가 기존에 많이 사용하는 변수이면서 높고 낮은 수준에 대한 합의된 정의가 존재한다면 특정표본에서 사용하

그림 6.5 성차별연구에서 성차별인식의 3가지 값에 따른 항의여부의 조건부효과들의 시각적 도식

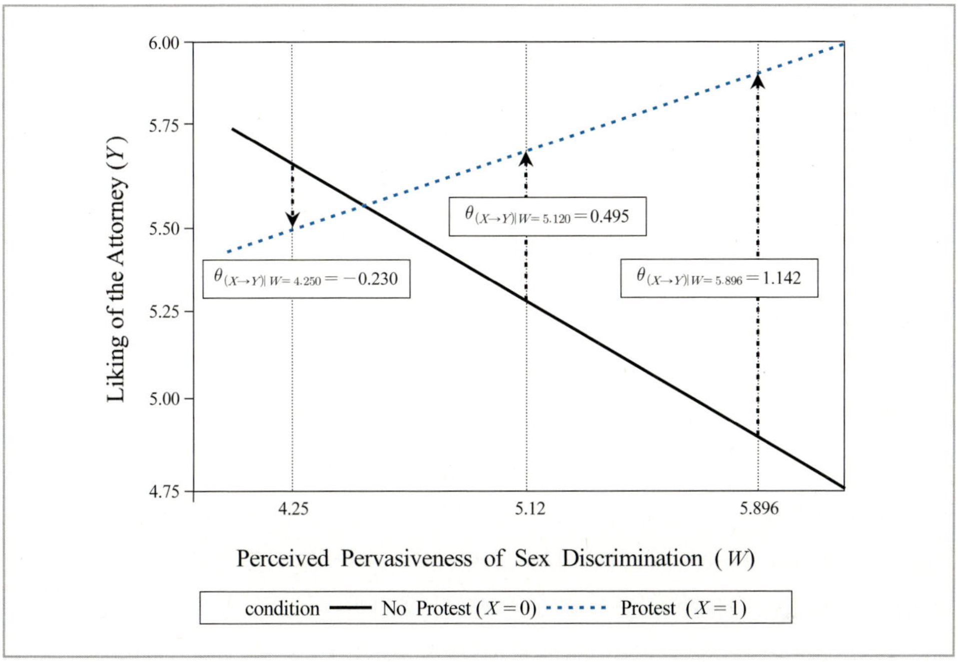

는 값들보다 사용의 정당성이 부여되고 사용근거에 대하여 방어하기도 수월할 것이다.

2) PROCESS에서 특정값 선택방법의 실행

PROCESS는 조절분석을 실행하는 경우에 특정값 선택방법의 결과물을 자동으로 제시해 준다. 그리고 W가 이분형 변수인 경우에는 default에 의하여 W값에 의하여 정의된 두 집단의 $\theta_{X\to Y}$와 표준오차 및 귀무가설($_T\theta_{X\to Y}=0$) 검정의 양측 검정 p값 그리고 $_T\theta_{X\to Y}$의 신뢰구간을 산출해 준다. 만일 W가 연속형 변수인 경우에는 W의 분포에서 16th, 50th, 84th 백분위에 해당하는 $\theta_{X\to Y}$를 제시해 준다. 이러한 정보는 [그림 6.3]에 나타나 있다. 그리고 이러한 결과는 회귀중심화 전략을 사용한 결과와 일치한다.

연속형 변수인 W에 대하여 PROCESS에서 상호작용의 탐색작업을 실행하는 경우에 반드시 16th, 50th, 84th 백분위를 고집할 필요는 없다. 연구자가 평균과 평균±1표준편차를 사용하고 싶은 경우에는 PROCESS의 명령문에 moments=1 옵

션을 추가하면 된다.[5] 만일 평균±1표준편차의 값이 자료범위를 벗어나는 경우에는 PROCESS는 각각 조절변수의 최댓값과 최솟값으로 대체시킨다.

또 다른 방법으로 연구자는 PROCESS syntax 명령문에 하나 이상의 W의 특정값을 지정할 수도 있다. 이 방법은 wmodval(W moderator value의 준말) 옵션을 사용한다. 예를 들어 $\theta_{X \to Y}|W = 3.5$의 결과를 알고 싶은 경우에는 wmodval=3.5를 syntax 명령문에 추가하면 된다. 또는 wmodval=2.5, 3.5, 4.5를 추가하면 W의 값이 2.5와 3.5 및 4.5에 해당하는 X의 조건부효과의 추론검정결과를 얻을 수 있다.

6.4.2 존슨-네이만 방법

특정값 선택방법은 비록 많이 사용되는 방법이긴 하지만 한 가지 문제점이 존재한다. 이 방법을 사용하기 위해서는 X의 Y에 대한 조건부효과를 측정하기 위하여 W의 여러 특정값들을 선택해야 한다. 하지만 이러한 선택은 자의적 선택(arbitrary choice)이기 때문에 서로 다른 선택은 서로 다른 주장을 가져온다. 연구자들이 관습적으로 선택하는 $\overline{W} - SD_W$과 $\overline{W}$ 및 $\overline{W} + SD_W$ 혹은 낮은, 중간, 높은 값들은 완전히 자의적이다. 그리고 이러한 선택은 표본에 의하여 영향을 받기 때문에(sample specific) 한 표본에서 낮은 값이 다른 표본에서는 중간수준 혹은 높은 값으로 판별될 가능성이 있다.

조명등분석법(floodlight analysis : Spiller et al., 2013)이라고도 알려진 존슨-네이만(Johnson-Neyman technique : JN) 방법은 W의 자의적 선택에서 벗어나게 해 준다. 처음에는 회귀분석의 등분산가정이 위배되는 경우에 공분산분석에서 두 집단 간 평균차이를 검정하는 방법으로 사용(Johnson & Neyman, 1936 ; Johnson & Fey, 1950 ; Rogosa, 1980)되다가 나중에 Bauer & Curran(2005)에 의하여 회귀모형에서의 상호작용을 분석할 수 있는 방법으로 확장되었다. 이러한 JN방법은 최근에 많은 인기를 얻고 있는 방법이다.

W가 연속형 변수인 경우에만 사용할 수 있는 JN방법은 특정값 선택법의 역방향으로 이루어진다. 특정값 선택방법에서는 X가 Y에 영향을 미치는 조건

---

5) 통계학에서 평균은 1차 적률(first moment)이고 표준편차는 2차 적률(second moment)이기 때문에 적률들(moments)이라는 표현을 사용한 것이다.

부효과와 표준오차의 비율을 계산하고 t분포를 사용하여 p값을 구한 다음 이러한 p값을 이용하여 추론검정을 실시한다. JN방법은 주어진 t값에 대한 p값을 구하는 것이 아니라 다음과 같이 조건부효과와 표준오차의 비율이 정확하게 t_{crit}($p=\alpha$에 해당하는 t의 임계치)값을 갖는 W값을 찾는다.

$$t_{crit} = \frac{\theta_{(X \to Y)|W}}{se_{\theta_{(X \to Y)|W}}}$$

또는 $\hat{Y} = i_Y + b_1 X + b_2 W + b_3 XW$의 모형에서는 다음과 같이 계산된다.

$$t_{crit} = \frac{b_1 + b_3 W}{\sqrt{se_{b_1}^2 + (2M)COV_{b_1 b_3} + W^2 se_{b_3}^2}}$$

JN방법은 이차방정식의 근을 구하는데, 이러한 근은 조건부효과와 표준오차의 비율이 정확하게 t_{crit}($p=\alpha$를 의미)값에 해당하는 W의 값들이다. 이와 관련된 계산과정은 Bauer & Curran(2005)과 Hayes & Matthes(2009)의 연구를 참조하면 된다.

2차방정식은 2개의 근이 존재하며 이는 JN방법이 W에 관하여 JN_{W_1}과 JN_{W_2}의 두 개의 해($JN_{W_1} \leq JN_{W_2}$)를 제공한다는 것을 의미한다. 이러한 2개의 W값은 유의수준 α에서 X의 Y에 대한 조건부효과가 유의한 영역과 비유의한 영역을 구분해 주는 경계값이 된다. 즉, 이러한 값들은 X가 Y에 미치는 영향이 유의한 유의성영역(region of significance)을 식별해 준다. 실제적으로 이들 값의 하나 혹은 2개 모두가 W의 측정척도 범위 밖에 위치하는 경우가 발생하는데, 이러한 경우에 이들 JN_{W_1}과 JN_{W_2}값은 무시하면 된다. 이러한 전제하에 JN의 사용은 다음의 3가지 결과가 나타날 가능성이 있다.

첫 번째 가능한 결과는 조절변수의 측정범위 내에서 단일의 해(solution)를 알려준다. 이러한 단일 해를 JN_{W_1}이라고 부르자. JN방법이 단일 해를 산출하면 이는 유의수준 α에서 $W \geq JN_{W_1}$ 혹은 $W \leq JN_{W_1}$일 때(둘 다는 아님) X가 Y에 영향을 미치는 조건부효과가 통계적으로 유의하다는 것을 의미한다. 따라서 $W \geq JN_{W_1}$ 혹은 $W \leq JN_{W_1}$은 X가 Y에 미치는 영향에 대한 유의성영역이 된다.

두 번째 가능성은 자료범위 안에서 두 가지 해를 산출해내는 것이다. 이때 X가 Y에 미치는 영향의 유의성영역은 ① $JN_{W_1} \le W \le JN_{W_2}$ 혹은 ② $W \le JN_{W_1}$이면서 $W \ge JN_{W_2}$의 두 가지가 있다. 전자는 W가 JN_{W_1}과 JN_{W_2} 사이의 값을 갖는 구간에서 X의 Y에 대한 조건부효과가 통계적으로 유의하다는 것을 의미하고 후자는 W가 JN_{W_1} 이하의 구간과 JN_{W_2} 이상의 구간에서 조건부효과가 동시에 통계적으로 유의하다는 것을 의미한다.

세 번째 가능성은 조절변수의 범위 내에서는 해가 존재하지 않는 경우인데 이러한 사실은 다음의 두 가지 중의 하나에 해당된다. 첫 번째 해석은 X의 Y에 대한 조건부효과가 조절변수의 전 범위에서 통계적으로 유의하다는 것으로 이는 측정된 조절변수의 범위 내에서는 조건부효과가 통계적으로 유의한 영역과 유의하지 않은 영역으로 구분할 수 있는 전환점(transition point)이 존재하지 않는다는 것을 의미한다. 또 다른 해석은 조절변수의 전 범위에서 조건부효과가 통계적으로 유의하지 않다는 것이다. 전자의 경우에는 W의 전체 영역이 유의성영역이고 후자는 유의성영역이 존재하지 않는다.

PROCESS에서 존슨-네이만 방법의 실행

수계산으로 유의성영역을 계산하는 것은 매우 까다로운 절차이다. 반면에 PROCESS를 이용하면 JN방법의 결과를 쉽게 얻을 수 있다. 연속형 변수의 상호항이 포함된 모형에서 jn=1 옵션을 추가하면 PROCESS는 JN방법의 결과물을 제공한다.

성차별연구의 JN방법의 결과물은 [그림 6.3]에 나타나 있다. [그림 6.3]의 JN방법의 결과에서 유의성영역을 구분 짓는 값($p = .05$)은 3.509와 4.975로 나타났다. 하지만 추가정보가 없으면 이는 해석하기 어려울 수 있다. 해석을 용이하게 하기 위하여 PROCESS는 W의 분포를 23개의 임의의 값으로 구분하여 각 값에서의 $\theta_{X \to Y}$와 이에 해당하는 표준오차와 p값 및 신뢰구간을 제공하고 있다. $W \ge 4.975$인 영역에서는 $\theta_{X \to Y}$가 양수이므로 Catherine이 항의했다고 들은 사람들의 호감도값이 항의하지 않았다고 들은 사람들의 호감도값보다 더 크다고 해석한다. 반면에 $W \le 3.509$의 구간에서는 $\theta_{X \to Y}$가 음수로 나타났기 때문에 Catherine이 항의했다고 들은 사람들은 항의하지 않았다고 들은 사람들보다 Catherine을 덜 좋아한다는 것을 알 수 있다. 따라서 항의여부가 호감도에 미치는 영향의 유의성영역은 $W \le 3.509$와 $W \ge 4.975$라는 것을 알 수 있다.

JN방법에서 도출된 유의성영역을 그래프로 그리는 손쉬운 방법은 신뢰성밴드(confidence bands)를 이용하여 $\theta_{X \to Y}$를 W의 함수로 표현하는 것이다(Bauer & Curran, 2005 ; Preacher, Curran, & Bauer, 2006 ; Rogosa, 1980). 유의성영역은 0의 값을 갖는 조건부효과가 $_T\theta_{X \to Y}$에 대한 신뢰성밴드의 범위 밖에 속하게 되는 점에 해당하는 W의 값들로 표시된다. [그림 6.6]은 성차별연구의 유의성영역을 나타낸 것이다. [그림 6.6]에서 $W \leq 3.509$와 $W \geq 4.975$의 영역에서 신뢰성밴드가 0보다 완전히 작거나 또는 크다는 것을 알 수 있다.

[그림 6.6]은 아래의 SPSS code와 같이 [그림 6.3]에 제시된 JN방법의 결과(se, t, p는 제외)를 begin data와 end data 사이에 붙여넣기를 한 뒤에 위와 아래에 명령문을 추가한 후에 이러한 전체 명령문을 복사하여 PROCESS syntax에 붙여넣은 다음에 이를 실행하면 얻을 수 있다.

그림 6.6 성차별연구의 조건부효과($\theta_{X \to Y}$)

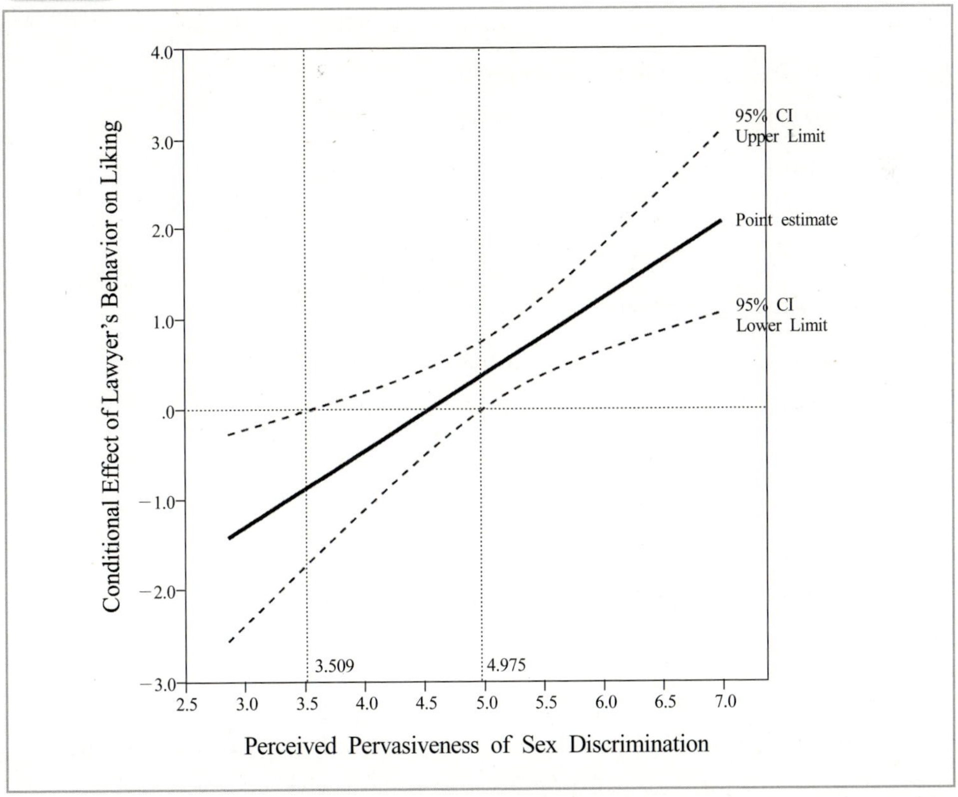

```
data list free/sexism effect llci ulci.
begin data.
    2.8700   −1.3804   −2.5133   −.2474
    3.0765   −1.2082   −2.2476   −.1689
    3.2830   −1.0361   −1.9831   −.0891
    3.4895    −.8640   −1.7203   −.0077
    3.5087    −.8480   −1.6959    .0000
    3.6960    −.6918   −1.4596    .0759
    3.9025    −.5197   −1.2020    .1625
    4.1090    −.3476    −.9487    .2535
    4.3155    −.1755    −.7017    .3508
    4.5220    −.0033    −.4642    .4576
    4.7285     .1688    −.2407    .5783
    4.9350     .3409    −.0370    .7188
    4.9753     .3745     .0000    .7490
    5.1415     .5131     .1419    .8842
    5.3480     .6852     .2947   1.0757
    5.5545     .8573     .4249   1.2898
    5.7610    1.0294     .5381   1.5208
    5.9675    1.2016     .6398   1.7633
    6.1740    1.3737     .7337   2.0137
    6.3805    1.5458     .8224   2.2693
    6.5870    1.7180     .9074   2.5285
    6.7935    1.8901     .9898   2.7904
    7.0000    2.0622    1.0704   3.0541

 end data.
 graph/scatter(overlay)=sexism sexism sexism with llci ulci effect (pair).
```

성차별연구에서 JN방법의 결과유형을 해석하는 경우에는 한 가지 주의할 점이 있다. 먼저 성차별인식이 낮은 영역인 $W \leq 3.509$의 구간에서는 항의집단의 호감도값이 항의하지 않은 집단의 호감도값보다 낮게 나타났다. 하지만 이 구간에 속하는 피험자는 전체의 1.5504%(129명 중 2명)에 불과하다. 이러한 적은 수의 집단에 대하여 유의성영역을 해석하는 것이 합리적인가? 이러한 물음에 대한 정답은 없다.[6] 하지만 $W \geq 4.975$인 경우의 유의성영역에는 129명 중에서 55.814%(72명)가 속하기 때문에 항의여부의 효과를 주장하기에 충분한 것처럼 보인다. 물론 일부 연구자들은 이러한 의견에 동의하지 않을 수도 있다.

6.5 조절효과검정과 탐색작업의 차이점

X와 Y의 관계가 조절변수인 W의 값에 따라 체계적으로 변하는지를 조사하기 위해서는 조절분석을 실행한다. $Y = i_Y + b_1X + b_2W + b_3XW + e_Y$의 모형에서 X가 Y에 미치는 영향은 W의 선형함수$(b_1 + b_3W)$이다. b_3가 통계적으로 유의하면 W는 X가 Y에 미치는 영향을 선형적으로 조절하는 것으로 이는 X와 W가 상호작용한다는 것을 의미한다.

조절효과를 탐색하는 경우에 우리는 조절효과를 검정하는 것이 아니다. 조절효과의 증거가 없는 경우에는 조절효과를 탐색하지 않을 것이다. 조절효과의 탐색은 W의 어느 특정값에서 X가 Y에 영향을 미치는 조건부효과가 유의한지(특정값 선택방법) 혹은 X가 Y에 영향을 미치는 조건부효과가 W의 어느 값에서 유의한 영역과 유의하지 않은 영역으로 구분되는지(JN방법)를 확인하는 것이다.

X의 Y에 대한 영향이 W에 의존한다는 주장을 할 수 있는 것은 다소 모호하지만 의미가 있다. 하지만 조절효과의 증거를 가지고 좀 더 구체적으로 말할 수 있다. 즉, X의 영향이 W에 의존한다면 X의 영향은 적어도 어떤 사람들 혹은 어떤 상황에서 유의해야 한다. 왜냐하면 X의 영향이 W에 따라 변화하면서 동시에 모든 W값에서 0이 될 수는 없기 때문이다. 따라서 조절효과가 확인되었다면 W의 어딘가에서 어떠한 형태로든지 Y에 영향을 미쳐야 한다. 하지만 추

---

6) 이에 관하여 (Hayes, 2018a)는 이러한 적은 수는 구미에 맞지 않는다(not enough data for my taste)라고 표현하였다.

가분석을 실행하지 않으면 X의 영향이 W의 어느 값에서 유의하고 유의하지 않은지를 구체적으로 알 수 없게 된다.

이 부분에서 바로 조절효과의 탐색작업이 등장하게 된다. 우리가 두 개 이상의 W값을 선택하여 X의 Y에 대한 영향이 해당 W값에서 유의한지를 검정하는 것은 X가 Y에 미치는 영향에 대하여 조절효과검정보다 좀 더 집중된 주장을 하기 위함이다. JN방법이 특정값 선택방법보다 더 많은 정보를 제공하지만 분석의 기본 목적은 동일하다. 즉, W분포의 어디에서 X가 Y에 (유의한) 영향을 미치고 어디에서 영향을 미치지 않는가?

그리고 연구자는 이러한 조건부효과들이 서로 차이가 나는지를 검정하는 것이 유용하다고 생각할 수도 있다. $W=w_1$인 경우에 X가 Y에 미치는 영향과 $W=w_2$인 경우에 X가 Y에 미치는 영향의 차이를 검정하는 공식적인 검정(formal test)방법이 존재하는가? 예를 들면 성차별연구에서 성차별인식이 높은 사람들과 낮은 사람들의 항의여부의 효과가 차이가 나는가?

이러한 검정은 매우 중요하지만 우리는 이미 이러한 검정을 실행하였다. Aiken & West(1991)가 제시한 바와 같이 X가 Y에 미치는 영향이 W에 의하여 조절되는지에 관한 검정(조절효과검정)은 w_1과 w_2의 값과는 관계없이 어떠한 두 조건부효과들(any two conditional effects)에 대한 차이검정과 동일하다. 조절변수의 값이 w_1과 w_2인 두 조건부효과의 차이는 다음과 같이 계산된다.

$$(b_1 + b_3 w_2) - (b_1 + b_3 w_1) = b_3 (w_2 - w_1)$$

그리고 표준오차의 추정량은 $se_{b_3}(w_2 - w_1)$로 계산되기 때문에 두 조건부효과의 차이와 표준오차의 비율은 다음과 같이 계산된다.

$$\frac{b_3 (w_2 - w_1)}{se_{b_3}(w_2 - w_1)} = \frac{b_3}{se_{b_3}}$$

위의 비율값은 조절회귀모형에서 XW의 회귀계수(b_3)의 t값과 같고 자유도 또한 동일하다. 따라서 두 조건부효과의 차이가 없다는 귀무가설에 대한 p값은 조절효과가 없다는 귀무가설에 관한 p값과 동일하다. 그러므로 X의 두 조건부효과의 차이검정을 별도로 실행할 필요가 없다. X와 W의 상호효과는 어떠한

(any) 두 간접효과도 서로 통계적으로 차이가 있다는 것을 의미하는 것이다.

조절효과의 검정과 조절효과의 탐색의 차이점을 이해하지 못하면 조절분석에서의 모든 해석에 어려움을 겪게 된다. 예를 들어 X의 조건부효과가 W의 어느 값에서는 유의하고 다른 값에서는 유의하지 않게 나타났지만 b_3는 유의하지 않은 결과를 얻었다고 가정하자. X와 W가 상호작용하지 않는데 어떻게 X의 조건부효과가 W의 어느 값에서는 유의하고 다른 값에서는 유의하지 않게 나타날 수 있는가? 그럴 수가 없다. 여기에서 봉착하는 문제는 우리가 조건부효과들의 가설검정결과의 유형(추세)을 통합하여 질적으로(qualitatively) 조절효과에 대하여 아무것도 말할 수 없다는 것이다. 조절효과를 검정하는 경우에 중요한 점은 $X \rightarrow Y$효과가 어떤 W값(들)에서는 유의하고 다른 값(들)에서는 유의하지 않은지를 밝히는 것(탐색)이 아니라 X의 조건부 간접효과들이 서로 다른지(조절효과)를 알아보는 것이다. 유의성의 차이가 통계적으로 유의한 차이가 난다는 것을 의미하지는 않는다(Gelman & Stern, 2006).[7] 만일 X의 효과가 W에 의하여 조절되는지를 알고자 하는 경우에는 이러한 검정을 직접 실행해야 한다. 즉, X와 W 사이의 상호효과검정이 적절한 검정방법이 된다.

또한 b_3는 통계적으로 유의하여 X와 W의 상호효과가 확인되었지만 조절효과의 탐색결과 W의 어떠한 값에서도 X의 효과가 유의하지 않을 수도 있다. 어떻게 이러한 결과가 가능한 것인가? 하지만 다시 한 번 말하지만 조건부효과들의 검정에 대한 p값들은 조절효과에 관하여 아무것도 말해 주지 않는다. 유의성의 차이가 통계적으로 유의한 차이가 난다는 것을 의미하지는 않는다는 사실과 마찬가지로 두 조건부효과가 유의하지 않다는 사실이 두 조건부효과가 서로 동일하다는 것을 의미하지 않는다. X가 Y에 미치는 영향이 W에 의하여 선형적으로 조절된다면 W분포의 어딘가에서 X는 반드시 Y에 영향을 미쳐야 한다는 사실을 명심해야 한다.

귀무가설은 진실하다고 검정될 수가 없고 어떠한 검정도 의사결정오류의 위험을 안고 있다. 통계적 추론절차가 기본적으로 오류의 가능성이 있기 때문에 추론의 주요 원칙 중의 하나는 가능한 통계적 검정의 횟수를 최소화해야 한다. X와 W의 상호효과에 대한 단일의 검정(single test)은 X가 Y에 미치는 영향이 W에 의하여 조절되는지와 X의 두 조건부효과가 차이가 나는지를 동시에 검정

7) 이를 부연설명하면 두 조건부효과의 유의성(p값)이 서로 다르다고 해서 이들 두 유의성의 차이가 통계적으로 반드시 유의한 것은 아니라는 의미이다.

한다. 특정한 W값들에 대한 조건부효과들을 반복적으로 추정하여 가설검정하는 것은 적어도 두 개 이상의 검정을 실시하여 이들의 추론결과들을 짜 맞추는 것(piecing together)이다. 어떠한 가설검정도 오류의 가능성이 있다면 관심질문(X의 효과가 W에 의하여 조절되는가?)에 직합한 단일검정에 기초한 수장을 더 신뢰할 것인가 아니면 복수의 검정(그 어느 가설검정결과도 관심질문에 직접적으로 답하지 못하는)에 근거를 둔 주장을 더 신뢰할 것인가?

6.6 인위적 범주화와 하위집단분석

조절변수가 연속형 변수인 경우에 조절가설을 검정하는 방법을 모르는 연구자들은 흔히 익숙한 방법을 이용하여 자료를 분석하기 위하여 문제를 단순화하려고 시도한다. 이들이 가장 많이 사용하는 방법은 평균 또는 중위수 분할법(mean or median split)인데 이 방법은 연속형 조절변수의 평균 혹은 중위수 아래의 값들은 "낮은" 집단으로 분류하고 나머지는 "높은" 집단으로 분류한다. 이와 같이 집단을 분류한 후에 2×2 factorial ANOVA를 이용하여 이분형 변수로 변경된 W의 낮은 집단에 비하여 높은 집단에서 X가 Y에 차별적인 영향을 미치는지를 조사한다. 더 나쁜 방법은 두 집단별로 따로 개별적인 두 독립표본 t검정(two independent groups t-tests)을 실시하는 것이다.

성차별연구에서 연구주제는 성차별인식(W)이 다른 사람들 사이에서 항의여부(X)가 호감도(Y)에 차별적인 영향을 미치는지를 분석하는 것이다. 조절분석의 기본개념을 모르는 연구자는 성차별인식의 평균($\overline{W}$=5.117)을 이용하여 이보다 높은 피험자들은 높은 집단으로 분류하고 낮은 피험자들은 낮은 집단으로 분류할 것이다. 그리고 일단 피험자들을 분류하면 두 집단에 대하여 각각 독립표본 t검정을 실행하여 두 집단의 호감도의 평균을 비교한다. 이러한 방법을 사용하기 위한 SPSS syntax는 다음과 같다.

```
temporary.
select if(sexism<5.117).
ttest groups=protest(0,1)/variables=liking.
temporary.
select if(sexism>=5.117).
ttest groups=protest(0,1)/variables=liking.
```

위의 명령문을 실행한 결과 W가 낮은 집단($W < 5.117$)에서는 항의집단의 Y값($\overline{Y} = 5.534$, $SD = 0.883$)과 항의하지 않은 집단의 Y값($\overline{Y} = 5.649$, $SD = 0.882$)의 차이는 유의하지 않게 나타났다($t(61) = 0.495$, $p = .622$). 반면에 W가 높은 집단($W \geq 5.117$)에서는 항의집단의 Y값($\overline{Y} = 6.012$, $SD = 0.817$)이 항의하지 않은 집단의 Y값($\overline{Y} = 4.918$, $SD = 1.598$)보다 높게 나타났다($t(64) = -3.675$, $p = < .001$).

하지만 많은 연구와 문헌에서 이러한 방법의 사용에 반대하고 있다. 이러한 연속형 변수의 인위적 범주화(artificial categorization)는 거의 항상 옹호될 수 없다. 왜냐하면 두 집단으로 분류되는 기준인 분리점(split point : 평균 또는 중위수)은 인위적으로 결정되고 심리계량학적으로 의미 없는 집단을 생성하기 때문이며(왜 다른 기준이 아닌 평균 또는 중위수를 기준으로 분류하였는가?) 분리점 근처에 있는 사람들의 정보는 버리게 되고 통계적 검정력을 저하시키며 경우에 따라서는 제1종 오류를 증가시키기 때문이다. 인위적 범주화를 사용해서는 안 된다(Don't do this). 많은 선행연구들이 인위적 범주화의 사용을 반대하고 있다(Bissonnette, Ickes, Bernstein, & Knowles, 1990 ; Cohen, 1983 ; Hayes, 2005 ; Humphreys & Fleishman, 1974 ; Hunter & Schmidt, 1990 ; Hutchinson, 2003 ; Irwin & McClelland, 2002 ; MacCallum, Zhang, Preacher, & Rucker, 2002 ; Maxwell & Delaney, 1993 ; Newsom, Prigerson, Schultz, & Reynolds, 2003 ; Preacher, Rucker, MacCallum, & Nicewander, 2005 ; Royston, Altman, & Sauerbrei, 2006 ; Rucker, McShane, & Preacher, 2015 ; Sedney, 1981 ; Streiner, 2002 ; Vargha, Rudas, & Maxwell, 2011).

비록 인위적으로 분류된 집단이 심리계량적으로 의미가 있거나 집단이 자연적으로 존재(예 : 남성과 여성)하기 때문에 의미가 있다 해도 이러한 하위집단분석(subgroups analysis : 집단별 개별분석)은 X가 Y에 미치는 영향이 W에 의하여 달라지는지에 관한 조절작용을 실제로 검정하는 것이 아니다. 성차별연구에서 응답자들을 성차별인식이 높은 집단과 낮은 집단으로 분류할 수 있고 $\theta_{X \to Y} | W = high$

와 $\theta_{X\rightarrow Y}|W=low$의 수량화가 가능하다고 하자. 유의성 유형의 관점에서 두 독립표본 t검정의 결과는 4가지가 산출될 수 있다. 즉, $\theta_{X\rightarrow Y}|W=high$가 유의한 경우와 유의하지 않은 경우 그리고 $\theta_{X\rightarrow Y}|W=low$가 유의한 경우와 유의하지 않은 경우의 4가지 조합이 그것이다. 하지만 이러한 어느 유형도 ${}_T\theta_{X\rightarrow Y}|(W=high)={}_T\theta_{X\rightarrow Y}|(W=low)$에 관한 증거를 실제로 제공하지 않는다. 한 집단에서는 통계적으로 유의하고 다른 집단에서는 유의하지 않게 산출된 결과가 두 집단 간에 X의 효과의 차이가 발생했다는 사실을 의미하지는 않는다(Gelman & Stern, 2006). 동일한 논리로 두 집단의 조건부효과가 모두 유의하다는 결과가 두 집단 간에 통계적으로 유의한 차이가 발생하지 않았다는 것을 의미하지 않는다. 조절분석이 연구목적이라면 차이들의 차이(difference between differences)에 관한 공식적인 검정을 실행해야 한다. 하위집단분석은 이를 분석하지 않는다.

물론 W가 이분형 변수인 경우에 factorial ANOVA를 이용하여 조절변수가 높은 집단과 낮은 집단 간에 X의 조건부효과의 차이를 검정할 수 있다. factorial ANOVA 결과 통계적으로 유의한 상호작용이 나타나면 이는 $W=high$인 경우의 X의 단순효과가 $W=low$인 경우의 X의 단순효과와 다르다는 것을 의미한다. 성차별연구에서 성차별인식(W)을 평균을 중심으로 이분화한 후에 이원분산분석을 실시한 결과 상호효과가 유의하게 나타났다($F(1,\ 125)=10.236,\ p=.002$). 이러한 방법이 비록 하위집단 분석방법의 문제점[유의성의 차이가 차이의 유의성을 의미하지는 않는다[8](difference in significance does not imply significance of difference)]을 해결하기는 하지만 W의 인위적 분류시에 발생하는 문제점들을 모두 해결하는 것은 아니다. factorial ANOVA를 이용하여 X의 두 집단 간의 조건부효과의 차이를 검정하는 것은 W가 자연적으로 존재하는 범주(예 : 남성과 여성)이거나 실험적으로 생성된 범주(예 : 두 가지 실험상황)인 경우에 사용하는 것이 온전하게 적절한 방법이라고 할 수 있다.

---

8) 유의성의 차이는 W의 두 집단별로 개별적인 t검정을 실행한 경우에 두 집단의 유의성이 서로 다르게 나타나는 것을 의미하고 차이의 유의성은 두 집단을 동시에 분석하였을 때에 차이가 유의하다는 것을 의미한다.

CHAPTER 7

조절분석 원리의 확장

제6장에서 조절분석의 원리를 살펴보았다. 비조건부 회귀모형 $Y = i_Y + b_1X + b_2W + e_Y$에서 X가 Y에 미치는 영향은 W에 의존하지 않고 W가 Y에 미치는 영향도 X에 의존하지 않는다는 점에서 b_1과 b_2는 비조건부효과(unconditional effects)를 나타낸다. 이러한 비조건부모형에 XW를 추가한 회귀식 $Y = i_Y + b_1X + b_2W + b_3XW + e_Y$에서는 이러한 제약을 철회하여 X의 영향은 W에 의존하고 W의 영향도 X에 선형적으로 의존한다. 따라서 X의 Y에의 영향과 W의 Y에의 영향은 조건적이다.

제6장에서 토론한 모든 원리들은 본장에서 다룰 내용에 수정 없이 적용되기 때문에 제6장을 이해하고 있는 독자들에게 본장의 내용들의 일부분은 복습하는 느낌이 들 수도 있을 것이다. 본장에서는 조절변수가 이분형 변수 혹은 초점선행변수(focal antecedent variable)와 조절변수가 모두 연속형 변수인 모형을 다룰 예정이다. 그리고 2×2 factorial ANOVA는 하나의 이분형 변수가 결과변수에 미치는 영향이 또 다른 이분형 변수에 의하여 조절되는 다중회귀모형과 동일하다는 내용을 예시할 것이다. 후술하겠지만 이러한 등가성(equivalence)은 두 가지의 이분형 변수가 어떻게 코딩되느냐에 달려 있다. 이 모든 사례들에서 초점예측변수와 조절변수가 이분형 변수인지 연속형 변수인지에 관계없이 PROCESS는 쉽게 추정을 가능하게 하고 상호작용의 탐색과 해석을 용이하게 만들어준다.

7.1 조절변수가 이분형 변수인 경우의 조절분석

제6장의 성차별연구에서는 독립변수가 이분형 변수(항의여부에 대한 프레이밍)이고 조절변수는 연속형 변수(개인차이인 성차별인식 정도)를 이용하여 조절모형을 설정하였다. 분석결과 Catherine의 항의의사결정이 그녀의 호감도에 미치는 영향은 사람들이 성차별이 사회에 어느 정도 만연되어 있는가에 관한 믿음의 함수로서 호감도에 차별적인 영향을 미치는 것이 확인되었다. 즉, 항의행동이 호감도에 미치는 영향은 성차별을 강하게 인식하는 사람들 사이에서 상대적으로 더 크게 나타나는 조절효과가 확인되었다.

만일 관심의 초점이 사람들이 어떻게 행동하느냐(항의여부)가 어떻게 평가받는가(호감도)에 미치는 영향을 분석하는 것이 아니라 사람들의 신념(성차별인식)이 타인을 어떻게 평가하는가에 미치는 영향을 분석하는 것이라면 어떻게 변화될까? 이러한 질문은 단순회귀분석을 이용하여 쉽게 해결할 수 있다. 예를 들어 성차별연구에서 성차별에 관한 인식(X)과 Catherine의 호감도(Y)의 관계를 분석한다고 가정하자. 단순회귀분석에 의한 이들의 관계는 $\hat{Y} = 5.010 + 0.122X$로 나타나서 성차별인식이 한 단위 차이나는 두 사람이 호감도에 미치는 영향은 0.122 단위만큼 차이난다고 할 수 있다. 하지만 회귀계수는 비유의적으로 나타났기 때문에($t(127) = 1.304$, $p = .303$) 성차별인식이 호감도에 영향을 미친다고 주장할 수 있는 과학적 근거는 사라지게 된다.

물론 이러한 분석은 피험자의 일부는 성차별에 항의한 사람을 평가하라고 요구받은 반면에 다른 일부는 항의하지 않은 사람을 평가하라고 요구받았다는 사실을 무시한 것이다. 우리의 신념과 세상 사람들의 관점이 우리가 타인을 어

그림 7.1 성차별인식이 변호사의 행동에 따라 호감도에 미치는 영향에 관한 조절모형의 개념모형(panel A)과 통계모형(panel B)

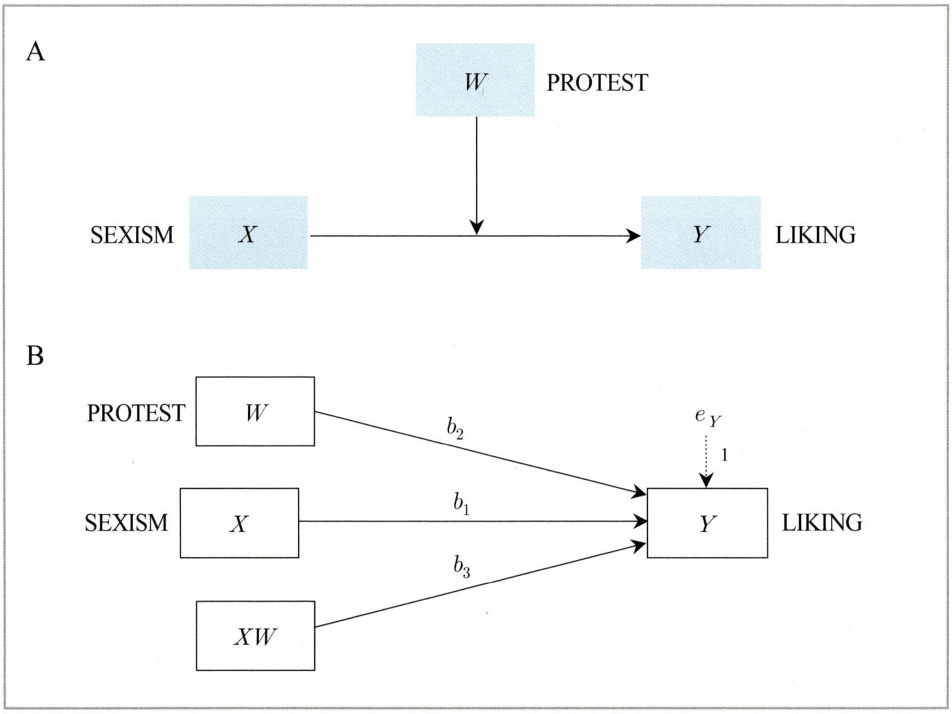

떻게 평가하느냐에 미치는 영향은 일부분 우리가 평가하는 사람들의 행동과 우리가 지니고 있는 신념의 조화에 달려 있다고 해도 과언이 아니다. 이러한 방식으로 사유한다면 성차별에 관한 믿음이 Catherine의 호감도에 미치는 영향은 Catherine의 성차별에 대한 행동에 의존한다고 볼 수 있을 것이다. 이러한 과정의 개념모형(panel A)과 통계모형(panel B)은 [그림 7.1]과 같다.

[그림 7.1]의 통계모형은 다음의 회귀식으로 표현된다.

$$Y = i_Y + b_1 X + b_2 W + b_3 XW + e_Y \tag{7.1}$$

식 (7.1)에서 초점선행변수는 연속형 변수로 개인차이 변수인 성차별인식(X)이고 조절변수는 이분형 변수인 항의여부(W)이다. 이러한 모형을 분석하기 위한 SPSS code는 다음과 같이 제6장에서 사용한 명령문과 동일하다.

```
compute prosex=protest*sexism.
regression/dep=liking/method=enter protest sexism prosex.
```

위의 회귀분석의 실행결과는 〈표 7.1〉에 나타나 있다.

그리고 PROCESS를 사용하면 쉽게 결과물을 얻을 수 있다. 하지만 여기에서는 제6장에서 사용한 syntax와는 다르게 다음과 같이 SEXISM을 X로 지정하고 PROTEST를 W로 지정해야 한다.

표 7.1 성차별인식이 호감도에 미치는 영향이 항의여부에 의하여 조절되는 조절효과에 관한 회귀분석결과

		Coeff.	*SE*	*t*	*p*
Intercept	i_Y	7.706	1.045	7.375	<.001
Modern Sexism Scale (X)	b_1	−0.473	0.204	−2.318	.022
Condition (W)	b_2	−3.773	1.254	−3.008	.003
Modern Sexism×Condition (XW)	b_3	0.834	0.244	3.422	.001
		$R^2 = 0.133$, $MSE = 0.978$			
		$F(3, 125) = 6.419$, $p < .001$			

process y=liking/x=sexism/w=protest/model=1/plot=1.

위의 syntax를 실행한 PROCESS 결과물은 [그림 7.2]에 제시되어 있다.

그림 7.2 성차별연구의 단순조절분석에 대한 PROCESS 결과물

```
Model  : 1
    Y  : liking
    X  : sexism
    W  : protest

Sample
Size:  129

**************************************************************************
OUTCOME VARIABLE:
 liking

Model Summary
              R       R-sq        MSE          F        df1        df2          p
          .3654      .1335      .9777     6.4190     3.0000   125.0000      .0004

Model
                  coeff         se          t          p       LLCI       ULCI
constant         7.7062     1.0449     7.3750      .0000     5.6382     9.7743
sexism   (b1)    -.4725      .2038    -2.3184      .0220     -.8758     -.0692
protest  (b2)   -3.7727     1.2541    -3.0084      .0032    -6.2546    -1.2907
Int_1    (b3)     .8336      .2436     3.4224      .0008      .3515     1.3156

Product terms key:
 Int_1    :        sexism   x        protest

Test(s) of highest order unconditional interaction(s):
           R2-chng          F        df1        df2          p
X*W          .0812    11.7126     1.0000   125.0000      .0008
----------
    Focal predict: sexism   (X)
          Mod var: protest  (W)

Conditional effects of the focal predictor at values of the moderator(s):
```

→ $\theta_{X \to Y}|W = b_1 + b_3 W$

```
           protest     Effect         se          t          p       LLCI       ULCI
             .0000     -.4725      .2038    -2.3184      .0220     -.8758     -.0692
            1.0000      .3611      .1334     2.7071      .0077      .0971      .6250

Data for visualizing the conditional effect of the focal predictor:
Paste text below into a SPSS syntax window and execute to produce plot.

DATA LIST FREE/
   sexism     protest     liking  .
BEGIN DATA.
     4.2500      .0000     5.6981
     5.1200      .0000     5.2871
```

```
     5.8960       .0000      4.9204
     4.2500      1.0000      5.4681
     5.1200      1.0000      5.7822
     5.8960      1.0000      6.0624
END DATA.
GRAPH/SCATTERPLOT=
 sexism   WITH     liking   BY       protest .

************************* ANALYSIS NOTES AND ERRORS *************************

Level of confidence for all confidence intervals in output:
  95.0000
```

위의 모형에 대한 최대적합(best fitting) OLS회귀모형은 다음과 같다.

$$\hat{Y} = 7.706 - 0.473X - 3.773W + 0.834XW$$

분석결과 XW의 회귀계수는 $b_3 = 0.834$로 나타났고 이는 통계적으로 유의하게 나타났다($t(125) = 3.4224,\ p < .001$). 따라서 성차별인식이 Catherine의 호감도 평가에 미치는 영향은 그녀가 성차별에 항의했는지의 여부에 의존한다고 할 수 있다. 그리고 Catherine이 항의하지 않았다고 들은 사람들($X=0$)에게서 성차별인식이 호감도에 영향을 미치는 조건부효과인 b_1($b_1 = -0.473,\ p = .022$)은 통계적으로 유의하게 나타났다. 그러므로 항의하지 않았다고 들은 사람들에게서 성차별 인식 정도가 한 단위 더 높은 사람들은 Catherine을 0.473단위만큼 덜 좋아한다고 해석할 수 있다. 그리고 성차별인식의 크기가 0인 사람들($W=0$)에게서 Catherine의 항의여부가 호감도에 영향을 미치는 조건부효과 b_2도 유의하게 나타났다. 하지만 $W=0$은 성차별 척도의 범위에 속하지 않기 때문에 b_2에 관한 유의성검정과 해석은 실질적으로는 의미가 없다.

이러한 분석결과는 〈표 6.2〉의 model 3과 동일한 것이다. 두 분석의 유일한 차이점은 분석목적, 즉 어느 변수가 초점선행변수이고 어느 변수가 조절변수인지에 관한 점이 다르다. 제6장의 분석에서는 이분형 변수인 항의여부가 초점변수인 반면에 여기에서는 초점변수가 연속형 변수인 성차별인식이다.

따라서 이 예제는 제6장에서 소개한 조절작용의 대칭속성(symmetry property of interactions)을 말해주고 있다. 식 (6.1)의 회귀모형은 X가 Y에 미치는 영향이 W에 의하여 조절되는 조절효과와 W가 Y에 미치는 영향이 X에 의하여 조절되는 조절효과를 동시에 추정하고 있다. ${}_Tb_3 = 0$의 귀무가설이 기각되면 두 가지 주장이 모두 채택된다고 할 수 있다. 연구결과의 해석은 연구자가 설정한 모형에 따라 다르게 해석하면 된다.

그래프와 상호작용의 탐색

여기에서의 모형은 제6장에서 추정된 모형과 동일하기 때문에 6.3절에서 서술한 절차가 그래프를 그리는 데에 동일하게 적용된다. 당연한 내용이지만 모형이 동일하기 때문에 그래프 또한 동일하다([그림 7.3]).

제6장([그림 6.5])에서 모형의 해석은 성차별인식의 다양한 값에서의 직선과 점선의 거리(차이)를 기준으로 이루어진다는 사실을 기억해야 한다. 하지만 여기에서는 조절변수가 항의여부(프레이밍)이기 때문에 두 직선의 기울기를 중심으로 해석해야 한다. [그림 7.3]에서 성차별인식과 호감도를 연결하는 기울기가 Catherine이 항의했다고 들은 집단에서는 양으로 나타났고 항의하지 않았다고 들은 집단에서는 음으로 나타났다. 따라서 항의했다고 들은 사람들에게서 성차별인식도가 더 높은 사람들이 호감도를 더 높게 평가하였고 항의하지 않았다고 들은 사람들에게서는 성차별인식도가 낮은 사람들이 호감도를 더 높게 평가한

그림 7.3 성차별인식(X)이 호감도(Y)에 미치는 영향이 성차별인식(W)에 의하여 조절되는 조절효과에 관한 그래프

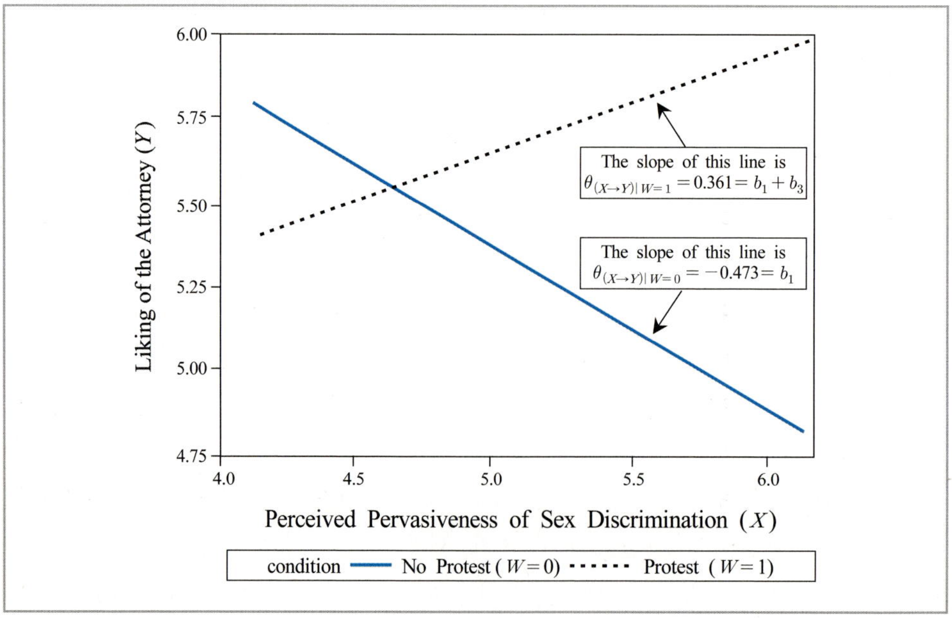

다고 해석할 수 있다.

이러한 직선의 기울기는 공식적으로 상호작용을 탐색함으로써 수량화할 수 있다. 조절변수가 이분형 변수인 경우에 사용할 수 있는 방법은 JN방법이 아닌 특정값 선택방법밖에 없다. 특정값 선택방법을 이용하여 W의 두 값(집단)에 대하여 초점선행변수 X가 결과변수 Y에 영향을 주는 조건부효과를 추정할 수 있다. 6.1절에서 사용한 방법과 동일하게 식 (7.1)은 다음과 같이 표현할 수 있다.

$$Y = i_Y + \theta_{X \to Y} X + b_2 W + e_Y$$

위의 식에서 $\theta_{X \to Y}$는 다음과 같다.

$$\theta_{X \to Y} = b_1 + b_3 W \tag{7.2}$$

식 (7.2)에 실험상황인 W의 각 값을 대입하면 X의 두 조건부효과를 얻을 수 있다. 즉, 항의하지 않은 집단($W=0$)의 X의 조건부효과는 다음과 같다.

$$\theta_{X \to Y}|(W=0) = b_1 + b_3(0) = b_1 = -0.473$$

또한 항의집단($W=1$)의 X의 조건부효과는 다음과 같이 계산된다.

$$\theta_{X \to Y}|(W=1) = b_1 + b_3(1) = b_1 + b_3 = -0.473 + 0.834 = 0.361$$

따라서 Catherine이 항의하지 않았다고 듣고 성차별인식의 크기가 한 단위 차이나는 두 사람 사이에서 성차별인식을 한 단위 더 크게 인식하는 사람은 평균적으로 Catherine을 0.473단위만큼 덜 좋아한다고 할 수 있다. 반면에 Catherine이 항의했다고 들은 사람들에게서는 성차별을 한 단위 더 크게 인식하는 사람은 Catherine을 평균적으로 0.361단위만큼 더 좋아하는 것으로 나타났다. 그리고 두 집단의 조건부효과의 차이는 $b_3 = 0.834$만큼 차이가 나기 때문에 b_3는 항의했다고 들은 집단의 조건부효과와 항의하지 않았다고 들은 집단 간의 조건부효과의 차이($b_3 = 0.361 - (-0.473) = 0.834$)라는 것을 알 수 있다. 이러한 내용은 PROCESS 결과물의 X의 Y에 대한 조건부효과(Conditional effects of the focal predictor at values of the moderator(s))에 나타나 있다.

상호작용의 탐색은 X의 조건부효과를 수량화하는 이상의 의미를 지니고 있다. 조건부효과의 추정 외에도 W의 두 값에서의 조건부효과가 통계적으로 유의한지를 확인히기 위한 추론검정을 실행해야 한다. 식 (6.11)을 이용하여 두 조건부효과의 표준오차를 계산한 후에 $t(df_{residual})$분포를 이용하여 p값을 계산할 수 있다. 하지만 이러한 과정은 많은 수작업이 수반된다.

회귀모형의 결과는 이미 $W=0$인 경우에 X가 Y에 영향을 미치는 조건부효과와 귀무가설 $_{T}b_1=0$의 검정결과를 제공하고 있다. [그림 7.2]의 PROCESS 결과물에서 $b_1=-0.473=\theta_{X\to Y}|W=0$, $t(125)=-2.318$, $p=.022$를 확인할 수 있고 또한 95% 신뢰구간이 [$-0.876\sim-0.069$]로 산출된 것을 알 수 있다. $W=0$은 항의하지 않은 집단을 의미하기 때문에 항의하지 않았다고 들은 사람들에게서 성차별인식과 호감도의 관계는 음수이고 또한 통계적으로 0과 다르다고 결론을 내린다.

따라서 조절변수가 이분형 변수인 경우에 한 집단을 $W=0$으로 코딩하면 X의 회귀계수는 해당집단($W=0$)의 X의 조건부효과를 추정하는 것이고 이에 관한 유의성검정결과도 얻을 수 있다. 하지만 회귀모형은 탐색작업을 완성시키는 데에 필요한 $W=1$인 경우의 X의 조건부효과에 관한 유의성검정결과는 제공하지 않는다. 우리는 이러한 조건부효과가 $b_1+b_3=0.361$이라는 것을 알고 있다. 하지만 이러한 조건부효과에 대한 유의성검정 혹은 구간추정치는 알 수 없다. 이러한 문제는 조절모형에서 회귀모형의 해석을 이해하면 쉽게 해결된다. 식 (7.1)에서 b_1은 $W=0$일 때에 X가 Y에 영향을 주는 조건부효과(항의하지 않은 집단에서 성차별인식이 호감도에 영향을 주는 조건부효과)이다. 하지만 항의하지 않은 집단을 $W=0$으로 코딩하고 항의집단을 $W=1$로 코딩하는 것은 완전히 임의적인 것이다. 여기에서 항의하지 않은 집단을 $W=1$로 코딩하고 항의집단을 $W=0$으로 코딩하면 식 (7.1)의 b_1은 Catherine이 항의했다고 들은 사람들($W=0$)에서 성차별인식이 호감도에 영향을 주는 조건부효과를 추정할 것이다. 이러한 역코딩은 $W'=1-W$의 변환을 통하여 이루어진다.

이러한 분석을 실행하기 위한 SPSS code는 다음과 같다.

```
compute protestp=1-protest.
compute prosex=protestp*sexism.
```

```
regression/dep=liking/method=enter sexism protestp prosex.
```

위의 code는 실험상황을 역으로 지정(0은 1로 1은 0으로 지정)하고 있다. 이러한 변수는 PROTESTP이고 아래의 회귀식에는 W'으로 표기되어 있다. 이러한 역코딩(reverse coding)을 반영한 회귀모형은 다음과 같다.

$$Y = i_Y + b_1 X + b_2 W' + b_3 X W' + e_Y$$

위의 회귀모형은 식 (7.1)에서 W가 W'으로 대체된 것이고 $W' = 1 - W$이다. 위의 회귀모형을 추정하면 다음의 회귀모형을 얻을 수 있다.

$$\hat{Y} = 3.934 + 0.361X + 3.773W' - 0.834XW'$$

위의 모형에서 $b_1 = 0.361$은 $W' = 0(W=1)$인 경우의 X가 Y에 미치는 조건부효과이다. 즉, $b_1 = \theta_{X \to Y}|(W' = 0) = \theta_{X \to Y}|(W = 1)$이다. 유의성검정결과 $t(125) = 2.707$, $p = .008$로 유의하게 나타났고 95% 신뢰구간은 [0.097～0.625]로 계산된다. 따라서 Catherine이 항의했다고 들은 사람들에게서 성차별인식과 호감도의 관계는 통계적으로 유의하게 양으로 나타났다고 할 수 있다.

위의 과정이 단순하게 보이지만 PROCESS를 사용하면 이러한 단순한 과정조차도 간편하게 해결할 수 있다. 왜냐하면 PROCESS는 이러한 특정값 선택방법의 결과를 자동적으로 알려주기 때문이다. PROCESS는 자료를 검토한 후 W값이 두 개의 값(0과 1)으로 구성되어 있는 경우에는 따로 지정하지 않아도 이들을 이분형 변수로 인식하여 두 집단에 관한 조건부효과를 추정한다. 이에 관한 결과는 [그림 7.2]의 “Conditional effects of the focal predictor at values of the moderator(s)” 부분에 제시되어 있다. PROCESS의 default에 의하여 $W = 0$인 경우와 $W = 1$인 경우의 X의 조건부효과와 표준오차 및 신뢰구간을 추정하여 제시한다.

6.5절에서 조절효과검정과 조절효과의 탐색과정은 다르다는 것을 알아보았다. 그리고 우리는 지금 항의여부의 프레이밍과 성차별인식의 유의한 상호효과의 탐색작업을 통하여 성차별인식과 호감도의 관계가 항의하지 않은 집단에서는 음수이고 항의집단에서는 양수로 유의하게 나타난 것을 확인하였다. 항의하

지 않은 집단에서는 $\theta_{X \to Y} = -0.473$이고 항의집단에서는 $\theta_{X \to Y} = 0.361$로 나타났다. 그렇다면 이 두 효과는 서로 다르다고 할 수 있는가? 대답은 "그렇다"이다. 추가적인 검정은 필요 없다. X가 Y에 미치는 영향이 W에 의하여 조절되는 조절효과검정은 어떠한(any) 두 W값에서의 두 조건부효과의 차이의 검정과 동일하다는 것을 명심해야 한다. 따라서 우리는 X와 W가 상호작용하기 때문에 이러한 두 조건부효과가 서로 다르다고 말할 수 있다.

그 이유를 명확하게 이해하기 위하여 b_3의 해석을 상기할 필요가 있다. b_3는 W가 한 단위 변화할 때에 X가 Y에 미치는 영향이 얼마나 변화하는지를 수량화한 것이다. 성차별연구에서 항의여부 프레이밍의 두 상황의 코딩값(0과 1)의 차이는 W의 한 단위 변화와 같다. $W=0$인 경우에 $\theta_{X \to Y} = -0.473$으로 계산된다. 그리고 W가 0에서 1로 한 단위 증가하면($W=1$) $\theta_{X \to Y} = 0.361$이다. 따라서 W가 한 단위 증가하면 X가 Y에 미치는 영향은 0.834단위만큼 증가하는데 이것이 바로 b_3이다. 우리는 b_3가 유의한 것을 확인하였기 때문에 X의 두 조건부효과는 통계적으로 서로 다르다고 결론을 내릴 수 있는 것이다.

7.2 독립변수와 조절변수가 모두 계량변수인 경우의 조절분석

지금까지 살펴본 조절분석 예제들은 모형 내에 이분형 변수가 포함된 조절가설을 검정하는 것이었다. 6.2절의 예제는 초점선행변수(항의여부의 프레이밍)가 이분형 변수이고 조절변수(성차별인식)는 연속형 변수이다. 7.1절에서는 이들 두 변수의 역할을 반대로 하여 항의여부의 프레이밍을 조절변수로 지정하고 성차별인식을 초점선행변수로 지정하였다. 본절에서는 두 변수 모두 연속형 변수를 사용하여 조절모형을 분석할 예정인데 조절분석의 논리는 동일하기 때문에 특별한 수정이 필요하지 않다.

여기에서 사용할 자료는 지구온난화에 관한 것으로 GLBWARM.sav로 지정되어 있다. 이 연구에서 피험자들은 지구기후변화를 완화시키려는 정부의 정책과 행동을 얼마나 지지하는지에 관하여 응답한다. 변수들로 먼저 지구기후변화의 위협에 대처하기 위한 정부정책을 어느 정도 지지하는가(GOVACT : 1 ; 매우 반대한다, 7 ; 매우 찬성한다)를 5개의 항목으로 측정하고 기후변화에 대한 부정적인 감정(NEGEMOT : 1 ; 전혀, 6 ; 매우)을 3개의 항목을 이용하여 측정한다. 그리고 기후변화에 대한 낙관적인 전망을 의미하는 기후변화의 긍정적인 감정(POSEMOT)을 3개의 항목들을 이용하여 측정하며 피험자들의 정치적 성향(IDEOLOGY : 1 ; 매우 진보적, 7 ; 매우 보수적)과 더불어 연령(AGE)과 성별(SEX)을 조사한다. 성별을 제외하고 각 변수들의 값이 크면 해당변수의 강도가 강한 것을 의미한다. 다중회귀분석결과 기후변화에 대하여 부정적인 감정을 느끼는 사람들은 긍정적 감정과 정치성향 및 성별 그리고 연령을 통제한 후에도 정부정책을 더 많이 지지하는 것으로 나타났다($b_1 = 0.441$, $p < .001$). 그리고 다중회귀모형은 부정적 감정의 영향이 모형 내의 다른 모든 변수들과는 독립적이라는 제약사항을 부과하고 있다. 이러한 제약은 비현실적일 수 있다. 여기의 조절분석에서는 부정적 감정이 정부정책지지도에 미치는 영향이 연령이 다른 사람들에게 서로 다르게 나타나는지를 검정할 것이다. 연령은 17세에서 87세 사이의 값을 갖는 계량변수이고 이들을 이용하여 정부정책지지도에 미치는 영향에 연령과 부정적 감정의 선형관계가 존재하는지를 조사할 것이다. 그리고 긍정적 감정과 정치성향 및 성별을 통제변수로 도입할 것이다.

이러한 모형의 개념모형과 통계모형은 [그림 7.4]에 제시되어 있다.

[그림 7.4]에서 초점선행변수는 부정적 감정(X)이고 조절변수는 연령(W)이며 이에 관한 선형회귀모형은 다음과 같다.

$$Y = i_Y + b_1 X + b_2 W + b_3 XW + b_4 C_1 + b_5 C_2 + b_6 C_3 + e_Y \tag{7.3}$$

식 (7.3)에서 X는 기후변화에 대한 부정적 감정(NEGEMOT)이고 W는 연령(AGE)이며 C_1, C_2, C_3는 각각 긍정적 감정(POSEMOT), 정치성향(IDEOLOGY) 및 성별(SEX)을 의미한다. 만일 b_3가 통계적으로 0과 다르다면 부정적 감정이 정부정책지지도에 미치는 영향이 연령에 의하여 조절된다는 것을 의미한다.

b_3는 X가 Y에 미치는 영향이 W에 의하여 조절되는지에 관한 조절작용을 추정하기 때문에 b_3에 관한 유의성검정은 상호효과에 대한 정당한 검정이라고 할 수 있다. 하지만 이 모형에는 해석에 의미가 없는 2개의 회귀계수를 포함하고 있다. 이 모형에서 b_1은 $W = 0$인 경우에 X가 Y에 미치는 영향을 추정한 것이

그림 7.4 세 가지 공변량을 포함한 지구온난화연구의 조절모형의 개념모형(panel A)과 통계모형(panel B)

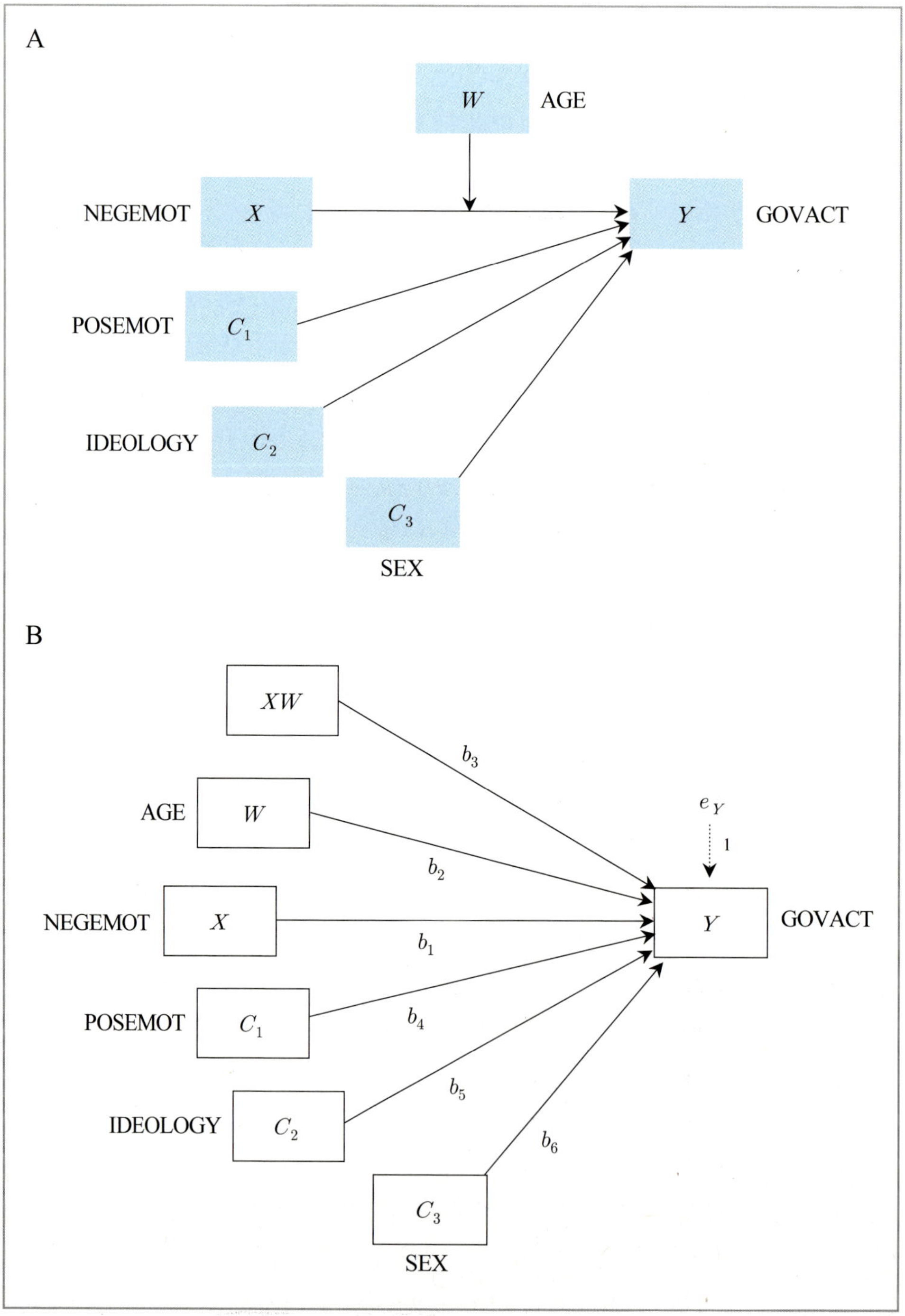

다. 이 연구에서 조절변수인 W는 연령이므로 b_1은 연령이 0이고 공변량들은 동일한 값을 가지면서 기후변화에 대한 부정적 감정이 한 단위 차이나는 두 사람의 정부정책지지도의 차이를 의미한다. 이는 당연히 상식에 어긋난다(nonsensical). 원리적으로는 연령이 0일 수 있지만 태어나지 않은 사람은 본 연구에 참여하지 않았고 자료에서 연령을 살펴보면 최소연령은 17세이다. 마찬가지로 b_2는 부정적 감정이 0이고 공변량들은 동일한 값을 가지면서 연령이 한 살 차이나는 두 사람의 정부정책지지도의 차이를 의미한다. 0은 부정적 감정의 측정척도 내에 포함되지 않기 때문에 b_2와 이에 관한 유의성검정은 전혀 의미가 없다. 하지만 연구자가 이들 계수가 의미가 없고 해석가능성이 없다는 사실을 알면 문제가 되지 않는다.[1] [그림 7.4]를 분석하기 위한 SPSS code는 다음과 같다.

```
compute negage=negemot*age.
regression/dep=govact/method=enter negemot age negage posemot ideology
             sex.
```

위의 code를 실행하면 다음의 회귀식을 얻을 수 있다.

$$\hat{Y} = 5.174 + 0.120X - 0.024W + 0.006XW - 0.021C_1 - 0.212C_2 - 0.011C_3$$

위의 추정회귀식에서 XW의 회귀계수인 b_3가 유의하게 양수로 나타났고 ($b_3 = 0.006,\ t(808) = 4.104,\ p < .001$) 이는 정부정책지지도의 분산의 1.25%를 설명하는 것으로 나타났다(PROCESS 결과물 참조).

PROCESS를 이용하면 SPSS보다 더 많은 정보를 얻을 수 있다. 즉, 회귀계수의 추정치뿐만 아니라 표준오차를 얻을 수 있고 연령의 다양한 값에서의 부정적 감정의 조건부효과를 얻을 수 있다. 또한 상호작용의 그래프를 그리기 위한 자료도 제공되고 상호작용의 탐색결과도 얻을 수 있으며 존슨-네이만 결과도 보여주고 상호항의 도입으로 인한 정부정책지지도의 분산의 설명비율도 알 수 있다. 위의 모형을 분석하기 위한 PROCESS syntax는 다음과 같다.

1) Hayes(2013)의 초판에서는 b_1과 b_2의 의미 있는 해석을 위하여 X와 W를 평균중심화하였는데 개정판(2018a)에서는 평균중심화를 실시하지 않았다. 왜냐하면 연구자의 관심사가 조절효과라면 평균중심화가 b_3의 추론검정에 영향을 미치지 않기 때문이다.

```
process y=govact/x=negemot/w=age/cov=posemot ideology sex/model=1
        /jn=1/plot=1.
```

위의 PROCESS 결과물을 해석하기 위해서는 추가 옵션이 필요하다. PROCESS의 default에 의하여 연령의 16th, 50th 및 84th 백분위에 해당하는 사람들 사이에서 부정적 감정이 정부정책지지도에 미치는 조건부효과가 산출된다. 이에 해당하는 연령은 각각 30세, 51세 및 67세이다. 만일 moments=1 옵션($\overline{W}-1SD_W$, $\overline{W}$, $\overline{W}+1SD$)을 사용한다면 33.205세, 49.536세 및 65.867세로 계산된다. 이러한 숫자는 매끄러운 숫자가 아니기 때문에 연령을 30세, 50세 및 70세로 지정하기로 한다. 이러한 연령에 해당하는 조건부효과를 얻기 위해서는 아래와 같이 wmodval 옵션을 사용하면 된다.[2)]

```
process y=govact/x=negemot/w=age/cov=posemot ideology sex/model=1
        /jn=1/plot=1/wmodval=30,50,70.
```

위의 syntax를 실행하면 [그림 7.5]의 결과물을 얻을 수 있다.

그림 7.5 지구온난화연구의 단순조절분석에 대한 PROCESS 결과물

```
Model  : 1
    Y  : govact
    X  : negemot
    W  : age

Covariates:
 posemot  ideology sex

Sample
Size:  815

**************************************************************************
OUTCOME VARIABLE:
 govact

Model Summary
                R       R-sq       MSE         F        df1        df2         p
            .6331      .4008    1.1172   90.0798     6.0000   808.0000     .0000
```

2) PROCESS의 dialog box에서 moments=1 옵션을 사용하기 위해서는 Options에서 Conditioning values를 −1SD, Mean, +1SD로 지정하면 된다. 하지만 wmodval 옵션은 syntax 명령문에서만 사용할 수 있다.

```
Model
                     coeff         se          t          p       LLCI       ULCI
constant            5.1738      .3385    15.2868      .0000     4.5095     5.8382
negemot   (b1)       .1196      .0825     1.4489      .1478     -.0424      .2816
age       (b2)      -.0239      .0060    -3.9929      .0001     -.0356     -.0121
Int_1     (b3)       .0063      .0015     4.1035      .0000      .0033      .0094
posemot   (b4)      -.0214      .0279     -.7676      .4430     -.0762      .0334
ideology  (b5)      -.2115      .0268    -7.8827      .0000     -.2642     -.1588
sex       (b6)      -.0112      .0760     -.1472      .8830     -.1604      .1380

Product terms key:
 Int_1    :        negemot  x        age

Test(s) of highest order unconditional interaction(s):
        R2-chng          F        df1        df2          p
X*W       .0125    16.8391     1.0000   808.0000      .0000
----------
    Focal predict: negemot  (X)
          Mod var: age      (W)

Conditional effects of the focal predictor at values of the moderator(s):
```

$\rightarrow \theta_{X \rightarrow Y} | W = b_1 + b_3 W$

```
          age     Effect         se          t          p       LLCI       ULCI
      30.0000      .3095      .0413     7.4875      .0000      .2284      .3906
      50.0000      .4361      .0262    16.6444      .0000      .3847      .4876
      70.0000      .5627      .0396    14.2090      .0000      .4850      .6405

There are no statistical significance transition points within the observed
range of the moderator found using the Johnson-Neyman method.

Conditional effect of focal predictor at values of the moderator:
          age     Effect         se          t          p       LLCI       ULCI
      17.0000      .2272      .0583     3.8999      .0001      .1128      .3416
      20.5000      .2494      .0535     4.6618      .0000      .1444      .3544
      24.0000      .2715      .0489     5.5579      .0000      .1756      .3674
      27.5000      .2937      .0444     6.6161      .0000      .2065      .3808
      31.0000      .3158      .0402     7.8656      .0000      .2370      .3947
      34.5000      .3380      .0362     9.3288      .0000      .2669      .4091
      38.0000      .3602      .0327    11.0033      .0000      .2959      .4244
      41.5000      .3823      .0298    12.8272      .0000      .3238      .4408
      45.0000      .4045      .0276    14.6371      .0000      .3502      .4587
      48.5000      .4266      .0264    16.1576      .0000      .3748      .4785
      52.0000      .4488      .0263    17.0964      .0000      .3973      .5003
      55.5000      .4709      .0272    17.3205      .0000      .4176      .5243
      59.0000      .4931      .0291    16.9350      .0000      .4359      .5503
      62.5000      .5153      .0319    16.1758      .0000      .4527      .5778
      66.0000      .5374      .0352    15.2628      .0000      .4683      .6065
      69.5000      .5596      .0390    14.3374      .0000      .4830      .6362
      73.0000      .5817      .0432    13.4703      .0000      .4970      .6665
      76.5000      .6039      .0476    12.6885      .0000      .5105      .6973
      80.0000      .6260      .0522    11.9961      .0000      .5236      .7285
      83.5000      .6482      .0569    11.3874      .0000      .5365      .7599
      87.0000      .6704      .0618    10.8529      .0000      .5491      .7916

Data for visualizing the conditional effect of the focal predictor:
```

```
Paste text below into a SPSS syntax window and execute to produce plot.

DATA LIST FREE/
   negemot      age          govact  .
BEGIN DATA.
     1.6700     30.0000      4.0381
     3.6700     30.0000      4.6571
     5.3300     30.0000      5.1709
     1.6700     50.0000      3.7720
     3.6700     50.0000      4.6442
     5.3300     50.0000      5.3682
     1.6700     70.0000      3.5058
     3.6700     70.0000      4.6313
     5.3300     70.0000      5.5654
END DATA.
GRAPH/SCATTERPLOT=
 negemot   WITH      govact    BY        age  .

************************* ANALYSIS NOTES AND ERRORS *************************

Level of confidence for all confidence intervals in output:
  95.0000
```

7.2.1 회귀계수의 해석

매개분석과 마찬가지로 조절분석에서도 회귀계수의 해석은 매우 중요한 사항이며 오류가 가장 많은 부분 중의 하나라고 할 수 있다. 특히 본 예제처럼 통제변수가 포함된 경우에는 더욱 그러하다. 상호항이 포함된 경우와 포함되지 않은 경우를 구분하여 회귀계수를 해석해야 하는데 이러한 해석은 모형이 더욱 복잡해지는 경우(다중조절모형)와 조절된 매개분석에 대비하여 완벽하게 숙지해야 한다.

PROCESS 결과물에서 지구온난화연구의 추정회귀식은 다음과 같다.

$$\hat{Y} = 5.174 + 0.120X - 0.024W + 0.006XW - 0.021C_1 - 0.212C_2 - 0.011C_3$$

결과물에서 가장 관심을 두는 것은 부정적 감정과 연령의 상호항의 회귀계수 b_3인데 이는 통계적으로 유의한 양의 값($b_3 = 0.006$, $t(808) = 4.104$, $p < .001$)으로 나타났다. 따라서 부정적 감정이 정부정책지지도에 미치는 영향은 연령에 의존한다고 결론지을 수 있다. 즉, 부정적 감정이 증가하면 정부정책지지도가 증가하는데 연령이 증가하면 이러한 증가경향은 더욱 커진다는 것을 의미한다. 그리고 결과물에서 이러한 상호항(XW)은 정부정책지지도의 분산을 1.25%만큼 유의

하게 설명(accounts for about 1.25% of the variance in support for government action)하는 것으로 나타났다($\Delta R^2 = 0.0125$, $p < .001$).

그리고 부정적 감정이 정부정책지지도에 미치는 조건부효과인 b_1도 유의하게 나타났다. 따라서 연령이 0이고 긍정적 감정(POSEMOT)과 성별(SEX) 및 정치성향(IDEOLOGY)이 동일한 사람들에게서 부정적 감정이 한 단위 차이나는 두 사람의 정부정책지지도는 부정적 감정이 한 단위 더 큰 사람의 정부정책지지도가 $b_1 = 0.120$단위만큼 유의하게($p < .001$) 더 크다고 해석된다.

연령의 계수인 b_2는 부정적 감정의 값이 0이면서 긍정적 감정과 정치성향 및 성별이 동일한 사람들에게서 연령이 한 살 차이나는 두 사람 중에서 나이가 한 살 더 많은 사람의 정부정책지지도는 0.024단위만큼 작다고 해석된다($b_2 = -0.024$, $p < .001$).

하지만 b_1과 b_2는 각각 연령이 0이고 부정적 감정이 0인 경우로 해석하는데 이들은 자료범위 내에 있지 않기 때문에 실질적인 의미는 없다. 따라서 이들을 해석가능한 계수로 만들기 위해서는 X와 W를 평균중심화해야 한다. 평균중심화하면 b_1은 "평균연령인 경우에"로 b_2는 "부정적 감정이 평균값인 경우에"로 해석한다.

통제변수들 중에서 정치적 성향의 계수 b_5($b_5 = -0.212$, $p < .001$)는 연령과 긍정적 감정 및 부정적 감정 그리고 성별을 일정한 값으로 유지하면서(통제한 상태에서, 동일한 사람들에게서) 정치적으로 더 보수적인 사람들(자료에서 "1"은 자유주의 성향이 강하고 "7"은 보수주의 성향이 강한 것을 의미)이 정부정책을 0.212단위만큼 덜 지지한다고 해석한다. b_4와 b_6의 해석은 b_5의 해석과 동일하다. 즉, 긍정적 감정의 계수 b_4($b_4 = -0.021$, $p = .443$)는 연령 및 부정적 감정 그리고 성별 및 정치적 성향이 동일한 사람들에서 긍정적 감정이 한 단위 차이나는 두 사람 중에서 긍정적 감정이 한 단위 더 큰 사람의 정부정책지지도는 0.021단위만큼 작다는 것을 의미하고 성별의 계수 b_6($b_6 = -0.011$, $p = .883$)는 연령과 부정적 감정 그리고 긍정적 감정 및 정치적 성향이 동일한 사람들에서 남성($C_3 = 1$)이 여성보다 정부정책지지도가 0.011단위만큼 작다는 것을 의미한다. 하지만 b_4와 b_6의 계수는 유의하지 않게 나타났다.

존슨-네이만 분석결과 $X \rightarrow Y$의 영향(조건부효과)이 유의한 구간과 유의하지 않은 구간의 구분이 나타나지 않았다(no statistical significance transition points). 이러한 결과는 W의 전 구간에서 X가 Y에 미치는 조건부효과가 유의하거나 유의하지 않은 경우에 나타난다. W의 세 가지 값(30세, 50세 및 70세)에서도 X가 Y에 미치는 영향이 모두 유의하게 양으로 나타났다. 또한 W값이 증가함에 따라 X가 Y에 미치는 영향이 점점 증가(0.391→0.563)하는 것을 확인할 수 있다. 따라서 W의 전 영역에서 $X \to Y$의 조건부효과가 유의하다고 결론지을 수 있다.

PROCESS는 SPSS와 SAS의 회귀분석에서 알 수 있는 것보다 더 많은 정보를 제공한다. 모형의 추정 및 회귀계수 그리고 표준오차 등과 더불어 PROCESS는 자동적으로 연령의 각 값에서의 부정적 감정의 조건부효과, 상호효과의 그래프를 그리기 위한 자료, 상호효과의 추가탐색을 위한 JN방법, 상호효과가 유의한 구간에 속하는 응답자의 비율을 제공하며 초점선행변수와 조절변수의 평균중심화도 가능하게 해준다. 평균중심화를 시행하면 상호 항을 형성하는 모든 변수들 중에서 연속형 변수만 평균중심화할 수 있고 다른 변수들은 원래의 척도를 유지시켜 준다. 그리고 모든 결과물들의 효과는 각각 평균중심화값 혹은 원자룟값을 토대로 해석해야 한다.

7.2.2 그래프를 이용한 시각화

상호작용의 시각적 도식화는 6.3절과 동일한 절차를 이용하지만 여기의 모형은 공변량들을 포함하고 있기 때문에 추가적인 절차가 필요하다. 첫째, X와 W값의 조합을 상호작용의 그래프에 포함시킨다. 이들 값이 자료의 범위 내에 속하면 어느 값을 선택해도 관계없다. 즉, 여러 백분위값들, 최댓값과 최솟값, 표본평균±1SD값 등 어떠한 값도 사용할 수 있다. 상호작용의 탐색을 위하여 특정값 선택방법을 사용하는 경우에는 추정하고자 하는 X의 조건부효과를 산출하는 W값들을 선택하면 된다.

둘째, 최대적합 회귀모형을 사용하여 선택된 X와 W값의 조합에 대한 $\hat{Y}$을 산출한다. 하지만 모형에는 세 개의 공변량들이 포함되어 있기 때문에 이들을 특정값으로 고정시켜야 한다. 일반적으로 공변량들은 공변량들의 표본평균으로 고정시킨다. 지구온난화연구에서 이들의 표본평균은 $\overline{C}_1 = 3.132$, $\overline{C}_2 = 4.083$, $\overline{C}_3 = 0.488$로 계산된다. 따라서 공변량들을 표본평균으로 고정시킨 경우에 X와 W값에 대한 $\hat{Y}$은 다음과 같이 계산된다.

$$\begin{aligned}\hat{Y} &= 5.174 + 0.120X - 0.024W + 0.006XW - 0.021(3.132) \\ &\quad - 0.212(4.083) - 0.011(0.488) \\ &= 4.237 + 0.120X - 0.024W + 0.006XW\end{aligned}$$

얼핏 보면 이상하게 보일지 몰라도 이분형 공변량(성별)의 경우에도 표본평균을 사용할 수 있다. 만일 이분형 변수가 0과 1의 값을 가진다면 표본평균은 1로 코딩된 집단의 사례수의 비율로 계산된다. 하지만 집단이 어떻게 코딩되어 있든(심지어는 표본평균이 아무런 의미가 없다 해도) 이러한 표본평균을 사용할 수 있다. 이러한 과정을 거치면 X와 W 및 $\hat{Y}$에 관한 자료집합이 구성되고 이러한 자료집합을 이용하여 상호작용의 그래프를 그릴 수 있다.

PROCESS는 위의 과정을 밟는 번거로움을 덜어 준다. plot=1 옵션을 사용하면 모든 공변량들을 표본평균으로 고정시킨 후에 초점선행변수와 조절변수의 조합들에 대응되는 $\hat{Y}$값들을 산출해 준다. 이러한 결과는 [그림 7.5]의 맨 아랫부분의 "Data for visualizing the conditional effect of the focal predictor"에 다음과 같이 제시되어 있다.

```
DATA LIST FREE/
   negemot     age     govact .
BEGIN DATA.
     1.6700    30.0000    4.0381
     3.6700    30.0000    4.6571
     5.3300    30.0000    5.1709
     1.6700    50.0000    3.7720
     3.6700    50.0000    4.6442
     5.3300    50.0000    5.3682
     1.6700    70.0000    3.5058
     3.6700    70.0000    4.6313
     5.3300    70.0000    5.5654
END DATA.
GRAPH/SCATTERPLOT=
 negemot   WITH     govact   BY   age.
```

결과물에 제시된 위의 내용들을 복사하여 PROCESS syntax 명령문 아래에 붙여 넣은 후에 syntax를 실행하면 원하는 그래프를 얻을 수 있다.

위의 명령문을 실행한 결과는 [그림 7.6]과 같다.

[그림 7.6]에서 지구기후변화에 대한 부정적 감정이 기후변화를 완화시키려는 정부정책지지도에 미치는 영향은 연령에 관계없이 모두 양수로 나타났다. 하지만 부정적 감정과 정부정책지지도를 연결시키는 직선의 기울기는 고연령층에서 더 가파르게 나타났다. 즉, 저연령층(30세)보다 고연령층(70세)에서 부정적 감정의 영향이 더 크다는 것을 알 수 있다.

그림 7.6 부정적 감정(X)이 정부정책지지도에 미치는 영향이 연령에 의하여 조절되는 조절효과의 시각적 도식

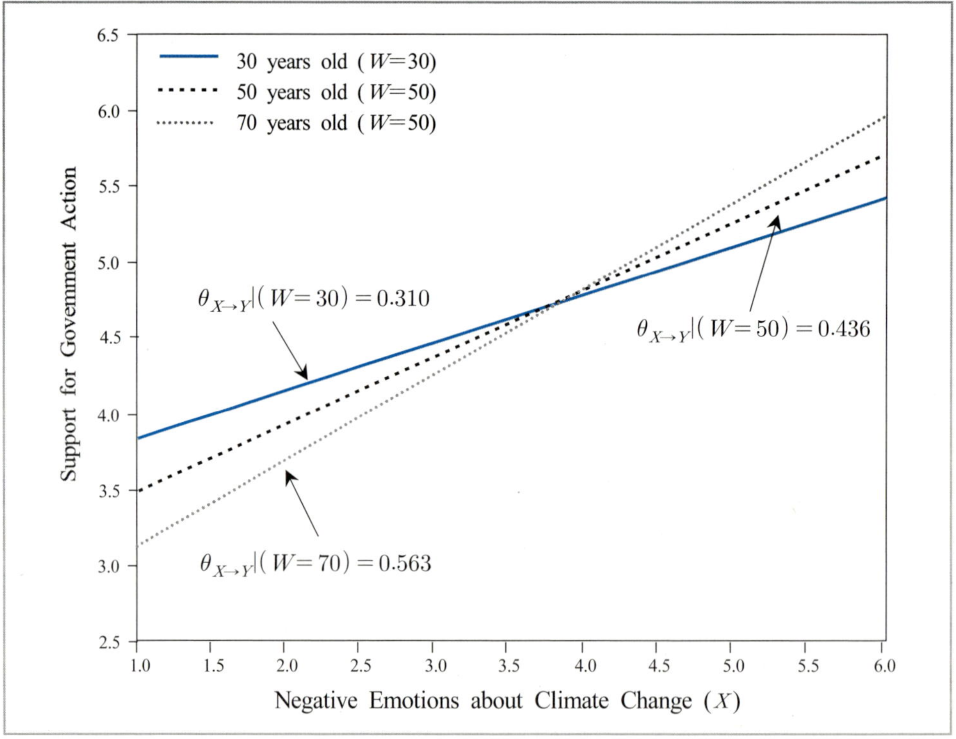

7.2.3 조절효과의 탐색

[그림 7.6]의 직선들의 기울기는 임의로 선택한 W값들에 대한 $\theta_{X\to Y}$(조건부효과)이다. 단순기울기(simple slopes)라고도 부르는 이러한 X의 조건부효과들은 공식적으로 수량화할 수 있고 특정값 선택방법을 이용하여 추론검정을 실행할 수 있다. 이러한 회귀모형은 다음과 같다.

$$Y = i_Y + b_1 X + b_2 W + b_3 XW + b_4 C_1 + b_5 C_2 + b_6 C_3 + e_Y$$

위의 회귀모형은 다음과 같이 표현할 수 있다.

$$Y = i_Y + (b_1 + b_3 W)X + b_2 W + b_4 C_1 + b_5 C_2 + b_6 C_3 + e_Y$$

또는 다음과 같이 나타낼 수 있다.

$$Y = i_Y + \theta_{X\to Y} X + b_2 W + b_4 C_1 + b_5 C_2 + b_6 C_3 + e_Y$$

위의 회귀식에서 $\theta_{X\to Y} = b_1 + b_3 W$이고 회귀계수를 대입하면 $\theta_{X\to Y} = 0.120 + 0.006W$로 계산된다. 이 식에 W의 여러 값들을 대입하면 해당 W값에서의 X의 조건부효과들이 산출된다. 이러한 W값 이외에 어떠한 값을 대입해도 무방하다. W값의 선택과는 관계없이 일단 사용되는 W값에 대한 $\theta_{X\to Y}$가 산출되면 식 (6.11)을 이용하여 표준오차가 계산되고 $t(df_{residual})$분포를 이용하여 p값도 계산된다.

PROCESS를 이용하면 이러한 모든 과정을 거쳐서 조건부효과가 계산되고 결과물의 "Conditional effects of the focal predictor at values of the moderator(s)" 부분에 결과가 제시된다. wmodval 옵션을 사용하였기 때문에 연령이 30세와 50세 및 70세인 경우의 조건부효과를 제시한다. [그림 7.5]의 결과물에서 이러한 연령에서의 조건부효과는 각각 0.310과 0.436 및 0.563으로 계산되었고 이들은 모두 통계적으로 유의하게 나타났다($ps < .001$). 이러한 값들이 [그림 7.6]의 직선들의 기울기에 해당한다.

조절변수가 계량변수이기 때문에 6.4절에서 설명한 존슨-네이만 방법의 결과도 얻을 수 있다. 이 방법을 사용하면 상호작용의 탐색을 위하여 조절변수의 임의의 값들을 선택할 필요가 없다. 지구온난화연구의 JN결과물을 살펴보면 유의수준 $\alpha = 0.05$하에서 부정적 감정이 정부정책지지도에 미치는 영향이 유의한 구간과 유의하지 않은 구간으로 구분되지 않고 조절변수의 전체 영역에서 유의하게 나타난 것을 확인할 수 있다. 이러한 내용은 특정값 선택방법의 결과와 동일한 것이다.

7.3 위계적 회귀분석과 동시분석

회귀분석을 이용한 조절분석에서 많은 연구자들은 지금까지 살펴본 방법과는 약간 다른 방법을 사용하고 있다. 즉, X와 W를 포함하고 있는 회귀모형에 XW를 추가로 투입한 회귀모형을 설정하는 방법인 위계적 회귀분석(hierarchical regression analysis)이다. 이 모형의 목적은 X가 Y에 미치는 영향에 관하여 XW를 도입하지 않은 비조건부모형보다 XW를 도입한 조건부모형이 더 적합한지를 검정하는 것이다. 이 모형의 논리는 조건부모형이 비조건부모형보다 Y의 분산을 더 잘 설명하는 경우에는 조건부모형이 더 적합하다는 것이다. 이 방법은 일견 일리가 있는 것 같지만 조절가설을 검정하는 경우에 이 방법이 필요하다고 생각하는 광범위하게 퍼져 있는 신화(myth)일 뿐이다.

위계적 회귀분석을 이용하여 X가 Y에 미치는 영향을 W가 조절하는지를 검정하기 위해서는 Y에 대한 모형이 단계별로 설정된다. 제1단계에서는 XW를 제외하고 X와 W 및 다른 모든 추가변수들(예 : 성별과 연령 등과 기타의 공변량)을 투입한 모형(모형 1)에서 Y를 추정한다. 모형 1에서 얻어진 다중상관자승(squared multiple correlation)을 R_1^2이라고 하자. 제2단계의 모형 2에서 XW를 추가로 투입하는데 이 경우의 다중상관자승을 R_2^2이라고 하자. X가 Y에 미치는 영향을 W가 선형적으로 조절하지 않는다는 귀무가설하에서는 모형 2의 적합도가 모형 1보다 증가하지 않아야 한다. 즉, 귀무가설이 맞는다면 XW의 도입은 모형 1에서 도입되지 않은 Y의 개인적인 차이에 관한 추가적인 새로운 정보를 제공하는 모형을 만들어내지 못할 것이다. 다중상관자승의 차이($\Delta R^2 = R_2^2 - R_1^2$)는 모형 2가 모형 1보다 얼마나 더 적합한 모형인지에 관한 서술적인 측정치(descriptive measure)이다.

모형에 변수가 추가되면 R^2은 감소하는 경우는 없기 때문에 $\Delta R^2 \geq 0$은 항상 성립한다. 비록 귀무가설이 맞는 경우에도 서술적인 관점에서 모형 2가 모형 1보다 더 적합하게 나타날 수도 있다. 과학에서는 이러한 그럴듯한 설명(plausible explanation)인 우연성을 배제시켜야 하기 때문에 연구의 초점은 모형 2가 더 적합한지가 아니라 우연성에 의하여 기대할 수 있는 것 이상으로 모형 2가 더 적합하게 나타났는지를 규명하는 것이고 이는 p값을 이용하여 이루어진다. 모형 2가 모형 1보다 우연성에 의하여 설명되는 것 이상으로 더 적합한지에 관한 검정은 다음의 식 (7.4)를 이용하여 이루어진다.

$$F(m,\ df_{residual_2}) = \frac{df_{residual_2}(R_2^2 - R_1^2)}{m(1 - R_2^2)} \tag{7.4}$$

위의 식은 회귀모형에서 m개의 모든 선행변수들의 편회귀계수(partial regression coefficients)가 0이라는 귀무가설을 검정하기 위한 F값을 산출하는 것이다. 식 (7.4)에서 R_1^2와 R_2^2는 각각 Model 1과 Model 2의 다중상관자승값이고 $df_{residual_2}$는 Model 2의 잔차자유도이다. 그리고 R^2의 차이를 F값으로 전환하여($m=1$) F분포($F(1,\ df_{residual_2})$)에서 p값을 계산하여 검정한다.

성차별연구에서 위계적 투입(hierarchical entry)방법을 이용하여 X와 W만을 투입하여 Y를 추정하는 모형(모형 1)의 적합도는 $R_1^2 = 0.052$이고 XW를 추가한 경우(모형 2)에는 $R_2^2 = 0.133$으로 나타났기 때문에 $\Delta R^2 = 0.133 - 0.052 = 0.081$이다. $df_{residual_2} = 125$이므로 $F(1,\ 125) = 11.713,\ p = .001$로 계산되어[3] 귀무가설이 기각된다. 이러한 가설검정결과는 Catherine의 항의여부가 그녀의 호감도에 미치는 영향은 성차별인식에 의존한다는 것을 알려주는 것이다.

F값을 계산하는 다른 방법으로 protest와 sexism의 상호항(prosex)을 생성한 후에 다음과 같은 SPSS syntax를 이용하여 계산할 수도 있다.

---

3) F값은 다음과 같이 계산된다. $F(1,\ 125) = \frac{125(0.133 - 0.052)}{1(1 - 0.133)} = 11.678$. 위의 값과의 차이는 소수점 때문이다.

```
compute prosex=protest*sexism.
regression/statistics defaults change/dep=liking/method=enter protest sexism/
                                                  /method=enter prosex.
```

비록 위계적 회귀분석이 효력은 있지만 이러한 방법은 불필요하다. 왜냐하면 이러한 방법은 회귀식 $\hat{Y}= i_Y + b_1X + b_2W + b_3XW$를 이용하여 $_Tb_3 = 0$을 검정한 결과와 동일한 의사결정을 할 수 있기 때문이다. ΔR^2의 F값은 b_3/se_{b_3}의 자승(즉, $F = t^2_{b_3}$)과 같고 F값과 t값은 동일한 p값을 가진다. [그림 7.2]에서 b_3의 t 통계량은 3.4224이고 이를 제곱하면 $F = 11.713$이 된다. 이들은 수학적으로 동일하고 항상 동일한 결과를 산출하기 때문에 이들을 모두 분석하여 두 가지 결과를 제시할 필요가 없다.

위계적 회귀분석이 XW에 의하여 고유하게 설명되는 Y의 분산비율인 ΔR^2을 제공하기 때문에 장점이 있다고 주장할 수도 있다. 하지만 ΔR^2은 XW의 부분상관(part correlation)의 자승과 같고 위계적 회귀분석을 실시하지 않아도 대부분의 회귀분석프로그램에서 각 변수의 부분상관계수에 관한 결과를 제공하고 있다.[4] 만일 수작업으로 ΔR^2을 계산하는 경우에는 X와 W 및 XW를 선행변수로 투입한 회귀모형($Y = i_Y + b_1X + b_2W + b_3XW + e_Y$)에서 제공하는 값들을 다음의 공식에 대입하면 된다.

$$\Delta R^2 = \frac{t^2_{b_3}(1 - R^2)}{df_{residual}} = \frac{3.422^2(1 - 0.133)}{125} = 0.081$$

PROCESS에서는 단순조절모형의 상호효과에 관한 ΔR^2의 결과를 "Test(s) of highest order unconditional interaction(s)" 부분에 자동적으로 제공하고 있다. [그림 7.2]에서 $\Delta R^2 = 0.081$로 나타나 있다. PROCESS는 또한 ΔR^2에 대한 F값과 p값도 제시해 주는데 이는 b_3에 대한 t값 및 p값의 정보와 동일하다.

연구자가 위계적 회귀분석을 사용할 수도 있는 두 가지 상황이 있다. 첫째,

---

4) SPSS에서 부분상관계수를 얻기 위해서는 X와 W 및 XW를 독립변수로 투입하고 회귀분석의 통계량(statistics)에서 부분상관(part) 및 편상관(partial)을 선택하면 XW의 편상관과 부분상관계수를 확인할 수 있다. 성차별연구에서 부분상관은 0.285이고 편상관은 0.293으로 산출된다. 따라서 $\Delta R^2 = 0.285^2 = 0.081$이 계산된다.

때로는 연구결과의 서술관점에서 두 번째 단계인 조절모형의 추정결과를 언급하기 전에 X의 비조건부효과를 먼저 제시하는 것이 편리한 경우가 있다. 둘째, X가 Y에 영향을 미치는 조절효과를 수량화하는 데에 두 개 이상의 회귀계수가 필요한 경우가 있다. 예를 들어 X 또는 W가 k개의 다항범주형 척도로 구성되어 있는 경우에 위계적 회귀분석은 모든 $k-1$개의 상호항이 0이라는 귀무가설을 동시에 검정할 수 있는 용이한 방법이 될 수 있다. 이러한 절차에 대해서는 장을 달리하여 다룰 것이다.

7.4 조절회귀분석과 2×2 factorial ANOVA의 동질성

어떤 연구자들은 하나의 특정분석방법만이 인과관계를 추론하는 중요한 방법이라는 잘못된 믿음을 가지고 있다. 이런 논리로 실험주의자들(experimentalists)은 다중회귀분석이 인과관계를 설정하지 않는 상관연구(correlational study)에만 사용되기 때문에 ANOVA를 사용해야 한다고 주장한다. 하지만 이러한 관점은 이미 잘못된 것이라고 판명이 되었다. 회귀분석은 실험자료(experimental data)의 분석에도 사용될 수 있는 정당한 방법이다. 정당한 방법뿐만 아니라 분산분석은 단지 다중회귀분석의 특수한 형태이다(analysis of variance is just a special case of multiple regression). 따라서 실험연구에서 인과관계추론(cause and effect inference)을 실시하는 경우에 ANOVA를 사용해야 한다는 믿음은 잘못된 것이다. 추론은 수학이 아니라 마음의 산물(products of mind)이라는 것을 명심해야 한다. 통계방법이 인과추론을 생성시키는 것이 아니라 추론은 통계모형이 산출하는 결과의 해석과 자료수집방법에서 발생하는 것이다.

본절에서는 XW가 포함된 조절회귀분석(moderated regression analysis)과 실험자료를 분석하는 경우에 가장 많이 사용하는 2×2 factorial ANOVA의 동질성(equivalence)에 대하여 알아본다. 중요한 사실은 이러한 동질성은 X와 W가 어떻게 코딩되었는가에 달려 있다는 점이다. 따라서 이러한 중요한 전제를 간과하면 회귀계수의 잘못된 해석을 가져오고 연구결과를 잘못 보고하는 결과를 초래하게 된다.

본절의 분석을 위하여 Hayes & Reineke(2007)의 연구 자료를 이용하기로 한다. 자료파일은 CASKETS.sav로 지정되어 있다. 이 연구는 미국의 오하이오 주에 살고 있는 541명의 주민들에게 2004년의 미국 대선 직후에 전화로 설문조사를 실시한 것이다. 이 조사에서 이라크 전쟁에서 사망하고 매장을 위하여 미국으로 돌아온 미국인들의 유해를 담고 있는 관(casket)의 이미지에 대한 관심도(1점에서 5점 사이로 측정하였고 값이 크면 더 큰 관심을 의미함)를 측정하였다. 이러한 질문 이전에 피험자들을 두 가지 실험상황에 무작위배정하였는데, 피험자들의 절반에게는 기자들이 이러한 이미지가 기록된 장소에 접근하지 못하도록 제한하는 Bush행정부의 정책을 알려주고 나머지 절반에게는 이러한 정보를 제공하지 않았다. 또한 피험자들이 2004년 대선에서 Bush를 지지했는지 혹은 매사추세츠의 상원의원인 Kerry를 지지했는지를 조사하였다.

본 연구에서 종속변수(Y)는 관심도(INTEREST)이다. 나머지 두 변수 중에서 한 변수는 정책정보조건(POLICY : 정보제공집단은 1이고 미제공집단은 0)이고 다른 변수는 지지후보(KERRY : Kerry후보 지지집단은 1이고 Bush후보 지지집단은 0)이다. 이 연구의 목적은 Bush행정부의 정책정보 제공여부가 관심도에 미치는 영향이 지지후보에 따라 달라지는지를 분석하는 것이다. 따라서 초점선행변수(X)는 정책정보이고 조절변수(W)는 지지후보이며 X와 W는 모두 이분형 변수이다.

이러한 연구 과제를 분석하는 전형적인 방법은 거의 모든 기초통계학 서적에 소개되어 있는 것처럼 X와 W가 모두 이분형 변수인 경우의 factorial ANOVA이다. 이러한 factorial ANOVA를 이용하여 X와 W의 Y에 대한 주효과(main effect)와 상호효과(interactive effect)를 추정한다. 그리고 이 모형은 각 변수(요인)의 처치수준(treatment level)이 두 가지이고 피험자들은 이들의 조합인 네 가지 cell 중 하나의 cell에만 배정되기 때문에 2×2 집단 간(between-participants) factorial ANOVA라고 할 수 있다.

이러한 2×2 factorial ANOVA를 실행하기 위한 SPSS code는 다음과 같다.

```
unianova interest BY policy kerry/emmeans=tables(policy)/emmeans=tables
        (kerry)/emmeans=tables(policy*kerry).
```

위의 code를 실행하면 〈표 7.2〉와 〈표 7.3〉의 결과를 얻을 수 있다.

표 7.2 정책정보연구의 집단별 관심도

Candidate Supported (W)	Information about Policy (X)		Marginal Means
	No	Yes	
Bush	$\overline{Y}_1 = 1.784$	$\overline{Y}_2 = 1.397$	$\overline{Y}_{12} = 1.590$
Kerry	$\overline{Y}_3 = 2.384$	$\overline{Y}_4 = 2.357$	$\overline{Y}_{34} = 2.370$
Marginal Means	$\overline{Y}_{13} = 2.084$	$\overline{Y}_{24} = 1.877$	

표 7.3 정책정보연구의 2×2 집단 간 factorial ANOVA의 요약표

Source	*SS*	*df*	*MS*	*F*	*p*
Policy Information (X)	5.759	1	5.759	5.394	.021
Candidate Supported (W)	82.110	1	82.110	76.906	<.001
Interaction ($X \times W$)	4.372	1	4.372	4.095	.044
Error	573.338	537	1.068		

〈표 7.3〉에서 정책정보(X)의 주효과는 통계적으로 유의하게 나타났다[$F(1, 537) = 5.394$, $p = .021$]. 이러한 X의 주효과 추정치는 〈표 7.2〉를 이용하여 두 가지 방법으로 계산할 수 있다. 첫째, X의 비가중평균 단순효과(unweighted average simple effect)이다. 단순효과는 〈표 7.2〉의 행 혹은 열에 조건 지어진 평균차이(mean difference conditioned on a row or column)이다. 따라서 Kerry지지자들의 정책정보의 단순효과는 $\overline{Y}_4 - \overline{Y}_3 = 2.357 - 2.384 = -0.027$이고 Bush지지자들의 정책정보의 단순효과는 $\overline{Y}_2 - \overline{Y}_1 = 1.397 - 1.784 = -0.387$이 된다. 그러므로 X의 주효과는 다음과 같다.

$$X\text{의 주효과} = \frac{(\overline{Y}_4 - \overline{Y}_3) + (\overline{Y}_2 - \overline{Y}_1)}{2} = \frac{-0.027 - 0.387}{2} = -0.207$$

둘째, 이러한 주효과는 또한 X의 주변평균들(marginal means : 또는 한계평균)의 차이라고 표현할 수 있는데 주변평균이란 2×2 table인 〈표 7.2〉의 특정 행 혹은 열의 cell 평균들의 비가중평균을 의미한다. 예를 들어 정책정보를 들은 상황의 주변평균은 $\overline{Y}_{24} = (\overline{Y}_2 + \overline{Y}_4)/2 = (1.397 + 2.357)/2 = 1.877$이고 정책정보

를 듣지 않은 상황의 주변평균은 $\overline{Y}_{13} = (\overline{Y}_1 + \overline{Y}_3)/2 = (1.784 + 2.384)/2 = 2.084$이다. 이러한 평균들의 차이인 X의 주효과는 다음과 같다.

$$X\text{의 주효과} = \overline{Y}_{24} - \overline{Y}_{13} - 1.877 - 2.084 -- 0.207$$

X의 주효과(-0.207)가 통계적으로 유의하다는 것은 정책정보를 제공받은 피험자들은 제공받지 않은 피험자들에 비해서 이미지를 보고 싶어 하는 관심도가 0.207단위만큼 낮다는 것을 의미한다.

지지후보의 주효과 역시 통계적으로 유의하게 나타났다[$F(1, 537) = 76.906$, $p < .001$]. 이러한 주효과 역시 지지후보가 관심도에 영향을 미치는 비가중평균 단순효과로 표현하거나 지지후보의 주변평균들의 차이로 나타낼 수 있다. 정책정보를 제공받은 사람들의 지지후보의 단순효과는 $\overline{Y}_4 - \overline{Y}_2 = 2.357 - 1.397 = 0.960$이고 정책정보를 제공받지 않은 사람들의 지지후보의 단순효과는 $\overline{Y}_3 - \overline{Y}_1 = 2.384 - 1.784 = 0.600$이다. 따라서 W의 주효과는 다음과 같다.

$$\begin{aligned} W\text{의 주효과} &= \frac{(\overline{Y}_4 - \overline{Y}_2) + (\overline{Y}_3 - \overline{Y}_1)}{2} \\ &= \frac{0.960 + 0.600}{2} = 0.780 \end{aligned}$$

이는 또한 다음과 같이 지지후보의 주변평균들의 차이와 같다.

$$\begin{aligned} W\text{의 주효과} &= \overline{Y}_{34} - \overline{Y}_{12} \\ &= 2.370 - 1.590 = 0.780 \end{aligned}$$

따라서 Kerry지지자들은 Bush지지자들에 비하여 평균적으로 관 이미지를 보려는 관심도가 0.780단위만큼 더 크다는 것을 알 수 있다.

연구목적의 초점인 정책정보와 지지후보의 상호효과($F(1, 537) = 4.095$, $p = .044$)도 통계적으로 유의하게 나타났다. 이는 정책정보의 제공여부(X)가 관심도(Y)에 미치는 영향은 2004년 대선에서 누구를 지지했느냐(W)에 의해 조절되는 것을 의미한다. 그리고 상호효과의 대칭성원칙(symmetry property of interactions)에 따라서 독립변수와 조절변수를 상호교환하면 Kerry지지자들과 Bush지지자들의 관심도의 차이는 정책정보의 제공여부에 의존한다고도 해석할 수 있다.

2×2 factorial ANOVA에서 상호효과 혹은 조절효과는 한 변수의 다른 변수에서의 처치수준들 간의 단순효과의 차이로 수량화된다. 만일 지지후보를 조절변수로 도입하는 경우에 상호효과가 유의하게 나타난다면 이는 Kerry지지자들 사이에서의 정책정보의 단순효과가 Bush지지자들의 정책정보의 단순효과와 다르다는 것을 의미한다. Kerry지지자들 사이에서의 정책정보의 단순효과는 $\overline{Y}_4 - \overline{Y}_3 = 2.357 - 2.384 = -0.027$이고 Bush지지자들의 정책정보의 단순효과는 $\overline{Y}_2 - \overline{Y}_1 = 1.397 - 1.784 = -0.387$이 된다. 따라서 상호효과는 다음과 같다.

$$X \times W \text{ 상호효과} = (\overline{Y}_4 - \overline{Y}_3) - (\overline{Y}_2 - \overline{Y}_1) = -0.027 - (-0.387) = 0.360$$

역시 대칭성원칙에 따라 지지후보 대신 정책정보를 조절변수로 도입하여 상호효과가 유의하게 나타난다면 정책정보를 제공받은 사람들의 지지후보의 단순효과($\overline{Y}_4 - \overline{Y}_2 = 2.357 - 1.397 = 0.960$)는 정책정보를 제공받지 않은 사람들의 지지후보의 단순효과($\overline{Y}_3 - \overline{Y}_1 = 2.384 - 1.784 = 0.600$)와 다르다는 것을 의미한다. 즉, 이러한 상호효과의 크기는 다음과 같다.

$$X \times W \text{ 상호효과} = (\overline{Y}_4 - \overline{Y}_2) - (\overline{Y}_3 - \overline{Y}_1) = 0.960 - 0.600 = 0.360$$

7.4.1 단순효과 모수화

2×2 factorial ANOVA는 예측변수들이 이분형 변수인 경우에 사용하는 다중회귀분석의 특수한 형태에 지나지 않는다. 즉, X와 W의 주효과와 상호효과는 회귀식 $Y = i_Y + b_1X + b_2W + b_3XW + e_Y$로 표현할 수 있다. 하지만 이러한 회귀식에서의 b_1과 b_2가 factorial ANOVA에서의 주효과와 동일한지의 여부는 X와 W가 어떻게 코딩되어 있느냐에 따라 달라지기 때문에 주의해야 한다.

2004 대선자료에서 정책정보변수(POLICY)와 지지후보변수(KERRY)는 모두 0과 1의 더미변수(dummy-coded variable)로 구성되어 있다. 더미변수를 이용하여 Y를 X와 W 및 XW에 회귀시킨 결과가 〈표 7.4〉의 모형 1에 제시되어 있다.

표 7.4 2×2 설계의 단순효과 모수화와 주효과 모수화의 회귀분석결과(정책정보 연구)

		Coeff.	SE	t	p
Model 1 : Simple Effect Parameterization					
R^2=0.138, MSE=1.068					
Intercept	i_Y	1.784	0.089	19.952	<.001
Policy Information (X)	b_1	−0.387	0.127	−3.045	.002
Candidate Supported (W)	b_2	0.600	0.128	4.709	<.001
Information×Candidate Supported	b_3	0.360	0.178	2.024	.044
Model 2 : Main Effect Parameterization					
R^2=0.138, MSE=1.068					
Intercept	i_Y	1.980	0.045	44.521	<.001
Policy Information (X)	b_1	−0.207	0.089	−2.322	.021
Candidate Supported (W)	b_2	0.780	0.089	8.770	.001
Information×Candidate Supported	b_3	0.360	0.178	2.024	.044

모형 1에서 b_1과 b_2는 2×2 factorial ANOVA에서의 X와 W의 주효과와 같지 않기 때문에 이들을 주효과로 해석해서는 안 된다. 오히려 X와 W가 더미변수이고 XW가 회귀모형에 선행변수로 도입되었기 때문에 이는 2×2 설계의 단순효과 모수화(simple effects parameterization) 모형에 해당한다. 이 모형에서 b_1은 $W=0$인 경우의 X의 단순효과를 의미하고 b_2는 $X=0$인 경우의 W의 단순효과를 의미한다. 이들은 지금까지 조건부효과라고 불렀던 개념과 동일한 것이다. 즉, b_1는 $W=0$(Bush지지자들)인 경우의 X(정책정보)의 효과를 추정한 것이고 b_2는 $X=0$(정책정보의 미제공)인 경우의 W(지지후보)의 효과를 추정한 것이다. 이러한 b_1과 b_2는 다음과 같이 〈표 7.4〉의 단순효과에 해당하는 값이다.

$$b_1 = \overline{Y}_2 - \overline{Y}_1 = 1.397 - 1.784 = -0.387$$
$$b_2 = \overline{Y}_3 - \overline{Y}_1 = 2.384 - 1.784 = 0.600$$

b_1과 b_2의 t값과 p값들은 모집단의 단순효과가 0이라는 귀무가설을 검정하는 데에 사용된다. 따라서 X와 W가 더미변수인 경우에 b_1과 b_2를 주효과의 검

정으로 해석하는 것은 그릇된 방법이다. 이들은 주효과가 아니라 단순효과 혹은 조건부효과인 것이다. 하지만 단순효과 모수화 모형에서 b_3는 다음과 같이 W의 두 집단에서의 X의 단순효과들의 차이(difference between the simple effects of X at levels of W)로 정의되는, ANOVA에서의 X와 W의 상호효과를 추정한다.

$$b_3 = (\overline{Y}_4 - \overline{Y}_3) - (\overline{Y}_2 - \overline{Y}_1) = (2.357 - 2.384) - (1.397 - 1.784) = 0.360$$

또는 다음과 같이 X의 두 집단에서의 W의 단순효과들의 차이라고도 할 수 있다.

$$b_3 = (\overline{Y}_4 - \overline{Y}_2) - (\overline{Y}_3 - \overline{Y}_1) = (2.357 - 1.397) - (2.384 - 1.784) = 0.360$$

이 모형에서의 b_3의 t통계량은 ANOVA분석결과의 상호효과의 F값의 제곱근과 동일한 값($t_{b_3} = \sqrt{F_{XW}} = \sqrt{4.095} = 2.024$)을 가지며 p값($p = .044$)도 동일하다. 따라서 이들은 수학적으로 동일한 검정이라고 할 수 있다.

7.4.2 주효과 모수화

2×2 ANOVA에서의 주효과는 단순효과 모수화가 아닌 주효과 모수화(main effects parameterization)를 사용하여 선형회귀분석에서 재생할 수 있다. 이러한 과정은 X와 W를 0과 1의 더미코딩이 아니고 −0.5와 +0.5로 코딩한 후에 이루어진다. 주효과 모수화에 의한 회귀분석결과가 〈표 7.4〉의 모형 2에 나타나 있다.

〈표 7.4〉의 모형 2에서 b_1과 b_2는 각각 X와 W의 주효과를 추정하고 이들은 다음과 같이 계산된다.

$$b_1 = \frac{(\overline{Y}_4 - \overline{Y}_3) + (\overline{Y}_2 - \overline{Y}_1)}{2} = \frac{(2.357 - 2.384) + (1.397 - 1.784)}{2} = -0.207$$

$$b_2 = \frac{(\overline{Y}_4 - \overline{Y}_2) + (\overline{Y}_3 - \overline{Y}_1)}{2} = \frac{(2.357 - 1.397) + (2.384 - 1.784)}{2} = 0.780$$

위의 결과는 ANOVA분석의 X와 W의 주효과와 같은 개념이다. 또한 회귀계수들의 t통계량들은 ANOVA분석결과에서의 해당 F값들의 제곱근과 같고($t_{b_1}=\sqrt{F_X}=\sqrt{5.394}=2.322$, $t_{b_2}=\sqrt{F_W}=\sqrt{76.906}=8.770$) 회귀분석에서의 p값은 ANOVA에서의 p값과 동일하다. 이들 두 방법은 수학적으로 동일한 분석방법이기 때문에 동일한 결과를 산출해낸다.

X와 W를 더미변수에서 -0.5와 $+0.5$로 변환시키면 더미코딩방법에 비하여 b_1과 b_2는 변화하지만 b_3는 코딩방법이 변화한다고 해도 전혀 달라지지 않는다. 〈표 7.4〉의 모형 2의 결과에서 b_3값과 b_3의 t값과 p값은 단순효과 모수화 방법의 결과 및 〈표 7.3〉의 ANOVA 결과와 동일하다.

요약하면 2×2 factorial 설계를 분석함에 있어서 ANOVA방법이 다중회귀분석방법보다 더 적합하다는 주장은 합리적이지 않다. factorial ANOVA방법은 단지 예측변수들이 명목척도인 회귀분석의 특수한 형태이다. 하지만 주의할 점은 상호항을 구성하는 변수들의 계수가 단순효과가 아니라 주효과로 해석될 수 있도록 모형을 주효과 모수화해야 한다.

7.4.3 PROCESS를 이용한 2×2 집단 간 factorial ANOVA 분석

PROCESS는 2×2 factorial ANOVA를 분석함과 동시에 특별한 명령문이 없어도 단순효과의 추정과 검정을 통하여 상호작용의 탐색작업을 수행한다. 정책정보연구에서 POLICY와 KERRY 변수들이 더미코딩되어 있기 때문에 PROCESS를 이용한 분석을 실시하기 위해서는 먼저 이들을 -0.5와 $+0.5$로 전환해야 한다. 즉, 각 변숫값에서 0.5를 차감해야 한다. 이러한 과정을 수행하기 위한 SPSS code는 다음과 같다.

```
compute kerryc=kerry-0.5.
compute policyc=policy-0.5.
process y=interest/x=policyc/w=kerryc/model=1/plot=1.
```

위의 code를 실행하면 새로운 변수 kerryc와 policyc가 자료파일에 생성된다. 그리고 분석결과는 [그림 7.7]에 제시되어 있다.

그림 7.7 정책정보연구의 주효과 모수화를 이용한 PROCESS 결과물

```
Model  : 1
    Y  : interest
    X  : policyc
    W  : kerryc

Sample
Size:  541

**************************************************************************
OUTCOME VARIABLE:
 interest

Model Summary
              R       R-sq       MSE         F        df1        df2          p
          .3711      .1378    1.0677   28.5965     3.0000   537.0000      .0000

Model
                    coeff         se          t          p       LLCI       ULCI
constant           1.9803      .0445    44.5209      .0000     1.8930     2.0677
policyc  (b1)      -.2066      .0890    -2.3224      .0206     -.3814     -.0318
kerryc   (b2)       .7802      .0890     8.7696      .0000      .6054      .9549
Int_1    (b3)       .3601      .1779     2.0236      .0435      .0105      .7096

Product terms key:
 Int_1    :        policyc  x        kerryc

Test(s) of highest order unconditional interaction(s):
          R2-chng          F        df1        df2          p
X*W         .0066     4.0951     1.0000   537.0000      .0435
----------
    Focal predict: policyc  (X)
          Mod va: kerryc   (W)

Conditional effects of the focal predictor at values of the moderator(s):
```

$\rightarrow \theta_{X \rightarrow Y} = b_1 + b_3 W$

```
          kerryc     Effect         se          t          p       LLCI       ULCI
          -.5000     -.3866      .1270    -3.0454      .0024     -.6360     -.1372
           .5000     -.0266      .1247     -.2132      .8312     -.2715      .2183

Data for visualizing the conditional effect of the focal predictor:
Paste text below into a SPSS syntax window and execute to produce plot.

DATA LIST FREE/
   policyc    kerryc     interest    .
BEGIN DATA.
         -.5000   -.5000   1.7836
          .5000   -.5000   1.3969
         -.5000    .5000   2.3837
          .5000    .5000   2.3571
END DATA.
GRAPH/SCATTERPLOT=
 policyc  WITH     interest BY       kerryc    .

************************* ANALYSIS NOTES AND ERRORS *************************

Level of confidence for all confidence intervals in output:
  95.0000
```

두 변수가 −0.5와 +0.5로 코딩되어 있기 때문에 PROCESS는 주효과 모수화에 해당하는 모형을 추정한다. POLICY와 KERRY가 0과 1로 코딩되면 단순효과 모수화에 관한 결과물을 제시한다.

PROCESS는 주효과 및 상호효과와 더불어 특정값 선택방법을 이용하여 W의 각 수준(집단)에서의 단순효과를 추정한다. 또한 plot=1 옵션은 cell 평균들을 산출해 준다. PROCESS 결과물의 "Conditional effects of the focal predictor at values of the moderator(s)" 부분에서 정책정보의 단순효과는 Bush지지자들(KERRY=−0.5) 사이에서 통계적으로 유의하게 나타났다[$\theta_{X\to Y}|(W=-0.5)=-0.387$, $t(537)=-3.045$, $p=.002$]. 즉, Bush지지자들 중에서 정책정보를 들은 사람들의 관심도(평균=1.397)는 정책정보를 제공받지 않은 사람들의 관심도(평균=1.784)보다 낮게 나타났다. 반면에 Kerry지지자들(KERRY=+0.5) 중에서 정책정보를 제공받은 사람들의 관심도(평균=2.357)와 정보를 제공받지 않은 사람들의 관심도(평균=2.384)는 유의한 차이가 나타나지 않았다[$\theta_{X\to Y}|(W=0.5)=-0.027$, $t(537)=-0.213$, $p=.831$].

이러한 단순효과분석법을 이용하면 자료를 Bush지지자들과 Kerry지지자들로 분류하여 각 집단별로 개별 t검정(separate t-tests)을 실시할 필요가 없다. 이러한 개별 t검정은 PROCESS에서 실시하는 방법보다 검정력이 낮다. PROCESS의 방법과 같이 회귀분석에 기반을 둔 절차는 조절변수의 개별집단이 아닌 전체 표본($n=541$)에 근거한 추정치들로부터 산출된 전체 모형의 평균차이에 관한 정보를 제공한다.

지지후보자를 X로 지정하고 정책정보 상황을 W로 지정한 단순효과분석은 X와 W의 역할을 반대로 지정하여 실행할 수 있다. 또한 cov 옵션을 이용하여 공변량(들)을 모형에 도입한 후에 2×2 factorial 공분산분석(2×2 factorial ANCOVA)을 실행할 수도 있다.

CHAPTER 8

조절분석의 기타주제와 조절분석의 추가확장

8.1 평균중심화에 대한 진실과 신화
8.2 조절분석에서 표준화회귀계수의 추정과 해석
8.3 조절변수가 두 개인 경우의 조절분석
8.4 조건부효과들의 비교
8.5 조절변수가 모두 계량변수인 경우의 조절된 조절모형

본장의 앞부분은 조절분석을 실행하는 경우에 반드시 거쳐야 한다고 생각하는 개념들이 실제로는 신화에 가깝다는 내용을 다룬다(신화 타파 : mythbusting). 이러한 신화에는 회귀모형에서 상호항의 추정 전에 X와 W를 평균중심화 또는 표준화해야 한다는 내용 그리고 표준화회귀계수가 더 의미가 있기 때문에 조절분석의 결과보고시에 표준화계수를 보고해야 한다는 내용 등이 있다. 이 외에도 조절변수가 2개인 경우의 고차상호작용(higher-order interaction)도 살펴볼 것이다. 이러한 고차상호작용에는 가산다중조절(additive multiple moderation)모형과 조절된 조절모형(moderated moderation model)이 있다. 이러한 분석은 PROCESS를 이용하면 모두 쉽게 분석할 수 있다.

8.1 평균중심화에 대한 진실과 신화

상호항 XW를 선행변수로 포함한 모형에서 X와 W를 평균중심화해야 하는지에 관하여 연구문헌에서 야단법석을 떨고 있다. 즉, $Y = i_Y + b_1X + b_2W + b_3XW$의 회귀식을 추정하기보다 다음과 같은 회귀식을 추정해야 한다는 것이다.

$$Y = i_Y + b_1(X - \overline{X}) + b_2(W - \overline{W}) + b_3(X - \overline{X})(W - \overline{W}) + e_Y \qquad (8.1)$$

식 (8.1)을 더 간단히 표현하면 다음과 같다.

$$Y = i_Y + b_1X' + b_2W' + b_3X'W' + e_Y \qquad (8.2)$$

식 (8.2)에서 $X - \overline{X} = X'$이고 $W - \overline{W} = W'$이다. 위의 식은 상호항 XW의 생성 전에 X와 W에서 각각의 표본평균을 차감한 변수로 구성된 조절모형(평균중심화된 초점선행변수와 조절변수로 구성된 조절모형)을 정상적인 조절모형으로 생각하는 것이다. 평균중심화의 사용은 적극 권장되어 왔고(Aiken & West, 1991 ; Cohen et al., 2003) 평균중심화의 필요성에 대하여 여러 근거들이 제시되어 왔다.

이들 중 가장 많은 오해를 불러일으키는 설명으로 X와 W는 XW와 상관관계가 높을 가능성이 있고 이는 다중공선성(multicollinearity)으로 인한 추정문제를 발생시킬 수 있으며 회귀계수의 잘못된 추정과 표준오차의 증가 및 상호항의 통계적 검정에서 검정력의 저하를 가져온다는 것이다. 하지만 이러한 내용은 대부분 신화(myth)에 지나지 않는다. 평균중심화의 이점이 있기는 하지만 평균중심화가 반드시 필요하다거나 평균중심화를 하지 않으면 조절분석의 잘못된 추론을 가져온다는 주장 그리고 회귀계수가 이상해지거나 해석불가능하다는 것은 그릇된 것이다. 이하에서는 Hayes(2013, 2018a)의 주장을 중심으로 살펴보기로 한다.

평균중심화의 신화를 깨뜨리기 위하여 X와 W의 평균중심화 이전과 이후의 결과를 비교할 것이다. 지구온난화연구 자료(GLBWARM.sav)를 이용하여 부정적 감정(X)이 정부정책지지도(Y)에 미치는 영향이 연령(W)에 따라 달라지는지에 관한 분석결과가 〈표 8.1〉에 제시되어 있다. 모형 1은 X와 W를 평균중심화하지 않고 원자료를 이용한 분석결과이고 모형 2는 X와 W를 평균중심화한 경우의 결과이다.

〈표 8.1〉의 모형 2를 분석하기 위한 SPSS code는 다음과 같다. 여기에서 부정적 감정의 표본평균은 $\overline{X}=3.558$이고 연령의 표본평균은 $\overline{W}=49.536$이다.

```
compute negemotc=negemot-3.558.
compute agec=age-49.536.
compute negage=negemotc*agec.
regression/dep=govact/method=enter negemotc agec negage.
```

〈표 8.1〉의 모형 1과 모형 2는 유사점과 차이점이 있다. 이들 두 모형은 R^2값과 $MS_{residual}$(MSE)값이 동일하기 때문에 자료의 적합도는 차이가 없다. 이들은 수학적으로 동일한 모형이기 때문에 Y의 동일한 추정치들을 산출해낸다. b_1과 b_2의 계수 및 이들의 표준오차와 t값 그리고 p값은 다르지만 b_3의 경우에는 동일하다. 즉, 평균중심화는 상호효과의 검정과는 관계가 없다. 만일 분석초점이 조절효과를 검정하는 것이라면 평균중심화와는 관계없이 동일한 조절효과분석 결과를 얻을 수 있다. 회귀모형에서 상호효과를 검정하기 위하여 선행변수들을 평균중심화해야 한다는 내용은 신화인 것이다.

표 8.1 상호항이 도입된 모형에서 평균중심화와 두 가지 표준화방법이 회귀계수에 미치는 영향

		Coeff.	*SE*	*t*	*p*
Model 1 : Original Data					
$R^2=0.354$, $MSE=1.200$					
Constant	i_Y	4.335	0.330	13.154	<.001
Negative Emotions (X)	b_1	0.147	0.085	1.729	.084
Age (W)	b_2	−0.031	0.006	−5.009	<.001
Negative Emotions×Age (XW)	b_3	0.007	0.002	4.476	<.001
Model 2 : X and W Mean-Centered					
$R^2=0.354$, $MSE=1.200$					
Constant	i_Y	4.597	0.038	119.596	<.001
Negative Emotions (X')	b_1	0.501	0.025	19.810	<.001
Age (W')	b_2	−0.005	0.002	−2.237	.026
Negative Emotions×Age ($X'W'$)	b_3	0.007	0.002	4.476	<.001
Model 3 : Standardized Variant 1					
$R^2=0.354$, $MSE=0.648$					
Constant	i_{Z_Y}	0.007	0.028	0.263	.792
Negative Emotions (Z_X)	b_1	0.562	0.028	19.810	<.001
Age (Z_W)	b_2	−0.063	0.028	−2.237	.026
Negative Emotions×Age ($Z_X Z_W$)	b_3	0.131	0.029	4.476	<.001
Model 4 : Standardized Variant 2					
$R^2=0.354$, $MSE=0.648$					
Constant	i_{Z_Y}	0.000	0.028	0.000	1.000
Negative Emotions (Z_X)	b_1	0.165	0.096	1.927	.084
Age (Z_W)	b_2	−0.368	0.073	−5.009	<.001
Negative Emotions×Age (Z_{XW})	b_3	0.511	0.114	4.476	<.001

8.1.1 평균중심화가 다중공선성과 b_3의 표준오차에 미치는 영향

X와 W 및 XW의 높은 상관관계가 추정과 추론에 오류를 가져온다는 믿음이 잘못되었다는 것은 회귀계수의 표준오차의 결정요인들을 살펴보면 쉽게 확인할 수 있다. 종속변수 Y를 추정하는 다중회귀모형에서 선행변수 j의 표준오차(se_{b_j})는 다음의 식 (8.3)과 같다.[1)]

$$se_{b_j} = \sqrt{\frac{1}{1-R_j^2}}\sqrt{\frac{MS_{residual}}{df_{residual}(s_j^2)}} \tag{8.3}$$

위의 식에서 R_j^2는 모형 내의 다른 선행변수들로부터 선행변수 j를 추정할 때의 다중상관자승이고 s_j^2는 선행변수 j의 분산이며 $MS_{residual}$과 $df_{residual}$은 각각 Y모형에 대한 평균자승 잔차와 잔차자유도이다(Darlington & Hayes, 2017).

식 (8.3)에서 R_j^2는 모형 내의 다른 선행변수들에 의하여 설명되는 선행변수 j의 분산비율이다. 따라서 $1-R_j^2$는 다른 예측변수들이 설명하지 못하는 j의 분산비율이며 이는 j의 공차한계(tolerance)라고 부르고 이러한 공차한계의 역수 ($1/(1-R_j^2)$)를 분산팽창계수(variance inflation factor : VIF)라고 한다. VIF는 j의 표준오차가 모형 내의 다른 변수들과의 상관관계에 의하여 어느 정도 영향을 받는지를 수량화한 것이다. 공차한계(혹은 VIF)가 표준오차에 미치는 영향은 식 (8.3)을 다음의 식 (8.4)로 변환시키면 쉽게 이해할 수 있다.

$$se_{b_j} = \sqrt{\frac{MS_{residual}VIF_j}{df_{residual}(s_j^2)}} \tag{8.4}$$

식 (8.3)과 (8.4)에서 j가 다른 변수들과 상관관계가 높을수록(공차한계가 작을수록 혹은 VIF가 클수록) 표준오차는 커진다는 것을 알 수 있다. 즉, 모형 내의 다른 선행변수들에 의하여 설명되는 j의 분산이 커질수록 표본추출을 반복하면

1) Hayes(2013)의 초판에는 식 (8.3)이 다음과 같이 표기되어 있다.

$$se_{b_j} = \sqrt{\frac{1}{1-R_j^2}}\sqrt{\frac{MS_{residual}}{n(s_j^2)}}$$

위의 식에서 n은 표본크기인데 이는 $df_{residual}$과 거의 일치한다.

서 b_j가 더 불안정해진다는 것을 알 수 있다. 다른 조건이 일정하다면 통계량의 표준오차가 클수록 모수의 가설검정의 검정력은 낮아지고 모수의 신뢰구간추정치의 범위는 넓어진다. 따라서 j와 다른 변수들의 상관관계를 감소시키는 수단을 강구하는 것은 일견 일리가 있어 보인다.

〈표 8.2〉에서 다중공선성에 관한 이러한 우려는 외관적으로는 정당한 것처럼 보인다.

〈표 8.2〉에서 평균중심화 이전의 X와 W의 상관관계는 낮게 나타났지만 XW와 X의 상관관계는 높게 나타났다. 또한 XW의 공차한계(0.061)는 매우 작고 VIF(16.357)는 매우 크게 나타나서 XW의 분산의 대부분은 X와 W에 의하여 설명되는 것을 알 수 있다. 식 (8.3)과 (8.4)에 따르면 XW와 X의 상관관계를 감소시킬 수 있다면(XW의 공차한계의 증가 혹은 VIF의 감소) b_3의 표준오차는 감소해야 하는데 과연 그러한가?

XW의 생성 이전에 X와 W를 평균중심화하면 이러한 상관관계를 감소시킬 수 있다는 내용은 신화가 아니다. 〈표 8.2〉에서 X와 W를 평균중심화한 이후의 상관관계와 공차한계 및 VIF를 살펴보면 XW와 X의 상관관계는 현저하게 감소($r=0.092$)하고 공차한계와 VIF도 1에 근접하는 것을 알 수 있다. 이러한 결과는 확실하게 좋은 것이다.

표 8.2 평균중심화와 표준화 이전과 이후의 상관관계와 공차한계(Tol.) 및 VIF

Original Data	X	W	XW	Variance	Tol.	VIF
Negative Emotions (X)	1.000			2.336	0.087	11.473
Age (W)	−.057	1.000		266.694	0.148	6.776
Neg. Emot.×Age (XW)	.766	.549	1.000	9489.221	0.061	16.357
After Mean-Centering	X'	W'	$X'W'$	Variance	Tol.	VIF
Negative Emotions (X')	1.000			2.336	0.988	1.012
Age (W')	−.057	1.000		266.694	0.997	1.003
Neg. Emot.×Age ($X'W'$)	.092	−.015	1.000	585.166	0.991	1.009
After Standardization	Z_X	Z_W	$Z_X Z_W$	Variance	Tol.	VIF
Negative Emotions (Z_X)	1.000			1.000	0.988	1.012
Age (Z_W)	−.057	1.000		1.000	0.997	1.003
Neg. Emot.×Age ($Z_X Z_W$)	.092	−.015	1.000	0.969	0.991	1.009

그러나 평균중심화는 다중공선성을 감소시키지만 평균중심화는 또한 다른 것도 변화시켜서 이러한 효과를 완전히 상쇄시켜버리기 때문에 상관관계의 감소는 전혀 중요한 것이 아니다. 즉, 평균중심화는 또한 XW의 분산을 변화(감소)시킨다. 선행변수의 분산은 표준오차 계산공식의 분모에 반영되기 때문에 분산이 감소하면 회귀계수의 표준오차는 다시 증가한다. 이러한 감소된 분산의 상쇄효과는 식 (8.3)과 (8.4)를 다음의 식으로 변형시키면 쉽게 이해할 수 있다.

$$se_{b_j} = \sqrt{\frac{VIF_j}{s_j^2}} \sqrt{\frac{MS_{residual}}{df_{residual}}}$$

평균중심화는 $MS_{residual}$과 $df_{residual}$은 변화시키지 않지만 s_j^2와 VIF_j를 변화시키기 때문에 평균중심화로 인한 회귀계수의 표준오차의 변동은 분산과 공차한계에 미치는 영향에 의하여 결정된다(Sheih, 2011). 평균중심화는 XW의 VIF를 $16.357/1.009 = 16.21$만큼 감소시키지만 XW의 분산도 역시 $9489.221/585.166 = 16.21$만큼 감소시킨다. 따라서 XW의 표준오차(se_{b_j})는 X와 W의 평균중심화로 인하여 전혀 영향을 받지 않는다는 것을 확인할 수 있다. 그러므로 다중공선성이 발생시키는 문제 때문에 X와 W를 평균중심화해야 한다는 주장은 신화인 것이다. 이러한 다중공선성은 상호효과를 검정하는 경우에 전혀 문제를 발생시키지 않는다(This multicollinearity does not cause a problem in the test for the interaction). 따라서 평균중심화로 해결할 수 있는 문제는 없다.

평균중심화는 "대부분의 경우에" 신화라고 할 수 있다. 이러한 주장의 근거는 공선성이 추정문제를 발생시킬 수 있는 상황이 존재한다는 사실이다. 예를 들어 연구모형이 상관관계가 높은 다수의 변수들과 이들의 상호항들을 포함하고 있는 경우에는 회귀분석프로그램이 허용하는 최소한의 공차한계를 초과할 수도 있다. 가령 SPSS는 특정변수의 공차한계가 사전에 설정된 default값(예 : 0.000001)보다 작은 경우에는 자동적으로 해당변수를 모형에서 제거하도록 프로그램되어 있다. 이러한 default값은 연구자가 지정을 통하여 변경할 수 있다. 만일 모형이 추정되지 않는 경우에는 평균중심화가 추정이 가능하게 만들 수도 있다. 하지만 이러한 상황은 거의 발생하지 않는다. 한 개 혹은 두 개 이상의 상호항을 포함하고 있는 모형에서 공선성문제는 거의 발생하지 않으며 평균중심화와는 관계없이 회귀분석프로그램이 제공하는 결과를 신뢰할 수 있다.

8.1.2 평균중심화가 b_1과 b_2 및 이들의 표준오차에 미치는 영향

평균중심화가 필요하다는 두 번째 설명은 평균중심화가 X와 W의 회귀계수인 b_1과 b_2를 의미 있고 해석가능하게 만든다는 점이다. 이러한 내용은 사실이고 신화가 아니지만 b_1과 b_2의 평균중심화가 모든 상황에 반드시 필요한 것은 아니다. 회귀식 $Y = i_Y + b_1X + b_2W + b_3XW$에서 b_1은 $W = 0$인 경우에 X가 한 단위 차이나는 두 사례가 Y에 미치는 영향의 차이이고 b_2는 $X = 0$인 경우에 W가 한 단위 차이나는 두 사례의 Y값의 차이를 의미한다. 그리고 b_1과 b_2는 X와 W의 코딩형태에 따라 달라진다. 만일 $W = 0$이 의미가 없다면 b_1과 b_1의 유의성검정은 의미가 없고 해석할 수 없으며 $W = 0$이 의미가 있으면 b_1과 b_1의 유의성검정은 의미가 있다. 이러한 내용은 b_2에도 동일하게 적용된다. 예를 들어 X와 W를 모두 의미미분법(semantic differential technique)을 이용하여 0을 포함한 -3에서 $+3$의 척도를 이용하여 측정하였다고 가정하자. 이러한 척도에서는 $X = 0$과 $W = 0$이 의미를 지니고 따라서 b_1과 b_2가 의미를 갖기 때문에 평균중심화가 필요 없다.

XW의 생성 전에 X와 W를 평균중심화시키면 b_1은 $W = \overline{W}$의 값을 가지는 사례들에서 X가 한 단위 차이나는 두 사례의 Y값의 차이를 의미하고 b_2는 $X = \overline{X}$의 값을 가지는 사례들에서 W가 한 단위 차이나는 두 사례의 Y값의 차이를 의미한다. 이들은 항상 자료의 범위 안에 있는 $X(W)$가 Y에 영향을 미치는 조건부효과를 추정하며 항상 해석이 가능하다.

〈표 8.1〉의 모형 1과 모형 2의 b_1과 b_2 및 표준오차의 차이는 X와 W를 평균중심화함으로써 발생하는 다중공선성의 감소와는 전혀 관계가 없다. 오히려 이들은 서로 다른 효과를 추정하기 때문에 발생하는 차이라고 할 수 있다. 즉, 다른 변수가 0인 상태에서의 X와 W의 효과(평균중심화를 실행하지 않은 경우)와 다른 변수가 평균값을 갖는 상태에서의 효과(평균중심화를 실행한 경우)의 차이인 것이다. 당연히 이들은 서로 다른 효과를 추정하기 때문에 표준오차와 t값 및 p값이 다르다.

이러한 조건부효과를 추정하기 위하여 평균중심화할 필요가 없는 것은 확실하다. 즉, 평균중심화하지 않은 자료에서 얻어진 추정치로부터 평균중심화한 경우의 추정치들을 구할 수 있다. 이는 다음과 같이 $\theta_{X \to Y} = b_1 + b_3W$(식 6.3)에 평균중심화하지 않은 모형에서 얻은 b_1과 b_3를 대입하고 W 대신 $\overline{W}$를 대입하면 된다.

$$\theta_{X \to Y}|(W = \overline{W}) = b_1 + b_3 \overline{W} = 0.147 + 0.007(49.536) = 0.501$$

위의 결과는 〈표 8.1〉의 X와 W를 평균중심화한 모형 2의 b_1과 정확하게 일치한다. 심지어는 평균중심화한 경우의 b_1의 표준오차도 평균중심화하지 않은 추정치로부터 계산할 수 있다. 식 (6.11)을 이용하여 $\theta_{X \to Y}|(W = \overline{W})$의 표준오차는 다음과 같이 평균중심화하지 않은 모형의 회귀계수와 표준오차 관점에서 계산된다.

$$\begin{aligned} se_{\theta_{X \to Y}|(W = \overline{W})} &= \sqrt{se_{b_1}^2 + (2\overline{W})COV_{b_1 b_3} + \overline{W}^2 se_{b_3}^2} \\ &= \sqrt{0.085^2 + (2)(49.536)(0.000003) + (49.536)^2 0.002^2} \\ &= 0.025 \end{aligned}$$

따라서 평균중심화한 경우의 표준오차가 평균중심화하지 않은 경우의 표준오차보다 더 정확하다고 할 수 없다. b_1과 b_2 및 이들의 표준오차의 변동은 평균중심화로 인한 다중공선성의 감소와는 전혀 관계가 없다.[2)]

연구자들이 X와 W를 평균중심화하는 또 다른 이유는 연구결과를 읽는 독자들로 하여금 해석가능하지 않은 내용을 잘못 해석하는 것을 방지할 목적도 있을 것이다. 연구자가 연구논문에 X와 W를 평균중심화하지 않은 경우의 회귀분석결과를 서술한다고 가정하자. 이러한 경우에 연구자는 b_1과 b_2가 의미가 없기 때문에 해석할 필요가 없다는 것을 알고 있지만 독자는 모를 수도 있다. 즉, 독자들은 의미 없고 해석 불가능한 b_1과 b_2가 의미 있고 해석가능한 그 무엇을 수량화한 것처럼 생각할 수 있고 b_1과 b_2를 주효과 또는 평균효과로 해석할 수 있을 것이다. 만일 연구자가 평균중심화한 결과를 보고하였다면 독자들이 이들을 의미 있게 해석할 것이라고 여길 것이다. 하지만 이러한 작업으로 인하여 독자들이 연구결과를 정확하게 해석한다는 것을 보장하지 못한다. 일부 독자들은 회귀계수를 적절하게 해석함에 있어서 또 다른 오해를 할 수 있기 때문이다. 연구자

2) 연령(W)의 평균은 크고 b_1과 b_3의 회귀계수와 표준오차는 작기 때문에 수작업을 하는 경우에 약간의 오차가 생길 수 있다.

는 독자들의 무지를 완벽하게 보호할 수는 없다. 하지만 연구자는 의미 없는 결과를 보고하지 않음으로써 어느 정도는 독자들의 해석에 도움을 줄 수 있다.

본절에서는 XW를 포함한 모형의 추정 전에 X와 W를 평균중심화하는 것이 필요하다는 신화를 깨뜨렸다. 하지만 이러한 불필요성에 대하여 여러 문헌에서 지속적으로 제기하였음에도 불구하고 아직도 여전히 사용되고 있다 (Echambadi & Hess, 2007 ; Edwards, 2009 ; Hayes et al., 2012 ; Kam & Franzese, 2007 ; Sheih, 2011 ; Whisman & McClelland, 2005). 물론 평균중심화하는 경우에는 b_1과 b_2의 해석상의 이점은 있지만 모형계수와 표준오차의 차이는 평균중심화로 인한 공선성의 감소와는 관계가 없다.

결론은 다음과 같다. 연구자들이 평균중심화를 하고 싶으면 하면 된다. 선택은 연구자에게 달려 있다. 하지만 공선성으로 인한 문제를 감소시키기 위하여 (대부분의 연구자들은 이 표현을 사용한다) 평균중심화한다고 말해서는 안 된다. 만일 이러한 표현을 사용하면 이미 신화에 물들어 있는 것이다. 비록 평균중심화가 공선성을 감소시키지만 이러한 공선성의 감소는 대부분의 경우에 추정정확성과 가설검정 및 회귀계수의 표준오차에 전혀 영향을 미치지 않는다. 따라서 다중공선성의 감소목적이라는 표현 대신 b_1과 b_2를 해석가능하게 만들고 가설검정을 의미 있게 만들기 위하여 평균중심화한다고 말해야 한다.

8.1.3 PROCESS에서의 평균중심화 옵션

PROCESS에서는 평균중심화를 쉽게 해주는 옵션을 제공하고 있다. 단지 syntax에 center=1 옵션을 추가하면 된다.[3] 이 옵션을 사용하면 상호항을 구성하는 변수들을 평균중심화한다. center=1 옵션을 wmodval 옵션과 함께 사용하면 조절변숫값은 원척도가 아니라 평균중심화된 척도를 기준으로 사용해야 한다. 예를 들어 조절변수 W의 표본평균이 5이고 center=1 옵션을 사용하여 W가 4와 8인 경우에 X가 Y에 영향을 미치는 조건부효과를 구하기 위해서는 wmodval=-1, 3을 사용해야 한다. 왜냐하면 4와 8은 각각 표본평균보다 1점만큼 낮고 3점만큼 높기 때문이다.

---

3) dialog box를 사용하는 경우에는 Options에서 평균중심화 옵션을 지정하면 된다(제1장 참조).

8.2 조절분석에서 표준화회귀계수의 추정과 해석

회귀모형 $\hat{Y}=i_Y+b_1X+b_2W+b_3XW$를 추정하는 경우에 평균중심화의 사용여부와는 관계없이 b_1, b_2 및 b_3는 X, W와 Y의 원척도와 관련되어 해석된다(즉, 비표준화회귀계수). 비록 비표준화회귀계수에 입각한 회귀분석의 결과를 보고하고 해석하는 것이 선호되지만 상호항이 없는 회귀모형의 표준화회귀계수와 유사한 회귀계수를 산출하는 것이 가능하다. 하지만 이러한 경우에는 주의를 요한다. 표준화회귀계수로 해석될 수 있는 표준화방법은 두 가지가 있다. 이들 중 한 가지는 사용하거나 해석해서는 안 된다. 이하에서 이 두 가지 방법을 알아볼 것이다.

본절에서는 또한 조절가설을 검정하는 경우에 상호항의 생성 전에 X와 W를 표준화해야 한다는 신화를 깨뜨릴 것이다. 즉, 어떤 연구자들은 X와 W를 평균중심화해야 한다는 것과 동일한 이유로 표준화가 필요하다는 잘못된 믿음을 가지고 있다. 이들은 표준화가 공선성을 감소시키고 변수들의 영향에 대한 정확한 추정치를 산출하며 검정력이 높은 조절가설검정을 가능하게 한다고 믿고 있다. 심지어는 표준화가 조절효과의 해석 또는 탐색작업을 용이하게 한다고 생각하고 있다. 평균중심화와 마찬가지로 X와 W를 표준화해야 한다는 믿음은 신화이며 표준화는 조절효과의 해석 혹은 탐색을 용이하게 만드는 것과는 전혀 관계가 없다.

8.2.1 제1표준화방법(Variant 1)

첫 번째 표준화방법은 X와 W를 표준화하여 Z_X와 Z_W를 생성하고 이들을 곱하여 상호항 Z_XZ_W를 생성하며 Y도 표준화하여 Z_Y를 만든다. 그리고 Z_X, Z_W 및 Z_XZ_W(공변량도 표준화하지 않고 도입가능)로부터 Z_Y를 추정하는 다음의 회귀식을 설정한다.[4)]

4) Hayes(2013)의 초판에는 다음과 같이 Y를 표준화하지 않는 방법도 소개하고 있다.

$$Y=i_{Z_Y}+b_1Z_X+b_2Z_W+b_3Z_XZ_W+e_{Z_Y}$$

Hayes(2013)는 이러한 표준화를 부분표준화(partially standardized)로 부르고 식 (8.5)를 완전표준화

$$Z_Y = i_{Z_Y} + b_1 Z_X + b_2 Z_W + b_3 Z_X Z_W + e_{Z_Y} \qquad (8.5)$$

7.2절의 지구온난화연구를 이용하여 부정적 감정(X)이 정부정책지지도(Y)에 미치는 영향을 연령(W)이 조절하는 조절모형에 관한 SPSS code는 다음과 같다. 이 변수들은 모두 표준화된 값들이다.

```
descriptives variables= negemot age govact/save.
compute znegzage= znegemot*zage.
regression/dep=zgovact/method=enter znegemot zage znegzage.
```

위의 code에서 descriptives 명령문의 save 옵션은 X와 W 및 Y를 표준화한 값을 자료파일에 새로 생성시키며 이러한 새로운 변수명은 원래의 변수명 앞에 "Z"가 추가된 형태(예 : negemot의 표준화변수명 → znegemot)로 저장된다.

위의 SPSS code를 실행한 결과물에서 i_{Z_Y}, b_1, b_2 및 b_3(〈표 8.1〉의 모형 3)는 "Unstandardized Coefficients"에 제시되어 있는 값들이다. 이러한 회귀계수들을 "Standardized Coefficients"에서 찾으면 안 된다. 나중에 설명하겠지만 회귀분석 결과물의 표준화계수를 해석하면 안 된다.

〈표 8.1〉의 모형 3에 표준화회귀계수와 표준오차가 제시되어 있다. b_1은 W가 평균값을 가지면서 X가 1표준편차 차이나는 두 사례의 Y의 표준편차의 차이의 추정치로 해석한다. "W가 평균값을 가지면서"라고 해석하는 이유는 b_1이 $Z_W = 0$인 경우의 X의 조건부효과이고 $W = \overline{W}$일 때에 $Z_W = 0$이기 때문이다. 그리고 b_2는 X가 평균값을 가지면서($X = \overline{X}$일 때에 $Z_X = 0$) W가 1표준편차 차이나는 두 사례의 Y의 표준편차의 차이의 추정치로 해석한다. 마지막으로 b_3는 W가 1표준편차 변화하는 경우에 X가 1표준편차 차이나는 두 사례의 Y의 표준편차의 차이의 추정치를 의미한다.

b_1과 b_2는 X와 W를 평균중심화한 경우(〈표 8.1〉의 모형 2) 및 원척도인 경우(모형 1)와는 다르게 산출된 점을 주목하자. 왜냐하면 표준화는 X와 W 및 Y의 척도를 변화시켰기 때문이다. 모형 2에서 b_1은 $W = \overline{W}$인 경우에 X가 Y에 미치는 영향이고 b_2는 $X = \overline{X}$일 때에 W가 Y에 미치는 영향이다. 하지만 표준화

(fully standardized)로 명명하였다.

는 X와 W의 척도를 한 단위에서 1표준편차로 변화시켰다. 따라서 연령이 표본평균을 가지면서 부정적 감정이 1표준편차 차이나는 두 사례의 정부정책지지도의 차이는 $b_1 = 0.562$표준편차만큼 차이난다고 추정된다. 또한 부정적 감정이 평균값을 가지면서 연령이 1표준편차 차이나는 두 사례의 정부정책지지도의 차이는 $b_2 = -0.063$표준편차만큼 차이난다고 추정된다(부호가 음수이므로 나이 많은 사람들의 정부정책지지도가 낮다). 이들은 동일한 가설을 검정하기 때문에 b_1과 b_2의 t값과 p값은 모형 2와 모형 3에서 모두 동일하게 나타났다. 두 모형은 모두 $W = \overline{W}$일 때에 X가 Y에 미치는 영향이 0이라는 귀무가설과 $X = \overline{X}$인 경우에 W가 Y에 미치는 영향이 0이라는 귀무가설을 검정한다.

주목해야 할 사실은 〈표 8.1〉에서 비록 b_3의 회귀계수가 원자료인 경우(모형 1)와 평균중심화한 경우(모형 2)와 다르지만 b_3의 t값과 p값은 동일하게 산출되었다는 점이다. 따라서 조절가설을 올바르게 검정하기 위해서는 표준화가 필요하다는 신화와는 달리 X와 W의 표준화는 조절효과의 검정에 전혀 영향을 미치지 않는다. b_1 및 b_2와 마찬가지로 X와 W의 척도가 변화하였기 때문에 b_3의 해석이 약간 달라졌다. 즉, 우리는 연령이 1표준편차 증가하면 부정적 감정이 1표준편차 차이나는 두 사례의 정부정책지지도의 차이는 $b_3 = 0.131$표준편차만큼 증가한다고 주장할 수 있다.

제1표준화방법을 사용하는 경우에는 PROCESS에서 상호작용의 탐색에 관한 옵션을 제공하기 때문에 SPSS를 사용하는 것보다 PROCESS를 이용하여 분석하는 것이 편리하다. 하지만 PROCESS는 표준화회귀계수를 결과물에 제공하는 옵션은 없다. 따라서 분석 전에 X와 W 및 Y를 먼저 표준화하여 사용해야 하며 이 경우에는 $Z_X Z_W$가 자동으로 계산된다. 또한 특정값 선택방법 혹은 존슨-네이만 방법을 이용하여 조절효과의 탐색작업을 실행할 수 있으며 X의 조건부효과 또는 Z_W의 다양한 수준에서의 유의성영역을 얻을 수 있다. 만일 wmodval 옵션을 이용한다면 W가 아니라 Z_W값을 이용하여 W값을 지정해야 한다.

8.2.2 제2표준화방법(Variant 2)

표준화의 두 번째 방법은 첫 번째 방법과 유사하지만 표준화와 상호항의 생성

순서가 다르다. 상호항 $Z_X Z_W$를 생성하기 전에 X와 W를 표준화하는 제1표준화방법과는 달리 제2표준화방법에서는 X와 W의 상호항 XW를 먼저 생성하여 이를 표준화한 Z_{XW}를 계산한다. 이러한 Z_{XW}는 Z_X 및 Z_W와 더불어 다음과 같이 Z_Y의 예측변수로 투입된다.

$$Z_Y = i_Y + b_1 Z_X + b_2 Z_W + b_3 Z_{XW} + e_{Z_Y} \tag{8.6}$$

이 방법은 X와 W 및 Y 그리고 XW를 표준화하여 분석할 수도 있지만 굳이 이러한 과정을 거치지 않고 일반적인 OLS회귀분석방법에 의하여 분석할 수 있다. 즉, SPSS나 SAS에서 $Y = i_Y + b_1 X + b_2 W + b_3 XW$의 회귀식을 분석하면 표준화회귀계수가 산출되어 결과물에 제시되는데 이러한 표준화회귀계수가 제2표준화방법의 회귀계수와 동일한 것이다.

제2표준화방법의 사용은 심각한 문제를 발생시키기 때문에 전혀 권장할 만한 방법이 아니다. 비록 제2표준화방법이 상호효과의 정당한 검정방법(다른 모든 방법과 b_3의 t값 및 p값이 동일)이지만 b_1과 b_2 및 b_3가 의미가 없기 때문에 이와 같은 표준화방법은 사용하지 말아야 한다. 회귀모형 $Y = i_Y + b_1 X + b_2 W + b_3 XW$를 추정하는 경우에 OLS회귀분석프로그램이 산출하는 표준화회귀계수가 식 (8.6)의 회귀계수와 동일하다는 내용은 OLS회귀분석이 제공하는 표준화회귀계수는 해석해서도 안 되고 보고해서도 안 되며 나아가 이러한 회귀계수를 이용하여 상호효과를 탐색할 수도 없다는 것을 의미하는 것이다. 이러한 내용은 연구자가 원자료를 분석하거나 혹은 수동으로 자료를 평균중심화하거나 표준화하여 분석하는 것과는 관계없이 항상 사실이다. 오히려 비표준화회귀계수를 해석하고 보고하는 것이 좋다.

제2표준화방법의 문제점은 회귀모형에 XW를 선행변수로 도입하는 이유를 생각해 보면 알 수 있다. 회귀모형 $Y = i_Y + b_1 X + b_2 W$에서 분석의 관심사(X가 Y에 미치는 영향이 W에 의하여 조절되는가)와는 반대로 X가 Y에 미치는 영향은 W와는 독립적이라고 제약되어 있다. 이 모형에 XW를 선행변수로 도입하면 X의 영향이 W에 선형적으로 의존하는 효과를 허용하는 모형($Y = i_Y + b_1 X + b_2 W + b_3 XW$)이 설정된다. 이는 수학적으로 동일한 모형인 $Y = i_Y + (b_1 + b_3 W)X + b_2 W$로 표현될 수 있고 이 모형은 X의 효과가 W의 선형함수라는 것을 명확하게 해준다.

X와 W를 표준화한 후에 상호항 $Z_X Z_W$를 생성하는 제1표준화방법의 모형

(식 8.5)은 다음과 같이 표현된다.

$$Z_Y = i_{Z_Y} + (b_1 + b_3 Z_W) Z_X + b_2 Z_W + e_{Z_Y}$$

위의 식에서 X의 효과는 다음과 같이 W에 조건적(conditional on W)인 것을 알 수 있다.

$$\theta_{Z_X \rightarrow Z_Y} = b_1 + b_3 Z_W \tag{8.7}$$

따라서 제6장과 제7장에서 다룬 조건부효과의 계산과 조절효과의 탐색에 관한 모든 법칙들은 X와 W를 표준화한 모형(제1표준화방법)에 일반화시킬 수 있다.

하지만 $Z_{XW} \neq Z_X Z_W$이기 때문에 제2표준화방법(식 8.6)은 X의 효과가 W의 선형함수라는 내용을 허용하는 형식으로 나타낼 수 없다. 이러한 내용이 의미하는 것은 식 (8.6)에서의 b_1과 b_2 및 b_3는 제6장과 제7장에서 설명한 해석의 속성을 전혀 갖추지 않았다는 것이다. 또한 제2표준화방법이 산출하는 회귀계수들을 이용하여 식 (8.7)의 X의 조건부효과의 추정이나 상호효과의 탐색 및 그래프 그리기(plotting) 등도 불가능하다.

비표준화 조절모형에서 얻어진 회귀계수를 보고할지 혹은 표준화 조절모형에서 얻어진 회귀계수를 보고할지는 선택의 문제이다. 상호항의 추정 전에 X와 W를 표준화하는 것은 X와 W가 Y에 미치는 영향의 추정치가 단지 X와 W의 원척도의 "한 단위" 값이 아니라 X와 W가 "1표준편차" 차이나는 두 사례의 차이로 바뀌는 것뿐이다. 〈표 8.2〉에서 알 수 있는 바와 같이 표준화가 다중공선성을 감소시키기는 하지만 이러한 효과가 조절효과의 검정에는 전혀 영향을 미치지 않는다. 상호항의 생성 전에 X와 W를 표준화시킬 필요성이 있다는 내용은 신화(myth)인 것이다. 마지막으로 제2표준화방법은 절대로 사용하면 안 된다. 즉, 모형에 상호항이 포함되는 경우에 SPSS 등의 회귀분석프로그램이 자동적으로 제공하는 표준화회귀계수는 해석하거나 보고해서는 안 된다.

8.2.3 표준화는 조절효과의 탐색을 용이하게 하는가?

표준화가 좋은 생각이라고 주장하는 또 다른 두 가지 이유는 표준화가 상호효과의 해석과 조절효과의 탐색작업을 용이하게 만든다는 점이다. 하지만 표준화는 조절효과의 해석을 쉽게 만들어준다는 것과 관계가 없다. X와 W를 표준화한 경우와 똑같이 원척도를 사용하는 경우에도 해석이 용이하다. 따라서 이러한 주장은 잘못된 것이다.

수작업으로 특정값 선택방법을 시행하는 경우에는 소수점이 많을수록 계산의 정확도는 떨어지고 반올림방법에 따라 값이 달라질 수 있기 때문에 표준화가 도움이 될 수는 있다. 연속형 변수 W를 표준화하여 $W=\overline{W}-1SD$, $\overline{W}$, $\overline{W}+1SD$일 때에 X의 조건부효과를 추정하는 경우에 X의 조건부효과에 해당하는 W값은 $Z_W=-1$, 0, $+1$이 된다. 따라서 식 (6.3)과 (8.7)에 의하여 W의 "낮은", "중간의", "높은" 값에 해당하는 X의 조건부효과는 각각 b_1-b_3와 b_1 및 b_1+b_3가 된다. 조절변수의 소수점이 사라지면 이러한 수계산이 훨씬 쉽고 정확하게 이루어질 수 있다.

하지만 수작업을 통한 조절효과의 분석시에 표준화가 가장 크게 도움이 되는 점은 다음과 같이 식 (6.11)의 X의 조건부효과에 대한 표준오차계산의 구성요소들 중에서 일부 항이 사라지기 때문이다.

$$se_{\theta_{Z_X \to Z_Y}|(Z_W=-1)} = \sqrt{se_{b_1}^2 - 2COV_{b_1 b_3} + se_{b_3}^2}$$
$$se_{\theta_{Z_X \to Z_Y}|(Z_W=0)} = \sqrt{se_{b_1}^2}$$
$$se_{\theta_{Z_X \to Z_Y}|(Z_W=1)} = \sqrt{se_{b_1}^2 + 2COV_{b_1 b_3} + se_{b_3}^2}$$

이러한 수계산이 다소 번거롭고 오류가 발생할 확률이 많지만 이러한 계산을 수계산으로 할 필요가 없기 때문에 표준화의 이익은 크지 않다. 6.4절의 회귀중심화전략이 컴퓨터에 의하여 특정값 선택방법을 실행하는 데에 사용될 수 있고 또한 PROCESS에서는 이러한 복잡한 계산들을 모두 거쳐 추정치들을 산출해낸다. 따라서 단지 상호효과의 탐색을 용이하게 해준다는 이유로 X와 W를 표준화할 필요는 없다. 특히 오늘날과 같은 고성능 컴퓨터의 시대에는 더욱 그렇다.

8.3 조절변수가 두 개인 경우의 조절분석

지금까지는 독립변수와 조절변수가 모두 한 개인 단순조절모형을 분석하였다. 본절에서는 두 개의 조절변수가 한 개의 초점선행변수의 영향을 조절하는 경우의 다중조절모형(multiple moderation model)을 분석하기로 한다. 또한 한 변수의 조절작용 자체가 다른 조절변수에 의하여 다시 조절되는 조절된 조절작용(moderated moderation) 혹은 3원 상호효과(three way interaction)에 관해서도 연구할 것이다. 비록 지금까지 다룬 조절분석원리가 여러 개의 조절변수가 도입되는 모형에도 적용되지만 해석과 탐색과정이 매우 복잡해진다. PROCESS는 상호작용의 탐색과 복잡한 모형의 그래프를 그리기 위한 자료의 산출 등 본절에서 다루는 모형들의 추정을 쉽게 계산해 준다.

8.3.1 가산다중조절모형

X, W, Z의 세 개의 선행변수로 이루어진 다중선형회귀모형은 다음과 같다.[5)]

$$Y = i_Y + b_1 X + b_2 W + b_3 Z + e_Y \tag{8.8}$$

위의 모형은 W와 Z를 통제한 상태에서 X와 Y의 편상관관계(partial association)를 추정하는 유용한 모형이긴 하지만 X가 Y에 미치는 영향이 W와 Z에 비조건적(unconditional on both W and Z)이라는 제약조건이 따르는 한계가 있다. 즉, W와 Z가 어떤 값이든 이들 값이 일정한 상태에서(holding constant W and Z) X가 Y에 미치는 영향은 항상 b_1이 된다. 예를 들어 지구온난화연구에서 부정적 감정을 X라고 하고 성별과 연령을 각각 W와 Z라고 하며 정부정책지지도를 Y라고 하자. 위의 모형에서는 부정적 감정이 정부정책지지도에 미치는 영향

5) Hayes(2013)의 초판에는 가산다중조절이 아니라 다중가산조절(multiple additive moderation)로 사용하고 있다. 또한 개정판(2018a)에서는 두 조절변수의 명칭을 초판의 M과 W에서 W와 Z로 각각 변경하였다. 뒤에 설명하는 조절된 조절모형도 마찬가지이다.

은 성별과 연령에 관계없이 동일하다고 제약되어 있다. 즉, W와 Z뿐만 아니라 i_Y, b_1, b_2 및 b_3의 임의의 값을 선택한 경우에 식 (8.8)에서 W와 Z의 값과 관계없이 X가 한 단위 차이나는 두 사례의 Y의 차이는 b_1으로 추정된다는 것을 확인할 수 있다.

제6장과 제7장에서 X의 영향을 모형 내의 다른 변수의 함수로 설정함으로써 이러한 제약을 철회시킬 수 있다는 것을 알아보았다. X의 영향은 W와 Z와 같은 두 개 이상의 함수로 동시에 설정할 수 있다. 이러한 가산다중조절모형(additive multiple moderation model)의 개념모형은 [그림 8.1]의 panel A에 제시되어 있다.

이러한 지정을 위해서는 이전 장에서 b_1은 W의 선형함수로 전환시켜야 한

그림 8.1 가산다중조절모형의 개념모형(panel A)과 통계모형(panel B)

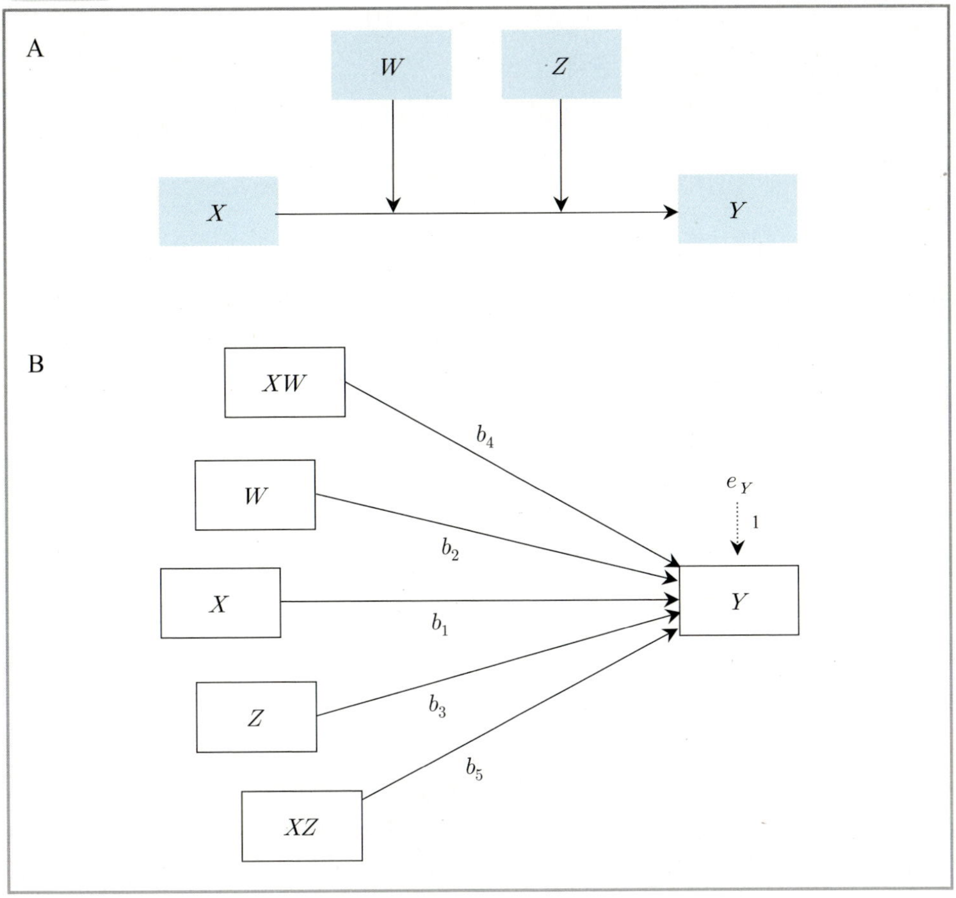

다는 것을 살펴보았다. 여기에서는 Z를 추가하여 다음과 같이 W와 Z의 함수로 설정할 것이다.

$$Y - i_Y + f(W,\ Z)X + b_2 W + b_3 Z + e_Y \tag{8.9}$$

예를 들어 다음의 가산선형함수(additive linear function)를 생각해 보자.

$$f(W,\ Z) = b_1 + b_4 W + b_5 Z$$

위의 식을 식 (8.9)에 대입하면 다음의 식을 얻을 수 있다.

$$Y = i_Y + (b_1 + b_4 W + b_5 Z)X + b_2 W + b_3 Z + e_Y \tag{8.10}$$

식 (8.10)을 전개하면 다음과 같다.

$$Y = i_Y + b_1 X + b_2 W + b_3 Z + b_4 XW + b_5 XZ + e_Y \tag{8.11}$$

식 (8.11)에서 XW와 XZ는 각각 X와 W의 상호항과 X와 Z의 상호항이다. 이 모형의 통계모형은 [그림 8.1]의 panel B에 나타나 있다. 이 모형에서 X가 Y에 미치는 영향은 W와 Z의 가산선형함수로 추정된다. 따라서 X가 Y에 미치는 영향은 W와 Z에 모두 조건적(conditional on both W and Z)이다. 기호로 표현하면 식 (8.10)과 (8.11)은 다음과 같이 표현될 수 있다.

$$Y = i_Y + \theta_{X \rightarrow Y} X + b_2 W + b_3 Z + e_Y$$

위의 식에서 $\theta_{X \rightarrow Y}$는 다음과 같이 X가 Y에 영향을 미치는 조건부효과이다.

$$\theta_{X \rightarrow Y} = b_1 + b_4 W + b_5 Z \tag{8.12}$$

식 (8.12)에서 식 (8.11)의 b_1은 W와 Z가 0인 경우에 X가 Y에 영향을 미치는 조건부효과이다. 따라서 b_1은 W와 Z가 모두 0인 경우에 X의 효과를 추정하기 때문에 "주효과"가 아니다. 회귀계수 b_4와 b_5는 각각 W와 Z에 따라 X의 효과가 어떻게 달라지는지를 결정해 준다. 구체적으로 b_4는 Z가 일정한 값을 갖는 경우에(holding Z constant) W가 한 단위 변화할 때 X가 Y에 영향을 미치는 조건부효과가 얼마나 변화하는지를 수량화한 것이고 b_5는 W가 일정한 값을 갖는 경우에 Z가 한 단위 변화할 때 X가 Y에 영향을 미치는 조건부효과가 얼마나 변화하는지를 추정한 것이다. b_4와 b_5에 관한 가설검정 또는 신뢰구간은 각각 W가 X의 효과를 조절하는지와 Z가 X의 효과를 조절하는지의 질문을 해결한다.

b_1과 마찬가지로 b_2와 b_3도 조건부효과를 추정한다. b_2는 Z가 일정한 값을 갖고 X가 0의 값을 갖는 경우에 W가 Y에 영향을 미치는 조건부효과를 추정하고 b_3는 W가 일정한 값을 가지면서 X가 0의 값을 갖는 경우에 Z가 Y에 영향을 미치는 조건부효과를 추정한다. 이들은 ANOVA의 주효과가 아니기 때문에 주효과로 해석해서는 안 된다.

이제 지구온난화연구를 이용하여 정부정책지지도(Y)를 부정적 감정(X), 성별(W), 연령(Z), 부정적 감정과 성별의 적항(XW) 및 부정적 감정과 연령의 상호항(XZ)에 회귀시킨 모형을 추정하기로 한다. 이 모형에는 긍정적 감정(C_1)과 정치성향(C_2)을 공변량으로 도입하였다. 이러한 모형은 SPSS를 이용하여 추정할 수도 있지만 단일의 초점선행변수와 두 개의 조절변수로 구성된 모형은 PROCESS를 이용하면 분석이 용이하고 많은 분석결과를 얻을 수 있다. 다음은 이 모형을 분석하기 위한 PROCESS syntax이다.

```
process y=govact/x=negemot/w=sex/z=age/cov=posemot ideology/model=2
        /plot=1/zmodval=30,50,70.
```

위의 명령문을 실행하면 [그림 8.2]의 결과물을 얻을 수 있다.

그림 8.2 부정적 감정이 정부정책지지도에 미치는 영향이 성별과 연령에 의하여 조절되는 조절모형의 PROCESS 결과물(지구온난화연구)

```
Model  : 2
    Y  : govact
    X  : negemot
    W  : sex
    Z  : age
```

```
Covariates:
 posemot  ideology

Sample
Size:  815

**************************************************************************
OUTCOME VARIABLE:
 govact

Model Summary
          R       R-sq       MSE          F        df1        df2          p
      .6426      .4129    1.0960    81.0915     7.0000   807.0000      .0000

Model
                       coeff         se          t          p       LLCI       ULCI
constant              5.2716      .3361    15.6861      .0000     4.6119     5.9313
negemot   (b1)         .0931      .0820     1.1348      .2568     -.0679      .2540
sex       (b2)        -.7417      .1941    -3.8216      .0001    -1.1227     -.3607
Int_1     (b4)         .2045      .0501     4.0836      .0000      .1062      .3028
age       (b3)        -.0182      .0061    -2.9974      .0028     -.0302     -.0063
Int_2     (b5)         .0047      .0016     3.0134      .0027      .0017      .0078
posemot   (b6)        -.0235      .0276     -.8489      .3962     -.0777      .0308
ideology  (b7)        -.2068      .0266    -7.7721      .0000     -.2590     -.1545

Product terms key:
 Int_1    :        negemot  x        sex
 Int_2    :        negemot  x        age

Test(s) of highest order unconditional interaction(s):
          R2-chng         F        df1        df2          p
X*W         .0121   16.6759     1.0000   807.0000      .0000
X*Z         .0066    9.0804     1.0000   807.0000      .0027
BOTH        .0246   16.9208     2.0000   807.0000      .0000
----------
    Focal predict: negemot  (X)
          Mod var: sex      (W)
          Mod var: age      (Z)

Conditional effects of the focal predictor at values of the moderator(s):

  → θ_{X→Y}|(W,Z) = b1 + b4 W + b5 Z

       sex        age     Effect         se          t          p       LLCI       ULCI
     .0000    30.0000      .2356      .0448     5.2619      .0000      .1477      .3234
     .0000    50.0000      .3306      .0366     9.0242      .0000      .2587      .4025
     .0000    70.0000      .4256      .0516     8.2401      .0000      .3242      .5269
    1.0000    30.0000      .4400      .0519     8.4718      .0000      .3381      .5420
    1.0000    50.0000      .5350      .0355    15.0718      .0000      .4653      .6047
    1.0000    70.0000      .6300      .0425    14.8080      .0000      .5465      .7135

Data for visualizing the conditional effect of the focal predictor:
Paste text below into a SPSS syntax window and execute to produce plot.

DATA LIST FREE/
   negemot    sex        age        govact     .
```

```
BEGIN DATA.
    1.6700      .0000    30.0000    4.2003
    3.6700      .0000    30.0000    4.6714
    5.3300      .0000    30.0000    5.0624
    1.6700      .0000    50.0000    3.9943
    3.6700      .0000    50.0000    4.6554
    5.3300      .0000    50.0000    5.2041
    1.6700      .0000    70.0000    3.7883
    3.6700      .0000    70.0000    4.6394
    5.3300      .0000    70.0000    5.3458
    1.6700     1.0000    30.0000    3.8000
    3.6700     1.0000    30.0000    4.6801
    5.3300     1.0000    30.0000    5.4106
    1.6700     1.0000    50.0000    3.5941
    3.6700     1.0000    50.0000    4.6641
    5.3300     1.0000    50.0000    5.5523
    1.6700     1.0000    70.0000    3.3881
    3.6700     1.0000    70.0000    4.6481
    5.3300     1.0000    70.0000    5.6940
END DATA.
GRAPH/SCATTERPLOT=
 negemot   WITH     govact   BY    sex      /PANEL   ROWVAR=  age    .

************************** ANALYSIS NOTES AND ERRORS **************************

Level of confidence for all confidence intervals in output:
  95.0000
```

위의 syntax에서 model=2를 지정하면 초점선행변수 X가 Y에 미치는 영향이 두 가산조절변수(additive moderators) W와 Z에 의하여 조절되는 모형을 추정한다. PROCESS는 필요한 상호항들과 W와 Z의 여러 값에서의 조건부효과들을 산출한다. zmodval 옵션을 사용하면 연령이 30세, 50세 및 70세인 경우에 X가 Y에 영향을 미치는 조건부효과를 추정하여 상호작용의 탐색결과를 보여준다. 이러한 옵션은 7.2절의 wmodval과 동일한 역할을 하지만 연령이 모형에 Z로 도입되었기 때문에 wmodval이 아니라 zmodval을 사용하였다. 만일 이 옵션을 사용하지 않으면 PROCESS는 default에 의하여 연령의 16th, 50th, 84th 백분위를 선택한다. 또한 moments=1 옵션을 지정하면 연령의 평균－1표준편차, 평균 및 평균+1표준편차에 해당하는 값을 선택한다.

PROCESS 결과물에서 최대적합 OLS회귀모형은 다음과 같다.

$$\begin{aligned}\hat{Y} = & \, 5.272 + 0.093X - 0.741W - 0.018Z + 0.204XW \\ & + 0.005XZ - 0.024C_1 - 0.207C_2 \end{aligned} \tag{8.13}$$

결과물에서 $b_4 = 0.205$, $t(807) = 4.084$, $p < .001$ 및 $b_5 = 0.005$, $t(807) = 3.013$, $p = .003$으로 나타났다. 이들은 모두 통계적으로 유의하게 나타났는데 이는 성별과 연령이 모두 부정적 감정이 정부정책지지도에 미치는 영향에 조절변수역할을 담당한다는 것을 의미한다. 결과물의 "Test(s) of highest order unconditional interaction(s)" 부분에 부정적 감정이 정부정책지지도에 미치는 영향이 성별(W)에 의하여 조절되는 효과(XW)는 Y의 분산을 고유하게 1.21%만큼 설명하고 [$F(1, 807) = 16.676$, $p < .001$], Z에 의하여 조절되는 효과(XZ)는 Y의 분산을 0.66%만큼 고유하게 설명[$F(1, 807) = 9.080$, $p = .003$]하는 것으로 나타났다. 이러한 값들은 7.3절의 방법을 이용하여 모형 내에 모든 선행변수와 다른 상호항들이 포함된 상태에서 해당 상호항을 추가하는 경우에 증가되는 R^2값이다.

조절모형의 시각적 도식화는 6.3절과 7.2절의 방법과 동일하게 Y의 추정치를 산출하기 위하여(공변량들은 표본평균으로 고정) 모형(식 8.13)에 W와 Z의 조합을 대입하여 이루어진다. plot=1 옵션을 지정하면 이러한 값을 얻을 수 있다. 그리고 결과물의 마지막 부분에 있는 아래와 같은 plot=1 옵션의 결과를 복사하여 PROCESS syntax에 붙여넣기한 후에 syntax를 실행하면 [그림 8.3]의 그래프가 산출된다.

```
DATA LIST FREE/
   negemot      sex        age        govact .
BEGIN DATA.
      1.6700      .0000     30.0000     4.2003
      3.6700      .0000     30.0000     4.6714
      5.3300      .0000     30.0000     5.0624
      1.6700      .0000     50.0000     3.9943
      3.6700      .0000     50.0000     4.6554
      5.3300      .0000     50.0000     5.2041
      1.6700      .0000     70.0000     3.7883
      3.6700      .0000     70.0000     4.6394
      5.3300      .0000     70.0000     5.3458
      1.6700     1.0000     30.0000     3.8000
      3.6700     1.0000     30.0000     4.6801
      5.3300     1.0000     30.0000     5.4106
```

```
    1.6700    1.0000    50.0000    3.5941
    3.6700    1.0000    50.0000    4.6641
    5.3300    1.0000    50.0000    5.5523
    1.6700    1.0000    70.0000    3.3881
    3.6700    1.0000    70.0000    4.6481
    5.3300    1.0000    70.0000    5.6940
END DATA.
GRAPH/SCATTERPLOT=
 negemot  WITH  govact  BY  sex  /PANEL  ROWVAR=  age.
```

PROCESS는 또한 W와 Z의 여러 값들에서의 조건부효과를 다음의 식에 의하여 추정한다.

$$\theta_{X\rightarrow Y} = b_1 + b_4 W + b_5 Z$$

위의 식은 결과물을 이용하면 다음과 같다.

$$\theta_{X\rightarrow Y} = 0.093 + 0.205\, W + 0.005 Z$$

PROCESS 결과물의 "Conditional effects of the focal predictor at values of the moderator(s)" 부분에 이러한 6가지 조합의 결과가 제시되어 있다. W가 0(여성)과 1(남성)로 구성되어 있기 때문에 PROCESS는 이들을 자동으로 이분형 변수로 인식한다. 그리고 zmodval 옵션을 사용하였기 때문에 연령은 30세, 50세 및 70세를 이용한다. 이러한 성별과 연령의 6가지 조합이 결과물의 해당부분의 행에 나타나 있다. 또한 PROCESS는 다음의 식을 이용하여 조건부효과들의 표준오차를 계산한다.

$$se_{\theta_{X\rightarrow Y}|(W,\,Z)} = \sqrt{se_{b_1}^2 + W^2 se_{b_4}^2 + Z^2 se_{b_5}^2 + (2W)\,COV_{b_1b_4} + (2Z)\,COV_{b_1b_5} + (2WZ)\,COV_{b_4b_5}}$$

위의 식에서 $COV_{b_ib_j}$는 b_i와 b_j의 공분산이다. 이러한 정보를 이용하여 ${}_T\theta_{X\rightarrow Y} = 0$의 귀무가설을 검정하기 위한 t값과 p값이 계산되며 95% 신뢰구간도 제공된다.

그림 8.3 부정적 감정이 정부정책지지도에 미치는 영향이 성별과 연령에 의하여 조절되는 조건부효과(가산다중조절모형)

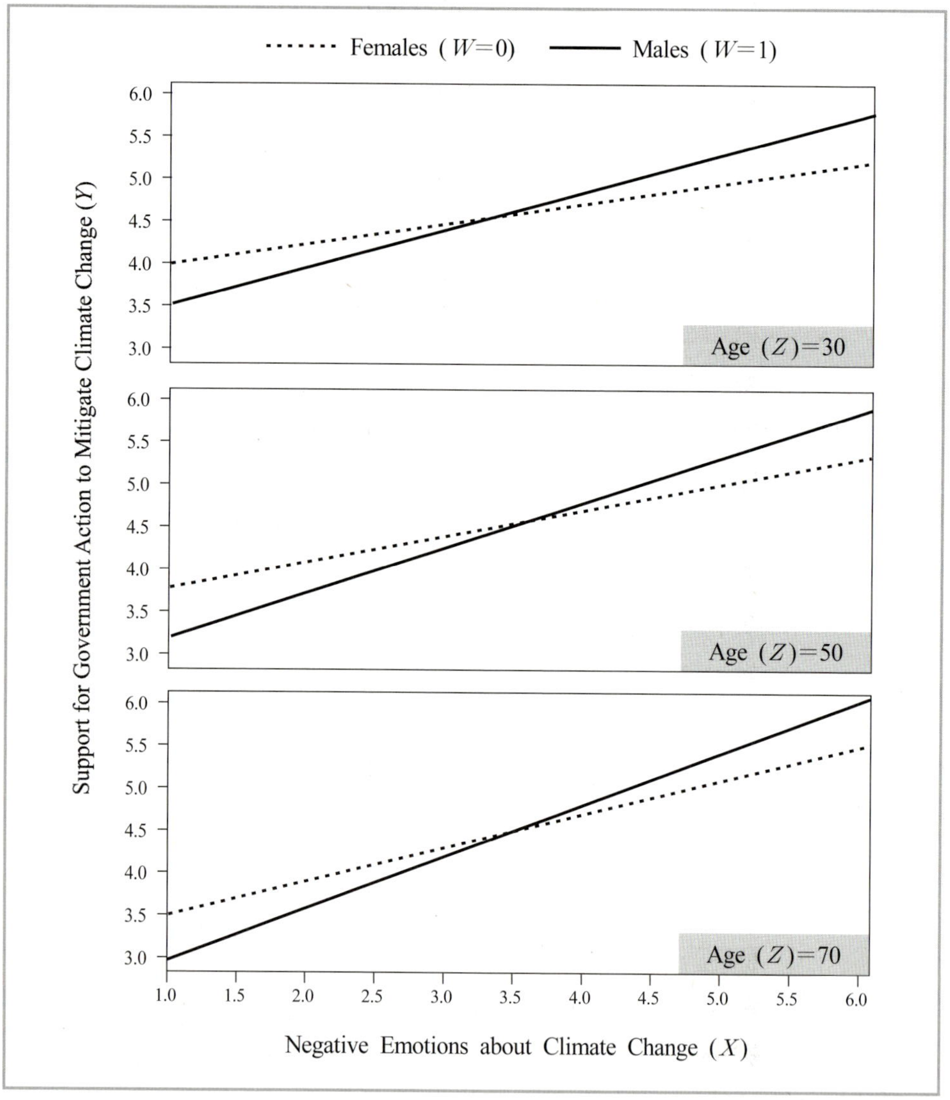

결과물에서 부정적 감정이 정부정책지지도에 미치는 영향은 남성과 여성 모두에서 그리고 30세, 50세 및 70세의 모든 연령에서 통계적으로 유의한 양의 값을 갖는 것으로 나타났다. 그리고 b_4와 조건부효과에서 부정적 감정이 정부정책지지도에 미치는 영향은 여성보다 남성 집단에서 더 크게 나타났다. 연령에 관계없이 남성과 여성의 이러한 차이는 $b_4 = 0.204$로 계산된다. 이러한 내용과 관련하여 결과물에 나타난 다음의 결과를 살펴본다.

Conditional effects of the focal predictor at values of the moderator(s):

sex(W)	age(Z)	Effect	
.0000	30.0000	.2356	①
.0000	50.0000	.3306	②
.0000	70.0000	.4256	③
1.0000	30.0000	.4400	④
1.0000	50.0000	.5350	⑤
1.0000	70.0000	.6300	⑥

먼저 결과물에서 $b_4 = 0.204$로 나타났다. 그리고 위의 결과물에서 $Z = 30$인 경우에 남성과 여성의 조건부효과의 차이(④－①＝0.44－0.236＝0.204)와 $Z = 50$인 경우에 남성과 여성의 조건부효과의 차이(⑤－②＝0.535－0.331＝0.204) 그리고 $Z = 70$인 경우에 남성과 여성의 조건부효과의 차이(⑥－③＝0.63－0.426＝0.204)는 모두 $b_4 = 0.204$와 동일한 값을 가지는 것을 알 수 있다. 이러한 사실은 가산다중조절모형에서 X와 W의 상호작용은 Z값과 관계없이 $W = w_1$인 경우의 조건부효과와 $W = w_2$인 경우의 조건부효과는 동일한 크기로 다르다는 것을 의미하는 것이다.

그리고 b_5는 Z가 한 단위 변화할 때 X가 Y에 영향을 미치는 조건부효과가 어느 정도 변화하는지를 추정한 것이다. 따라서 연령이 한 살 차이나는 두 사람이 속한 두 개의 가상집단에서 부정적 감정이 정부정책지지도에 미치는 영향은 연령이 많은 집단에서 $b_5 = 0.005$만큼 크다고 할 수 있다. 연령이 10살 차이나는 두 집단에서는 이러한 차이는 $10b_5 = 0.047$로 계산된다.[6] 이러한 조건부효과의 차이는 남성과 여성 모두에게 적용되며 이 또한 이 모형의 제약사항이다. 예를 들어 연령이 20살 차이나는 여성들(예 : 30세와 50세) 사이에서 부정적 감정의 조건부효과의 차이는 0.095($20b_5 = 0.331 - 0.236 = 0.095$＝②－①)로 계산된다. 또한 이러한 결과는 연령이 20살 차이나는 남성들(예 : 30세와 50세)에서 부정적 감정의

6) 정밀한 계산을 위하여 $b_5 = 0.005$가 아닌 $b_5 = 0.0047$로 설정했기 때문에 $10b_5 = 0.047$로 계산되었다.

조건부효과의 차이가 0.095($20b_5$=0.535−0.440=0.095=⑤−④)로 계산되는 것과 동일한 것이다.

8.3.2 조절된 조절모형

가산다중조절모형이 비록 X의 영향이 비조건적이라는 다중회귀모형(식 8.8)보다 상당히 탄력적인 모형이지만 아직도 중요한 제약사항이 존재한다. 이러한 제약사항은 X의 효과는 W와 Z에 의하여 조절되지만 X가 W에 의하여 조절되는 효과는 Z에 의존하지 않는다는 내용이다. 즉, b_4는 W가 한 단위 변화할 때 X가 Y에 미치는 영향이 얼마나 변화하는지를 추정하는데 이러한 효과는 Z와는 관계없이 동일하다는 제약조건이 전제된다. 달리 말하면 성별이 한 단위 증가할 때(여성(0)에서 남성(1)으로) 부정적 감정이 정부정책지지도에 미치는 영향은 연령과 관계없이 b_4만큼 증가한다. 하지만 부정적 감정과 정부정책지지도를 연결하는 경우에 성별차이는 연령에 따라 다르게 나타날 수도 있다. 예를 들어 이러한 성별차이는 노년층보다 젊은 층에서 더 작게 나타날 수 있는 것이다. 가산다중조절모형은 X와 W의 상호작용이 Z와는 독립적이라고 제약하기 때문에 이러한 모형을 분석할 수 없다.

이러한 제약을 극복하는 한 가지 방법은 식 (8.11) 대신 다음과 같은 식을 사용하여 모형을 추정하는 것이다.

$$Y = i_Y + b_1X + b_2W + b_3Z + b_4XW + b_5XZ + b_6WZ + b_7XWZ + e_Y \qquad (8.14)$$

위의 식에서 XWZ는 X와 W 및 Z의 적항이다. 이러한 적항은 X가 Y에 미치는 영향이 W에 의하여 조절되는 효과가 Z에 의존하는 것을 허용한다(This product allows the moderation of X's effect on Y by W to depend on Z). Hayes(2018a)는 이러한 모형을 조절된 조절모형(moderated moderation model)이라고 명명하였다. 그리고 식 (8.14)는 다음과 같이 표현할 수 있다.

$$Y = i_Y + (b_1 + b_4W + b_5Z + b_7WZ)X + b_2W + b_3Z + b_6WZ + e_Y \qquad (8.15)$$

식 (8.15)는 X가 Y에 미치는 영향이 W와 Z 및 적항(상호항)들의 함수라는 것을 보여준다. 즉, 이러한 X의 조건부효과는 다음과 같다.

$$\theta_{X\rightarrow Y} = b_1 + b_4 W + b_5 Z + b_7 WZ \tag{8.16}$$

식 (8.14)와 (8.15)는 다음의 식으로 나타낼 수 있다.

$$Y = i_Y + (b_1 + b_5 Z)X + [(b_4 + b_7 Z)W]X + b_2 W + b_3 Z + b_6 WZ + e_Y$$

그림 8.4 조절된 조절모형의 개념모형(panel A)과 통계모형(panel B)

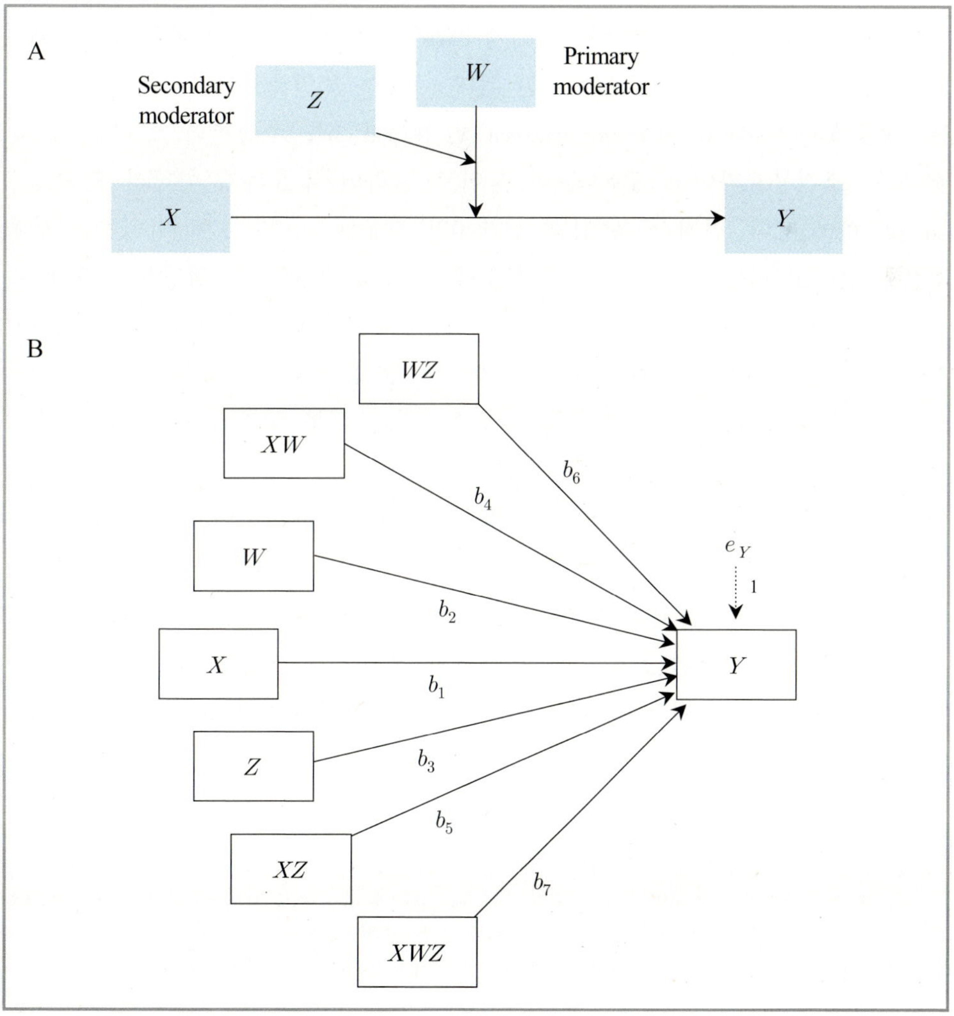

위의 식에서 X가 Y에 미치는 영향은 두 가지 요인으로 구성된다는 것을 알 수 있다. 하나의 요인은 Z에 의하여 결정되는 $b_1 + b_5 Z$이고 또 다른 요인은 W에 따라 달라지는 $b_4 + b_7 Z$이다. 따라서 X가 Y에 미치는 영향에 W가 영향을 주는 효과는 Z에 조건적이다. 즉, X가 Y에 미치는 영향을 W가 조절하는 효과 자체가 Z에 의하여 다시 조절된다. 이러한 효과를 조절된 조절효과(moderated moderation effect)라고 부른다. 조절된 조절효과는 X와 W 및 Z가 상호작용하기 때문에 3원 상호효과(three-way interaction effect)라고 알려져 왔다. 조절된 조절모형의 개념모형과 통계모형이 [그림 8.4]에 제시되어 있다.

1) 회귀계수의 해석

식 (8.14)와 (8.15)에서 대부분의 회귀계수들은 조건부효과이기 때문에 ANOVA의 주효과와 상호효과로 해석하면 안 된다. 예외는 b_7인데 이는 X와 W 및 Z의 3원 상호효과(three-way interaction between X, W and Z)를 추정한다. 그리고 b_1, b_2 및 b_3는 조건부효과이고 ANOVA의 용어로 말하면 주효과가 아니라 단순효과(simple effects)이다. 먼저 b_1은 W와 Z가 0인 경우에[7] X가 Y에 미치는 영향을 추정한 것이고 b_2는 X와 Z가 0인 경우에 W가 Y에 미치는 영향을 추정한 것이며 b_3는 X와 W가 0인 경우에 Z가 Y에 미치는 영향을 추정한 것이다. 마찬가지로 b_4는 $Z=0$인 경우에[8] X와 W의 조건부 상호효과(conditional interaction)를 추정한 것이고 b_5는 $W=0$인 경우에 X와 Z의 조건부 상호효과를 추정한 것이며 b_6는 $X=0$일 때에 W와 Z의 조건부 상호효과를 추정한 것이다. 적항의 생성과 모형추정 전에 X와 W 및 Z를 평균중심화하는 것은 이들 계수의 해석을 ANOVA의 해당계수들의 해석에 근접하게 하지만 동일한 것은 아니다. 평균중심화를 하든 하지 않든 XWZ를 포함하는 모형에는 XWZ를 제외한 6개의 변수들의 유의성과는 관계없이 이들을 모두 모형에 포함시켜야 한다. 이러한 6개의 항들을 포함시키지 않으면 X와 W 및 Z 간의 3원 상호효과의 검정결과가 틀리게 산출된다.

---

7) b_1은 X의 계수인데 X는 W 및 Z와 고차 상호항(XWZ)을 형성하고 있다. 따라서 X와 상호항을 구성하고 있는 "W와 Z가 0인 경우"로 해석한다. b_2와 b_3의 해석도 동일하다.

8) b_4는 XW의 계수이고 XW는 고차상호항에서 Z와 상호항을 이루고 있기 때문에 "Z가 0인 경우"로 해석한다.

2) PROCESS를 이용한 분석

PROCESS를 이용하면 조절된 조절모형을 쉽게 분석할 수 있다. 조절된 조절모형을 분석하기 위해서는 model=3을 지정해야 한다. PROCESS는 모든 적항들을 생성시키고 최대적합 OLS회귀모형을 추정하며 상호효과의 탐색작업결과를 보여준다. model=3에서는 존슨-네이만 방법의 사용이 가능하다.

예를 들어 긍정적 감정(C_1)과 정치성향(C_2)을 통제한 상태에서 부정적 감정(X)이 정부정책지지도(Y)에 미치는 영향이 성별(W)에 의하여 조절되는 효과가 다시 연령(Z)에 의하여 조절되는 조절된 조절모형을 분석하기 위한 syntax는 다음과 같다.

```
process y=govact/x=negemot/w=sex/z=age/cov=posemot ideology/model=3
        /jn=1/plot=1/zmodval=30,50,70.
```

위의 syntax를 분석한 결과가 [그림 8.5]에 제시되어 있다.

그림 8.5 부정적 감정이 정부정책지지도에 미치는 영향의 성별차이가 연령에 의하여 조절되는 조절된 조절모형의 PROCESS 결과물

```
Model  : 3
    Y  : govact
    X  : negemot
    W : sex
    Z  : age

Covariates:
 posemot  ideology

Sample
Size:  815

******************************************************************************
OUTCOME VARIABLE:
 govact

Model Summary
              R      R-sq       MSE         F       df1        df2         p
          .6451     .4162    1.0926   63.7645    9.0000   805.0000     .0000

Model
                 coeff         se          t          p       LLCI       ULCI
constant        4.5595      .4850     9.4007      .0000     3.6075     5.5115
negemot  (b1)    .2728      .1181     2.3112      .0211      .0411      .5046
sex      (b2)    .5294      .6465      .8188      .4131     -.7396     1.7984
```

```
Int_1    (b4)   -.1308     .1675     -.7808     .4351    -.4595     .1980
age      (b3)   -.0034     .0095     -.3562     .7218    -.0220     .0152
Int_2    (b5)    .0009     .0024      .3806     .7036    -.0038     .0056
Int_3    (b6)   -.0253     .0123    -2.0592     .0398    -.0494    -.0012
Int_4    (b7)    .0067     .0032     2.0961     .0364     .0004     .0129
posemot         -.0206     .0277     -.7453     .4563    -.0749     .0337
ideology        -.2055     .0266    -7.7265     .0000    -.2577    -.1533

Product terms key:
 Int_1    :        negemot   x        sex
 Int_2    :        negemot   x        age
 Int_3    :        sex       x        age
 Int_4    :        negemot   x        sex       x        age

Test(s) of highest order unconditional interaction(s):
            R2-chng        F        df1       df2          p
X*W*Z         .0032    4.3934     1.0000  805.0000      .0364
----------
     Focal predict: negemot  (X)
           Mod var: sex      (W)
           Mod var: age      (Z)

Test of conditional X*W interaction at value(s) of Z:
```

$\rightarrow \theta_{XW \rightarrow Y}|Z = b_4 + b_7 Z$

```
      age     Effect         F       df1       df2           p
  30.0000      .0696      .7301    1.0000   805.0000       .3931
  50.0000      .2031    16.5048    1.0000   805.0000       .0001
  70.0000      .3367    17.4621    1.0000   805.0000       .0000

Conditional effects of the focal predictor at values of the moderator(s):
```

$\rightarrow \theta_{X \rightarrow Y}|(W, Z) = b_1 + b_4 W + b_5 Z + b_7 WZ$

```
      sex       age    Effect       se          t        p      LLCI      ULCI
    .0000   30.0000     .3003    .0542     5.5447    .0000     .1940     .4066
    .0000   50.0000     .3186    .0370     8.5005    .0000     .2459     .3913
    .0000   70.0000     .3369    .0666     5.0605    .0000     .2062     .4675
   1.0000   30.0000     .3699    .0620     5.9678    .0000     .2482     .4915
   1.0000   50.0000     .5217    .0360    14.4879    .0000     .4510     .5924
   1.0000   70.0000     .6736    .0475    14.1804    .0000     .5803     .7668

Moderator value(s) defining Johnson-Neyman significance region(s):
     Value   % below   % above
   38.1138   28.2209   71.7791

Conditional X*W interaction at values of the moderator Z:
      age    Effect        se          t         p       LLCI      ULCI
  17.0000    -.0172     .1169     -.1475     .8828     -.2467     .2122
  20.5000     .0061     .1069      .0573     .9543     -.2038     .2160
  24.0000     .0295     .0972      .3035     .7616     -.1613     .2203
  27.5000     .0529     .0878      .6019     .5474     -.1196     .2253
  31.0000     .0763     .0789      .9661     .3343     -.0787     .2312
  34.5000     .0996     .0707     1.4100     .1589     -.0391     .2383
  38.0000     .1230     .0633     1.9440     .0522     -.0012     .2472
  38.1138     .1238     .0630     1.9629     .0500      .0000     .2475
  41.5000     .1464     .0571     2.5625     .0106      .0343     .2585
```

```
     45.0000      .1697      .0526     3.2246      .0013      .0664      .2731
     48.5000      .1931      .0503     3.8408      .0001      .0944      .2918
     52.0000      .2165      .0503     4.3008      .0000      .1177      .3153
     55.5000      .2399      .0528     4.5425      .0000      .1362      .3435
     59.0000      .2632      .0574     4.5883      .0000      .1506      .3759
     62.5000      .2866      .0636     4.5073      .0000      .1618      .4114
     66.0000      .3100      .0710     4.3647      .0000      .1706      .4494
     69.5000      .3334      .0793     4.2022      .0000      .1776      .4891
     73.0000      .3567      .0883     4.0415      .0001      .1835      .5300
     76.5000      .3801      .0977     3.8920      .0001      .1884      .5718
     80.0000      .4035      .1074     3.7570      .0002      .1927      .6143
     83.5000      .4269      .1174     3.6366      .0003      .1965      .6573
     87.0000      .4502      .1276     3.5297      .0004      .1999      .7006

Data for visualizing the conditional effect of the focal predictor:
Paste text below into a SPSS syntax window and execute to produce plot.

DATA LIST FREE/
   negemot    sex        age       govact   .
BEGIN DATA.
    1.6700      .0000    30.0000     4.0561
    3.6700      .0000    30.0000     4.6566
    5.3300      .0000    30.0000     5.1551
    1.6700      .0000    50.0000     4.0190
    3.6700      .0000    50.0000     4.6562
    5.3300      .0000    50.0000     5.1850
    1.6700      .0000    70.0000     3.9820
    3.6700      .0000    70.0000     4.6557
    5.3300      .0000    70.0000     5.2149
    1.6700     1.0000    30.0000     3.9422
    3.6700     1.0000    30.0000     4.6819
    5.3300     1.0000    30.0000     5.2959
    1.6700     1.0000    50.0000     3.6220
    3.6700     1.0000    50.0000     4.6654
    5.3300     1.0000    50.0000     5.5314
    1.6700     1.0000    70.0000     3.3017
    3.6700     1.0000    70.0000     4.6489
    5.3300     1.0000    70.0000     5.7670
END DATA.
GRAPH/SCATTERPLOT=
 negemot   WITH     govact   BY      sex      /PANEL   ROWVAR=  age   .

************************* ANALYSIS NOTES AND ERRORS *************************

Level of confidence for all confidence intervals in output:
  95.0000
```

결과물을 이용한 최대적합모형은 다음과 같다.

$$\hat{Y}= 4.560 + 0.273X + 0.529W - 0.003Z - 0.131XW + 0.001XZ - 0.025WZ$$
$$+ 0.007XWZ - 0.021C_1 - 0.206C_2$$

PROCESS 결과물에서 XWZ의 회귀계수가 통계적으로 유의하게 나타났다

[$b_7 = 0.007$, $t(805) = 2.096$, $p = .036$]. 이러한 결과는 부정적 감정과 성별 및 연령의 3원 상호효과가 나타났다는 증거이다. 즉, 부정적 감정이 정부정책지지도에 미치는 영향이 성별에 의하여 조절되는 효과의 크기는 연령에 의존한다고 할 수 있다. 물론 결과물의 "Test(s) of highest order unconditional interaction(s)" 부분에 제시된 것과 같이 이러한 "조절의 조절(moderation of moderation)"은 정부정책지지도의 분산의 0.3%만 설명하고 있다.

조절된 조절효과의 그래프는 결과물의 마지막 부분의 "Data for visualizing the conditional effect of the focal predictor"에 제시되어 있는 다음과 같은 plot 옵션의 결과를 syntax에 붙여 넣은 후에 syntax를 실행하면 [그림 8.6]의 시각적 도식화를 얻을 수 있다.

```
DATA LIST FREE/
   negemot      sex      age      govact .
BEGIN DATA.
      1.6700      .0000      30.0000      4.0561
      3.6700      .0000      30.0000      4.6566
      5.3300      .0000      30.0000      5.1551
      1.6700      .0000      50.0000      4.0190
      3.6700      .0000      50.0000      4.6562
      5.3300      .0000      50.0000      5.1850
      1.6700      .0000      70.0000      3.9820
      3.6700      .0000      70.0000      4.6557
      5.3300      .0000      70.0000      5.2149
      1.6700     1.0000      30.0000      3.9422
      3.6700     1.0000      30.0000      4.6819
      5.3300     1.0000      30.0000      5.2959
      1.6700     1.0000      50.0000      3.6220
      3.6700     1.0000      50.0000      4.6654
      5.3300     1.0000      50.0000      5.5314
      1.6700     1.0000      70.0000      3.3017
      3.6700     1.0000      70.0000      4.6489
```

```
    5.3300      1.0000      70.0000      5.7670
END DATA.
GRAPH/SCATTERPLOT=
 negemot  WITH  govact  BY  sex  /PANEL  ROWVAR=  age .
```

그림 8.6 부정적 감정이 정부정책지지도에 미치는 영향이 성별과 연령의 값에 따라 변화하는 조건부효과(조절된 조절모형)

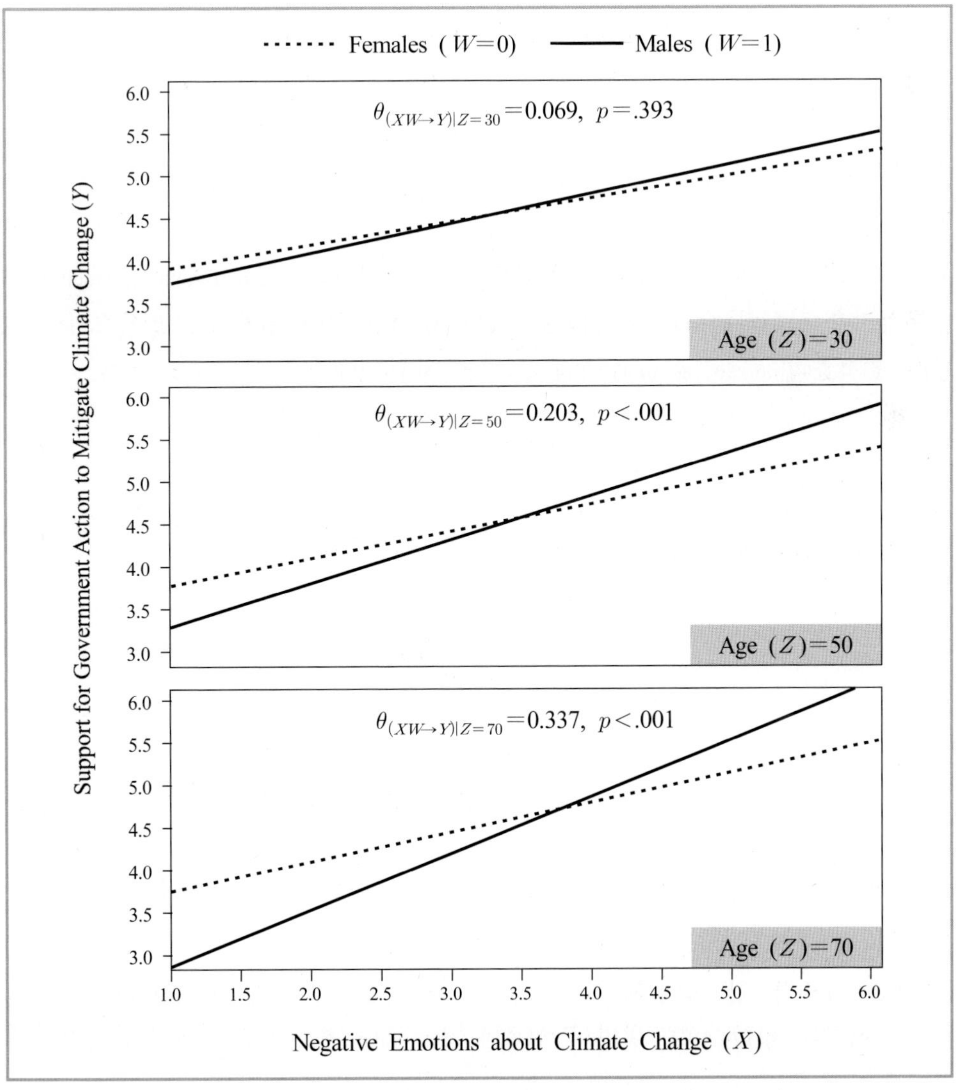

[그림 8.6]에서 부정적 감정이 정부정책지지도에 미치는 영향은 모두 양수로 나타났고 남성과 여성의 이러한 효과의 차이는 연령이 증가할수록 더욱 커지는 것을 알 수 있다. 부정적 감정과 성별의 상호작용이 연령에 의하여 조절되는 효과는 정부정책지지도의 분산의 0.3%만 설명할 정도로 미미하지만 그래프를 그려보면 차이를 확연히 알 수 있다.

3) 조절된 조절효과의 탐색

조절된 조절모형에서 3원 상호효과를 탐색(probing a three-way interaction)하는 방법은 여러 가지가 있다. 이들 중 첫 번째 방법은 특정값 선택방법의 변형으로 X가 Y에 미치는 영향이 제1조절변수(primary moderator)인 W에 의하여 조절되는 효과가 제2조절변수(secondary moderator)인 Z에 의하여 다시 조절되는지를 확인하기 위하여 Z의 여러 값들을 선택하는 것이다. 이 방법은 선택된 Z값에서의 XW의 조건부효과를 추정하고 이러한 조건부 상호효과(conditional interaction)의 추론검정을 실행하는 과정을 밟는다. X가 W에 의하여 조절되는 조절효과의 조건부 조절효과(conditional moderation of X by W)는 다음과 같이 추정된다.

$$\theta_{XW \to Y} = b_4 + b_7 Z$$

그리고 추정된 표준오차는 다음과 같다.

$$se_{\theta_{(XW \to Y)}} = \sqrt{se_{b_4}^2 + (2Z)COV_{b_4 b_7} + Z^2 se_{b_7}^2}$$

주어진 Z값에서 X와 W의 조건부 상호효과가 나타나지 않는다는 귀무가설의 검정은 $\theta_{XW \to Y}$값을 표준오차로 나눈 비율을 이용하는데 이러한 비율은 $t(df_{residual})$ 또는 $F(1,\ df_{residual})$분포를 따른다.

PROCESS는 이를 자동으로 계산해 주고 결과는 [그림 8.5]의 "Test of conditional X*W interaction at value(s) of Z" 부분에 제시한다. PROCESS syntax에 zmodval 옵션을 사용하였기 때문에 연령(Z)이 30세, 50세 및 70세인 경우의 $\theta_{XW \to Y}$를 추정한다. 먼저 연령이 30세인 경우에($Z=30$) 부정적 감정이 정부정책지지도에 미치는 영향은 성별에 의하여 유의하게 조절되지 않는 것으로 나타났다[$\theta_{XW \to Y}|(Z=30)=0.070$, $F(1,\ 805)=0.730$, $p=.393$]. 하지만 연령이 50세인 경우

$[\theta_{XW \to Y}|(Z=50) = 0.203,\ F(1,\ 805) = 16.505,\ p < .001]$와 70세인 경우$[\theta_{XW \to Y}|(Z=70) = 0.337,\ F(1,\ 805) = 17.462,\ p < .001]$에는 부정적 감정이 정부정책지지도에 미치는 영향을 성별이 유의하게 조절하는 것으로 나타났다. 아래에서 논의하겠지만 상호효과 XW의 조건부효과(conditional XW interaction)의 세 가지 추정치는 세 가지 연령수준에서의 남성과 여성의 부정적 감정의 조건부효과의 차이와 일치한다.

제2조절변수가 계량변수인 경우에 사용하는 두 번째 방법은 존슨-네이만 방법인데 이 방법은 Z의 전체구간 중에서 X와 W의 조건부 상호효과가 유의한 영역과 유의하지 않은 영역을 구분해 준다. 존슨-네이만 방법에 적용되는 수학은 단순조절분석과 동일하다. [그림 8.5]에서 부정적 감정과 성별의 상호효과는 연령이 38.114를 기준으로 유의성영역(region of significance)이 분리된다. 즉, 연령이 38.114보다 큰 사람들에게서 부정적 감정과 성별 간의 2원 상호효과가 통계적으로 유의하게 양(significantly positive two-way interaction)으로 나타났다.[9] 연령이 38.114세 이상의 영역에서만 남성과 여성의 부정적 감정의 효과가 통계적으로 유의한 차이가 발생하였다. 연령이 38.114세 이하의 구간에서는 성별은 부정적 감정이 정부정책지지도에 미치는 영향을 조절하지 않는다.

특정값 선택방법의 또 다른 변형으로 W와 Z의 다양한 조합에서의 X의 조건부효과를 추정하는 방법이 있다. 이 방법은 X가 Y에 미치는 영향이 W에 의하여 조절되는 효과가 Z값에 따라 달라지는지를 검정하지 않기 때문에 그 자체로는 조절된 조절효과의 공식적인 탐색방법이 아니다. 하지만 이 방법은 X가 W와 Z의 결합함수형태로 Y에 미치는 차별적인 영향을 확인할 수 있다는 점에서 유용한 방법이라고 할 수 있다. W와 Z의 값에 따라 변화하는 X가 Y에 영향을 미치는 조건부효과는 다음과 같이 추정된다.

$$\theta_{X \to Y} = b_1 + b_4 W + b_5 Z + b_7 WZ$$

표준오차추정치의 제곱은 다음과 같다(Aiken & West, 1991).

---

9) 결과물에서 X와 W의 2원 상호항은 음수($b_4 = -0.1308$)로 나타났으나 이는 다른 변수와의 관계로 인한 것이고 실제로 2원 상호효과를 분석하면 X와 W의 상호항은 양수($b_3 = 0.2647,\ t = 5.231,\ p < .001$)로 나타난다. PROCESS 결과물(존슨-네이만)에서도 연령이 17세인 경우를 제외하면 2원 상호효과가 모두 양으로 나타났다.

$$se^2_{\theta_{X\rightarrow Y|(W,Z)}} = se^2_{b_1} + W^2 se^2_{b_4} + Z^2 se^2_{b_5} + W^2 Z^2 se^2_{b_7} + (2W)COV_{b_1 b_4}$$
$$+ (2Z)COV_{b_1 b_5} + (2WZ)COV_{b_1 b_7} + (2WZ)COV_{b_4 b_5}$$
$$+ (2W^2 Z)COV_{b_4 b_7} + (2WZ^2)COV_{b_5 b_7}$$

주어진 W와 Z값에서 X가 Y에 미치는 영향이 유의하지 않다는 귀무가설 하에서 $\theta_{X\rightarrow Y}$와 표준오차의 비율은 $t(df_{residual})$분포를 따른다. 이러한 분석결과는 [그림 8.5]의 "Conditional effects of the focal predictor at values of moderator(s)"에 제시되어 있다. 결과물에서 남성과 여성 모두에서 그리고 전체 연령에서 부정적 감정과 정부정책지지도의 관계는 통계적으로 유의하게 양수로 나타났다.

하지만 남성과 여성 간의 부정적 감정의 효과의 차이에 관한 추세는 가산다중조절모형의 결과와는 다르게 나타났다. 모형에 XWZ항이 없는 가산다중조절모형의 경우에는 부정적 감정이 정부정책지지도에 미치는 영향의 조건부효과에 대한 성별차이는 연령에 관계없이 동일하다는 제약이 있는 반면에 조절된 조절모형에서는 성별차이가 연령에 의존한다.

이러한 내용을 확인하기 위하여 결과물의 다음의 결과를 살펴본다.

Conditional effects of the focal predictor at values of the moderator(s):

sex(W)	age(Z)	Effect	
.0000	30.0000	.3003	①
.0000	50.0000	.3186	②
.0000	70.0000	.3369	③
1.0000	30.0000	.3699	④
1.0000	50.0000	.5217	⑤
1.0000	70.0000	.6736	⑥

예를 들어 연령이 30세($Z=30$)인 경우에 남성과 여성의 부정적 감정의 효과의 차이는 $0.370 - 0.300 = 0.070 = \theta_{XW\rightarrow Y}|(Z=30)$(④−①)으로 계산되고 이러한 효과는 유의하지 않다(아래 참조). 하지만 $Z=50$인 경우에는 부정적 감정의 효과의 차이는 더 이상 0.070이 아니고 $\theta_{XW\rightarrow Y}|(Z=50) = 0.522 - 0.319 = 0.203$(⑤

−②)으로 계산되며 이는 통계적으로 유의하다($p<.001$). 마지막으로 $Z=70$인 경우에는(⑥−③) 성별차이가 더욱 크게 나타난다[$\theta_{XW\rightarrow Y}|(Z=70)=0.674-0.337=0.337$, $p<.001$]. 이러한 결과들은 다음과 같이 "Test of conditional X*W interaction at value(s) of Z" 부분에 제시된 결과들과 일치하는 내용이다.

Test of conditional X*W interaction at value(s) of Z:

age	Effect	p	
30.0000	.0696	.3931	→ ④−①
50.0000	.2031	.0001	→ ⑤−②
70.0000	.3367	.0000	→ ⑥−③

위의 결과에서 성별 간의 X의 조건부효과의 차이는 동일한 값이 아니라 연령이 증가하면서 함께 증가하는 것을 확인할 수 있다. 이러한 점이 가산다중조절효과와의 차이점이다.

8.4 조건부효과들의 비교

8.3절에서 부정적 감정(X)이 정부정책지지도(Y)에 미치는 영향은 성별(W)과 연령(Z)에 의하여 조절되는 것을 확인하였다. 가산다중조절모형은 X의 영향이 W에 의하여 조절되는 효과의 크기가 Z와는 독립적이라고 가정하는 반면에 조절된 조절모형에서는 이러한 제약을 철회하여 X의 영향이 W에 의하여 조절되는 효과가 Z에 의하여 다시 조절되는 것을 허용하였다. 이들 모형에서 X를 포함한 상호항의 계수는 다른 조절변수가 고정되어 있는 경우에(가산다중조절모형) 혹은 다른 조절변수가 변화함에 따라(조절된 조절모형) 한 조절변수가 변화하는 경우의 X의 효과의 변화율을 추정한다.

이러한 경우에 다음과 같은 질문을 할 수 있다. "$W=w_1$이고 $Z=z_1$인 경우의 X의 효과와 $W=w_2$이고 $Z=z_2$인 경우의 X의 효과는 다른가?" 예를 들어 30세 남성과 50세 여성의 부정적 감정이 정부정책지지도에 미치는 영향은 서로 다른가? 이러한 질문은 X의 두 조건부효과의 차이에 관한 것이다. 여기에서 $w_1 \neq w_2$ 및 $z_1 \neq z_2$이다. 또한 우리는 질문을 바꿔서 W는 고정되어 있고 Z는 변화하거나 혹은 W는 변화하고 Z는 고정되어 있는 상황을 가정할 수 있을 것이다. 예를 들어 30세 남성과 30세 여성의 X의 효과 또는 30세 남성과 50세 남성의 X의 효과는 차이가 발생하는가?

본절에서 우리는 조절모형에서 두 조건부효과의 차이를 검정할 것이다. 여기에서 사용하는 방법은 Dawson(Dawson, 2014 ; Dawson & Richter, 2006)의 기울기 차이검정(slope difference test)방법을 이용하여 Hayes(2018a)가 서술한 내용이다. 이들의 연구는 조절된 조절모형에서의 기울기 차이검정방법의 가이드라인을 제시하고 있다. 하지만 Dawson의 연구내용은 필요 이상으로 복잡하고 엑셀을 이용하여 계산하기 때문에 자료입력오류의 가능성이 존재한다. 반면에 PROCESS를 이용하면 이러한 검정을 쉽게 실행할 수 있고 오류의 가능성도 낮아진다.

6.5절에서 회귀모형 $\hat{Y}= b_0 + b_1X + b_2W + b_3XW$의 $_Tb_3 = 0$에 대한 가설검정은 조절효과의 유의성검정뿐만 아니라 $W = w_1$인 경우의 조건부효과와 $W = w_2$인 경우의 조건부효과의 차이검정을 겸하고 있다는 것을 알아보았다. w_1과 w_2는 어떠한 값을 사용해도 관계없다. 따라서 단순조절모형에서는 X의 조건부효과들을 비교하기 위한 특별한 검정이 필요하지 않다. 필요한 것은 오직 X가 Y에 미치는 영향을 W가 조절하는지를 검정하는 것이다.

이제 조절변수 W와 Z의 두 쌍(pairs)에 대한 X의 두 조건부효과의 차이가 발생하는지를 검정하도록 한다. 즉, 두 간접효과가 다르다는 대립가설에 대하여 다음과 같은 귀무가설을 검정한다.

$$_T\theta_{X\rightarrow Y}|(w_1,\ z_1) = {}_T\theta_{X\rightarrow Y}|(w_2,\ z_2)$$

위의 식은 다음과 같이 두 조건부효과의 차이로 표현할 수 있다.

$$_T\theta_{X\rightarrow Y}|(w_1,\ z_1) - {}_T\theta_{X\rightarrow Y}|(w_2,\ z_2) = 0$$

그리고 대립가설은 이러한 차이가 0이 아니라는 내용이다. 물론 귀무가설 대신 차이에 대한 신뢰구간을 사용할 수도 있다.

8.4.1 가산다중조절모형에서 조건부효과의 비교

회귀식 $\hat{Y}=b_0+b_1X+b_2W+b_3Z+b_4XW+b_5XZ$를 가지는 가산다중조절모형에서 식 (8.12)에 의하여 $W=w_1$과 $Z=z_1$인 경우의 X의 조건부효과는 $b_1+b_4w_1+b_5z_1$으로 계산되고 $W=w_2$와 $Z=z_2$인 경우의 X의 조건부효과는 $b_1+b_4w_2+b_5z_2$이다. 따라서 이러한 두 조건부효과의 차이는 다음과 같다.

$$\Delta\theta_{X\to Y}=b_1+b_4w_1+b_5z_1-(b_1+b_4w_2+b_5z_2) \tag{8.17}$$

$$=b_4(w_1-w_2)+b_5(z_1-z_2) \tag{8.18}$$

이러한 조건부효과의 차이의 표준오차는 다음과 같이 추정된다.

$$se_{\Delta\theta_{X\to Y}}=\sqrt{(w_1-w_2)^2se_{b_4}^2+(z_1-z_2)^2se_{b_5}^2+2(w_1-w_2)(z_1-z_2)COV_{b_4b_5}} \tag{8.19}$$

조건부효과의 차이와 표준오차의 비율은 귀무가설하에서 $t(df_{residual})$분포를 따른다. 또는 조건부효과의 차이에 대한 신뢰구간을 사용할 수 있는데 이러한 신뢰구간은 차이의 점추정치±2표준오차에 근접한 값을 가진다.

식 (8.19)의 계산은 컴퓨터에게 맡기면 된다. 하지만 이러한 계산이 필요 없는 두 가지 특수한 케이스가 있다. 첫 번째 케이스는 $z_1=z_2$인 경우인데 이때에는 식 (8.18)은 $b_4(w_1-w_2)$로 계산되고 식 (8.19)는 $se_{b_4}(w_1-w_2)$로 단순화된다. 하지만 이러한 두 수치의 비율은 가산다중조절모형에서의 b_4의 t통계량과 같다. 따라서 이러한 모형에서 X가 Y에 미치는 영향을 W가 조절한다는 주장은 동일한 Z값을 가지면서 서로 다른 W값에서의 어떠한 두 조건부효과도 서로 다르다는 것을 의미한다. 역으로 X가 Y에 미치는 영향을 W가 조절하지 않는다면 동일한 Z값을 가지면서 서로 다른 W값에서의 두 조건부효과는 다르지 않다고 할 수 있다. 앞의 분석에서 b_4는 유의하게 나타났다. 따라서 연령이 동일한 상태에서 남성 집단과 여성 집단의 부정적 감정이 정부정책지지도에 미치는 영향은 서로 다르다고 말할 수 있다. 연령만 같으면 남성집단과 여성집단의 어떠한 연령이든 관계없다.

두 번째 케이스는 $w_1=w_2$인 경우이다. 이러한 경우에 식 (8.18)은 $b_5(z_1-z_2)$

로 바뀌고 식 (8.19)는 $se_{b_5}(z_1 - z_2)$로 변한다. 이들의 비율은 가산다중조절모형에서의 b_5의 t통계량과 동일하다. 따라서 이 모형에서 X가 Y에 미치는 영향을 Z가 조절한다면 W값이 같으면서 서로 다른 Z값에서의 어떠한 두 조건부효과도 서로 다르다고 말할 수 있다. 하지만 X가 Y에 미치는 영향을 Z가 조절하지 못한다면 W는 같지만 Z는 서로 다른 두 조건부효과는 차이가 발생하지 않는다. 이전 분석에서 b_5가 통계적으로 유의한 것을 확인하였다. 그러므로 성별은 동일하지만 연령은 다른 두 집단의 사람들의 부정적 감정이 정부정책지지도에 미치는 영향은 서로 다르다고 할 수 있다. 성별만 같다면 부정적 감정의 조건부효과는 이러한 두 집단에서 서로 다르게 나타났다고 말할 수 있다.

8.4.2 조절된 조절모형에서 조건부효과의 비교

조절된 조절모형의 회귀식은 $Y = b_0 + b_1X + b_2W + b_3Z + b_4XW + b_5XZ + b_6WZ + b_7XWZ$로 표현된다. 식 (8.16)에서 $W = w_1$과 $Z = z_1$인 경우의 X가 Y에 영향을 미치는 조건부효과는 $b_1 + b_4w_1 + b_5z_1 + b_7w_1z_1$이고 $W = w_2$와 $Z = z_2$인 경우의 X의 조건부효과는 $b_1 + b_4w_2 + b_5z_2 + b_7w_2z_2$로 계산된다. 이들 두 조건부효과의 차이는 다음과 같다.

$$
\begin{aligned}
\Delta\theta_{X\to Y} &= b_1 + b_4w_1 + b_5z_1 + b_7w_1z_1 - (b_1 + b_4w_2 + b_5z_2 + b_7w_2z_2) \\
&= b_4(w_1 - w_2) + b_5(z_1 - z_2) + b_7(w_1z_1 - w_2z_2)
\end{aligned}
$$

이러한 차이의 표준오차의 제곱은 다음과 같다.

$$
\begin{aligned}
se^2_{\Delta\theta_{X\to Y}} = & (w_1 - w_2)^2 se_{b_4} + (z_1 - z_2)^2 se^2_{b_5} + (w_1z_1 - w_2z_2)^2 se^2_{b_7} \\
& + 2(w_1 - w_2)(z_1 - z_2)COV_{b_4b_5} + 2(w_1 - w_2)(w_1z_1 - w_2z_2)COV_{b_4b_7} \\
& + 2(z_1 - z_2)(w_1z_1 - w_2z_2)COV_{b_5b_7}
\end{aligned}
$$

조건부효과의 차이와 표준오차의 비율은 두 간접효과가 동일하다는 귀무가설하에서 $t(df_{residual})$분포를 따른다. 비록 $w_1 = w_2$ 혹은 $z_1 = z_2$인 경우에 계산이 단순해지긴 하지만 여전히 복잡하기 때문에 이러한 계산은 PROCESS에게 맡기는 것이 좋다.

8.4.3 PROCESS를 이용한 분석

PROCESS를 이용하면 가산다중조절모형과 조절된 조절모형에서의 간접효과의 차이를 쉽게 검정할 수 있다. 이러한 차이를 분석하기 위해서는 contrast 옵션을 이용하여 등호(=)의 다음에 (w_1, z_1)과 (w_2, z_2)의 쌍을 지정해야 한다. 예를 들어 조절된 조절모형에서 30세 남성$(w_1=1, z_1=30)$과 50세 여성$(w_1=0, z_1=50)$의 X의 조건부효과의 차이를 검정한다고 하자. [그림 8.5]에서 30세 남성의 X의 조건부효과는 0.3699이고 50세 여성의 조건부효과는 0.3186으로 나타났다. 따라서 조건부효과의 차이는 0.0513으로 계산된다. 이제 PROCESS를 이용하여 이러한 조건부효과의 차이가 유의한지를 검정해 보기로 한다. 이를 분석하기 위한 syntax는 다음과 같다.

```
process y=govact/x=negemot/w=sex/z=age/cov=posemot ideology/model=3
        /zmodval=30,50,70/contrast=1,30;0,50.
```

위의 syntax를 실행하면 결과물의 끝부분에 다음의 결과가 제시된다.

Contrast between conditional effects of X:

	sex	age	Effect
Effect1:	1.0000	30.0000	.3699
Effect2:	.0000	50.0000	.3186

Test of Effect1 minus Effect2

Contrast	se	t	p	LLCI	ULCI
.0513	.0711	.7215	.4708	−.0882	.1908

위의 결과에서 두 조건부효과가 동일하다는 귀무가설은 기각되지 않는다 [$t(805) = 0.722$, $p = .471$]. 차이에 대한 95% 신뢰구간 역시 [$-0.088 \sim 0.191$]로 나타났다. 따라서 30세 남성과 50세 여성 간에 부정적 감정이 정부정책지지도에 미치는 영향이 다르다는 충분한 증거를 확보하지 못하게 된다.

8.5 조절변수가 모두 계량변수인 경우의 조절된 조절모형

앞의 지구온난화연구 예제는 제1조절변수인 성별(W)은 명목척도이고 제2조절변수인 연령(Z)은 연속형 변수이다. 여기에서는 W와 Z가 모두 계량변수인 예제를 다루기로 한다. 이 예제는 직무스트레스 예제로 종업원들이 직무스트레스(X : stress)를 경험하는 경우에 직무만족(Y : satis)이 감소하는데 종업원들의 제1조절변수인 자기효능감(W : efficacy)이 증가하면 $X \rightarrow Y$의 부정적인 영향이 완화(완충)되는 단순조절효과가 발생하고 제2조절변수인 조직지원(Z : support)이 증가하면 단순조절효과가 더욱 크게 나타나는 조절된 조절효과(3원 상호효과)가 나타난다는 내용이다. 자료는 JOB.sav로 저장되어 있다.

직무스트레스 연구의 조절된 조절효과를 분석하기 위한 PROCESS syntax는 다음과 같다.

```
process y=satis/x=stress/w=efficacy/z=support/model=3/center=1
        /jn=1/plot=1.
```

위의 syntax는 center=1 옵션이 포함되어 있기 때문에 고차 상호항(XWZ)을 구성하는 변수들(X와 W 및 Z)이 상호항의 생성 이전에 먼저 평균중심화된다. 위의 syntax를 실행하면 다음의 [그림 8.7]의 결과물을 얻을 수 있다.

그림 8.7 스트레스 연구의 조절된 조절모형 분석결과

```
Model  : 3
    Y  : satis
    X  : stress
    W  : efficacy
    Z  : support

Sample
Size:  250

**************************************************************************
OUTCOME VARIABLE:
 satis

Model Summary
          R       R-sq        MSE          F        df1        df2          p
      .6854      .4697     1.8828    30.6248     7.0000   242.0000      .0000

Model
              coeff         se          t          p       LLCI       ULCI
constant     3.8543      .1170    32.9323      .0000     3.6238     4.0848
stress       -.6930      .0928    -7.4650      .0000     -.8759     -.5101
efficacy      .0047      .0997      .0474      .9622     -.1916      .2010
Int_1         .0587      .0781      .7518      .4529     -.0952      .2127
support       .5479      .1041     5.2611      .0000      .3427      .7530
Int_2         .1153      .0777     1.4844      .1390     -.0377      .2683
Int_3         .0034      .0426      .0798      .9364     -.0806      .0874
Int_4         .0708      .0328     2.1587      .0319      .0062      .1355

Product terms key:
 Int_1    :    stress     x    efficacy
 Int_2    :    stress     x    support
 Int_3    :    efficacy   x    support
 Int_4    :    stress     x    efficacy    x      support

Test(s) of highest order unconditional interaction(s):
         R2-chng          F        df1        df2          p
X*W*Z      .0102     4.6599     1.0000   242.0000      .0319
----------
    Focal predict: stress     (X)
          Mod var: efficacy   (W)
          Mod var: support    (Z)

Test of conditional X*W interaction at value(s) of Z:

   support     Effect          F        df1        df2          p
   -1.6840     -.0605      .4036     1.0000   242.0000      .5259
     .0660      .0634      .6579     1.0000   242.0000      .4181
    1.8160      .1874     3.6048     1.0000   242.0000      .0588

Conditional effects of the focal predictor at values of the moderator(s):

  efficacy    support     Effect         se          t          p       LLCI       ULCI
   -1.5570    -1.6840     -.7929      .0967    -8.2013      .0000     -.9834     -.6025
   -1.5570      .0660     -.7841      .1555    -5.0427      .0000    -1.0904     -.4778
   -1.5570     1.8160     -.7754      .3139    -2.4700      .0142    -1.3937     -.1570
    -.3070    -1.6840     -.8686      .1317    -6.5929      .0000    -1.1281     -.6091
    -.3070      .0660     -.7049      .0971    -7.2599      .0000     -.8961     -.5136
```

```
   -.3070   1.8160   -.5412    .2009  -2.6933    .0076   -.9369   -.1454
   1.6930  -1.6840   -.9897    .2987  -3.3136    .0011  -1.5780   -.4014
   1.6930    .0660   -.5780    .1599  -3.6159    .0004   -.8929   -.2631
   1.6930   1.8160   -.1664    .1030  -1.6158    .1074   -.3693    .0365

Moderator value(s) defining Johnson-Neyman significance region(s):
     Value    % below    % above
    2.0515    87.2000    12.8000

Conditional X*W interaction at values of the moderator Z:
   support   Effect       se        t        p      LLCI      ULCI
  -2.4340   -.1137    .1112  -1.0219    .3079   -.3328    .1054
  -2.1715   -.0951    .1053   -.9031    .3674   -.3024    .1123
  -1.9090   -.0765    .0997   -.7670    .4438   -.2729    .1199
  -1.6465   -.0579    .0946   -.6119    .5412   -.2442    .1285
  -1.3840   -.0393    .0900   -.4364    .6629   -.2166    .1380
  -1.1215   -.0207    .0861   -.2404    .8102   -.1902    .1488
   -.8590   -.0021    .0828   -.0254    .9798   -.1653    .1611
   -.5965    .0165    .0804    .2052    .8376   -.1418    .1748
   -.3340    .0351    .0788    .4452    .6566   -.1201    .1903
   -.0715    .0537    .0782    .6868    .4928   -.1003    .2076
    .1910    .0723    .0784    .9213    .3578   -.0822    .2268
    .4535    .0909    .0797   1.1405    .2552   -.0661    .2478
    .7160    .1095    .0818   1.3382    .1821   -.0517    .2706
    .9785    .1281    .0847   1.5111    .1321   -.0389    .2950
   1.2410    .1466    .0884   1.6583    .0986   -.0276    .3208
   1.5035    .1652    .0928   1.7810    .0762   -.0175    .3480
   1.7660    .1838    .0977   1.8817    .0611   -.0086    .3763
   2.0285    .2024    .1031   1.9635    .0507   -.0007    .4055
   2.0515    .2040    .1036   1.9698    .0500    .0000    .4081
   2.2910    .2210    .1089   2.0293    .0435    .0065    .4355
   2.5535    .2396    .1151   2.0822    .0384    .0129    .4663
   2.8160    .2582    .1215   2.1244    .0347    .0188    .4976

Data for visualizing the conditional effect of the focal predictor:
Paste text below into a SPSS syntax window and execute to produce plot.

DATA LIST FREE/
   stress     efficacy   support     satis        .
BEGIN DATA.
  -1.2740    -1.5570   -1.6840    3.9435
   -.5240    -1.5570   -1.6840    3.3488
   1.4760    -1.5570   -1.6840    1.7629
  -1.2740    -1.5570     .0660    4.8818
   -.5240    -1.5570     .0660    4.2937
   1.4760    -1.5570     .0660    2.7254
  -1.2740    -1.5570    1.8160    5.8200
   -.5240    -1.5570    1.8160    5.2385
   1.4760    -1.5570    1.8160    3.6878
  -1.2740     -.3070   -1.6840    4.0386
   -.5240     -.3070   -1.6840    3.3872
   1.4760     -.3070   -1.6840    1.6500
  -1.2740     -.3070     .0660    4.7870
   -.5240     -.3070     .0660    4.2583
   1.4760     -.3070     .0660    2.8486
  -1.2740     -.3070    1.8160    5.5353
   -.5240     -.3070    1.8160    5.1294
   1.4760     -.3070    1.8160    4.0471
  -1.2740     1.6930   -1.6840    4.1909
```

```
   -.5240      1.6930   -1.6840    3.4486
   1.4760      1.6930   -1.6840    1.4693
  -1.2740      1.6930     .0660    4.6353
   -.5240      1.6930     .0660    4.2017
   1.4760      1.6930     .0660    3.0457
  -1.2740      1.6930    1.8160    5.0797
   -.5240      1.6930    1.8160    4.9549
   1.4760      1.6930    1.8160    4.6221
END DATA.
GRAPH/SCATTERPLOT=
 stress   WITH    satis   BY      efficacy /PANEL   ROWVAR=  support  .

************************* ANALYSIS NOTES AND ERRORS ***************************

Level of confidence for all confidence intervals in output:
  95.0000

W values in conditional tables are the 16th, 50th, and 84th percentiles.

Z values in conditional tables are the 16th, 50th, and 84th percentiles.

NOTE: The following variables were mean centered prior to analysis:
          efficacy support  stress
```

먼저 $b_1 = -0.693(p < .001)$으로 나타나서 종업원들이 직무스트레스를 느끼면 직무만족이 감소하는 것을 알 수 있다. 그리고 $b_4 = 0.059(p = .453)$로 나타났는데 비록 유의하지는 않지만 자기효능감이 증가하면 직무스트레스가 직무만족에 미치는 부정적인 영향이 감소하는 것을 확인할 수 있다. 그리고 가장 중요한 회귀계수인 b_7이 $b_7 = 0.071(t = 2.159,\ p = .032)$로 유의하게 나타났다. 또한 3원 상호항($XWZ$)의 도입은 Y의 분산을 추가로 1.02%만큼 설명하는 것으로 나타났다. 결과물을 이용한 추정회귀식은 다음과 같다.

$$\begin{aligned}\hat{Y} &= 3.854 - 0.693X + 0.005W + 0.548Z + 0.059XW \\ &\quad + 0.115XZ + 0.003WZ + 0.071XWZ \end{aligned} \tag{8.20}$$

식 (8.20)을 이용하여 특정 Z값에서의 X와 W의 2원 상호효과의 조건부 조절효과를 나타내면 다음의 식 (8.21)과 같다.

$$\begin{aligned}\theta_{XW \to Y} &= b_4 + b_7 Z \\ &= 0.059 + 0.071Z \end{aligned} \tag{8.21}$$

3원 상호효과가 유의하게 나타났기 때문에 식 (8.21)을 이용하여 3원 상호효과의 탐색작업을 실행하기로 한다. 결과물(Test of conditional X*W interaction at value(s) of Z)에서 X(stress)와 W(efficacy)의 2원 상호효과가 Z에 의하여 다시 조절되는 조건부 상호효과는 Z가 낮은 값인 16th 백분위인 경우에는 $\theta_{XW\rightarrow Y}=-0.061$ ($p=.526$)로 음으로 나타났고 50th 백분위인 경우에는 $\theta_{XW\rightarrow Y}=0.063(p=.418)$으로 나타났고 높은 값인 84th 백분위인 경우에는 $\theta_{XW\rightarrow Y}=0.187(p=.059)$로 한계적으로 유의하게(marginally significant) 양으로 나타났다. 여기에서 주목할 점은 두 가지가 있다. 첫째는 Z가 증가하면서 X와 W의 2원 상호효과는 점점 증가($-0.061 \rightarrow 0.063 \rightarrow 0.187$)한다는 점이다. 둘째로 Z가 비교적 낮은 수준에서는 2원 상호효과가 오히려 음수로 나타났다는 점이다. 이러한 결과는 X가 Y에 미치는 부정적인 영향을 완화시키는 W의 2원 상호효과가 나타나기 위해서는 반드시 제2조절변수인 Z가 필요하다는 중요한 내용을 시사하는 것이다.

한편 특이한 점은 Z의 세 가지 수준에서 조건부 조절효과가 모두 유의하지 않게 나타났다는 점이다. 하지만 앞에서 서술한 것처럼 유의성의 차이(difference in significance)는 차이의 유의성(significance of difference)과 다르기 때문에 세 가지 조건부 조절효과가 유의하지 않은 것이 3원 상호효과가 나타나지 않았다는 것을 의미하지는 않는다. b_7이 유의하면 3원 상호효과는 유의하다고 판정한다. 그리고 존슨-네이만 결과물을 살펴보면 $Z \geq 2.052$인 수준에서는 2원 상호효과가 유의하다는 것을 확인할 수 있다.

이제 조절된 조절효과의 탐색을 다른 각도에서 알아보기로 한다. 이러한 탐색은 X가 Y에 미치는 영향이 W값과 Z값에 따라 달라지는 조건부효과($\theta_{X\rightarrow Y}|(W, Z)$)인 식 (8.16)을 이용하여 이루어진다. 또한 이러한 값은 단순기울기에 해당한다. 식 (8.16)을 이용하여 특정 Z값에서 서로 다른 두 W값(W_1과 W_2 : $W_2 > W_1$)에서의 단순기울기의 차이(D)는 다음과 같이 계산된다.

$$\begin{aligned} D &= (b_1 + b_4 W_2 + b_5 Z + b_7 W_2 Z) - (b_1 + b_4 W_1 + b_5 Z + b_7 W_1 Z) \\ &= b_4(W_2 - W_1) + b_7(W_2 - W_1)Z \qquad (8.22) \end{aligned}$$

[그림 8.7]의 결과물(Conditional effects of the focal predictor at values of the moderator(s))을 다음과 같이 Z를 기준으로 배열해 본다(신뢰구간은 생략).

efficacy(W)	support(Z)	Effect	se	t	p	
−1.5570	−1.6840	−.7929	.0967	−8.2013	.0000	
−.3070	−1.6840	−.8686	.1317	−6.5929	.0000	②
1.6930	−1.6840	−.9897	.2987	−3.3136	.0011	③
−1.5570	.0660	−.7841	.1555	−5.0427	.0000	
−.3070	.0660	−.7049	.0971	−7.2599	.0000	⑤
1.6930	.0660	−.5780	.1599	−3.6159	.0004	⑥
−1.5570	1.8160	−.7754	.3139	−2.4700	.0142	
−.3070	1.8160	−.5412	.2009	−2.6933	.0076	⑧
1.6930	1.8160	−.1664	.1030	−1.6158	.1074	⑨

단순기울기 분석결과는 조건부 조절효과 분석결과와 더불어 중요한 내용을 제공하고 있다. 먼저 식 (8.21)과 (8.22)를 비교해 보자. 만일 $W_2 - W_1 = 1$이면 식 (8.21)과 (8.22)는 같아지게 된다. 하지만 $W_2 - W_1 \neq 1$이기 때문에 두 식은 동일하지 않게 된다. 그리고 가산다중조절모형에서는 W값에 따라 변화하는 X의 조건부효과는 Z값과 관계없기 때문에 위의 표에서 ③−②=⑥−⑤=⑨−⑧이 성립한다.[10] 그러나 조절된 조절분석에서는 이들 차이는 Z값이 증가하면서 같이 변화(이 예제에서는 증가)한다.

이제 서로 다른 Z값에서의 단순기울기의 차이들을 계산해 보기로 하자. 그리고 식 (8.21)에서 $b_4 = 0.059$이고 $b_7 = 0.071$이다.

③−②(Z=−1.684) : $b_4{}^*[1.693-(-0.307)]+b_7{}^*[1.693-(-0.307)](-1.684)$
$= 0.8686 - 0.9897 = -0.121$

⑥−⑤(Z=0.066) : $b_4{}^*[1.693-(-0.307)]+b_7{}^*[1.693-(-0.307)](0.066)$
$= 0.7049 - 0.578 = 0.127$

⑨−⑧(Z=1.816) : $b_4{}^*[1.693-(-0.307)]+b_7{}^*[1.693-(-0.307)](1.816)$
$= 0.5412 - 0.1664 = 0.375$

10) 위의 자료를 이용하여 가산다중조절모형(PROCESS model 2)을 분석하면 다음과 같이 계산된다.
③−②=−0.6788−(−0.7930)=0.114
⑥−⑤=−0.4396−(−0.5538)=0.114
⑨−⑧=−0.2004−(−0.3145)=0.114

이러한 결과는 Z가 높은 값에서 W가 한 단위 증가하는 경우의 두 단순기울기의 차이는 Z가 낮은 값에서 W가 한 단위 증가하는 경우의 두 단순기울기의 차이보다 크다는 것을 의미한다. 즉, 가산다중조절모형의 결과와는 다른 결과이다.

CHAPTER 9

다항범주형 선행변수와 조절변수

9.1 다항범주형 선행변수의 조절효과
9.2 예제 : 관광목적지 이미지연구
9.3 그래프 그리기
9.4 상호효과의 탐색작업
9.5 조절변수가 다항범주형 변수인 경우

앞의 세 개 장에서 우리는 두 선행변수 X와 W 그리고 이들의 상호항이 포함된 모형은 X가 Y에 미치는 영향이 조절변수 W값에 따라 선형적으로 변화하는 효과를 허용하는 탄력적인 모형이라는 것을 알아보았다. 제6장에서는 초점선행변수가 이분형 변수이고 조절변수가 연속형 변수인 조절분석의 원칙들을 소개하였다. 제7장에서는 이러한 원칙들이 이분형 조절변수와 연속형 선행변수인 모형 및 두 변수 모두 연속형 변수인 모형에 일반화될 수 있다는 점도 소개하였다.

하지만 초점선행변수 또는 조절변수가 이분형 혹은 연속형 변수가 아닌 경우에는 어떻게 분석하는가? 예를 들어 X가 다항범주형 변수(multicategorical variable)인 경우, 즉 연구자가 피험자들을 세 개 이상의 실험상황에 무작위배정하는 경우를 상정해 보자. 이러한 경우에 실험조작이 결과변수 Y에 미치는 영향이 조절변수에 의하여 조절되는지를 어떻게 검정해야 하는가? 또는 X는 이분형 또는 연속형 변수인 반면에 조절변수 W는 세 개 이상의 집단으로 구성된 범주형 변수일 수도 있다. 이러한 상황에서 연구자는 X와 Y의 관계가 세 개 이상의 집단에서 서로 다른지를 검정하려 할 것이다.

본장에서는 제6장과 제7장에서 다룬 조절분석의 원칙들을 확장하여 초점선행변수 혹은 조절변수가 다항범주형 변수인 경우의 조절효과를 검정할 예정이다. 이러한 모형의 수식은 어느 정도 복잡해지며 그래프 그리기와 탐색과정도 복잡하다. 하지만 지금까지의 기본적인 내용을 염두에 두면 다중회귀분석의 이러한 확장도 쉽게 이해할 수 있을 것이다. 본장의 내용은 Hayes(2018a)의 개정판에 추가된 내용이다. 그리고 여기에서의 다항범주형 변수의 조절효과는 Hayes (2018a)의 수식과 절차 및 방법을 이용하여 설명할 예정이다.

9.1 다항범주형 선행변수의 조절효과

제5장에서 우리는 g개의 범주를 가진 다항범주형 변수가 g개의 집단을 나타내는 $g-1$개의 변수에 대한 코딩방법을 이용하여 회귀모형에 포함될 수 있다는 것을 알아보았다. 또한 지표코딩(indicator coding)방법이 여러 코딩방법의 한 가지

옵션이라는 것을 확인하였다. 그리고 X가 다항범주형 변수인 경우의 매개가설 검정방법을 소개하였다. 제6장과 제7장에서는 이분형 또는 연속형 선행변수 X가 결과변수 Y에 미치는 영향이 조절변수 W에 의하여 조절되는 효과를 살펴보았다.

초점선행변수 X가 다항범주형 변수이고 조절변수 W가 연속형 혹은 이분형 변수인 경우에 X가 Y에 영향을 미치는 조절가설의 검정을 상정해 본다. 만일 X가 g개의 집단으로 구성된 다항범주형 변수인 경우에는 다음과 같이 집단을 의미하는 $g-1$개의 변수와 조절변수 W 및 $g-1$개의 상호항이 모형에 포함된다.

$$Y = i_Y + \sum_{i=1}^{g-1} b_i D_i + b_g W + \sum_{j=g+1}^{2g-1} b_j D_{j-g} W + e_Y \tag{9.1}$$

만일 공변량을 도입하는 경우에는 식 (9.1)에 추가하면 된다. 이러한 모형의 통계모형은 [그림 9.1]과 같다.

그림 9.1 g개의 범주로 구성된 다항범주형 초점선행변수 X를 가진 조절모형의 통계모형

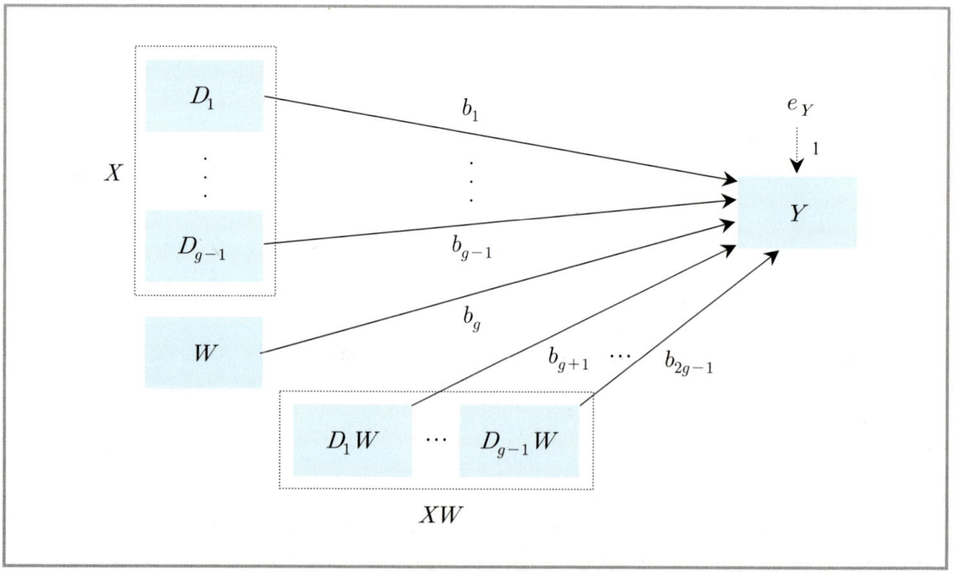

예제에 앞서 X가 네 개의 범주($g=4$)로 구성된 다항범주형 변수인 다음의 회귀모형을 상정해 본다.

$$Y = i_Y + b_1 D_1 + b_2 D_2 + b_3 D_3 + b_4 W + b_5 D_1 W + b_6 D_2 W + b_7 D_3 W + e_Y \quad (9.2)$$

위의 모형은 세 개의 변수 D_1, D_2 및 D_3로 표현되는 X의 Y에 대한 영향이 W에 의하여 선형적으로 조절된다는 것을 의미한다. 집단을 코딩한 $g-1$개의 변수들에 관한 회귀가중치는 평균의 쌍들에 관한 차이(지표코딩의 경우) 혹은 집단평균들의 결합에 관한 차이(헬머트 코딩의 경우)를 수량화한 것이라는 점을 기억해야 한다. D와 W를 포함한 $g-1$개의 상호항들이 모형에 포함된 식 (9.2)를 다음의 식 (9.3)과 같이 나타내면 이러한 차이들은 W의 선형함수가 된다.

$$Y = i_Y + (b_1 + b_5 W)D_1 + (b_2 + b_6 W)D_2 + (b_3 + b_7 W)D_3 + b_4 W + e_Y \quad (9.3)$$

6.1절의 개념을 이용하면 이러한 모형은 다음과 같은 세 개의 상대적 조건부효과들(relative conditional effects : $\theta_{D_i \to Y}$)의 형태로 나타낼 수 있다.

$$Y = i_Y + \theta_{D_1 \to Y} D_1 + \theta_{D_2 \to Y} D_2 + \theta_{D_3 \to Y} D_3 + b_4 W + e_Y$$

위의 식에서 $\theta_{D_1 \to Y} = b_1 + b_5 W$, $\theta_{D_2 \to Y} = b_2 + b_6 W$, $\theta_{D_3 \to Y} = b_3 + b_7 W$이다. 집합적으로 이러한 세 개의 상대적 조건부효과들은 X의 Y에 대한 조건부효과이다. 각각의 상대적 조건부효과들이 W의 함수이기 때문에 X의 조건부효과는 W에 의존한다.

네 개의 집단을 표현하기 위하여 지표코딩을 사용하며 집단4를 준거집단(reference group)으로 사용한다고 가정하자. 이때 D_1의 경우에는 집단1은 1로 나머지는 0으로 고정되고 D_2는 집단2가 1로 나머지는 0으로 고정되며 D_3의 경우에는 집단3이 1로 그리고 나머지는 0으로 지정된다.[1] 이렇게 지정하면 D_i로 코

1) 지표코딩의 이러한 지정은 다음과 같다.

집단	D_1	D_2	D_3
집단1	1	0	0
집단2	0	1	0
집단3	0	0	1
집단4(준거집단)	0	0	0

딩된 집단과 준거집단의 Y의 차이의 추정치는 W의 선형함수가 된다. 특정차이가 W에 의존하는 정도는 이러한 선형함수의 W의 가중치이다. $\theta_{D_1 \rightarrow Y} = b_1 + b_5 W$를 생각해 보자. 지표코딩을 사용하는 경우에 D_1은 집단1과 집단4의 $\hat{Y}$의 차이를 의미한다. 만일 $b_5 = 2$인 경우에 W가 한 단위 증가하면 집단1과 집단4의 Y의 차이는 2만큼 변화한다. $W = 2$인 경우에 집단1과 집단4의 Y의 차이가 3이라고 가정하자. $b_5 = 2$인 경우에 W가 3으로 증가한다면 두 집단의 Y의 차이는 3에서 5로 2만큼 증가한다. b_5가 음수라는 것은 차이가 음의 방향으로 변화한다는 것을 의미한다. 따라서 $b_5 = -3.0$인 경우에 W가 2에서 3으로 증가한다면 두 집단의 Y의 차이는 2에서 -1.0으로 변화한다.

식 (9.2)와 (9.3)에서 $b_5 = b_6 = b_7 = 0$인 특수한 경우를 생각해 보자. 이러한 상황에서는 W가 변화해도 각 집단과 준거집단의 차이는 변화하지 않는다. 즉, 어떠한 차이도 W의 함수가 아니기 때문에 X가 Y에 미치는 영향은 W와 선형적으로 관련이 없게 된다. 만일 이러한 세 가지 회귀계수가 모두 0이라면 식 (9.2)와 (9.3)은 다음의 간단한 회귀식으로 변화된다.

$$
\begin{aligned}
Y &= i_Y + (b_1 + 0W)D_1 + (b_2 + 0W)D_2 + (b_3 + 0W)D_3 + b_4 W + e_Y \\
&= i_Y + b_1 D_1 + b_2 D_2 + b_3 D_3 + b_4 W + e_Y
\end{aligned}
$$

위의 식은 X가 Y에 미치는 영향이 W값과는 관계없이 일정하다는 것을 의미한다.

이러한 논리는 네 집단을 코딩하는 방법과는 관계없이 항상 적용된다. 코딩 방법과는 무관하게 b_5, b_6 및 b_7이 0이면 X의 영향은 W와는 선형적으로 독립적이다. 하지만 어떠한(any) 상호항 $D_i W$에 대한 어떠한 회귀계수라도 0과 다르다면 X가 Y에 미치는 영향이 W에 의존하게 된다.

또한 이러한 논리는 집단의 개수(g)와는 관계없이 항상 적용된다. 만일 D_i와 W의 상호항의 회귀계수가 모두 0이라면 X의 영향은 W와 선형적으로 독립적이다. 하지만 어떠한 $g-1$개의 회귀계수라도 0과 다르다면 X의 영향은 W에 선형적으로 의존하게 된다. 따라서 우리는 두 가지 모형의 적합도를 비교함으로써 다항범주형 변수 X가 Y에 미치는 영향이 W에 의하여 조절되는지에 관한 가설을 검정할 수 있다. 첫 번째 모형은 다음과 같이 X가 Y에 미치는 영향이 W와 선형적으로 독립적이라고 제약하는 모형이다.

$$Y = i_Y + \sum_{i=1}^{g-1} b_i D_i + b_g W + e_Y \tag{9.4}$$

식 (9.4)는 식 (9.1)에서 모든 $g-1$개의 상호항의 회귀가중치를 0으로 고정(즉, $g-1$개의 $D_i W$ 상호항을 모형에서 배제시킨다)시킨 경우의 회귀식이다. 두 번째 모형은 식 (9.1)처럼 X의 영향이 W에 의하여 선형적으로 의존하는 효과를 허용하는 모형이다. 두 모형의 비교결과 두 번째 모형의 적합도가 첫 번째 모형(식 9.4)의 적합도보다 우수하게 나타난다면 이는 X가 W와 상호작용한다는 것(X의 효과가 W에 의하여 조절된다는 것)을 의미하는 것이다. 하지만 두 번째 모형의 적합도가 더 우수하지 않게 나타난다면 X의 효과가 W와 선형적으로 독립적이라고 제약하는 단순모형인 첫 번째 모형의 적합도가 나쁘지 않다고 판단하며 간명성(parsimony) 원칙에 따라 X와 W의 선형상호작용을 허용하지 않는 단순모형을 선호하게 되는 것이다.

기존 모형에 한 개 이상의 선행변수가 추가되는 경우에 두 모형의 적합도를 비교하는 추론방법을 살펴본다. 이는 두 모형의 R^2의 차이를 계산한 후에 이러한 차이를 적합도가 동일하다는 귀무가설하에서의 표본분포에서 F비율로 전환함으로써 이루어진다. 적합도가 동일하다는 귀무가설은 첫 번째 모형에 포함되지 않았지만 두 번째 모형에 포함된 모든 선행변수들의 회귀계수들이 0이라는 귀무가설과 동일한 것이다. 이러한 경우에 두 모형의 차이는 두 번째 모형에 새로 추가된 $g-1$개의 상호항들이다. 상호작용이 없다는 귀무가설하에서는 $g-1$개의 상호항의 추가는 첫 번째 모형보다 적합도가 향상되지 않는다. 하지만 X와 W가 상호작용한다면(즉, W가 X의 효과를 선형적으로 조절한다면) $g-1$개의 상호항이 추가된 모형이 이러한 상호항이 제외된 모형보다 적합도가 우수해야 한다.

9.2 예제 : 관광목적지 이미지연구

5.2절의 관광목적지 이미지연구(자료파일은 IMAGE.sav)에서 피험자들은 먼저 관광목적지의 세 가지 유형의 이미지에 관하여 응답하였다. 첫 번째 이미지 유형은 중간 이미지(So So : image=0으로 코딩)이고 두 번째 이미지는 좋은 이미지(Good : image=1로 코딩)이며 마지막 이미지는 매우 좋은 이미지(Very Good : image=2로 코딩) 유형이다. 이러한 설문과 함께 방문의도(intent)와 방문행동(behavior)을 측정하고 각 피험자들의 재정상태(finance로 코딩)를 측정하였다.

이 예제에서 X는 세 가지 이미지 유형(image)이고 Y는 실제방문행동(behavior)이며 조절변수(W)는 재정상태(finance)이다. finance의 값이 높으면 재정상태가 좋은 것으로 평가되는데 이 값은 1과 7 사이의 척도로 구성된 연속형 변수이며 최솟값은 2.87이고 최댓값은 7이며 평균은 5.175로 나타났다.

이 자료를 이용하여 이미지 유형이 방문행동에 미치는 영향이 재정상태에 의하여 조절되는지를 분석하기로 한다. 이 예제에서 초점선행변수 X는 세 개의 집단을 나타내는 다항범주형 변수이고 W는 X의 영향을 조절하는 기능을 담당하는 연속형 변수이다.

이러한 조절가설을 검정하기 위해서는 두 개의 Y모형을 추정해야 한다. 첫 번째 모형은 X와 W만 선행변수로 도입한 모형이고 두 번째 모형은 첫 번째 모형에 X와 W의 상호항(적항 : product)을 추가한 모형이다. 만일 X가 Y에 미치는 영향이 W에 의하여 선형적으로 조절되지 않는다면 두 번째 모형에 적항을 포함하는 것이 X의 영향이 W와 독립적이라고 제약하는 첫 번째 모형보다 모형적합도가 향상하지 않아야 한다.

X가 이분형 또는 연속형인 분석에 비하여 복잡하긴 하지만 특정 피험자가 세 집단 중의 한 집단에 소속될 수 있도록 X를 두 변수로 전환해야 한다. 이러한 두 변수가 설정되면 이들 변수와 W의 상호항을 조절변수와 집단을 코딩한 두 변수만 포함된 모형에 추가해야 한다. 이 예제에서는 지표코딩방법을 사용하며 중간 이미지 집단을 준거집단으로 선정하였다.[2] 지표1(D_1)의 효과는 좋은 이미지 집단과 중간 이미지 집단 간의 방문행동의 차이를 수량화한 것이고 지표2

2) 이러한 지표코딩방법에 의한 집단지정은 다음과 같다.

(D_2)의 효과는 매우 좋은 이미지 집단과 중간 이미지 집단 간의 방문행동의 차이를 수량화한 것이 된다.

위의 분석을 실행하기 위한 SPSS code는 다음과 같고 두 모형의 회귀계수와 요약통계량은 〈표 9.1〉에 제시되어 있다.

```
compute d1=(image=1).
compute d2=(image=2).
compute d1financ=d1*finance.
compute d2financ=d2*finance.
regression/statistics defaults change/dep=behavior/method=enter d1 d2 finance
          /method=enter d1financ d2financ.
```

위의 code에서 앞의 네 줄은 지표코드들과 두 개의 상호항을 생성하는 것이고 나머지 줄은 다음의 두 회귀식의 추정과 X와 W의 상호효과를 검정하는 것이다.

$$\hat{Y} = i_Y + b_1 D_1 + b_2 D_2 + b_3 W$$

$$\hat{Y} = i_Y + b_1 D_1 + b_2 D_2 + b_3 W + b_4 D_1 W + b_5 D_2 W$$

〈표 9.1〉에서 X의 효과가 W와 독립적이라는 모형의 추정회귀식은 다음과 같고 $R^2 = 0.049$로 나타났다.

$$\hat{Y} = 4.945 + 0.484 D_1 + 0.404 D_2 + 0.087 W$$

그리고 X의 효과가 W에 선형적으로 변화하는 모형의 회귀식은 다음과 같으며 $R^2 = 0.161$로 나타났다.

$$\hat{Y} = 8.555 - 5.389 D_1 - 4.321 D_2 - 0.598 W + 1.114 D_1 W + 0.914 D_2 W \quad (9.5)$$

집단	D_1	D_2
So So	0	0
Good	1	0
Very Good	0	1

표 9.1 관광목적지 이미지연구의 두 가지 회귀모형의 추정결과

		Coeff.	*SE*	*t*	*p*
Model 1					
$R^2=0.049$, $MSE=1.008$					
Constant	i_Y	4.945	0.605	8.180	<.001
D_1	b_1	0.484	0.185	2.615	.010
D_2	b_2	0.404	0.207	1.954	.053
Finance(W)	b_3	0.087	0.112	0.775	.439
Model 2					
$R^2=0.161$, $MSE=0.953$					
Constant	i_Y	8.555	0.989	8.549	<.001
D_1	b_1	−5.389	1.388	−3.882	<.001
D_2	b_2	−4.321	1.338	−3.230	.002
W	b_3	−0.598	0.186	−3.209	.002
D_1W	b_4	1.114	0.261	4.266	<.001
D_2W	b_5	0.914	0.261	3.507	.001

두 모형의 R^2의 차이는 $\Delta R^2=0.161-0.049=0.112$로 계산된다. 이러한 Y의 설명분산의 증가는 SPSS 결과물에서 통계적으로 유의하게 나타났다 [$F(2, 154)=10.294$, $p=<.001$]. 따라서 X와 W는 상호작용한다고(W가 X의 영향을 조절한다) 결론을 내릴 수 있다. 구체적으로 이미지 유형이 방문행동에 미치는 영향은 피험자들의 재정상태에 따라 다르게 나타난다고 할 수 있다.

9.2.1 PROCESS를 이용한 분석

위의 모형들을 분석하기 위하여 PROCESS를 이용하면 필요한 상호항의 생성과 모형추정 및 상호효과의 검정을 자동으로 실행한다. 이들과 더불어 집단을 코딩하기 위한 $g-1$개의 변수의 생성과 상호효과의 그래프를 그리기 위한 자료생성 및 여러 가지 방법을 이용한 상호작용의 탐색과정 등도 모두 수행한다. 그리고 제5장에서 살펴본 바와 같이 X가 다항범주형 변수이므로 mcx 옵션을 이용하여 이를 지정해야 한다.

위의 분석을 실행하기 위한 syntax는 다음과 같다.

```
process y=behavior/x=image/w=finance/mcx=1/model=1/plot=1.
```

syntax에 mcx=1 옵션을 지정하면 PROCESS는 다항범주형 변수 IMAGE를 구성하는 세 가지 집단을 나타내기 위하여 지표코딩방법을 사용한다.

위의 syntax를 실행한 결과가 [그림 9.2]에 나타나 있다.

그림 9.2 관광목적지 이미지연구의 PROCESS 결과물

```
Model  : 1
    Y  : BEHAVIOR
    X  : IMAGE
    W  : FINANCE

Sample
Size:  160

Coding of categorical X variable for analysis: → Indicator codes
       IMAGE         X1          X2
        .000        .000        .000
       1.000       1.000        .000
       2.000        .000       1.000

******************************************************************************
OUTCOME VARIABLE:
 BEHAVIOR

Model Summary
          R       R-sq        MSE          F        df1        df2          p
      .4017      .1614      .9080     5.9269     5.0000   154.0000      .0000

Model
                    coeff         se          t          p       LLCI       ULCI
constant           8.5550      .9892     8.5487      .0000     6.6009    10.5091
X1       (b1)     -5.3891     1.3882    -3.8821      .0002    -8.1314    -2.6467
X2       (b2)     -4.3214     1.3381    -3.2296      .0015    -6.9647    -1.6781
FINANCE  (b3)      -.5981      .1864    -3.2094      .0016     -.9663     -.2300
Int_1    (b4)      1.1136      .2610     4.2662      .0000      .5979     1.6292
Int_2    (b5)       .9137      .2605     3.5074      .0006      .3991     1.4284

Product terms key:
 Int_1    :        X1        x        FINANCE
 Int_2    :        X2        x        FINANCE

Test(s) of highest order unconditional interaction(s):

 → Test of interaction between X and W

        R2-chng          F        df1        df2          p
X*W       .1121    10.2939     2.0000   154.0000      .0001
```

```
----------
    Focal predict: IMAGE      (X)
          Mod var: FINANCE    (W)

Conditional effects of the focal predictor at values of the moderator(s):

Moderator value(s):
FINANCE     4.3700

→ Relative conditional effects(식 9.8과 9.9)

       Effect        se         t         p      LLCI      ULCI
X1     -.5227     .2942   -1.7770     .0775   -1.1038     .0584  → θ_{D1→Y} = b1 + b4W
X2     -.3284     .2707   -1.2132     .2269    -.8632     .2064  → θ_{D2→Y} = b2 + b5W
Test of equality of conditional means

 → Omnibus test of equality of conditional estimates of Y

         F        df1        df2         p
    1.6282     2.0000   154.0000     .1996

Estimated conditional means being compared:
     IMAGE   BEHAVIOR
     .0000     5.9412
    1.0000     5.4185
    2.0000     5.6127
----------
Moderator value(s):
FINANCE     5.2500

→ Relative conditional effects(식 9.8과 9.9)

       Effect        se         t         p      LLCI      ULCI
X1      .4573     .1751    2.6107     .0099     .1113     .8032  → θ_{D1→Y} = b1 + b4W
X2      .4756     .2026    2.3475     .0202     .0754     .8759  → θ_{D2→Y} = b2 + b5W

Test of equality of conditional means

 → Omnibus test of equality of conditional estimates of Y

         F        df1        df2         p
    4.3989     2.0000   154.0000     .0139

Estimated conditional means being compared:
     IMAGE   BEHAVIOR
     .0000     5.4148
    1.0000     5.8721
    2.0000     5.8905
----------
Moderator value(s):
FINANCE     5.7788

→ Relative conditional effects(식 9.8과 9.9)

       Effect        se         t         p      LLCI      ULCI
X1     1.0461     .2188    4.7812     .0000     .6139    1.4783  → θ_{D1→Y} = b1 + b4W
X2      .9588     .2688    3.5673     .0005     .4278    1.4898  → θ_{D2→Y} = b2 + b5W
```

```
Test of equality of conditional means

 → Omnibus test of equality of conditional estimates of Y

          F        df1        df2          p
    13.0683     2.0000   154.0000      .0000

Estimated conditional means being compared:
      IMAGE    BEHAVIOR
      .0000      5.0985
     1.0000      6.1446
     2.0000      6.0573

Data for visualizing the conditional effect of the focal predictor:
Paste text below into a SPSS syntax window and execute to produce plot.

→ Output from the plot option

DATA LIST FREE/
   IMAGE      FINANCE    BEHAVIOR   .
BEGIN DATA.
      .0000     4.3700     5.9412
     1.0000     4.3700     5.4185
     2.0000     4.3700     5.6127
      .0000     5.2500     5.4148
     1.0000     5.2500     5.8721
     2.0000     5.2500     5.8905
      .0000     5.7788     5.0985
     1.0000     5.7788     6.1446
     2.0000     5.7788     6.0573
END DATA.
GRAPH/SCATTERPLOT=
 FINANCE   WITH     BEHAVIOR BY       IMAGE     .

************************** ANALYSIS NOTES AND ERRORS **************************

Level of confidence for all confidence intervals in output:
  95.0000

W values in conditional tables are the 16th, 50th, and 84th percentiles.
```

9.2.2 회귀계수들의 해석

다항범주형 변수와 연속형 변수의 상호효과를 포함하고 있는 모형의 회귀계수의 해석은 약간 복잡하지만 매우 중요한 내용이기 때문에 반드시 숙지해야 한다. 이 예제의 추정회귀모형은 다음과 같다.

$$\hat{Y} = 8.555 - 5.389D_1 - 4.321D_2 - 0.598W + 1.114D_1W + 0.914D_2W \tag{9.6}$$

그리고 식 (9.6)은 다음의 식으로 변환할 수 있다.

$$\hat{Y} = i_Y + (b_1 + b_4 W)D_1 + (b_2 + b_5 W)D_2 + b_3 W \quad (9.7)$$

식 (9.7)의 괄호 안에 있는 두 가지 상대적 조건부효과는 다음과 같이 D_1과 D_2의 조건부효과 형태로 나타낼 수 있다.

$$\theta_{D_1 \to Y} = b_1 + b_4 W = -5.389 + 1.114 W \quad (9.8)$$

$$\theta_{D_2 \to Y} = b_2 + b_5 W = -4.321 + 0.914 W \quad (9.9)$$

이들은 모두 W의 선형함수이다. 먼저 $\theta_{D_1 \to Y}$는 좋은 이미지 집단과 중간 이미지 집단 간의 방문행동의 차이의 추정치를 말한다. 추정치가 양수이면 좋은 이미지 집단의 방문행동이 큰 것이고 음수이면 중간 이미지 집단의 방문행동이 크다는 것을 의미한다. $\theta_{D_2 \to Y}$는 매우 좋은 이미지 집단과 중간 이미지 집단의 방문행동의 차이를 의미한다.

식 (9.8)에서 b_1은 재정상태가 0인 사람들($W=0$) 사이에서 중간 이미지 집단에 비하여 좋은 이미지 집단이 방문행동에 영향을 미치는 상대적 조건부효과를 수량화한 것이다. 마찬가지로 b_2는 $W=0$인 경우에 중간 이미지 집단에 비하여 매우 좋은 이미지 집단이 방문행동에 영향을 미치는 상대적 조건부효과를 추정하는 것이다. 하지만 재정상태의 척도(2.87에서 7 사이)에 0이 포함되어 있지 않기 때문에 $W=0$은 의미가 없다. 따라서 b_1과 b_2도 실질적인 의미가 없으며 이들에 관한 가설검정과 신뢰구간 또한 의미가 없다.

$D_1 W$의 회귀계수는 $b_4 = 1.114$로 나타났다. 이는 식 (9.8)에서 W의 가중치로 중간 이미지 집단에 비하여 좋은 이미지 집단의 상대적 조건부효과($\theta_{D_1 \to Y}$)를 산출해 준다. 즉, b_4는 W가 한 단위 변화할 때 상대적 조건부효과가 어느 정도 변화하는지를 수량화한 것이다. 따라서 관광목적지 이미지연구에서 재정상태가 한 단위 차이나는 두 사람 사이에서 중간 이미지 집단의 효과와 좋은 이미지 집단의 효과는 1.114단위만큼 차이난다고 말할 수 있다. 이러한 차이는 통계적으로 유의하게 나타났다. 이러한 회귀계수는 W가 중간 이미지 집단에 비하여 좋은 이미지 집단이 방문행동에 미치는 영향을 조절하는지를 알려주기 때문에 회귀계수가 0인지(유의하지 않은지)를 검정하는 것은 의미가 있고 유용한 것이다.

D_2W의 회귀계수는 식 (9.9)의 W의 가중치로 $b_5 = 0.914$로 계산되었다. b_5는 W가 한 단위 변화할 때 중간 이미지 집단에 비하여 매우 좋은 이미지 집단의 상대적 조건부효과($\theta_{D_2 \to Y}$)가 얼마나 변화하는지를 수량화한 것이다. 따라서 W가 한 단위 차이나는 두 사람 사이에서 중간 이미지 집단에 비하여 매우 좋은 이미지 집단의 효과는 0.914단위만큼 차이가 난다. 이러한 차이 역시 통계적으로 유의하게 나타났다. 그러므로 W는 중간 이미지 집단에 비하여 매우 좋은 이미지 집단이 방문행동에 미치는 영향을 조절한다고 말할 수 있을 것이다.

나머지 회귀계수인 b_3의 해석은 D_1과 D_2를 모두 0으로 고정시키면 명확해진다. 이러한 경우에 식 (9.6)은 $\hat{Y} = i_Y + b_3 W$로 축소된다. $D_1 = D_2 = 0$은 바로 중간 이미지 집단을 의미한다. 따라서 b_3는 중간 이미지 집단에서의 W와 Y의 관계를 추정한 것이다. $b_3 = -0.598$로 나타났기 때문에 중간 이미지 집단에 속한 사람들 사이에서 재정상태가 한 단위 차이나는 두 사람의 방문행동의 차이는 0.598단위만큼 차이난다고 말할 수 있다. 회귀계수가 음수라는 사실은 중간 이미지 집단에서 재정상태가 한 단위 높은 사람은 한 단위 낮은 사람보다 방문행동이 낮게 나타났다는 것을 의미한다. 이러한 음의 관계는 통계적으로 유의하게 나타났다.

이러한 모든 회귀계수들의 해석은 코딩방법에 따라 달라진다. 세 집단에 대한 서로 다른 코딩방법은 모두는 아니지만 대부분의 회귀계수를 변화시킨다. 하지만 X와 W의 상호효과의 검정은 코딩방법에 의하여 영향을 받지 않는다.

9.3 그래프 그리기

6.3절에서 선행변수들의 상호항을 포함한 회귀모형은 시각적 도식화의 도움이 없으면 이해하기 까다로운 추상적인 수학적 표현이라는 것을 알아보았다. 이러한 현상은 초점선행변수가 다항범주형 변수인 경우처럼 상호작용을 나타내기 위하여 여러 개의 회귀계수가 필요한 경우에는 더욱 그러하다. X의 Y에의 영향이 W에 의하여 조절되는지를 이해하기 위하여 6.3절과 동일한 절차를 사용할

수 있다. 이러한 절차는 서로 다른 X와 W값을 회귀모형에 대입하여 이들의 조합에 대응되는 $\hat{Y}$값을 구한 후에 이들의 관계를 그래프로 그리는 과정이다.

이 예제에서 X는 세 집단을 나타내기 위하여 D_1과 D_2의 두 값을 사용한다. W는 연속형 변수이기 때문에 D_1 및 D_2와 쌍을 이루도록 몇 가지 값을 선택한다. W값이 자료범위 내에 속하기만 하면 어떤 W값을 선택해도 관계없다. 여기에서는 PROCESS의 default인 16th, 50th, 84th 백분위값을 선택하기로 한다. 이들 값에 상응하는 W값은 각각 4.370, 5.250 및 5.779이다. 우리는 이들 재정상태값을 "비교적 낮은 값", "중간값" 및 "비교적 높은 값"으로 부르기로 한다. 만일 모형에 공변량을 포함시키고자 하면 6.3절에서와 마찬가지로 Y의 추정치를 계산하는 경우에 표본평균으로 고정시킨다.

X(D_1과 D_2값의 유형)와 W의 다양한 조합이 설정되면 이들을 식 (9.5)에 대입하여 다양한 Y값을 산출한다. 예를 들어 재정상태가 비교적 높고($W=5.779$) 좋은 이미지 집단에 속한 사람($D_1=1$, $D_2=0$)의 방문행동은 다음과 같이 추정된다.

$$\begin{aligned}\hat{Y} &= 8.555 - 5.389D_1 - 4.321D_2 - 0.598W + 1.114D_1W + 0.914D_2W \\ &= 8.555 - 5.389(1) - 4.321(0) - 0.598(5.779) \\ &\quad + 1.114(1)(5.779) + 0.914(0)(5.779) \\ &= 6.145\end{aligned}$$

표 9.2 회귀모형(식 9.5)으로부터 추정된 $\hat{Y}$값들

Image(X)	D_1	D_2	W	$\hat{Y}$
So So	0	0	4.370	5.941
So So	0	0	5.250	5.415
So So	0	0	5.779	5.099
Good	1	0	4.370	5.419
Good	1	0	5.250	5.872
Good	1	0	5.779	6.145
Very Good	0	1	4.370	5.613
Very Good	0	1	5.250	5.891
Very Good	0	1	5.779	6.057

이를 포함하여 X와 W의 9가지 조합에 대한 계산결과가 〈표 9.2〉에 제시되어 있다.

동일한 집단에 속한 값들을 연결하여 그래프를 그리면 [그림 9.3]과 같다.

이제는 자료 안에서 무슨 일이 일어나고 있는지를 실질적으로 해석할 수 있다. [그림 9.3]을 보면 맨 먼저 직선들의 기울기가 다른 것을 알 수 있다. 이러한 직선들은 재정상태와 방문행동 간의 관계를 나타낸 것이다. 이들 직선들 중에서 두 가지 상황의 직선은 양이고 한 가지 상황의 직선은 음으로 나타났다. 이러한 내용이 사실이긴 하지만 [그림 9.3]을 이와 같은 방식으로 해석하는 것은 원래 분석목적과 비교하면 초점선행변수와 조절변수의 역할이 바뀐 것이다. 우리의

그림 9.3 이미지 유형(X)이 방문행동(Y)에 미치는 영향이 재정상태(W)에 의하여 조절되는 조절효과의 시각적 도식화

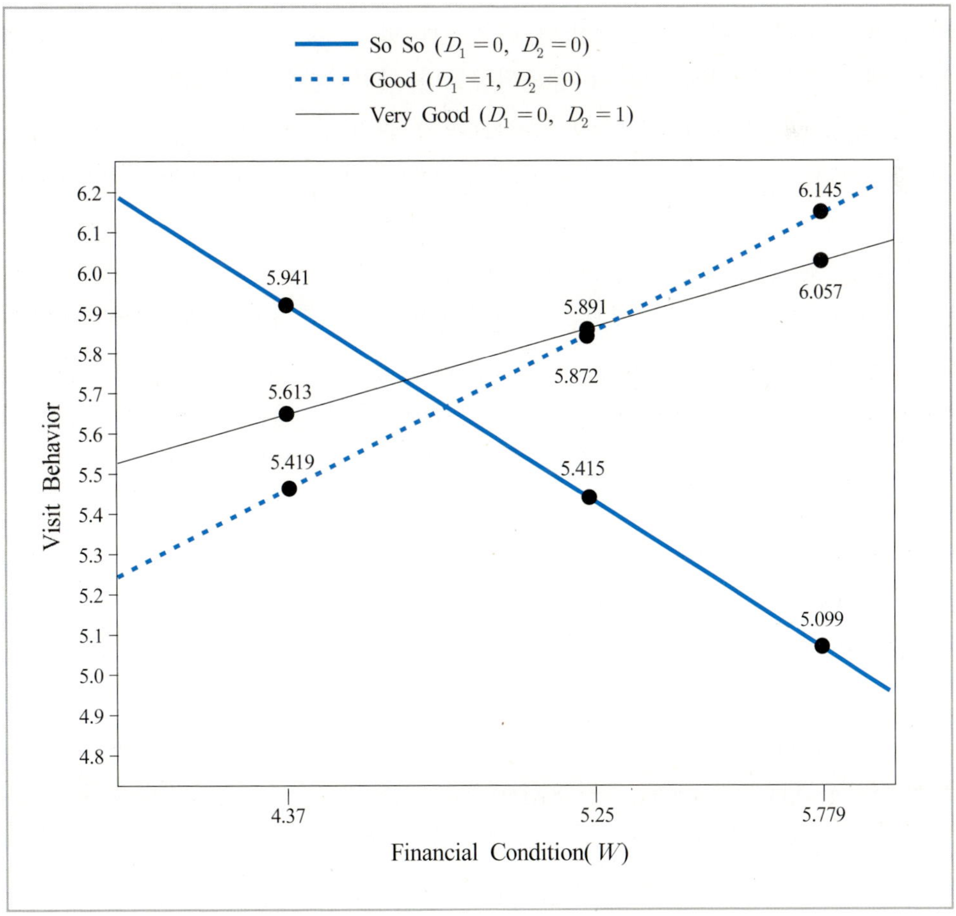

분석목적은 이미지 유형이 방문행동에 미치는 영향이 재정상태에 따라 달라지는지를 조사하는 것이다. 이러한 분석목적을 달성하기 위해서는 [그림 9.3]의 서로 다른 기울기 관점이 아니라 직선들 간의 거리와 이러한 거리가 조절변수의 함수인지의 관점에서 해석하는 것이다. 즉, 재정상태가 동일한 사람들 사이에서 세 가지 이미지 평가가 평균적으로 방문행동에 미치는 영향의 차이를 나타내는 것은 특정 조절변숫값에서의 세 직선들의 거리이다.

직선 간의 거리에 중점을 두면 해석은 매우 명확해진다. 먼저 재정상태가 비교적 낮은 사람들 사이에서는 중간 이미지 집단의 방문행동이 이미지가 좋은 집단들의 방문행동보다 높게 나타났다. 하지만 재정상태가 좋아지면 상황은 역전된다. 이러한 사람들 사이에서는 중간 이미지 평가의 경우보다 이미지가 좋은 상황의 방문행동이 높게 나타났다. 재정상태가 좋아질수록 이러한 격차는 더 벌어진다. 그리고 좋은 이미지 상황과 매우 좋은 이미지 상황의 차이는 크지 않지만 중간 이미지 상황보다는 분명히 크게 나타났다. 좋은 이미지 상황의 방문행동이 매우 좋은 이미지 상황의 방문행동보다 약간 높게 나타났다.

조절효과의 시각적 도식화는 조절효과의 실질적 해석에 매우 중요한 비중을 차지한다. 하지만 이러한 과정을 수계산으로 진행할 필요는 없고 PROCESS를 이용하면 쉽게 해결할 수 있다. plot=1 옵션을 syntax에 추가하면 그래프를 그리기 위한 자료를 얻을 수 있다. 이러한 자료는 결과물의 마지막 부분에 제시된다. 관광목적지 이미지연구에서는 재정상태의 16th, 50th, 84th 백분위값에 해당하는 값들을 제공하지만 moments 혹은 wmodval 옵션을 이용하여 *W*값을 변경할 수 있다. 그래프를 그리기 위해서는 결과물에 제시된 아래의 내용을 복사하여 PROCESS syntax에 붙여 넣은 후에 PROCESS를 실행하면 된다.

```
DATA LIST FREE/
   IMAGE      FINANCE    BEHAVIOR   .
BEGIN DATA.
       .0000     4.3700     5.9412
     1.0000     4.3700     5.4185
     2.0000     4.3700     5.6127
       .0000     5.2500     5.4148
     1.0000     5.2500     5.8721
```

```
    2.0000     5.2500     5.8905
     .0000     5.7788     5.0985
    1.0000     5.7788     6.1446
    2.0000     5.7788     6.0573
END DATA.
GRAPH/SCATTERPLOT=
 FINANCE   WITH     BEHAVIOR BY        IMAGE    .
```

9.4 상호효과의 탐색작업

[그림 9.3]을 이용하여 연구결과를 해석하는 것은 서술적이기 때문에 연구자에 따라서는 충분하지 않다고 생각할 수 있다. 특히 [그림 9.3]의 그래프는 표본에 따라 달라질 수 있다는 점(sample specific)을 고려하면 대부분의 연구자들은 X의 효과에 대한 특정한 주장을 위한 엄격한 통계적 추론을 실행하고자 한다. 추정된 회귀계수는 표본오차의 추정이 포함되어 있고 모형의 시각적 도식화도 마찬가지로 표본오차를 포함하고 있다. 만일 또 다른 160명의 피험자에 대하여 동일한 방법을 이용하여 회귀모형을 추정하면 회귀계수는 식 (9.5)와 다른 결과가 산출될 것이고 그래프 역시 달라질 것이다. 이러한 이유로 단지 그래프를 보고 어디에서 X가 Y에 영향을 미치고 어디에서는 미치지 않는다고 말할 수 없다. 상호작용의 탐색을 공식적으로 수행하기 위해서는 표본분산(sampling variance)을 고려해야 한다.

이러한 과정을 수행하는 것은 제6장 및 제7장과 유사하지만 X가 다항범주형 변수이기 때문에 전반적 검정(omnibus test)과 대응별 검정(pairwise test)을 구분할 필요가 있다. 이러한 구분은 X가 다항범주형 변수인 경우의 매개분석(제5장)에서 전반적 검정과 상대적 효과를 토론하는 과정에서 다룬 바 있다. 분산분석(analysis of variance : ANOVA)에서 F값이 충분히 크기 때문에 g개의 집단들의 Y의 평균이 서로 다르다고 주장하는 것은 전반적 주장(omnibus claim)이다. ANOVA는

g개의 집단들의 평균의 동질성에 대한 전반적 검정결과를 제공한다. 예외적으로 $g=2$인 특수한 경우를 제외하면 ANOVA 결과는 집단들이 서로 어떻게 다르다거나 어느 집단과 어느 집단이 서로 다른지를 말해주지 않는다. 반면에 대응별 검정은 두 집단 간의 차이에 대한 특정검정을 가능하게 한다. 예를 들어 집단1과 집단2의 차이검정 혹은 집단1의 평균과 집단2의 평균을 평균한 값과 집단3의 평균과 비교하는 것이다. 따라서 대응별 비교는 전반적 검정보다 좀 더 특정한 정보를 제공한다.

이러한 구분을 염두에 두고 다항범주형 초점선행변수를 포함하는 상호효과의 탐색은 높은 조절변숫값을 가진 사람들 사이에서 g개 집단들의 $\hat{Y}$값이 서로 다른지(전반적 주장) 또는 조절변수가 평균값을 가지는 사람들에게서 두 집단 간에 $\hat{Y}$값이 서로 다른지(대응별 주장)를 확인할 수 있다. 상호작용의 탐색은 전반적 주장과 대응별 주장을 이용한 특정값 선택방법을 먼저 다루고 이어서 존슨-네이만 방법에 관하여 알아볼 것이다.

9.4.1 특정값 선택방법

특정값 선택방법(pick-a-point approach)은 조절변수 W의 특정값들을 선택하여 해당 값에서의 X가 Y에 영향을 미치는 조건부효과를 추정하여 추론검정을 실행하는 방법이다. X가 다항범주형 변수인 경우에 $W=w$일 때 X의 조건부효과는 $g-1$개의 상대적 조건부효과($\theta_{D_i \to Y}|(W=w)$, i는 1부터 $g-1$까지)로 나타낸다. 전반적 추론검정(omnibus inferential test)은 $W=w$일 때에 모든 g개 집단의 $\hat{Y}$이 같은지를 검정한다. 반면에 대응별 비교는 $W=w$일 때 $g-1$개 조건부효과들의 하나에 집중하여 D_i가 가리키는 두 집단 간 혹은 집단들 간의 $\hat{Y}$이 동일한지를 검정한다. 물론 회귀계수의 추정치를 사용하는 경우에는 모든 집단에서 $\hat{Y}$이 정확하게 일치하지 않을 수 있다. 그리고 추정모형은 표본에 따라 달라질 수 있다. 우리는 우연성(chance)에 의하여 설명되는 이상으로 세 집단 간 $\hat{Y}$이 평균적으로 다른지에 관심을 둔다.

1) 전반적 추론

식 (9.6)에서 b_1과 b_2는 $W=0$인 경우에 X가 Y에 미치는 영향을 결합하여 수량화(jointly quantify)한 것이다(식 9.7, 9.8, 9.9 참조). 이러한 두 회귀계수가 동시에 0이라는 귀무가설의 검정은 $W=0$일 때에 세 집단의 $\hat{Y}$이 동일하다는 귀무가설에 대한 전반적 검정이다. 이러한 검정은 먼저 W, D_1W 및 D_2W를 포함한 첫 번째 모형을 추정하고 이 모형에 D_1과 D_2를 추가한 두 번째 모형을 추정하는 과정을 거친다. 그리하여 두 번째 모형에서 R^2의 증가가 통계적으로 유의하면 귀무가설이 기각되고 $W=0$인 사람들 사이에서 이미지 유형에 따라 방문행동이 달라진다고 결론을 내릴 수 있다.

하지만 $W=0$은 자료범위 내에 포함되지 않기 때문에 이러한 귀무가설은 검정할 가치가 없다 할 것이다. 우리가 원하는 것은 $W=0$이 아니라 우리가 선택한 특정 W값에서 세 집단 간 $\hat{Y}$의 동질성검정결과이다. 즉, 특정 W값에서의 검정결과를 이용하여 W분포의 어디에서 이미지 유형이 방문행동에 통계적으로 유의한 영향을 미치고 어디에서는 영향을 미치지 않는지를 말할 수 있는 것이다.

이러한 방법을 2단계로 나누어 6.4절의 방법(회귀중심화전략)을 이용하여 특정 W값에서 세 집단 간 $\hat{Y}$의 동질성을 검정할 수 있다. 첫째, 새로운 변수 W'($W-w$: w는 선택한 특정값)를 생성한다. 그리고 다음과 같이 W', D_1W' 및 D_2W'로부터 Y를 추정하기 위하여 회귀분석을 실행한다.

$$\hat{Y}=i_Y+b_3W'+b_4D_1W'+b_5D_2W' \tag{9.10}$$

둘째, 위의 회귀식에 D_1과 D_2를 추가한 다음의 모형을 추정한다.

$$\hat{Y}=i_Y+b_1D_1+b_2D_2+b_3W'+b_4D_1W'+b_5D_2W' \tag{9.11}$$

위의 결과를 토대로 두 모형의 모형적합도의 동질성검정을 실행한다. 검정결과 두 번째 모형의 적합도가 첫 번째 모형의 적합도보다 우수하다고 판명되면(ΔR^2이 유의) $W=w$일 때에 세 집단의 $\hat{Y}$은 동일하지 않다는 것을 의미하는 것이다.

이러한 검정논리는 식 (9.11)에서 D_1과 D_2의 회귀계수가 모두 0이라면 식 (9.10)과 (9.11)은 같아진다는 사실을 이해하면 명확해진다. b_1과 b_2는 $W'=0$ ($W=w$일 때에 $W'=0$가 성립)인 경우에 집단 간 Y의 차이를 수량화한 것이다. 따라서 식 (9.10)은 D_1과 D_2의 회귀계수가 모두 0으로 고정되어 있기 때문에 $W=w$인 경우에 세 집단의 $\hat{Y}$는 동일하다고 가정하는 것이다. 하지만 식 (9.11)은 D_1과 D_2의 회귀계수가 0과 다르다는 것을 허용하고 있다. 만일 이와 같은 D_1과 D_2의 도입이 모형적합도를 향상시킨다면 이는 $W=w$를 조건으로 하는 경우에 세 집단의 $\hat{Y}$은 평균적으로 다르다는 것을 의미하는 것이다.

관광목적지 이미지연구에서 이미지 유형은 세 집단이다. 하지만 위의 논리는 집단 수에 관계없이 적용된다. 즉, 먼저 W를 선택한 w값으로 중심화한 후에 집단을 코딩한 각각의 D변수들과 중심화된 W의 $g-1$개의 상호항 그리고 중심화된 W로부터 Y를 추정(첫 번째 모형)한다. 다음으로 첫 번째 모형에 $g-1$개의 D변수들을 추가한 두 번째 모형을 추정한다. 이때 두 번째 모형에서 R^2의 증가가 유의하게 산출되면 $W=w$일 때에 g개의 집단 간에 $\hat{Y}$가 동일하다는 귀무가설을 기각한다.

이상의 내용들을 토대로 먼저 재정상태가 4.37($W=4.37$)인 경우(비교적 낮은 경우 : W의 16th 백분위)에 세 집단의 방문행동이 동일한지를 검정하기로 한다. 〈표 9.2〉에서 $W=4.37$인 경우에 중간 이미지 집단과 높은 이미지 집단 및 매우 높은 이미지 집단에 배정된 사람들의 호감도값은 각각 5.941, 5.419 및 5.613으로 나타나 있다. 이들 값은 [그림 9.3]의 왼쪽 부분에 표시된 Y의 세 가지 추정치들이다.

이러한 세 값들이 우연성에 의하여 설명되는 것 이상으로 서로 차이가 나는지를 검정하기 위하여 새로운 변수 W'(즉, $W-4.37$)를 생성해야 한다. 그리고 두 개의 상호항인 $W'D_1$과 $W'D_2$를 생성한다. 이들을 이용하여 식 (9.10)과 (9.11)을 추정하고 또한 두 모형의 모형적합도의 동질성을 검정한다. 이러한 내용을 분석하기 위한 SPSS code는 다음과 같다.

```
compute d1=(image=1).
compute d2=(image=2).
compute financep=finance-4.370.
compute d1finp=d1*financep.
```

```
compute d2finp=d2*financep.
regression/statistics defaults change/dep=behavior/method=enter financep
          d1finp d2finp/method=enter d1 d2.
```

D_1과 D_2가 도입되지 않은 모형에서는 $R^2 = .144$로 나타났고 D_1과 D_2를 추가한 모형에서는 $R^2 = .161$로 나타났다. 두 모형의 R^2의 차이는 $\Delta R^2 = .017$이고 이는 통계적으로 유의하지 않았다[$F(2, 154) = 1.628$, $p = .200$]. 따라서 재정상태가 비교적 낮은 사람들 사이에서는 이미지 유형이 방문행동에 영향을 미치지 않는다고 말할 수 있다.

그림 9.4 관광목적지 이미지연구의 조건부효과의 동질성에 관한 세 가지 전반적 검정의 시각적 도식화

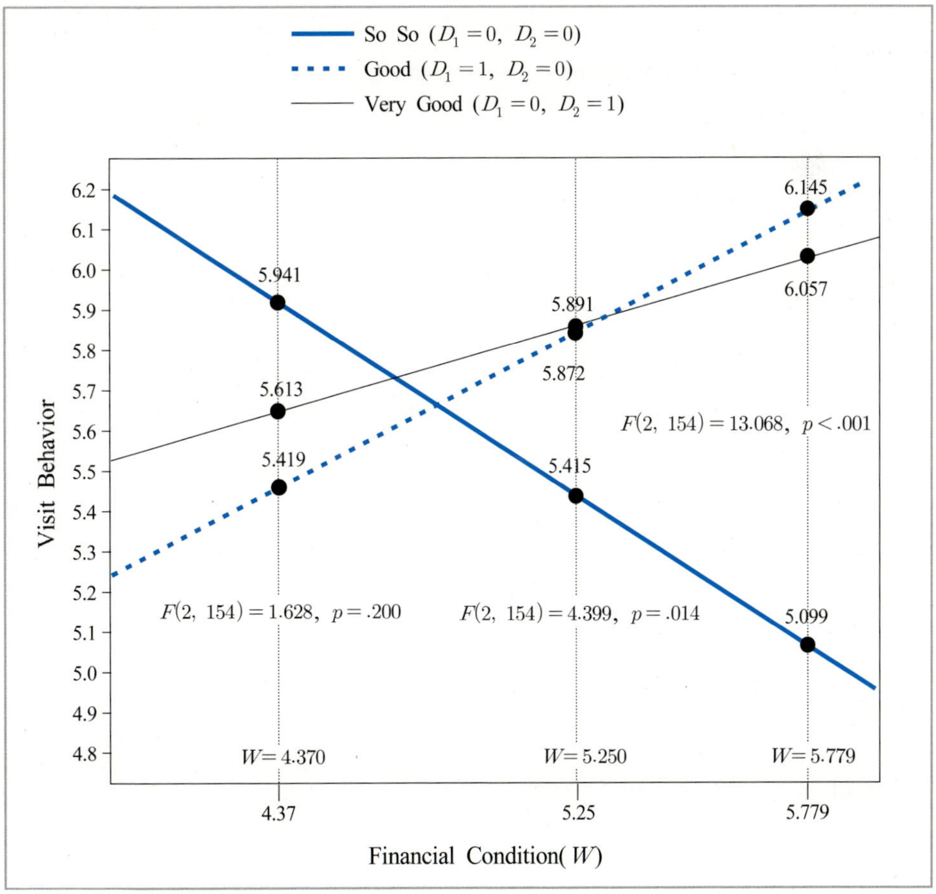

다음으로 재정상태가 평균값($W=5.250$)을 갖는 사람들에게서는 중간 이미지 집단과 좋은 이미지 집단 및 매우 좋은 이미지 집단에 배정된 사람들의 방문행동값은 각각 5.415와 5.872 및 5.891로 계산되었다. 이들의 방문행동값은 통계적으로 유의한 차이가 나타났다[$\Delta R^2=.048$, $F(2, 154)=4.399$, $p=.014$]. 마찬가지로 재정상태가 비교적 높은 사람들($W=5.779$)에서 세 집단의 호감도값은 각각 5.099, 6.145 및 6.057로 나타났다. 또한 이러한 세 집단의 호감도는 통계적으로 유의한 차이가 발생하였다[$\Delta R^2=.142$, $F(2, 154)=13.068$, $p<.001$]. 이상의 관계들에 대한 그래프가 [그림 9.4]에 제시되어 있다.

X가 mcx 옵션을 이용하여 다항범주형 변수로 지정되는 경우에 PROCESS는 앞에서 계산한 모든 과정의 결과들을 보여준다. W가 계량변수인 경우에 PROCESS는 W의 16th, 50th, 84th 백분위값에 대하여 세 집단의 $\hat{Y}$가 동일하다는 전반적 귀무가설(omnibus null hypothesis)을 자동으로 검정한다. moments 옵션 또는 wmodval 옵션을 사용하면 W값들을 변경할 수 있다. 전반적 검정결과는 [그림 9.2]의 “Test of equality of conditional means”에서 F값과 p값을 확인할 수 있다. 바로 아래에는 비교되는 Y추정치들([그림 9.3]과 [그림 9.4] 및 〈표 9.2〉의 결과 참조)이 제시되어 있다. 만일 W가 이분형 변수라면 두 가지 경우(예 : $W=0$과 $W=1$)의 결과만 보여준다.

2) 대응별 추론

다항범주형 변수 X를 포함한 상호효과를 탐색하는 경우에 대응별 추론검정(pairwise inferential tests)이 전반적 검정보다 더 많은 정보를 제공해 준다. 전반적 검정은 $W=w$인 경우에 g개 집단의 $\hat{Y}$값들이 서로 다른지를 검정하는 반면에 대응별 검정은 특정한 W값을 갖는 경우에 두 집단 혹은 두 하위집단 또는 집단의 결합 간에 $\hat{Y}$값이 서로 다른지를 결정하는 데에 사용된다. 또한 전반적 검정은 X의 코딩방법에 의하여 영향을 받지 않지만 대응별 검정결과는 코딩방법에 따라 달라질 수 있다.

X가 다항범주형 변수인 경우에 X가 Y에 미치는 영향은 g개 집단을 코딩하는 데에 사용되는 $g-1$개의 변수들로 나타낸다. 식 (9.3)과 (9.7)에서 이러한 $g-1$개의 효과들은 조절변수 W의 선형함수이다. 그리고 이들은 $g-1$개의 상대적 조건부효과들($\theta_{D_i \to Y}$)이다. 예를 들어 집단이 3개인 경우에 식 (9.7)과 (9.8) 및 (9.9)는 D_1의 상대적 조건부효과가 b_1+b_4W이고 D_2의 상대적 조건부효과는

$b_2 + b_5 W$라는 것을 보여주고 있다. 이들 함수에 W의 다양한 값들을 대입하면 D_1과 D_2가 나타내는 집단들 간의 $\hat{Y}$의 차이를 수량화할 수 있다. 그리고 식 (6.11)을 변형한 다음과 같은 표준오차를 이용하여 D_i가 나타내는 집단 간에 $\hat{Y}$ 값이 차이가 나타나는지를 검정할 수 있다.

$$se_{\theta_{D_1 \to Y}} = \sqrt{se_{b_1}^2 + (2W)COV_{b_1 b_4} + W^2 se_{b_4}^2}$$
$$se_{\theta_{D_2 \to Y}} = \sqrt{se_{b_2}^2 + (2W)COV_{b_2 b_5} + W^2 se_{b_5}^2}$$

하지만 이러한 표준오차는 수작업으로 계산할 필요 없이 회귀중심화방법을 이용하여 회귀프로그램에서 제공하는 결과를 사용하면 된다.

이상의 내용들을 구체화하기 위하여 재정상태가 비교적 높은 사람들($W = 5.779$: W의 84th 백분위) 사이에서 이미지 유형이 방문행동에 미치는 영향을 알아본다. 식 (9.5)와 〈표 9.2〉와 [그림 9.3] 및 [그림 9.4]로부터 이러한 사람들에서 세 이미지 집단의 방문행동 추정치는 각각 5.099, 6.145 및 6.057이라는 것을 알 수 있다. 그리고 동질성에 대한 전반적 검정결과 이들 세 추정치들은 서로 같지 않다는 것을 알고 있다. 하지만 이러한 결론은 모호한 주장일 뿐이다. 대응별 검정은 세 추정치 중의 하나가 다른 하나와 같은지 혹은 다른지에 관한 추가정보를 제공한다.

앞에서 식 (9.6)의 b_1과 b_2는 $W = 0$일 때 D_1이 Y에 미치는 영향과 D_2가 Y에 주는 영향을 수량화한 것이라고 설명하였다. 또한 $W = 0$이 자료범위에 포함되지 않기 때문에 이들은 의미가 없다는 것도 확인하였다. 하지만 W를 특정한 값(5.779)으로 중심화하면 b_1과 b_2는 W가 비교적 높은 사람들에서 D_1과 D_2의 영향을 수량화하는 것으로 전환된다. 이러한 경우에 D_1의 영향은 좋은 이미지 집단에 속한 사람들과 중간 이미지 집단에 속한 사람들의 $\hat{Y}$의 차이($\theta_{D_1 \to Y}$)를 의미하고 마찬가지로 D_2의 영향은 매우 좋은 이미지 집단에 속한 사람들과 중간 이미지 집단에 속한 사람들의 $\hat{Y}$의 차이($\theta_{D_2 \to Y}$)를 의미한다. 상호항의 생성과 모형 추정 전에 5.779의 값으로 W를 중심화하면 회귀프로그램에서 이러한 조건부효과와 표준오차, t값, p값 및 신뢰구간을 얻을 수 있다.

W를 4.370, 5.250 및 5.779로 중심화한 후의 b_1과 b_2가 〈표 9.3〉에 제시되어 있다.

표 9.3 재정상태(W)를 4.370, 5.250 및 5.779로 중심화한 후 이미지 유형(X)과 W가 방문행동에 미치는 영향을 추정한 세 가지 회귀모형

		Coeff.	SE	t	p
$W' = W - 4.370$					
Constant	i_Y	5.941	0.206	28.837	<.001
D_1	b_1	−0.523	0.294	−1.777	.078
D_2	b_2	−0.328	0.271	−1.213	.227
W'	b_3	−0.598	0.186	−3.209	.002
D_1W'	b_4	1.114	0.261	4.266	<.001
D_2W'	b_5	0.914	0.261	3.507	.001
$W' = W - 5.250$					
Constant	i_Y	5.415	0.120	45.085	<.001
D_1	b_1	0.457	0.175	2.611	.010
D_2	b_2	0.476	0.203	2.347	.020
W'	b_3	−0.598	0.186	−3.209	.002
D_1W'	b_4	1.114	0.261	4.266	<.001
D_2W'	b_5	0.914	0.261	3.507	.001
$W' = W - 5.779$					
Constant	i_Y	5.098	0.153	33.281	<.001
D_1	b_1	1.046	0.219	4.782	<.001
D_2	b_2	0.959	0.269	3.567	<.001
W'	b_3	−0.598	0.186	−3.209	.002
D_1W'	b_4	1.114	0.261	4.266	<.001
D_2W'	b_5	0.914	0.261	3.507	.001

〈표 9.3〉에서 중심화로 인하여 b_1과 b_2는 다르게 나타났지만 b_3, b_4 및 b_5는 영향을 받지 않는다는 점을 주목해야 한다. W를 5.779로 중심화한 세 번째 모형에서 $b_1 = 1.046$과 $b_2 = 0.959$로 나타났다. 회귀계수 b_1은 좋은 이미지 집단에 속한 사람들과 중간 이미지 집단에 속한 사람들의 $\hat{Y}$의 차이(6.145−5.099=1.046)를 수량화한 것이다.

마찬가지로 b_2는 매우 좋은 이미지 집단에 속한 사람들과 중간 이미지 집단에 속한 사람들의 $\hat{Y}$의 차이(6.057−5.099=0.958)를 수량화한 것이다.

그러므로 $\hat{Y}$값의 전반적 동질성검정에서 소개한 회귀중심화전략을 이용함으로써 회귀계수 b_1과 b_2는 W를 중심화하는 값들을 조건으로 한 상태에서 세

집단을 나타내는 코딩방법과 일치하는 대응별 추론결과를 제공하고 있다. 〈표 9.3〉으로부터 재정상태가 비교적 낮은 사람들($W = 4.370$) 사이에서 중간 이미지 집단에 속한 사람들에 비하여 좋은 이미지 집단에 속한 사람들[$b_1 = -0.523 = \theta_{D_1 \to Y}|(W = 4.370) = 5.419 - 5.941$, $p = .078$]과 매우 좋은 이미지 집단에 속한 사람들 [$b_2 = -0.328 = \theta_{D_2 \to Y}|(W = 4.370) = 5.613 - 5.941$, $p = .227$]의 방문행동은 평균적으로 차이가 발생하지 않았다. 하지만 재정상태가 중간값을 갖는 사람들($W = 5.250$)에서는 중간 이미지 집단에 속한 사람들에 비하여 좋은 이미지 집단에 속한 사람들 [$b_1 = 0.457 = \theta_{D_2 \to Y}|(W = 5.250) = 5.872 - 5.415$, $p = .010$]과 매우 좋은 이미지 집단에 속한 사람들[$b_2 = 0.476 = \theta_{D_2 \to Y}|(W = 5.250) = 5.891 - 5.415$, $p = .020$]의 방문행동이 평균적으로 높게 나타났다. 이와 유사한 경향이 재정상태가 비교적 양호한 사람들 ($W = 5.779$)에게서도 나타났다. 이들에게서 중간 이미지 집단에 속한 사람들보다 좋은 이미지 집단에 속한 사람들[$b_1 = 1.046 = \theta_{D_1 \to Y}|(W = 5.779) = 6.145 - 5.099$, $p < .001$]과 매우 좋은 이미지 집단에 속한 사람들[$b_2 = 0.959 = \theta_{D_2 \to Y}|(W = 5.779) = 6.057 - 5.099$, $p < .001$]의 방문행동이 높게 나타났다.

PROCESS는 다항범주형 변수 X를 포함하고 있는 상호작용의 탐색에 관한 대응별 추론결과를 자동으로 제공하고 있다. X가 다항범주형 변수로 지정되면 PROCESS는 $\theta_{D_i \to Y}$에 대한 $g-1$개의 추정치와 더불어 표준오차, t값, p값 및 신뢰구간을 산출한다. [그림 9.2]에서 세 가지 조절변숫값 아래의 X1과 X2 행에 결과가 제시되어 있다.

9.4.2 존슨-네이만 방법

6.4절에서 토론한 것처럼 상호작용의 탐색에서 특정값 선택방법의 문제점은 조절변수의 값들을 선택해야 한다는 점이다. 조절변수가 계량변수인 경우에 몇 가지 값들이 다른 값보다 더 낫다고 할 수 없고 조절변숫값의 선택에 따라 탐색작업의 결과가 달라질 수 있다. PROCESS의 default인 16th, 50th, 84th 백분위값을 이용한다고 해도 이러한 문제가 해결되지 않는다. 또한 전통적인 방법으로 평균−1SD, 평균 및 평균+1SD 방법의 사용도 문제점을 제거하지 못한다. 하지만 존슨-네이만(Johnson-Neyman : JN) 방법은 이러한 문제점을 완전하게 제거할 수 있다. 6.4절에서 JN방법은 주어진 α 수준에서 초점선행변수 X가 Y에 미치는 영

향이 유의하고 유의하지 않은 영역을 구분하는 W값 혹은 W값들(만일 존재한다면)을 대수학적으로 도출한다는 것을 알아보았다. JN방법이 판별하는 분리점 이상 혹은 이하의 X의 조건부효과에 대한 p값을 살펴본 후에 우리는 언제 또는 누구에게 X가 Y에 미치는 영향이 유의하고 언제 혹은 누구에게 X가 Y에 미치는 영향이 유의하지 않은지를 알 수 있다.

1) 전반적 추론

JN방법의 전반적 검정이 다항범주형 변수 X와 계량변수 W의 상호작용의 탐색작업에 적용되는 경우에는 g개의 Y추정치들을 비교하는 F값이 통계적으로 유의한 W값(들)을 찾아내는 과정이 필요하다. 비록 말하기는 쉬워도 이러한 과정은 매우 복잡하다(Montoya, 2016). 이 방법의 문제는 수학적 방법이 복잡한 다항식을 가진 까다로운 대수학을 포함하고 있다는 점이다. $g=3$인 경우에 4차 다항식이 필요하고 $g>3$인 경우에는 더욱 복잡해진다.

이러한 문제점을 우회하기 위해서 Montoya(2016)는 주어진 α(예 : $\alpha=.05$)하에서 g개의 $\hat{Y}$값의 동질성(p값과 α값이 동일)을 검정하는 F값을 산출하는 W값(들)을 찾아내는 과정을 반복적으로 수행하는 방법을 제안하였다. 따라서 이는 W값(들)을 분석적으로 찾아내기보다는 일종의 시행착오방법을 사용하는 방법이다. 이 방법을 사용하기 위해서는 컴퓨터프로그램이 필요하다. 이 방법은 PROCESS에서 제공되지 않는다. 하지만 OGRS로 명명된 SPSS macro를 사용하여 분석할 수 있다(Hayes & Montoya, 2017 ; Montoya, 2016). OGRS는 www.akmontoya.com에서 무료로 다운받을 수 있다.

2) 대응별 추론

g개의 집단으로 구성된 다항범주형 변수 X를 표현하는 $g-1$개 변수들의 각각은 코딩방법에 따라 두 집단 혹은 결합집단 간의 비교를 나타내는 것이다. 관광목적지 이미지연구에서 D_1과 D_2는 중간 이미지 집단에 속한 사람들을 준거집단으로 갖는 지표코드들(indicator codes)이다. D_1은 좋은 이미지 집단과 중간 이미지 집단의 비교를 나타내고 D_2는 매우 좋은 이미지 집단과 중간 이미지 집단의 비교를 의미한다. D_1과 D_2의 조건부효과는 각각 $\theta_{D_1\rightarrow Y}=b_1+b_4W$와 $\theta_{D_2\rightarrow Y}=b_2+b_5W$이고 이들 모두 W의 선형함수이다. 특정값 선택방법과 같이 적절한 W값을 선택하면 D변수가 나타내는 두 집단 간 Y의 차이의 추정치를 얻을 수 있다. 특정

한 W값에서 조건부효과와 표준오차의 비율(t통계량)을 계산하여 p값을 구할 수 있고 신뢰구간도 구축할 수 있다.

X와 W의 상호효과를 탐색하는 경우에 대응별 JN방법은 조건부효과 $\theta_{D_i \rightarrow Y}$가 유의한 영역과 유의하지 않은 영역을 구분해 주는 W값(들)을 도출해 준다. 집단이 g개인 경우에 각 조건부효과에 대하여 W값은 하나도 도출되지 않거나 한 개 혹은 두 개가 도출될 수 있는데 이들은 같을 필요가 없고 또한 대부분 다른 값이 도출된다. 예를 들어 $g=3$인 경우에 $\theta_{D_1 \rightarrow Y}$에 대한 W값(들)이 $\theta_{D_2 \rightarrow Y}$에 대한 W값(들)과 일반적으로 동일하게 산출되지 않는다.

6.4절에서 알아본 것처럼 JN방법은 계산이 복잡하고 까다롭기 때문에 컴퓨터에 의존해야 한다. 이러한 JN방법은 X가 이분형 혹은 연속형 변수인 경우에만 PROCESS에서 사용할 수 있다. X가 다항범주형 변수인 경우(mcx=1 옵션의 사용)에는 jn=1 옵션을 지정해도 JN방법의 결과를 얻을 수 없다. 그러나 약간의 기교를 사용하면 X가 다항범주형 변수인 경우에 $\theta_{D_i \rightarrow Y}$에 관한 JN결과물을 얻을 수 있다. 이 방법은 D_i를 X로 사용하고 나머지 $g-2$개의 D변수들 그리고 다른 D변수들과 W의 $g-2$개의 상호항들을 공변량으로 사용하는 방법이다. 이러한 과정은 $g-1$개의 D_i변수들의 각각에 대하여 총 $g-1$회 반복된다.

관광목적지 이미지연구에서 중간 이미지 집단에 비하여 좋은 이미지 집단의 조건부효과(D_1)의 유의성영역을 식별하기 위한 PROCESS code는 다음과 같다.

```
compute d1=(image=1).
compute d2=(image=2).
compute d2financ=d2*finance.
process y=behavior/x=d1/w=finance/cov=d2 d2financ/jn=1/model=1.
```

위의 code에서 mcx 옵션을 사용하지 않기 때문에 지표코드를 수동으로 생성해야 한다는 것을 알 수 있다. 또한 PROCESS가 제공하지 않는 것으로 D_2와 W의 상호항도 수동으로 생성시켜야 한다. 하지만 D_1을 X로 지정하면 PROCESS는 X와 W의 상호항을 자동으로 생성하기 때문에 D_1W는 수동으로 생성시킬 필요가 없다.[3] 그리고 plot 옵션의 결과물은 의미가 없기 때문에 이를 지정하지

3) 이러한 내용은 다음의 명령문에 해당하는 내용을 PROCESS가 자동으로 실행한다는 의미이다. compute d1financ=d1*finance. 따라서 이는 위의 code에 입력하지 않는다.

않았다.

위의 code를 실행하면 $\alpha = .05$하에서 좋은 이미지 집단과 중간 이미지 집단의 방문행동의 차이가 유의한 영역과 유의하지 않은 영역으로 구분되는 W값은 5.155로 계산된다. 따라서 $W > 5.155$인 영역에서는 중간 이미지 집단보다 좋은 이미지 집단의 방문행동이 더 크다고 할 수 있고 이보다 작은 영역에서는 두 상황 간에 통계적으로 유의한 차이가 존재하지 않는다고 말할 수 있다. 하지만 유의성영역을 구분해 주는 W값($W = 4.286$)이 하나 더 존재하는 것으로 나타났다. 즉, 이 값 이하에서는 중간 이미지 집단의 방문행동이 더 높다고 할 수 있다.

다음으로 매우 좋은 이미지 집단과 중간 이미지 집단을 비교하는 과정으로 넘어간다. 이는 위의 code를 수정하여 다음의 code로 이루어진다.

```
compute d1=(image=1).
compute d2=(image=2).
compute d1financ=d1*finance.
process y=behavior/x=d2/w=finance/cov=d1 d1financ/jn=1/model=1.
```

위의 code를 실행한 결과 유의성영역의 분리점은 $W = 5.159$로 나타났다. 따라서 이 값 이상에 속하는 사람들에서 매우 좋은 이미지 집단에 속한 사람들은 중간 이미지 집단에 속한 사람들보다 방문행동이 더 높게 나타났다고 해석할 수 있다.

9.5 조절변수가 다항범주형 변수인 경우

9.1절에서 다항범주형 변수 X와 이분형 또는 연속형 변수 W의 상호효과는 식 (9.1)의 회귀식을 이용하여 추정된다는 것을 알아보았다.

식 (9.1)에서 $g-1$개의 D변수들은 지표코딩 등과 같은 방법을 이용하여 g개 집단 중의 하나에 소속되는 것을 나타내기 위하여 사용되는 것이다. 하지만

X가 이분형 또는 연속형 초점선행변수이고 W가 X의 효과를 조절하는 다항범주형 변수인 경우에는 어떻게 분석하는가? 이러한 경우에 우리는 식 (9.1)의 $g-1$개의 D변수들을 조절변수의 g개 집단을 나타내는 것으로 생각할 수 있다. 하지만 이러한 생각은 모형의 수학적 계산을 변화시키지 않는다. 왜냐하면 W를 코딩한 $g-1$개의 D변수들과 X 그리고 X와 D변수들의 $g-1$개의 상호항에서 Y를 추정하여 X가 Y에 미치는 영향이 W에 의존하도록 추정할 수 있기 때문이다. 이러한 회귀식은 다음의 식 (9.12)와 같다. 비교목적으로 식 (9.1)을 함께 제시한다.

$$Y = i_Y + \sum_{i=1}^{g-1} b_i D_i + b_g W + \sum_{j=g+1}^{2g-1} b_j D_{j-g} W + e_Y \tag{9.1}$$

$$Y = i_Y + \sum_{i=1}^{g-1} b_i D_i + b_g X + \sum_{j=g+1}^{2g-1} b_j D_{j-g} X + e_Y \tag{9.12}$$

수학적으로 식 (9.1)과 (9.12)는 동일하다. 단지 X와 W의 명칭을 바꾼 것에 불과하다. 동일한 자료를 이용하여 모형을 추정하면 두 모형은 동일한 Y추정치들과 동일한 적합도 및 동일한 회귀계수들을 산출한다.

그림 9.5 g개의 범주로 구성된 다항범주형 조절변수 W를 가진 조절모형의 통계적 모형

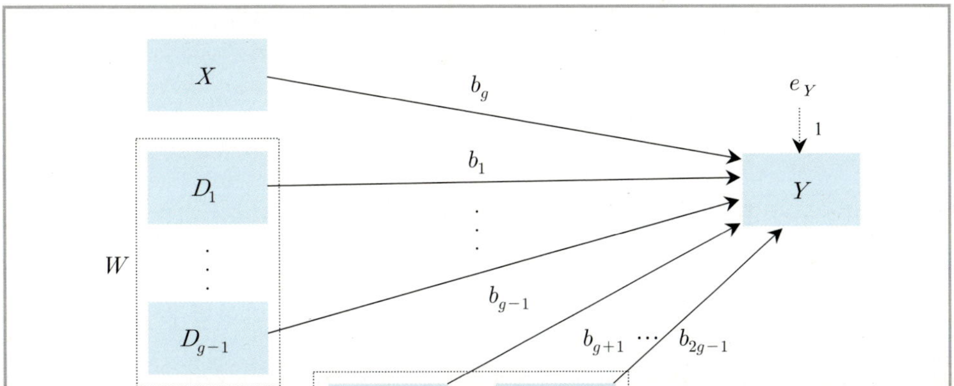

그리고 식 (9.12)의 통계적 모형은 [그림 9.5]와 같다.

앞에서 식 (9.1)의 형태를 가진 모형은 W의 $g-1$개의 선형함수(이들은 각각 D_i의 효과)로 표현할 수 있다는 것을 알아보았다. 예를 들어 관광목적지 이미지 연구에서 X가 세 집단으로 이루어진 경우에 회귀모형은 다음과 같이 나타낼 수 있다.

$$\hat{Y}=i_Y+b_1D_1+b_2D_2+b_3W+b_4D_1W+b_5D_2W+e_Y \tag{9.13}$$

위의 식은 다음과 같이 정리할 수 있다.

$$\hat{Y}=i_Y+(b_1+b_4W)D_1+(b_2+b_5W)D_2+b_3W+e_Y$$

위의 식은 X가 Y에 미치는 영향을 조절변수 W의 두 가지 선형함수로 표현한 것이다. 이들은 특정한 W값에서 X가 Y에 미치는 영향을 의미하는 D_1과 D_2의 상대적 조건부효과들이다.

하지만 식 (9.13)은 다른 형태로 표현할 수 있다. 즉, D_1과 D_2가 X의 범주가 아니라 W의 범주를 의미하도록 X와 W의 역할을 바꾸는 것이다. 이러한 모형은 다음과 같다.

$$Y=i_Y+b_1D_1+b_2D_2+b_3X+b_4D_1X+b_5D_2X+e_Y \tag{9.14}$$

그리고 식 (9.14)는 다음과 같이 X에 대하여 정리할 수 있다.

$$Y=i_Y+b_1D_1+b_2D_2+(b_3+b_4D_1+b_5D_2)X+e_Y \tag{9.15}$$

식 (9.15)에서 X가 Y에 미치는 영향은 다음과 같이 다항범주형 변수 W의 함수로 나타낼 수 있다.

$$\theta_{X\rightarrow Y}=b_3+b_4D_1+b_5D_2 \tag{9.16}$$

식 (9.16)에서 $\theta_{X\rightarrow Y}$는 X가 Y에 영향을 미치는 조건부효과를 말한다. 하지만 D_1과 D_2에는 세 집단을 의미하는 세 가지 유형밖에 없기 때문에 식 (9.16)은 세 가지 값만 산출한다. 이들은 각각의 세 집단에서 X의 차이가 Y의 차이와 어떻게 관련되는지를 의미하는 것이다.

만일 식 (9.16)에서 b_4와 b_5가 모두 0이라면 세 집단에서 X의 조건부효과가 모두 동일하다는 것을 의미하기 때문에 X가 Y에 미치는 영향이 조절되지 않는다고 말할 수 있다. 그러나 b_4와 b_5 중 하나라도 0이 아니라면 이는 X와 Y의 관계가 세 집단에서 동일하지 않다는 것을 의미하는 것이다. 따라서 X의 영향이 다항범주형 변수 W에 의하여 조절되는지에 관한 조절검정은 식 (9.14)의 두 상호항의 가중치가 모두 0인지를 검정함으로써 이루어진다. 이러한 방법은 상호항을 포함한 모형의 적합도가 상호항이 제외된 모형의 적합도보다 우수한지를 검정하는 것과 동일하다.

중요한 점은 다항범주형 변수 X의 효과가 이분형 또는 연속형 변수인 W에 의하여 조절되는지에 관한 검정은 다항범주형 변수 W가 이분형 또는 연속형 변수인 X에 의하여 조절되는지에 관한 검정과 수학적으로 동일하다는 것이다. 어느 방법을 사용하든지 조절검정은 모형의 $g-1$개의 상호항의 회귀계수가 0과 같은지를 검정하는 문제로 귀결된다. 따라서 X의 효과가 W에 의하여 조절된다는 내용은 W의 효과가 X에 의하여 조절된다는 내용과 동일한 것이다. 이러한 것이 6.1절에서 소개한 상호효과의 대칭속성(symmetry property of interaction)이다. 하지만 편의상 초점선행변수를 X로 부르기로 한다. 수학적으로 두 모형은 동일하고 상호효과의 검정도 마찬가지이다.

9.5.1 예제 : 관광목적지 이미지연구

관광목적지 이미지연구의 분석결과 이미지 유형은 재정상태의 크기에 따라 방문행동에 차별적인 영향을 미치는 것이 확인되었다. 이 연구에서 실험상황이 다항범주형 초점선행변수로 사용되었고 재정상태는 연속형 조절변수로 사용되었다. 여기에서는 이들의 역할을 바꾸어서 재정상태(X)가 방문행동(Y)에 미치는 영향이 이미지 유형(W)에 의하여 조절되는지를 분석할 것이다. 이제는 집단을 나타내는 다항범주형 변수가 조절변수이고 연속형 개인차이(재정상태)가 초점선행변수이다. 그리고 코딩방법은 지표코딩방법을 사용한다.

우리는 상호효과의 대칭성으로부터 재정상태와 방문행동의 관계는 실험상황에 따라 다르게 나타나야 한다는 것을 알고 있다. 왜냐하면 우리는 이미 재정상태에 따라 이미지 유형이 방문행동에 미치는 영향이 다르다는 것을 알기 때문이다. 또한 다항범주형 변수가 초점선행변수이든 조절변수이든 모형은 동일하다. 이상의 내용을 토대로 〈표 9.1〉에서 식 (9.14)의 회귀모형은 다음과 같다(식 9.5 참조).

$$\hat{Y}=8.555-5.389D_1-4.321D_2-0.598X+1.114D_1X+0.914D_2X \quad (9.17)$$

위의 식에서 $i_Y=8.555$, $b_1=-5.389$, $b_2=-4.321$, $b_3=-0.598$, $b_4=1.114$, $b_5=0.914$라고 할 수 있다. 또한 우리는 두 개의 상호항이 도입된 모형이 이들이 배제된 모형보다 적합도가 우수하다는 것($\Delta R^2=0.112$, $F(2, 154)=10.294$, $p=<.001$)을 알고 있다.

9.5.2 상호효과의 탐색과 회귀계수의 해석

조절변수가 계량변수인 경우에는 상호효과의 탐색에 특정값 선택방법 또는 JN방법을 사용할 수 있다. 하지만 JN방법은 오직 조절변수가 연속형 변수인 경우에만 사용할 수 있기 때문에 조절변수가 범주형 변수일 때에는 JN방법을 사용할 수 없다. 조절변수가 범주형 변수인 경우에 상호작용의 탐색은 범주형 조절변수를 구성하고 있는 각 집단에 대하여 초점선행변수 X와 결과변수 Y의 관계를 수량화한다. 그리고 연구자는 두 개 이상의 X의 조건부효과들을 비교하는 것에 관심을 가진다.

식 (9.16)에서 X의 조건부효과($\theta_{X\to Y}=b_3+b_4D_1+b_5D_2$)는 세 집단으로 구성된 다항범주형 조절변수 W의 함수로 표시된다. 이 예제에서 이미지 유형을 나타내는 D_1과 D_2의 세 가지 유형 값을 이 조건부효과 식에 대입하면 재정상태가 방문행동에 영향을 미치는 세 가지 조건부효과를 다음과 같이 계산할 수 있다.

$$\theta_{X\rightarrow Y}|So\ \ So = -0.598 + 1.114(0) + 0.914(0) = -0.598$$
$$\theta_{X\rightarrow Y}|Good = -0.598 + 1.114(1) + 0.914(0) = 0.516$$
$$\theta_{X\rightarrow Y}|Very\ Good = -0.598 + 1.114(0) + 0.914(1) = 0.316$$

이들의 회귀계수는 X가 한 단위 차이나는 두 사례의 Y의 차이의 추정치로 해석한다.

식 (9.16)에서 b_3는 D_1과 D_2가 모두 0일 때에 X와 Y의 관계를 수량화한 것이다. 따라서 지표코딩을 사용하는 경우에 b_3는 준거집단에서의 X와 Y의 관계를 의미한다. 〈표 9.1〉에서 b_3가 통계적으로 유의하게 나타났기 때문에 중간 이미지 집단에 속한 사람들에서 재정상태와 방문행동은 통계적으로 유의한 음의 관계를 갖는다고 말할 수 있다.

식 (9.16)에서 D_1X와 D_2X의 회귀계수인 b_4와 b_5는 각각 준거집단과 D_1과 D_2로 코딩된 집단 간의 X와 Y의 관계의 차이를 수량화한 것이다. 예를 들어 D_1은 좋은 이미지 집단과 중간 이미지 집단 간의 비교를 측정한 것이다. 따라서 b_4는 이들 두 집단 간의 X의 조건부효과의 차이에 해당한다. 이러한 차이는 $b_4 = 0.516 - (-0.598) = 1.114$로 계산된다. 〈표 9.1〉에서 b_4가 통계적으로 유의하게 나타났기 때문에 좋은 이미지 집단과 중간 이미지 집단 간의 재정상태와 방문행동의 관계는 서로 다르다고 결론을 내린다.

그리고 지표변수 D_2는 중간 이미지 집단과 매우 좋은 이미지 집단의 비교를 추정한 것이다. 그러므로 b_5는 이들 두 집단 간의 재정상태가 방문행동에 영향을 미치는 조건부효과의 차이를 의미한다. 이러한 차이는 $b_5 = 0.316 - (-0.598) = 0.914$로 계산된다. 이러한 차이가 통계적으로 유의하기 때문에 이들 두 집단 간에 재정상태와 방문행동의 관계는 차이가 나타났다고 말할 수 있다.

그리고 식 (9.17)은 식 (9.5)와 동일하기 때문에 b_1과 b_2의 의미도 이미 알고 있다고 할 수 있다. 앞에서 b_1은 재정상태가 0인 사람들 사이에서 중간 이미지 집단에 속한 사람들과 좋은 이미지 집단에 속한 사람들의 방문행동의 차이의 추정치라고 설명하였다. 마찬가지로 b_2는 재정상태가 0인 사람들 가운데 중간 이미지 집단에 속한 사람들과 매우 좋은 이미지 집단에 속한 사람들의 방문행동의 차이의 추정치이다. 그리고 재정상태가 0의 값을 가지는 것은 자료범위 내에 존재하지 않기 때문에 b_1과 b_2의 해석은 실질적으로 의미가 없다. 9.4절에서 토론한 것처럼 모형추정 전에 재정상태를 자료측정범위 내에 속하는 값으로 중심화하면 의미를 갖게 된다.

9.5.3 PROCESS를 이용한 분석

지금까지 다항범주형 조절변수와 이분형 또는 연속형 선행변수 간의 상호작용을 포함한 모형추정의 복잡한 과정에 대하여 살펴보았다. 하지만 PROCESS를 이용하면 이러한 과정을 매우 쉽게 해결할 수 있다. 조절변수가 다항범주형 변수인 경우에는 다음의 syntax와 같이 mcw=1 옵션을 이용한다.

```
process y=behavior/x=finance/w=image/mcw=1/model=1.
```

mcx=1 옵션의 경우와 마찬가지로 mcw=1 옵션을 사용하면 지표코딩방법을 사용하는 것이다.4) 위의 syntax의 실행결과는 [그림 9.6]에 제시되어 있다.

그림 9.6 관광목적지 이미지연구에서 이미지 유형을 조절변수로 지정하고 재정상태를 초점선행변수로 지정한 조절분석의 PROCESS 결과물

```
Model  : 1
    Y  : BEHAVIOR
    X  : FINANCE
    W  : IMAGE

Sample
Size:  160

Coding of categorical W variable for analysis:
  IMAGE       W1       W2
     .000      .000      .000
    1.000     1.000      .000        → Indicator codes
    2.000      .000     1.000

*****************************************************************************
OUTCOME VARIABLE:
 BEHAVIOR

Model Summary
                  R       R-sq        MSE          F        df1        df2          p
              .4017      .1614      .9080     5.9269     5.0000   154.0000      .0000
```

4) 만일 초점예측변수와 조절변수가 모두 다항범주형 변수인 경우에는 mcx 옵션과 mcw 옵션을 동시에 사용할 수 있다.

```
Model
                     coeff        se          t          p        LLCI       ULCI
constant            8.5550     .9892     8.5487      .0000      6.6009    10.5091
FINANCE  (b3)       -.5981     .1864    -3.2094      .0016      -.9663     -.2300
W1       (b1)      -5.3891    1.3882    -3.8821      .0002     -8.1314    -2.6467
W2       (b2)      -4.3214    1.3381    -3.2296      .0015     -6.9647    -1.6781
Int_1    (b4)       1.1136     .2610     4.2662      .0000       .5979     1.6292
Int_2    (b5)        .9137     .2605     3.5074      .0006       .3991     1.4284

Product terms key:
 Int_1    :        FINANCE  x        W1
 Int_2    :        FINANCE  x        W2

Test(s) of highest order unconditional interaction(s):

 → Test of interaction between X and W

            R2-chng          F        df1        df2          p
X*W           .1121    10.2939     2.0000   154.0000      .0001
-----------
    Focal predict: FINANCE  (X)
          Mod var: IMAGE    (W)

Conditional effects of the focal predictor at values of the moderator(s):

 → θX→Y = b3 + b4D1 + b5D2

     IMAGE    Effect        se          t          p       LLCI       ULCI
     .0000    -.5981     .1864    -3.2094      .0016     -.9663     -.2300
    1.0000     .5155     .1828     2.8204      .0054      .1544      .8765
    2.0000     .3156     .1820     1.7337      .0850     -.0440      .6752

************************* ANALYSIS NOTES AND ERRORS *************************

Level of confidence for all confidence intervals in output:
  95.0000
```

X 대신 W를 다항범주형 변수로 지정했기 때문에 결과물의 윗부분에서 지표코드가 X1과 X2가 아니라 W1과 W2로 표기되어 있다. 결과물의 마지막 부분에 g개 집단의 각각에 대하여 X가 Y에 영향을 미치는 조건부효과(식 9.16)가 산출되어 있다. 이 결과에서 좋은 이미지 집단($W=1$)에서는 재정상태와 방문행동의 관계는 유의하게 양으로 나타났지만 중간 이미지 집단($W=0$)에서는 유의하게 음으로 나타났다. 그리고 매우 좋은 이미지 집단($W=2$)에 속한 사람들에서는 재정상태와 방문행동의 관계가 양으로 나타났지만 통계적으로 유의하지는 않았다.

CHAPTER 10

조건부과정분석의 기초

제2장의 단순매개분석은 X가 M을 경유하여 Y에 미치는 영향은 X가 한 단위 차이나는 두 사례의 Y의 차이($X \rightarrow M \rightarrow Y$의 과정을 거쳐서)를 추정하는 것이다. 여기에서 첫 번째 요소는 X가 M에 미치는 영향(a)이고 두 번째는 X를 통제한 상태에서 M이 Y에 미치는 영향(b)이다. 이들의 적항(product)인 ab가 간접효과를 의미한다.

이러한 단순매개분석에서는 간접효과 또는 직접효과(c')가 제3의 변수에 의하여 조절되지 않는다고 가정하였다. 하지만 모든 효과는 무언가에 의하여 조절된다(all effects are moderated by something)고 말하는 것이 안전하다(Hayes, 2013, 2018a). 이는 조절효과를 포함하지 않은 분석이 나쁘거나 틀리다는 것을 의미하지는 않는다. 인간행동은 너무 복잡하여 수학적 모형으로 표현하기도 어렵고 어떠한 모형도 완전하거나 정확하다고 보기 어렵다(MacCallum, 2003). 하지만 특정 효과의 잠재적인 조건성(contingencies)과 한계상황(boundary conditions)을 무시하는 분석은 복잡한 과정을 지나치게 단순화하는 결과를 초래할 수 있다.

지금까지 매개분석과 조절분석은 서로 다른 분석적 절차와 해석을 지닌 분리된 그리고 독립적인 개념으로 취급하였다. 하지만 매개과정은 사람과 상황에 따라 달라질 수 있기 때문에 조절될 가능성이 있다. 따라서 좀 더 완전한 분석은 X를 Y에 연결시키는 메커니즘(매개분석)을 모형화함과 동시에 이러한 효과(들)가 맥락, 상황 또는 개인차이에 따라 달라지는 것(조절분석)을 허용해야 한다. 본장에서는 이러한 조절분석과 매개분석을 공식적으로 통합한 조건부과정분석(conditional process analysis)에 관하여 알아볼 것이다. 조건부과정 모델링(conditional process modeling)으로도 부르는 조건부과정분석은 한 변수가 다른 변수에게 영향을 전달하는 메커니즘(들)의 조건부 성격과 이러한 조건부효과에 관한 가설검정을 이해하고 서술하는 것을 주요 목적으로 하고 있다.

조절분석과 매개분석을 결합하는 개념은 새로운 것이 아니다. 매개분석에 관한 독창적인 논문을 발표한 몇몇 학자들은 조절과정과 매개과정을 동시에 포함하는 가설을 검정해야 하는 필요성에 대하여 언급하였다. 예를 들어 Judd & Kenny(1981)는 M이 Y에 미치는 영향이 X에 의존하는 경우 X가 M을 경유하여 Y에 미치는 간접효과 자체가 X에 의하여 조절된다는 가능성을 언급하였다. 일부 학자들은 어떠한 매개효과도 M의 Y에 대한 효과가 X에 의하여 조절되는지를 포함해야 한다고 주장하기도 하였다(Kraemer, Kiernan, Essex, & Kupfer, 2008 ; Kraemer, Wilson, Fairburn, & Agras, 2002 ; Valeri & VanderWeele, 2013). 이와 유사하게

James & Brett(1984)는 네 번째 변수 W가 세 변수로 구성된 인과모형에서 한 개 이상의 관계를 조절한다면 $X \to M \to Y$의 간접효과가 W에 의하여 어떻게 조절되는지를 설명하였다. 이들은 모두 조절된 매개(moderated mediation)로 알려진 모형들이다. 또한 Baron & Kenny(1986)는 간접효과가 조절변수에 의하여 조절되는 조절된 매개와 더불어 인과선행변수 X와 조절변수 W의 상호효과가 매개변수 M을 통하여 결과변수 Y에 영향을 미치는 매개된 조절(mediated moderation)의 가능성에 대해서도 언급하였다.

21세기에 접어들면서 조절분석과 매개분석을 분석적으로 통합하는 좀 더 공식적인 방법론들이 폭발적으로 발표되었다. Muller, Judd, & Yzerbyt(2005)가 먼저 이러한 불을 붙였는데 이들은 연구논문에서 인과단계전략 기준(causal-steps-like criteria)을 이용하여 조절된 매개분석과 매개된 조절분석이 성립되기 위한 조건을 제시함과 동시에 조절된 직접효과와 조절된 간접효과의 계량화방법을 제시하였다. 하지만 이들의 연구는 단일변수가 단순매개모형의 세 경로를 모두 조절하는 조절된 매개모형의 오직 하나의 특수한 형태(PROCESS model 59)에만 초점을 맞추었고 이들의 방법은 4.1절에서 설명한 인과단계방법의 단점을 지니고 있다. 그리고 얼마 지나지 않아 Morgan-Lopez & MacKinnon(2006)은 상호효과가 매개변수를 통하여 결과변수에 영향을 미치는 매개된 조절효과의 공식적인 검정방법을 소개하였다.

거의 동시에 Edwards & Lambert(2007)와 Preacher, Rucker & Hayes(2007)는 Muller et al.(2005)이 제시한 단일의 조절된 매개모형과 더불어 다른 유형의 조절된 매개모형의 분석기법들을 소개하였다. Edwards & Lambert(2007)는 하나의 단일변수가 매개모형의 한 개 혹은 그 이상의 경로를 조절하는 8개의 모형을 제시하고 직접효과와 간접효과를 추정하는 방법을 개발하였다. Preacher et al.(2007)은 조건부간접효과(conditional indirect effect)를 분석하는 5가지의 모형을 개발하고 표준오차와 부트스트랩 신뢰구간을 이용한 가설검정방법을 소개하였는데 이들 모형에는 서로 다른 조절변수들이 서로 다른 경로를 조절하는 모형이 포함되어 있다.

이후에도 많은 연구들이 효과의 인과연속의 한계상황을 개념화하고 수량화하는 방법들을 소개하고 있다(Fairchild & MacKinnon, 2009 ; Hayes, 2015, 2018 ; Wang & Preacher, 2015). 이들은 모두 조절된 매개분석의 이용을 가능하게 하였지만 Preacher et al.(2007)의 방법이 MODMED macro를 이용한 분석을 가능하게 하여 간편한 방법이라고 할 수 있다. 나아가 PROCESS의 출현으로 인하여 연구자들은 다양한 많은 조절된 매개모형을 손쉽게 분석할 수 있다.

10.1 조건부직접효과와 조건부간접효과

제2장부터 제4장까지 통계적 매개분석의 원리를 알아보았다. 매개분석에서 관심사는 인과변수 X의 직접효과와 간접효과의 추정 및 해석이다. 매개분석에서 간접효과는 연속되는 효과들의 곱셈으로 계산된다. 예를 들어 단순매개모형에서 $X \rightarrow M \rightarrow Y$의 간접효과는 X가 M에 미치는 영향과 X를 통제한 상태에서 M이 Y에 미치는 영향을 곱하여 계산한다. 제2장에서 이러한 간접효과는 식 (2.1)과 (2.2)를 이용하여 추정된 계수 a와 b의 적항(ab)이다.

그리고 조절효과분석에서 특정변수의 효과가 조절되는 경우에는 이러한 효과는 단일수치로 수량화할 수 없다는 것을 확인하였다. 예를 들어 X가 M에 미치는 효과가 W에 의하여 조절되는 경우에 X가 M에 미치는 영향을 표현하는 단일의 수치는 더 이상 존재하지 않고 X가 M에 미치는 영향은 W의 함수로 나타낸다. 또는 X를 통제한 상태에서 M이 Y에 미치는 영향이 W에 의하여 조절될 수도 있다. 이러한 경우에도 M이 Y에 미치는 효과는 단일수치로 나타낼 수 없고 W의 함수가 된다. 그리고 X가 M에 미치는 영향과 M이 Y에 미치는 영향이 모두 W에 의하여 조절되는 경우에는 이러한 조절과정은 동시에 발생할 수도 있다. 혹은 X가 M에 미치는 영향은 W에 의하여 조절되고 M이 Y에 미치는 효과는 다른 조절변수 Z에 의하여 조절될 수도 있을 것이다.

매개모형에서 특정경로가 조절된다고 해도 X가 M을 경유해서 Y에 미치는 간접효과는 여전히 영향받는 경로들의 곱으로 계산된다. 하지만 단순히 두 숫자의 곱이 아니라 적어도 하나의 함수(어느 경로(들)가 조절되느냐에 따라)를 포함한 적항의 형태를 띤다. 이러한 경우에 "매개가 조절된다(mediation is moderated)"라고 말한다. 즉, 간접효과는 경로효과의 크기에 영향을 미치는 조절변수(들)의 함수가 된다. 따라서 $X \rightarrow M \rightarrow Y$의 메커니즘은 조절변수(들)의 함수가 되기 때문

그림 10.1 몇 가지 유형의 조건부과정모형의 개념모형(왼쪽)과 통계모형(오른쪽)

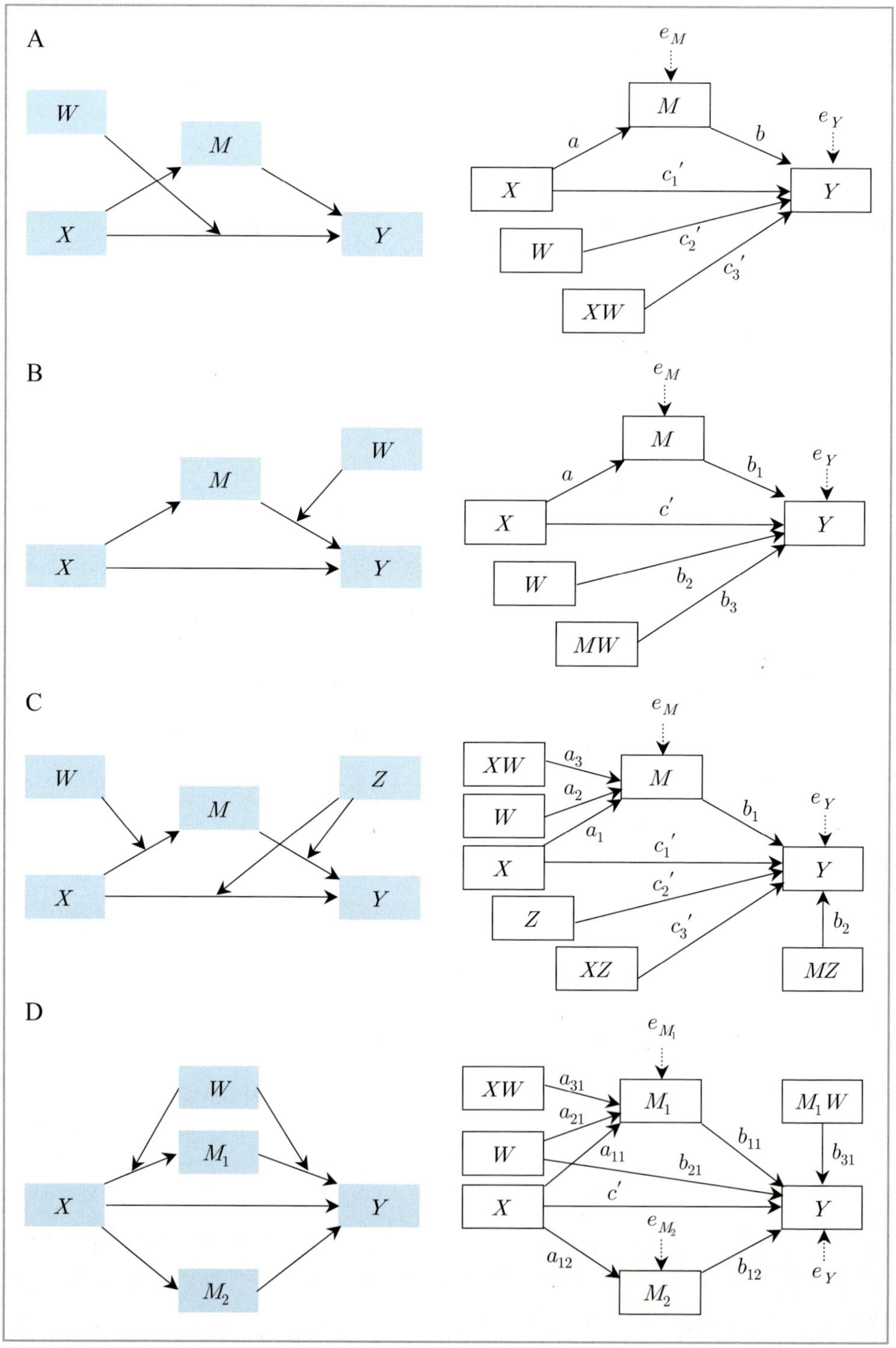

에 크기(size) 또는 강도(strength)가 달라진다.

직접효과 역시 조절될 수 있다. 매개모형에서 직접효과는 X가 M을 경유하여 Y에 미치는 영향과는 독립적으로 X가 Y에 미치는 영향을 수량화한 것이다. 단순매개분석에서 직접효과는 식 (2.2)를 이용하여 추정한 c'이다. 하지만 이러한 X가 Y에 미치는 직접효과는 조절변숫값에 따라 달라질 수 있다. 예를 들어 M을 통제한 상태에서 X가 Y에 미치는 영향이 W에 의하여 조절된다면 직접효과는 더 이상 단일수치인 c'이 아니라 W의 함수로 변한다. 이러한 경우에 직접효과는 비조건적(unconditional)이 아니라 W에 조건적(conditional)이다.

직접효과 혹은 간접효과가 조건적이라면 이들의 분석과 해석은 조건부직접효과(conditional direct effect)와 조건부간접효과(conditional indirect effect)의 공식적인 추정과 추론방법을 따라야 한다. 아래에서는 조절분석과 매개분석을 결합한 몇 가지 모형들의 조건부직접효과와 조건부간접효과의 계산을 알아본다. 이들 모형은 [그림 10.1]에 제시되어 있다.

10.1.1 직접효과만 조절되는 모형

가장 단순하지만 별로 관심을 받지 못하는 조건부과정모형은 [그림 10.1]의 panel A이다. 이 모형은 직접효과가 W에 의하여 조절되는 모형과 단순매개모형을 결합한 것이다. 여기에서는 $X \rightarrow M \rightarrow Y$의 간접효과와 W의 함수인 직접효과의 두 가지 효과가 존재한다. 통계모형을 살펴보면 M과 Y에 관한 두 개의 회귀식이 등장한다. X의 직접효과가 W에 의하여 선형적으로 조절된다고 가정하면 두 개의 회귀식은 다음과 같다.

$$M = i_M + aX + e_M \tag{10.1}$$

$$Y = i_Y + c'_1 X + c'_2 W + c'_3 XW + bM + e_Y \tag{10.2}$$

위의 모형에서 간접효과는 단순매개모형과 마찬가지로 a와 b의 적항으로 정의된다. $X \rightarrow M$ 혹은 $M \rightarrow Y$경로가 조절되지 않기 때문에 간접효과는 비조건적이다. 그러나 X의 직접효과는 W의 함수이기 때문에 조건적이다. 제6장과 마찬가지로 식 (10.2)는 다음과 같이 정리할 수 있다.

$$Y = i_Y + (c'_1 + c'_3 W)X + c'_2 W + bM + e_Y$$

또는 다음과 같이 표현할 수 있다.

$$Y = i_Y + \theta_{X \to Y} X + c'_2 W + bM + e_Y$$

위의 식에서 $\theta_{X \to Y}$는 다음과 같이 X가 Y에 영향을 미치는 조건부직접효과이다.

$$\theta_{X \to Y} = c'_1 + c'_3 W$$

따라서 이 모형에서 다른 변수와는 관계없이 X가 M을 통하여 간접적으로 Y에 영향을 미치며 또한 X는 W에 의존하면서 Y에 직접 영향을 미치기도 한다.

10.1.2 간접효과만 조절되는 모형

좀 더 흥미로운 조건부과정모형은 panel B에 나타나 있다. 이러한 조건부과정모형은 X가 M을 통하여 Y에 미치는 간접효과가 조절되는 단순매개모형에 다름 아니다. 그림에서 알 수 있는 것처럼 $M \to Y$효과가 W에 의해 조절되기 때문에 X의 간접효과는 W에 조건적이다. 통계모형으로 전환하면 다음과 같은 회귀식으로 표현할 수 있다.

$$M = i_M + aX + e_M \tag{10.3}$$

$$Y = i_Y + c'X + b_1 M + b_2 W + b_3 MW + e_Y \tag{10.4}$$

다른 매개모형에서와 같이 X는 직접경로와 간접경로를 통하여 Y에 영향을 미친다. 직접효과는 M과는 독립적으로 X가 Y에 미치는 영향이고 간접효과는 X가 M을 통하여 Y에 영향을 주는 경로계수들의 곱이다. 간접효과의 첫 번째 요소는 $X \to M$의 경로(a로 추정)이고 두 번째 요소는 $M \to Y$의 경로이다. 하지만 X를 통제한 상태에서 M이 Y에 미치는 영향은 더 이상 b_1이 아니다. M이 Y에 미치는 영향은 W의 함수이며 이러한 영향은 식 (10.4)를 다시 표현한 다음의 식과 같다.

$$Y = i_Y + c'X + (b_1 + b_3 W)M + b_2 W + e_Y$$

따라서 M이 Y에 미치는 영향은 $\theta_{M \to Y} = b_1 + b_3 W$가 된다. $\theta_{M \to Y}$는 W의 함수인 조건부효과이다. 그 결과 X가 M을 경유하여 Y에 미치는 간접효과는 W의 함수이며 이러한 조건부간접효과는 $X \to M$의 경로효과인 a와 $M \to Y$의 경로효과인 $b_1 + b_3 W$를 곱한 값으로 다음과 같이 표현된다.

$$a\theta_{M \to Y} = a(b_1 + b_3 W) = ab_1 + ab_3 W$$

이러한 조건부간접효과는 W에 의존하면서 X의 차이가 M을 경유하여 Y의 차이를 어느 정도 발생시키는지를 수량화한 값이다. 만일 X의 간접효과가 W값에 따라 체계적으로 다르게 나타난다면 X가 M을 경유하여 Y에 미치는 영향은 W에 의하여 조절된다(조절된 매개 : moderated mediation)고 말한다.

간접효과와는 달리 직접효과는 조절되지 않기 때문에 식 (10.4)에서 단순히 c'으로 추정된다.

10.1.3 직접효과와 간접효과가 모두 조절되는 모형

panel C는 직접효과와 간접효과가 모두 조절되는 모형이며 조절변수는 2개이다. 즉, W는 X가 M에 미치는 영향을 조절하는 효과를 통하여 간접효과를 조절하고 Z는 M의 Y에 대한 영향을 조절함으로써 간접효과를 조절한다. 동시에 Z는 X의 직접효과도 조절하고 있다. 이 모형의 통계모형에 해당하는 회귀모형은 다음과 같다.

$$M = i_M + a_1 X + a_2 W + a_3 XW + e_M \quad (10.5)$$

$$Y = i_Y + c'_1 X + c'_2 Z + c'_3 XZ + b_1 M + b_2 MZ + e_Y \quad (10.6)$$

식 (10.6)의 Y모형에서 Z가 Y에 미치는 영향은 c'_2Z에 반영되어 있기 때문에 추가로 b_2Z를 중복 도입할 필요가 없다(식 10.4와 비교). 식 (10.5)를 X에 대하여 정리하면 X가 M에 미치는 영향은 a_1이 아니라 $\theta_{X\to M} = a_1 + a_3W$가 된다. 마찬가지로 식 (10.6)에서 M이 Y에 미치는 영향은 $\theta_{M\to Y} = b_1 + b_2Z$이다. 따라서 X가 M을 경유하여 Y에 미치는 조건부간접효과는 다음과 같다.

$$\theta_{X\to M}\theta_{M\to Y} = (a_1 + a_3W)(b_1 + b_2Z) = a_1b_1 + a_1b_2Z + a_3b_1W + a_3b_2WZ$$

따라서 X의 간접효과는 W와 Z의 함수이다. 하지만 X의 직접효과는 Z에 의해서만 조절되기 때문에 다음과 같이 Z만의 함수로 표현된다.

$$\theta_{X\to Y} = c'_1 + c'_3Z$$

10.1.4 병렬다중매개모형에서 특정간접효과가 조절되는 모형

panel D는 $X\to M_1$경로와 $M_1\to Y$경로가 W에 의해 조절되고 다른 경로들은 조절되지 않는 모형이다. 결과변수가 3개(M_1, M_2, Y)이기 때문에 이 모형은 다음과 같이 3개의 회귀식으로 구성되어 있다.

$$M_1 = i_{M_1} + a_{11}X + a_{21}W + a_{31}XW + e_{M_1} \quad (10.7)$$

$$M_2 = i_{M_2} + a_{12}X + e_{M_2} \quad (10.8)$$

$$Y = i_Y + c'X + b_{11}M_1 + b_{12}M_2 + b_{21}W + b_{31}M_1W + e_Y \quad (10.9)$$

식 (10.7)에서 X가 M_1에 미치는 조건부효과는 $\theta_{X\to M_1} = a_{11} + a_{31}W$이다. 또한 식 (10.9)에서 M_1이 Y에 미치는 조건부효과는 $\theta_{M_1\to Y} = b_{11} + b_{31}W$가 된다. 따라서 X가 M_1을 경유하여 Y에 영향을 미치는 조건부간접효과는 다음과 같이 계산된다.

$$\begin{aligned}\theta_{X\to M_1}\theta_{M_1\to Y} &= (a_{11} + a_{31}W)(b_{11} + b_{31}W)\\ &= a_{11}b_{11} + (a_{11}b_{31} + a_{31}b_{11})W + a_{31}b_{31}W^2\end{aligned}$$

위의 식은 W의 곡선함수(curvilinear function)이다. 그리고 M_2를 경유하는 두 번째 특정간접효과는 비조건부이므로 식 (10.8)과 (10.9)에서 $a_{12}b_{12}$로 계산된다. 끝으로 X의 직접효과도 비조건부효과이므로 식 (10.9)에서 c'이다.

위에서 조건부간접효과를 도출하는 경우에 모두 회귀모형을 이용하였다. 매개분석과 조절분석의 경우와 마찬가지로 특히 조건부과정분석에서는 회귀식을 정확하게 설정해야 조절된 매개분석을 올바르게 실행할 수 있다.

10.2 예제 : 역기능행동연구

분노를 참지 않고 발산하는 것이 정신건강에 좋다는 심리학자들의 의견도 있지만 직장에서 특히 팀 내에서 업무를 함께 하는 경우에는 자신의 감정을 억누르는 것이 팀의 업무효율을 위해서 긍정적인 효과를 나타내는 경우가 많다. Cole, Walter, & Bruch(2008)은 팀의 주의력분산 방지와 업무효율 제고를 위하여 팀의 업무와 환경에 대하여 침묵하는 것이 합리적인가에 관한 연구를 진행하였다. 이 연구에 관한 자료파일은 TEAMS.sav로 저장되어 있다.

Cole et al.(2008)은 자동차부품 제조회사의 60개 팀들을 이용하여 4가지 변수들을 측정하였다. 이러한 4가지 변수들 중에서 먼저 독립변수인 팀 구성원들의 역기능행동(DYSFUNC : dysfunctional behavior)은 팀 구성원들이 얼마나 자주 다른 사람들의 업무를 약화시키는 행동 혹은 팀의 혁신이나 변화를 방해하는 행동을 하는지를 측정한 것이고 높은 점수는 팀 내의 역기능행동이 높다는 것을 의미한다. 매개변수인 부정적 감정분위기(NEGTONE : negative affective tone)는 업무수행시에 얼마나 자주 분노와 역겨움을 느끼는지를 팀 구성원들에게 질문하여 측정하였는데, 이 점수가 높으면 팀 환경의 부정적 분위기가 높은 것이다. 종속변수인 각 팀의 팀 성과(PERFORM : team performance)는 팀이 어느 정도 효율적이고 회사목표를 달성하는지에 관한 상사의 평가이며 높은 값은 높은 성과를 나타낸다. 마지막으로 조절변수인 부정적 감정표현(NEGEXP : nonverbal negative expressivity)은 팀 구성원들이 얼마나 쉽게 자신들의 비언어적 부정적 감정을 표현하는가에 대한 상사의 평가이다. 변수들의 값이 클수록 각 변수의 강도가 크다는 것을 의미한다.

이 연구의 목적은 팀 구성원들의 역기능행동이 팀 성적에 부정적인 영향을 미치는 메커니즘을 분석하는 것이다. 우선 역기능행동(X)은 부정적 감정(M)이 만연된 작업환경을 증가시키고 이러한 부정적 작업환경은 팀 성적(Y)을 저해한다는 매개모형을 설정하였다. 그리고 부정적 감정분위기가 팀 성적에 미치는 부정적인 영향은 부정적 감정을 감추기보다 표현하는 경우(W)에 더 커지는 조절모형을 설정하였다. 따라서 역기능행동이 부정적 감정분위기를 경유하여 팀 성적에 미치는 간접효과는 부정적 감정의 표현의 크기에 따라 달라진다고 할 수 있다.

이러한 가설과정에 관한 개념모형은 [그림 10.2]의 panel A에 나타나 있다.

그림 10.2 역기능행동연구의 조건부과정모형에 대한 개념모형(panel A)과 통계모형(panel B)

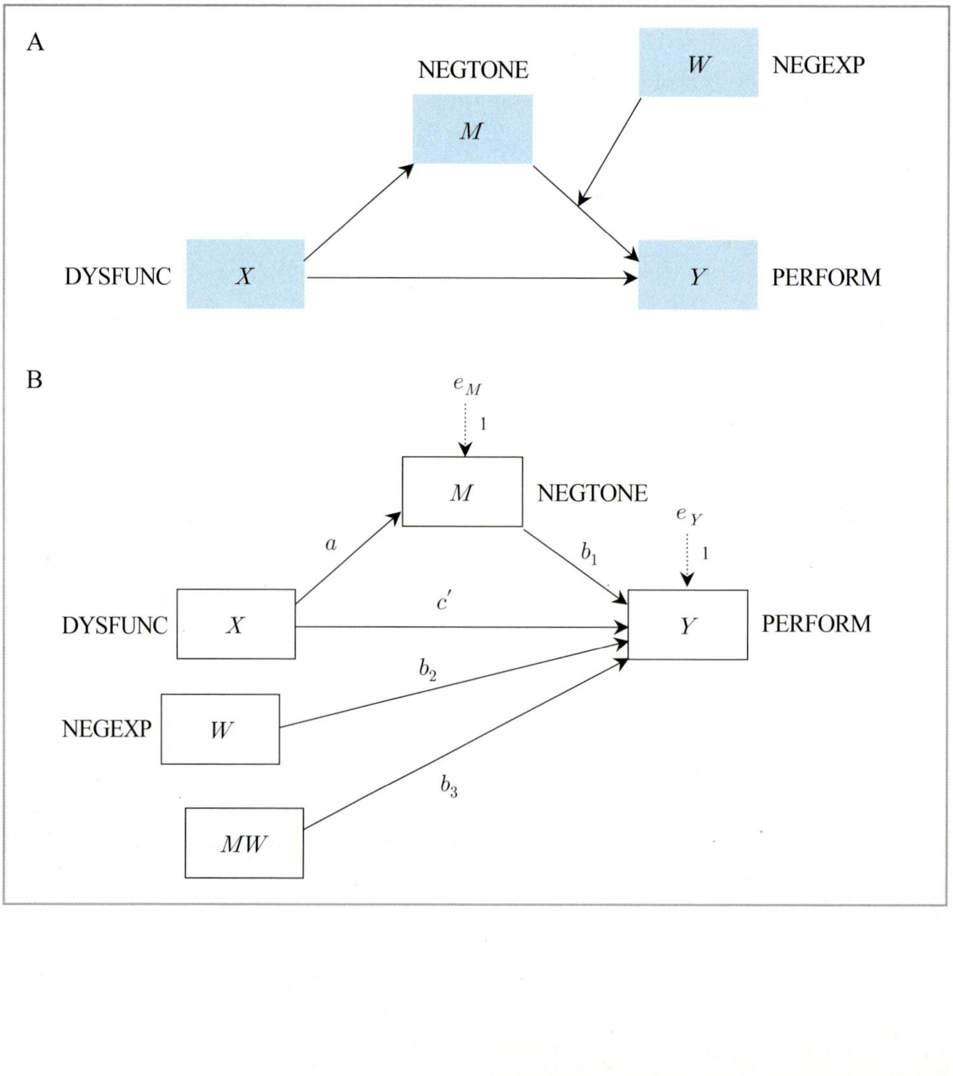

이러한 조건부과정모형은 매개과정($X \to M \to Y$)과 $M \to Y$효과가 W에 의하여 조절되는 조절과정을 결합한 것이다. 통계모형은 panel B에 제시되어 있고 이에 관한 회귀식은 다음과 같이 나타낸다.

$$M = i_M + aX + e_M \tag{10.10}$$

$$Y = i_Y + c'X + b_1 M + b_2 W + b_3 MW + e_Y \tag{10.11}$$

위의 회귀계수들은 다음과 같은 두 개의 OLS회귀를 이용하여 추정할 수 있다.

```
compute toneexp=negexp*negtone.
regression/dep=negtone/method=enter dysfunc.
regression/dep=perform/method=enter dysfunc negtone negexp toneexp.
```

위의 SPSS code를 실행하면 다음의 최대적합 OLS회귀모형을 얻을 수 있으며 모형 요약치는 〈표 10.1〉에 나타나 있다.

$$\hat{M} = 0.026 + 0.620X$$

$$\hat{Y} = -0.012 + 0.366X - 0.436M - 0.019W - 0.517MW$$

표 10.1 [그림 10.2]의 조건부과정모형의 모형회귀계수

		Consequent						
		M (NEGTONE)				Y (PERFORM)		
Antecedent		Coeff.	SE	p		Coeff.	SE	p
X (DYSFUNC)	a	0.620	0.167	$<.001$	c'	0.366	0.178	.044
M (NEGTONE)		–	–	–	b_1	-0.436	0.131	.002
V (NEGEXP)		–	–	–	b_2	-0.019	0.117	.871
$M \times W$		–	–	–	b_3	-0.517	0.241	.036
Constant	i_M	0.026	0.062	.679	i_Y	-0.012	0.059	.840
		$R^2 = 0.192$				$R^2 = 0.312$		
		$F(1, 58) = 13.800,\ p < .001$				$F(4, 55) = 6.235,\ p < .001$		

자료파일에서 알 수 있는 것처럼 모든 변수들은 0을 포함하고 있고 따라서 0은 의미가 있기 때문에 이 변수들은 평균중심화할 필요가 없다.

분석결과 Cole et al.(2008)의 제안과 같이 팀 구성원들의 역기능행동이 증가하면 작업환경의 부정적 분위기를 증가시키는 것으로 나타났다($a=0.620$). 그리고 부정적 감정분위기(M)가 업무성적(Y)에 미치는 영향은 비언어적 감정표현(W)에 조건적이고(contingent) 이러한 효과는 통계적으로 유의하게 나타났다($b_3=-0.517$, $p=.036$).

M과 W의 회귀계수는 조건부효과이다. 그리고 b_1은 역기능행동(X)은 동일한 값을 가지고 부정적 감정표현이 0의 값($W=0$)을 가지는 경우에 부정적 감정분위기(M)가 팀 성적(Y)에 미치는 영향을 추정한 것이다. 이러한 효과는 통계적으로 유의한 음의 값($b_1=-0.436$, $p=.002$)을 나타냈다. $W=0$은 자료범위에 포함되기 때문에 이러한 해석은 의미를 갖는다. 그리고 W의 표본평균이 0보다 약간 작기 때문에($\overline{W}=-0.008$) 동일한 역기능행동값을 가지고 약간의 부정적 감정표현($W=0$)을 하는 팀들에서 부정적인 환경에서 일하는 것은 상사에 의하여 업무성과가 낮게 평가된다고 해석한다.

비언어적 감정표현(W)의 회귀계수인 b_2는 역기능행동값(X)을 통제(동일한 값)하고 부정적 감정분위기가 0의 값($M=0$)을 가지는 경우에 부정적 감정표현이 팀 성적에 미치는 영향을 추정한 값이다. $M=0$은 자료범위에 포함되고 부정적 감정분위기의 평균값이 0보다 약간 크기 때문에($\overline{M}=0.047$) 동일한 역기능값을 가지면서 부정적 감정분위기가 약간 낮은 팀들에서 팀원들이 부정적 감정을 자주 표현하는 팀들은 상사에 의하여 업무성과가 낮게 평가된다. 하지만 이는 통계적으로 유의하지는 않았다($b_2=-0.019$, $p=.871$).[1)]

식 (10.11)을 M에 대하여 정리한 후에 〈표 10.1〉의 값을 대입하면 다음의 회귀모형을 얻을 수 있다.

$$\hat{Y}=-0.012+0.366X+(-0.436-0.517W)M-0.019W$$

1) 평균중심화 또는 표준화는 제8장에서 설명한 이유 때문에 필요하지 않다. 모형 추정 전에 M과 W를 평균중심화하면 b_1, b_2, i_M 및 i_Y는 변화시키지만 a와 b_3는 변화시키지 않는다. 궁극적으로 결과해석에서 중요한 것은 직접효과와 간접효과이다. 평균중심화는 직접효과와 간접효과의 추정치와 추론검정 또는 해석에 영향을 미치지 않는다.

따라서 M이 Y에 미치는 영향은 W에 조건적이고 다음과 같다.

$$\theta_{M \to Y} = b_1 + b_3 W = -0.436 - 0.517W \qquad (10.12)$$

W의 16th, 50th 및 84th 백분위에 해당하는 값을 식 (10.12)에 대입하면 부정적 감정표현의 "낮은 값"과 "중간값" 및 "높은 값"을 갖는 팀에서 부정적 분위기가 직무성과에 미치는 영향이 산출된다. 원한다면 W의 각 값에서 조건부효과의 유의성검정을 할 수 있고 존슨-네이만 방법을 이용하여 유의성영역을 계산할 수도 있다.

이러한 단순조절분석은 PROCESS를 이용하여 간단하게 분석할 수 있다. 식 (10.11)을 살펴보면 M이 초점선행변수이고 W와 Y가 각각 조절변수와 결과변수이며 X는 통제변수라는 것을 알 수 있다. model=1과 특정값 선택방법을 이용한 단순조절분석에 관한 syntax는 다음과 같다.

```
process y=perform/x=negtone/w=negexp/cov=dysfunc/model=1/plot=1.
```

위의 syntax를 실행하면 [그림 10.3]의 결과를 얻을 수 있다.

그림 10.3 부정적 감정분위기와 부정적 감정표현의 상호효과와 상호작용의 탐색에 관한 PROCESS 결과물

```
Model  : 1
    Y  : perform
    X  : negtone
    W  : negexp

Covariates:
 dysfunc

Sample
Size:  60

**************************************************************************
OUTCOME VARIABLE:
 perform

Model Summary
              R       R-sq        MSE          F        df1        df2          p
          .5586      .3120      .2015     6.2350     4.0000    55.0000      .0003
```

```
Model
                      coeff        se          t          p       LLCI       ULCI
constant             -.0119     .0585     -.2029      .8399     -.1292      .1054
negtone   (b1)       -.4357     .1306    -3.3377      .0015     -.6974     -.1741
negexp    (b2)       -.0192     .1174     -.1634      .8708     -.2545      .2161
Int_1     (b3)       -.5170     .2409    -2.1458      .0363     -.9998     -.0341
dysfunc   (c')        .3661     .1778     2.0585      .0443      .0097      .7224

Product terms key:
 Int_1    :        negtone  x        negexp

Test(s) of highest order unconditional interaction(s):
          R2-chng        F        df1        df2          p
X*W        .0576    4.6043     1.0000    55.0000      .0363
----------
    Focal predict: negtone   (X)
          Mod var: negexp    (W)

Conditional effects of the focal predictor at values of the moderator(s):

   → θ(M→Y)|W = b1 + b3W

    negexp     Effect        se         t          p       LLCI       ULCI
    -.5308     -.1613     .2088     -.7729      .4429     -.5797      .2570
    -.0600     -.4047     .1357    -2.9834      .0042     -.6766     -.1329
     .6000     -.7459     .1626    -4.5879      .0000    -1.0718     -.4201

Data for visualizing the conditional effect of the focal predictor:
Paste text below into a SPSS syntax window and execute to produce plot.

DATA LIST FREE/
    negtone    negexp    perform     .
BEGIN DATA.
     -.4500     -.5308      .0836
     -.0350     -.5308      .0166
      .5224     -.5308     -.0733
     -.4500     -.0600      .1841
     -.0350     -.0600      .0161
      .5224     -.0600     -.2095
     -.4500      .6000      .3250
     -.0350      .6000      .0154
      .5224      .6000     -.4004

END DATA.
GRAPH/SCATTERPLOT=
 negtone  WITH     perform  BY       negexp     .

************************* ANALYSIS NOTES AND ERRORS *************************

Level of confidence for all confidence intervals in output:
  95.0000

W values in conditional tables are the 16th, 50th, and 84th percentiles.
```

[그림 10.3]의 "Conditional effects of the focal predictor at values of the moderator(s)" 부분에 식 (10.12)를 이용하여 부정적 감정표현(W)의 여러 값에서

의 부정적 분위기(조건부과정모형에서는 M이지만 여기에서는 X로 지정)가 팀 성과(Y)에 영향을 주는 조건부효과($\theta_{M \rightarrow Y}$)의 추정치가 제시되어 있다. 그리고 이러한 W값은 -0.531(16th 백분위), -0.060(50th 백분위) 및 0.600(84th 백분위)로 나타나 있는데, 이들은 각각 "낮은 값"과 "중간값" 및 "높은 값"에 해당하는 값이다. 결과물에서 부정적 감정표현값과는 관계없이 세 백분위값에서의 조건부효과는 모두 음으로 나타났고 부정적 감정분위기가 높은 환경에서 일하는 팀들의 직무성과가 더 낮게 나타났다. 하지만 이러한 부정적(음)인 관계는 부정적 감정표현이 큰 팀들에서 더 크게 나타났고 또한 부정적 감정표현이 중간값 이상인 팀들에서만 통계적으로 유의하게 나타났다.

종합하면 위의 결과들은 Cole et al.(2008)의 가설과정과 일치하는 것이다. 소속멤버들이 역기능행동을 비교적 많이 하는 팀들은 더 부정적인 직무환경을 창출하고 이러한 부정적인 환경은 팀의 성과를 저하시키는데, 이러한 과정은 감정을 숨기지 않는 멤버들이 속한 팀들에서 더 크게 나타난다. 감정을 잘 다스리는 팀들에서는 역기능행동이 만들어내는 부정적 분위기가 직무성과의 감소로 이어지지 않았다.

PROCESS를 이용한 조건부과정모형의 추정

PROCESS는 조절분석과 매개분석을 결합한 많은 모형을 분석할 수 있다. 필요한 모든 회귀분석을 실행함과 더불어 PROCESS는 조건부 및 비조건부 직접효과와 간접효과를 추정하며 추정에 필요한 모든 정보들을 제공한다. PROCESS는 어느 효과가 조건부인지 아닌지를 자동으로 인식하여 그에 따른 결과물을 제시한다. 직접효과 또는 간접효과가 조절되는 경우에 PROCESS는 조절변수(들)의 여러 수준에서의 조건부효과를 포함하는 표를 산출한다. 예를 들어 PROCESS는 표준오차, p값, 직접효과의 신뢰구간 및 조건부간접효과의 부트스트랩 신뢰구간 등을 제공한다. 많은 모형들은 동일한 혹은 다른 경로를 조절하는 복수의 조절변수들을 포함시키는 옵션을 제공하고 조절모형과 병렬 및 직렬 다중매개모형을 결합할 수도 있다.

조절분석과 매개분석을 결합한 모형의 추정시에 전부는 아니지만 많은 옵션들이 사용가능하다. 예를 들어 상호항을 생성하는 데에 사용되는 변수들을 평균중심화(center=1 옵션)할 수 있고 moments=1 옵션을 이용하여 조절변수의 평균 -1SD, 평균 및 평균$+1$SD에서의 조건부효과를 얻을 수 있으며 조절변수의 특정값을 지정할 수도 있다(wmodval 혹은 zmodval 옵션).

여기에서 분석하는 모형은 단순매개모형과 $M \rightarrow Y$경로가 단일조절변수 W에 의하여 조절되는 조절모형을 결합한 모형(model=14)이다. 역기능행동모형을 분석하기 위한 PROCESS의 SPSS code는 다음과 같다.

```
process y=perform/x=dysfunc/m=negtone/w=negexp/model=14/plot=1
        /seed=72420.
```

위의 syntax를 실행한 결과는 [그림 10.4]에 제시되어 있고 모형 요약치는 〈표 10.1〉에 나타나 있다.

그림 10.4 역기능행동연구의 조건부과정분석(model=14)에 대한 PROCESS 결과물

```
Model  : 14
    Y  : perform
    X  : dysfunc
    M  : negtone
    W  : negexp

Sample
Size:  60

Custom
Seed:     72420

******************************************************************************
OUTCOME VARIABLE:
 negtone

Model Summary
          R       R-sq        MSE          F        df1        df2          p
      .4384      .1922      .2268    13.7999     1.0000    58.0000      .0005

Model
              coeff         se          t          p       LLCI       ULCI
constant      .0257      .0618      .4159      .6791     -.0979      .1493
dysfunc (a)   .6198      .1668     3.7148      .0005      .2858      .9537

******************************************************************************
OUTCOME VARIABLE:
 perform

Model Summary
          R       R-sq        MSE          F        df1        df2          p
      .5586      .3120      .2015     6.2350     4.0000    55.0000      .0003
```

```
Model
                  coeff        se          t          p        LLCI       ULCI
constant         -.0119     .0585      -.2029      .8399     -.1292      .1054
dysfunc  (c')     .3661     .1778      2.0585      .0443      .0097      .7224
negtone  (b1)    -.4357     .1306     -3.3377      .0015     -.6974     -.1741
negexp   (b2)    -.0192     .1174      -.1634      .8708     -.2545      .2161
Int_1    (b3)    -.5170     .2409     -2.1458      .0363     -.9998     -.0341

Product terms key:
 Int_1    :        negtone  x        negexp

Test(s) of highest order unconditional interaction(s):
       R2-chng         F       df1        df2         p
M*W      .0576    4.6043    1.0000    55.0000     .0363
----------
    Focal predict: negtone  (M)
          Mod var: negexp   (W)

Conditional effects of the focal predictor at values of the moderator(s):
```

$\rightarrow \theta_{M \rightarrow Y} | W = b_1 + b_3 W$

```
     negexp    Effect        se          t          p       LLCI       ULCI
     -.5308    -.1613     .2088     -.7729      .4429     -.5797      .2570
     -.0600    -.4047     .1357    -2.9834      .0042     -.6766     -.1329
      .6000    -.7459     .1626    -4.5879      .0000    -1.0718     -.4201

Data for visualizing the conditional effect of the focal predictor:
Paste text below into a SPSS syntax window and execute to produce plot.

DATA LIST FREE/
   negtone    negexp     perform     .
BEGIN DATA.
     -.4500     -.5308      .0836
     -.0350     -.5308      .0166
      .5224     -.5308     -.0733
     -.4500     -.0600      .1841
     -.0350     -.0600      .0161
      .5224     -.0600     -.2095
     -.4500      .6000      .3250
     -.0350      .6000      .0154
      .5224      .6000     -.4004
END DATA.
GRAPH/SCATTERPLOT=
 negtone   WITH     perform  BY       negexp     .

******************** DIRECT AND INDIRECT EFFECTS OF X ON Y ********************

Direct effect of X on Y
     Effect         se          t          p       LLCI       ULCI
   .3661 (c')    .1778     2.0585      .0443      .0097      .7224

Conditional indirect effects of X on Y:

INDIRECT EFFECT:
 dysfunc     ->    negtone     ->    perform
```

$\rightarrow ab_1 + ab_3 W$

```
      negexp        Effect       BootSE      BootLLCI      BootULCI
      -.5308        -.1000        .1516       -.3703         .2589
      -.0600        -.2508        .1187       -.5062        -.0375
       .6000        -.4623        .1698       -.8285        -.1533

       Index of moderated mediation:
                     Index       BootSE      BootLLCI      BootULCI
      negexp        -.3204        .1909       -.7884        -.0462
---

************************* ANALYSIS NOTES AND ERRORS ****************************

Level of confidence for all confidence intervals in output:
  95.0000

Number of bootstrap samples for percentile bootstrap confidence intervals:
  5000

W values in conditional tables are the 16th, 50th, and 84th percentiles.
```

회귀계수, 표준오차, p값, R^2 등은 SPSS 등을 이용한 OLS회귀분석결과와 동일하지만 PROCESS는 추정과 해석에 필요한 훨씬 더 많은 정보를 제공하고 있다. 예를 들어 PROCESS는 Y모형에서 M과 W의 상호효과의 탐색과 상호효과의 그래프를 그리는 데에 필요한 정보를 자동으로 산출한다. 따라서 이러한 결과를 얻기 위하여 앞에서 실행한 model=1을 이용할 필요가 없다.

결과물의 마지막 부분의 "DIRECT AND INDIRECT EFFECTS OF X ON Y"에서 역기능행동이 팀 성과에 영향을 주는 직접효과와 간접효과결과를 확인할 수 있다. 또한 조절된 매개지수를 이용한 조절된 매개의 통계적 검정결과도 얻을 수 있는데 이에 관한 내용은 뒤에서 상세히 다룰 것이다.

10.3 조건부 간접효과와 직접효과의 수량화

지금까지의 분석은 조건부과정모형에 관한 각 회귀모형의 회귀계수들의 추정방법과 회귀분석, 조절분석 등과 같은 방법을 이용한 해석방법을 다루었기 때문에 부분적인(piecemeal) 방법이다. 하지만 완전한 분석은 X가 Y에 영향을 미치는 직접효과와 간접효과를 추정하기 위해서 모형의 각 효과들(예 : $X \rightarrow M$, $\theta_{M \rightarrow Y}$)의 통합이 필요하다. 즉, 식 (10.10)과 (10.11)의 회귀계수에 해당하는 개별효과들은 최종목표가 아니라 목적을 위한 수단인 것이다. 중요한 것은 직접효과와 간접효과의 추정인데 그 이유는 이들이 X가 Y에 직접적으로 혹은 간접적으로 미치는 영향에 관한 정보와 이러한 효과가 조절변수에 의하여 어떻게 조절되는지에 대한 정보를 제공하기 때문이다. 나아가 일단 이러한 효과가 추정되면 일반화목적(우연성의 배제)을 위한 추론검정에 사용될 수 있다.

10.3.1 X의 조건부간접효과

앞에서 알아본 바와 같이 간접효과는 인과과정의 효과들의 추정치에 대한 적항으로 계산된다. 먼저 인과선행변수 X(역기능행동)가 인과결과변수 M(부정적 감정분위기)에 미치는 영향($X \rightarrow M$효과)의 추정치는 식 (10.10)에서 a이다. 또한 분석결과는 부정적 감정분위기가 최종결과변수인 팀 성과(Y)에 미치는 영향의 추정치도 산출한다. 이러한 $M \rightarrow Y$효과는 부정적 감정표현(W)에 의하여 조절되는 조건부효과이고 이는 $\theta_{M \rightarrow Y} = b_1 + b_3 W$로 계산된다.

역기능행동이 부정적 감정분위기를 경유하여 팀 성과에 영향을 주는 간접효과는 이들 두 효과의 적항으로 계산되는데, 하나는 비조건적이고(a) 다른 하나는 조건적($\theta_{M \rightarrow Y} = b_1 + b_3 W$)이다. 간접효과의 두 요소들 중의 하나가 조건적이기 때문에 간접효과 역시 조건적(다른 요소가 0인 경우에는 예외)이며 다음과 같이 계산된다.

$$a\theta_{M \rightarrow Y} = a(b_1 + b_3 W) = ab_1 + ab_3 W \tag{10.13}$$

산출된 회귀계수들([그림 10.4] 및 〈표 10.1〉)을 식 (10.13)에 대입하면 다음과 같다.

$$a\theta_{M \rightarrow Y} = 0.620(-0.436 - 0.517W) = -0.270 - 0.320W$$

따라서 이 모형에서 간접효과의 추정치는 단일의 수치가 아니다. 앞에서 우리는 조절변수 W의 16th, 50th, 84th 백분위에 해당하는 M과 W의 상호효과를 탐

표 10.2 부정적 감정표현의 세 가지 값에서 역기능행동이 부정적 감정분위기를 경유하여 팀 성과에 영향을 미치는 조건부간접효과의 계산

Nonverbal Negative Expressivity (W)	a	$\theta_{M\to Y}=b_1+b_3W$	$a\theta_{M\to Y}=a(b_1+b_3W)$
−0.531	0.620	−0.161	−0.100
−0.060	0.620	−0.405	−0.251
0.600	0.620	−0.746	−0.462

색하였기 때문에 여기에서도 이들 값을 사용하기로 한다.2)

〈표 10.2〉의 첫 번째 열에는 조절변수의 세 가지 값이 열거되어 있고 두 번째와 세 번째 열에는 각각 $X\to M$효과와 세 가지 W값에서의 $M\to Y$의 조건부효과가 제시되어 있다. $X\to M$효과는 조절되지 않기 때문에 모든 W값에서 동일하게 나타난다. 마지막 열은 두 번째 열과 세 번째 열의 값을 곱한 것으로 W값에 따른 $X\to M\to Y$의 조건부간접효과를 의미한다.

이러한 모든 결과들은 [그림 10.4]에 나타나 있다. 먼저 a는 윗부분의 부정적 감정분위기(M) 모형에 나타나 있다. 그리고 "Conditional effects of the focal predictor at values of the moderator(s)"에는 W의 16th, 50th, 84th 백분위에 해당하는 부정적 감정분위기가 팀 성과에 영향을 주는 조건부효과($\theta_{M\to Y}$)가 제시되어 있다. 또한 W값에 따른 $X\to M\to Y$의 조건부간접효과는 "Conditional indirect effects of X on Y"에 제시되어 있다.

종합적으로 보면 W값에 따라 변화하는 X가 M을 경유하여 Y에 영향을 미치는 조건부간접효과는 W가 주어지는 경우에(특정한 W값 수준에서) X가 한 단위 차이나는 두 사례가 M을 경유하여 Y에 미치는 효과의 차이를 의미한다. 예를 들어 $W=0.600$으로 동일하고 역기능행동이 한 단위 차이나는 두 팀을 가정하자. 〈표 10.2〉에 의하면 역기능행동이 한 단위 높은 팀은 역기능행동이 부정적 감정분위기를 증가시키고(a가 양수) 부정적 감정분위기의 증가는 팀 성과를 감소시키기 때문에($W=0.600$일 때 $\theta_{M\to Y}$가 음수) 팀 성과가 0.462단위만큼 낮게(조건부간접효과가 음수이므로) 추정된다.

〈표 10.2〉에서 역기능행동의 간접효과는 모두 음수로 나타났지만 부정적 감

2) Hayes(2013)의 초판에서는 조절작용이 포함된 모형의 탐색에서 10th, 25th, 50th, 75th, 90th 백분위를 사용하였다.

정표현이 강할수록 간접효과의 음의 강도는 더 강하게 나타났다. 따라서 역기능 행동이 높을수록 부정적 감정분위기가 증가하고 이는 다시 팀 성과를 감소시키는 효과가 나타나는데 이러한 효과는 부정적 감정을 잘 표출하는 멤버를 가진 팀들에서 더 강하게 나타난다고 할 수 있다.

10.3.2 X의 직접효과

X가 Y에 영향을 주는 직접효과는 조절되지 않는다고 가정하였다. 따라서 직접효과는 식 (10.11)의 c'이라는 단일수치로 추정된다. 이러한 직접효과는 M과 W가 일정한 상태에서(동일한 값을 갖는 상황) 역기능행동이 한 단위 다른 두 팀의 팀 성과의 차이를 수량화한 것이다. 직접효과는 양수로 나타났다($c' = 0.366$). 따라서 역기능행동은 한 단위 차이나지만 부정적 감정분위기와 부정적 감정표현은 동일한 두 팀의 팀 성과는 0.366단위만큼 차이가 나는데 역기능행동이 큰 팀의 성과가 더 크게 나타났다.

10.4 통계적 추론

지금까지의 조건부과정분석은 성격상 대체로 서술적인 것이다. 서술도 중요하지만 서술적 주장을 좀 더 엄격하게 구체화하기 위해서는 일정한 추론검정기법이 수반되어야 한다. 본절에서는 앞 절에서 수량화한 직접효과와 조건부간접효과의 추론과 간접효과의 조절에 관한 공식적인 검정에 대하여 알아본다.

10.4.1 직접효과의 추론

역기능행동연구에서 직접효과는 단순히 $c' = 0.366$으로 나타났다. 직접효과는 조절되지 않으므로 ${}_Tc'=0$의 귀무가설을 검정하거나 신뢰구간의 설정을 통하여 통계적 추론이 이루어진다. 〈표 10.1〉과 [그림 10.4]에서 추정치 $c'=0.366$의 p 값이 $p=.044$이므로 직접효과가 없다는 귀무가설은 기각된다. 그리고 ${}_Tc'$의 95% 신뢰구간은 0을 포함하지 않기 때문에 0보다 높게 나타났다(0.010~0.722). $c'=0.366$의 추정치는 그럴듯한 대체설명인 우연히 0보다 크다는 주장과는 거리가 멀다. 따라서 부정적 감정분위기(M)와 부정적 감정표현(W)이 일정한(통계적으로 통제한) 상태에서 역기능행동을 더 많이 행하는 팀들은 상사에 의하여 성과가 우수하다고 평가받는다고 할 수 있다.

비록 이러한 양의 직접효과가 반직관적(counterintuitive)이지만 이러한 결과에 대하여 합리적인 설명이 가능하다. 예를 들어 역기능행동이 강한 팀은 역기능이 약한 팀에 비하여 능력과 야망 및 멤버 간 경쟁력에서 차이를 보일 수 있다. 따라서 이들이 팀 구성원을 방해하는 행동을 취할 수 있지만 이러한 팀은 직무능력이 우수한 사람들로 구성되어 있기 때문에 역기능행동에도 불구하고 전체적으로는 직무성과가 우수할 수 있다.

10.4.2 간접효과의 추론

단순매개분석에서 X가 M을 거쳐서 Y에 영향을 주는 간접효과의 검정은 간접효과를 구성하는 개별경로들의 일련의 가설검정의 결과(4.1절의 인과단계전략방법)를 사용하지 않았다. 대신 경로들의 적항을 이용하여 추론검정을 실시하였다. 하지만 간접효과가 조절변수의 함수일 때에는 단일의 간접효과가 존재하지 않기 때문에 문제가 복잡해진다. 따라서 조절변수의 특정값에서의 조건부간접효과를 추론해야 한다. 하지만 이러한 과정을 밟기 전에 간접효과가 조절변숫값에 따라 체계적으로 변하는지를 먼저 검정해야 한다. 만일 그렇지 않다면 이는 간접효과가 조절변수의 함수가 아니라 상수로 취급하는 것이 현명한 방법이다. 그러나 간접효과가 조절된다는 증거가 있는 경우에는 일반적인 조절분석처럼 조절효과를 탐색해야 한다.

역사적으로 간접효과가 조절되는지(조절된 매개)에 관한 결론은 인과단계방법과 유사한 논리를 사용하여 왔다. 간접효과는 최소한 두 효과의 적항(예 : X가 M에 미치는 영향과 X를 통제한 경우에 M이 Y에 미치는 영향)으로 계산된다. 조절된 매개분석에 이러한 인과단계전략을 적용하면 (a) 간접효과를 구성하는 경로들 중의 하나가 조절되고 (b) 다른 효과가 통계적으로 유의하면(혹은 두 경로가 모두 조절되는 경우에는 다른 경로도 조절되는지) 조절된 매개효과가 나타난다고 주장한다. 이 논리에 따르면 간접효과는 최소한 한 경로가 조절되는 두 경로의 적항이기 때문에 경로들 중에서 하나의 경로가 조절되면 간접효과도 조절된다는 것이다. 이러한 방법을 사용하면 역기능행동이 부정적 감정분위기에 미치는 영향이 통계적으로 유의하고 부정적 감정분위기가 팀 성과에 미치는 영향이 부정적인 감정표현에 의하여 유의하게 조절되기 때문에 역기능행동이 부정적 감정분위기를 경유하여 팀 성과에 미치는 영향은 부정적 감정표현에 의하여 유의하게 조절된다(매개효과가 조절된다)고 주장할 수 있다.

하지만 최근의 사고방식은 인과단계전략방법처럼 개별경로의 효과에 중점을 두는 것이 아니라 간접효과의 크기를 구성하는 함수에서 조절변수의 가중치가 0과 다른지를 조사함으로써 전체적인 모형(model as a whole)에 초점을 두고 있다. 식 (10.13)에서 역기능행동연구의 간접효과는 $ab_1 + ab_3 W$ 형태의 함수이다. 이 함수에서 조절변수 W의 가중치는 ab_3이다. Hayes(2015)는 이러한 ab_3를 조절된 매개지수(index of moderated mediation)라고 명명하였다.[3] 따라서 조절된 매개의 검정은 추론검정을 이용하여 조절된 매개지수가 0과 다른지를 검정함으로써 이루어진다.

조절된 매개지수는 두 회귀계수의 적항이며 적항의 표본분포는 정규분포를 이루지 않는다. 이러한 이유로 상호항이 도입되지 않은 매개분석과 마찬가지로 추론검정을 위하여 부트스트랩 신뢰구간이 선호된다. PROCESS는 조절된 매개지수의 추정과 부트스트랩 신뢰구간을 자동으로 산출해 준다. 이러한 결과는 [그림 10.4]의 맨 마지막의 “Index of moderated mediation” 부분에 제시되어 있다. 결과에서 $ab_3 = -0.320$이고 95% 부트스트랩 신뢰구간은 [$-0.788 \sim -0.046$]으로 나타났다. 신뢰구간에 0이 포함되지 않았기 때문에 간접효과는 조절변수와 음의 관계가 있다. 즉, 역기능행동이 부정적 감정분위기를 경유하여 팀 성과에 영향을 미치는 간접효과는 부정적 감정표현에 의하여 조절된다. 만일 신뢰구간에 0

---

3) Hayes의 초판(2013)과 개정판(2018a)의 차이점 중의 하나가 개정판(2018a)에서는 조절된 매개지수를 이용하여 조절된 매개를 검정한다는 것이다. 그 이유는 조절된 매개지수를 처음으로 소개한 Hayes(2015)의 연구가 초판 이후에 발표되었기 때문이다. 본서에서도 Hayes(2018a)의 검정방법과 절차를 토대로 설명할 예정이다.

이 포함된다면 간접효과가 조절변수와 관계가 있다고 단정적으로 주장할 수 없게 된다.

이러한 방법을 이용하여 간접효과가 조절되는지를 검정하는 경우에 간접효과를 구성하는 경로들 중의 한 개에 관한 상호효과가 통계적으로 유의한지의 여부는 중요하지 않다. 중요한 것은 조절된 매개지수가 0과 다른지의 여부이다. Hayes(2015)의 연구에서 제시한 것처럼 조절된 매개에 대한 이러한 검정방법은 부분 접근법(piecemeal approach)이 아닌 단일의 추론검정(single inferential test)을 사용하며 간접효과와 조절변수의 관계를 수량화하지 않는 a와 b_3에 대한 개별검정이 아니라 조절변수와 간접효과의 관계를 직접 수량화한 통계량에 기초하고 있기 때문에 철학적이고 실질적으로 매력적인 방법이다. 그리고 조절변수와 간접효과의 관계에 대한 불확실성은 신뢰구간을 이용함으로써 해결하는데 이러한 신뢰구간은 부분 접근법에서는 사용할 수 없다.

2.1절에서 X가 Y에 영향을 주는 총효과의 크기와 통계적 유의성은 간접효과와 관련이 없기 때문에 매개분석의 선결요건으로 총효과의 유의성이 필요 없다는 것을 알아보았다. 또한 6.2절에서는 X가 Y에 영향을 주는 관계에 대한 조절분석에서도 X가 Y에 유의한 영향을 미쳐야 한다는 조건이 필요 없다는 것을 확인하였다. 마찬가지로 X가 M을 경유하여 Y에 영향을 주는 비조건부간접효과(unconditional indirect effect)가 유의한지의 여부는 간접효과가 조절되는지와 관계가 없다. 따라서 비조건부간접효과의 검정은 간접효과가 조절되는지에 관하여 아무것도 말해주지 않기 때문에 조절항이 없는 단순매개모형에서 X가 M을 경유하여 Y에 영향을 주는지와 관계없이 조절된 매개효과의 검정을 실행하면 된다.[4)]

---

4) 이러한 내용을 다르게 설명하면 다음과 같다.

① 조절분석 : "$X \rightarrow Y$효과"가 W에 의하여 조절되는가?

② 매개분석 : "$X \rightarrow Y$효과"가 M에 의하여 매개되는가?

③ 조절된 매개분석 : "$X \rightarrow M \rightarrow Y$효과"가 W에 의하여 조절되는가?

Hayes의 설명은 따옴표 안의 효과가 유의하지 않은 경우에도 해당분석을 실행할 수 있다는 의미이다.

10.4.3 조절된 매개의 탐색

일반적인 조절분석에서 조절효과가 확인되면 초점선행변수의 영향이 조절변수의 어느 값(구간)에서 유의하고 유의하지 않은지를 사후적으로 분석한다. 조건부과정분석에서도 조절된 매개지수의 신뢰구간이 0을 포함하지 않기 때문에 조절된 매개효과가 유의하다고 판정되는 경우에 역시 탐색과정을 거친다. 6.4절에서 설명한 특정값 선택방법(pick-a-point)이 조절된 매개의 탐색(probing moderation of mediation)에 사용된다. 이 방법은 조절변수의 특정값들을 선택한 후에 이러한 조절변숫값에서의 조건부간접효과를 추정하는 것이다.

Preacher et al.(2007) 연구의 공헌 중의 하나는 조건부간접효과의 추론방법에 있다. 이들은 두 가지 방법을 제안하였는데 하나는 정규이론방법(Sobel test와 유사)이고 다른 하나는 부트스트래핑이다. 그리고 특정한 조절변숫값에서 조건부간접효과의 통계적 추론을 실행하는 경우에 정규이론방법은 권장되지 않는 방법이고 부트스트랩 신뢰구간의 사용이 추천된다.

1) 정규이론방법

조건부간접효과의 추론을 위한 정규이론방법의 사용은 조절되지 않는 매개모형에서의 정규이론에 입각한 Sobel test와 동일한 논리에 근거하고 있다. 역기능행동연구에서 X가 M을 경유하여 Y에 영향을 주는 조건부간접효과는 식 (10.13)에 의하여 $a(b_1+b_3W)$로 계산된다. 정규이론방법에 의한 탐색은 특정한 조절변숫값 수준에서의 조건부간접효과의 크기를 계산한 후에 이를 표준오차의 추정치로 나눈 값을 이용하여 표준정규분포표에서 양측검정 p값을 도출하고 귀무가설을 검정하면 된다. 혹은 각 조절변수 수준에서의 신뢰구간을 설정하여 검정할 수도 있다.

Preacher et al.(2007)은 다양한 조건부과정분석모형에 대한 조건부간접효과의 표준오차 추정치의 계산방법을 제시하였다. 하지만 이러한 방법은 단순(다중)매개모형의 간접효과를 추정하기 위한 Sobel test와 동일한 단점을 지니고 있다. 조건부간접효과는 정규분포하는 회귀계수들의 적항으로 계산되기 때문에 적항의 표본분포는 정규분포하지 않을 수도 있다. 하지만 조건부간접효과와 표준오차의 비율에 대한 p값은 표준정규분포표에서 계산된다. 이는 적절하지 않다. 나아가 Preacher et al.(2007)은 시뮬레이션연구를 통하여 이러한 방법이 부트스트랩 신뢰

구간방법보다 검정력이 낮다는 사실을 밝혀냈다. 이러한 이유들로 정규이론방법은 권장되지 않는다.[5)]

2) 부트스트랩 신뢰구간방법

조건부간접효과의 추론을 위하여 부트스트랩 신뢰구간방법을 사용하는 근거는 간접효과가 조절되지 않는 모형에서 이 방법이 선호되는 근거와 동일하다. 즉, 조건부간접효과의 표본분포는 정규분포를 이루는 경우가 많지 않고 심지어는 매우 심한 비정규분포(extremely non-normal distribution)를 이룰 수도 있다. 부트스트랩 신뢰구간은 부정확한 분포가정(정규성)을 하지 않고 조건부간접효과 분포의 경험적 대표치에 기반을 두고 있기 때문에 비정규성을 존중하는 방법이다.

조건부간접효과의 부트스트랩 신뢰구간은 제2장에서 서술한 방법과 동일한 방법으로 설정된다. 자료에서 무수히 많은 부트스트랩 표본을 추출한 후에 식 (10.13)을 이용하여 각 부트스트랩 표본에서 특정 W값에서의 조건부간접효과를 계산한다. 그리고 조건부간접효과의 부트스트랩 분포의 백분위를 이용하여 신뢰구간의 양 끝점이 계산된다. 이러한 과정은 W의 선택된 모든 값에 대하여 반복된다.

식 (10.13)을 이용하여 부정적 감정표현이 낮은 수준(16th 백분위 : $W=-0.531$)과 중간 수준(50th 백분위 : $W=-0.060$) 및 높은 수준(84th 백분위 : $W=0.600$)에서의 역기능행동의 조건부간접효과에 대한 95% 부트스트랩 신뢰구간들이 〈표 10.3〉에 제시되어 있다.

표 10.3 세 가지 조건부간접효과에 대한 부트스트랩 신뢰구간

Nonverbal Negative Expressivity (W)	$a(b_1+b_3W)$	95% Bootstrap Confidence Interval
−0.531	−0.100	−0.370 to 0.259
−0.060	−0.251	−0.506 to −0.038
0.600	−0.462	−0.829 to −0.153

---

5) 위와 같은 이유로 PROCESS에서는 조절된 매개지수와 조건부간접효과의 추론검정결과에서 정규이론방법에 의한 p값은 제시하지 않고 부트스트랩 신뢰구간만 제공한다. 이러한 p값을 확인하기 위해서는 Mplus 등을 이용해야 한다.

이들은 또한 결과물 [그림 10.4]에도 나타나 있다. 결과물을 살펴보면 W가 낮은 수준에서는 부트스트랩 신뢰구간이 0을 포함하고 중간값과 높은 수준에서는 0을 포함하고 있지 않다. 이러한 결과는 부정적 감정표현이 적어도 중간값 이상인 영역에서는 간접효과가 음이라고 주장할 수 있다. 따라서 우연성은 점추정치가 0 이상이라는 것을 설명하지 못한다.

조건부과정분석의 이러한 결과는 팀 구성원들이 역기능행동이 창출하는 부정적 감정분위기에 반응하여 부정적인 감정을 표출할 때에는 팀 성과가 감소한다는 주장과 일치하는 것이다. 하지만 부정적 감정표현을 감추는 경우에는 팀 성과가 덜 영향을 받는다.

3) 두 조건부간접효과의 비교

X가 M을 거쳐 Y에 영향을 미치는 간접효과가 조절변수에 의존한다면 이는 간접효과가 해당 조절변수의 함수라는 것을 의미한다. 그리고 간접효과가 조절되는 경우에 의미 있는 질문은 특정값을 갖는 조절변수 수준에서의 조건부간접효과가 다른 값을 갖는 조절변수 수준에서의 조건부간접효과와 통계적으로 다른지를 묻는 것이다. 예를 들어 부정적 감정표현의 값이 중간값과 높은 값을 가지는 경우의 역기능행동의 두 간접효과가 차이가 나는지 물을 수 있다. 이러한 차이검정에서도 부트스트랩 신뢰구간이 훌륭한 추론방법이 된다.

하지만 Hayes(2015)의 연구에서 언급한 것처럼 이미 조절된 매개지수의 부트스트랩 신뢰구간을 이용하여 간접효과가 조절되는지를 검정하였다면 이러한 차이검정은 불필요한 것이다. 만일 조절된 매개지수의 신뢰구간이 0을 포함하지 않는다면 조절변수의 두 값과는 관계없이 X의 어떠한 두 조건부간접효과(any two conditional indirect effects)도 통계적으로 차이가 난다는 것을 의미한다. 하지만 부트스트랩 신뢰구간이 0을 포함한다면 선택된 조절변수의 두 값과는 관계없이 어떠한 두 조건부간접효과도 서로 다르다고 말할 수 없다.

이러한 해석의 이유를 이해하기 위하여 식 (10.13)에 제시된 X의 조건부간접효과의 함수($ab_1 + ab_3W$)를 생각해 보자. $W = w_1$과 $W = w_2$일 때 X의 두 조건부간접효과의 차이는 다음과 같다.

$$(ab_1 + ab_3w_1) - (ab_1 + ab_3w_2) = ab_3(w_1 - w_2)$$

위의 식은 조절된 매개지수와 두 조절변숫값의 차이를 곱한 값이다. $(w_1 - w_2)$는 모든 부트스트랩 표본에서 항상 동일한 값(상수)을 가지기 때문에 이러한 검정의 결과는 전적으로 조절된 매개지수의 부트스트랩 신뢰구간에 의하여 결정된다. 만일 조절된 매개지수의 95% 부트스트랩 신뢰구간에 0이 포함되지 않는다면 조절된 매개지수와 상수의 곱에 관한 95% 부트스트랩 신뢰구간 역시 0을 포함하지 않는다. 하지만 조절된 매개지수의 신뢰구간이 0을 포함한다면 조절된 매개지수와 상수의 곱도 0을 포함하게 된다. 이러한 내용은 선택된 w_1과 w_2의 값($w_1 = w_2$인 경우에는 예외)과는 관계없이 항상 성립한다.

CHAPTER 11

조건부과정분석의 추가예제

제10장에서는 조건부과정분석의 기초개념을 살펴보았다. 본장에서는 제10장의 내용에 추가하여 단순매개모형에서의 직접효과와 간접효과가 모두 조절변수에 의하여 조절되는 좀 더 복잡한 모형을 분석할 것이다. 이러한 분석절차는 먼저 모형 내의 각 경로들에 관하여 부분 분석법(piecemeal approach)을 이용하여 개별적으로 분석한 후에 이들을 결합한 조건부과정분석을 실행할 것이다. 그리고 조건부직접효과와 조건부간접효과에 대한 시각화를 통하여 이해를 도울 것이다.

$X \rightarrow M \rightarrow Y$의 간접효과가 조절변수에 의하여 조절되는 경우에 이러한 현상을 우리는 조절된 매개(moderated mediation)라고 부른다. 이러한 상황에서 $X \rightarrow M \rightarrow Y$의 효과는 특정한 사람 혹은 특정한 상황에 따라 변화한다. 그리고 조절된 매개와 유사한 용어로 매개된 조절(mediated moderation)이 있는데 이는 독립변수(X)와 조절변수(W)의 상호작용(XW)이 매개변수 M을 경유하여 Y에 미치는 영향을 의미한다($XW \rightarrow M \rightarrow Y$). 본장에서는 매개된 조절은 두 변수의 적항(XW)이 인과변수(독립변수) 역할을 하는 매개분석에 지나지 않는다는 것을 보여줄 것이다. 하지만 매개된 조절관점에서 인과과정을 개념화하는 것은 실제로는 아무것도 측정하지 않는 변수(XW)에 주의를 집중시키기 때문에 매개된 조절분석에서 의미 있는 결과를 도출하는 것은 불가능하다.

11.1 예제 : 성차별연구

제6장에서 Garcia et al.(2010)의 연구는 변호사 Catherine이 그녀의 법무법인의 승진심사에서 성차별로 인하여 승진을 하지 못한 상황에서 Catherine의 행동에 대한 피험자들의 반응을 조사한 것이다. 이 연구에서 피험자들은 2가지의 실험조건에 무작위로 배정된다. 한 집단의 피험자들은 Catherine이 자격미달의 남성에게 승진을 뺏긴 후에 상사에게 승진심사가 부당하며 자신이 승진했어야 했다는 항의를 했다는 이야기를 듣는다. 또 다른 집단의 피험자들에게는 Catherine이 항의하지 않고 승진의사결정을 수용하며 조용히 계속 직장에 다닌다는 이야기를 들려준다. 이 연구의 초점은 Catherine이 성차별에 대하여 침묵하지 않고 항의한

행동이 Catherine의 평가에 어떠한 영향을 미치는가에 관한 것이다. 제6장의 단순조절효과의 분석결과에서 사람들이 사회에서의 성차별 만연도를 어떻게 인식하는가에 따라 Catherine을 다르게 평가하는 조절효과가 나타났다.

본장에서는 조건부과정분석을 위하여 Garcia et al.(2010)의 모형에 새로운 변수를 매개변수로 도입하였다. 즉, 피험자들은 위의 실험상황내용(vignette)을 읽은 후에 Catherine의 반응적절성(perceived appropriateness of the response)에 관한 여러 가지 질문에 응답한다. 이 변수는 자료파일에 “respappr”로 나타나 있다. 그리고 자료파일은 LIKING.sav로 저장되어 있다.

Garcia et al.(2010)은 Catherine의 평가가 승진탈락상황에서 Catherine의 행동이 어느 정도 적절했는지에 영향을 받는다고 주장하였다. 즉, 항의행동이 명백한 성차별에 대한 적절한 반응이라고 간주되면 그녀의 호감도는 증가한다는 것이다. 따라서 반응적절성은 Catherine의 행동과 호감도를 연결하는 매개변수라고 할 수 있다.

11.1.1 단순조절분석

Garcia et al.(2010)은 여성들에게 불공평한 세상에서 Catherine의 항의행동은 정당하고 필요하다고 제안하였다. 세상을 불공평하다고 인식하는 사람들은 Catherine의 항의행동이 적절하고 고상하며 그녀가 적절하게 행동했고 또한 그렇게 행동했어야 한다고 생각하기 때문에 항의행동이 호감도를 더 높게 평가한다고 주장하였다. Catherine이 자기 입장을 밝히는 것이 더 적절한 행동임에도 침묵을 지키기로 결정했다면 그녀의 호감도는 낮아질 것이다. 따라서 피험자가 사회에서의 성차별을 더 높게 인식할수록 항의행동을 더 적절하다고 평가하고 항의행동 결과 그녀를 더 긍정적으로 평가할 것이다.

이러한 논리는 항의행동이 행동의 적절성에 미치는 영향은 성차별인식에 달려 있다고 예측하는 것이다. 그리고 이러한 예측은 Catherine의 행동에 대한 실험적 조작이 그녀가 처한 상황에서의 반응적절성에 미치는 영향을 성차별인식이 조절하는지를 조사하여 검정할 수 있다. 이러한 조절모형은 다음과 같다.

$$Y = i_Y + b_1X + b_2W + b_3XW + e_Y$$

위의 회귀식에서 X는 항의여부이고 W는 성차별인식이며 Y는 반응적절성이다. 이러한 단순조절모형을 분석하기 위한 PROCESS syntax는 다음과 같다.

process y=respappr/x=protest/w=sexism/model=1/plot=1/jn=1.

위의 syntax를 실행한 결과가 [그림 11.1]에 나타나 있다.

그림 11.1 PROCESS에 의한 성차별연구의 단순조절효과분석결과

```
Model  : 1
    Y  : respappr
    X  : protest
    W  : sexism

Sample
Size :  129

***************************************************************************
OUTCOME VARIABLE:
 respappr

Model Summary
          R       R-sq        MSE          F        df1        df2          p
      .5442      .2962     1.3098    17.5340     3.0000   125.0000      .0000

Model

                 coeff         se          t          p       LLCI       ULCI
constant        6.5667     1.2095     5.4295      .0000     4.1730     8.9604
protest  (b1)  -2.6866     1.4515    -1.8509      .0665    -5.5594      .1861
sexism   (b2)   -.5290      .2359    -2.2426      .0267     -.9959     -.0622
Int_1    (b3)    .8100      .2819     2.8732      .0048      .2520     1.3679

Product terms key:
 Int_1    :        protest   x        sexism

Test(s) of highest order unconditional interaction(s):
         R2-chng         F        df1        df2          p
X*W        .0465    8.2551     1.0000   125.0000      .0048
----------
    Focal predict : protest  (X)
          Mod var : sexism   (W)

Conditional effects of the focal predictor at values of the moderator(s) :
```

$\rightarrow \theta_{X\rightarrow Y} | W = b_1 + b_3 W$

```
     sexism     Effect         se          t          p       LLCI       ULCI
     4.2500      .7558      .3212     2.3533      .0202      .1202     1.3914
     5.1200     1.4605      .2167     6.7386      .0000     1.0315     1.8894
     5.8960     2.0890      .3137     6.6601      .0000     1.4682     2.7098
```

```
Moderator value(s) defining Johnson-Neyman significance region(s):
      Value   % below   % above
     4.1525    9.3023   90.6977

Conditional effect of focal predictor at values of the moderator:
     sexism     Effect         se          t          p       LLCI       ULCI
     2.8700     -.3620      .6626     -.5463      .5858    -1.6733      .9493
     3.0765     -.1947      .6079     -.3203      .7492    -1.3978     1.0083
     3.2830     -.0275      .5539     -.0496      .9605    -1.1236     1.0687
     3.4895      .1398      .5008      .2792      .7806     -.8513     1.1309
     3.6960      .3071      .4490      .6839      .4953     -.5816     1.1957
     3.9025      .4743      .3990     1.1888      .2368     -.3154     1.2640
     4.1090      .6416      .3515     1.8251      .0704     -.0542     1.3373
     4.1525      .6768      .3420     1.9791      .0500      .0000     1.3536
     4.3155      .8088      .3078     2.6280      .0097      .1997     1.4180
     4.5220      .9761      .2695     3.6213      .0004      .4426     1.5096
     4.7285     1.1434      .2395     4.7739      .0000      .6694     1.6174
     4.9350     1.3106      .2210     5.9301      .0000      .8732     1.7480
     5.1415     1.4779      .2170     6.8091      .0000     1.0483     1.9075
     5.3480     1.6452      .2284     7.2042      .0000     1.1932     2.0971
     5.5545     1.8124      .2529     7.1660      .0000     1.3119     2.3130
     5.7610     1.9797      .2873     6.8897      .0000     1.4110     2.5484
     5.9675     2.1469      .3285     6.5348      .0000     1.4967     2.7972
     6.1740     2.3142      .3743     6.1830      .0000     1.5734     3.0550
     6.3805     2.4815      .4231     5.8649      .0000     1.6441     3.3188
     6.5870     2.6487      .4741     5.5874      .0000     1.7105     3.5869
     6.7935     2.8160      .5265     5.3484      .0000     1.7740     3.8580
     7.0000     2.9832      .5801     5.1429      .0000     1.8352     4.1313

Data for visualizing the conditional effect of the focal predictor:
Paste text below into a SPSS syntax window and execute to produce plot.

DATA LIST FREE/
   protest    sexism     respappr   .
BEGIN DATA.
      .0000     4.2500     4.3184
     1.0000     4.2500     5.0742
      .0000     5.1200     3.8582
     1.0000     5.1200     5.3187
      .0000     5.8960     3.4477
     1.0000     5.8960     5.5367

END DATA.
GRAPH/SCATTERPLOT=
 sexism   WITH     respappr BY       protest  .

************************** ANALYSIS NOTES AND ERRORS **************************

Level of confidence for all confidence intervals in output:
  95.0000

W values in conditional tables are the 16th, 50th, and 84th percentiles.
```

[그림 11.1]의 결과를 이용한 회귀모형은 다음과 같다.

$$\hat{Y} = 6.567 - 2.687X - 0.529W + 0.810XW \tag{11.1}$$

XW의 회귀계수는 $b_3 = 0.810$으로 계산되고 이는 통계적으로 유의하게 나타났다. 또한 syntax 명령문에 plot=1 옵션을 사용하였기 때문에 그래프를 그리기 위한 자료가 산출되는데 이를 이용한 그래프는 [그림 11.2]와 같다.

[그림 11.1]과 [그림 11.2]에서 Catherine의 항의행동이 항의하지 않은 행동보다 더 적절하다고 평가되며 성차별인식도가 증가하면서 이러한 차이는 더욱 커지는 것을 알 수 있다. 특정값(3가지 백분위값) 선택방법을 이용한 상호효과 탐색(Conditional effects of the focal predictor at values of the moderator(s))에서도 성차별인식값이 16th, 50th 및 84th 백분위의 모든 값에서 항의행동이 더 적절한 행동으로

그림 11.2 항의행동(X)이 반응적절성(Y)에 미치는 영향이 성차별인식(W)에 의하여 조절되는 조절효과의 시각적 도식

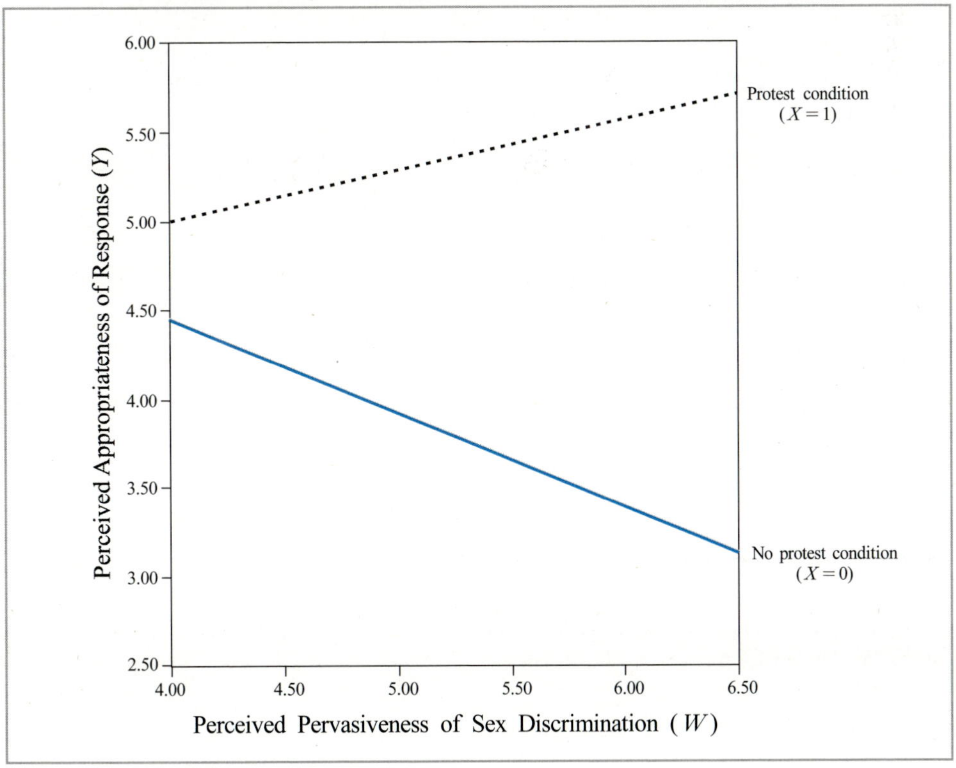

평가되는 것으로 나타났다. 존슨-네이만 방법을 이용한 유의성영역 조사에서 성차별인식도가 $M = 4.1525$보다 큰 영역(전체 응답자의 90.6977%)에서만 항의행동이 행동의 적절성에 미치는 양의 영향이 유의하게 나타났고 이 값보다 작은 영역에서는 비유의적으로 나타났다. 그리고 성차별인식도가 매우 낮은 값(2.870~3.283)에서는 $X \rightarrow Y$의 영향이 비유의적이지만 음수로 나타났는데 이는 성차별을 낮게 인식하는 사람들은 항의행동을 적절하게 평가하지 않는다는 것을 의미한다.

11.1.2 단순매개분석

다음으로 항의유형이 반응적절성을 경유하여 호감도에 영향을 주는 매개효과를 분석하기로 한다. 이러한 매개과정은 항의유형이 인과변수(X)이고 반응적절성이 매개변수(M)이며 호감도가 결과변수(Y)로 지정하여 분석하는데 이에 관한 syntax는 다음과 같다.

```
process y=liking/x=protest/m=respappr/model=4/total=1/seed=72520.
```

위의 syntax를 실행한 결과는 [그림 11.3]에 제시되어 있다.

그림 11.3 항의유형이 호감도에 영향을 주는 직접효과와 간접효과를 분석한 단순매개분석에 관한 PROCESS 결과물

```
Model  : 4
    Y  : liking
    X  : protest
    M  : respappr

Sample
Size :  129

Custom
Seed :     72520

********************************************************************************
OUTCOME VARIABLE:
 respappr

Model Summary
```

```
           R         R-sq        MSE          F        df1        df2          p
       .4992        .2492     1.3753    42.1550     1.0000   127.0000      .0000

Model
                     coeff         se          t          p       LLCI       ULCI
constant            3.8841      .1831    21.2078      .0000     3.5217     4.2466
protest   (a)       1.4397      .2217     6.4927      .0000     1.0009     1.8785

******************************************************************************
OUTCOME VARIABLE:
 liking

Model Summary
           R         R-sq        MSE          F        df1        df2          p
       .4959        .2459      .8441    20.5483     2.0000   126.0000      .0000

Model
                     coeff         se          t          p       LLCI       ULCI
constant            3.7473      .3058    12.2553      .0000     3.1422     4.3524
protest  (c')       -.1007      .2005     -.5023      .6163     -.4975      .2960
respappr  (b)        .4024      .0695     5.7884      .0000      .2648      .5400

***************************** TOTAL EFFECT MODEL ****************************
OUTCOME VARIABLE:
 liking

Model Summary
           R         R-sq        MSE          F        df1        df2          p
       .2131        .0454     1.0601     6.0439     1.0000   127.0000      .0153

Model
                     coeff         se          t          p       LLCI       ULCI
constant            5.3102      .1608    33.0244      .0000     4.9921     5.6284
protest   (c)        .4786      .1947     2.4584      .0153      .0934      .8639

**************** TOTAL, DIRECT, AND INDIRECT EFFECTS OF X ON Y ****************

Total effect of X on Y
Effect                  se          t          p       LLCI       ULCI
.4786     (c)        .1947     2.4584      .0153      .0934      .8639

Direct effect of X on Y
Effect                  se          t          p       LLCI       ULCI
-.1007   (c')        .2005     -.5023      .6163     -.4975      .2960

Indirect effect(s) of X on Y:
                    Effect     BootSE   BootLLCI   BootULCI
respappr (ab)        .5793      .1528      .3104      .9150

************************** ANALYSIS NOTES AND ERRORS **************************

Level of confidence for all confidence intervals in output:
  95.0000

Number of bootstrap samples for percentile bootstrap confidence intervals:
  5000
```

PROCESS 결과물에서 두 회귀식은 다음과 같다.

$$\hat{M} = 3.884 + 1.440X \tag{11.2}$$

$$\hat{Y} = 3.747 - 0.101X + 0.402M \tag{11.3}$$

[그림 11.3]에서 항의유형이 반응적절성을 경유하여 호감도에 영향을 주는 간접효과는 0.579로 나타났다. 이러한 양의 간접효과는 Catherine이 항의했다고 들은 사람들은 항의하지 않았다고 들은 사람들보다 반응적절성을 더 높게 평가하고($a = \overline{M}_{protest} - \overline{M}_{noprotest} = 5.324 - 3.884 = 1.440$) 반응적절성을 높게 평가하면 호감도가 증가한다는 것($b = 0.402$)을 반영하는 것이다. 그리고 간접효과에 대한 부트스트랩 신뢰구간에 0이 포함되지 않기 때문에 간접효과의 크기가 0이 아니라고 주장할 수 있다. 또한 항의유형의 직접효과($c' = -0.101$)는 유의하지 않게 나타났다. 이러한 결론은 항의유형이 호감도에 미치는 영향관계에 반응적절성이 매개변수 역할을 수행한다는 주장을 지지하는 것이다.

하지만 이러한 단순매개분석에 관해서는 아직 해결되지 않은 문제가 남아 있다. 즉, 단순매개분석은 항의유형이 호감도에 미치는 영향이 성차별인식에 따라 다르게 나타난다는 결론을 무시하고 있다. 매개분석에서는 항의유형이 호감도에 미치는 영향관계에서 개인차이(성차별인식 정도)를 허용하지 않고 있다. 더욱 문제가 되는 것은 제6장에서 확인된 것처럼 항의유형이 호감도에 미치는 영향을 성차별인식이 조절하고 있다는 것이다. [그림 6.5]는 성차별인식이 높은 사람들 사이에서 항의했다고 들은 사람들은 항의하지 않았다고 들은 사람들보다 호감도를 평균적으로 더 높게 평가한다는 것을 말해주고 있다. 또한 단순매개분석은 X(항의여부)가 M(반응적절성)에 미치는 영향관계에서도 이러한 개인 차이를 고려하지 않는 것이다.

이러한 모든 분석들을 항의유형이 호감도에 미치는 관계에 통합하면 간접효과를 구성하는 경로들(직접효과도 마찬가지이다) 중에서 최소한 하나의 경로가 성차별인식에 의하여 조절된다는 점을 반영하게 된다. 단순매개모형에 성차별인식을 배제시킴으로써 간접효과의 이러한 조절가능성(contingency)을 무시하는 것은 매개과정의 조건부효과를 은폐하는 것이다.

아래에서는 이상의 분석들을 통합하여 두 가지의 서로 다른 해석관점에서 분석내용을 재개념화할 것이다. 첫 번째 방법은 조절된 매개(moderated mediation)

인데 이는 항의행동이 반응적절성을 경유하여 호감도에 영향을 주는 매개모형에서 조건부직접효과와 조건부간접효과를 공식적으로 추정하는 것이다. 이 분석은 간접효과의 조절에 대한 공식적인 통계검정을 포함하고 있다. 두 번째는 동일한 모형을 매개된 조절(mediated moderation) 관점에서 해석하는 것인데 이 방법은 두 변수의 적항(XW)의 간접효과를 해석하려고 시도하는 것이다. 미리 말하지만 매개된 조절은 조절된 매개관점으로 전환하여 분석하는 것이 실질적으로 의미 있고 해석가능하게 된다.

11.2 조건부과정모형에서 직접효과와 간접효과의 조절

제6장의 분석과 결합된 11.1절의 두 가지 분석은 Garcia et al.(2010)의 연구에서 4가지의 변수가 포함되어 있다. 여기에서는 이들 변수들을 Y, X, M 및 W로 명명하기로 한다. 피험자들의 호감도(liking, Y)는 결과변수이고 항의여부(protest, X)는 항의하지 않았다고 들은 경우($X=0$)와 항의했다고 들은 경우($X=1$)로 구성된 선행변수이다. 세 번째 변수는 성차별인식(sexism, W)인데 이 변수는 조절변수로 사용하며 마지막 변수는 반응적절성(respappr, M)으로 이 변수는 분석모형에 따라 선행변수 또는 결과변수로 사용되지만 조건부과정분석에서는 매개변수로 사용된다.

이러한 세 가지 분석의 개념모형은 [그림 11.4]에 제시되어 있다.

panel A는 항의행동이 반응적절성을 경유하여 호감도에 주는 영향의 직접효과와 간접효과를 평가하는 단순매개모형에 관한 것이고 panel B는 항의행동이 반응적절성에 미치는 영향이 성차별인식에 의하여 조절되는 단순조절모형을 반영한 것이며 panel C는 항의유형이 호감도에 미치는 영향이 성차별인식에 의하여 조절되는 조절효과를 평가하는 것이다.

이제 X, M, W 및 Y가 완전히 서로 중첩될 수 있도록 하나의 모형에 통합한 모형이 조건부과정모형인 panel D이다. 이 모형은 X의 직접효과와 간접효과가 모두 W에 의하여 조절되는 모형이다. 이러한 조절은 간접효과가 W에 조건

그림 11.4 세 가지 개별모형(panels A, B 및 C)과 이들을 통합한 조건부과정모형(panel D)의 개념모형들

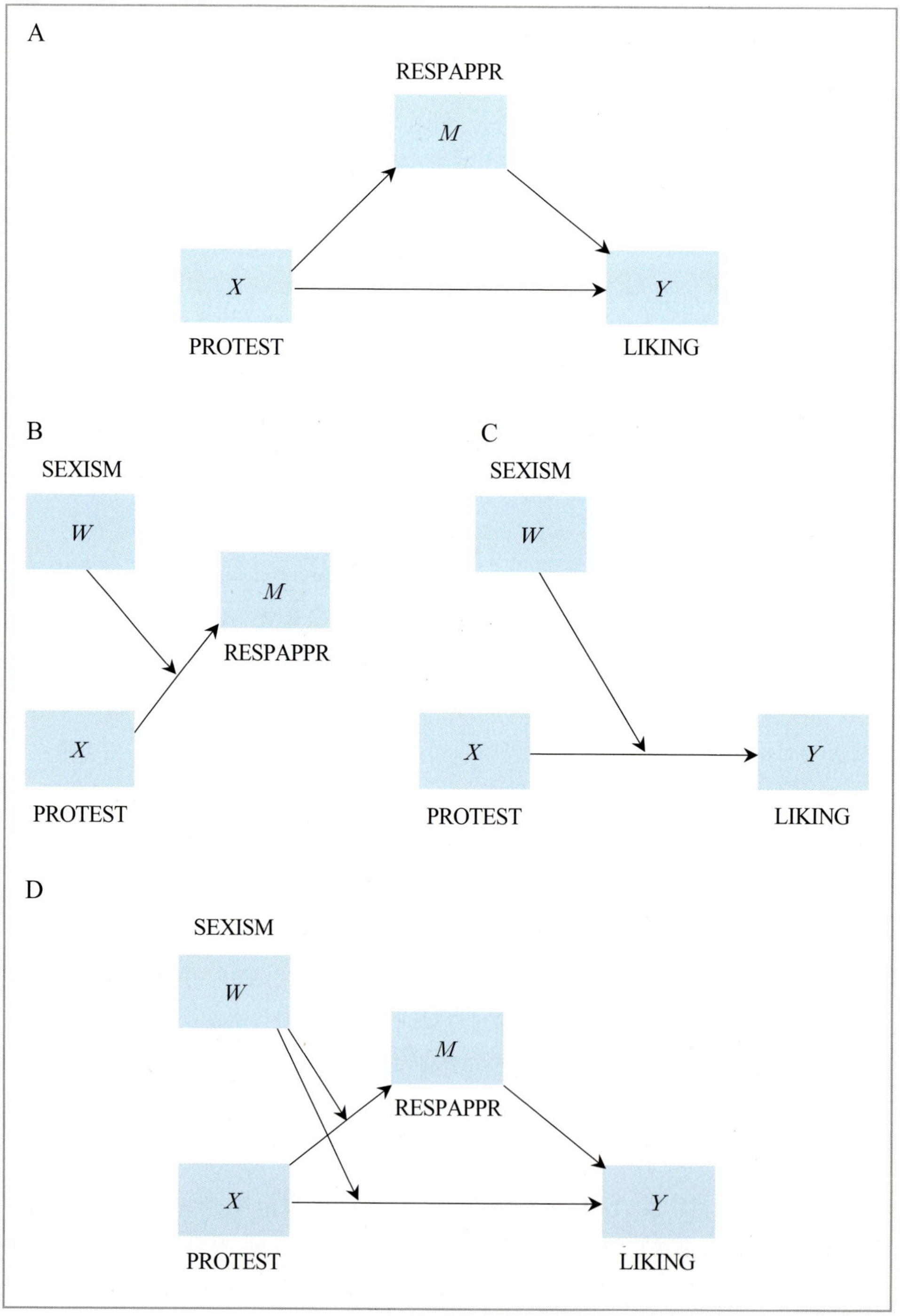

그림 11.5 [그림 11.4]의 panel D에 관한 조건부과정모형의 통계모형

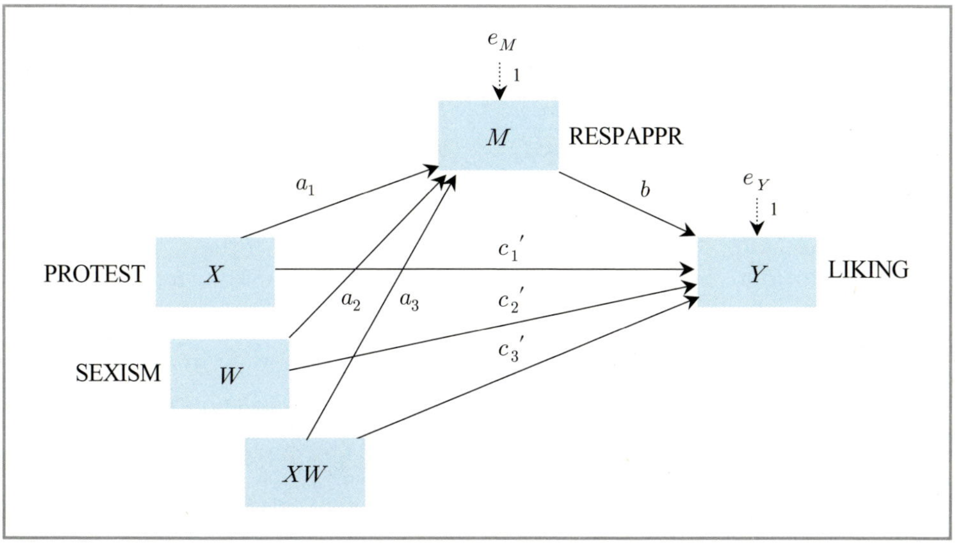

적이라고 설정한다. 또한 X의 직접효과도 W에 의하여 조절되기 때문에 직접효과도 W에 조건적이다. 따라서 X가 Y에 영향을 주는 직접효과와 간접효과는 모두 단일수치로 표현되지 않는다. 하나의 통합모형에 효과들을 개념화하는 경우에 분석의 초점은 직접효과와 간접효과가 조절되는지에 모아지고 만일 조절효과가 나타난다면 조건부직접효과와 조건부간접효과의 추정과 해석도 수반된다.

panel D의 통계모형은 [그림 11.5]와 같다.

[그림 11.5]의 두 회귀방정식은 아래와 같다.

$$M = i_M + a_1X + a_2W + a_3XW + e_M \tag{11.4}$$

$$Y = i_Y + c'_1X + c'_2W + c'_3XW + bM + e_Y \tag{11.5}$$

두 회귀식의 회귀계수는 두 개의 OLS회귀분석을 이용하여 추정할 수 있다. 이들을 분석하기 위한 SPSS code는 다음과 같다.

```
compute prosex=protest*sexism.
regression/dep=respappr/method=enter protest sexism prosex.
regression/dep=liking/method=enter protest sexism prosex respappr.
```

표 11.1 [그림 11.5]의 조건부과정모형의 모형계수들

		Consequent						
		M (RESPAPPR)				Y (LIKING)		
Antecedent		Coeff.	SE	p		Coeff.	SE	p
X (PROTEST)	a_1	−2.687	1.452	.067	c'_1	−2.808	1.161	.017
M (RESPAPPR)		–	–	–	b	0.359	0.071	<.001
W (SEXISM)	a_2	−0.529	0.236	.027	c'_2	−0.282	0.190	.139
$X \times W$	a_3	0.810	0.282	.005	c'_3	0.543	0.230	.020
Constant	i_M	6.567	1.210	<.001	i_Y	5.347	1.061	<.001
		$R^2 = 0.296$				$R^2 = 0.283$		
		$F(3,\ 125) = 17.534,\ p < .001$				$F(4,\ 124) = 12.255,\ p < .001$		

위의 code를 실행한 결과는 〈표 11.1〉에 제시되어 있다.

〈표 11.1〉에서 두 회귀식은 다음과 같다.

$$\hat{M} = 6.567 - 2.687X - 0.529W + 0.810XW$$
$$\hat{Y} = 5.347 - 2.808X - 0.282W + 0.543XW + 0.359M$$

그리고 성차별(sexism, W)의 척도 때문에 〈표 11.1〉의 몇 가지 회귀계수는 실질적인 해석이 불가능하다는 사실을 알아야 한다. 두 회귀식에서 항의유형(protest, X)의 회귀계수(a_1, c'_1)는 $W=0$을 조건으로 하고 있는데 이 값은 자료범위 내에 속하지 않는다. 만일 분석 전에 W를 평균중심화하였다면 a_1과 c'_1은 W가 평균값을 가질 때의 X의 효과를 추정하기 때문에 실질적으로 의미를 가지게 되어 해석이 가능하다.

하지만 이러한 해석불능은 a_2와 c'_2에는 적용되지 않는다. 이들 역시 $X=0$인 경우에 W의 조건부효과를 추정하지만 이들은 의미가 있고 해석가능하다. 왜냐하면 $X=0$은 항의하지 않았다고 들은 집단을 의미하기 때문에 a_2와 c'_2는 항의하지 않았다고 들은 집단($X=0$)에서 성차별인식이 반응적절성에 미치는 영향(a_2)과 호감도에 미치는 영향(c'_2)을 각각 추정한 것이기 때문이다.

8.1절에서 회귀계수들의 해석가능성에 관심을 두는 경우에는 상호항을 구성하는 변수들을 평균중심화하는 것이 좋은 습관이라고 설명하였다. 하지만 평균중심화는 필요하지 않다는 관점에서 여기에서는 W를 평균중심화하지 않을 것

이다. 여기에서의 분석의 초점은 조건부직접효과와 조건부간접효과인데 이러한 조건부직접효과와 조건부간접효과는 모형 추정 전에 평균중심화하는 것과 관계없이 동일하기 때문에 평균중심화에 의하여 영향을 받지 않는다.

11.2.1 PROCESS를 이용한 추정

어떠한 회귀분석프로그램도 모형 회귀계수들을 산출하지만 의미 있는 통계량들과 이러한 통계량들의 추론검정을 위해서는 *M*과 *Y*모형의 회귀식에 제시되는 정보를 통합해야 한다. 필요한 회귀방적식의 추정과 그래프를 그리기 위한 자료의 산출 및 상호작용의 탐색에 추가하여 PROCESS는 조건부직접효과와 조건부간접효과를 계산해 주고 *X*의 간접효과의 조절작용을 실행하며 직접효과와 간접효과의 조절작용의 탐색을 한꺼번에 제공하고 있다. 이러한 분석들을 위한 SPSS의 syntax는 다음과 같다.

```
process y=liking/x=protest/w=sexism/m=respappr/model=8/plot=1
        /seed=72520.
```

명령문에 model=8을 설정하면 [그림 11.5]의 모형을 분석할 수 있다. 이러한 syntax를 실행한 결과는 [그림 11.6]에 제시되어 있다.

그림 11.6 성차별연구의 조건부과정분석에 대한 PROCESS 결과물

```
Model  : 8
    Y  : liking
    X  : protest
    M  : respappr
    W  : sexism

Sample
Size :  129

Custom
Seed :     72520

**************************************************************************************
```

```
OUTCOME VARIABLE:
 respappr

Model Summary
          R       R-sq        MSE          F        df1        df2          p
      .5442      .2962     1.3098    17.5340     3.0000   125.0000      .0000

Model
                  coeff         se          t          p       LLCI       ULCI
constant         6.5667     1.2095     5.4295      .0000     4.1730     8.9604
protest  (a1)   -2.6866     1.4515    -1.8509      .0665    -5.5594      .1861
sexism   (a2)    -.5290      .2359    -2.2426      .0267     -.9959     -.0622
Int_1    (a3)     .8100      .2819     2.8732      .0048      .2520     1.3679

Product terms key:
 Int_1     :        protest  x        sexism

Test(s) of highest order unconditional interaction(s):
         R2-chng          F        df1        df2          p
X*W        .0465     8.2551     1.0000   125.0000      .0048
----------
    Focal predict : protest  (X)
          Mod var : sexism   (W)

Conditional effects of the focal predictor at values of the moderator(s):
```

→ $\theta_{X \to M} | W = a_1 + a_3 W$

```
     sexism     Effect         se          t          p       LLCI       ULCI
     4.2500      .7558      .3212     2.3533      .0202      .1202     1.3914
     5.1200     1.4605      .2167     6.7386      .0000     1.0315     1.8894
     5.8960     2.0890      .3137     6.6601      .0000     1.4682     2.7098

Data for visualizing the conditional effect of the focal predictor:
Paste text below into a SPSS syntax window and execute to produce plot.

DATA LIST FREE/
   protest    sexism     respappr   .
BEGIN DATA.
      .0000     4.2500     4.3184
     1.0000     4.2500     5.0742
      .0000     5.1200     3.8582
     1.0000     5.1200     5.3187
      .0000     5.8960     3.4477
     1.0000     5.8960     5.5367
END DATA.
GRAPH/SCATTERPLOT=
 sexism   WITH     respappr BY       protest   .

******************************************************************************
OUTCOME VARIABLE:
 liking

Model Summary
          R       R-sq        MSE          F        df1        df2          p
      .5323      .2833      .8152    12.2551     4.0000   124.0000      .0000
```

Model

	coeff	se	t	p	LLCI	ULCI
constant	5.3471	1.0607	5.0412	.0000	3.2477	7.4465
protest (c'_1)	-2.8075	1.1607	-2.4188	.0170	-5.1047	-.5102
respappr (b)	.3593	.0706	5.0916	.0000	.2196	.4989
sexism (c'_2)	-.2824	.1898	-1.4882	.1392	-.6581	.0932
Int_1 (c'_3)	.5426	.2296	2.3628	.0197	.0881	.9970

```
Product terms key:
 Int_1    :        protest  x        sexism

Test(s) of highest order unconditional interaction(s):
        R2-chng          F        df1        df2          p
X*W        .0323     5.5830     1.0000   124.0000      .0197
----------
    Focal predict : protest  (X)
          Mod var : sexism   (W)

Conditional effects of the focal predictor at values of the moderator(s) :

     sexism    Effect          se           t           p        LLCI        ULCI
     4.2500    -.5016       .2589     -1.9373       .0550     -1.0140       .0109
     5.1200    -.0296       .1996      -.1480       .8826      -.4247       .3656
     5.8960     .3915       .2880      1.3592       .1766      -.1786       .9615

Data for visualizing the conditional effect of the focal predictor:
Paste text below into a SPSS syntax window and execute to produce plot.

DATA LIST FREE/
   protest    sexism      liking     .
BEGIN DATA.
      .0000     4.2500     5.8950
     1.0000     4.2500     5.3934
      .0000     5.1200     5.6492
     1.0000     5.1200     5.6197
      .0000     5.8960     5.4301
     1.0000     5.8960     5.8215
END DATA.
GRAPH/SCATTERPLOT=
 sexism   WITH     liking   BY       protest   .

******************** DIRECT AND INDIRECT EFFECTS OF X ON Y ********************

Conditional direct effect(s) of X on Y :
```

→ $\theta_{X \to Y} = c'_1 + c'_3 W$

```
     sexism    Effect          se           t           p        LLCI        ULCI
     4.2500    -.5016       .2589     -1.9373       .0550     -1.0140       .0109
     5.1200    -.0296       .1996      -.1480       .8826      -.4247       .3656
     5.8960     .3915       .2880      1.3592       .1766      -.1786       .9615

Conditional indirect effects of X on Y :
```

→ $a_1 b + a_3 b W$

```
INDIRECT EFFECT:
 protest      ->     respappr     ->      liking

      sexism       Effect      BootSE     BootLLCI      BootULCI
      4.2500        .2715       .1343        .0329         .5573
      5.1200        .5247       .1325        .2780         .8026
      5.8960        .7505       .2010        .3724        1.1543

       Index of moderated mediation:
                   Index       BootSE     BootLLCI      BootULCI
      sexism        .2910       .1350        .0439         .5680
```

→ a_3b with bootstrap confidence interval for test of moderation of the indirect effect

```
************************** ANALYSIS NOTES AND ERRORS **************************

Level of confidence for all confidence intervals in output:
  95.0000

Number of bootstrap samples for percentile bootstrap confidence intervals:
  5000

W values in conditional tables are the 16th, 50th, and 84th percentiles.
```

PROCESS는 식 (11.4)와 (11.5)의 회귀계수들을 자동으로 추정한다. 식 (11.4)의 회귀계수 a_1, a_2 및 a_3의 추정치는 "Outcome Variable : respappr"에 유의성검정결과가 신뢰구간과 함께 나타나 있다. PROCESS는 또한 상호작용의 탐색결과도 보여주는데 달리 지정하지 않으면 특정값 선택방법을 사용한다. 그리고 plot=1 옵션의 사용은 상호작용의 그래프를 위한 자료를 산출한다.

결과물의 "Outcome Variable : liking" 부분에는 c'_1, c'_2, c'_3 및 b의 추정치가 제시되어 있다. plot=1 옵션을 지정했기 때문에 X의 직접효과의 조절작용을 그래프로 그리기 위한 자료도 산출된다. 그리고 직접효과가 W에 의하여 조절되기 때문에 이러한 탐색도 의미가 있다 할 것이다($c'_3 = 0.543$, $p = .02$).

11.2.2 직접효과와 간접효과의 수량화

조건부과정모형에서 직접효과와 간접효과의 수량화와 해석은 반드시 필요하다. 조건부효과의 해석 전에 X의 간접효과와 직접효과의 조절작용에 대한 공식적인 검정이 필요하다. 제10장에서 사용한 논리를 이용하여 M과 Y모형의 회귀계수들을 통합하여 효과들을 계산해야 한다. 이와 같은 모형에서 간접효과는 $X \to M$

효과와 X를 통제한 상태에서의 $M \rightarrow Y$효과를 곱하여 계산되고 직접효과는 M을 통제한 상태에서 $X \rightarrow Y$효과를 의미한다. 하지만 이 모형에서 두 효과는 모두 W에 의하여 조절되기 때문에 W의 함수로 표현된다.

1) X의 조건부간접효과

조건부과정모형인 [그림 11.5]는 M모형에 X와 W의 적항이 포함되어 있다. 식 (11.4)의 회귀식은 다음과 같다.

$$\widehat{M} = 6.567 - 2.687X - 0.529W + 0.810XW$$

따라서 $a_1 = -2.687$이고 $a_2 = -0.529$이며 $a_3 = 0.810$이다. 그리고 여기에서 항의유형이 반응적절성에 미치는 효과는 다음과 같이 성차별인식의 선형함수이다.

$$\theta_{X \rightarrow M} = a_1 + a_3 W \tag{11.6}$$

a_3가 통계적으로 0과 다르기 때문에 X의 효과는 W에 의존한다. 이 함수에서 a_3는 W와 $X \rightarrow M$효과의 선형관계를 수량화한 것이다. 하지만 a_3는 W와 간접효과의 관계를 수량화한 것이 아니기 때문에 a_3가 유의하다는 사실은 X의 간접효과에 관하여 아무것도 말해주지 않는다. 즉, 이 모형에서 $X \rightarrow M$경로가 통계적으로 유의하게 조절된다는 내용은 간접효과의 조절을 위한 필요조건이 아니다.

식 (11.6)은 조건부간접효과의 첫 번째 구성요소이다. 두 번째 요소는 X를 통제한 경우의 $M \rightarrow Y$효과이다. 이 효과는 조절되지 않기 때문에 식 (11.5)에서 단일추정치인 b로 나타낸다. 이 분석에서 Y모형은 다음과 같다.

$$\widehat{Y} = 5.347 - 2.808X - 0.282W + 0.543XW + 0.359M \tag{11.7}$$

따라서 $b = 0.359$이다. 이러한 결과는 피험자들의 반응적절성의 평가가 높으면 호감도가 증가한다는 것을 의미한다. 비록 b는 통계적으로 유의하게 나타났지만 b 또한 W와 간접효과의 관계를 수량화한 것이 아니기 때문에 b의 가설검정결과는 중요하지 않다.

X가 M을 경유하여 Y에 영향을 주는 간접효과를 얻기 위해서는 간접효과

를 구성하는 두 가지 요소들을 곱해야 한다. 두 가지 요소는 $X \rightarrow M$효과와 X를 통제한 경우의 $M \rightarrow Y$효과이다. 이들을 곱하면 다음의 식을 얻을 수 있다.

$$\theta_{X \rightarrow M} \times b = (a_1 + a_3 W)b = a_1 b + a_3 b W \tag{11.8}$$

위의 식에 회귀계수들을 대입하면 다음과 같다.

$$\begin{aligned} \theta_{X \rightarrow M} b &= (a_1 + a_3 W)b \\ &= (-2.687 + 0.810\,W)(0.359) \\ &= -0.965 + 0.291\,W \end{aligned} \tag{11.9}$$

식 (11.9)는 항의유형이 반응적절성을 경유하여 호감도에 영향을 주는 간접효과를 수량화한 것이다. 이러한 간접효과는 성차별인식의 선형함수이다. 따라서 X가 M을 거쳐서 Y에 영향을 미치는 간접효과는 단일수치로 나타낼 수 없다. 간접효과는 식 (11.9)에 투입되는 W값에 따라 변화한다. 적절한 W값을 선택하여 간접효과를 계산하면 해당 W값에서의 $X \rightarrow M \rightarrow Y$의 간접효과를 수량화한 조건부간접효과가 산출된다.

〈표 11.2〉는 W의 16th, 50th 및 84th 백분위값에서의 조건부간접효과들을 보여주고 있다.

이러한 조건부간접효과들은 PROCESS 결과물인 [그림 11.6]의 "DIRECT AND INDIRECT EFFECTS OF X ON Y"에 제시되어 있다. 이들은 X가 M에 영향을 미치는 조건부효과($\theta_{X \rightarrow M} | W$)와 M이 Y에 미치는 영향(b)을 곱한 값이다. 그리고 〈표 11.2〉와 [그림 11.6]에서 알 수 있는 것처럼 조건부간접효과들은 W의 세 가지 값에서 모두 통계적으로 0이 아닌 양수로 나타났다. 하지만 이러한 조

표 11.2 [그림 11.5]의 조건부과정모형의 조건부 간접효과와 직접효과들

	Indirect Effect			Direct Effect
W	$a_1 + a_3 W$	b	$(a_1 + a_3 W)b$	$\theta_{X \rightarrow Y} = c'_1 + c'_3 W$
4.250	0.756	0.359	0.271	−0.502
5.120	1.461	0.359	0.525	−0.029
5.896	2.089	0.359	0.751	0.392

건부간접효과들이 0과 다르다는 사실이 조절된 매개효과가 0이 아니라는 것을 의미하지는 않는다. 또한 성차별인식이 증가하면 조건부간접효과도 같이 증가하는 것을 확인할 수 있다.

2) X의 조건부직접효과

X가 Y에 영향을 미치는 직접효과는 매개변수(들)가 일정한 값을 가지는 경우에 X의 차이가 Y의 차이와 어느 정도 관련이 있는지를 추정하는 것이다. 이 예제에서 직접효과는 W에 의하여 조절되며 이를 반영하기 위하여 식 (11.5)에 X와 W의 적항을 도입하였다. 그 결과 X의 직접효과는 W의 함수로 표현되며 이는 다음과 같다.

$$\theta_{X \to Y} = c'_1 + c'_3 W \tag{11.10}$$

위의 식에 회귀계수들을 대입하면 다음과 같다.

$$\theta_{X \to Y} = -2.808 + 0.543 W \tag{11.11}$$

따라서 X의 직접효과는 성차별인식의 선형함수이다. 식 (11.11)에 W의 16th, 50th, 84th 백분위값을 대입하면 〈표 11.2〉와 [그림 11.6]의 결과를 얻을 수 있다. 이러한 세 가지 조건부직접효과는 W가 낮은 값과 중간값에서는 음수로 나타났고 높은 수준에서는 양으로 나타났다. 조건부직접효과가 양으로 나타났다는 사실은 항의하지 않았다고 들은 집단에 비하여 항의했다고 들은 집단의 호감도가 더 크다는 것을 의미한다. 물론 이러한 직접효과의 해석은 "반응적절성이 동일한 경우에"라는 조건이 추가된다. 하지만 이들은 모두 통계적으로 유의하지 않았다.

11.2.3 직접효과와 간접효과의 그래프

직접효과와 간접효과가 조절되는 경우에 이들은 조절변수의 함수들로 표현된다. 이러한 경우에는 이들 효과를 나타내는 단일의 수치가 존재하지 않고 함수 자체는 조절변수와 효과의 추상적인 수리표현에 지나지 않기 때문에 시각적 도식화를 이용하면 결과제시와 해석에 도움이 된다. 직접효과와 간접효과를 시각화하기 위해서는 효과의 함수를 이용하여 다양한 조절변숫값에서의 간접효과와 직접효과의 추정치를 포함하는 자료집합을 산출해야 한다. 그리고 효과를 Y축에 나타내고 조절변수를 X축에 지정하여 직접효과와 간접효과의 직선을 그리면 된다.

성차별연구의 조건부직접효과와 조건부간접효과의 그래프는 [그림 11.7]과 같다.

[그림 11.7]에서 Y축을 호감도로 해석하면 잘못된 해석이다. 오히려 Y축은 항의하지 않았다고 들은 사람들과 항의했다고 들은 사람들 간의 호감도의 차이의 추정치(estimated difference in liking)를 의미하는 것이다. 따라서 Y축이 양의 값을 가지면 항의했다고 들은 집단의 호감도가 크다는 것이고 음의 값을 가지면

그림 11.7 항의유형이 호감도에 영향을 주는 조건부직접효과와 조건부간접효과의 시각적 도식화

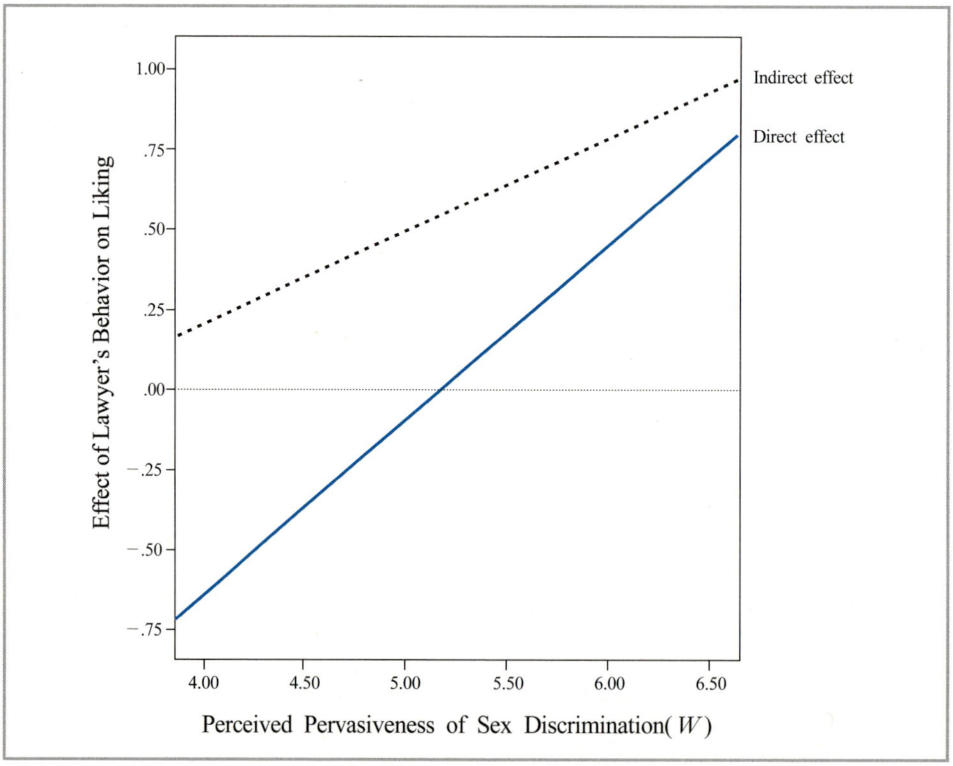

항의하지 않았다고 들은 집단의 호감도가 더 크다는 의미이다. 만일 Y축의 값이 0이면 두 항의유형의 차이가 없다는 것을 나타내는 것이다. 반면에 직선의 기울기는 성차별인식이라는 개인 차이가 변화하면서 항의유형이 호감도에 어떠한 영향을 미치는지를 나타내는 것이다.

[그림 11.7]을 얻기 위한 SPSS code는 다음과 같다.

```
DATA LIST FREE/sexism.
BEGIN DATA.
4.250 5.120 5.896
END DATA.
compute indirect=(-2.687+0.810*sexism)*0.359.
compute direct=-2.808+0.543*sexism.
graph/scatter(overlay)=sexism sexism WITH direct indirect (pair).
```

위의 code에서 4.250, 5.120 및 5.896의 값은 W의 표본분포에서 각각 16th, 50th 및 84th 백분위에 해당하는 값이다. 그리고 두 개의 compute 명령문은 식 (11.9)와 (11.11)을 이용하여 간접효과와 직접효과를 산출한다.

〈표 11.2〉의 값들은 [그림 11.7]의 직선상의 점들을 나타낸다. 식 (11.9)와 (11.11)에서 도출된 직선의 기울기는 함수에 투입되는 W값이 한 단위 증가하는 경우에 함숫값이 얼마나 변화하는지에 관한 값이다. 식 (11.10)에서 직접효과의 기울기는 c'_3인데 이는 W가 한 단위 증가하면 $\theta_{X \to Y}$는 c'_3만큼 증가한다는 것을 의미한다. X의 조건부간접효과에 관한 직선의 기울기는 약간의 계산과정이 필요하다. 식 (11.8)에서 X의 조건부간접효과는 $(a_1 + a_3 W)b$로 계산된다. 따라서 W가 한 단위 증가하면 X의 조건부간접효과는 $[a_1 + a_3(W+1)]b$로 증가한다. 그러므로 조건부간접효과의 직선의 기울기는 다음과 같이 두 조건부간접효과의 차이가 된다.

$$
\begin{aligned}
[a_1 + a_3(W+1)]b - (a_1 + a_3 W)b &= a_1 b + a_3 b W + a_3 b - a_1 b - a_3 b W \\
&= (a_1 b - a_1 b) + (a_3 b W - a_3 b W) + a_3 b \\
&= a_3 b
\end{aligned}
$$

이러한 계산결과는 중요한 해석을 내포하고 있다. 예를 들어 성차별인식(W)이 한 단위 차이나는 두 사람을 가정하자. 위의 계산결과에 의하면 항의유형이 반응적절성을 경유하여 호감도에 영향을 주는 간접효과는 성차별인식이 높은 집단에서 a_3b단위만큼 크게 나타난다. 즉, a_3b는 두 집단 간 조건부간접효과의 차이를 의미한다. 이러한 개념은 11.4절에서 설명하는 매개된 조절의 비판에 유용하게 사용될 것이다. 또한 a_3b는 다음 절에서 설명할 조절된 매개의 공식적인 검정을 위한 검정통계량(test statistic for a formal test of moderated mediation)으로 사용된다.

11.3 통계적 추론

지금까지의 논의는 통계적 서술단계에 머물러 있다고 볼 수 있다. 앞 절에서 성차별연구모형의 직접효과와 간접효과는 모두 W의 함수라는 것을 확인하였다. 이러한 함수를 이용하여 다양한 W값에서 X가 Y에 영향을 주는 직접효과와 간접효과를 수량화할 수 있다. 하지만 이러한 과정과 결과의 해석 전에 엄격한 추론이 필요하다. 본절에서는 직접효과와 간접효과의 조절작용과 이러한 조절작용의 탐색과정에 대하여 알아볼 것이다.

11.3.1 직접효과의 추론

본 예제에서 직접효과는 다음과 같이 W의 함수이다.

$$\theta_{X \to Y} = c'_1 + c'_3 W$$

위의 함수에서 c'_1은 $W=0$일 때에 X의 조건부직접효과를 추정한 것이고 c'_3은 W가 한 단위 변화하는 경우에 X의 조건부직접효과가 얼마나 변화하는지를 추정한다. 또한 c'_3은 [그림 11.7]의 직선의 기울기에 해당한다. 만일 직접효과가 W에 의하여 조절된다면 직접효과의 기울기(조건부직접효과를 정의하는 함수에서 W의 가중치)는 0과 달라야 한다. 그리고 $c'_3 = 0.543$은 표본오차를 포함하고 있는 추정치이다. 만일 직접효과가 조절되는지를 검정한다면 가설검정방법 또는 신뢰구간 설정방법을 이용하여 c'_3에 대한 추론검정을 실시해야 한다. 이에 관한 결과는 일반 회귀분석 혹은 PROCESS에서 얻을 수 있다. 〈표 11.1〉과 [그림 11.6]에서 회귀계수 c'_3는 가설검정방법[$t(124) = 0.543$, $p = .020$]과 95% 신뢰구간 (0.088~0.997)에서 모두 통계적으로 유의하게 나타났다. 따라서 항의유형이 호감도에 영향을 미치는 직접효과는 성차별인식과 유의하게 관련이 있다고 결론을 내릴 수 있다.

만일 이러한 직접효과가 W에 의하여 조절되는 것이 확인되었다면 다음 단계는 탐색과정이다. 이는 특정값 선택방법 혹은 존슨-네이만 방법을 이용하여 이루어진다. 전자의 방법은 선택된 W값에서 X의 조건부직접효과를 추정하고 표준오차를 도출한 후에 조건부직접효과가 0이라는 귀무가설을 검정하기 위한 p값을 이용하거나 신뢰구간 설정방법을 이용하는 것이다.

또한 이러한 결과는 직접효과가 조절되는지의 여부와 관계없이 [그림 11.6]의 “DIRECT AND INDIRECT EFFECTS OF X ON Y” 부분에 제시되어 있다. 결과물에서 항의유형의 직접효과가 성차별인식에 의하여 조절되지만 세 조절변숫값에서의 조건부직접효과들은 0과 다르지 않게 나타났다.

그리고 조건부직접효과들이 서로 다른지를 검정할 필요가 없다. 왜냐하면 6.5절에서 설명한 것처럼 X의 직접효과가 W에 의하여 조절된다면 p값의 상대적인 크기와는 관계없이 어떠한 두 조건부직접효과도 서로 통계적으로 다르기 때문이다.

11.3.2 간접효과의 추론

조건부과정모형에서 간접효과에 대한 추론은 간접효과가 조절되는지에 초점을 두고 있다. 간접효과가 조절된다는 증거가 확보되면 조건부간접효과를 도출하고 이러한 조건부간접효과에 대한 추론을 실행한다.

1) 조절된 매개의 통계적 검정

어떤 연구자는 X가 M에 미치는 영향이 W에 의하여 통계적으로 유의하게 조절되고(a_3가 유의하다) M이 Y에 미치는 영향도 통계적으로 유의하기(b가 유의하다) 때문에 간접효과가 W에 의하여 조절된다고 주장하고 싶은 유혹이 생길 수 있다. 최근까지도 간접효과가 조절되는지를 검정하기 위하여 이러한 부분 접근법(piecemeal approach)을 사용해 왔다. 하지만 10.4절과 Hayes(2015)가 제시한 바와 같이 좀 더 합리적인 방법은 간접효과를 정의하는 함수[$(a_1+a_3W)b$]에서 조절변수의 가중치(a_3b)가 0과 다른지를 검정하는 것이다. 이러한 방법이 조절변수와 간접효과의 크기의 관계를 수량화하고 두 가지의 서로 다른 구성요소를 검정하지 않고 단일의 추론검정(single inferential test)을 실행하며 가중치에 대한 신뢰구간을 구축하여 조절변수와 간접효과 간의 관계에 대한 불확실성을 제시한다는 점에서 조절된 매개를 가장 직접적으로 검정하는 방법이다.

식 (11.8)에서 성차별연구모형의 X의 간접효과는 $(a_1+a_3W)b = a_1b + a_3bW$이며 이는 W의 함수이다. 이 함수에 관한 직선의 기울기는 $a_3b = 0.291$인데 이는 W가 한 단위 변화할 때 X의 간접효과의 변화를 수량화한 것이다. 이러한 a_3b가 조절된 매개지수(index of moderated mediation)이다. 만일 조절된 매개지수가 0이라면(유의하지 않다면) 이는 W와 X의 간접효과 사이에 선형관계가 존재하지 않는다는 것을 의미한다. 또한 이러한 지수가 정확하게 0이라면 [그림 11.7]에서 간접효과의 직선의 기울기는 평평한 직선이 될 것이다. 그리고 a_3와 b는 표본마다 다르게 나타나고(sample specific) a_3b 역시 마찬가지이다. 우리는 우연성에 의하여 기대되는 것 이상으로 조절된 매개지수가 0과 다른지를 검정하기를 원한다. 만약 추론검정결과 조절된 매개지수가 0이 아니라고 판명되면 우리는 W가 X의 간접효과를 조절(조절된 매개)한다고 말할 수 있다. 그렇지 않다면 X의 간접효과는 W에 따라 선형적으로 변화하지 않는 것이다. 이러한 내용은 W가 X의 간접효과를 조절하지 않는다는 의미이다.

a_3b는 회귀계수들의 적항이기 때문에 a_3b의 표본분포는 일반적으로 정규분포를 이루지 못한다. 따라서 부트스트랩 신뢰구간이 추론을 위한 좋은 수단이 된다. 간접효과가 조절변수의 함수인 경우에 PROCESS는 이에 관한 추정결과를 자동으로 보여준다.[1] 이러한 추론결과가 [그림 11.6]의 마지막 부분에 $a_3b = 0.291$

1) 조절변수 W가 간접효과를 정의하는 경로들 중에서 하나의 경로만 조절하는 경우에 간접효과는 W의 선형함수가 된다. 두 경로가 모두 W에 의하여 조절되면 간접효과는 W의 비선형함수(nonlinear

로 나타나 있고 95% 부트스트랩 신뢰구간은 [0.044~0.568]로 나타나 있다. 이러한 신뢰구간에 0이 포함되지 않기 때문에 항의유형의 간접효과는 성차별인식에 의하여 조절된다고 말할 수 있다. 만일 신뢰구간에 0이 포함된다면 간접효과가 성차별인식에 따라 선형적으로 변화한다고 확정적으로 주장할 수 없게 된다.

2) 조절된 매개의 탐색

간접효과가 조절된다는 결과를 얻은 후에는 조절된 매개의 탐색작업(probing moderation of mediation)을 실시한다. 그리고 간접효과의 표본분포의 정규성에 관한 가정이 없으면 존슨–네이만 방법을 사용할 수 없기 때문에 매개효과의 조절을 탐색하기 위해서는 특정값 선택방법이 유일한 방법이다. 특정값 선택방법은 조절변수의 특정값을 선택한 후 이들 값에서의 X의 조건부간접효과를 추정하여 추론검정을 실시하는 방법이다. 여기에서도 PROCESS의 default인 16^{th}(4.250), 50^{th}(5.120) 및 84^{th}(5.896) 백분위값을 사용하기로 한다. 이들 값을 식 (11.9)에 대입하면 성차별인식의 낮은 값과 중간값 및 높은 값에서의 조건부간접효과를 얻을 수 있다. 이러한 조건부간접효과들은 〈표 11.2〉에 제시되어 있다. 조건부간접효과들은 회귀계수들의 적항으로 계산되기 때문에 추론을 위하여 부트스트랩 신뢰구간이 사용되며 [그림 11.6]의 말미에 이들의 결과가 제공되어 있다. 만일 이러한 신뢰구간이 0을 포함하면 주어진 W값에서의 조건부간접효과는 0과 다르다고 확언할 수 없다. 하지만 신뢰구간이 0을 포함하지 않는다면 조건부간접효과는 0과 다르다고 주장할 수 있다.

PROCESS 결과물을 살펴보면 성차별인식이 낮은 수준(W=4.250)의 사람들에서 조건부간접효과의 추정치(0.272)의 95% 부트스트랩 신뢰구간(0.033~0.557)에 0이 포함되지 않았다. 그리고 성차별인식이 중간 수준(W=5.120)인 사람들에서도 조건부간접효과의 추정치(0.525)의 부트스트랩 신뢰구간(0.278~0.803)에 0이 포함되지 않았고 성차별인식이 높은 수준(W=5.896)인 사람들에서도 또한 조건부간접효과의 추정치(0.751)의 부트스트랩 신뢰구간(0.372~1.154)에 0이 포함되어 있지 않다. 양의 조건부간접효과는 항의하지 않았다고 들은 사람들에 비하여 항의했다고 들은 사람들의 반응적절성이 증가하고 이러한 적절성의 증가는 호감도를 증가시켰다는 것을 의미한다. 그리고 성차별인식이 증가하면 이러한 간접효

function)로 표현된다. 이러한 경우에 PROCESS는 조절된 매개지수를 산출하지 않는다(예 : models 58 and 59). 이러한 model 59는 13.2절에서 다룰 예정이다.

과도 함께 증가하는 것을 확인할 수 있다.

본 예제와 같은 모형에서 간접효과의 조절을 탐색하는 경우에 서로 다른 두 W값에 대한 두 조건부간접효과가 다른지를 검정하는 것은 필요하지 않다. 조절된 매개지수를 이용한 조절된 매개의 검정은 서로 다른 두 W값에서의 두 조건부간접효과의 차이를 검정하는 역할까지 이중으로 수행하기 때문이다. 이러한 주장의 논리와 수학은 다른 모형에 대한 논리(10.4절)와 동일하다. 이 모형에서 조건부간접효과는 $(a_1 + a_3 W)b$로 추정되기 때문에 $W = w_1$과 $W = w_2$값에서의 두 조건부간접효과의 차이는 다음과 같다.

$$(a_1 + a_3 w_1)b - (a_1 + a_3 w_2)b = a_3 b(w_1 - w_2)$$

위의 값은 조절된 매개지수와 두 W값의 차이를 곱한 값이다. 부트스트랩 신뢰구간이 이러한 두 조건부간접효과의 차이에 대한 유의성검정에 사용된다. 하지만 $(w_1 - w_2)$값은 모든 부트스트랩 표본에서 동일한 값을 가지기 때문에 ${}_T a_{3\,T} b$의 신뢰구간이 0을 포함하지 않는다면 w_1과 w_2값과는 관계없이 ${}_T a_{3\,T} b(w_1 - w_2)$의 신뢰구간 역시 0을 포함하지 않게 된다. 마찬가지로 조절된 매개지수의 신뢰구간이 0을 포함한다면 조절된 매개지수와 상수$(w_1 - w_2)$의 적항 역시 0을 포함한다.

11.3.3 모형의 간소화

위의 분석에서 항의유형이 호감도에 영향을 미치는 간접효과는 성차별인식에 의하여 유의하게 조절되는 것으로 나타났고 직접효과 역시 조절되는 것으로 나타났다. 만일 직접효과가 W에 의하여 조절되지 않는다면 어떤 절차를 취할 수 있는가? 이러한 경우에 연구자는 직접효과가 성차별인식에 의하여 조절되지 않도록 모형을 강제로 단순화할 수 있다. 이러한 모형 간소화(pruning)는 PROCESS를 이용하여 쉽게 이용할 수 있다. 단순히 모형번호를 model=8에서 model=7로 변경하면 된다. 이와 같이 모형을 변경해도 결과는 크게 달라지지 않는다. model=7을 실행하면 조절된 매개지수($a_3 b = 0.326$)의 95% 부트스트랩 신뢰구간(0.047~0.679)에 의하여 간접효과는 여전히 성차별인식에 의하여 조절되고 세 가지 조절변숫값에서의 조건부간접효과들의 부트스트랩 신뢰구간이 모두 0을 포함하지 않는 것으로 나타났다. 이러한 model 7에 대한 자세한 분석은 13.1절에서 다룰 예정이다.

11.4 매개된 조절

X가 하나 혹은 2개 이상의 매개변수를 통하여 Y에 미치는 간접효과가 조절변수에 의존한다면 매개효과가 조절된다. 조절된 매개효과가 나타난다면 $X \rightarrow M \rightarrow Y$의 매개과정이 서로 다른 사람 혹은 서로 다른 상황에 따라(조절변수의 특성에 따라) 다르게 나타난다는 것을 의미한다. 비록 조절된 매개와 발음과 이름이 비슷하지만 매개된 조절(mediated moderation)은 X와 조절변수 W의 상호항(상호작용)이 매개변수를 경유하여 Y에 영향을 미치는 현상($XW \rightarrow M \rightarrow Y$)을 말한다.

비록 매개된 조절효과분석에 관한 선행연구들이 많이 존재하지만 이러한 연구 빈도(frequency)와 매개된 조절효과 자체가 의미가 있는가의 문제를 혼동하지 말아야 한다. 본장의 후반부에 다루겠지만 매개된 조절은 조절된 매개로 개념화하고 해석하는 것이 좀 더 의미 있는 방법이라고 할 수 있다. 아래에서는 먼저 매개된 조절효과의 분석절차를 알아본다.

11.4.1 적항(XW)의 간접효과로서의 매개된 조절

X가 Y에 미치는 영향이 단일조절변수 W에 의하여 조절되는 단순조절모형은 다음과 같다.

$$Y = i_Y + c_1 X + c_2 W + c_3 XW + e_Y \tag{11.12}$$

위의 모형에 관한 통계모형은 [그림 11.8]의 panel A에 나타나 있다.

그림 11.8 XW의 총효과모형(panel A)과 XW효과가 M에 의해 매개되는 모형(panel B)의 통계모형

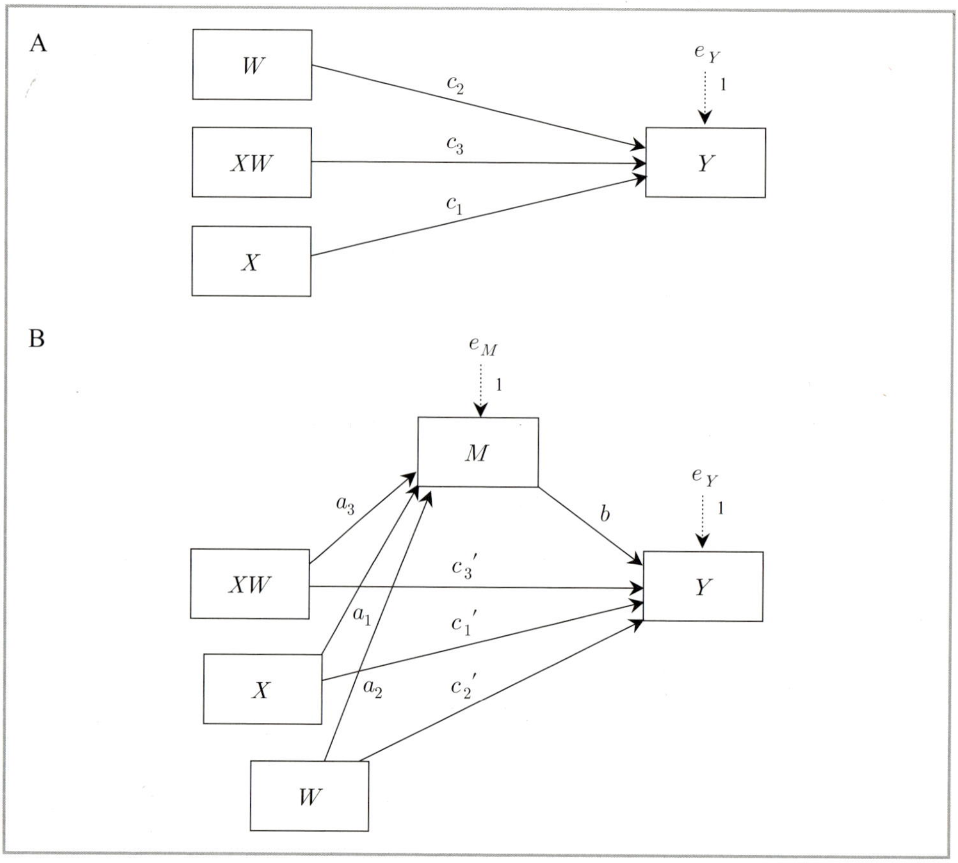

식 (11.12)에서 c_3가 통계적으로 0과 다르다면 X가 Y에 미치는 영향은 W에 의존한다.

매개된 조절에 관한 가설을 검정하려는 연구자는 Y모형에서 X와 W의 상호작용이 M을 경유하여 Y에 영향을 미치는지를 확인하려고 할 것이다. Baron & Kenny(1986)는 매개된 조절효과를 분석하기 위한 인과단계의 적용방법을 제시하였다. 이 방법의 1단계는 식 (11.12)에서 c_3가 통계적으로 0과 다른지를 검정하는 것이다. 1단계에서 c_3가 유의한 것이 확인되면 다음의 회귀식을 이용하여 W가 $X \rightarrow M$효과를 조절하는지를 확인하는 2단계로 넘어간다.

$$M = i_M + a_1 X + a_2 W + a_3 XW + e_M \tag{11.13}$$

식 (11.13)에서 a_3가 통계적으로 0과 다르게 나타나면 다음의 회귀식을 사용하여 $M \rightarrow Y$효과를 검정하는 3단계로 넘어간다.

$$Y = i_Y + c'_1 X + c'_2 W + c'_3 XW + bM + e_Y \tag{11.14}$$

식 (11.14)에서 추정된 b가 통계적으로 유의하고 c'_3가 c_3보다 작으며 0에 근접한다면 X와 W의 상호작용이 M에 의하여 매개된다(매개된 조절)는 것을 의미한다. 그리고 c'_3가 통계적으로 유의하면 M이 XW의 상호작용을 부분적으로 매개하고 c'_3가 통계적으로 유의하지 않는 경우에는 M이 상호작용을 완전 매개한다.

이러한 분석방법이 일견 합당한 것처럼 보이지만 인과단계방법은 단순매개분석에서 설명한 내용과 동일한 한계점을 내포하고 있기 때문에(4.1절 참조) 인과단계방법을 이용한 매개된 조절분석의 검정은 권장되지 않는다. 그리고 매개된 조절효과를 분석하기 위해서는 XW가 M을 경유하여 Y에 미치는 간접효과를 추정하여 이러한 간접효과에 대한 공식적인 추론검정을 실시해야 한다(Fairchild & MacKinnon, 2009 ; Morgan-Lopez & MacKinnon, 2006).

매개된 조절모형의 통계모형은 [그림 11.8]의 panel B에 제시되어 있는데 이에 관한 회귀식이 식 (11.13)과 (11.14)이다. 적항(XW)의 간접효과는 다른 간접효과와 마찬가지로 인과변수가 매개변수를 경유하여 결과변수로 이어지는 경로들의 효과를 곱하여 계산된다. 이러한 XW의 간접효과는 식 (11.13)과 (11.14)를 이용하여 a_3와 b의 적항으로 계산된다.

[그림 11.8]의 panel B를 자세히 보면 이 통계모형은 XW가 독립변수이고 X와 W가 공변량인 단순매개모형과 동일하다는 것을 알 수 있다. 사실상 제2장 및 4.2절(공변량)과 동일한 경로분석법칙이 여기에서도 적용된다. 즉, c'_3가 XW의 직접효과이고 XW의 간접효과는 a_3b이다. 이들을 합계하면 XW의 총효과는 다음과 같이 식 (11.12)와 [그림 11.8]의 panel A의 c_3와 같다.

$$c_3 = c'_3 + a_3 b$$

${}_T a_3 \, {}_T b \neq 0$에 관한 추론검정결과는 XW가 M을 경유하여 Y에 간접적으로 영향을 주는지를 알려준다. 또한 XW의 직접효과와 XW의 총효과의 차이(${}_T c_3 - {}_T c'_3 \neq 0$)

가 유의한지도 알 수 있다. 제2장에서 사용한 어떠한 추론방법도 사용가능하지만 부트스트랩 신뢰구간방법이 권장된다.

여기에서는 성차별연구를 이용하여 항의유형이 호감도에 미치는 영향이 성차별인식에 의하여 조절되는 상호작용이 반응적절성에 의하여 매개되는지를 분석할 예정이다. 즉, 반응적절성(M)은 항의행동여부(X)와 성차별인식(W)의 상호작용이 호감도(Y)에 미치는 영향에 매개변수 역할을 수행하는가?

식 (11.12)와 (11.13) 및 (11.14)의 회귀계수들은 일반적인 OLS프로그램을 통하여 추정할 수 있지만 간접효과의 추론검정결과는 얻을 수 없다. PROCESS는 이러한 모든 과정에 대한 결과를 제공한다. [그림 11.8]의 panel B에 관한 통계모형은 X와 W를 공변량으로 지정하고 인과변수 XW가 M을 경유하여 Y에 영향을 주는 단순매개모형과 같다. 이러한 과정을 분석하기 위해서는 다음의 syntax와 같이 먼저 X와 W의 적항을 계산하여 독립변수 X로 지정해야 한다.

```
compute prosex=protest*sexism.
process y=liking/x=prosex/m=respappr/cov=protest sexism/model=4
        /total=1/seed=72520.
```

위의 syntax를 실행한 결과가 [그림 11.9]에 제시되어 있다.

그림 11.9 성차별연구의 매개된 조절분석에 관한 PROCESS 결과물

```
Model  : 4
    Y  : liking
    X  : prosex
    M  : respappr

Covariates:
 protest  sexism

Sample
Size :  129

Custom
Seed :    72520

******************************************************************************
OUTCOME VARIABLE:
 respappr
```

```
Model Summary
          R       R-sq        MSE          F        df1        df2          p
      .5442      .2962     1.3098    17.5340     3.0000   125.0000      .0000

Model
                 coeff         se          t          p       LLCI       ULCI
constant        6.5667     1.2095     5.4295      .0000     4.1730     8.9604
prosex   (a3)    .8100      .2819     2.8732      .0048      .2520     1.3679
protest  (a1)  -2.6866     1.4515    -1.8509      .0665    -5.5594      .1861
sexism   (a2)   -.5290      .2359    -2.2426      .0267     -.9959     -.0622

**************************************************************************
OUTCOME VARIABLE:
 liking

Model Summary
          R       R-sq        MSE          F        df1        df2          p
      .5323      .2833      .8152    12.2551     4.0000   124.0000      .0000

Model
                 coeff         se          t          p       LLCI       ULCI
constant        5.3471     1.0607     5.0412      .0000     3.2477     7.4465
prosex   (c'3)   .5426      .2296     2.3628      .0197      .0881      .9970
respappr (b)     .3593      .0706     5.0916      .0000      .2196      .4989
protest  (c'1) -2.8075     1.1607    -2.4188      .0170    -5.1047     -.5102
sexism   (c'2)  -.2824      .1898    -1.4882      .1392     -.6581      .0932

**************************** TOTAL EFFECT MODEL ****************************
OUTCOME VARIABLE:
 liking

Model Summary
          R       R-sq        MSE          F        df1        df2          p
      .3654      .1335      .9777     6.4190     3.0000   125.0000      .0004

Model
                 coeff         se          t          p       LLCI       ULCI
constant        7.7062     1.0449     7.3750      .0000     5.6382     9.7743
prosex   (c3)    .8336      .2436     3.4224      .0008      .3515     1.3156
protest  (c1)  -3.7727     1.2541    -3.0084      .0032    -6.2546    -1.2907
sexism   (c2)   -.4725      .2038    -2.3184      .0220     -.8758     -.0692

*************** TOTAL, DIRECT, AND INDIRECT EFFECTS OF X ON Y ***************

Total effect of X on Y
     Effect         se          t          p       LLCI       ULCI
  .8336 (c3)      .2436     3.4224      .0008      .3515     1.3156

Direct effect of X on Y
     Effect         se          t          p       LLCI       ULCI
  .5426 (c'3)     .2296     2.3628      .0197      .0881      .9970
```

```
Indirect effect(s) of X on Y :
                    Effect       BootSE      BootLLCI      BootULCI
respappr       .2910 (a3b)        .1350         .0439         .5680

************************* ANALYSIS NOTES AND ERRORS *************************

Level of confidence for all confidence intervals in output:
  95.0000

Number of bootstrap samples for percentile bootstrap confidence intervals:
  5000
```

항의여부와 성차별인식의 적항(XW이지만 결과물에는 X로 제시됨)에 대한 총효과는 $c_3 = 0.834$, $t(125) = 3.422$, $p =< .001$로 나타났다. XW의 이러한 총효과는 직접효과와 간접효과로 나눌 수 있다. XW의 간접효과(0.291)는 XW가 반응적절성(M)에 미치는 영향(a_3 =0.810)과 반응적절성이 호감도(Y)에 미치는 영향(b=0.359)의 적항으로 계산된다. 이러한 간접효과는 95% 부트스트랩 신뢰구간(0.044~0.568)에 0이 포함되지 않기 때문에 통계적으로 0과 다르다고 말할 수 있다. 그리고 XW의 직접효과는 통계적으로 유의하게 나타났다[c'_3 =0.543, $t(125)$ =2.363, p=.020]. 직접효과의 추론결과는 반응적절성을 설명(통제)한 후에도 항의유형이 호감도에 미치는 영향은 성차별인식에 의하여 조절된다는 것을 의미한다.

앞서 언급한 것처럼 XW의 총효과는 다음과 같이 XW의 간접효과와 직접효과를 합계한 것이다.

$$c_3 = c'_3 + a_3 b = 0.543 + 0.291 = 0.834$$

이러한 분석결과는 항의유형이 호감도에 미치는 영향이 성차별인식에 의하여 조절되는 상호효과는 반응적절성에 의하여 매개된다는 주장과 일치하는 것이다. 그리고 반응적절성을 통제한 경우에 XW가 호감도에 미치는 영향(c'_3 = 0.543)은 단순조절모형의 상호항 계수(b_3 =0.834 : [그림 6.3] 참조)보다 감소했지만 여전히 통계적으로 유의하게 나타났다. 상호항(적항)의 총효과와 직접효과에 대한 이러한 차이가 XW가 반응적절성을 경유하여 호감도에 미치는 간접효과이다.

11.4.2 매개된 조절이 관심과 의미가 없는 이유

이 시점에서 데자뷰를 경험했거나 동일한 페이지를 반복적으로 읽고 있다는 생각이 들면 분석내용 등을 주의 깊게 읽었다고 할 수 있다. [그림 11.5]와 [그림 11.8]의 panel B의 통계모형은 동일한 것이다. 왜냐하면 방금 추정한 매개된 조절은 조절된 매개관점에서 보면 11.2절에서 추정한 조건부과정분석과 수학적으로 동일하기 때문이다. 또한 두 분석의 결과인 [그림 11.6]과 [그림 11.9]는 유사한 것이다. 즉, 모형이 동일하기 때문에 모형 내의 회귀계수들을 추정하기 위한 *M*회귀식과 *Y*회귀식이 동일하며 동일한 자료를 이용하여 분석하면 두 분석결과는 동일하게 산출된다. 유일한 차이점은 해석방법과 관심의 초점을 모형의 어느 부분에 두느냐이다.

조절된 매개는 간접효과가 어떻게 조절되는가에 관한 간접효과의 조건부 성격에 초점을 두고 있다. 매개효과와 간접효과가 개념적으로 동일하기 때문에 조절된 매개효과는 조절된 간접효과(moderated indirect effect)라고 할 수 있다. 조절된 매개효과의 해석적 초점은 간접효과의 추정과 간접효과가 조절변수의 값에 따라 어떻게 변하는지에 맞추어져 있다. 반면에 매개된 조절은 독립변수 *X*와 조절변수 *W*의 상호작용(*XW*가 인과변수)이 *M*을 경유하여 *Y*에 미치는 영향을 규명하는 것이다. 매개된 조절의 초점은 *X*와 *W*의 적항인 *XW*의 간접효과의 추정에 있다.

매개된 조절효과의 문제점은 *X*와 *W*의 적항이 개념적으로 의미가 없다는 것(meaningless)이다. *XW* 그 자체는 그 어떤 것의 측정치도 아니다(not a measure of anything). 식 (11.12)와 (11.13)에서 *XW*는 *X*가 *Y*에 미치는 영향이 조절변수 *W*의 선형함수라는 인식에서 생겨난 것이다. 그리고 이러한 선형함수가 *W*의 단일효과가 아니라 *X*와 결부된 효과라고 인식되는 경우에 *Y*를 추정하는 모형에 *W*와 더불어 *X*도 추가하여 *XW*가 생성되는 것이다(식 6.1 참조). 따라서 *XW*는 모형에서 *X*가 *Y*에 미치는 영향이 *W*에 의하여 조절된다는 기능 이외에 독립적으로 다른 역할을 수행하지 못한다. 조건부모형인지 비조건부모형인지에 따라서 *XW*항이 모형에 도입되는 것이 결정되지만 *XW*가 모형에 추가변수로 도입되었다는 것은 단지 *X*가 *Y*에 미치는 영향이 *W*값에 관계없이 결정된다는 가정(비조건부모형)이 철회된다는 것을 의미한다. 측정된 변수(혹은 실험조작으로 생성된 변수)가 결과변수에 의미 있는 정보를 전달하는(영향을 미치는) *X* 및 *W*와는 달리 XW는 그 어떤 것을 수량화한 것이 아니다. 만일 XW가 실질적인 의미와 해석이 결여되어 있다면 XW의 간접효과는 무슨 의미가 있겠는가? XW는 아무런 의미가 없다(XW means nothing). 따라서 매개된 조절도 전반적으로 실질적인 의미가 없다(Edwards, 2009, pp. 156-157).

XW의 간접효과인 a_3b는 해석이 가능하지만 이러한 해석은 분석모형을 매개된 조절이 아닌 조절된 매개관점에서 해석하는 경우에만 의미가 있다. 11.2절에서 서술된 조건부과정분석에서 X가 M을 경유하여 Y에 영향을 미치는 조건부간접효과의 기울기의 도출과정을 다시 살펴보면 이러한 직선의 기울기는 a_3b이다. 따라서 a_3b는 W가 한 단위 변화할 때 X가 M을 경유하여 Y에 영향을 주는 조건부간접효과가 얼마나 변화하는가의 추정치이다. 이것이 바로 조건부과정분석에서 조절된 매개지수이다. 그러므로 XW가 M을 경유하여 Y에 영향을 미치는 간접효과의 추론은 실제로는 W가 변화함에 따라 X가 M을 경유하여 Y에 영향을 주는 간접효과가 어느 정도 변하는지에 관한 추론이다. 물론 이러한 해석은 X가 M을 경유하여 Y에 영향을 주는 메커니즘의 조건부성격 관점에서 생각하지 않는다면 아무런 의미가 없다. a_3b가 실질적으로 해석가능하기 위해서는 매개된 조절관점이 아니라 조절된 매개관점으로 재개념화해야 한다.2)

매개된 조절에서 간접효과의 실질적인 해석이 어려운 이유는 분석초점이 원래의 분석초점(XW가 이니라 X에 초점을 맞춤)에서 벗어난 것에 부분적으로 기인한다. 만일 연구과제를 "XW가 M을 통하여 Y에 영향을 미치는가?"에서 "X가 M을 경유하여 Y에 미치는 간접효과가 W에 의존하는가?"로 전환하면 a_3b는 W가 한 단위 차이나는 두 사례에서 X가 M을 경유하여 Y에 영향을 미치는 두 간접효과의 크기의 차이를 측정한다는 점에서 의미를 갖게 된다. 따라서 매개된 조절효과라는 용어를 완전히 폐기하고(abandoning the term mediated moderation entirely) 그 대신 간접효과의 조건성(contingency), 즉 조절된 매개관점에서 연구과제와 가설을 재설정하는 것이 합리적인 접근법일 것이다(Hayes, 2013, 2018a).

2) [그림 11.6]의 PROCESS 결과물은 조절된 매개지수와 이의 신뢰구간이 [그림 11.9] 결과물의 XW의 간접효과와 동일하다는 것을 보여준다. 따라서 PROCESS model 4를 이용하여 매개된 조절을 검정할 필요가 없다. model 8은 두 결과를 모두 보여주고 나아가 model 4에서는 제공되지 않는 조건부직접효과와 조건부간접효과의 추론결과도 보여준다.

CHAPTER 12

다항범주형 변수가 포함된 조건부과정분석

12.1 예제 : 관광목적지 이미지연구
12.2 X의 간접효과
12.3 상대적 조건부간접효과
12.4 조절된 매개의 검정과 탐색
12.5 상대적 조건부직접효과
12.6 모형의 추가확장과 복잡성

본장에서는 지금까지 분석한 분석방법들을 토대로 매우 복잡한 조건부과정모형을 분석할 예정이다. 그리고 본장에서 다룰 모형보다 더 복잡한 모형(예 : PROCESS model 11)은 제14장에서 다룰 예정이다. 하지만 이러한 복잡한 모형도 PROCESS를 이용하면 쉽게 분석할 수 있다.

우리는 매개분석에 관한 장에서 X의 직접효과와 간접효과의 추정 및 X가 한 개 이상의 M을 경유하여 Y에 미치는 영향을 분석하는 방법을 알아보았다. 그리고 제5장에서는 X가 다항범주형 변수(multicategorical variable)인 경우에 X의 상대적 간접효과와 직접효과(relative indirect and direct effect)의 분석방법을 살펴보았다.

또한 조절분석을 다룬 장에서는 초점선행변수 X가 조절변수 W에 선형적으로 조절되는 회귀모형을 분석하였다. 조절분석에서 X가 Y에 미치는 영향이 한 개 혹은 두 개의 조절변수의 값에 따라 다르게 나타난다는 주장을 위하여 X의 조건부효과(conditional effect)를 추정하고 탐색작업을 논의하였다. 그리고 제9장에서는 X가 다항범주형 변수인 경우에 X의 상대적 조건부효과(relative conditional effect)를 다루는 조절회귀분석을 살펴보았다.

조건부과정분석의 주제는 X가 M을 경유하여 Y에 영향을 미치는 메커니즘이 조절되는지에 관한 가설을 검정하는 것이다. 조건부과정분석에서는 X가 연속형 혹은 이분형인 경우의 두 가지 예제를 X의 조건부간접효과(conditional indirect effect)와 조건부직접효과(conditional direct effect) 관점에서 알아보았다.

이상의 분석내용들을 토대로 본장에서는 다항범주형 변수 X를 포함한 조건부과정분석 예제를 다룰 것이다. 앞서 살펴본 바와 같이 X가 g개의 집단을 나타내는 다항범주형 변수인 경우에 X의 영향은 X의 $g-1$개의 상대적 효과로 표현된다. 하지만 다항범주형 X가 간접효과 또는 직접효과가 조절되는 매개모형의 일부인 경우에는 지금까지 사용한 모든 용어들을 결합한 새로운 이름을 갖는 추가적인 통계량들의 도입이 필요하다. 이들은 바로 X의 상대적 조건부간접효과(relative conditional indirect effect)와 상대적 조건부직접효과(relative conditional direct effect)이다. X가 다항범주형 변수인 경우의 조절된 매개분석은 Hayes(2018a)의 개정판에 추가된 내용이다. 여기에서도 Hayes(2018a)와 동일한 분석절차와 분석방법을 이용하여 설명할 예정이다.

12.1 예제 : 관광목적지 이미지연구

제5장의 관광목적지 이미지연구에서 다항범주형 변수인 이미지 유형(X)이 방문의도(M)를 경유하여 실제방문행동(Y)에 영향을 주는 간접효과를 분석하였다. 이 연구에서 피험자들은 관광목적지에 대한 평가를 하는데 첫 번째 집단에 속한 피험자들은 이미지가 중간 정도라고 평가한 사람들이다. 그리고 두 번째 집단의 피험자들은 좋은 이미지로 평가하였고 나머지 집단의 피험자들은 매우 좋은 이미지로 평가하였다. 이와 관련된 자료파일은 IMAGE.sav로 저장되어 있다.

제5장의 분석에서 중간 이미지 집단보다 이미지가 좋은 집단의 방문행동이 평균적으로 크게 나타난 것을 확인하였다. 평균의 추세를 살펴보면 좋은 이미지 집단과 매우 좋은 이미지 집단의 방문행동의 차이는 유의하게 나타나지 않았다. 두 집단의 방문행동의 평균차이는 미미하지만 중간 이미지 집단보다는 방문행동이 크게 나타났다. 동일한 분석에서 방문의도는 이러한 효과를 매개하는 것이 확인되었다. 따라서 이미지 유형이 방문의도에 차별적인 영향을 미치기 때문에 방문행동의 차이가 발생한다고 주장할 수 있다. 즉, 이미지가 좋은 경우에는 중간 이미지의 경우보다 방문의도를 높게 평가하였고 방문의도가 증가하면 방문행동이 증가하는 것이다. 이 분석에서 두 상대적 간접효과(중간 이미지 집단에 비한 좋은 이미지 집단 효과와 중간 이미지 집단에 비한 매우 좋은 이미지 집단 효과)는 모두 통계적으로 0과 다르게 나타났다. 또한 두 상대적 간접효과들 중에서 적어도 한 개의 상대적 간접효과가 유의하게 나타났기 때문에 이미지 유형이 방문행동에 미치는 영향은 방문의도에 의하여 매개된다고 주장할 수 있다.

그리고 제9장에서는 매개변수(방문의도)를 제외시키고 이미지 유형이 방문행동에 미치는 영향을 재정상태(조절변수)가 조절하는지에 초점을 두었다. 이 분석에서 방문행동은 이미지 유형과 재정상태의 함수로 평가되었다. 재정상태가 양호한 사람들 사이에서 중간 이미지 집단에 속한 사람들보다 이미지가 좋은 집단에 속한 사람들의 방문행동이 높게 나타났다. 하지만 이와 반대로 재정상태가 불량한 사람들에서는 중간 이미지 집단에 속한 사람들의 방문행동이 높게 나타났다.

본장에서는 제5장과 제9장의 분석내용들을 결합하여 종합적인 분석을 실행할 예정이다.

그림 12.1 세 집단으로 이루어진 다항범주형 변수 X와 연속형 조절변수(W)가 $X \rightarrow M$ 경로와 $X \rightarrow Y$경로를 조절하는 효과를 포함하는 조건부과정모형의 개념모형(panel A)과 통계모형(panel B)

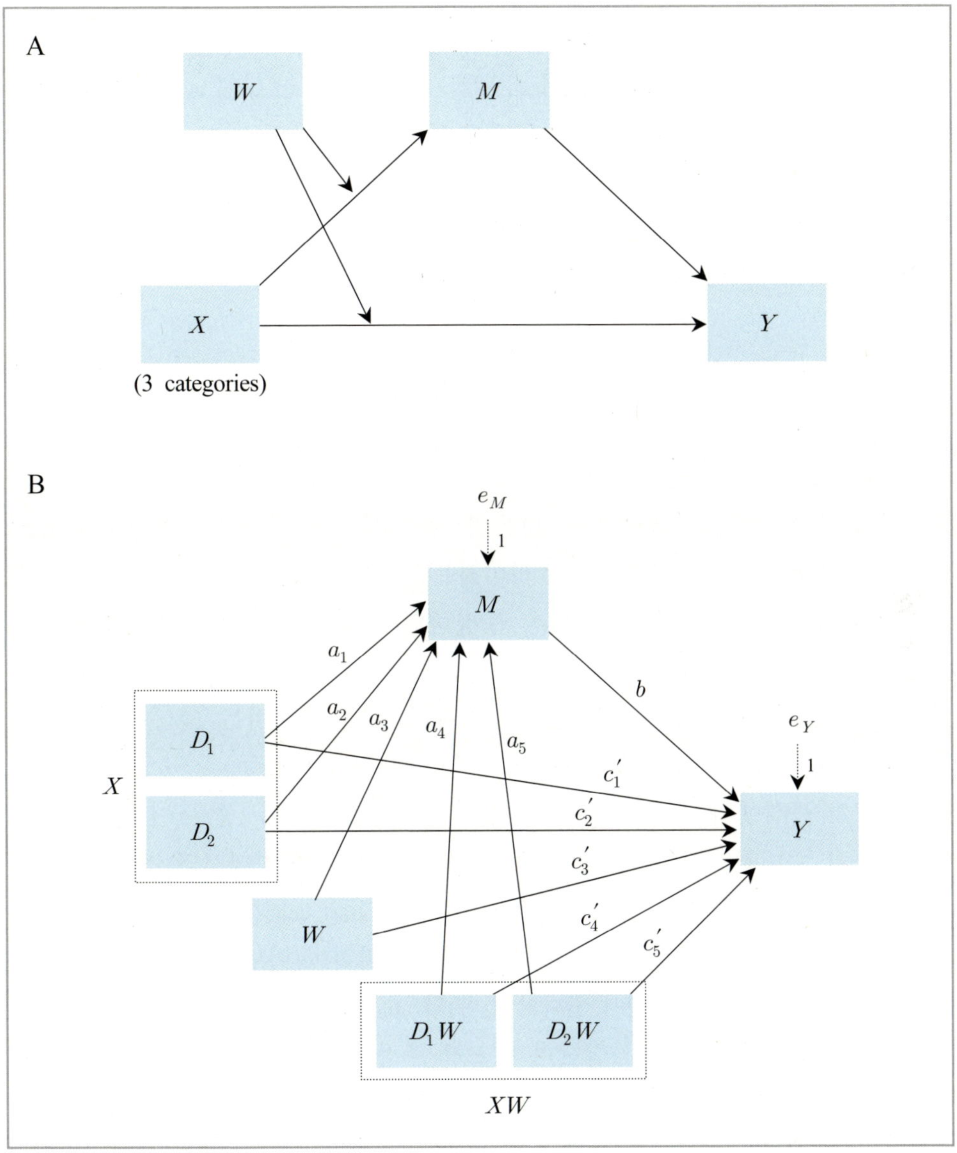

이상의 과정들의 개념모형은 [그림 12.1]의 panel A에 나타나 있다.

이러한 모형은 조절변수 W가 $X \rightarrow M$경로와 $X \rightarrow Y$경로를 모두 조절한다는 점에서 제11장의 모형과 유사하다. 하지만 제11장과는 달리 여기에서의 모형은

X가 세 개의 이미지 유형을 코딩한 다항범주형 변수이다. 이 모형은 X가 다항범주형 변수인 경우에 실행한 매개모형(제5장)과 조절모형(제9장)을 통합해야 한다. X는 세 개의 범주로 구성되어 있기 때문에 회귀방정식에 집단소속을 나타내는 D_1과 D_2로 표현해야 한다. W는 연속형 변수이므로 있는 그대로 모형에 도입한다. 그리고 M모형과 Y모형에 X를 코딩한 두 변수(D_1과 D_2)와 W 간의 두 개의 적항을 도입하면 X가 M과 Y에 미치는 영향이 W에 의하여 조절되는 것을 허용(물론 M이 Y에 미치는 영향도 추정한다)하게 된다.

이상의 모든 내용들을 결합한 통계모형은 [그림 12.1]의 panel B와 같다. 그리고 이러한 통계모형에 관한 두 회귀식은 다음과 같다.

$$M = i_M + a_1 D_1 + a_2 D_2 + a_3 W + a_4 D_1 W + a_5 D_2 W + e_M \qquad (12.1)$$

$$Y = i_Y + c'_1 D_1 + c'_2 D_2 + c'_3 W + c'_4 D_1 W + c'_5 D_2 W + bM + e_Y \qquad (12.2)$$

식 (12.1)은 이미지 유형(X)이 방문의도(M)에 미치는 영향이 재정상태(W)에 의하여 선형적으로 조절되는 것을 의미하는 것이다. 마찬가지로 식 (12.2)는 방문의도가 방문행동에 미치는 영향을 추정하면서 이미지 유형이 방문행동에 미치는 영향이 재정상태에 의하여 조절되는 효과를 추정한다. 종합적으로 위의 두 방정식은 다항범주형 변수 X가 M을 경유하여 Y에 미치는 영향이 조절변수 W에 의하여 선형적으로 변화하는 것을 분석하는 것이다.

이전의 분석에서 좋은 이미지 집단의 방문행동과 매우 좋은 이미지 집단의 방문행동이 차이를 보이지 않았다는 결과를 토대로 여기에서의 분석은 5.3절(〈표 5.4〉)에서 사용한 직교대조 코드(orthogonal contrast codes)를 사용하기로 한다. 이러한 코딩방법에서 D_1은 중간 이미지 집단에 비하여 이미지가 좋은 집단(좋은 이미지 집단과 매우 좋은 이미지 집단의 결합)의 효과를 나타내고 D_2는 좋은 이미지 집단과 매우 좋은 이미지 집단의 비교를 추정하는 것이다. 이를 추정하기 위한 SPSS code는 다음과 같다. 이 code는 〈표 5.4〉에 제시된 대조코드를 설정하는 것으로 X와 W의 조절효과를 측정하기 위하여 D_1과 D_2를 W와 각각 곱하고 SPSS의 OLS회귀분석을 이용하여 식 (12.1)과 (12.2)를 추정하는 것이다.

```
if (image=0) d1=-2/3.
if (image>0) d1=1/3.
```

```
if (image=0) d2=0.
if (image=1) d2=-1/2.
if (image=2) d2=1/2.
compute d1financ=d1*finance.
compute d2financ=d2*finance.
regression/dep=intent/method=enter d1 d2 finance d1financ d2financ.
regression/dep=behavior/method=enter d1 d2 finance d1financ d2financ
          intent.
```

위의 code를 실행한 결과가 〈표 12.1〉에 제시되어 있다.
〈표 12.1〉을 이용하여 다음의 추정회귀식을 설정할 수 있다.

$$\widehat{M} = 4.728 - 3.637D_1 + 1.885D_2 + 0.009W + 0.978D_1W - 0.231D_2W \quad (12.3)$$

$$\widehat{Y} = 3.536 - 3.484D_1 + 0.357D_2 + 0.074W + 0.645D_1W - 0.113D_2W + 0.377M \quad (12.4)$$

SPSS 등을 이용하면 여기까지의 결과만 얻을 수 있다. 우리는 두 회귀식의 회귀계수들을 토대로 다른 통계량들도 계산해야 하고 이러한 통계량들의 부트

표 12.1 [그림 12.1]의 조건부과정분석에 대한 모형 회귀계수들

		Consequent						
		M				*Y*		
Antecedent		Coeff.	*SE*	*p*		Coeff.	*SE*	*p*
D_1	a_1	−3.637	1.426	.012	c'_1	−3.484	1.089	.002
D_2	a_2	1.885	1.589	.237	c'_2	0.357	1.193	.765
W	a_3	0.009	0.127	.942	c'_3	0.074	0.095	.436
D_1W	a_4	0.978	0.271	<.001	c'_4	0.645	0.211	.003
D_2W	a_5	−0.231	0.309	.455	c'_5	−0.113	0.231	.627
Intent		−	−	−	b	0.377	0.060	<.001
Constant	i_M	4.728	0.661	<.001	i_Y	3.536	0.570	<.001
		$R^2 = 0.341$				$R^2 = 0.332$		
		$F(5, 154) = 15.957,\ p < .001$				$F(6, 153) = 12.684,\ p < .001$		

스트랩 신뢰구간도 얻어야 한다. PROCESS는 이러한 모든 과정을 수행한다. 이를 위하여 PROCESS에 model=8을 지정하면 *X*→*M*경로와 *X*→*Y*경로는 *W*에 의하여 조절되고 *M*→*Y*경로는 조절되지 않는 모형을 추정한다. 다음은 이 모형을 분석하기 위한 SPSS PROCESS syntax이다.

```
process y=behavior/x=image/m=intent/w=finance/plot=1/mcx=3
        /model=8/seed=72720.
```

위의 syntax는 제11장의 명령문과 매우 유사하다. 하지만 여기에서는 *X*가 다항범주형 변수이고 나아가 세 집단을 나타내기 위하여 헬머트 코딩(Helmert coding)을 사용하였으며 이를 위하여 mcx=3을 지정하였다. 헬머트 코딩방법은 두 직교대조에 해당하는 상대적 효과를 산출해 준다. PROCESS는 model 8의 분석을 위하여 *X*의 코드설정과 조절효과를 위한 필요한 적항의 생성 및 상호작용의 탐색작업과 상호작용의 그래프를 그리기 위한 자료를 산출(plot=1 옵션의 사용)해 준다. 또한 *X*의 조건부직접효과와 조건부간접효과의 추정 그리고 필요시에는 부트스트랩 신뢰구간도 자동으로 산출해 준다.

위의 syntax를 실행한 결과가 [그림 12.2]에 나타나 있다.

그림 12.2 관광목적지 이미지연구의 조건부과정분석에 관한 PROCESS 결과물

```
Model  : 8
    Y  : BEHAVIOR
    X  : IMAGE
    M  : INTENT
    W  : FINANCE

Sample
Size :  160

Custom
Seed :     72720

Coding of categorical X variable for analysis:
    IMAGE       X1     X2
     .000    -.667   .000
    1.000     .333  -.500      → Helmert codes(orthogonal contrasts)
    2.000     .333   .500

****************************************************************************
OUTCOME VARIABLE:
 INTENT
```

```
Model Summary
          R       R-sq        MSE          F        df1        df2          p
      .5842      .3413     1.3019    15.9566     5.0000   154.0000      .0000

Model
                  coeff         se          t          p       LLCI       ULCI
constant         4.7277      .6606     7.1570      .0000     3.4228     6.0327
X1       (a1)   -3.6374     1.4262    -2.5505      .0117    -6.4548     -.8201
X2       (a2)    1.8847     1.5888     1.1863      .2373    -1.2539     5.0233
FINANCE  (a3)     .0093      .1270      .0731      .9418     -.2416      .2602
Int_1    (a4)     .9782      .2714     3.6045      .0004      .4421     1.5143
Int_2    (a5)    -.2312      .3089     -.7485      .4553     -.8413      .3790

Product terms key:
 Int_1    :        X1        x        FINANCE
 Int_2    :        X2        x        FINANCE

Test(s) of highest order unconditional interaction(s):
       R2-chng          F        df1        df2          p
X*W      .0579     6.7701     2.0000   154.0000      .0015
```

→ Test of interaction between X and W

```
----------
    Focal predict : IMAGE    (X)
          Mod var : FINANCE  (W)

Conditional effects of the focal predictor at values of the moderator(s):

Moderator value(s):
FINANCE     4.3700

       Effect        se         t         p      LLCI      ULCI
X1      .6373     .2962    2.1518     .0330     .0522    1.2224
X2      .8745     .3277    2.6681     .0084     .2270    1.5219
```

X1 → $\theta_{D_1 \to M} = a_1 + a_4 W$

X2 → $\theta_{D_2 \to M} = a_2 + a_5 W$

→ Relative conditional effects of X on M

```
Test of equality of conditional means
         F        df1        df2          p
    6.4979     2.0000   154.0000      .0020
```

→ Omnibus test of equality of conditional estimates of M

```
Estimated conditional means being compared:
      IMAGE     INTENT
      .0000     4.3434
     1.0000     4.5435
     2.0000     5.4179
----------
Moderator value(s):
FINANCE     5.2500

       Effect        se         t         p      LLCI      ULCI
X1     1.4981     .1899    7.8899     .0000    1.1230    1.8732
X2      .6710     .2480    2.7062     .0076     .1812    1.1609
```

X1 → $\theta_{D_1 \to M} = a_1 + a_4 W$

X2 → $\theta_{D_2 \to M} = a_2 + a_5 W$

```
  → Relative conditional effects of X on M

Test of equality of conditional means
          F        df1        df2        p
    32.2178     2.0000   154.0000    .0000

  → Omnibus test of equality of conditional estimates of M

Estimated conditional means being compared:
      IMAGE     INTENT
      .0000     3.7777
     1.0000     4.9403
     2.0000     5.6113
----------
Moderator value(s):
FINANCE     5.7788

          Effect        se         t         p      LLCI      ULCI
X1        2.0154     .2447    8.2363     .0000    1.5320    2.4988  → θ_{D1→M} = a1 + a4W
X2         .5488     .3240    1.6940     .0923    -.0912    1.1887  → θ_{D2→M} = a2 + a5W

  → Relative conditional effects of X on M

Test of equality of conditional means

          F        df1        df2        p
    33.9264     2.0000   154.0000    .0000

  → Omnibus test of equality of conditional estimates of M

Estimated conditional means being compared:
      IMAGE     INTENT
      .0000     3.4378
     1.0000     5.1788
     2.0000     5.7275

Data for visualizing the conditional effect of the focal predictor:
Paste text below into a SPSS syntax window and execute to produce plot.

DATA LIST FREE/
   IMAGE      FINANCE    INTENT     .
BEGIN DATA.
      .0000    4.3700    4.3434
     1.0000    4.3700    4.5435
     2.0000    4.3700    5.4179
      .0000    5.2500    3.7777
     1.0000    5.2500    4.9403  → Output from the plot option
     2.0000    5.2500    5.6113
      .0000    5.7788    3.4378
     1.0000    5.7788    5.1788
     2.0000    5.7788    5.7275
END DATA.
GRAPH/SCATTERPLOT=
 FINANCE  WITH     INTENT   BY       IMAGE    .
```

```
**************************************************************************
OUTCOME VARIABLE:
 BEHAVIOR
```

Model Summary

R	R-sq	MSE	F	df1	df2	p
.5764	.3322	.7278	12.6841	6.0000	153.0000	.0000

Model

		coeff	se	t	p	LLCI	ULCI
constant		3.5363	.5701	6.2025	.0000	2.4099	4.6627
X1	(c'_1)	-3.4843	1.0886	-3.2007	.0017	-5.6349	-1.3336
X2	(c'_2)	.3574	1.1933	.2995	.7650	-2.0001	2.7149
INTENT	(b)	.3769	.0602	6.2556	.0000	.2579	.4959
FINANCE	(c'_3)	.0741	.0950	.7807	.4362	-.1135	.2618
Int_1	(c'_4)	.6450	.2113	3.0525	.0027	.2275	1.0624
Int_2	(c'_5)	-.1127	.2314	-.4873	.6267	-.5698	.3443

Product terms key:

```
 Int_1    :    X1    x    FINANCE
 Int_2    :    X2    x    FINANCE
```

Test(s) of highest order unconditional interaction(s):

	R2-chng	F	df1	df2	p
X*W	.0415	4.7510	2.0000	153.0000	.0100

→ Test of moderation of the direct effect of X

```
----------
    Focal predict : IMAGE    (X)
          Mod var : FINANCE  (W)
```

Conditional effects of the focal predictor at values of the moderator(s):
(These are also the relative conditional direct effects of X on Y)

Moderator value(s):
FINANCE   4.3700

	Effect	se	t	p	LLCI	ULCI	
X1	-.6658	.2247	2.9623	.0035	-1.1098	-.2218	→ $\theta_{D_1 \to Y} = c'_1 + c'_4 W$
X2	-.1353	.2507	-.5398	.5901	-.6305	.3599	→ $\theta_{D_2 \to Y} = c'_2 + c'_5 W$

→ Relative conditional direct effects

Test of equality of conditional means

F	df1	df2	p
4.6423	2.0000	153.0000	.0110

→ Omnibus test of equality of conditional estimates of Y

Estimated conditional means being compared:

IMAGE	BEHAVIOR
.0000	6.0508
1.0000	5.4527
2.0000	5.3174

```
----------
```

```
Moderator value(s):
FINANCE     5.2500

        Effect       se         t         p      LLCI      ULCI
X1      -.0982    .1682    -.5836     .5603    -.4305     .2342
X2      -.2345    .1897   -1.2359     .2184    -.6094     .1404
```

(X1 → $\theta_{D_1 \rightarrow Y} = c'_1 + c'_4 W$; X2 → $\theta_{D_2 \rightarrow Y} = c'_2 + c'_5 W$)

→ Relative conditional direct effects

```
Test of equality of conditional means
         F        df1        df2         p
     .8058     2.0000   153.0000     .4486
```

→ Omnibus test of equality of conditional estimates of Y

```
Estimated conditional means being compared:
      IMAGE   BEHAVIOR
      .0000     5.7377
     1.0000     5.7568
     2.0000     5.5223
----------
Moderator value(s):
FINANCE     5.7788

        Effect       se         t         p      LLCI      ULCI
X1       .2429    .2196     .1061     .2704    -.1909     .6767
X2      -.2941    .2445   -1.2032     .2308    -.7771     .1888
```

(X1 → $\theta_{D_1 \rightarrow Y} = c'_1 + c'_4 W$; X2 → $\theta_{D_2 \rightarrow Y} = c'_2 + c'_5 W$)

→ Relative conditional direct effects

```
Test of equality of conditional means
         F        df1        df2         p
    1.7956     2.0000   153.0000     .1695
```

→ Omnibus test of equality of conditional estimates of Y

```
Estimated conditional means being compared:
      IMAGE   BEHAVIOR
      .0000     5.5495
     1.0000     5.9395
     2.0000     5.6453

Data for visualizing the conditional effect of the focal predictor:
Paste text below into a SPSS syntax window and execute to produce plot.

DATA LIST FREE/
   IMAGE      FINANCE    BEHAVIOR   .
BEGIN DATA.
      .0000     4.3700     6.0508
     1.0000     4.3700     5.4527
     2.0000     4.3700     5.3174
      .0000     5.2500     5.7377
     1.0000     5.2500     5.7568
     2.0000     5.2500     5.5223
```

→ Output from the plot option

```
    .0000    5.7788      5.5495
   1.0000    5.7788      5.9395
   2.0000    5.7788      5.6453
END DATA.
GRAPH/SCATTERPLOT=
 FINANCE  WITH     BEHAVIOR BY        IMAGE    .

****************** DIRECT AND INDIRECT EFFECTS OF X ON Y *******************

Relative conditional direct effect(s) of X on Y:
          FINANCE    Effect       se          t          p       LLCI       ULCI
X1         4.3700    -.6658     .2247    -2.9623     .0035    -1.1098    -.2218
X1         5.2500    -.0982     .1682     -.5836     .5603     -.4305     .2342
X1         5.7788     .2429     .2196     1.1061     .2704     -.1909     .6767
X2         4.3700    -.1353     .2507     -.5398     .5901     -.6305     .3599
X2         5.2500    -.2345     .1897    -1.2359     .2184     -.6094     .1404
X2         5.7788    -.2941     .2445    -1.2032     .2308     -.7771     .1888

Relative conditional indirect effects of X on Y:
INDIRECT EFFECT:
 IMAGE       ->     INTENT      ->    BEHAVIOR

          FINANCE    Effect    BootSE  BootLLCI  BootULCI
X1         4.3700     .2402     .1191    -.0030     .4762
X1         5.2500     .5646     .1132     .3510     .7861
X1         5.7788     .7596     .1575     .4592    1.0757
```

→ $\theta_{D_1 \to M} \times b = a_1 b + a_4 b W$

```
      Index of moderated mediation:
                 Index      BootSE     BootLLCI      BootULCI
FINANCE          .3687       .1311       .1351         .6469
```

→ $a_4 b$ with bootstrap confidence interval for test of moderation of the indirect effect

```
---

          FINANCE    Effect    BootSE  BootLLCI  BootULCI
X2         4.3700     .3296     .1394     .0833     .6334
X2         5.2500     .2529     .0907     .0942     .4434
X2         5.7788     .2068     .1005     .0361     .4328
```

→ $\theta_{D_2 \to M} \times b = a_2 b + a_5 b W$

```
      Index of moderated mediation:
                 Index      BootSE     BootLLCI      BootULCI
FINANCE         -.0871       .1074      -.3088         .1152
```

→ $a_5 b$ with bootstrap confidence interval for test of moderation of the indirect effect

```
---

************************ ANALYSIS NOTES AND ERRORS **************************

Level of confidence for all confidence intervals in output:
  95.0000

Number of bootstrap samples for percentile bootstrap confidence intervals:
```

```
  5000
W values in conditional tables are the 16th, 50th, and 84th percentiles.
```

12.2 X의 간접효과

매개과정은 최소한 두 단계를 포함하고 있다. 첫 단계는 인과선행변수 X가 매개변수 M에 미치는 영향이고 두 번째 단계는 매개변수 M이 최종결과변수 Y에 미치는 영향이다. 직렬다중매개모형과 같은 좀 더 복잡한 모형은 더 많은 단계를 가지고 있다. 매개변수가 한 개인 본장의 모형에서는 X가 M을 경유하여 Y에 영향을 미치는 간접효과는 이러한 두 단계의 적항으로 수량화된다. 매개과정의 한 개 혹은 두 단계가 모두 조절되는 경우에 간접효과를 계산하기 위해서 이러한 두 단계를 통합해야 한다는 개념을 알면 X의 차이가 매개변수를 거쳐 Y의 차이에 미치는 영향이 조절변수의 값에 따라 어떻게 달라지는지를 이해할 수 있다.

12.2.1 매개과정의 첫 번째 단계

본 예제에서 매개과정의 첫 단계가 조절되는 것으로 설정되어 있다. 즉, 첫 단계는 이미지 유형(X)이 방문의도(M)에 미치는 영향이다. 하지만 X는 세 집단으로 이루어진 다항범주형 변수이므로 M에 미치는 영향을 계산하기 위해서는 두 개의 변수가 필요하다. 그리고 W는 X가 M에 미치는 영향을 조절하는 연속형 변수이기 때문에 X를 나타내는 두 변수와 W의 두 적항을 생성하여 모형에 도입하면 X가 M에 미치는 영향이 W에 의하여 선형적으로 조절되는 것을 분석할 수 있다. 이러한 모형은 제9장의 모형과 동일하다. 우리는 이미 이 모형을 추정하였는데 전체 조건부과정모형 중에서 이 부분에 해당하는 PROCESS 분석결과는 [그림 12.2]의 “Outcome Variable : intent” 부분에 제시되어 있고 이에 관한 회귀식은 다음과 같다.

$$\widehat{M} = 4.728 - 3.637D_1 + 1.885D_2 + 0.009W + 0.978D_1W - 0.231D_2W \quad (12.5)$$

제9장에서 X가 g개의 범주로 구성된 다항범주형 변수이고 W가 연속형 또는 이분형 변수인 경우에 X의 영향이 결과변수(여기에서는 M)에 미치는 영향이 조절되는지를 검정하는 방법을 알아보았다. 즉, 두 모형의 적합도를 비교하는 것이다. 먼저 첫 번째 모형은 다항범주형 변수의 범주를 코딩한 $g-1$개의 변수와 W를 포함하는 모형이다. 두 번째 모형은 X를 코딩한 변수들과 조절변수 W 간의 $g-1$개의 적항을 추가한 모형이다. 만일 R^2이 유의적으로 증가한다면 X가 M에 미치는 영향은 W에 의하여 조절된다는 증거이다. PROCESS는 이러한 계산과정을 자동으로 실행한다. 이러한 결과는 [그림 12.2]에서 M(intent)모형의 “Test(s) of highest order unconditional interaction(s)” 부분에 제시되어 있다. 결과물에서 $\Delta R^2 = 0.058$, $F(2,\ 154) = 6.770$, $p = .002$로 나타나 있다. 따라서 우리는 ${}_Ta_4$와 ${}_Ta_5$가 모두 0이라고 말할 수 없다. 즉, 이들 중 최소한 하나가 0과 다르다. 그러므로 X와 W가 상호작용한다(X가 M에 미치는 영향은 W에 의하여 조절된다)고 주장할 수 있다.

또한 재정상태의 16th, 50th 및 84th 백분위값에서 이미지 유형이 방문의도에 영향을 주는 조건부효과를 구하여 상호작용의 탐색작업을 실시할 수 있다. 9.4절에서 사용하고 또한 PROCESS에서 자동으로 결과를 산출해 주는 전반적 검정방법(omnibus approach)은 재정상태의 세 값에서 모두 이미지 유형이 방문의도에 미치는 영향의 차이가 통계적으로 유의하다는 추론을 가능하게 만든다. 즉, 재정상태가 낮은 사람들($W = 4.370$; $F(2,\ 154) = 6.498$, $p = .002$)과 중간 수준인 사람들($W = 5.250$; $F(2,\ 154) = 32.218$, $p < .001$) 및 높은 사람들($W = 5.779$; $F(2,\ 154) = 33.926$, $p < .001$)에서 모두 유의하게 나타났다.

하지만 이러한 전반적 검정결과는 집단 간 차이에 관하여 모호한 정보만 제공할 뿐이다. 게다가 이는 나중에 다루게 될 X의 상대적 조건부간접효과(relative conditional indirect effect)에 관한 정보를 제공하지 않는다. 그 대신 우리는 X가 M에 영향을 미치는 상대적 조건부효과를 이용하여 상호작용의 탐색을 위한 대응별 방법(pairwise approach)을 사용할 것이다. 제9장에서 X가 g개의 집단을 나타내는 다항범주형 변수인 경우에 X의 상대적 효과는 $g-1$개가 존재한다는 것을 확인하였다. 본 예제에서 X가 M에 영향을 미치는 상대적 효과들 중의 하나($\theta_{D_1\to M}$)는 이미지가 좋은 집단(좋은 이미지 집단과 매우 좋은 이미지 집단의 결합)과 중간 이미지 집단 간의 방문의도의 차이를 수량화한 것이고 다른 하나의 상대적 효과($\theta_{D_2\to M}$)는 좋은 이미지 집단과 매우 좋은 이미지 집단의 방문의도의 차이를 수량화한 것이다. 그리고 이들은 식 (12.1)과 (12.3)에서 다음과 같이 계산된다.

$$\theta_{D_1\to M} = a_1 + a_4 W = -3.637 + 0.978\,W \tag{12.6}$$

$$\theta_{D_2\to M} = a_2 + a_5 W = 1.885 - 0.231\,W \tag{12.7}$$

위의 식은 모두 W의 함수이다. 식 (12.6)과 (12.7)에 W값을 대입하면 해당 W값을 조건으로 하는 두 집단 혹은 집단의 결합 간의 방문의도의 차이를 계산할 수 있다. 그리고 조건부효과는 집단을 나타내는 코딩방법에 따라 달라진다. 본 예제에서는 집단을 표현하기 위하여 〈표 5.4〉의 두 개의 직교대조를 사용하였다. 따라서 D_1은 이미지가 좋은 집단(좋은 및 매우 좋은)과 중간 이미지 집단의 방문의도의 차이를 의미한다. 재정상태가 비교적 낮은($W=4.370$) 사람들에서 상대적 조건부효과는 다음과 같다.

$$\theta_{D_1\to M} = -3.637 + 0.978(4.370) = 0.637$$

따라서 이미지가 좋은 집단에 속한 사람들은 중간 이미지 집단에 속한 사람들보다 방문의도를 0.637단위만큼 높게 평가한다고 볼 수 있다.

그리고 D_2는 매우 좋은 이미지 집단에 속한 사람들과 좋은 이미지 집단에 속한 사람들 간의 방문의도의 차이를 말한다. 재정상태가 비교적 열악한($W=4.370$) 사람들의 상대적 조건부효과는 다음과 같다.

$$\theta_{D_2\to M} = 1.885 - 0.231(4.370) = 0.875$$

따라서 매우 좋은 이미지 집단에 속한 사람들은 좋은 이미지 집단에 속한 사람들보다 방문의도를 0.875단위만큼 높게 평가한다는 것을 알 수 있다.

이러한 상대적 조건부효과는 모형에서 M의 추정치의 차이로 생각하면 더 쉽게 이해할 수 있다. 식 (12.3)에서 각 집단의 D_1과 D_2 및 W값을 대입하면 W값을 조건으로 하는 세 집단의 M의 추정치를 계산할 수 있다. 예를 들어 재정상태가 낮은 사람들에서 중간 이미지 집단과 좋은 이미지 집단 및 매우 좋은 이미지 집단의 M의 추정치는 각각 $\hat{M}_{SS}=4.343$, $\hat{M}_{GO}=4.544$ 및 $\hat{M}_{VG}=5.418$ 로 계산된다. 이러한 결과는 [그림 12.2]에서 $W=4.370$인 경우의 "Estimated conditional means being compared" 부분에 제시되어 있다.

세 집단의 M의 추정치를 이용하여 $W=4.370$인 경우에 상대적 조건부효과를 계산하면 다음과 같다.

$$\theta_{D_1\rightarrow M}|(W=4.370)=\frac{\hat{M}_{GO}+\hat{M}_{VG}}{2}-\hat{M}_{SS}$$
$$=\frac{4.544+5.418}{2}-4.343=0.637$$
$$\theta_{D_2\rightarrow M}|(W=4.370)=\hat{M}_{VG}-\hat{M}_{GO}$$
$$=5.418-4.544\ =0.875$$

PROCESS는 이러한 계산을 자동으로 해주며 표준오차, t값, 상대적 조건부효과가 0이라는 귀무가설검정을 위한 p값과 상대적 조건부효과의 95% 신뢰구간도 제공한다. 이러한 결과는 [그림 12.2]의 M모형의 "Conditional effects of the focal predictor at values of the moderator(s)"의 아랫부분에 제시되어 있다. 결과물을 살펴보면 X1행은 $\theta_{D_1\rightarrow M}|(W=4.370)$의 결과이고 X2행은 $\theta_{D_2\rightarrow M}|(W=4.370)$의 결과이다. 결과물에서 재정상태가 낮은 집단에서 이미지가 좋은 집단에 속한 사람들은 중간 이미지 집단에 속한 사람들보다 방문의도를 유의적으로 높게 평가하는 것으로 나타났다($\theta_{D_1\rightarrow M}|(W=4.370)=0.637,\ p=.033$). 그리고 매우 좋은 이미지 집단과 좋은 이미지 집단의 방문의도의 차이 또한 통계적으로 유의하게 나타났다($\theta_{D_2\rightarrow M}|(W=4.370)=0.875,\ p=.008$).

이러한 계산은 나머지 W값에도 적용된다. $W=5.250$인 경우에는 다음과 같다.

$$\theta_{D_1\rightarrow M}=-3.637+0.978(5.250)=1.498$$

$$\theta_{D_2 \to M} = 1.885 - 0.231(5.250) = 0.671$$

동일한 방법으로 이들은 다음과 같이 M의 추정치를 이용하여 계산할 수 있다.

$$\theta_{D_1 \to M}|(W = 5.250) = \frac{\widehat{M}_{GO} + \widehat{M}_{VG}}{2} - \widehat{M}_{SS}$$
$$= \frac{4.940 + 5.611}{2} - 3.778 = 1.498$$
$$\theta_{D_2 \to M}|(W = 5.250) = \widehat{M}_{VG} - \widehat{M}_{GO}$$
$$= 5.611 - 4.940 = 0.671$$

결과물에서 $\theta_{D_1 \to M}$과 $\theta_{D_2 \to M}$가 모두 통계적으로 유의하게 나타났다. 따라서 이미지가 좋은 집단에 속한 사람들은 중간 이미지 집단에 속한 사람들보다 방문의도를 높게 평가하였고($\theta_{D_1 \to M}|(W = 5.250) = 1.498,\ p < .001$), 마찬가지로 매우 좋은 이미지 집단에 속한 사람들은 좋은 이미지 집단에 속한 사람들보다 방문의도가 높게 나타났다($\theta_{D_2 \to M}|(W = 5.250) = 0.671,\ p = .008$).

마지막으로 W=5.779인 경우에는 다음과 같이 계산된다.

$$\theta_{D_1 \to M} = -3.637 + 0.978(5.779) = 2.015$$
$$\theta_{D_2 \to M} = 1.885 - 0.231(5.779) = 0.549$$

또한 M추정치를 이용한 계산은 다음과 같다.

$$\theta_{D_1 \to M}|(W = 5.779) = \frac{\widehat{M}_{GO} + \widehat{M}_{VG}}{2} - \widehat{M}_{SS}$$
$$= \frac{5.179 + 5.728}{2} - 3.438 = 2.015$$
$$\theta_{D_2 \to M}|(W = 5.779) = \widehat{M}_{VG} - \widehat{M}_{GO}$$
$$= 5.728 - 5.179 = 0.549$$

이미지가 좋은 집단에 속한 사람들은 중간 이미지 집단에 속한 사람들보다 방문의도를 더 높게 평가하였다($\theta_{D_1 \to M}|(W=5.779)=2.015,\ p<.001$). 그러나 매우 좋은 이미지 집단과 좋은 이미지 집단의 방문의도의 차이는 통계적으로 유의하지 않게 나타났다($\theta_{D_2 \to M}|(W=5.779)=0.549,\ p=.092$).

이미지 유형과 재정상태의 상호작용을 탐색하는 다른 방법으로 대응별 비교방법이 있다. X가 M에 영향을 미치는 조건부효과를 정의하는 식 (12.6)과 (12.7)은 모두 W의 함수이고 a_4와 a_5는 W의 가중치이다. 앞의 계산에서 W가 증가하면서 이미지가 좋은 집단과 중간 이미지 집단의 차이는 점점 커지는 것 ($0.637 \to 1.498 \to 2.015$)을 확인하였다. a_4는 바로 이러한 차이의 변화율을 의미하며 식 (12.1)과 (12.3)의 D_1W의 회귀계수이다. 〈표 12.1〉과 [그림 12.2]에서 a_4는 유의하게 나타났다($a_4=0.978,\ p<.001$). 따라서 이미지가 좋은 집단과 중간 이미지 집단의 방문의도의 차이는 재정상태와 관련(재정상태에 의하여 조절)되어 있다고 말할 수 있다.

동일한 논리로 식 (12.1)과 (12.3)에서 D_2W의 회귀계수인 a_5는 재정상태의 증가에 따른 매우 좋은 이미지 집단과 좋은 이미지 집단의 차이의 변화율을 말한다. 〈표 12.1〉과 [그림 12.2]에서 이러한 변화율은 통계적으로 유의하지 않게 나타났다($a_5=-0.231,\ p=.455$). 그러므로 재정상태는 좋은 이미지 집단에 비하여 매우 좋은 이미지 집단이 방문의도에 미치는 영향을 조절한다고 말할 수 없다.

12.2.2 매개과정의 두 번째 단계

매개변수가 한 개일 때 매개모형의 두 번째 단계는 X가 동일한 값을 갖는 경우에 M이 Y에 미치는 영향이다. 본 모형에서 두 번째 단계의 구성요소는 W와 모형 내의 다른 변수들과는 독립적으로 고정되어 있다. 즉, 이는 함수가 아니라 상수이다. 방문의도가 방문행동에 미치는 영향은 식 (12.2)의 b로 추정된다. [그림 12.2]의 결과물에서 통계적으로 유의하게($b=0.377,\ p<.001$) 나타났다. 즉, 방문의도가 높은 사람들의 방문행동은 높게 나타났다고 말할 수 있다.

12.3 상대적 조건부간접효과

단일매개변수를 포함한 매개모형에서 간접효과는 두 효과($X \to M$효과와 X를 통제한 경우의 $M \to Y$효과)의 적항으로 계산된다. 이미지 유형(X)이 방문의도(M)를 경유하여 방문행동(Y)에 영향을 주는 간접효과를 계산하기 위해서는 $X \to M$효과와 $M \to Y$효과를 곱해야 한다. 하지만 X가 $g=3$집단을 나타내는 다항범주형 변수인 경우에는 제5장에서 설명한 것처럼 두 개의 상대적 간접효과가 나타난다. 이러한 상대적 간접효과는 여전히 효과들의 적항이다. 본 예제에서 두 효과 중의 하나는 함수이므로 상대적 간접효과 역시 함수로 표현된다.

12.2절에서 $X \to M$효과는 W의 함수인 두 개의 상대적 효과로 분리할 수 있다는 것을 확인하였다. 중간 이미지 집단에 비하여 이미지가 좋은 집단이 방문의도에 미치는 영향은 $\theta_{D_1 \to M} = a_1 + a_4 W$로 표현된다. 그리고 좋은 이미지 집단에 비한 매우 좋은 이미지 집단의 영향은 $\theta_{D_2 \to M} = a_2 + a_5 W$와 같다. 이러한 두 식은 모두 W의 함수이다. X의 두 개의 상대적 간접효과를 구하기 위해서는 이러한 각각의 $X \to M$의 상대적 조건부효과와 $M \to Y$효과(b)를 곱해야 한다. 따라서 중간 이미지 집단에 비하여 이미지가 좋은 집단의 상대적 간접효과는 중간 이미지 집단에 비하여 이미지가 좋은 집단이 방문의도에 미치는 영향($\theta_{D_1 \to M}$)과 방문의도가 방문행동에 주는 영향(b)을 곱한 값이며 이는 다음과 같다.

$$\theta_{D_1 \to M} \times b = (a_1 + a_4 W)b = a_1 b + a_4 b W \qquad (12.8)$$

식 (12.3)과 (12.4)에서 추정된 회귀계수들을 식 (12.8)에 대입한 결과는 다음과 같다.

$$\theta_{D_1 \to M} b = (-3.637 + 0.978W)(0.377) = -1.371 + 0.369W \qquad (12.9)$$

위의 식은 재정상태(W)의 함수이다. 같은 방법으로 좋은 이미지 집단에 비하여 매우 좋은 이미지 집단의 상대적 간접효과는 좋은 이미지 집단에 비하여 매우 좋은 이미지 집단이 방문의도에 주는 영향($\theta_{D_2 \to M}$)과 방문의도가 방문행동에 미치는 영향(b)을 곱한 값이며 이는 다음과 같다.

$$\theta_{D_2 \rightarrow M} \times b = (a_2 + a_5 W)b = a_2 b + a_5 b W \tag{12.10}$$

또한 추정된 회귀계수들을 식 (12.10)에 대입하면 다음과 같이 계산된다.

$$\theta_{D_2 \rightarrow M} b = (1.885 - 0.231 W)(0.377) = 0.711 - 0.087 W \tag{12.11}$$

위의 식 또한 W의 함수이다.

식 (12.9)와 (12.11)은 상수(절편)가 각각 $a_1 b$와 $a_2 b$이고 기울기는 각각 $a_4 b$와 $a_5 b$인 직선의 수학적 공식이다. 이러한 식에 다양한 W값을 대입하면 특정한 W값에서의 X의 상대적 조건부간접효과들(relative conditional indirect effects)을 계산할 수 있다. 예를 들어 식 (12.9)를 이용하여 재정상태가 낮은 경우에(W=4.370) 중간 이미지 집단에 비하여 이미지가 좋은 집단이 방문행동에 영향을 미치는 상대적 조건부간접효과는 다음과 같이 계산된다.

$$\theta_{D_1 \rightarrow M} b | (W = 4.370) = -1.371 + 0.369(4.370) = 0.240$$

마찬가지로 재정상태가 낮은 경우에 좋은 이미지 집단에 비하여 매우 좋은 이미지 집단이 방문행동에 영향을 주는 상대적 조건부간접효과는 다음과 같이 계산된다.

$$\theta_{D_2 \rightarrow M} b | (W = 4.370) = 0.711 - 0.087(4.370) = 0.330$$

이러한 계산결과는 $W = 5.250$과 $W = 5.779$인 경우를 포함하여 〈표 12.2〉에 제시되어 있다.

그리고 이러한 상대적 조건부간접효과들은 결과물 끝부분의 "Relative conditional indirect effects of X on Y"에 제시되어 있다.

어떠한 간접효과와 마찬가지로 이러한 상대적 조건부간접효과들의 실질적인 해석은 구성요소들의 부호(signs)의 이해를 필요로 한다. 관광목적지 이미지연구에서 이들은 특정 W값에서의 X가 M에 영향을 주는 조건부효과와 M이 Y

표 12.2 이미지 유형이 방문행동에 영향을 미치는 상대적 조건부간접효과들

				Indirect Effect	
W	$\theta_{D_1 \to M}$	$\theta_{D_2 \to M}$	b	$\theta_{D_1 \to M}b$	$\theta_{D_2 \to M}b$
4.370	0.637	0.876	0.377	0.240	0.330
5.250	1.498	0.672	0.377	0.565	0.253
5.779	2.015	0.550	0.377	0.760	0.207

에 영향을 미치는 비조건부효과의 적항이다. 〈표 12.2〉에서 세 가지 W값에서 $X \to M$의 모든 조건부효과는 양수로 나타났는데 이는 이미지가 좋은 것이 중간 이미지보다 방문의도에 긍정적인 영향을 미친다는 것(즉, 모든 W에 대하여 $\theta_{D_1 \to M} > 0$)과 매우 좋은 이미지가 좋은 이미지보다 방문의도값이 더 크다는 것(즉, 모든 W에 대하여 $\theta_{D_2 \to M} > 0$)을 의미하는 것이다. 이러한 양의 효과와 M이 Y에 영향을 미치는 양의 효과(b)를 곱하면 상대적 조건부간접효과도 양수로 계산된다. 따라서 이미지가 좋은 것이 중간 이미지보다 방문의도를 증가시키고 방문의도가 증가하면 방문행동이 증가하기 때문에 중간 이미지보다 이미지가 좋은 것이 방문행동을 증가시키는 것이다. 마찬가지로 매우 좋은 이미지가 좋은 이미지보다 방문의도를 더 증가시키며 이러한 방문의도는 방문행동을 증가시키게 된다.

이러한 상대적 조건부간접효과들은 모두 동일한 척도로 평가된다. 즉, 이들은 기본적으로 이미지 유형이 방문의도에 주는 영향($X \to M$)과 방문의도가 방문행동에 영향을 미치는 효과($M \to Y$)의 결합효과(joint effects)에서 발생하는 방문행동의 집단 간 차이에 관한 것이다. 따라서 우리는 이러한 간접효과의 최대치는 재정상태가 가장 좋은 사람들의 이미지가 좋은 상태(중간 이미지에 비하여)의 간접효과($\theta_{D_1 \to M}b = 0.760$)라고 정당하게 말할 수 있다. 또한 우리는 W값의 중간값과 높은 값에서 중간 이미지에 비한 이미지가 좋은 조건의 간접효과가 좋은 이미지에 비한 매우 좋은 이미지의 간접효과보다 크다($\theta_{D_1 \to M}b > \theta_{D_2 \to M}b$)고 말할 수 있다. 하지만 재정상태가 열악한 상황에서는 이러한 관계가 역전되는 것으로 나타났다.

12.4 조절된 매개의 검정과 탐색

상대적 조건부간접효과들에 관한 앞선 논의는 성격상 종합적이고 서술적인 것이다. 이 시점에서 우리는 상대적 간접효과가 조절변숫값에 따라 달라지는지와 상이한 조절변수 수준에서의 상대적 간접효과들이 서로 차이를 보이는지를 검정해야 한다. 하지만 아직까지 간접효과가 우연성에 의하여 발생할 것이라고 기대되는 것 이상으로 조절변숫값에 따라 변화하는지에 대한 통계적 추론을 실행하지 않았다. 상대적 조건부간접효과는 회귀계수들의 추정치를 이용하여 계산되는데 여기에는 불확실성이 수반된다. 이러한 불확실성은 상대적 조건부간접효과의 추정에서 표본분산(sampling variance)의 문제로 이어진다. 본절에서는 추론에서 발생하는 표본분산을 다룬다. 먼저 간접효과들이 조절변숫값에 따라 다르게 나타나는지를 조사하고 다음으로 간접효과가 조절되는 경우에 실시하는 탐색방법을 살펴본다.

12.4.1 상대적 간접효과의 조절에 관한 검정

제10장과 제11장의 예제에서 간접효과의 조절에 대한 검정은 조절된 매개지수(index of moderated mediation)를 이용한다고 설명하였다. 조절된 매개지수는 X가 Y에 영향을 주는 간접효과의 크기와 조절변수의 관계에 대한 함수에서 조절변수의 가중치라는 것을 기억해야 한다. 조절된 매개지수의 부트스트랩 신뢰구간 등의 방법을 이용하여 이러한 조절된 매개지수가 0과 다르게 나타나면 간접효과가 조절변수와 선형적으로 관련되어 있고 따라서 조절된 매개를 주장할 수 있다. 하지만 신뢰구간에 0이 포함된다면 간접효과는 조절변수와 (선형적으로) 관련이 없기 때문에 조절된 매개효과는 유의하지 않다고 판단한다.

동일한 논리가 관광목적지 이미지연구에도 적용되지만 여기에서는 간접효과가 한 개가 아니라 두 개의 상대적 간접효과가 존재하고 이러한 상대적 간접효과가 모두 조절변수 W의 함수이기 때문에 문제가 약간 복잡해진다. 12.3절(식 12.8과 12.9 참조)에서 중간 이미지 집단에 비하여 이미지가 좋은(좋은 및 매우 좋은 이미지 집단) 집단의 상대적 간접효과는 다음과 같다는 것을 알아보았다.

$$\theta_{D_1 \to M} b = (a_1 + a_4 W) b = a_1 b + a_4 b W = -1.371 + 0.369 W$$

위의 식은 재정상태(W)의 함수이다. 이 식에서 $a_4 b$가 이미지가 좋은 것(중간 이미지에 비하여)이 방문의도를 경유하여 방문행동에 영향을 주는 간접효과에 대한 조절된 매개지수이다. 이러한 조절된 매개지수에 대한 부트스트랩 신뢰구간은 이 직선의 기울기(조절변수와 상대적 간접효과의 크기를 연결시킨 함수에서 W의 가중치)가 0과 다른지를 검정해 준다. [그림 12.2]의 마지막 부분에 이러한 조절된 매개지수($a_4 b = 0.369$)에 대한 95% 부트스트랩 신뢰구간은 완벽하게 0보다 크게(0.135～0.647) 나타났다. 이러한 결과는 중간 이미지에 비하여 이미지가 좋은 것이 방문의도를 거쳐 방문행동에 영향을 주는 간접효과가 조절된다는 증거이다.

그리고 두 번째 조절된 매개지수가 나타나는데 이는 좋은 이미지에 비한 매우 좋은 이미지의 간접효과의 크기와 재정상태 간의 관계를 수량화한 것이다. 그리고 12.3절의 식 (12.10)과 (12.11)에서 이들에 관한 상대적 간접효과는 다음과 같다.

$$\theta_{D_2 \to M} b = (a_2 + a_5 W) b = a_2 b + a_5 b W = 0.711 - 0.087 W$$

위의 식에서 좋은 이미지에 비하여 매우 좋은 이미지가 방문의도를 경유하여 방문행동에 영향을 미치는 간접효과에 대한 조절된 매개지수는 $a_5 b = -0.087$이라는 것을 알 수 있다. 그리고 [그림 12.2]에서 이러한 조절된 매개지수에 대한 95% 부트스트랩 신뢰구간(−0.309～0.115)은 0을 포함하고 있기 때문에 유의하지 않다.

제6장의 매개분석에서 X가 g개의 범주로 구성된 다항범주형 변수인 경우에 부트스트랩 신뢰구간을 이용하여 $g-1$개의 상대적 간접효과들 중에서 최소한 한 개가 0과 다르게 나타나면 X가 M을 경유하여 Y에 영향을 미치는 간접효과가 유의하다고 결론을 내린다고 설명하였다. 동일한 논리가 여기에서의 X의 간접효과의 조절에도 적용된다. 즉, X가 g개의 범주로 구성된 다항범주형 변수이고 X의 간접효과가 W에 의하여 조절되는지를 검정하는 경우에 $g-1$개의 상대적 간접효과들 중 최소한 한 개가 W에 의하여 조절된다면 X가 M을 경유

하여 Y에 영향을 미치는 간접효과는 W에 의하여 조절된다고 말할 수 있다(Hayes, 2018a). 이는 $g-1$개의 조절된 매개지수들에 관한 부트스트랩 신뢰구간들 중에서 적어도 한 개가 0을 포함하지 않는다면 X의 간접효과가 조절된다고 말할 수 있다는 것을 의미한다. 관광목적지 이미지연구에서 중간 이미지 집단에 비하여 이미지가 좋은 집단의 상대적 간접효과의 조절된 매개지수가 0과 다르기 때문에(부트스트랩 신뢰구간(0.135~0.647)이 완벽하게 0보다 크다) 이러한 요건을 충족시키고 있다.

하지만 제5장에서 X가 다항범주형 변수인 경우에 상대적 간접효과의 신뢰구간을 이용한 매개효과의 검정결과는 코딩방법에 따라 달라질 수 있다는 것을 확인하였다. 이러한 내용은 다항범주형 변수 X를 포함한 조절된 매개에도 해당하는 것이다. 만일 세 집단을 나타내기 위하여 다른 코딩방법을 사용했었더라면 조절된 매개지수들의 신뢰구간이 모두 0을 포함할 수도 있다.

12.4.2 조절된 매개의 탐색

조절된 매개가 확인되면 조절변숫값의 전체 구간 중 어느 구간에서 해당효과가 유의하고 어느 영역에서는 유의하지 않은지를 더 잘 이해하기 위하여 탐색작업이 필요하다. 상대적 간접효과가 조절변숫값에 따라 체계적으로 변화하는 것이 확인된 경우에 특정값 선택방법을 쉽게 적용할 수 있다. 이 방법은 먼저 조절변숫값들을 선정하고 해당 값에서의 상대적 간접효과를 계산한 후에 이러한 상대적 조건부간접효과들에 관한 추론을 실시하는 과정을 거친다.

12.2절에서 우리는 이미 상대적 조건부간접효과들을 산출하였다. 그리고 세 가지 조절변숫값에서 중간 이미지 집단에 비한 이미지가 좋은 집단의 상대적 조건부간접효과들이 〈표 12.2〉에 제시되어 있다. 탐색작업을 수행하기 위해서는 추가적인 추론단계가 필요하다. 상대적 조건부간접효과들은 회귀계수들의 적항이기 때문에 상대적 조건부간접효과에 관한 부트스트랩 신뢰구간이 합리적인 추론전략이 된다. 만일 95% 부트스트랩 신뢰구간이 0을 포함한다면 특정한 W값을 가진 사람들 사이에서 이미지가 좋은 집단의 효과가 방문의도를 경유하여 방문행동에 간접적으로 영향을 미친다고 주장할 수 없다. 하지만 신뢰구간이 0을 포함하지 않는다면 해당 W값에서 매개효과가 발생한다고 말할 수 있다.

PROCESS는 상대적 조건부간접효과의 부트스트랩 신뢰구간을 자동으로 계산해 주는데 이러한 결과는 [그림 12.2]의 마지막 부분의 "Relative conditional indirect effects of X on Y"에 제시되어 있다. 먼저 중간 이미지 집단에 비한 이미지가 좋은 집단의 상대적 조건부간접효과는 X1행에 나타나 있다. 결과물에서 *W*가 중간값과 높은 값에서 부트스트랩 신뢰구간이 0보다 크게 나타났다. 따라서 이들 상대적 간접효과가 *W*에 의하여 조절되고 또한 재정상태가 양호해지면서 상대적 간접효과가 증가하며 이러한 효과들은 유의하게 0보다 크다고 말할 수 있다. 또한 조절된 매개지수(a_4b)가 유의하기 때문에 세 가지의 상대적 조건부간접효과들은 서로 유의하게 차이가 발생한다고 말할 수 있다.

PROCESS는 다른 상대적 조건부간접효과(좋은 이미지 집단에 비한 매우 좋은 이미지 집단)도 산출한다. 이들에 관한 결과는 X2행에 제시되어 있다. 이러한 상대적 간접효과의 조절된 매개지수(a_5b)에 대한 부트스트랩 신뢰구간(−0.309~0.115)에 0이 포함되기 때문에 좋은 이미지 집단에 비한 매우 좋은 이미지 집단의 간접효과가 재정상태에 의하여 조절된다고 말할 수 없다. 그리고 세 가지 상대적 조건부간접효과들의 부트스트랩 신뢰구간은 모두 유의하게 나타났다. 즉, 재정상태의 값과는 관계없이 좋은 이미지 집단에 비한 매우 좋은 이미지 집단의 상대적 간접효과는 유의하게 양으로 나타났다.

조절된 매개지수를 이용하여 상대적 간접효과가 조절된다는 증거가 확보되면 조건부간접효과들이 서로 차이가 나는지에 관한 추가분석을 실시할 필요가 없다. 조건부간접효과에 대한 10.4절과 11.3절의 논리가 상대적 조건부간접효과에도 동일하게 적용된다. 따라서 조절된 매개지수의 검정결과 상대적 간접효과가 조절된다는 결론을 얻으면 서로 다른 값을 갖는 조절변수에 관한 어떠한(any) 두 상대적 조건부간접효과도 서로 다르다고 말할 수 있는 것이다.

12.5 상대적 조건부직접효과

X의 직접효과는 X가 매개변수를 거치지 않고 Y에 미치는 영향을 의미한다. 본 예제에서 X의 직접효과는 W에 의하여 조절되는 것으로 설정되었다. X의 영향은 두 개의 대조코드(D_1과 D_2)로 표현되기 때문에 상대적 직접효과 또한 두 개가 존재한다. 하지만 아래와 같이 이들은 W의 함수이기 때문에 직접효과는 W에 의존하게 된다. 이러한 Y모형은 식 (12.2)와 같다.

식 (12.2)를 D_1과 D_2에 대하여 정리하면 다음의 식과 같다.

$$Y = i_Y + (c'_1 + c'_4 W)D_1 + (c'_2 + c'_5 W)D_2 + c'_3 W + bM + e_Y \quad (12.12)$$

위의 식을 이용하여 X가 Y에 영향을 주는 직접효과는 다음과 같은 두 가지의 상대적 직접효과로 계산할 수 있다.

$$\theta_{D_1 \rightarrow Y} = c'_1 + c'_4 W \quad (12.13)$$

$$\theta_{D_2 \rightarrow Y} = c'_2 + c'_5 W \quad (12.14)$$

위의 두 식은 모두 W의 선형함수이다.

직접효과의 조절에 관한 검정은 식 (12.2)에서 D_1W와 D_2W의 두 회귀계수가 모두 0인지의 귀무가설을 검정함으로써 이루어진다. PROCESS는 Y(behavior) 모형의 “Test(s) of highest order unconditional interaction(s)” 부분에 분석결과를 제시한다. [그림 12.2]의 결과물에서 두 적항 D_1W와 D_2W를 추가한 경우의 R^2의 증가는 $\Delta R^2 = 0.042$, $F(2,\ 153) = 4.751$, $p = .01$로 유의하게 나타났다. 상대적 직접효과와 W의 관계를 수량화한 c'_4와 c'_5의 검정결과는 〈표 12.1〉에 제시되어 있다. 검정결과 c'_4는 통계적으로 유의하게 나타났기 때문에 중간 이미지에 비하여 이미지가 좋은 것은 재정상태에 의하여 조절된다고 말할 수 있다.

제9장에서 다항범주형 초점선행변수 X가 연속형 변수인 W에 의하여 조절되는 조절효과는 집단 간 차이에 관한 전반적 검정(omnibus test) 혹은 두 집단 간의 평균에 대한 대응별 비교(pairwise comparison)를 이용하여 탐색할 수 있다고 소

개하였다. 그리고 특정값 선택방법을 이용하여 주어진 조절변숫값에서 결과변수의 추정치에 관한 등가성검정을 실행할 수 있다. 세 집단의 방문행동 추정치의 동질성에 관한 전반적 검정(omnibus tests of the equality of estimates of Y)이 [그림 12.2]의 Y모형에 제시되어 있다. 결과물에서 F값과 p값을 살펴보면 방문행동의 조건부 추정치의 동질성에 관한 귀무가설은 $W=4.370$인 경우에만 기각되었다.

이러한 전반적 검정은 검정결과와는 관계없이 집단 간 차이에 관하여 모호한 정보만을 제공한다. 회귀모형에서 X는 두 개의 직교대조 코드의 집합으로 코딩되어 있다. 이러한 코딩체계에서 D_1은 두 이미지 집단(좋은 이미지와 매우 좋은 이미지)과 중간 이미지 집단의 결과변수의 비가중평균 추정치(unweighted average estimate)의 대조를 의미하고 D_2는 매우 좋은 이미지 집단과 좋은 이미지 집단의 대조를 나타낸다. 집합적으로(collectively) X의 효과를 나타내는 D_1과 D_2의 효과는 모형에서 재정상태(W)의 함수들이다.

상대적 직접효과를 정의하는 식 (12.13)과 (12.14)에 추정된 회귀계수들을 대입하면 다음과 같은 결과를 얻을 수 있다.

$$\theta_{D_1 \to Y} = c'_1 + c'_4 W = -3.484 + 0.645W \tag{12.15}$$

$$\theta_{D_2 \to Y} = c'_2 + c'_5 W = 0.357 - 0.113W \tag{12.16}$$

위의 함수들은 이미지 유형이 방문행동에 영향을 주는 두 개의 상대적 직접효과와 재정상태의 관계를 나타내는 것이다. 식 (12.15)와 (12.16)에 W값을 대입하면 해당 W값에서의 상대적 직접효과가 산출되고 이들을 이용하여 추론검정을 실행한다. 예를 들어 $W=4.370$인 경우에 상대적 조건부직접효과는 다음과 같다.

$$\theta_{D_1 \to Y} = -3.484 + 0.645(4.370) = -0.665$$

$$\theta_{D_2 \to Y} = 0.357 - 0.113(4.370) = -0.135$$

위의 식들은 식 (12.4)에 M을 표본평균($\overline{M}=4.634$)으로 고정시키고 각 집단의 D_1과 D_2 및 W값을 대입한 후에 세 집단에 대한 Y추정치들의 차이로 해석한다. $W=4.370$인 경우에 두 개의 상대적 조건부직접효과들은 다음과 같다.

$$\theta_{D_1 \to Y}|(W = 4.370) = \frac{\hat{Y}_{GO} + \hat{Y}_{VG}}{2} - \hat{Y}_{SS}$$
$$= \frac{5.317 + 5.453}{2} - 6.051 = -0.665$$
$$\theta_{D_2 \to Y}|(W = 4.370) = \hat{Y}_{VG} - \hat{Y}_{GO}$$
$$= 5.317 - 5.453 = -0.135$$

위의 결과들은 [그림 12.2]의 결과물의 두 군데에 나타나 있다. 하나는 Y모형의 “Relative conditional direct effect(s) of X on Y” 부분에 나타나 있고 다른 하나는 “DIRECT AND INDIRECT EFFECTS OF X ON Y” 부분에 나타나 있다. 두 결과 모두 D_1의 효과는 X1행에 제시되어 있고 D_2의 효과는 X2행에 제시되어 있다. 결과물에서 이러한 상대적 조건부직접효과들 중에서 $\theta_{D_1 \to Y}|(W = 4.370)$는 통계적으로 유의하게 나타났다($p = .004$).

그리고 $W = 5.250$인 경우에는 다음과 같이 계산된다.

$$\theta_{D_1 \to Y} = -3.484 + 0.645(5.250) = -0.098$$
$$\theta_{D_2 \to Y} = 0.357 - 0.113(5.250) = -0.235$$

위의 값은 다음과 같이 계산할 수 있다.

$$\theta_{D_1 \to Y}|(W = 5.250) = \frac{\hat{Y}_{GO} + \hat{Y}_{VG}}{2} - \hat{Y}_{SS}$$
$$= \frac{5.757 + 5.522}{2} - 5.738 = -0.098$$
$$\theta_{D_2 \to Y}|(W = 5.250) = \hat{Y}_{VG} - \hat{Y}_{GO}$$
$$= 5.522 - 5.757 = -0.235$$

[그림 12.2]의 결과물에서 이들은 모두 통계적으로 유의하지 않았다.

마지막으로 $W = 5.779$일 때에는 다음과 같이 계산된다.

$$\theta_{D_1 \to Y} = -3.484 + 0.645(5.779) = 0.243$$

$$\theta_{D_2 \to Y} = 0.357 - 0.113(5.779) = -0.294$$

또한 다음과 같이 계산할 수 있다.

$$\theta_{D_1 \to Y}|(W = 5.779) = \frac{\hat{Y}_{GO} + \hat{Y}_{VG}}{2} - \hat{Y}_{SS}$$
$$= \frac{5.645 + 5.940}{2} - 5.550 = 0.243$$

$$\theta_{D_2 \to Y}|(W = 5.779) = \hat{Y}_{VG} - \hat{Y}_{GO}$$
$$= 5.645 - 5.940 = -0.294$$

[그림 12.2]에서 이들 또한 통계적으로 유의하지 않은 것을 확인할 수 있다.

12.6 모형의 추가확장과 복잡성

본장의 예제에서 X는 다항범주형 변수이고 간접효과의 조절작용은 매개과정의 첫 단계(즉, $X \to M$효과)에서 발생하는 것으로 설정하였으며 매개변수는 한 개로 지정하였다. 그리고 이러한 모형을 변형한 많은 모형들을 상상할 수 있다. 예를 들면 조절변수 W가 다항범주형 변수이고 X는 이분형 또는 연속형 변수인 모형이다. 만일 조절변수가 g개의 집단을 나타내는 변수라면 X의 간접효과는 집단별로 g개가 존재하며 X가 Y에 주는 영향이 다항범주형 변수인 W에 의하여 조절된다면 g개의 직접효과도 추정하게 된다. PROCESS는 이러한 모형을 쉽게 추정하고 그래프와 해석을 위한 결과물을 산출해 주며 두 간접효과의 동질성검정도 실행한다.

그리고 조절작용은 매개과정의 두 번째 단계($M \to Y$효과)에서 발생할 수도 있다. 이 모형에서는 조건부 상대적 간접효과와 직접효과가 달라질 것이다. 이들의 함수와 조절된 매개지수는 달라지지만 본서를 통하여 학습한 일반적인 원칙은 동일하게 적용된다. 또한 모형은 관광목적지 이미지연구모형과 같지만(X가 다항범주형 변수) 두 개 이상의 매개변수를 이용하여 병렬 혹은 직렬 다중매개모형을 설정할 수도 있다. 이러한 경우에는 여러 개의 조건부 상대적 특정간접효과들(conditional relative specific indirect effects)을 추정하고 해석해야 한다.

CHAPTER 13

조절변수가 한 개인 다른 조절된 매개모형

Hayes의 초판(2013)과 개정판(2018a)은 단 두 개의 조절된 매개모형을 다루고 있다. 즉, Hayes의 저서는 PROCESS model 14(제10장)와 PROCESS model 8(제11장과 제12장)의 두 가지 조절된 매개모형만 소개하고 있다. 하지만 PROCESS macro는 이들 두 가지 모형 이외에도 수많은 모형을 분석할 수 있다(부록 참조).

본장에서는 먼저 Hayes(2018a)가 다루지 않은 모형 중에서 조절변수가 한 개인 조절된 매개모형을 분석한다. 그리고 조절변수가 두 개인 조절된 매개모형과 다중매개모형(병렬 및 직렬)과 조절변수의 결합은 제14장과 제15장에서 알아볼 예정이다.

13.1 PROCESS model 7

이 모형은 제11장에서 다룬 조절된 매개모형(model 8)과 유사하지만 model 8과는 다르게 $X \rightarrow Y$경로가 W에 의하여 조절되지 않는다. model 7의 개념모형과 통계모형은 [그림 13.1]과 같다. 오차항들은 생략하였다.

[그림 13.1]의 M모형과 Y모형은 다음과 같다.

$$\begin{aligned} M &= i_M + a_1 X + a_2 W + a_3 XW + e_M \\ &= i_M + a_2 W + e_M + (a_1 + a_3 W)X \qquad (13.1) \end{aligned}$$

$$Y = i_Y + c'X + bM + e_Y \qquad (13.2)$$

식 (13.1)에서 X가 M에 영향을 주는 조건부효과는 $\theta_{X \rightarrow M} = a_1 + a_3 W$이며 이는 식 (11.6)과 동일한 것이다. 11.2절에서 설명한 바와 같이 이러한 조건부효과와 조절된 매개효과의 유의성은 관계가 없다. 즉, a_3가 유의하지 않아도 조절된 매개지수가 유의하면 조절된 매개효과는 유의할 수 있다. 그리고 M이 Y에 미치는 영향은 식 (13.2)에서 단순히 b로 표현된다. 또한 X가 Y에 주는 영향은 단순하게 c'으로 측정되는데 이 점이 model 8과의 차이점이다(식 11.10 참조).

그림 13.1 model 7의 개념모형(Panel A)과 통계모형(Panel B)

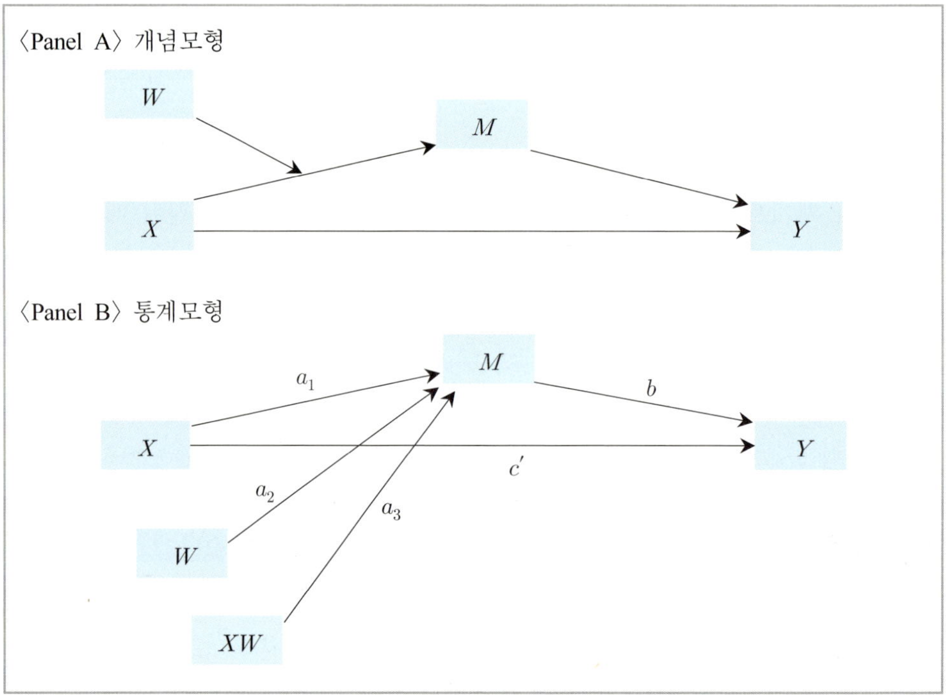

그리고 제10장과 제11장에서 조절된 매개효과의 유의성은 a_3와 b에 관한 개별검정이 아니라 이들을 결합하여 검정해야 한다고 설명하였다. model 7에서도 동일한 방법을 사용해야 한다. X가 M을 경유하여 Y에 주는 영향(조건부간접효과)은 다음과 같이 $X \rightarrow M$효과(조건부효과)와 $M \rightarrow Y$효과를 곱하여 계산된다.

$$\theta_{X \rightarrow M} \times b = (a_1 + a_3 W)b = a_1 b + a_3 b W \tag{13.3}$$

식 (13.3)에서 조절변수인 W의 가중치(회귀계수)인 $a_3 b$가 model 7의 조절된 매개지수에 해당하는 것이다. 이러한 조절된 매개지수가 통계적으로 유의하면 model 7의 조절된 매개효과가 유의하다고 판단한다. 따라서 a_3와/혹은 b의 개별효과가 유의하지 않아도 $a_3 b$가 유의하면 조절된 매개효과가 유의하다고 결론을 내릴 수 있다.

Hayes(2015)는 실제자료를 이용하여 model 7을 분석하였는데 자료 분석결과 a_3의 95% 부트스트랩 신뢰구간은 0을 포함하고 있지만($-2.295 \sim 0.116$) 조절된 매개지수인 a_3b의 95% 부트스트랩 신뢰구간은 0을 포함하지 않기 때문에(−0.759 ~ −0.025) 간접효과가 조절변수에 의하여 조절된다(조절된 매개효과가 유의하다)고 설명하고 있다. 또한 a_3는 조절변수와 간접효과의 관계를 수량화한 것이 아니기 때문에 $X \rightarrow M$경로가 W에 의하여 조절되지 않는다는(a_3가 유의하지 않음) 사실이 간접효과가 W에 의하여 조절되지 않는다는 것을 의미하지는 않는다고 주장하고 있다(Hayes, 2015, p.9).

이와는 반대로 Hayes(2015)는 또 다른 예제(model 14)에서 $M \rightarrow Y$경로가 W에 의하여 조절(식 10.11 참조)되는 경우에도(b_3의 95% 부트스트랩 신뢰구간 : 0.033 ~ 0.228) 조절된 매개지수(식 10.13의 ab_3)의 95% 신뢰구간(−0.008 ~ 0.182)에 0이 포함되기 때문에 간접효과는 조절변수에 의하여 조절되지 않는다고 결론을 내리고 있다. Hayes(2015)는 이러한 내용을 간접효과의 분석방법과 비교하고 있다. 즉, 간접효과의 분석시에 개별경로들의 효과(a와 b)가 아닌 이들의 적항(ab)으로 검정하는 것과 동일하게 조절된 매개분석에서도 개별경로효과(model 7의 경우에 a_3와 b)를 검정하는 방법이 아니라 이들의 적항(a_3b)의 검정을 이용해야 한다는 것이다.

13.1.1 조절된 매개의 탐색 및 비조건부간접효과

10.4절과 11.3절에서 알아본 것처럼 조절된 매개지수가 유의하여 조절된 매개효과가 유의하게 판단되면 조절된 매개의 탐색(probing moderation of mediation)과정을 거친다. 이러한 탐색작업은 조절효과가 포함된 모든 모형들(단순조절과 다중조절 및 조절된 매개)에 동일하게 적용된다. 그리고 조절된 매개의 탐색은 조절변수의 특정값을 선택하여 해당 값에서 간접효과의 유의성검정과 간접효과의 부호 및 강도 그리고 간접효과의 추세를 확인하는 과정을 포함하고 있다. 이러한 조절변수의 특정값 선택(pick-a-point)은 PROCESS의 default인 16th, 50th 및 84th 백분위값을 사용할 수도 있고 moments=1 옵션을 이용하여 $\overline{W}$와 $\overline{W} \pm 1SD$의 세 가지 값을 사용할 수도 있다. 그리고 조절된 매개의 탐색을 위하여 조건부간접효과의 통계적 추론을 실행하는 경우에 정규이론방법보다는 부트스트랩 신뢰구간의 사용이 권장된다. 왜냐하면 조건부간접효과는 효과들의 적항이 포함되어 있는데 이러한 적항의 표본분포는 대부분의 경우에 정규분포하지 않기 때문이다(10.4절 참조). 정규이론방법은 이러한 조건부간접효과의 표본분포가 정규분포한다는 비

현실적인 가정에 기반을 두고 있다.

그리고 많은 연구자들이 혼동하고 있는 내용으로 조절변수가 배제된 단순 매개모형에서 비조건부간접효과(unconditional indirect effect)의 유의성이 조절된 매개효과의 필요조건이 되느냐의 문제이다. 이에 관한 해답은 "아니다"이다. 왜냐하면 비조건부간접효과의 유의성여부는 간접효과가 조절변수에 의하여 조절되는지의 여부와는 아무런 관계가 없기 때문이다. 이는 마치 조절된 매개지수의 통계적 검정절차를 거치지 않고 비조건부간접효과의 유의성검정과 개별경로의 단순조절효과의 유의성검정을 통하여 두 효과가 모두 유의하면 조절된 매개효과가 유의하다는 부분접근법(piecemeal approach)에 해당하는 방법론이다. 따라서 비조건부간접효과의 유의성과는 관계없이 조절된 매개검정을 실행할 수 있다. 이에 관하여 Hayes(2018a, p.426)는 다음과 같이 서술하고 있다.

> "So it is appropriate to conduct the test of moderation of mediation without worrying about whether *X* is indirectly related to *Y* through *M* in a simpler model without a moderation component(따라서 조절변수가 없는 단순매개모형에서 *X*가 *M*을 경유하여 *Y*에 간접적으로 관계가 있는지에 관한 걱정을 접고 조절된 매개의 검정을 실행하는 것이 적절하다)."

13.1.2 model 7의 예제

여기에서는 8.5절에서 사용한 자료(JOB.sav)를 이용할 예정이다. 이 예제는 앞으로 자주 이용할 것이다. 이 자료는 직무스트레스(stress : *X*)는 직무만족(satis : *M*)의 감소를 경유하여 궁극적으로 조직몰입(commit : *Y*)을 감소시키는 음의 간접효과가 발생하는데 조절변수인 자기효능감(efficacy : *W*)이 증가하면 이러한 음의 간접효과가 완화되는 조절된 매개효과가 나타난다는 것을 의미한다. 상호항(*XW*)을 구성하는 두 변수(*X*와 *W*)는 분석 전에 평균중심화(center=1 옵션)하였다. 이러한 모형을 분석하기 위한 PROCESS syntax는 다음과 같다.

```
process y=commit/x=stress/m=satis/model=7/center=1/plot=1
          /w=efficacy/seed=72020.
```

위의 syntax를 실행하면 다음의 [그림 13.2]의 결과물을 얻을 수 있다.

그림 13.2 스트레스연구의 PROCESS 결과물

```
Model  : 7
    Y  : commit
    X  : stress
    M  : satis
    W  : efficacy

Sample
Size :  250

Custom
Seed :    72020

***************************************************************************
OUTCOME VARIABLE:
 satis

Model Summary
          R       R-sq       MSE         F        df1       df2         p
      .6180      .3819    2.1589   50.6707    3.0000  246.0000     .0000

Model
                    coeff        se          t          p       LLCI      ULCI
constant           3.8826     .0930    41.7515      .0000     3.6994    4.0657
stress   (a1)      -.5184     .0665    -7.7940      .0000     -.6495    -.3874
efficacy (a2)       .4774     .0614     7.7689      .0000      .3563     .5984
Int_1    (a3)       .1825     .0433     4.2118      .0000      .0971     .2678

Product terms key:
 Int_1     :        stress     x        efficacy

Test(s) of highest order unconditional interaction(s):
       R2-chng         F       df1        df2         p
X*W      .0446   17.7391    1.0000   246.0000     .0000
----------
    Focal predict : stress   (X)
          Mod var : efficacy (W)

Conditional effects of the focal predictor at values of the moderator(s):

   → θ_{X→M} = a1 + a3 W

     efficacy     Effect        se          t          p       LLCI      ULCI
      -1.5570     -.8026     .0912    -8.7981      .0000     -.9822    -.6229
       -.3070     -.5745     .0669    -8.5899      .0000     -.7062    -.4427
       1.6930     -.2095     .1026    -2.0428      .0421     -.4115    -.0075

Data for visualizing the conditional effect of the focal predictor:
Paste text below into a SPSS syntax window and execute to produce plot.

DATA LIST FREE/
   stress      efficacy    satis      .
```

```
BEGIN DATA.
    -1.2740    -1.5570    4.1618
     -.5240    -1.5570    3.5599
     1.4760    -1.5570    1.9547
    -1.2740     -.3070    4.4679
     -.5240     -.3070    4.0370
     1.4760     -.3070    2.8881
    -1.2740     1.6930    4.9577
     -.5240     1.6930    4.8005
     1.4760     1.6930    4.3815
END DATA.
GRAPH/SCATTERPLOT=
 stress   WITH     satis    BY       efficacy .

*****************************************************************************
OUTCOME VARIABLE:
 commit

Model Summary
          R       R-sq        MSE          F        df1        df2          p
      .7300      .5329     1.3193   140.8852     2.0000   247.0000      .0000

Model
              coeff         se          t          p       LLCI       ULCI
constant     1.1298      .1823     6.1968      .0000      .7707     1.4888
stress (c')   .0572      .0572     1.0000      .3183     -.0554      .1698
satis  (b)    .6748      .0432    15.6101      .0000      .5897      .7600

****************** DIRECT AND INDIRECT EFFECTS OF X ON Y ******************

Direct effect of X on Y
     Effect          se         t          p       LLCI       ULCI
  .0572 (c')      .0572    1.0000      .3183     -.0554      .1698

Conditional indirect effects of X on Y: → (a1 + a3 W)b

INDIRECT EFFECT:
 stress      ->    satis      ->    commit

     efficacy     Effect    BootSE   BootLLCI   BootULCI
     -1.5570     -.5416     .0554     -.6540     -.4375
      -.3070     -.3877     .0407     -.4700     -.3100
      1.6930     -.1414     .0576     -.2579     -.0356

     Index of moderated mediation:
                  Index    BootSE   BootLLCI   BootULCI
     efficacy     .1231     .0246      .0755      .1721

  → a3b with bootstrap confidence interval for test of moderation of mediation
---

*********************** ANALYSIS NOTES AND ERRORS ***************************

Level of confidence for all confidence intervals in output:
  95.0000
```

```
Number of bootstrap samples for percentile bootstrap confidence intervals:
  5000

W values in conditional tables are the 16th, 50th, and 84th percentiles.

NOTE : The following variables were mean centered prior to analysis:
          efficacy stress
```

[그림 13.2]에서 식 (13.1)과 (13.2)의 추정회귀식은 다음과 같다.

$$\widehat{M} = 3.883 - 0.518X + 0.477W + 0.183XW$$

$$\widehat{Y} = 1.130 + 0.057X + 0.675M$$

위의 회귀식에서 직무스트레스가 직무만족에 주는 영향은 다음과 같이 조절변수인 자기효능감의 선형함수이다.

$$\theta_{X \to M} = a_1 + a_3 W = -0.518 + 0.183W$$

결과물에서 $a_3 = 0.183(p < .001)$으로 나타났기 때문에 자기효능감이 증가하면서 직무스트레스가 직무만족에 미치는 음의 효과는 완화되는 완충효과가 나타난다고 볼 수 있다. 실제로 M모형에서 X의 세 가지 음의 조건부효과는 W가 증가하면서 $-0.803 \to -0.575 \to -0.210$으로 점점 감소하는 것을 확인할 수 있다. 그리고 조절된 매개지수를 구성하는 다른 항목인 $M \to Y$경로의 효과도 $b = 0.675(p < .001)$로 유의하게 나타났다. 이는 직무만족이 증가하면 조직몰입이 증가한다는 의미이다.

이제 $X \to M \to Y$의 조건부간접효과를 구하기 위해서는 간접효과를 구성하고 있는 두 요소들($\theta_{X \to M}$과 b)을 곱해주어야 한다. 이는 다음과 같다.

$$\theta_{X \to M} \times b = (a_1 + a_3 W)b = a_1 b + a_3 b W$$

위의 회귀식에 결과물에서 얻은 회귀계수들을 대입하면 다음의 값을 얻을 수 있다.

$$\begin{aligned}\theta_{X \to M} \times b &= (a_1 + a_3 W)b = a_1 b + a_3 b W \\ &= (-0.518 + 0.183 W)(0.675) \\ &= -0.350 + 0.123 W \qquad (13.4)\end{aligned}$$

식 (13.4)는 직무스트레스가 직무만족을 거쳐 조직몰입에 미치는 영향을 자기효능감의 선형함수로 수량화한 것이다. 식 (13.4)에서 W의 계수인 $a_3 b = 0.123$이 조절된 매개지수이고 이는 결과물의 마지막 부분에서 95% 부트스트랩 신뢰구간에 0이 포함되지 않기 때문에(0.076~0.172) 간접효과는 자기효능감에 의하여 조절되는 조절된 매개효과가 나타났다고 말할 수 있다.

13.1.3 조절된 매개의 탐색

조절된 매개지수가 유의하여 조절된 매개효과가 유의하므로 조절된 매개의 탐색작업을 실행할 수 있다. 탐색과정은 조절변수의 16th, 50th 및 84th 백분위값 수준에서 조건부간접효과의 크기와 추세를 살펴보는 것이다. 탐색작업의 결과는 결과물의 끝부분의 "Conditional indirect effects of X on Y"에 다음과 같이 제시되어 있다.

Conditional indirect effects of X on Y:

INDIRECT EFFECT:

stress -> satis -> commit

efficacy	Effect	BootSE	BootLLCI	BootULCI
−1.5570	−.5416	.0554	−.6540	−.4375
−.3070	−.3877	.0407	−.4700	−.3100
1.6930	−.1414	.0576	−.2579	−.0356

결과를 살펴보면 자기효능감이 낮은 수준(W=−1.557)에서는 조건부간접효과의 크기가 −0.542로 나타났고 조절변수가 중간 수준(W=−0.307)과 비교적 높

은 수준($W=1.693$)에서는 각각 -0.388과 -0.141로 나타났다. 이들의 95% 부트스트랩 신뢰구간에는 모두 0이 포함되지 않았다. 또한 W가 증가하면서 조건부 간접효과의 음의 크기는 점점 감소하는 것을 알 수 있다.

조절된 매개지수의 부호는 결과해석에 매우 중요한 비중을 차지하고 있다. 결과물에서 조절된 매개지수는 $a_3b=0.123$으로 양수로 나타났다. 이는 $a_3 \times b = 0.183 \times 0.675 = 0.123$으로 계산된다. 이를 해석하기 위해서는 a_1과 a_3의 해석이 병행되어야 한다. 먼저 직무스트레스가 증가하면 직무만족이 감소하는데($a_1 = -0.518$) W가 증가하면 이러한 음의 효과가 완화되는 완충효과($a_3 = 0.183$)가 나타난다. a_3가 양수로 나타났다는 사실은 W가 $X \rightarrow M$의 부정적인(음의) 효과를 감소시킨다는 의미이다. 따라서 W가 $X \rightarrow M \rightarrow Y$의 음의 간접효과를 완화시키는 것은 W가 $X \rightarrow M$의 음의 효과를 감소시키기 때문에 발생하는 것이다. 따라서 a_3b는 양수로 나타나야 한다. 만일 a_3b가 음수로 나타났다면 이러한 결과는 W가 증가하면 $X \rightarrow M \rightarrow Y$의 음의 간접효과가 더욱 강해진다고 해석되기 때문에 잘못된 내용이다. 그러므로 조절된 매개지수는 여러 계수들과 함께 살펴서 부호가 반대로 나타났는지를 검토해야 한다.

13.2 PROCESS model 59

이 모형은 $X \rightarrow M$경로와 $M \rightarrow Y$경로 및 $X \rightarrow Y$경로가 모두 단일의 조절변수 W에 의하여 조절되는 조절된 매개모형이다. 즉, 이 모형은 model 7과 model 8 및 model 14와 관련이 있다. 만일 $X \rightarrow M$경로와 $M \rightarrow Y$경로는 W에 의하여 조절되고 $X \rightarrow Y$경로는 조절되지 않는다면 model 58에 해당하는 것이다. model 59의 개념모형과 통계모형은 [그림 13.3]과 같다.

model 59의 M모형과 Y모형은 다음과 같다. 통계모형을 분석하기 위해서는 정확한 회귀식의 설정이 매우 중요하다. 회귀식이 올바르게 설정되어야 구하고자 하는 효과(예 : 조절된 매개지수)를 정확하게 도출할 수 있다.

그림 13.3 PROCESS model 59의 개념모형과 통계모형

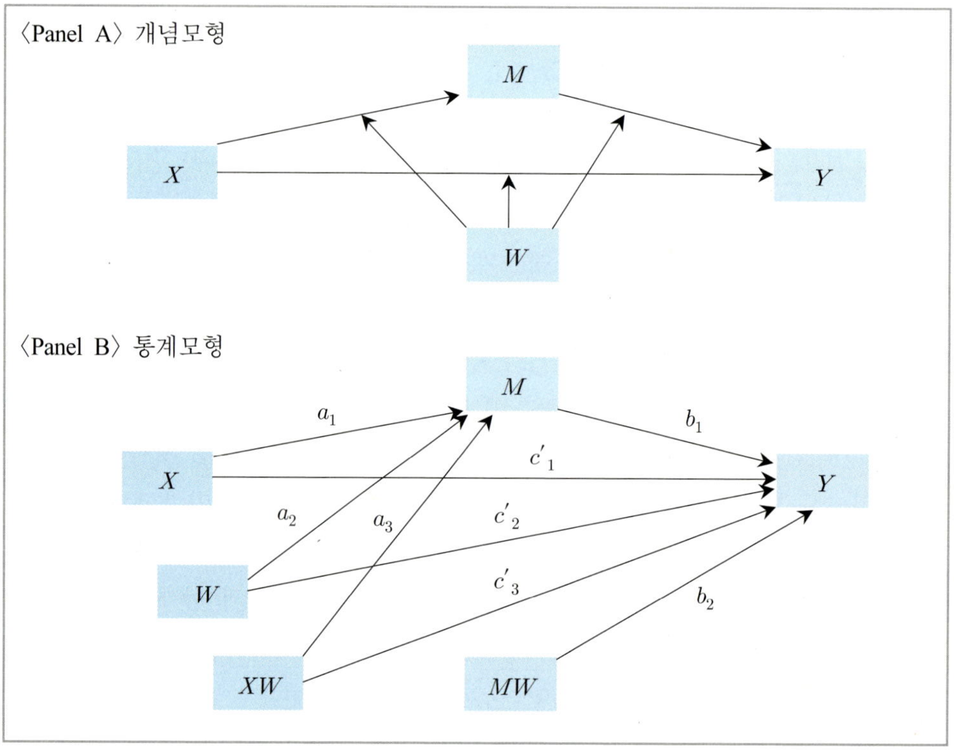

$$M = i_M + a_1X + a_2W + a_3XW + e_M$$
$$= i_M + a_2W + e_M + (a_1 + a_3W)X \quad (13.5)$$
$$Y = i_Y + c'_1X + c'_2W + c'_3XW + b_1M + b_2MW + e_Y$$
$$= i_Y + e_Y + c'_2W + (c'_1 + c'_3W)X + (b_1 + b_2W)M \quad (13.6)$$

식 (13.6)에서 $M \rightarrow Y$경로의 효과에 관한 회귀식은 $Y = i_Y + b_1M + b_2W + b_3MW + e_Y$로 표현되지만 $W \rightarrow Y$경로의 효과는 이미 c'_2W에 반영되어 있기 때문에 b_2W가 생략되어 있는 것이다(식 10.11 참조). 만일 model 58을 설정하였다면 c'_2W가 도입되지 않기 때문에 b_2W가 사용되어야 한다.

식 (13.5)에서 $X \rightarrow M$경로의 조건부효과는 $\theta_{X \rightarrow M} = a_1 + a_3W$로 계산되며 이는 식 (13.1)과 동일하다. 그리고 식 (13.6)에서 $M \rightarrow Y$경로의 조건부효과($\theta_{M \rightarrow Y}$)와 $X \rightarrow Y$의 조건부효과($\theta_{X \rightarrow Y}$)는 다음과 같이 계산된다.

$$\theta_{M \to Y} = b_1 + b_2 W \tag{13.7}$$

$$\theta_{X \to Y} = c'_1 + c'_3 W \tag{13.8}$$

식 (13.5)와 (13.7)에서 X의 조건부간접효과는 다음과 같이 계산된다.

$$(a_1 + a_3 W)(b_1 + b_2 W) = a_1 b_1 + (a_1 b_2 + a_3 b_1) W + a_3 b_2 W^2 \tag{13.9}$$

위의 식 (13.9)에 특정한 W값을 대입하면 해당 W값에서의 $X \to M \to Y$의 조건부간접효과를 얻을 수 있다. 따라서 특정한 W값을 갖는 실제 혹은 가상의 사람들에 대하여 간접효과를 추정할 수 있다. 이러한 과정은 간접효과가 W값에 따라 변하는지를 조사하기 위하여 W값의 개수만큼 반복된다.

13.2.1 비선형함수의 조절된 매개검정

W가 각각 w_1과 w_2의 두 값을 가지는 경우에 이들 값에서의 두 조건부간접효과의 차이를 공식적으로 검정할 수 있는가? 제10장과 제11장에서 조절된 매개지수를 설명하면서 W값에 관계없이 조절된 매개지수의 부트스트랩 신뢰구간은 간접효과의 조절검정과 두 조절변숫값에서의 두 조건부간접효과의 차이검정을 동시에 수행한다는 것을 살펴보았다.

하지만 [그림 13.3]의 모형은 제10장과 제11장의 모형들과는 다르다. 이들 모형은 조절변수가 간접효과를 정의하는 경로들 중의 하나의 경로만을 조절하였다. 이들 모형에서는 조건부간접효과가 W의 선형함수로 표기되었고 이러한 선형함수에서 W의 가중치에 대한 추론검정이 두 조건부간접효과의 차이검정에 사용되었다. 그러나 단일의 W가 간접효과를 정의하는 두 개 이상의 경로를 동시에 조절하는 경우에는 조건부간접효과가 식 (13.9)와 같이 W의 비선형함수(nonlinear function)가 된다. 그리고 W와 간접효과의 관계를 결정하는 함수에 W의 가중치는 두 개가 나타난다. 따라서 이러한 함수에서 간접효과의 조절검정은 단일의 W에 대한 검정으로 환원되지 않는다. 즉, 이러한 모형에는 조절된 매개지수가 존재하지 않는다. 하지만 조절변수 W가 연속형 변수가 아닌 명목척도(예 : 성별의 남성(0)과 여성(1))인 경우에는 식 (13.9)가 선형함수로 전환되기 때문에 PROCESS의 결과물(models 58 and 59)에 조절된 매개지수가 제시된다.

연속형 변수인 *W*가 간접효과를 정의하는 두 개 이상의 경로를 조절하는 모형에서 조절된 매개를 검정하기 위해서는 임의의 두 조절변숫값을 선정한 후에 이들 값에서의 두 조건부간접효과의 차이에 대한 부트스트랩 신뢰구간을 계산해야 한다. PROCESS에서는 contrast=1 옵션을 이용하여 이러한 검정을 쉽게 실행할 수 있다. 조건부과정모형을 추정하기 위하여 PROCESS syntax에 contrast=1 옵션을 지정하면 PROCESS는 결과물에 나타나는 조건부간접효과들의 모든 가능한 대응별 비교(pairwise comparison)에 관한 부트스트랩 신뢰구간을 제공한다. 예를 들어 *W*의 16th, 50th 및 84th 백분위에 해당하는 조건부간접효과를 산출하는 경우에 contrast=1 옵션을 지정하면 세 가지 조건부간접효과에 대한 모든 가능한 비교결과를 산출해 준다. 또는 wmodval 옵션을 이용하여 임의의 *W*값들을 선택하면 선택된 *W*값들에서의 조건부간접효과들 간의 모든 가능한 차이들의 부트스트랩 신뢰구간을 제공한다.

이러한 방법을 이용하는 경우에 어떠한 쌍(any pairs)의 조건부간접효과들 간의 차이에 대한 어떠한 부트스트랩 신뢰구간도 0을 포함하지 않는다면 *X*가 *M*을 경유하여 *Y*에 영향을 미치는 간접효과는 *W*에 의하여 조절된다고 결론을 내린다(Hayes, 2018a). 하지만 모든 부트스트랩 신뢰구간이 0을 포함한다는 사실이 *W*가 간접효과를 조절하지 않는다는 것을 의미하지는 않는다. 왜냐하면 두 조건부간접효과가 차이가 나타나게 하는 *W*값을 정확하게 선정하지 못했을 수도 있기 때문이다. 따라서 이러한 방법은 [그림 13.3]과 같은 모형에서 조절된 매개를 확인(confirm)할 수는 있지만 조절된 매개를 부정(disconfirm)할 수는 없다.

13.2.2 model 59의 예제

여기에서의 예제는 JOB.sav를 이용하기로 한다. 그리고 model 59를 사용하기 때문에 조절변수인 자기효능감이 "stress → satis" 경로와 "satis → commit" 경로 및 "stress → commit" 경로를 모두 조절하는 것으로 설정된다. 이 모형을 분석하기 위한 PROCESS syntax는 다음과 같다.

process y=commit/x=stress/m=satis/w=efficacy/model=59
/contrast=1/plot=1/center=1/seed=72520.

위의 syntax에서 contrast=1 옵션은 W의 세 가지 default값인 16th, 50th 및 84th 백분위에 해당하는 조건부간접효과들의 차이검정을 위한 것이다. 또한 분석 전에 상호항을 구성하는 두 변수(X와 W)를 평균중심화하였다. 위의 syntax를 실행하면 다음의 결과를 얻을 수 있다.

그림 13.4 model 59의 PROCESS 결과물

```
Model  : 59
    Y  : commit
    X  : stress
    M  : satis
    W  : efficacy

Sample
Size :  250

Custom
Seed :     72520

**************************************************************************
OUTCOME VARIABLE:
 satis

Model Summary
          R       R-sq        MSE          F        df1        df2          p
      .6180      .3819     2.1589    50.6707     3.0000   246.0000      .0000

Model
                  coeff         se          t          p       LLCI       ULCI
constant          .0146      .0930      .1567      .8756     -.1686      .1977
stress   (a1)    -.5184      .0665    -7.7940      .0000     -.6495     -.3874
efficacy (a2)     .4774      .0614     7.7689      .0000      .3563      .5984
Int_1    (a3)     .1825      .0433     4.2118      .0000      .0971      .2678

Product terms key:
 Int_1    :        stress    x        efficacy

Test(s) of highest order unconditional interaction(s):
       R2-chng         F        df1        df2          p
X*W      .0446   17.7391     1.0000   246.0000      .0000
----------
    Focal predict : stress   (X)
          Mod var : efficacy (W)

Conditional effects of the focal predictor at values of the moderator(s):
```

$\rightarrow \theta_{X \rightarrow M} = a_1 + a_3 W$

```
     efficacy      Effect          se           t          p        LLCI        ULCI
      -1.5570      -.8026       .0912     -8.7981      .0000      -.9822      -.6229
       -.3070      -.5745       .0669     -8.5899      .0000      -.7062      -.4427
       1.6930      -.2095       .1026     -2.0428      .0421      -.4115      -.0075

Data for visualizing the conditional effect of the focal predictor:
Paste text below into a SPSS syntax window and execute to produce plot.

DATA LIST FREE/
   stress     efficacy   satis      .
BEGIN DATA.
    -1.2740   -1.5570     .2938
     -.5240   -1.5570    -.3081
     1.4760   -1.5570   -1.9133
    -1.2740    -.3070     .5999
     -.5240    -.3070     .1690
     1.4760    -.3070    -.9799
    -1.2740    1.6930    1.0897
     -.5240    1.6930     .9325
     1.4760    1.6930     .5135
END DATA.
GRAPH/SCATTERPLOT=
 stress    WITH     satis    BY        efficacy .

*************************************************************************
OUTCOME VARIABLE:
 commit

Model Summary
          R       R-sq        MSE          F        df1        df2          p
      .7443      .5540     1.2752    60.6144     5.0000   244.0000      .0000

Model
                  coeff         se          t          p       LLCI       ULCI
constant         3.7197      .0812    45.7843      .0000     3.5597     3.8798
stress    (c'1)   .0364      .0619      .5888      .5566     -.0854      .1583
satis     (b1)    .6391      .0507    12.6078      .0000      .5393      .7390
efficacy  (c'2)  -.0251      .0527     -.4759      .6346     -.1289      .0787
Int_1     (c'3)   .1195      .0361     3.3106      .0011      .0484      .1906
Int_2     (b2)    .0256      .0339      .7548      .4511     -.0412      .0925

Product terms key:
 Int_1    :        stress    x        efficacy
 Int_2    :        satis     x        efficacy

Test(s) of highest order unconditional interaction(s):
        R2-chng          F        df1         df2          p
X*W       .0200    10.9602     1.0000    244.0000      .0011
M*W       .0010      .5697     1.0000    244.0000      .4511
----------
    Focal predict : stress    (X)
          Mod var : efficacy  (W)

Conditional effects of the focal predictor at values of the moderator(s):
```

→ $\theta_{X \to Y} = c'_1 + c'_3 W$

```
  efficacy    Effect         se          t          p       LLCI       ULCI
   -1.5570    -.1496      .0900    -1.6624      .0977     -.3270      .0277
    -.3070    -.0003      .0646     -.0040      .9968     -.1275      .1270
    1.6930     .2388      .0797     2.9961      .0030      .0818      .3957

Data for visualizing the conditional effect of the focal predictor:
Paste text below into a SPSS syntax window and execute to produce plot.

DATA LIST FREE/
   stress     efficacy   commit     .
BEGIN DATA.
    -1.2740    -1.5570    3.9494
     -.5240    -1.5570    3.8372
     1.4760    -1.5570    3.5379
    -1.2740     -.3070    3.7278
     -.5240     -.3070    3.7276
     1.4760     -.3070    3.7271
    -1.2740     1.6930    3.3731
     -.5240     1.6930    3.5522
     1.4760     1.6930    4.0297
END DATA.
GRAPH/SCATTERPLOT=
 stress   WITH     commit   BY       efficacy .
----------
    Focal predict : satis        (M)
          Mod var : efficacy     (W)

Data for visualizing the conditional effect of the focal predictor:
Paste text below into a SPSS syntax window and execute to produce plot.

DATA LIST FREE/
   satis      efficacy   commit     .
BEGIN DATA.
    -2.1180    -1.5570    2.4896
      .1320    -1.5570    3.8379
     2.1320    -1.5570    5.0364
    -2.1180     -.3070    2.3904
      .1320     -.3070    3.8108
     2.1320     -.3070    5.0733
    -2.1180     1.6930    2.2317
      .1320     1.6930    3.7674
     2.1320     1.6930    5.1324
END DATA.
GRAPH/SCATTERPLOT=
 satis    WITH     commit   BY       efficacy .

******************** DIRECT AND INDIRECT EFFECTS OF X ON Y ********************
```

Conditional direct effect(s) of X on Y : → $\theta_{X \to Y} = c'_1 + c'_3 W$

```
  efficacy    Effect         se          t          p       LLCI       ULCI
   -1.5570    -.1496      .0900    -1.6624      .0977     -.3270      .0277
    -.3070    -.0003      .0646     -.0040      .9968     -.1275      .1270
    1.6930     .2388      .0797     2.9961      .0030      .0818      .3957
```

Conditional indirect effects of X on Y : → $(a_1 + a_3 W)(b_1 + b_2 W)$

```
INDIRECT EFFECT:
 stress      ->     satis       ->     commit

   efficacy    Effect     BootSE  BootLLCI  BootULCI
    -1.5570    -.4809      .0796    -.6550    -.3432
     -.3070    -.3626      .0461    -.4588    -.2804
     1.6930    -.1430      .0627    -.2747    -.0289

 Pairwise contrasts between conditional indirect effects (Effect1 minus Effect2)
    Effect1   Effect2  Contrast    BootSE  BootLLCI  BootULCI
     -.3626    -.4809     .1183     .0512     .0276     .2287
     -.1430    -.4809     .3380     .1017     .1486     .5444
     -.1430    -.3626     .2197     .0539     .1146     .3239
---

************************** ANALYSIS NOTES AND ERRORS *************************

Level of confidence for all confidence intervals in output:
  95.0000

Number of bootstrap samples for percentile bootstrap confidence intervals:
  5000

W values in conditional tables are the 16th, 50th, and 84th percentiles.

NOTE : The following variables were mean centered prior to analysis:
          efficacy stress   satis
```

위의 결과물을 이용한 M모형과 Y모형의 회귀식은 다음과 같다.

$$\widehat{M} = 0.015 - 0.518X + 0.477W + 0.183XW$$

$$\widehat{Y} = 3.720 + 0.036X - 0.025W + 0.120XW + 0.639M + 0.026MW$$

결과물에서 W가 $X \rightarrow M$경로($a_3 = 0.183$, $p < .001$)와 $X \rightarrow Y$경로($c'_3 = 0.120$, $p = .001$)는 조절하지만 $M \rightarrow Y$경로($b_2 = 0.026$, $p = .451$)는 조절하지 않는 것으로 나타났다. 그리고 M모형의 결과물의 "Conditional effects of the focal predictor at values of the moderator(s)"에서 W가 증가하면 X(직무스트레스)가 M(직무만족)에 미치는 부정적인 영향이 점점 완화($-0.803 \rightarrow -0.575 \rightarrow -0.210$)되는 것을 확인할 수 있다. 하지만 개별경로인 $M \rightarrow Y$경로가 W에 의하여 조절되지 않는다는 사실이 조절된 매개효과가 유의하지 않다는 것을 의미하지는 않는다.

그리고 "Conditional indirect effects of X on Y"에 제시된 조절변수의 16th, 50th 및 84th 백분위값에서의 조건부간접효과는 모두 0이 아닌 것으로 나타났다.

예를 들어 W가 16th 백분위값(W=−1.557)을 가지는 경우에 조건부간접효과는 다음과 같이 계산된다.

$$(a_1 + a_3 W)(b_1 + b_2 W) = [-0.518 + 0.183(-1.557)][0.639 + 0.026(-1.557)]$$
$$= -0.481$$

그리고 이러한 음의 조건부간접효과는 W가 증가하면서 점점 완화되는 것을 알 수 있다(−0.481 → −0.363 → −0.143).

스트레스연구의 자료에서 W(자기효능감)는 연속형 변수이기 때문에 결과물에 조절된 매개지수가 제공되지 않는다. 앞에서 설명한 바와 같이 이러한 경우에는 세 가지 조건부간접효과들의 대응별 비교를 통하여 조절된 매개효과의 유의성을 판단해야 한다. 결과물의 맨 마지막 부분에 다음의 대응별 비교결과가 제시되어 있다.

Pairwise contrasts between conditional indirect effects (Effect1 minus Effect2)

Effect1	Effect2	Contrast	BootSE	BootLLCI	BootULCI
−.3626	−.4809	.1183	.0512	.0276	.2287
−.1430	−.4809	.3380	.1017	.1486	.5444
−.1430	−.3626	.2197	.0539	.1146	.3239

위의 결과에서 −0.4809는 W가 16th 백분위값(W=−1.557)을 갖는 경우의 조건부간접효과의 크기(효과1)이고 −0.3626과 −0.1430은 각각 50th 백분위(W=−0.307)에서의 조건부간접효과의 크기(효과2)와 84th 백분위(W=1.693)에서의 조건부간접효과의 크기(효과3)를 의미한다. 위의 분석결과 (효과2−효과1)과 (효과3−효과1) 및 (효과3−효과2)의 세 가지 대응별 비교(조건부간접효과들의 차이)의 95% 부트스트랩 신뢰구간에 모두 0이 포함되지 않는 것으로 나타났다. 따라서 직무스트레스(X)가 직무만족(M)의 감소를 통하여 조직몰입(Y)을 감소시키는 간접효과는 조절변수인 자기효능감(W)에 의하여 조절된다고 결론을 내린다. 즉, 자기효능감이 증가하면 직무스트레스의 음의 간접효과는 완화된다는 내용이다.

그리고 결과물의 "Conditional direct effect(s) of X on Y"에서 X가 Y에 영향을 주는 조건부직접효과도 W가 증가하면서 음의 효과가 점점 완화되는 것을 알 수 있다. 이러한 내용은 조건부직접효과의 유의성(c'_3이 통계적으로 유의)과 결부시켜 해석할 수 있다.

여기에서 연구자들이 잘못 알고 있는 중요한 사실을 한 가지 지적한다. Muller et al.(2005)이 그들의 논문에서 연구모형(PROCESS macro model 59에 해당)을 바탕으로 인과단계전략을 이용하여 조절된 매개와 매개된 조절의 분석방법을 제시한 이후에 많은 연구자들이 다른 모형에도 이 논리를 무분별하게 사용하고 있는 실정이다. 예를 들어 model 59의 Y모형은 식 (13.6)이고 model 7의 Y모형은 식 (13.2)와 같고 model 8의 Y모형은 식 (11.5)와 같다. 만일 연구자가 model 7 혹은 model 8을 분석하는 경우에 식 (13.6)의 Y모형을 사용한다면 b의 추정치가 달라지고 조건부간접효과의 추론검정이 틀리기 때문에 잘못된 연구결과를 보이게 된다. 따라서 연구자들은 연구모형에 적합한 M모형과 Y모형을 정확하게 설정해야 한다. 또한 model 59를 분석하는 경우에도 인과단계방법을 사용하는 Muller et al.(2005)의 분석절차는 낡은 방법이기 때문에 앞에서 설명한 방법을 사용하는 것이 올바른 방법에 해당한다.

13.3 PROCESS model 15

PROCESS model 15는 model 14와 유사하지만 다른 점은 W가 $M \rightarrow Y$경로뿐만 아니라 $X \rightarrow Y$경로도 조절한다는 점이다. model 15의 M모형과 Y모형의 회귀식은 다음과 같다.

$$M = i_M + aX + e_M \tag{13.10}$$

$$\begin{aligned} Y &= i_Y + c'_1 X + c'_2 W + c'_3 XW + b_1 M + b_2 MW + e_Y \\ &= i_Y + e_Y + c'_2 W + (c'_1 + c'_3 W)X + (b_1 + b_2 W)M \end{aligned} \tag{13.11}$$

위의 식 (13.11)은 식 (13.6)과 동일하다. 식 (13.10)에서 $X \rightarrow M$효과는 단순히 a로 계산된다. 그리고 $M \rightarrow Y$경로의 조건부효과($\theta_{M \rightarrow Y}$)와 $X \rightarrow Y$의 조건부효과

$(\theta_{X \to Y})$는 각각 식 (13.7) 및 (13.8)과 동일하다.

model 15의 조건부간접효과는 다음과 같이 계산된다.

$$a(b_1 + b_2 W) = ab_1 + ab_2 W \tag{13.12}$$

위의 식 (13.12)에서 W의 가중치인 ab_2가 model 15의 조절된 매개지수에 해당하는 값이다. 즉, ab_2의 95% 부트스트랩 신뢰구간에 0이 포함되지 않으면 간접효과는 조절변수 W에 의하여 조절된다고 판단한다. 또한 c'_3가 유의하면 X의 직접효과가 W에 의하여 조절된다고 결론을 내릴 수 있다.

model 15의 개념모형과 통계모형은 다음의 [그림 13.5]와 같다.

그림 13.5 model 15의 개념모형과 통계모형

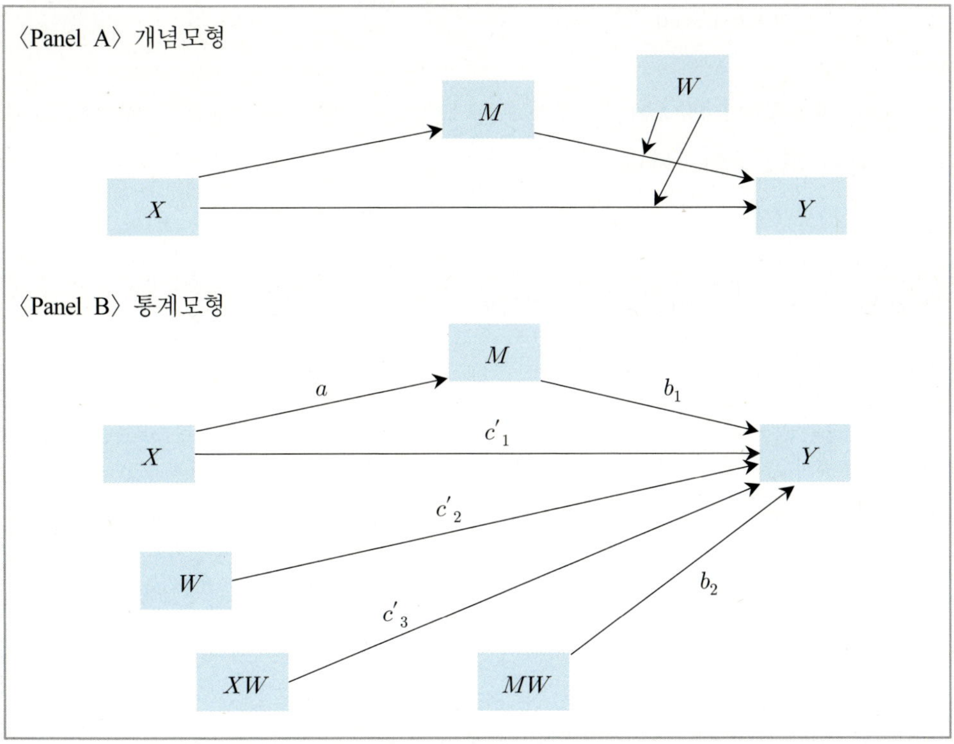

13.3.1 model 15의 예제(주도적 성격연구)

여기에서 다룰 예제의 자료는 OCB.sav로 저장되어 있다. 변수들은 먼저 *X*는 핵심자기평가(core self-evaluations : cse로 지정)이고 *M*은 직무만족(satis)이며 *Y*는 조직시민행동(organizational citizenship behavior : ocb로 지정)이다. 그리고 조절변수 *W*는 주도적 성격(proactive personality : pp로 지정)이다. 연구모형은 cse가 satis의 증가를 경유하여 ocb를 증가시키는 양의 간접효과가 발생하는데 조절변수인 pp가 증가하면 이러한 양의 간접효과가 더욱 커지는 조절된 매개효과가 발생한다는 것을 의미한다.

위의 모형을 분석하기 위한 PROCESS syntax는 다음과 같다.

```
process y=ocb/x=cse/m=satis/w=pp/model=15/center=1
        /plot=1/seed=72520.
```

모든 상호항(*XW*와 *MW*)을 구성하는 변수들을 평균중심화하기 때문에 *X*와 *M* 및 *W*가 평균중심화된다.

위의 syntax를 실행하면 [그림 13.6]의 결과가 얻어진다.

그림 13.6 PROCESS model 15의 결과물

```
Model  : 15
    Y  : OCB
    X  : CSE
    M  : SATIS
    W  : PP

Sample
Size :  278

Custom
Seed :     72520

**************************************************************************
OUTCOME VARIABLE:
 SATIS

Model Summary
          R       R-sq        MSE          F        df1        df2          p
      .7949      .6319      .5073   473.7464     1.0000   276.0000      .0000
```

```
Model
                  coeff          se          t          p        LLCI        ULCI
constant          .0000       .0427      .0000     1.0000      -.0841       .0841
CSE     (a)       .6066       .0279    21.7657      .0000       .5517       .6614

**************************************************************************
OUTCOME VARIABLE:
 OCB

Model Summary
          R        R-sq         MSE          F        df1         df2           p
      .7476       .5589      1.0106    68.9332     5.0000    272.0000       .0000

Model
                  coeff          se          t          p        LLCI        ULCI
constant         3.6326       .0778    46.6752      .0000      3.4794      3.7858
CSE     (c'1)    -.1489       .0681    -2.1870      .0296      -.2828      -.0149
SATIS   (b1)      .6175       .0978     6.3113      .0000       .4249       .8101
PP      (c'2)     .4832       .0504     9.5812      .0000       .3839       .5825
Int_1   (c'3)    -.0452       .0432    -1.0456      .2967      -.1304       .0399
Int_2   (b2)      .1873       .0562     3.3314      .0010       .0766       .2980

Product terms key:
 Int_1     :       CSE       x        PP
 Int_2     :       SATIS     x        PP

Test(s) of highest order unconditional interaction(s):
              R2-chng         F        df1         df2          p
X*W             .0018    1.0932     1.0000    272.0000      .2967
M*W             .0180   11.0983     1.0000    272.0000      .0010
----------
    Focal predict : CSE        (X)
          Mod var : PP         (W)

Data for visualizing the conditional effect of the focal predictor:
Paste text below into a SPSS syntax window and execute to produce plot.

DATA LIST FREE/
   CSE        PP          OCB          .
BEGIN DATA.
   -1.9955   -1.8507    2.8683
     .5045   -1.8507    2.7054
    1.5045   -1.8507    2.6402
   -1.9955     .1493    4.0153
     .5045     .1493    3.6263
    1.5045     .1493    3.4707
   -1.9955    1.8993    5.0188
     .5045    1.8993    4.4320
    1.5045    1.8993    4.1973
END DATA.
GRAPH/SCATTERPLOT=
 CSE       WITH      OCB       BY        PP        .
----------
    Focal predict : SATIS      (M)
          Mod var : PP         (W)
```

```
Conditional effects of the focal predictor at values of the moderator(s):
```

→ $\theta_{M \to Y} = b_1 + b_2 W$

```
         PP     Effect         se          t          p       LLCI       ULCI
    -1.8507      .2709      .1117     2.4243      .0160      .0509      .4909
      .1493      .6455      .1014     6.3657      .0000      .4459      .8451
     1.8993      .9733      .1706     5.7055      .0000      .6374     1.3091

Data for visualizing the conditional effect of the focal predictor:
Paste text below into a SPSS syntax window and execute to produce plot.

DATA LIST FREE/
   SATIS      PP         OCB        .
BEGIN DATA.
    -1.5692    -1.8507     2.3132
      .4308    -1.8507     2.8550
     1.4308    -1.8507     3.1258
    -1.5692      .1493     2.6918
      .4308      .1493     3.9828
     1.4308      .1493     4.6283
    -1.5692     1.8993     3.0232
      .4308     1.8993     4.9697
     1.4308     1.8993     5.9429
END DATA.
GRAPH/SCATTERPLOT=
 SATIS    WITH     OCB      BY       PP       .

******************** DIRECT AND INDIRECT EFFECTS OF X ON Y ********************
```

Conditional direct effect(s) of X on Y : → $\theta_{X \to Y} = c'_1 + c'_3 W$

```
         PP     Effect         se          t          p       LLCI       ULCI
    -1.8507     -.0652      .1015     -.6418      .5215     -.2651      .1347
      .1493     -.1556      .0688    -2.2618      .0245     -.2910     -.0202
     1.8993     -.2347      .1101    -2.1317      .0339     -.4515     -.0179

Conditional indirect effects of X on Y:
```

INDIRECT EFFECT : → $a(b_1 + b_2 W)$

```
 CSE          ->    SATIS         ->    OCB

         PP     Effect     BootSE   BootLLCI   BootULCI
    -1.8507      .1643      .0745      .0078      .2995
      .1493      .3915      .0694      .2632      .5374
     1.8993      .5904      .1119      .3895      .8266

      Index of moderated mediation:
           Index     BootSE   BootLLCI   BootULCI
PP         .1136      .0357      .0499      .1912
---

************************* ANALYSIS NOTES AND ERRORS *************************

Level of confidence for all confidence intervals in output:
  95.0000
```

```
Number of bootstrap samples for percentile bootstrap confidence intervals:
  5000

W values in conditional tables are the 16th, 50th, and 84th percentiles.

NOTE : The following variables were mean centered prior to analysis:
          PP         CSE        SATIS
```

결과물을 이용하면 다음의 두 추정회귀식이 계산된다.

$$\widehat{M} = 0.000 + 0.607X$$

$$\widehat{Y} = 3.633 - 0.149X + 0.483W - 0.045XW + 0.618M + 0.187MW$$

결과물에서 간접효과를 구성하는 두 회귀계수는 $a = 0.607$, $p < .001$과 $b_1 = 0.618$, $p < .001$로 모두 유의하게 산출되었다. 그리고 $M \rightarrow Y$경로는 W에 의하여 조절되는 것으로 나타났다($b_2 = 0.187$, $p = .001$).

이와 관련하여 Y모형의 결과물의 “Conditional effects of the focal predictor at values of the moderator(s)”에 제시된 결과를 살펴보면 W의 16th, 50th 및 84th 백분위값에서의 $M \rightarrow Y$효과는 W가 증가하면서 함께 증가($0.271 \rightarrow 0.646 \rightarrow 0.973$)하는 것을 확인할 수 있다. 하지만 X가 Y에 주는 영향은 W에 의하여 조절되지 않았다($c'_3 = -0.045$, $p = .297$).

13.3.2 조절된 매개의 검정과 탐색

가장 중요한 내용으로 결과물의 마지막 부분에 조절된 매개지수($ab_2 = 0.114$)의 95% 부트스트랩 신뢰구간(0.050~0.191)에 0이 포함되지 않기 때문에 조절된 매개효과는 유의하다고 판정한다.

조절된 매개지수가 유의하기 때문에 조절된 매개의 탐색을 실시할 수 있다. 이에 관한 결과가 결과물의 “Conditional indirect effects of X on Y”에 다음과 같이 제시되어 있다.

Conditional indirect effects of X on Y:

INDIRECT EFFECT:

CSE -> SATIS -> OCB

PP	Effect	BootSE	BootLLCI	BootULCI
−1.8507	.1643	.0745	.0078	.2995
.1493	.3915	.0694	.2632	.5374
1.8993	.5904	.1119	.3895	.8266

$W=0.1493$인 경우에 조건부간접효과의 크기는 다음과 같이 계산된다.

$$a(b_1+b_2W)=ab_1+ab_2W$$
$$=0.607(0.618)+0.607(0.187)(0.1493)=0.392$$

그리고 W가 증가하면 W의 16th, 50th 및 84th 백분위값에서의 조건부간접효과의 크기는 점점 증가하는 것(0.164 → 0.392 → 0.590)을 확인할 수 있다.

CHAPTER 14

조절변수가 두 개인 조절된 매개모형

이제까지는 조절변수가 한 개인 경우의 조절된 매개모형을 분석하였다. 본장에서는 연구자들이 비교적 많이 사용할 것으로 기대되는 조절변수가 두 개인 조절된 매개모형들을 다룰 예정이다. 이들은 모두 PROCESS에서 분석이 가능하지만 일부 연구를 제외하고 아직까지 분석방법이 자세히 소개된 저서가 없기 때문에 연구자들이 사용하기에 망설여지는 모형들이기도 하다. 또한 다소 어려운 내용들이지만 하나씩 해결하다 보면 이해가 될 수 있을 것으로 기대한다.

14.1 PROCESS model 9(부분 조절된 매개)

이 모형은 가산다중조절모형([그림 8.1] PROCESS model 2)과 단순매개모형(model 4)을 결합시킨 모형으로 두 개의 조절변수 W와 Z가 $X \to M$경로를 조절하는 모형이다. 여기에서 사용하는 자료파일은 JOB.sav이다. 연구모형은 직무스트레스(X)가 직무만족(M)의 감소를 경유하여 조직몰입(Y)을 감소시키는 음의 간접효과는 조절변수 W(자기효능감)와 Z(조직지원)에 의하여 가산적으로 조절된다(additively moderated)고 예측한다. 즉, 조절변수 W와 Z가 증가하면서 X의 음의 간접효과는 감소할 것으로 예측된다. Hayes(2018b)는 이러한 모형을 부분 조절된 매개모형(partial moderated mediation model)이라고 명명하였다. 특히 $X \to M$경로가 W와 Z에 의하여 조절되기 때문에 이는 1단계 이중 조절된 매개모형(a first stage dual moderated mediation model)에 해당한다.

model 9의 M모형과 Y모형은 다음과 같다.

$$\begin{aligned} M &= i_M + a_1 X + a_2 W + a_3 Z + a_4 XW + a_5 XZ + e_M \\ &= i_M + e_M + a_2 W + a_3 Z + (a_1 + a_4 W + a_5 Z)X \qquad (14.1) \end{aligned}$$

$$Y = i_Y + c'X + bM + e_Y \qquad (14.2)$$

식 (14.1)에서 $X \to M$의 조건부효과는 $\theta_{X \to M} = a_1 + a_4 W + a_5 Z$이고 식 (14.2)에서 M이 Y에 미치는 영향은 단순히 b로 계산된다. 따라서 이들을 곱하면 다

음과 같이 X가 M을 경유하여 Y에 영향을 주는 조건부간접효과가 계산된다.

$$\theta_{X\to M}\times b=(a_1+a_4W+a_5Z)b=a_1b+a_4bW+a_5bZ \tag{14.3}$$

model 9의 개념모형과 통계모형은 [그림 14.1]과 같다.

그림 14.1 model 9의 개념모형과 통계모형

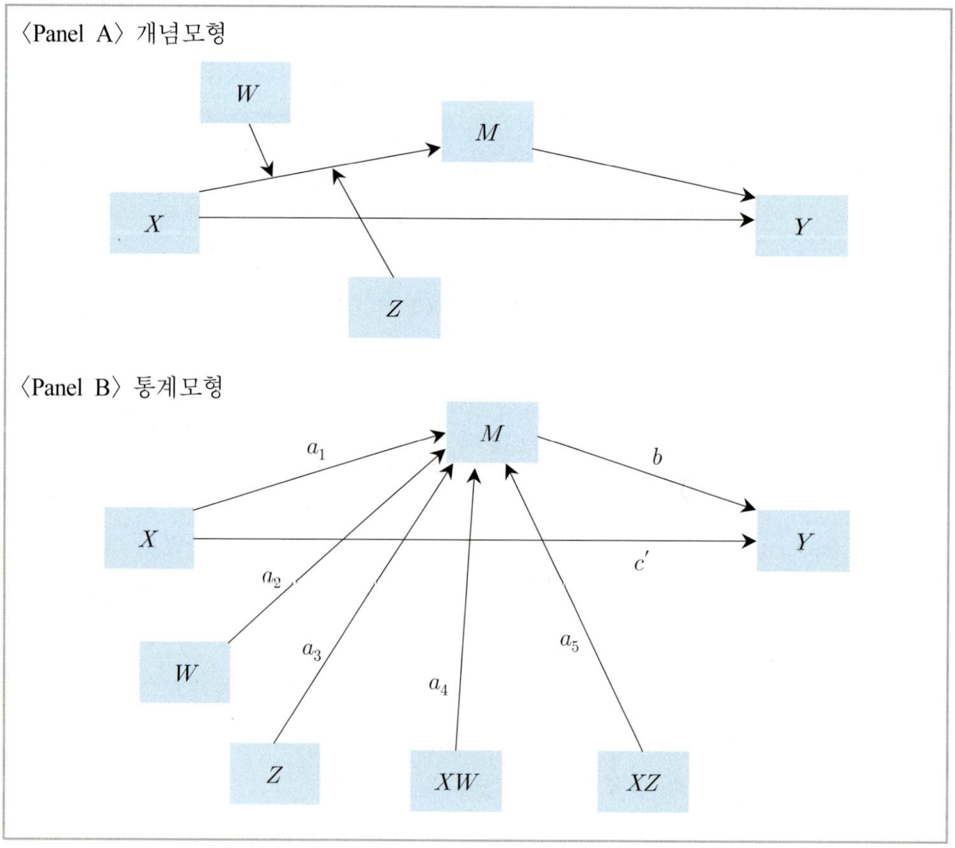

식 (14.3)은 W와 Z의 가산함수(additive function of W and Z)이다. 식 (14.3)에서 a_1b는 W와 Z가 0인 경우의 X의 조건부간접효과를 의미한다. 그리고 a_4b는 Z가 일정한 경우에(고정된 값을 갖는 경우에) W가 변화함에 따른 X의 간접효과의 변화율을 수량화(a_4b quantifies the rate of change in the indirect effect of X as W changes but Z is held constant)한 것이고 a_5b는 W를 통제한 경우에 Z가 변화할 때

의 X의 간접효과의 변화율을 수량화한 것이다. a_4b가 0이면 Z가 일정한 경우에 X의 간접효과는 W와 선형적으로 독립적이라는 것을 의미하고 반면에 a_5b가 0이면 W를 고정시킨 경우에 X의 간접효과가 Z와 선형적으로 독립적이라는 것을 말한다.

회귀분석에서 다른 모든 예측변수들을 고정시킨 경우에 특정 예측변수와 종속변수의 관계를 수량화한 것을 편회귀계수(partial regression coefficients)라고 부른다. 이에 착안하여 Hayes(2018b)는 a_4b와 a_5b를 X의 간접효과가 각각 W와 Z에 의하여 조절되는 부분 조절된 매개지수(index of partial moderated mediation)라고 명명하였다. 이러한 부분 조절된 매개지수는 다른 조절변수가 일정한 경우에 특정 조절변수와 X의 간접효과의 크기의 관계를 수량화한 것이다. 부분 조절된 매개를 부분 매개(partial mediation)와 혼동해서는 안 된다.

부분 조절된 매개지수는 다른 조절변수가 고정되어 있는 경우에 특정 조절변수가 한 단위 변화하는 경우에 $X \rightarrow M \rightarrow Y$의 간접효과의 변화의 크기로 해석된다. 만일 조절변수가 이분형(dichotomous) 변수(예 : 성별)인 경우에는 해당 조절변수의 부분 조절된 매개지수는 다른 조절변수가 일정한 경우에 이분형 변수에 의하여 정의되는 두 집단 간의 X의 간접효과의 차이와 동일할 수도 있고 다를 수도 있다. W가 이분형 조절변수인 경우에 두 집단의 코딩값이 w_1과 w_2라면 $W = w_1$인 경우의 X의 간접효과와 $W = w_2$인 경우의 X의 간접효과의 차이는 다음과 같이 계산된다.

$$a_4b/(w_2 - w_1)$$

예를 들어 두 집단이 $w_1 = -1$과 $w_2 = 1$로 코딩되어 있다면 $w_2 - w_1 = 2$로 계산되기 때문에 Z가 일정한 경우에 부분 조절된 매개지수는 두 집단의 조건부 간접효과의 차이의 1/2로 계산될 것이다. 따라서 부분 조절된 매개지수를 Z가 일정한 경우에 두 집단의 조건부간접효과의 차이로 해석하기 위해서는 이분형 변수의 차이가 1로 계산되도록(예 : 0과 1 혹은 −0.5와 0.5) 코딩하는 것이 권장된다(2.2절 참조).

14.1.1 model 9의 예제

이제 스트레스연구(JOB.sav)를 이용하여 model 9를 분석하기로 한다. 이를 분석하기 위한 syntax는 다음과 같다.

```
process y=commit/x=stress/m=satis/w=efficacy/z=support/plot=1/model=9
        /center=1/seed=72520.
```

위의 syntax에서 efficacy와 support가 각각 W와 Z로 지정되어 있다. 이러한 syntax의 실행결과는 [그림 14.2]와 같다.

그림 14.2 model 9(스트레스연구)의 PROCESS 결과물

```
Model   : 9
    Y   : commit
    X   : stress
    M   : satis
    W   : efficacy
    Z   : support

Sample
Size :  250

Custom
Seed :      72520

**************************************************************************
OUTCOME VARIABLE:
 satis

Model Summary
          R       R-sq        MSE          F        df1        df2          p
      .6779      .4595     1.9035    41.4849     5.0000   244.0000      .0000

Model
                  coeff         se          t          p       LLCI       ULCI
constant         3.8708      .0875    44.2133      .0000     3.6984     4.0433
stress    (a1)   -.5453      .0626    -8.7065      .0000     -.6686     -.4219
efficacy  (a2)    .0086      .1000      .0860      .9316     -.1884      .2056
Int_1     (a4)    .0571      .0786      .7267      .4681     -.0976      .2118
support   (a3)    .5881      .1028     5.7209      .0000      .3856      .7907
Int_2     (a5)    .1367      .0766     1.7836      .0757     -.0143      .2877

Product terms key:
 Int_1     :       stress    x       efficacy
 Int_2     :       stress    x       support
```

```
Test(s) of highest order unconditional interaction(s):
              R2-chng          F        df1        df2          p
X*W             .0012      .5281     1.0000   244.0000      .4681
X*Z             .0070     3.1811     1.0000   244.0000      .0757
BOTH(X)         .0489    11.0401     2.0000   244.0000      .0000
----------
    Focal predict : stress    (X)
          Mod var : efficacy  (W)
          Mod var : support   (Z)

Conditional effects of the focal predictor at values of the moderator(s):
```

→ $\theta_{X\rightarrow M}|(W, Z) = a_1 + a_4 W + a_5 Z$

```
   efficacy    support     Effect         se          t          p       LLCI       ULCI
    -1.5570    -1.6840     -.8643      .0897    -9.6354      .0000    -1.0410     -.6876
    -1.5570      .0660     -.6251      .1376    -4.5446      .0000     -.8961     -.3542
    -1.5570     1.8160     -.3859      .2565    -1.5047      .1337     -.8911      .1193
     -.3070    -1.6840     -.7930      .1272    -6.2360      .0000    -1.0435     -.5425
     -.3070      .0660     -.5538      .0672    -8.2409      .0000     -.6861     -.4214
     -.3070     1.8160     -.3145      .1698    -1.8522      .0652     -.6491      .0200
     1.6930    -1.6840     -.6788      .2632    -2.5791      .0105    -1.1973     -.1604
     1.6930      .0660     -.4396      .1469    -2.9929      .0030     -.7289     -.1503
     1.6930     1.8160     -.2004      .0993    -2.0188      .0446     -.3959     -.0049

Data for visualizing the conditional effect of the focal predictor:
Paste text below into a SPSS syntax window and execute to produce plot.

DATA LIST FREE/
   stress     efficacy   support    satis      .
BEGIN DATA.
    -1.2740    -1.5570    -1.6840     3.9681
     -.5240    -1.5570    -1.6840     3.3199
     1.4760    -1.5570    -1.6840     1.5912
    -1.2740    -1.5570      .0660     4.6926
     -.5240    -1.5570      .0660     4.2238
     1.4760    -1.5570      .0660     2.9736
    -1.2740    -1.5570     1.8160     5.4171
     -.5240    -1.5570     1.8160     5.1277
     1.4760    -1.5570     1.8160     4.3559
    -1.2740     -.3070    -1.6840     3.8880
     -.5240     -.3070    -1.6840     3.2932
     1.4760     -.3070    -1.6840     1.7073
    -1.2740     -.3070      .0660     4.6125
     -.5240     -.3070      .0660     4.1972
     1.4760     -.3070      .0660     3.0896
    -1.2740     -.3070     1.8160     5.3370
     -.5240     -.3070     1.8160     5.1011
     1.4760     -.3070     1.8160     4.4720
    -1.2740     1.6930    -1.6840     3.7597
     -.5240     1.6930    -1.6840     3.2506
     1.4760     1.6930    -1.6840     1.8930
    -1.2740     1.6930      .0660     4.4842
```

```
    -.5240    1.6930     .0660    4.1545
    1.4760    1.6930     .0660    3.2753
   -1.2740    1.6930    1.8160    5.2087
    -.5240    1.6930    1.8160    5.0584
    1.4760    1.6930    1.8160    4.6577
END DATA.
GRAPH/SCATTERPLOT=
 stress    WITH     satis    BY       efficacy /PANEL   ROWVAR=  support   .

**************************************************************************
OUTCOME VARIABLE:
 commit

Model Summary
          R       R-sq        MSE          F        df1        df2          p
      .7300      .5329     1.3193   140.8852     2.0000   247.0000      .0000

Model
                 coeff         se          t          p       LLCI       ULCI
constant        1.1298      .1823     6.1968      .0000      .7707     1.4888
stress (c')      .0572      .0572     1.0000      .3183     -.0554      .1698
satis  (b)       .6748      .0432    15.6101      .0000      .5897      .7600

******************** DIRECT AND INDIRECT EFFECTS OF X ON Y ********************

Direct effect of X on Y
     Effect         se          t          p       LLCI       ULCI
  .0572 (c')     .0572     1.0000      .3183     -.0554      .1698

Conditional indirect effects of X on Y:

INDIRECT EFFECT:
 stress      ->     satis       ->     commit
```

→ $\theta_{X \to M} \times b = (a_1 + a_4 W + a_5 Z) b = a_1 b + a_4 b W + a_5 b Z$

```
   efficacy    support     Effect     BootSE   BootLLCI   BootULCI
    -1.5570    -1.6840     -.5833      .0528     -.6952     -.4864
    -1.5570      .0660     -.4219      .0835     -.5991     -.2702
    -1.5570     1.8160     -.2604      .1496     -.5795      .0109
     -.3070    -1.6840     -.5351      .0728     -.6794     -.3922
     -.3070      .0660     -.3737      .0431     -.4612     -.2932
     -.3070     1.8160     -.2123      .0981     -.4171     -.0316
     1.6930    -1.6840     -.4581      .1515     -.7480     -.1404
     1.6930      .0660     -.2967      .0855     -.4620     -.1192
     1.6930     1.8160     -.1352      .0536     -.2388     -.0303

     Indices of partial moderated mediation:
                 Index     BootSE   BootLLCI   BootULCI
  efficacy       .0385      .0458     -.0440      .1347  → a4b
   support       .0922      .0428      .0011      .1730  → a5b
---

************************ ANALYSIS NOTES AND ERRORS ************************
```

```
Level of confidence for all confidence intervals in output:
  95.0000
Number of bootstrap samples for percentile bootstrap confidence intervals:
  5000

W values in conditional tables are the 16th, 50th, and 84th percentiles.

Z values in conditional tables are the 16th, 50th, and 84th percentiles.

NOTE : The following variables were mean centered prior to analysis:
          efficacy support  stress
```

결과물을 이용하면 다음의 추정회귀식을 계산할 수 있다.

$$\widehat{M} = 3.871 - 0.545X + 0.009W + 0.588Z + 0.057XW + 0.137XZ$$
$$\widehat{Y} = 1.130 + 0.057X + 0.675M$$

결과물에서 X는 M에 유의한 음의 영향을 미치고($a_1 = -0.545,\ p < .001$) M은 Y에 유의한 양의 영향을 미치는 것으로($b = 0.675,\ p < .001$) 나타났다. 따라서 음의 간접효과가 나타난다는 것을 알 수 있다. 그리고 M모형에서 조절변수 W의 조절효과는 유의하지 않았고($\theta_{X \to M}|(W) = 0.057,\ p = .468$) Z의 조절효과는 한계적으로 유의하게($\theta_{X \to M}|(Z) = 0.137,\ p = .076$) 나타난 것을 알 수 있다. 하지만 이러한 개별경로의 유의성여부를 이용하여 조절된 매개의 유의성을 속단해서는 안된다.

결과물과 식 (14.3)을 이용하여 조건부간접효과를 계산하면 다음과 같다.

$$\begin{aligned}\theta_{X \to M} \times b &= (a_1 + a_4 W + a_5 Z)b = a_1 b + a_4 b W + a_5 b Z \\ &= (-0.545)(0.675) + (0.057)(0.675)W + (0.137)(0.675)Z \\ &= -0.368 + 0.038W + 0.092Z\end{aligned}$$

위의 계산결과에서 두 부분 조절된 매개지수는 $a_4 b = 0.038$이고 $a_5 b = 0.092$라는 것을 알 수 있다. 이러한 결과는 결과물의 맨 마지막 부분에 다음과 같이 제시되어 있다.

Indices of partial moderated mediation:

	Index	BootSE	BootLLCI	BootULCI
efficacy	.0385	.0458	−.0440	.1347
support	.0922	.0428	.0011	.1730

위의 결과에서 W(efficacy)에 의한 부분 조절된 매개지수의 95% 부트스트랩 신뢰구간에는 0이 포함되어 있다. 하지만 Z(support)에 관한 신뢰구간(0.001~0.173)에는 0이 포함되어 있지 않기 때문에 W를 고정시킨 경우에 Z가 증가하면 X의 음의 간접효과는 완화된다고 결론을 내릴 수 있다. 여기에서 한 가지 음미할 만한 내용이 있다. 13.1절에서 Hayes(2015)의 연구를 소개하면서 개별경로의 조절효과가 유의하지 않은 경우에도 조절된 매개지수가 유의하면 조절된 매개효과가 유의하다고 판단한다고 설명하였다. 바로 이 예제에서도 $X \to M$경로가 Z에 의하여 조절되지 않는데(비록 한계적으로 유의해도) 부분 조절된 매개지수는 유의하게 나타났다.

14.1.2 부분 조절된 매개의 탐색

부분 조절된 매개지수가 유의하여 조절된 매개효과가 유의하게 확인되었기 때문에 부분 조절된 매개의 탐색(probing partial moderated mediation)을 실시하기로 한다. 전형적인 방법은 특정값 선택방법(혹은 단순기울기분석)을 이용하여 조절변수의 특정값에서의 조건부간접효과를 분석하는 것이다. 조절변수가 W와 Z의 두 가지가 있기 때문에 W와 Z가 각각 16^{th}와 50th 및 84th 백분위인 경우의 9가지 조건부간접효과가 산출된다.

결과물의 “Conditional indirect effects of X on Y” 부분에 다음의 결과가 제시되어 있다.

```
INDIRECT EFFECT:
stress      ->    satis        ->    commit
```

efficacy	support	Effect	BootSE	BootLLCI	BootULCI	
−1.5570	−1.6840	−.5833	.0528	−.6952	−.4864	①
−1.5570	.0660	−.4219	.0835	−.5991	−.2702	②
−1.5570	1.8160	−.2604	.1496	−.5795	.0109	③
−.3070	−1.6840	−.5351	.0728	−.6794	−.3922	④
−.3070	.0660	−.3737	.0431	−.4612	−.2932	⑤
−.3070	1.8160	−.2123	.0981	−.4171	−.0316	⑥
1.6930	−1.6840	−.4581	.1515	−.7480	−.1404	⑦
1.6930	.0660	−.2967	.0855	−.4620	−.1192	⑧
1.6930	1.8160	−.1352	.0536	−.2388	−.0303	⑨

위의 결과물에서 W와 Z가 모두 16th 백분위(W=−1.557, Z=−1.684)에 해당하는 경우의 조건부간접효과는 다음과 같이 계산된다.

$$\theta_{X \rightarrow M} \times b = -0.368 + 0.038W + 0.092Z$$
$$= -0.368 + 0.038(-1.557) + 0.092(-1.684)$$
$$= -0.583$$

앞에서 W가 일정한 경우에 Z의 부분 조절된 매개지수가 유의하다는 것을 확인하였다. 이러한 결과를 위의 조건부간접효과들과 결합해 본다. 먼저 W(efficacy)가 16th 백분위(W=−1.557)로 일정한 경우에 Z가 증가하면서(①→②→③) X의 음의 간접효과는 점점 감소하는 것(−0.583→−0.422→−0.260)을 알 수 있다. 부분 조절된 매개지수가 유의하기 때문에 이러한 차이는 통계적으로 유의하다고 판단한다. 마찬가지로 W가 50th 백분위(W=−0.307)인 경우(④→⑤→⑥)와 84th 백분위(W=1.693)인 경우(⑦→⑧→⑨)에도 Z가 증가하면서 X의 음의 간접효과는 유의하게 감소하는 것을 확인할 수 있다. 그리고 W의 부분 조절된 매개지수는 통계적으로 유의하지 않기 때문에 Z가 일정한 경우에 비록 W가 증가하면서 음의 간접효과가 감소하긴 하지만 이들의 차이는 통계적으로 유의하다고 말할 수 없다. 예를 들어 Z가 16th 백분위로 일정한 경우에($Z=-1.684$) W가 증가하면 음의 간접효과는 감소하지만(① → ④ → ⑦) 이들의 차이가 유의하지 않다고 판단한다.

14.2 PROCESS model 16(부분 조절된 매개)

이 모형은 model 9와는 달리 두 조절변수 W와 Z가 $M \to Y$경로를 가산적으로 조절하는 조절된 매개모형이다. model 16의 개념모형과 통계모형은 [그림 14.3]과 같다.

[그림 14.3]은 $M \to Y$경로가 조절되기 때문에 2단계 이중 조절된 매개모형(a second stage dual moderated mediation model)이라고 부른다.

[그림 14.3]의 M모형과 Y모형은 다음과 같다.

$$M = i_M + aX + e_M \tag{14.4}$$

$$\begin{aligned} Y &= i_Y + c'X + b_1M + b_2W + b_3Z + b_4MW + b_5MZ + e_Y \\ &= i_Y + e_Y + c'X + b_2W + b_3Z + (b_1 + b_4W + b_5Z)M \end{aligned} \tag{14.5}$$

식 (14.4)와 (14.5)에서 $M \to Y$효과는 조건부효과($\theta_{M \to Y} = b_1 + b_4W + b_5Z$)이고 $X \to M$효과는 a이므로 X의 조건부간접효과는 다음과 같이 계산된다.

$$a \times \theta_{M \to Y} = a(b_1 + b_4W + b_5Z) = ab_1 + ab_4W + ab_5Z \tag{14.6}$$

식 (14.6)에서 ab_1은 W와 Z가 모두 0인 경우의 X의 조건부간접효과이다. 그리고 ab_4와 ab_5는 부분 조절된 매개지수이다. ab_4는 Z가 고정된 경우에 W에 의한 X의 간접효과에 대한 부분 조절된 매개지수이고 ab_5는 W가 일정한 값을 가지는 경우에 Z에 의한 X의 간접효과에 대한 부분 조절된 매개지수를 의미한다.

그림 14.3 model 16의 개념모형과 통계모형

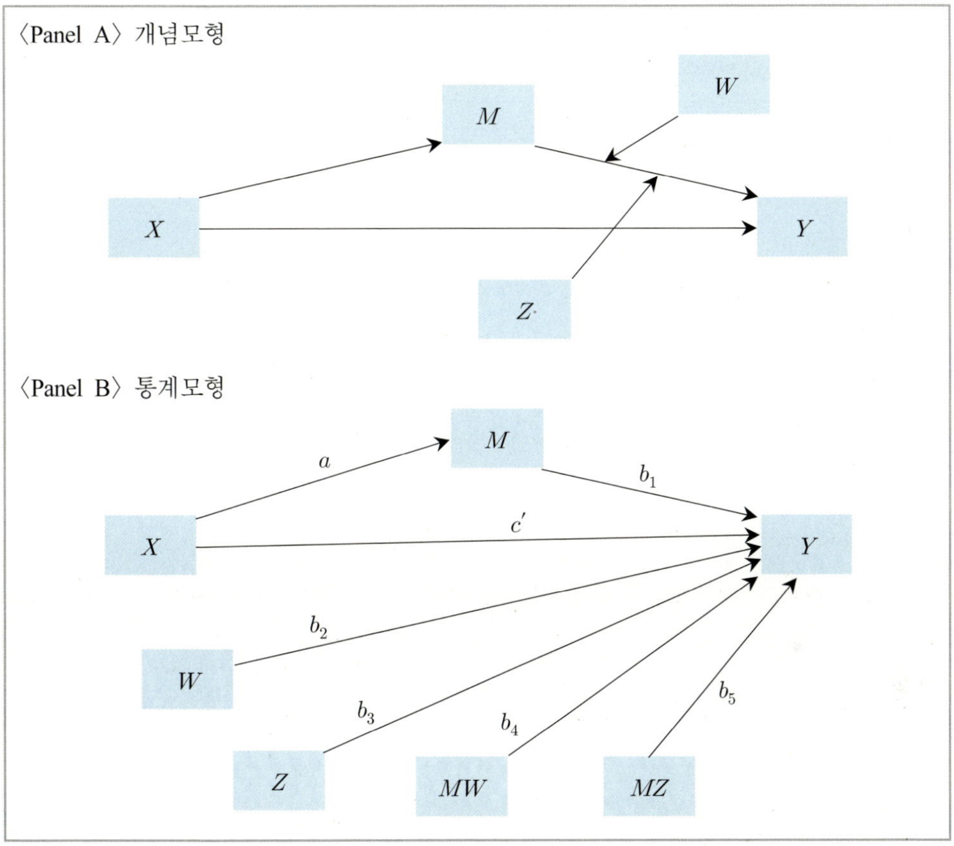

14.2.1 model 16의 예제

이 예제는 13.3절에서 다룬 주도적 성격연구(OCB.sav)이다. 이 모형은 두 조절변수 *W*(주도적 성격 : pp)와 *Z*(조직지원 : POS)가 *M*→*Y*경로를 가산적으로 조절하기 때문에 *W*와 *Z*가 증가하면서 핵심자기평가(cse : *X*)가 직무만족(satis : *M*)을 거쳐 조직시민행동(ocb : *Y*)에 미치는 양의 간접효과가 더욱 커진다는 것을 의미한다.

위의 모형을 분석하기 위한 PROCESS syntax는 다음과 같다.

```
process y=ocb/x=cse/m=satis/w=pp/z=pos/model=16/center=1
        /plot=1/seed=72520.
```

이러한 syntax의 실행결과는 [그림 14.4]와 같다.

그림 14.4 model 16(주도적 성격연구)의 PROCESS 결과물

```
Model   : 16
    Y   : OCB
    X   : CSE
    M   : SATIS
    W   : PP
    Z   : POS

Sample
Size :  278

Custom
Seed :     72520

**************************************************************************
OUTCOME VARIABLE:
 SATIS

Model Summary
          R       R-sq        MSE          F        df1        df2          p
      .7949      .6319      .5073   473.7464     1.0000   276.0000      .0000

Model
                  coeff         se          t          p       LLCI       ULCI
constant        -2.4236      .1193   -20.3216      .0000    -2.6584    -2.1888
CSE     (a)       .6066      .0279    21.7657      .0000      .5517      .6614

**************************************************************************
OUTCOME VARIABLE:
 OCB

Model Summary
          R       R-sq        MSE          F        df1        df2          p
      .7509      .5638     1.0031    58.3837     6.0000   271.0000      .0000

Model
                  coeff         se          t          p       LLCI       ULCI
constant         4.1729      .2758    15.1322      .0000     3.6300     4.7158
CSE     (c')     -.1340      .0680    -1.9718      .0496     -.2679     -.0002
SATIS   (b1)      .6216      .0975     6.3750      .0000      .4296      .8135
PP      (b2)      .3948      .0748     5.2798      .0000      .2476      .5420
Int_1   (b4)      .0891      .0475     1.8760      .0617     -.0044      .1826
POS     (b3)      .0937      .0638     1.4676      .1434     -.0320      .2194
Int_2   (b5)      .0821      .0418     1.9633      .0506     -.0002      .1644

Product terms key:
 Int_1    :        SATIS     x        PP
 Int_2    :        SATIS     x        POS

Test(s) of highest order unconditional interaction(s):
```

```
              R2-chng          F        df1        df2          p
M*W             .0057     3.5195     1.0000   271.0000      .0617
M*Z             .0062     3.8545     1.0000   271.0000      .0506
BOTH(M)         .0265     8.2245     2.0000   271.0000      .0003
----------
    Focal predict : SATIS     (M)
          Mod var : PP        (W)
          Mod var : POS       (Z)

Conditional effects of the focal predictor at values of the moderator(s) :
```

$\rightarrow b_1 + b_4 W + b_5 Z$

```
        PP        POS     Effect         se          t          p       LLCI       ULCI
   -1.8507    -2.1556      .2798      .1040     2.6893      .0076      .0750      .4846
   -1.8507      .3444      .4849      .1198     4.0495      .0001      .2492      .7207
   -1.8507     1.5944      .5875      .1559     3.7697      .0002      .2807      .8944
     .1493    -2.1556      .4580      .1328     3.4477      .0007      .1965      .7195
     .1493      .3444      .6631      .1010     6.5640      .0000      .4642      .8620
     .1493     1.5944      .7657      .1212     6.3203      .0000      .5272     1.0042
    1.8993    -2.1556      .6139      .1960     3.1321      .0019      .2280      .9998
    1.8993      .3444      .8191      .1463     5.6002      .0000      .5311     1.1070
    1.8993     1.5944      .9216      .1452     6.3495      .0000      .6359     1.2074

Data for visualizing the conditional effect of the focal predictor:
Paste text below into a SPSS syntax window and execute to produce plot.

DATA LIST FREE/
   SATIS      PP         POS        OCB        .
BEGIN DATA.
   -1.5692    -1.8507    -2.1556     2.2657
     .4308    -1.8507    -2.1556     2.8253
    1.4308    -1.8507    -2.1556     3.1050
   -1.5692    -1.8507      .3444     2.1780
     .4308    -1.8507      .3444     3.1479
    1.4308    -1.8507      .3444     3.6328
   -1.5692    -1.8507     1.5944     2.1341
     .4308    -1.8507     1.5944     3.3092
    1.4308    -1.8507     1.5944     3.8967
   -1.5692      .1493    -2.1556     2.7756
     .4308      .1493    -2.1556     3.6916
    1.4308      .1493    -2.1556     4.1496
   -1.5692      .1493      .3444     2.6879
     .4308      .1493      .3444     4.0142
    1.4308      .1493      .3444     4.6773
   -1.5692      .1493     1.5944     2.6441
     .4308      .1493     1.5944     4.1755
    1.4308      .1493     1.5944     4.9412
   -1.5692     1.8993    -2.1556     3.2218
     .4308     1.8993    -2.1556     4.4496
    1.4308     1.8993    -2.1556     5.0635
   -1.5692     1.8993      .3444     3.1341
     .4308     1.8993      .3444     4.7722
    1.4308     1.8993      .3444     5.5913
```

```
   -1.5692     1.8993     1.5944     3.0903
     .4308     1.8993     1.5944     4.9335
    1.4308     1.8993     1.5944     5.8552
END DATA.
GRAPH/SCATTERPLOT=
 SATIS     WITH      OCB       BY        PP        /PANEL    ROWVAR=  POS       .

****************** DIRECT AND INDIRECT EFFECTS OF X ON Y ********************

Direct effect of X on Y
     Effect         se          t          p       LLCI       ULCI
     -.1340      .0680    -1.9718      .0496     -.2679     -.0002

Conditional indirect effects of X on Y :  → a(b1+b4W+b5Z)

INDIRECT EFFECT:
 CSE         ->      SATIS        ->     OCB

         PP        POS     Effect     BootSE   BootLLCI   BootULCI
    -1.8507    -2.1556      .1697      .0697      .0316      .3061
    -1.8507      .3444      .2942      .0704      .1604      .4341
    -1.8507     1.5944      .3564      .0859      .1842      .5232
      .1493    -2.1556      .2778      .0858      .1171      .4554
      .1493      .3444      .4023      .0668      .2796      .5399
      .1493     1.5944      .4645      .0734      .3259      .6131
     1.8993    -2.1556      .3724      .1182      .1459      .6190
     1.8993      .3444      .4968      .0919      .3233      .6936
     1.8993     1.5944      .5591      .0898      .3915      .7464

      Indices of partial moderated mediation:
                 Index     BootSE   BootLLCI   BootULCI
PP               .0540      .0260      .0041      .1081   → ab4
POS              .0498      .0225      .0032      .0913   → ab5
---

************************** ANALYSIS NOTES AND ERRORS ************************

Level of confidence for all confidence intervals in output:
  95.0000

Number of bootstrap samples for percentile bootstrap confidence intervals:
  5000

W values in conditional tables are the 16th, 50th, and 84th percentiles.

Z values in conditional tables are the 16th, 50th, and 84th percentiles.

NOTE : The following variables were mean centered prior to analysis:
          PP         POS        SATIS
```

결과물에서 $a = 0.607(p < .001)$과 $b_1 = 0.622(p < .001)$로 유의하게 나타나서 간접효과는 양으로 나타날 것으로 예측된다. 그리고 $b_4 = 0.089(p = .062)$와 $b_5 = 0.082$ $(p = .051)$는 한계적으로 유의하게 나타났다. 하지만 이러한 개별효과의 유의성여

부를 토대로 부분 조절된 매개지수의 유의성을 판단할 수 없다.

부분 조절된 매개지수의 크기와 신뢰구간이 결과물의 마지막 부분에 다음과 같이 나타나 있다.

Indices of partial moderated mediation:

	Index	BootSE	BootLLCI	BootULCI
PP	.0540	.0260	.0041	.1081
POS	.0498	.0225	.0032	.0913

위의 결과에서 ab_4의 95% 부트스트랩 신뢰구간(0.004~0.108)과 ab_5의 신뢰구간(0.003~0.091)에 모두 0이 포함되지 않는 것으로 나타났다. 따라서 Z가 고정되는 경우에 X의 간접효과가 W에 의하여 조절되는 효과는 유의하고 W가 일정한 경우에 X의 간접효과도 Z에 의하여 유의하게 조절된다고 결론을 내릴 수 있다.

14.2.2 부분 조절된 매개의 탐색

두 부분 조절된 매개지수(ab_4와 ab_5)가 모두 유의하게 산출되었기 때문에 부분 조절된 매개의 탐색작업이 필요하다. 결과물에서 부분 조절된 매개지수의 추론검정 윗부분에 다음의 조건부간접효과들이 제시되어 있다.

INDIRECT EFFECT:

CSE -> SATIS -> OCB

PP	POS	Effect	BootSE	BootLLCI	BootULCI	
−1.8507	−2.1556	.1697	.0697	.0316	.3061	①
−1.8507	.3444	.2942	.0704	.1604	.4341	②
−1.8507	1.5944	.3564	.0859	.1842	.5232	③
.1493	−2.1556	.2778	.0858	.1171	.4554	④
.1493	.3444	.4023	.0668	.2796	.5399	⑤

.1493	1.5944	.4645	.0734	.3259	.6131	⑥
1.8993	−2.1556	.3724	.1182	.1459	.6190	⑦
1.8993	.3444	.4968	.0919	.3233	.6936	⑧
1.8993	1.5944	.5591	.0898	.3915	.7464	⑨

먼저 제2조절변수인 POS를 고정시킨 후에 조건부간접효과의 추세를 살펴보기로 한다. 예를 들어 Z가 16th 백분위값(Z=−2.156)을 갖는 경우에 W가 증가하면 조건부간접효과의 값들(①→④→⑦)이 점점 증가하는 것을 알 수 있다. Z가 50th 백분위값과 84th 백분위값을 갖는 경우도 마찬가지이다. ab_4가 유의하기 때문에 이러한 조건부간접효과들의 차이는 유의하다고 판단한다. 다음으로 제1조절변수인 W를 고정시킨다. W가 16th 백분위값(Z=−1.851)을 갖는 경우에 Z가 증가하면 조건부간접효과의 값들(①→②→③)도 점점 증가(0.170→0.294→0.356)하는 것을 알 수 있다. 다른 백분위값들에서의 추세도 동일하다. ab_5가 유의하기 때문에 이들 차이 또한 유의하다고 말할 수 있다.

14.3 PROCESS model 11(조절된 조절된 매개)

이 모형은 조절된 조절모형(3원 상호효과 : PROCESS model 3)과 단순매개모형을 결합한 모형으로 조절된 매개모형 중에서 가장 복잡한 모형 중의 하나이다. 앞에서 다룬 models 9와 16은 가산다중조절모형과 단순매개모형을 결합한 모형들이다. 따라서 이들 모형에서는 제1조절변수(primary moderator : W)가 간접효과를 조절하는 효과는 제2조절변수(secondary moderator : Z)와는 독립적으로 고정되어 있다고 가정하고 있다. 혹은 반대의 경우에도 마찬가지이다.

여기에서는 models 9 및 16과는 달리 한 조절변수에 의하여 조절되는 간접효과가 다른 조절변수에 의하여 다시 조절되는 모형을 다룰 예정이다. 즉, 조절된 매개효과가 다시 조절되는 것이다. Hayes(2018b)는 이러한 모형을 조절된 조절된 매개모형(moderated moderated mediation model)이라고 명명하였다. 그리고 model 11

그림 14.5 model 11의 개념모형과 통계모형

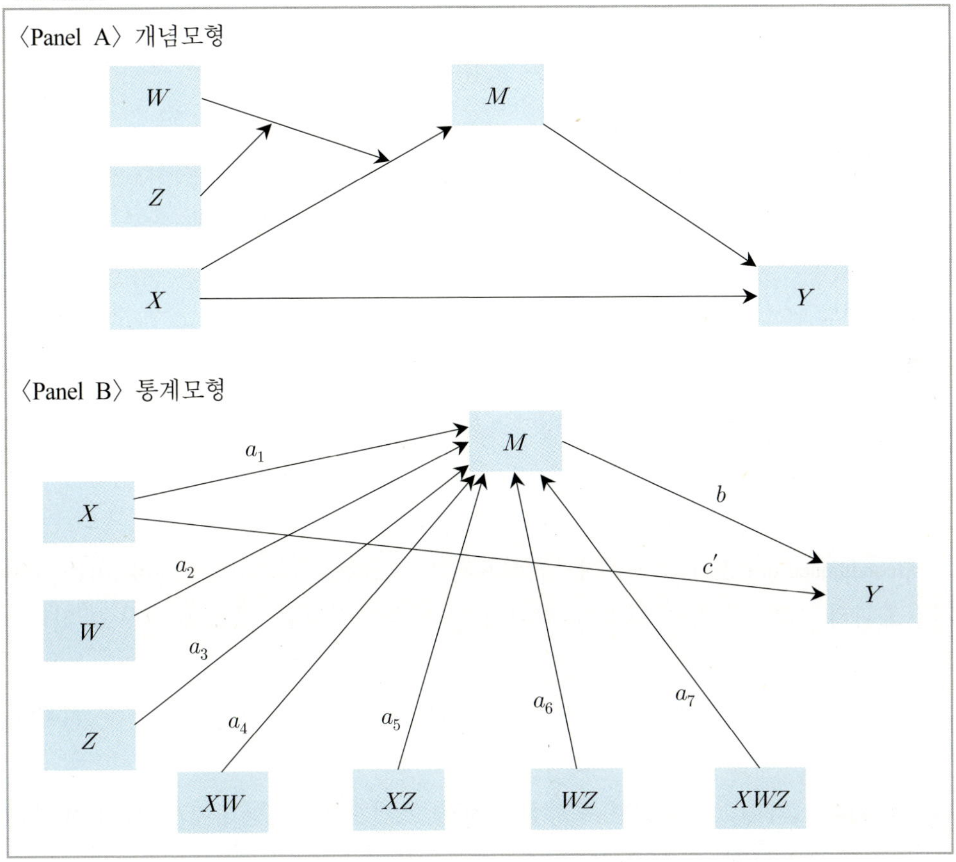

은 $X \rightarrow M$경로에 3원 상호작용이 적용되기 때문에 1단계 조절된 조절된 매개모형(a first stage moderated moderated mediation model)이라고 부른다.

model 11의 개념모형과 통계모형은 [그림 14.5]와 같다.

그리고 model 11의 M모형과 Y모형은 다음의 식과 같다. 오차항은 생략하였다.

$$
\begin{aligned}
M &= i_M + a_1 X + a_2 W + a_3 Z + a_4 XW + a_5 XZ + a_6 WZ + a_7 XWZ \\
&= i_M + a_2 W + a_3 Z + a_6 WZ + (a_1 + a_4 W + a_5 Z + a_7 WZ)X \qquad (14.7)
\end{aligned}
$$

$$
Y = i_Y + c' X + bM \qquad (14.8)
$$

식 (14.7)에서 X가 M에 영향을 주는 조건부효과($\theta_{X \to M}$)는 다음과 같다.

$$\theta_{X \to M} = a_1 + a_4 W + a_5 Z + a_7 WZ$$

그리고 식 (14.8)에서 M이 Y에 주는 영향은 단순히 b로 표현된다. 따라서 X가 M을 경유하여 Y에 영향을 미치는 조건부간접효과는 다음과 같이 계산된다.

$$\begin{aligned} \theta_{X \to M} \times b &= (a_1 + a_4 W + a_5 Z + a_7 WZ)b \\ &= a_1 b + a_4 b W + a_5 b Z + a_7 b WZ \qquad (14.9) \\ &= a_1 b + a_5 b Z + (a_4 b + a_7 b Z) W \qquad (14.10) \end{aligned}$$

식 (14.9)에 W와 Z의 특정값을 대입하면 해당 W와 Z값을 조건으로 하는 경우에(conditioned on) X가 Y에 주는 간접효과가 도출된다. 그리고 식 (14.10)은 X의 간접효과와 W의 관계는 다음과 같이 Z의 선형함수라는 것을 말해주고 있다.

$$a_4 b + a_7 b Z \qquad (14.11)$$

식 (14.11)의 $a_4 b + a_7 b Z$는 특정한 Z값을 조건으로 한 상태에서 W가 변화하는 경우의 X의 Y에 대한 간접효과의 변화율을 수량화한 것이다. 즉, $a_4 b + a_7 b Z$는 주어진 Z값하에서 X의 간접효과가 W에 의하여 조절되는 정도를 수량화한 것이다. 쉽게 표현하면 $a_4 b + a_7 b Z$는 특정한 Z값하에서 W의 조절된 매개효과의 크기를 의미한다. 이러한 $a_4 b + a_7 b Z$를 W에 의한 조건부 조절된 매개지수(index of conditional moderated mediation by W)라고 부른다(Hayes, 2018b). 만일 특정한 Z값에서 W에 의한 조건부 조절된 매개지수가 통계적으로 0과 다르다면 해당 Z값에서 X의 간접효과가 W에 의하여 조절된다고 말할 수 있다. 그리고 W가 한 단위 차이나게 코딩된 이분형 변수인 경우라면 W에 의한 조건부 조절된 매개지수는 두 집단 간의 조건부간접효과의 차이를 의미한다.

14.3.1 조절된 조절된 매개모형의 검정과 탐색

W에 의하여 조절되는 X의 간접효과(조절된 매개효과)가 Z값에 따라 달라지는지(조절된 조절된 매개효과)에 관심이 있는 경우에 특정값 선택방법을 이용하여 서로 다른 Z값들을 선택한 후에 각 Z값에서의 W에 의한 조건부 조절된 매개지수를 검정할 수 있다. 그리고 특정한 Z값에서 간접효과가 W에 의하여 조절되는지 및 간접효과의 크기와 추세 등을 결합하여(piecing together) 간접효과의 조절의 조절(moderation of the moderation of the indirect effect : 조절된 조절된 매개효과)을 주장하고 싶은 욕망이 생길 수도 있다.

하지만 이러한 과정은 조절된 조절된 매개의 탐색과정에 속하는 것이고 탐색작업은 조절된 조절된 매개효과가 유의하다고 판단한 후에 이루어지는 절차에 속한다. 또한 특정한 Z값들에서의 W에 의한 조건부 조절된 매개지수의 유의성이 서로 다르다고 반드시 조절된 조절된 매개효과가 유의한 것은 아니다. 즉, 유의성의 차이(difference in significance)와 차이의 유의성(significance of difference)은 서로 다른 내용이다. 그렇다면 조절된 조절된 매개의 유의성은 어떻게 검정하는가? 우리는 10.4절의 model 14의 조절된 매개모형에서 조절된 매개의 검정은 공식적인 검정통계량인 조절된 매개지수(ab_3)를 이용하여 이루어진다는 것을 알아보았다. 마찬가지로 model 8(11.3절)의 검정도 조절된 매개지수(a_3b)를 이용한다는 것을 확인하였다. 동일한 논리로 여기에서도 공식적인 검정통계량을 이용하여 검정해야 한다. model 11의 조절된 조절된 매개모형의 공식적인 검정통계량은 식 (14.11)에서 Z의 가중치인 a_7b이고 이를 조절된 조절된 매개지수(index of moderated moderated mediation)라고 부른다(Hayes, 2018b).

1단계 조절된 조절된 매개모형에서 a_7b는 W에 의하여 조절되는 X의 간접효과가 Z에 의하여 조절되는지를 수량화한 것이다. 이는 식 (14.10)의 $(a_4b+a_7bZ)W$를 살펴보면 알 수 있다. a_7b는 W에 의하여 조절되는 X의 간접효과와 Z의 관계를 수량화한 것이다. 즉, 이 함수에서 a_4b는 $Z=0$일 때에 W가 변화하는 경우에 X의 간접효과가 어떻게 변화하는지를 추정한 것이고 a_7b는 Z가 변화할 때에 W에 의하여 조절되는 X의 간접효과가 어떻게 달라지는지를 수량화한 것이다(a_7b quantifies how moderation of the indirect effect of X by W changes as Z changes). 따라서 a_7b는 Z가 변화하는 경우에 W에 의하여 조절되는 X의 간접효과의 변화율을 수량화한 것이다. 그러므로 a_7b가 0이라면(유의하지 않다면) Z는

W에 의하여 조절되는 X의 간접효과를 조절하지 않는 것이다.

중요한 점은 조절된 조절된 매개지수에 관한 추론은 W에 의하여 조절되는 X의 간접효과가 Z에 의하여 조절되는지에 관한 추론을 의미한다는 것이다. 조절된 조절된 매개지수의 신뢰구간이 0을 포함한다면 Z가 W에 의하여 조절되는 X의 간접효과를 조절한다고 단정적으로 말할 수 없다. 하지만 신뢰구간이 0을 포함하지 않는다면 이는 조절된 조절된 매개의 명백한 증거가 된다. 이러한 증거를 확보한 이후에 여러 가지 Z값들을 선택하여 조절된 조절된 매개의 탐색(probing moderation of moderated mediation)을 실시하는 것이 합리적인 절차에 해당하는 것이다. 이러한 탐색은 조건부 조절된 매개지수를 이용하여 선택된 특정 Z값에서 X의 간접효과가 W에 의하여 조절되는지를 검정하는 것이다. 하지만 조절된 조절된 매개지수가 유의하다는 증거가 확보되지 않으면 이러한 탐색작업은 진행할 필요가 없다.

14.3.2 조절된 조절된 매개의 대칭성

우리는 6.1절에서 조절작용의 대칭성(symmetry in moderation)에 관하여 살펴보았다. 즉, b_3가 유의하여 조절효과가 유의한 경우에 이는 두 선행변수 X와 W 중에서 독립변수와 조절변수는 상호교환가능하다는 것을 의미한다는 것이다. 따라서 b_3가 유의하면 X가 Y에 미치는 영향을 W가 조절한다고 해석할 수도 있고 이들의 역할을 변경하여 W가 Y에 미치는 영향이 X에 의하여 조절된다고 해석할 수도 있다는 것이 조절작용의 대칭성이다.

조절된 조절된 매개모형에서도 이러한 대칭성의 원리가 적용된다. 식 (14.10)은 W가 제1조절변수이고 Z가 제2조절변수로 지정된 것이다. 이는 [그림 14.5]의 〈Panel A〉와 동일한 것이다. 즉, [그림 14.5]의 〈Panel A〉는 X가 M에 미치는 영향을 W가 먼저 조절하고 이러한 조절효과를 Z가 다시 조절하는 것이다. 이러한 내용은 식 (14.10)에 반영되어 있다. 식 (14.10)에서 $X \rightarrow M \rightarrow Y$의 간접효과는 W의 선형함수($(a_4b+a_7bZ)\,W$)로 표현되고 이러한 선형함수에서 W의 가중치(a_4b+a_7bZ)는 Z에 의하여 결정된다. W에 의하여 조절되는 간접효과를 정의하는 이러한 함수에서 Z의 가중치인 a_7b가 조절된 조절된 매개지수이다.

이제 조절된 조절된 매개의 대칭성을 알아보기 위하여 식 (14.9)를 다음과 같이 변형해 본다.

$$\theta_{X\to M}\times b=(a_1+a_4W+a_5Z+a_7WZ)b=a_1b+a_4bW+a_5bZ+a_7bWZ$$
$$=a_1b+a_4bW+(a_5b+a_7bW)Z \tag{14.12}$$

식 (14.12)에서는 Z가 제1조절변수로 지정되어 있고 W가 제2조절변수로 지정되어 있다. 이와 같이 W와 Z의 역할을 바꾸면 [그림 14.5]에서 개념모형인 〈Panel A〉에서 W와 Z의 위치는 바뀌지만 통계모형인 〈Panel B〉는 동일하다는 것을 알 수 있다. 왜냐하면 W와 Z의 역할이 바뀐다 해도 식 (14.7)과 (14.8)은 동일하기 때문이다. 그리고 식 (14.12)에서 a_5b+a_7bW가 Z에 의한 조건부 조절된 매개지수(index of conditional moderated mediation by Z)이며 이는 W가 주어진 경우에 X의 간접효과가 Z에 의하여 조절되는 정도를 수량화한 것이다. 따라서 a_7b는 W와 Z를 제1 혹은 제2 조절변수로 교환하여 해석이 가능하기 때문에 대칭적이다. 만일 조절된 조절된 매개지수인 a_7b가 0과 다르다면 대칭성원리에 의하여 Z에 의하여 조절되는 X의 간접효과를 W가 다시 조절한다고 해석할 수도 있고 W에 의하여 조절되는 X의 간접효과를 Z가 다시 조절한다고 말할 수도 있는 것이다.

14.3.3 model 11의 예제

여기에서 사용하는 자료는 스트레스연구(JOB.sav)이다. 독립변수(X)는 직무스트레스(stress)이고 매개변수(M)는 직무만족(satis)이며 종속변수(Y)는 조직몰입(commit)이다. 그리고 제1조절변수(W)는 자기효능감(efficacy)이고 제2조절변수(Z)는 조직지원(support)으로 설정하였다. 이러한 모형은 자기효능감이 증가하면 스트레스가 직무만족의 감소를 거쳐서 조직몰입을 감소시키는 음의 간접효과를 완화시키는 조절된 매개효과가 나타나는데 조직지원이 커지면 이러한 조절된 매개효과가 더욱 크게 나타나는 조절된 조절된 매개효과가 나타난다고 예측하고 있다. 이 모형을 분석하기 위한 syntax는 다음과 같다.

```
process y=commit/x=stress/m=satis/w=efficacy/z=support/plot=1/model=11
        /center=1/boot=10000/seed=72020.
```

위의 syntax는 부트스트랩 표본수를 5,000개(PROCESS의 default) 대신 10,000개로 지정(boot=10000)한 것이다. 이러한 syntax의 실행결과는 [그림 14.6]과 같다.

그림 14.6 model 11의 PROCESS 결과물

```
Model   : 11
    Y   : commit
    X   : stress
    M   : satis
    W   : efficacy
    Z   : support

Sample
Size :  250

Custom
Seed :     72020

******************************************************************************
OUTCOME VARIABLE:
 satis

Model Summary
          R       R-sq        MSE          F        df1        df2          p
      .6854      .4697     1.8828    30.6248     7.0000   242.0000      .0000

Model
                 coeff         se          t          p       LLCI       ULCI
constant        3.8543      .1170    32.9323      .0000     3.6238     4.0848
stress    (a1)  -.6930      .0928    -7.4650      .0000     -.8759     -.5101
efficacy  (a2)   .0047      .0997      .0474      .9622     -.1916      .2010
Int_1     (a4)   .0587      .0781      .7518      .4529     -.0952      .2127
support   (a3)   .5479      .1041     5.2611      .0000      .3427      .7530
Int_2     (a5)   .1153      .0777     1.4844      .1390     -.0377      .2683
Int_3     (a6)   .0034      .0426      .0798      .9364     -.0806      .0874
Int_4     (a7)   .0708      .0328     2.1587      .0319      .0062      .1355

Product terms key:
 Int_1    :        stress   x        efficacy
 Int_2    :        stress   x        support
 Int_3    :        efficacy x        support
 Int_4    :        stress   x        efficacy x        support

Test(s) of highest order unconditional interaction(s):
           R2-chng          F        df1        df2          p
X*W*Z        .0102     4.6599     1.0000   242.0000      .0319
----------
    Focal predict : stress   (X)
```

```
      Mod var : efficacy (W)
      Mod var : support  (Z)

Test of conditional X*W interaction at value(s) of Z :
```

→ $\theta_{XW \to M}|(Z) = a_4 + a_7 Z$

```
   support    Effect         F       df1       df2        p
   -1.6840    -.0605     .4036    1.0000  242.0000    .5259
     .0660     .0634     .6579    1.0000  242.0000    .4181
    1.8160     .1874    3.6048    1.0000  242.0000    .0588

Conditional effects of the focal predictor at values of the moderator(s):
```

→ $\theta_{X \to M}|(W, Z) = a_1 + a_4 W + a_5 Z + a_7 WZ$

```
  efficacy   support    Effect        se         t        p      LLCI      ULCI
   -1.5570   -1.6840    -.7929     .0967   -8.2013    .0000    -.9834    -.6025
   -1.5570     .0660    -.7841     .1555   -5.0427    .0000   -1.0904    -.4778
   -1.5570    1.8160    -.7754     .3139   -2.4700    .0142   -1.3937    -.1570
    -.3070   -1.6840    -.8686     .1317   -6.5929    .0000   -1.1281    -.6091
    -.3070     .0660    -.7049     .0971   -7.2599    .0000    -.8961    -.5136
    -.3070    1.8160    -.5412     .2009   -2.6933    .0076    -.9369    -.1454
    1.6930   -1.6840    -.9897     .2987   -3.3136    .0011   -1.5780    -.4014
    1.6930     .0660    -.5780     .1599   -3.6159    .0004    -.8929    -.2631
    1.6930    1.8160    -.1664     .1030   -1.6158    .1074    -.3693     .0365

Data for visualizing the conditional effect of the focal predictor:
Paste text below into a SPSS syntax window and execute to produce plot.

DATA LIST FREE/
   stress     efficacy   support    satis      .
BEGIN DATA.
   -1.2740   -1.5570   -1.6840    3.9435
    -.5240   -1.5570   -1.6840    3.3488
    1.4760   -1.5570   -1.6840    1.7629
   -1.2740   -1.5570     .0660    4.8818
    -.5240   -1.5570     .0660    4.2937
    1.4760   -1.5570     .0660    2.7254
   -1.2740   -1.5570    1.8160    5.8200
    -.5240   -1.5570    1.8160    5.2385
    1.4760   -1.5570    1.8160    3.6878
   -1.2740    -.3070   -1.6840    4.0386
    -.5240    -.3070   -1.6840    3.3872
    1.4760    -.3070   -1.6840    1.6500
   -1.2740    -.3070     .0660    4.7870
    -.5240    -.3070     .0660    4.2583
    1.4760    -.3070     .0660    2.8486
   -1.2740    -.3070    1.8160    5.5353
    -.5240    -.3070    1.8160    5.1294
    1.4760    -.3070    1.8160    4.0471
   -1.2740    1.6930   -1.6840    4.1909
    -.5240    1.6930   -1.6840    3.4486
```

```
     1.4760    1.6930   -1.6840    1.4693
    -1.2740    1.6930     .0660    4.6353
     -.5240    1.6930     .0660    4.2017
     1.4760    1.6930     .0660    3.0457
    -1.2740    1.6930    1.8160    5.0797
     -.5240    1.6930    1.8160    4.9549
     1.4760    1.6930    1.8160    4.6221
END DATA.
GRAPH/SCATTERPLOT=
 stress    WITH     satis    BY       efficacy /PANEL   ROWVAR=  support   .

**************************************************************************
OUTCOME VARIABLE:
 commit

Model Summary
          R       R-sq        MSE          F        df1        df2          p
      .7300      .5329     1.3193   140.8852     2.0000   247.0000      .0000

Model
                coeff         se          t          p       LLCI       ULCI
constant       1.1298      .1823     6.1968      .0000      .7707     1.4888
stress  (c')    .0572      .0572     1.0000      .3183     -.0554      .1698
satis   (b)     .6748      .0432    15.6101      .0000      .5897      .7600

****************** DIRECT AND INDIRECT EFFECTS OF X ON Y ******************

Direct effect of X on Y
     Effect         se          t          p       LLCI       ULCI
  .0572 (c')     .0572     1.0000      .3183     -.0554      .1698

Conditional indirect effects of X on Y:

INDIRECT EFFECT:
 stress       ->    satis       ->    commit
```

→ $\theta_{X\to M}\times b=(a_1+a_4W+a_5Z+a_7WZ)b=a_1b+a_4bW+a_5bZ+a_7bWZ$

```
   efficacy    support     Effect     BootSE   BootLLCI   BootULCI
    -1.5570    -1.6840     -.5351      .0472     -.6271     -.4428
    -1.5570      .0660     -.5292      .1222     -.7899     -.3202
    -1.5570     1.8160     -.5232      .2439    -1.0502     -.1124
     -.3070    -1.6840     -.5862      .0806     -.7584     -.4395
     -.3070      .0660     -.4757      .0763     -.6399     -.3427
     -.3070     1.8160     -.3652      .1549     -.6988     -.1043
     1.6930    -1.6840     -.6679      .1675    -1.0402     -.3764
     1.6930      .0660     -.3901      .0902     -.5902     -.2300
     1.6930     1.8160     -.1123      .0532     -.2133     -.0033

      Index of moderated moderated mediation
      Index      BootSE    BootLLCI     BootULCI
      .0478       .0204      .0124        .0923

      Indices of conditional moderated mediation by W
```

```
      → a4b + a7bW

    support        Index      BootSE    BootLLCI    BootULCI
    -1.6840       -.0409       .0476      -.1477       .0408
      .0660        .0428       .0509      -.0543       .1452
     1.8160        .1264       .0741       .0003       .2863
---

************************* ANALYSIS NOTES AND ERRORS *************************

Level of confidence for all confidence intervals in output:
  95.0000

Number of bootstrap samples for percentile bootstrap confidence intervals:
  10000

W values in conditional tables are the 16th, 50th, and 84th percentiles.

Z values in conditional tables are the 16th, 50th, and 84th percentiles.

NOTE : The following variables were mean centered prior to analysis:
         efficacy support  stress
```

위의 결과물에서 M모형과 Y모형은 다음과 같다.

$$\hat{M} = 3.854 - 0.693X + 0.005W + 0.548Z + 0.059XW + 0.115XZ + 0.003WZ + 0.071XWZ$$

$$\hat{Y} = 1.130 + 0.057X + 0.675M$$

그리고 $a_1 = -0.693(p < .001)$과 $b = 0.675(p < .001)$로부터 음의 간접효과가 나타난다는 것을 알 수 있다. 또한 3원 상호항($a_7 = 0.071$, $p = .032$)이 유의하게 나타났다. 그리고 M모형의 "Test of conditional X*W interaction at value(s) of Z"의 결과가 다음과 같이 제시되어 있다.

support	Effect	F	df1	df2	p
−1.6840	−.0605	.4036	1.0000	242.0000	.5259
.0660	.0634	.6579	1.0000	242.0000	.4181
1.8160	.1874	3.6048	1.0000	242.0000	.0588

위의 결과는 3원 상호효과의 탐색에 관한 것으로 Z의 세 가지 값(16^{th}와 50th

및 84th 백분위값)에서 X가 M에 미치는 영향을 W가 조절하는지에 관한 추론검정이다. 우리는 8.3절에서 이러한 XW의 조건부효과의 크기는 a_4+a_7Z[1](8.3절에서는 b_4+b_7Z로 표기)라는 것을 확인하였다. 예를 들어 Z가 16th 백분위(Z=−1.684)인 경우에 XW의 조건부효과의 크기는 다음과 같이 계산된다.

$$\theta_{XW\to M} = a_4 + a_7Z = 0.059 + 0.071(-1.684) = -0.061$$

결과물에서 Z가 증가하면 XW의 조건부효과의 크기는 점점 증가하는 것을 알 수 있다.

다음으로 조절된 조절된 매개지수($a_7b=0.048$)의 95% 부트스트랩 신뢰구간(0.012~0.092)에 0이 포함되지 않기 때문에 직무스트레스가 직무만족의 감소를 경유하여 조직몰입에 미치는 음의 간접효과가 자기효능감에 의하여 완화되는 효과(조절된 매개효과)는 조직지원에 의하여 더 완화된다(조절된 조절된 매개효과)고 말할 수 있다.

14.3.4 조절된 조절된 매개효과의 탐색

조절된 조절된 매개지수가 유의하여 조절된 조절된 매개효과가 유의하다고 판정이 되었기 때문에 조절된 조절된 매개의 탐색작업을 실행할 수 있다. 결과물의 마지막 부분에 다음과 같이 W에 의한 조건부 조절된 매개지수의 추론검정 결과가 제시되어 있다.

Indices of conditional moderated mediation by W

support	Index	BootSE	BootLLCI	BootULCI
−1.6840	−.0409	.0476	−.1477	.0408

---

1) 앞에서 $\theta_{X\to M}=(a_1+a_4W+a_5Z+a_7WZ)$라는 것을 살펴보았다. 이를 W에 대하여 정리하면 다음과 같다.

$$\theta_{X\to M}=(a_1+a_4W+a_5Z+a_7WZ)=a_1+a_5Z+(a_4+a_7Z)W$$

따라서 X가 M에 미치는 영향이 W에 의하여 조절되는 효과($\theta_{XW\to M}$)는 a_4+a_7Z에 의존한다는 것을 알 수 있다.

.0660	.0428	.0509	−.0543	.1452
1.8160	.1264	.0741	.0003	.2863

위의 결과(W에 의한 조건부 조절된 매개지수)는 조건부 조절된 매개지수(a_4b+a_7bZ)에 Z의 특정값을 대입한 결과이다. 예를 들어 Z가 16th 백분위($Z=-1.684$)인 경우에 조건부 조절된 매개지수는 다음과 같이 계산된다.

$$a_4b+a_7bZ=0.059(0.675)+0.071(0.675)(-1.684)=-0.041$$

위의 결과에서 W가 X의 음의 간접효과를 완화시키는 효과(조절된 매개효과)는 Z가 증가할수록 더욱 크게 나타난다는 사실을 알 수 있다. 또한 이러한 효과는 Z가 낮은 경우와 중간값의 경우에는 신뢰구간에 0이 포함되기 때문에 Z는 조절된 매개효과를 증대시키는 역할을 수행하지 못한다고 추론할 수 있다. 따라서 "자기효능감이 직무스트레스의 음의 간접효과를 완화시키는 효과는 누구에게나 동일하게 나타나는 것이 아니라 조직지원을 많이 받는다고 인식하는 사람에게만 나타나기 때문에 자기효능감의 효과가 나타나기 위해서는 반드시 조직지원이 필요하다"는 중요한 함의를 제공하는 것이다.

이제 W와 Z가 동시에 변화하는 경우에 X의 간접효과가 어떻게 달라지는지에 관한 탐색작업을 실행하기로 한다. 이러한 내용은 결과물에 다음과 같이 제시되어 있다.

INDIRECT EFFECT:

stress -> satis -> commit

efficacy	support	Effect	BootSE	BootLLCI	BootULCI	
−1.5570	−1.6840	−.5351	.0472	−.6271	−.4428	①
−1.5570	.0660	−.5292	.1222	−.7899	−.3202	②
−1.5570	1.8160	−.5232	.2439	−1.0502	−.1124	③
−.3070	−1.6840	−.5862	.0806	−.7584	−.4395	④
−.3070	.0660	−.4757	.0763	−.6399	−.3427	⑤

−.3070	1.8160	−.3652	.1549	−.6988	−.1043	⑥
1.6930	−1.6840	−.6679	.1675	−1.0402	−.3764	⑦
1.6930	.0660	−.3901	.0902	−.5902	−.2300	⑧
1.6930	1.8160	−.1123	.0532	−.2133	−.0033	⑨

위의 결과를 앞에서 살펴본 W(자기효능감)에 의한 조건부 조절된 매개지수와 결합하여 해석하기로 한다. Z가 낮은 값과 중간값의 경우에는 조건부 조절된 매개지수가 유의하지 않았기 때문에 높은 값($Z=1.816$)을 갖는 경우를 분석하기로 한다. 먼저 W와 Z가 모두 높은 값($W=1.693$, $Z=1.816$)인 경우의 조건부간접효과는 다음과 같이 계산된다.

$$\begin{aligned}\theta_{X\to M}\times b &= (a_1+a_4W+a_5Z+a_7WZ)b\\ &= (-0.693+0.059(1.693)+0.115(1.816)\\ &\quad +0.071(1.693)(1.816))(0.675)\\ &=-0.112\end{aligned}$$

위의 결과에서 $Z=1.816$인 경우에 W가 증가하면서(③→⑥→⑨) X의 음의 간접효과는 점점 감소(−0.523→−0.365→−0.112)하는 것을 알 수 있다. 그리고 $Z=1.816$인 경우에 조건부 조절된 매개지수가 유의하기 때문에 이러한 차이는 통계적으로 유의하다고 판단한다.

앞에서 조절된 조절된 매개의 대칭성원리를 알아보았다. 대칭성원리를 분석하기 위하여 PROCESS syntax에서 w=support, z=efficacy로 전환하여 syntax를 실행하면 다음과 같은 조건부 조절된 매개지수의 추론검정결과를 얻을 수 있다. PROCESS는 두 가지 결과를 모두 제시하지 않는다.

Indices of conditional moderated mediation by W

efficacy	Index	BootSE	BootLLCI	BootULCI
−1.5570	.0034	.0721	−.1547	.1231
−.3070	.0631	.0552	−.0532	.1594
1.6930	.1587	.0484	.0765	.2652

W와 Z의 역할을 바꾸면 조건부 조절된 매개지수의 추론검정결과는 변화하지만 W와 Z가 동시에 변화하는 경우의 X의 간접효과의 추론검정결과는 위의 내용과 동일하다. W(조직지원)의 조건부 조절된 매개지수의 추론검정에서도 Z(자기효능감)가 낮은 값과 중간값에서는 신뢰구간이 0을 포함하고 있다. 따라서 자기효능감(Z)이 높은 수준($Z=1.693$)에서 W(조직지원)가 증가하면(⑦→⑧→⑨) X의 음의 간접효과는 점점 감소($-0.668 \rightarrow -0.390 \rightarrow -0.112$)하며 이들의 차이는 통계적으로 유의하다고 판단할 수 있다.

14.4 PROCESS model 18(조절된 조절된 매개)

model 11은 $X \rightarrow M$경로에 3원 상호효과가 도입된 모형이지만 model 18은 3원 상호효과가 $M \rightarrow Y$경로에 적용되는 모형이다.

이 모형의 개념모형과 통계모형은 [그림 14.7]과 같다.

model 18의 M모형과 Y모형은 다음과 같다. 여기에서도 오차항은 생략하였다.

$$M = i_M + aX \tag{14.13}$$

$$Y = i_Y + c'X + b_1M + b_2W + b_3Z + b_4MW + b_5MZ + b_6WZ + b_7MWZ \tag{14.14}$$

식 (14.13)에서 X가 M에 주는 영향은 a로 계산된다. 그리고 식 (14.14)에서 M이 Y에 영향을 미치는 조건부효과는 다음과 같다.

$$\theta_{M \rightarrow Y} = b_1 + b_4W + b_5Z + b_7WZ$$

또한 직접효과는 c'이다. 그리고 X의 간접효과는 a와 $\theta_{M \rightarrow Y}$의 적항으로 다음과 같이 계산된다.

그림 14.7 model 18의 개념모형과 통계모형

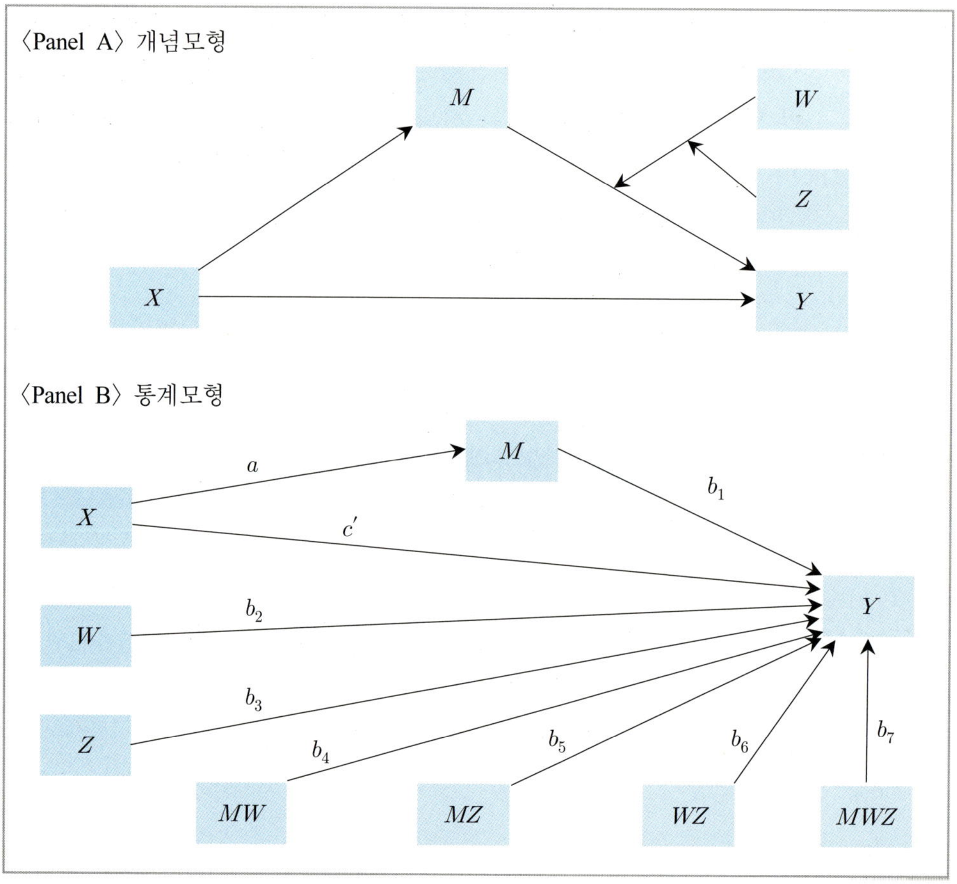

$$a \times \theta_{M \to Y} = a(b_1 + b_4 W + b_5 Z + b_7 WZ)$$

$$= ab_1 + ab_4 W + ab_5 Z + ab_7 WZ \quad (14.15)$$

$$= ab_1 + ab_5 Z + (ab_4 + ab_7 Z) W \quad (14.16)$$

$$= ab_1 + ab_4 W + (ab_5 + ab_7 W) Z \quad (14.17)$$

식 (14.16)은 W가 제1조절변수이고 Z를 제2조절변수로 지정한 것이고 이 경우에 W의 조건부 조절된 매개지수(index of conditional moderated mediation by W)는 $ab_4 + ab_7 Z$로 계산된다. 대칭성원리에 의하여 식 (14.17)은 W를 제2조절변수로 Z를 제1조절변수로 지정한 것인데 이러한 경우에 Z에 의한 조건부 조절된 매개지수는 $ab_5 + ab_7 W$이다. 그리고 두 가지 경우에 조절된 조절된 매개지수는 모두 ab_7으로 계산된다. 조절된 조절된 매개지수가 0과 다르다는 추론검정결과가 나타난다면 X의 간접효과가 W에 의하여 조절되는 효과는 Z에 의존한다고 결론을 내릴 수 있다. 마찬가지로 대칭성원리에 의하여 X의 간접효과가 Z에 의하여 조절되는 효과는 W값에 따라 다르게 나타난다고 말할 수 있다.

model 11과 마찬가지로 조절된 조절된 매개지수가 유의하게 나타난다면 조절된 조절된 매개의 탐색작업을 실행할 수 있다. 조절된 매개의 조절(moderation of moderated mediation)에 대한 탐색은 다양한 Z값에서 W에 의한 조건부 조절된 매개지수(W가 제1조절변수인 경우) 혹은 여러 W값에서의 Z에 의한 조건부 조절된 매개지수(Z가 제1조절변수인 경우)를 이용하여 이루어진다.

14.4.1 model 18의 예제

여기에서 사용하는 자료파일은 14.2절에서 다룬 OCB.sav이다. 이 모형은 핵심자기평가(cse : X)가 직무만족(satis : M)의 증가를 통하여 조직시민행동(ocb : Y)을 증가시키는 양의 간접효과가 나타나는데 주도적 성격(pp : W)이 강할수록 이러한 간접효과가 증가하는 조절된 매개효과가 발생하며 조직지원(pos : Z)을 많이 인식할수록 조절된 매개가 더욱 커지는 조절된 조절된 매개효과가 나타난다고 예측하고 있다.

이 모형을 분석하기 위한 PROCESS syntax는 다음과 같다.

```
process y=ocb/x=cse/m=satis/w=pp/z=pos/model=18/center=1
        /plot=1/seed=72020.
```

위의 syntax의 실행결과는 [그림 14.8]과 같다.

그림 14.8 model 18의 PROCESS 결과물

```
Model  : 18
    Y  : OCB
    X  : CSE
    M  : SATIS
    W  : PP
    Z  : POS
```

```
Sample
Size:  278

**************************************************************************
OUTCOME VARIABLE:
 SATIS

Model Summary
          R       R-sq        MSE          F        df1        df2          p
      .7949      .6319      .5073   473.7464     1.0000   276.0000      .0000

Model
              coeff         se          t          p       LLCI       ULCI
constant    -2.4236      .1193   -20.3216      .0000    -2.6584    -2.1888
CSE    (a)    .6066      .0279    21.7657      .0000      .5517      .6614

**************************************************************************
OUTCOME VARIABLE:
 OCB

Model Summary
          R       R-sq        MSE          F        df1        df2          p
      .7590      .5761      .9822    45.6890     8.0000   269.0000      .0000

Model
               coeff         se          t          p       LLCI       ULCI
constant      4.1098      .2831    14.5168      .0000     3.5524     4.6672
CSE    (c')   -.1191      .0675    -1.7639      .0789     -.2521      .0138
SATIS  (b1)    .4491      .1147     3.9160      .0001      .2233      .6749
PP     (b2)    .4786      .0806     5.9360      .0000      .3199      .6374
Int_1  (b4)    .0541      .0512     1.0572      .2914     -.0466      .1548
POS    (b3)   -.0299      .0788     -.3792      .7048     -.1849      .1252
Int_2  (b5)    .1530      .0577     2.6526      .0085      .0394      .2666
Int_3  (b6)   -.0062      .0351     -.1762      .8603     -.0753      .0629
Int_4  (b7)    .0812      .0294     2.7616      .0061      .0233      .1390

Product terms key:
 Int_1    :        SATIS     x        PP
 Int_2    :        SATIS     x        POS
 Int_3    :        PP        x        POS
 Int_4    :        SATIS     x        PP        x        POS

Test(s) of highest order unconditional interaction(s):
           R2-chng          F        df1        df2          p
M*W*Z        .0120     7.6263     1.0000   269.0000      .0061
----------
    Focal predict : SATIS    (M)
          Mod var : PP       (W)
          Mod var : POS      (Z)

Test of conditional M*W interaction at value(s) of Z:
```

$\rightarrow \theta_{MW \rightarrow Y} = b_4 + b_7 Z$

```
        POS     Effect          F        df1        df2          p
    -2.1556     -.1209     1.7239     1.0000   269.0000      .1903
      .3444      .0820     2.7754     1.0000   269.0000      .0969
     1.5944      .1835     9.7610     1.0000   269.0000      .0020
```

```
Conditional effects of the focal predictor at values of the moderator(s):
```

→ $\theta_{M\to Y} = b_1 + b_4 W + b_5 Z + b_7 WZ$

```
        PP       POS     Effect       se         t         p      LLCI      ULCI
   -1.8507   -2.1556     .3429     .1085    3.1591     .0018     .1292     .5566
   -1.8507     .3444     .3500     .1324    2.6429     .0087     .0893     .6108
   -1.8507    1.5944     .3536     .1869    1.8922     .0595    -.0143     .7214
     .1493   -2.1556     .1012     .1980     .5113     .6096    -.2885     .4910
     .1493     .3444     .5141     .1135    4.5293     .0000     .2906     .7375
     .1493    1.5944     .7205     .1289    5.5877     .0000     .4666     .9744
    1.8993   -2.1556    -.1103     .3446    -.3200     .7492    -.7888     .5682
    1.8993     .3444     .6576     .1572    4.1828     .0000     .3481     .9671
    1.8993    1.5944    1.0416     .1525    6.8301     .0000     .7413    1.3418

****************** DIRECT AND INDIRECT EFFECTS OF X ON Y ******************

Direct effect of X on Y
     Effect         se          t          p       LLCI       ULCI
```

$-.1191\ (c')$ .0675   -1.7639   .0789   -.2521   .0138

```
Conditional indirect effects of X on Y:

INDIRECT EFFECT:
 CSE          ->     SATIS        ->     OCB

        PP        POS     Effect     BootSE   BootLLCI   BootULCI
   -1.8507    -2.1556      .2080      .0716      .0664      .3532
   -1.8507      .3444      .2123      .0780      .0615      .3651
   -1.8507     1.5944      .2145      .1081      .0028      .4264
     .1493    -2.1556      .0614      .1335     -.2009      .3241
     .1493      .3444      .3118      .0730      .1759      .4633
     .1493     1.5944      .4370      .0829      .2828      .6143
    1.8993    -2.1556     -.0669      .2217     -.5061      .3704
    1.8993      .3444      .3989      .0970      .2168      .5930
    1.8993     1.5944      .6318      .1031      .4486      .8557

     Index of moderated moderated mediation
```

→ ab_7

```
      Index     BootSE   BootLLCI   BootULCI
      .0492      .0189      .0128      .0877

     Indices of conditional moderated mediation by W
```

→ $ab_4 + ab_7 Z$

```
        POS      Index     BootSE   BootLLCI   BootULCI
    -2.1556     -.0733      .0555     -.1838      .0366
      .3444      .0498      .0269     -.0020      .1048
     1.5944      .1113      .0349      .0477      .1860
---
```

```
************************** ANALYSIS NOTES AND ERRORS ****************************

Level of confidence for all confidence intervals in output:
  95.0000

Number of bootstrap samples for percentile bootstrap confidence intervals:
  5000

W values in conditional tables are the 16th, 50th, and 84th percentiles.

Z values in conditional tables are the 16th, 50th, and 84th percentiles.

NOTE : The following variables were mean centered prior to analysis:
          PP        POS       SATIS
```

먼저 간접효과의 두 구성요소인 $a(a=0.607,\ p<.001)$와 $b_1(b_1=0.450,\ p<.001)$이 유의하게 나타났고 간접효과는 양수로 예측된다. 그리고 Y모형에서 3원 상호항($b_7=0.081,\ p=.006$)이 통계적으로 유의하게 나타나서 W가 $M\rightarrow Y$효과를 조절하는 효과는 Z에 의하여 다시 조절되는 것을 알 수 있다. 그리고 결과물에서 이러한 조건부 조절효과는 다음과 같이 제시되어 있다.

Test of conditional M*W interaction at value(s) of Z:

POS	Effect	F	df1	df2	p
−2.1556	−.1209	1.7239	1.0000	269.0000	.1903
.3444	.0820	2.7754	1.0000	269.0000	.0969
1.5944	.1835	9.7610	1.0000	269.0000	.0020

위의 결과는 조건부상호효과($\theta_{MW\rightarrow Y}$)를 의미하는 것이다. 예를 들어 제2조절변수인 Z(POS)가 16th 백분위인 경우에($Z=-2.156$) 조건부상호효과는 다음과 같이 계산된다.

$$\theta_{MW\rightarrow Y}|(Z=-2.156)=b_4+b_7Z=0.054+0.081(-2.156)=-0.121$$

또한 Z가 낮은 수준과 중간 수준인 경우에는 W가 $M\rightarrow Y$경로를 조절하지 못하고 Z가 높은 수준(84th 백분위)에서만 조절하는 것으로 나타났다. 그리고 Z가 증가하면서 이러한 조건부상호효과는 점점 증가하는 것을 확인할 수 있다.

위의 결과물 바로 아래에 W와 Z가 동시에 변화하는 경우의 $M\rightarrow Y$효과가 다음과 같이 제시되어 있다($\theta_{M \to Y} = b_1 + b_4 W + b_5 Z + b_7 WZ$). 신뢰구간은 생략하였다.

Conditional effects of the focal predictor at values of the moderator(s):

PP	POS	Effect	se	t	p	
−1.8507	−2.1556	.3429	.1085	3.1591	.0018	
−1.8507	.3444	.3500	.1324	2.6429	.0087	
−1.8507	1.5944	.3536	.1869	1.8922	.0595	③
.1493	−2.1556	.1012	.1980	.5113	.6096	
.1493	.3444	.5141	.1135	4.5293	.0000	
.1493	1.5944	.7205	.1289	5.5877	.0000	⑥
1.8993	−2.1556	−.1103	.3446	−.3200	.7492	
1.8993	.3444	.6576	.1572	4.1828	.0000	
1.8993	1.5944	1.0416	.1525	6.8301	.0000	⑨

위의 결과에서 $W = 1.899$이고 $Z = 1.594$인 경우에 $\theta_{M \to Y}|(W, Z)$는 다음과 같이 계산된다.

$$
\begin{aligned}
\theta_{M \to Y}|(W = 1.899,\ Z = 1.594) &= b_1 + b_4 W + b_5 Z + b_7 WZ \\
&= 0.45 + 0.054(1.899) + 0.153(1.594) \\
&\quad + 0.081(1.899)(1.594) \\
&= 1.042
\end{aligned}
$$

또한 $Z = 1.594$인 경우에 W가 증가하면(③ → ⑥ → ⑨) $\theta_{M \to Y}|(W, Z = 1.594)$의 조건부효과는 점점 증가하며(0.354 → 0.721 → 1.042) 이러한 조건부효과들의 차이는 유의하다고 판단할 수 있다.

그리고 결과물의 마지막 부분에 조절된 조절된 매개지수($ab_7 = 0.049$)의 95% 부트스트랩 신뢰구간(0.013～0.088)에 0이 포함되지 않기 때문에 조절된 조절된 매개효과는 유의하다고 판단할 수 있다.

14.4.2 조절된 조절된 매개의 탐색

조절된 조절된 매개지수의 신뢰구간에 0이 포함되지 않기 때문에 조절된 조절된 매개의 탐색작업을 실시하기로 한다. 결과물에서 조건부 조절된 매개지수의 추론검정결과가 다음과 같이 나타나 있다.

Indices of conditional moderated mediation by W

POS	Index	BootSE	BootLLCI	BootULCI
−2.1556	−.0733	.0555	−.1838	.0366
.3444	.0498	.0269	−.0020	.1048
1.5944	.1113	.0349	.0477	.1860

위의 결과에서 $Z=-2.156$인 경우의 조건부 조절된 매개지수는 다음과 같이 계산된다.

$$ab_4+ab_7Z=0.607(0.054)+0.607(0.081)(-2.156)=-0.073$$

또한 Z가 낮은 값과 중간값에서는 조건부 조절된 매개지수의 신뢰구간이 0을 포함하고 있기 때문에 이들 값에서는 W가 간접효과를 조절하지 못한다고 할 수 있다. 하지만 Z가 높은 수순인 84th 백분위값($Z=1.594$)인 경우에는 조건부 조절된 매개지수의 신뢰구간이 0을 포함하지 않기 때문에 W가 간접효과를 조절한다고 결론을 내릴 수 있다. 또한 이러한 효과는 Z가 증가할수록 더욱 크게 나타났다.

model 11에서 분석한 바와 같이 여기에서도 W와 Z가 동시에 변화할 때 X의 간접효과에 대한 탐색을 실시하기로 한다. 결과물에 이러한 결과가 다음과 같이 제시되어 있다.

INDIRECT EFFECT:

CSE -> SATIS -> OCB

PP	POS	Effect	BootSE	BootLLCI	BootULCI	
−1.8507	−2.1556	.2080	.0716	.0664	.3532	①
−1.8507	.3444	.2123	.0780	.0615	.3651	②
−1.8507	1.5944	.2145	.1081	.0028	.4264	③
.1493	−2.1556	.0614	.1335	−.2009	.3241	④
.1493	.3444	.3118	.0730	.1759	.4633	⑤
.1493	1.5944	.4370	.0829	.2828	.6143	⑥
1.8993	−2.1556	−.0669	.2217	−.5061	.3704	⑦
1.8993	.3444	.3989	.0970	.2168	.5930	⑧
1.8993	1.5944	.6318	.1031	.4486	.8557	⑨

식 (14.15)에서 W와 Z가 모두 낮은 값($W=-1.851$, $Z=-2.156$)을 갖는 경우의 X의 조건부간접효과는 다음과 같이 계산된다.

$$\begin{aligned} a\times\theta_{M\to Y} &= ab_1 + ab_4W + ab_5Z + ab_7WZ \\ &= 0.607(0.450) + 0.607(0.054)(-1.851) + 0.607(0.153)(-2.156) \\ &\quad + 0.607(0.081)(-1.851)(-2.156) \\ &= 0.208 \end{aligned}$$

그리고 W가 제1조절변수인 경우에 조건부 조절된 매개지수는 Z가 84th 백분위인 경우에만 신뢰구간에 0이 포함되지 않기 때문에 이 부분만 해석하기로 한다. Z가 84th 백분위인 경우($Z=1.594$)에 W가 증가하면(③→⑥→⑨) X의 간접효과는 함께 증가하고(0.215→0.437→0.632) 이들 간접효과의 차이는 통계적으로 유의하다고 판단한다.

14.5 PROCESS model 21(조절된 조절된 매개)

이 모형은 두 조절변수(W와 Z) 중에서 W는 $X \rightarrow M$경로(1단계)를 조절하고 Z는 2단계($M \rightarrow Y$경로)를 조절하는 모형이다. 따라서 이 모형은 1단계 및 2단계 이중 조절된 매개모형(first and second stage dual moderated mediation model)이라고 부른다(Hayes, 2018b). 이 모형에서 한 조절변수와 X의 간접효과의 관계는 다른 조절변수에 의존하게 된다.

model 21의 M모형과 Y모형은 다음과 같다. 오차항은 생략하였다.

$$
\begin{aligned}
M &= i_M + a_1 X + a_2 W + a_3 XW \\
&= i_M + a_2 W + (a_1 + a_3 W)X \qquad (14.18) \\
Y &= i_Y + c' X + b_1 M + b_2 Z + b_3 MZ \\
&= i_Y + b_2 Z + (b_1 + b_3 Z)M \qquad (14.19)
\end{aligned}
$$

누차 강조하지만 설정된 연구모형을 올바르게 분석하기 위해서는 통계모형에 관한 회귀식을 정확하게 설정해야 한다.

model 21의 개념모형과 통계모형은 [그림 14.9]와 같다.

식 (14.18)에서 X가 M에 영향을 미치는 조건부효과는 다음과 같다.

$$\theta_{X \rightarrow M} = a_1 + a_3 W$$

그리고 식 (14.19)에서 M이 Y에 영향을 주는 조건부효과는 다음과 같이 계산된다.

$$\theta_{M \rightarrow Y} = b_1 + b_3 Z$$

따라서 X가 M을 경유하여 Y에 영향을 주는 조건부간접효과는 다음과 같이 두 조건부효과의 적항으로 계산된다.

그림 14.9 model 21의 개념모형과 통계모형

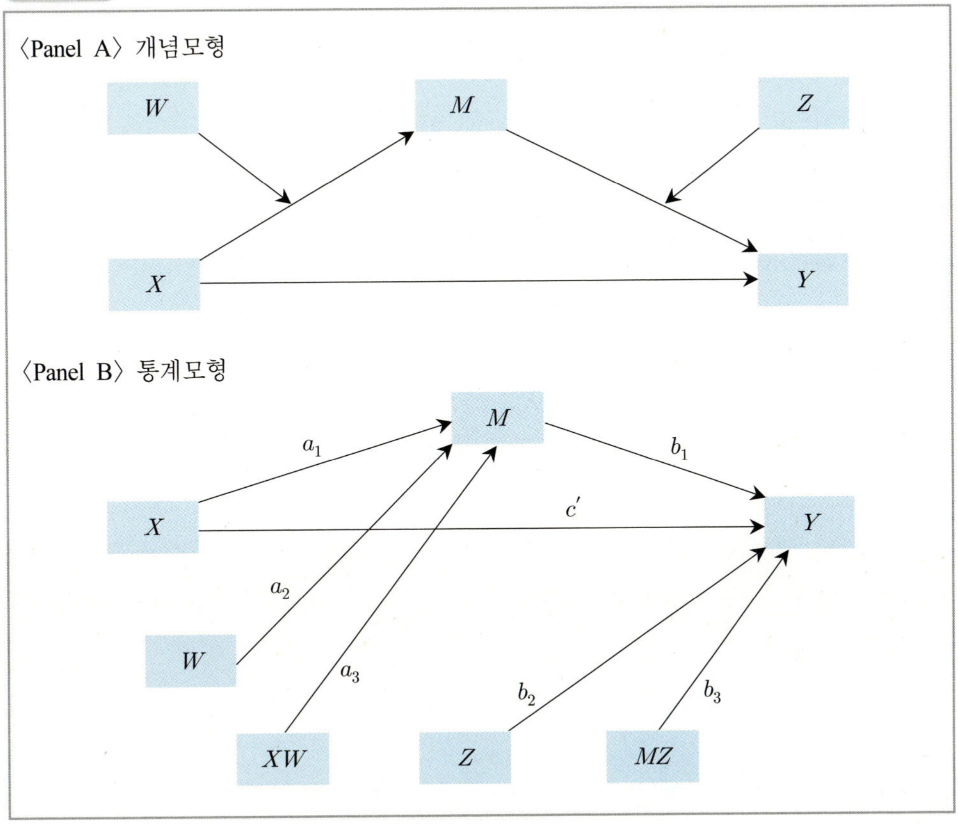

$$\begin{aligned}\theta_{X\to M}\times\theta_{M\to Y} &= (a_1+a_3W)(b_1+b_3Z)\\ &= a_1b_1+a_3b_1W+a_1b_3Z+a_3b_3WZ \qquad (14.20)\\ &= a_1b_1+a_1b_3Z+(a_3b_1+a_3b_3Z)W \qquad (14.21)\\ &= a_1b_1+a_3b_1W+(a_1b_3+a_3b_3W)Z \qquad (14.22)\end{aligned}$$

식 (14.21)은 W와 X의 간접효과의 관계는 Z의 선형함수($a_3b_1+a_3b_3Z$)라는 것을 의미한다. 이 모형에서 $a_3b_1+a_3b_3Z$는 W에 의한 조건부 조절된 매개지수라고 부르는데 이는 특정 Z값을 조건으로 한 경우에(conditioned on Z) W와 X의 간접효과의 크기의 관계를 수량화한 것이다.

그리고 식 (14.22)는 Z와 X의 간접효과의 관계는 W의 선형함수($a_1b_3+a_3b_3W$)라는 것을 말하는 것으로 $a_1b_3+a_3b_3W$는 Z에 의한 조건부 조절된 매개지수에

해당하는 것이다. 그리고 $a_1b_3+a_3b_3W$는 W값이 주어진 경우에(conditioned on W) Z와 X의 간접효과의 크기의 관계를 수량화한 것이다.

두 가지 조건부 조절된 매개지수에는 제2조절변수의 가중치로 a_3b_3가 공통으로 포함되어 있다. 이러한 a_3b_3가 model 21의 조절된 조절된 매개지수에 해당하는 값이다. a_3b_3는 Z가 변화하면서 W에 의하여 조절되는 X의 간접효과의 변화율을 의미한다. 마찬가지로 W가 변화하면서 Z에 의하여 조절되는 X의 간접효과의 변화율을 의미하기도 한다.

이러한 모형의 분석절차는 1단계 또는 2단계 조절된 조절된 매개모형의 분석과 동일하게 이루어진다. 먼저 조절된 조절된 매개지수의 부트스트랩 신뢰구간을 이용하여 한 조절변수에 의하여 조절되는 간접효과 자체가 다른 조절변수에 의하여 조절되는지를 검정한다. 이러한 증거가 확보되면 다음으로 두 번째 조절변수의 다양한 수준에서의 조건부 조절된 매개지수에 대한 추론검정을 통하여 조절된 매개의 조절에 대한 탐색작업을 실시한다. 하지만 다른 조절된 매개모형의 경우와 마찬가지로 조절된 조절된 매개의 확증이 없으면 탐색작업은 불필요한 것이다.

14.5.1 model 21의 예제

이 예제는 LMX.sav로 저장되어 있다. 이 모형에서 먼저 독립변수(X)는 감성지능(emotional intelligence : EI)이고 매개변수(M)는 직무열의(work engagement : WE)이며 종속변수(Y)는 감정몰입(affective commitment : AC)이다. 그리고 첫 번째 조절변수(W)는 인지된 조직지원(perceived organizational support : POS)이고 두 번째 조절변수(Z)는 상사-부하 관계(leader-member exchange : LMX)로 지정되어 있다. POS는 $X\rightarrow M$경로를 조절하고 LMX는 $M\rightarrow Y$경로를 조절하는 것으로 설정되어 있다. 따라서 POS와 LMX가 증가하면 POS가 $X\rightarrow M$효과를 증대시키고 LMX는 $M\rightarrow Y$ 효과를 증대시킨 결과 $X\rightarrow M\rightarrow Y$의 간접효과는 더욱 커질 것이라고 예측된다.

이 모형을 분석하기 위한 PROCESS syntax는 다음과 같다.

```
process y=ac/x=ei/m=we/w=pos/z=lmx/plot=1/boot=10000/center=1
        /moments=1/model=21/seed=72020.
```

위의 syntax는 상호항을 구성하는 X와 W 및 M 그리고 Z를 평균중심화하였다(center=1 옵션). 그리고 moments=1 옵션을 사용하였기 때문에 W와 Z의 평균과 평균±1SD를 특정값으로 선택한다. 평균중심화하여도 표준편차는 변하지 않는다. 즉, $SD_W = 1.430$이고 $SD_Z = 1.606$으로 동일하다. 평균중심화하였기 때문에 조절변수 W의 평균($\overline{W}$=4.348)과 Z의 평균($\overline{Z}$=3.839)은 0으로 변환된다.

위의 syntax를 실행한 결과는 [그림 14.10]과 같다.

그림 14.10 model 21의 PROCESS 결과물

```
Model   : 21
    Y   : AC
    X   : EI
    M   : WE
    W   : POS
    Z   : LMX

Sample
Size :  417

Custom
Seed :     72020

**************************************************************************************
OUTCOME VARIABLE:
 WE

Model Summary
          R       R-sq        MSE          F        df1        df2          p
      .7672      .5886      .5647   196.9788     3.0000   413.0000      .0000

Model
                  coeff         se          t          p       LLCI       ULCI
constant         -.0237      .0378     -.6265      .5314     -.0979      .0506
EI     (a1)       .5830      .0245    23.8356      .0000      .5349      .6310
POS    (a2)      -.0525      .0270    -1.9405     .0530     -.1057      .0007
Int_1  (a3)       .0479      .0172     2.7776      .0057      .0140      .0818

Product terms key:
 Int_1    :       EI        x        POS

Test(s) of highest order unconditional interaction(s):
         R2-chng         F      df1      df2          p
X*W        .0077    7.7153   1.0000 413.0000      .0057
----------
    Focal predict : EI        (X)
          Mod var : POS       (W)

Conditional effects of the focal predictor at values of the moderator(s):
```

→ $\theta_{X \to M} = a_1 + a_3 W$

```
       POS     Effect        se          t          p       LLCI       ULCI
   -1.4304      .5145     .0355    14.4989      .0000      .4447      .5842
     .0000      .5830     .0245    23.8356      .0000      .5349      .6310
    1.4304      .6514     .0340    19.1859      .0000      .5847      .7182

Data for visualizing the conditional effect of the focal predictor:
Paste text below into a SPSS syntax window and execute to produce plot.

DATA LIST FREE/
   EI          POS          WE          .
BEGIN DATA.
   -1.5472   -1.4304    -.7446
     .0000   -1.4304     .0514
    1.5472   -1.4304     .8474
   -1.5472     .0000    -.9256
     .0000     .0000    -.0237
    1.5472     .0000     .8783
   -1.5472    1.4304   -1.1067
     .0000    1.4304    -.0987
    1.5472    1.4304     .9092
END DATA.
GRAPH/SCATTERPLOT=
 EI        WITH      WE        BY        POS       .

**************************************************************************
OUTCOME VARIABLE:
 AC

Model Summary
          R       R-sq        MSE          F        df1        df2          p
      .7016      .4922     1.0981    99.8554     4.0000   412.0000      .0000

Model
                  coeff         se          t          p       LLCI       ULCI
constant         3.6903      .0621    59.4446      .0000     3.5682     3.8123
EI      (c')     -.0448      .0542     -.8278      .4083     -.1513      .0616
WE      (b1)      .6239      .0761     8.1990      .0000      .4743      .7734
LMX     (b2)      .3500      .0409     8.5575      .0000      .2696      .4305
Int_1   (b3)      .1590      .0328     4.8503      .0000      .0946      .2235

Product terms key:
 Int_1    :        WE       x        LMX

Test(s) of highest order unconditional interaction(s):
       R2-chng          F        df1        df2          p
M*Z      .0290    23.5251     1.0000   412.0000      .0000
----------
    Focal predict : WE       (M)
          Mod var : LMX      (Z)

Conditional effects of the focal predictor at values of the moderator(s):
```

→ $\theta_{M \to Y} = b_1 + b_3 Z$

```
       LMX     Effect         se          t          p       LLCI       ULCI
   -1.6060      .3685      .0724     5.0892      .0000      .2262      .5108
     .0000      .6239      .0761     8.1990      .0000      .4743      .7734
    1.6060      .8792      .1090     8.0662      .0000      .6650     1.0935

Data for visualizing the conditional effect of the focal predictor:
Paste text below into a SPSS syntax window and execute to produce plot.

DATA LIST FREE/
   WE         LMX        AC         .
BEGIN DATA.
   -1.1674   -1.6060     2.6979
     .0000   -1.6060     3.1281
    1.1674   -1.6060     3.5583
   -1.1674     .0000     2.9620
     .0000     .0000     3.6903
    1.1674     .0000     4.4186
   -1.1674    1.6060     3.2260
     .0000    1.6060     4.2524
    1.1674    1.6060     5.2789
END DATA.
GRAPH/SCATTERPLOT=
 WE       WITH     AC       BY       LMX      .

****************** DIRECT AND INDIRECT EFFECTS OF X ON Y ******************

Direct effect of X on Y
         Effect         se          t          p       LLCI       ULCI
         -.0448      .0542     -.8278      .4083     -.1513      .0616

Conditional indirect effects of X on Y:

INDIRECT EFFECT:
 EI          ->    WE          ->    AC

       POS        LMX     Effect     BootSE   BootLLCI   BootULCI
   -1.4304   -1.6060      .1896      .0424      .1072      .2739
   -1.4304     .0000      .3210      .0476      .2288      .4160
   -1.4304    1.6060      .4523      .0662      .3234      .5809
     .0000   -1.6060      .2148      .0453      .1239      .3026
     .0000     .0000      .3637      .0480      .2698      .4580
     .0000    1.6060      .5126      .0673      .3790      .6428
    1.4304   -1.6060      .2400      .0508      .1385      .3389
    1.4304     .0000      .4064      .0553      .2989      .5150
    1.4304    1.6060      .5728      .0781      .4202      .7272

     Index of moderated moderated mediation
     Index     BootSE   BootLLCI   BootULCI
     .0076      .0037      .0013      .0158
```

→ a_3b_3

```
     Indices of conditional moderated mediation by W
```

```
       LMX      Index     BootSE  BootLLCI  BootULCI
   -1.6060      .0176      .0082     .0030     .0353
     .0000      .0299      .0132     .0054     .0575
    1.6060      .0421      .0187     .0077     .0816
---

************************ ANALYSIS NOTES AND ERRORS ***************************

Level of confidence for all confidence intervals in output:
  95.0000

Number of bootstrap samples for percentile bootstrap confidence intervals:
  10000

W values in conditional tables are the mean and +/- SD from the mean.

Z values in conditional tables are the mean and +/- SD from the mean.

NOTE : The following variables were mean centered prior to analysis:
         POS       LMX       EI        WE
```

결과물에서 $a_1 = 0.583(p < .001)$과 $b_1 = 0.624(p < .001)$로 나타났기 때문에 양의 간접효과가 발생하는 것을 알 수 있다. 그리고 $X \rightarrow M$효과는 W에 의하여 조절되는 것이 확인되었다($a_3 = 0.048$, $p = .006$). 이러한 조건부효과는 M모형에 다음과 같이 제시되어 있다.

Conditional effects of the focal predictor at values of the moderator(s):

POS	Effect	se	t	p	LLCI	ULCI
−1.4304	.5145	.0355	14.4989	.0000	.4447	.5842
.0000	.5830	.0245	23.8356	.0000	.5349	.6310
1.4304	.6514	.0340	19.1859	.0000	.5847	.7182

예를 들어 POS(W)가 평균−1SD(W=−1.430)인 경우에 조건부효과는 다음과 같이 계산된다.

$$\theta_{X \rightarrow M} | (W = -1.430) = a_1 + a_3 W = 0.583 + 0.048(-1.430) = 0.514$$

그리고 이러한 조건부효과는 W가 증가하면서 점점 증가하는 것으로 나타났다. 또한 a_3가 유의하기 때문에 조건부효과들의 차이는 통계적으로 유의하다고 판단한다. 또한 M이 Y에 미치는 영향도 Z에 의하여 조절되는 것으로 나타났다($b_3 = 0.159$, $p < .001$). 이와 관련된 조건부효과의 추론검정은 Y모형에 다음과 같이 제시되어 있다.

Conditional effects of the focal predictor at values of the moderator(s):

LMX	Effect	se	t	p	LLCI	ULCI
−1.6060	.3685	.0724	5.0892	.0000	.2262	.5108
.0000	.6239	.0761	8.1990	.0000	.4743	.7734
1.6060	.8792	.1090	8.0662	.0000	.6650	1.0935

LMX(Z)가 평균값을 가지는 경우의 조건부효과의 계산은 다음과 같다.

$$\theta_{M \rightarrow Y}|(Z = 0) = b_1 + b_3 Z = 0.624 + 0.159(0) = 0.624$$

다음으로 결과물의 아랫부분에 조절된 조절된 매개지수($a_3 b_3 = 0.008$)의 95% 부트스트랩 신뢰구간(0.001~0.016)에 0이 포함되지 않기 때문에 제1조절변수(W : POS)에 의하여 조절되는 간접효과 자체가 제2조절변수인 LMX(Z)에 의하여 다시 조절된다(moderation of the indirect effect by W is itself moderated by Z)고 결론을 내릴 수 있다.

14.5.2 조절된 조절된 매개의 탐색

조절된 조절된 매개지수의 신뢰구간이 0을 포함하지 않기 때문에 조절된 조절된 매개의 탐색작업을 실시하기로 한다. 먼저 조건부 조절된 매개지수의 추론검정은 다음과 같다.

Indices of conditional moderated mediation by W

LMX	Index	BootSE	BootLLCI	BootULCI
−1.6060	.0176	.0082	.0030	.0353
.0000	.0299	.0132	.0054	.0575
1.6060	.0421	.0187	.0077	.0816

$Z=1.606$인 경우에 W에 의한 조건부 조절된 매개지수는 다음과 같이 계산된다.

$$a_3b_1 + a_3b_3Z = 0.048(0.624) + (0.048)(0.159)(1.606) = 0.042$$

그리고 제2조절변수인 Z가 증가하면 제1조절변수에 의하여 조절되는 X의 간접효과는 점점 증가(0.018 → 0.030 → 0.042)하는 것을 확인할 수 있다. 이러한 W에 의한 조건부 조절된 매개지수의 95% 부트스트랩 신뢰구간은 세 Z값에서 모두 0을 포함하지 않는 것으로 나타났다.

다음으로 W와 Z가 동시에 변화하는 경우에 X의 간접효과가 어떻게 달라지는지에 관한 탐색작업을 실행하기로 한다. 이러한 결과물은 다음과 같다.

Conditional indirect effects of X on Y:

INDIRECT EFFECT:

EI -> WE -> AC

POS	LMX	Effect	BootSE	BootLLCI	BootULCI	
−1.4304	−1.6060	.1896	.0424	.1072	.2739	①
−1.4304	.0000	.3210	.0476	.2288	.4160	②
−1.4304	1.6060	.4523	.0662	.3234	.5809	③
.0000	−1.6060	.2148	.0453	.1239	.3026	④
.0000	.0000	.3637	.0480	.2698	.4580	⑤
.0000	1.6060	.5126	.0673	.3790	.6428	⑥
1.4304	−1.6060	.2400	.0508	.1385	.3389	⑦
1.4304	.0000	.4064	.0553	.2989	.5150	⑧
1.4304	1.6060	.5728	.0781	.4202	.7272	⑨

위의 결과에서 LMX가 −1SD(Z=−1.606)인 경우에 POS(W)가 증가하면(①→④→⑦) X의 간접효과도 점점 증가하는 것을 알 수 있다. 또한 동일한 W값(예 : W=−1.430)인 경우에 Z가 증가하면(①→②→③) 역시 X의 간접효과가 동반하여 증가하는 것을 확인할 수 있다.

14.6 PROCESS model 12(조절된 조절된 매개)

model 12는 model 11과 유사하지만 X와 W 및 Z의 조절된 조절효과가 $X \rightarrow M$ 경로뿐만 아니라 $X \rightarrow Y$경로에도 적용되는 모형이다. model 12는 본서에서 다루는 조절된 매개모형 중에서 가장 복잡한 모형이다. 이와 유사한 모형은 model 19이다.

이 모형의 M모형과 Y모형은 다음과 같다.

$$\begin{aligned} M &= i_M + a_1 X + a_2 W + a_3 Z + a_4 XW + a_5 XZ + a_6 WZ + a_7 XWZ \\ &= i_M + a_2 W + a_3 Z + a_6 WZ + (a_1 + a_4 W + a_5 Z + a_7 WZ)X \qquad (14.23) \end{aligned}$$

$$\begin{aligned} Y &= i_Y + c'_1 X + c'_2 W + c'_3 Z + c'_4 XW + c'_5 XZ + c'_6 WZ + c'_7 XWZ + bM \\ &= i_Y + c'_2 W + c'_3 Z + c'_6 WZ + (c'_1 + c'_4 W + c'_5 Z + c'_7 WZ)X + bM \qquad (14.24) \end{aligned}$$

식 (14.23)과 식 (14.24)에서 X가 M에 영향을 주는 조건부효과($\theta_{X \rightarrow M}$)와 X가 Y에 영향을 주는 조건부효과($\theta_{X \rightarrow Y}$)는 각각 다음과 같다.

$$\theta_{X \rightarrow M} = a_1 + a_4 W + a_5 Z + a_7 WZ$$

$$\theta_{X \rightarrow Y} = c'_1 + c'_4 W + c'_5 Z + c'_7 WZ$$

위의 $\theta_{X \rightarrow M}$은 model 11과 동일하게 계산된다. 그리고 M이 Y에 영향을 주는 효과는 단순하게 b로 표현된다. 그러므로 X가 M을 거쳐 Y에 영향을 주는 조건부간접효과는 다음과 같이 계산된다.

$$\theta_{X\rightarrow M}\times b=(a_1+a_4W+a_5Z+a_7WZ)b$$
$$=a_1b+a_4bW+a_5bZ+a_7bWZ \quad (14.25)$$
$$=a_1b+a_5bZ+(a_4b+a_7bZ)W \quad (14.26)$$

위의 두 식은 식 (14.9) 및 (14.10)과 동일한 것이다. 마찬가지로 조절된 조절된 매개지수도 a_7b로 계산된다. 하지만 식 (14.24)에는 식 (14.8)과는 다르게 c'들이 도입되어 있기 때문에 a_7b의 계산과 추론검정결과는 model 11과 다르게 나타

그림 14.11 model 12의 개념모형과 통계모형

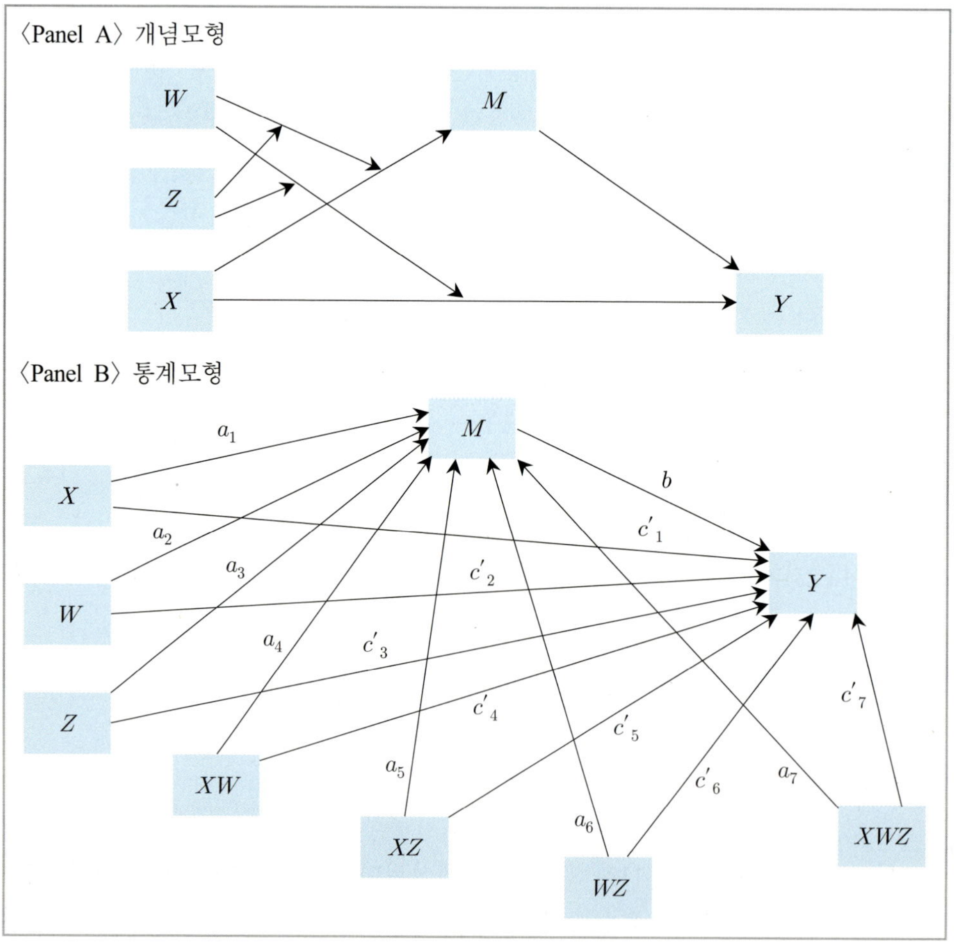

날 것으로 예측된다.

이 모형의 개념모형과 통계모형은 [그림 14.11]과 같다.

그리고 조절된 조절된 매개의 대칭성은 model 11과 동일하다. 또한 식 (14.26)에서 W에 의한 조건부 조절된 매개지수는 a_4b+a_7bZ이고 대칭성원리에 의하여 Z에 의한 조건부 조절된 매개지수는 a_5b+a_7bW로 계산된다.

14.6.1 model 12의 예제

여기에서 사용하는 예제는 14.3절에서 사용한 것으로 자료파일은 JOB.sav이다. 즉, 스트레스(X)의 증가는 직무만족(M)의 감소를 거쳐서 조직몰입(Y)을 감소시키는 음의 간접효과가 발생하는데 제1조절변수인 자기효능감(W)이 증가하면 이러한 음의 간접효과가 완화되는 조절된 매개효과가 발생하고 제2조절변수인 조직지원(Z)이 증가하면 이러한 조절된 매개효과는 더욱 크게 나타나는 조절된 조절된 매개효과가 나타날 것으로 기대된다. 그리고 model 11에서는 예측하지 않았던 내용으로 X가 증가하면 Y가 감소하는 직접효과는 W가 증가하면서 완화되는데 이러한 완충효과는 Z가 증가하면 더욱 크게 나타나는 조건부직접효과가 나타날 것으로 기대된다.

이러한 모형을 분석하기 위한 PROCESS syntax는 다음과 같다.

```
process y=commit/x=stress/m=satis/w=efficacy/z=support/plot=1/model=12
        /center=1/boot=10000/seed=72020.
```

위의 syntax는 model=11이 model=12로 변경된 것을 제외하고는 14.3절의 model 11과 동일한 것이다.

위의 syntax를 실행하면 [그림 14.12]의 결과물을 얻을 수 있다.

그림 14.12 PROCESS model 12의 결과물

```
Model  : 12
    Y  : commit
    X  : stress
    M  : satis
    W  : efficacy
    Z  : support

Sample
Size : 250

**************************************************************************
OUTCOME VARIABLE:
 satis
```

Model Summary

R	R-sq	MSE	F	df1	df2	p
.6854	.4697	1.8828	30.6248	7.0000	242.0000	.0000

Model

		coeff	se	t	p	LLCI	ULCI
constant		3.8543	.1170	32.9323	.0000	3.6238	4.0848
stress	(a_1)	-.6930	.0928	-7.4650	.0000	-.8759	-.5101
efficacy	(a_2)	.0047	.0997	.0474	.9622	-.1916	.2010
Int_1	(a_4)	.0587	.0781	.7518	.4529	-.0952	.2127
support	(a_3)	.5479	.1041	5.2611	.0000	.3427	.7530
Int_2	(a_5)	.1153	.0777	1.4844	.1390	-.0377	.2683
Int_3	(a_6)	.0034	.0426	.0798	.9364	-.0806	.0874
Int_4	(a_7)	.0708	.0328	2.1587	.0319	.0062	.1355

```
Product terms key:
 Int_1    :    stress   x     efficacy
 Int_2    :    stress   x     support
 Int_3    :    efficacy x     support
 Int_4    :    stress   x     efficacy x     support
```

Test(s) of highest order unconditional interaction(s):

	R2-chng	F	df1	df2	p
X*W*Z	.0102	4.6599	1.0000	242.0000	.0319

```
----------
    Focal predict : stress   (X)
          Mod var : efficacy (W)
          Mod var : support  (Z)
```

Test of conditional X*W interaction at value(s) of Z:

$\rightarrow \theta_{XW \rightarrow M}|(Z) = a_4 + a_7 Z$

support	Effect	F	df1	df2	p
-1.6840	-.0605	.4036	1.0000	242.0000	.5259
.0660	.0634	.6579	1.0000	242.0000	.4181
1.8160	.1874	3.6048	1.0000	242.0000	.0588

Conditional effects of the focal predictor at values of the moderator(s):

→ $\theta_{X \to M}|(W, Z) = a_1 + a_4 W + a_5 Z + a_7 WZ$

```
    efficacy  support   Effect       se        t         p      LLCI      ULCI
    -1.5570  -1.6840   -.7929    .0967   -8.2013    .0000    -.9834    -.6025
    -1.5570    .0660   -.7841    .1555   -5.0427    .0000   -1.0904    -.4778
    -1.5570   1.8160   -.7754    .3139   -2.4700    .0142   -1.3937    -.1570
     -.3070  -1.6840   -.8686    .1317   -6.5929    .0000   -1.1281    -.6091
     -.3070    .0660   -.7049    .0971   -7.2599    .0000    -.8961    -.5136
     -.3070   1.8160   -.5412    .2009   -2.6933    .0076    -.9369    -.1454
     1.6930  -1.6840   -.9897    .2987   -3.3136    .0011   -1.5780    -.4014
     1.6930    .0660   -.5780    .1599   -3.6159    .0004    -.8929    -.2631
     1.6930   1.8160   -.1664    .1030   -1.6158    .1074    -.3693     .0365

******************************************************************************
OUTCOME VARIABLE:
 commit

Model Summary
          R       R-sq        MSE          F        df1        df2          p
      .7541      .5687     1.2484    39.7260     8.0000   241.0000      .0000

Model
                    coeff         se          t          p       LLCI       ULCI
constant           1.1378      .2231     5.0993      .0000      .6983     1.5773
stress    (c'1)    -.0266      .0838     -.3176      .7510     -.1918      .1385
satis     (b)       .6390      .0523    12.2074      .0000      .5359      .7421
efficacy  (c'2)    -.0103      .0811     -.1270      .8990     -.1702      .1495
Int_1     (c'4)     .0075      .0637      .1183      .9059     -.1179      .1330
support   (c'3)    -.0538      .0895     -.6012      .5482     -.2301      .1225
Int_2     (c'5)     .0932      .0635     1.4669      .1437     -.0320      .2184
Int_3     (c'6)     .0688      .0347     1.9804      .0488      .0004      .1372
Int_4     (c'7)     .0322      .0270     1.1926      .2342     -.0210      .0853

Product terms key:
 Int_1    :        stress   x        efficacy
 Int_2    :        stress   x        support
 Int_3    :        efficacy x        support
 Int_4    :        stress   x        efficacy x        support

Test(s) of highest order unconditional interaction(s):
          R2-chng          F        df1        df2          p
X*W*Z       .0025     1.4223     1.0000   241.0000      .2342

******************** DIRECT AND INDIRECT EFFECTS OF X ON Y ********************

Conditional direct effect(s) of X on Y:
```

→ $\theta_{X \to Y} = c'_1 + c'_4 W + c'_5 Z + c'_7 WZ$

```
    efficacy  support   Effect       se        t         p      LLCI      ULCI
    -1.5570  -1.6840   -.1110    .0890   -1.2469    .2136    -.2863     .0643
    -1.5570    .0660   -.0355    .1331    -.2669    .7898    -.2977     .2267
    -1.5570   1.8160    .0399    .2588     .1543    .8775    -.4699     .5497
     -.3070  -1.6840   -.1693    .1165   -1.4528    .1476    -.3988     .0603
```

```
  -.3070      .0660   -.0234    .0872   -.2687    .7884   -.1953    .1484
  -.3070     1.8160    .1224    .1660    .7370    .4618   -.2047    .4494
  1.6930    -1.6840   -.2625    .2486  -1.0559    .2921   -.7523    .2273
  1.6930      .0660   -.0041    .1336   -.0309    .9754   -.2674    .2591
  1.6930     1.8160    .2543    .0843   3.0161    .0028    .0882    .4204

Conditional indirect effects of X on Y:

INDIRECT EFFECT:
 stress      ->    satis      ->    commit
```

$\rightarrow\ \theta_{X\rightarrow M}\times b=(a_1+a_4W+a_5Z+a_7WZ)b=a_1b+a_4bW+a_5bZ+a_7bWZ$

```
    efficacy    support     Effect     BootSE   BootLLCI   BootULCI
    -1.5570    -1.6840     -.5067      .0522     -.6111     -.4040
    -1.5570      .0660     -.5010      .1145     -.7422     -.3056
    -1.5570     1.8160     -.4954      .2267     -.9752     -.1072
     -.3070    -1.6840     -.5550      .0832     -.7358     -.4061
     -.3070      .0660     -.4504      .0738     -.6104     -.3241
     -.3070     1.8160     -.3458      .1443     -.6481     -.0993
     1.6930    -1.6840     -.6324      .1653    -1.0062     -.3604
     1.6930      .0660     -.3694      .0912     -.5822     -.2178
     1.6930     1.8160     -.1063      .0526     -.2066     -.0007

    Index of moderated moderated mediation
```

$\rightarrow\ a_7b$

```
     Index    BootSE  BootLLCI  BootULCI
     .0453     .0189     .0131     .0874

    Indices of conditional moderated mediation by W
```

$\rightarrow\ a_4b+a_7bZ$

```
    support      Index     BootSE   BootLLCI   BootULCI
    -1.6840     -.0387      .0459     -.1464      .0365
      .0660      .0405      .0482     -.0576      .1367
     1.8160      .1197      .0689      .0009      .2651
---

************************* ANALYSIS NOTES AND ERRORS ****************************

Level of confidence for all confidence intervals in output:
  95.0000

Number of bootstrap samples for percentile bootstrap confidence intervals:
  5000

W values in conditional tables are the 16th, 50th, and 84th percentiles.

Z values in conditional tables are the 16th, 50th, and 84th percentiles.

NOTE : The following variables were mean centered prior to analysis:
          efficacy support  stress
```

위의 결과물은 plot=1 옵션에 해당하는 내용은 생략된 형태이다. 그리고 결과물 중에서 M모형에 관한 결과와 해석은 model 11과 동일하다. 앞서 언급한 바와 같이 Y모형의 구성요소가 model 11과 다르기 때문에 b의 크기와 추론검정이 달라진다. model 11에서는 $b=0.675(p<.001)$로 계산되었지만 여기에서는 $b=0.639(p<.001)$로 나타났다.

결과물의 마지막 부분에 조절된 조절된 매개지수는 $a_7b=0.071(0.639)=0.045$로 계산되었고 이에 관한 95% 부트스트랩 신뢰구간(0.013~0.087)에 0이 포함되지 않는 것을 확인할 수 있다.

14.6.2 조절된 조절된 매개의 탐색과 조건부직접효과의 탐색

조절된 조절된 매개지수의 신뢰구간에 0이 포함되지 않기 때문에 조절된 조절된 매개의 탐색작업을 실시할 수 있다. 결과물에서 조건부 조절된 매개지수를 이용한 탐색결과가 다음과 같이 나타나 있다.

Index of moderated moderated mediation

Index	BootSE	BootLLCI	BootULCI
.0453	.0189	.0131	.0874

Indices of conditional moderated mediation by W

support	Index	BootSE	BootLLCI	BootULCI
−1.6840	−.0387	.0459	−.1464	.0365
.0660	.0405	.0482	−.0576	.1367
1.8160	.1197	.0689	.0009	.2651

위의 결과는 [그림 14.6]의 결과와 약간 다르게 나타났다. 그리고 W가 50th 백분위($W=0.066$)인 경우에 조건부 조절된 매개지수의 계산은 다음과 같다.

$$a_4b+a_7bW=0.059(0.639)+0.071(0.639)(0.066)=0.041$$

그리고 조건부 조절된 매개지수의 추세를 보면 제2조절변수(Z : support)가 증가하면 W가 $X \to M \to Y$의 음의 간접효과를 완화시키는 조절된 매개효과는 점점 증가하는 것을 확인할 수 있다.

다음으로 조건부직접효과의 탐색을 알아보기로 한다. 조절된 조절된 매개와 마찬가지로 조건부직접효과의 탐색도 3원 상호효과가 유의한 경우에 실행하는 것이다. 그러나 결과물에서 이러한 3원 상호효과는 $c'_7 = 0.032(p = .234)$로 통계적으로 유의하게 나타나지 않았다. 하지만 이러한 3원 상호효과가 유의하게 나타났다는 가정하에 탐색과정을 알아보기로 한다. 결과물에서 X가 Y에 영향을 주는 조건부직접효과(Conditional direct effects of X on Y)의 결과가 다음과 같이 제시되어 있다. 설명의 편의를 위하여 신뢰구간은 생략하였다.

Conditional direct effect(s) of X on Y:

efficacy	support	Effect	se	t	p	
−1.5570	−1.6840	−.1110	.0890	−1.2469	.2136	①
−1.5570	.0660	−.0355	.1331	−.2669	.7898	②
−1.5570	1.8160	.0399	.2588	.1543	.8775	③
−.3070	−1.6840	−.1693	.1165	−1.4528	.1476	④
−.3070	.0660	−.0234	.0872	−.2687	.7884	⑤
−.3070	1.8160	.1224	.1660	.7370	.4618	⑥
1.6930	−1.6840	−.2625	.2486	−1.0559	.2921	⑦
1.6930	.0660	−.0041	.1336	−.0309	.9754	⑧
1.6930	1.8160	.2543	.0843	3.0161	.0028	⑨

위의 결과에서 제1조절변수인 efficacy가 $W = -1.557$로 동일한 경우에 제2조절변수인 support가 증가하면(① → ② → ③) $X \to Y$의 음의 직접효과가 W에 의하여 완화되는 효과는 점점 증가하는 것을 알 수 있다. 이러한 현상은 W의 세 가지 값에서 일관되게 나타났다. 그리고 Z를 고정시키는 경우에 Z가 낮은 값($Z = -1.684$)에서는 W가 증가하면서(① → ④ → ⑦) 2원 상호효과의 음의 값이 증가하지만 Z가 높은 값($Z = 1.816$)에서는 W가 증가하면서(③ → ⑥ → ⑨) 양의 2원 상호효과가 점점 증가하는 것을 알 수 있다.

CHAPTER 15

다중매개모형이 포함된 조절된 매개모형

지금까지는 단순매개모형에서 한 개 또는 두 개의 경로가 조절되는 조절된 매개모형을 분석하였다. 본장에서는 병렬다중매개모형과 직렬다중매개모형에 조절변수를 결합한 조절된 매개모형을 분석할 예정이다. 특히 PROCESS macro version 3시리즈에서는 직렬다중매개모형과 조절변수를 결합한 10개의 새로운 조절된 매개모형들(models 83~92)을 추가하였다.

15.1 PROCESS model 84

model 84는 직렬다중매개모형과 조절변수를 결합한 모형이다. 이 모형은 X가 첫 번째 매개변수에 미치는 영향($X \rightarrow M_1$)과 두 번째 매개변수에 미치는 영향($X \rightarrow M_2$)이 모두 단일의 조절변수 W에 의하여 조절되는 조절된 매개모형이다.

이 모형의 개념모형과 통계모형은 [그림 15.1]과 같다.

model 84의 M_1모형과 M_2모형 및 Y모형은 식 (15.1)과 (15.2) 및 (15.3)과 같다. 오차항은 생략하였다.

$$\begin{aligned} M_1 &= i_{M_1} + a_{11}X + a_{12}W + a_{13}XW \\ &= i_{M_1} + a_{12}W + (a_{11} + a_{13}W)X \end{aligned} \tag{15.1}$$

$$\begin{aligned} M_2 &= i_{M_2} + a_{21}X + a_{22}W + a_{23}XW + dM_1 \\ &= i_{M_2} + a_{22}W + (a_{21} + a_{23}W)X + dM_1 \end{aligned} \tag{15.2}$$

$$Y = i_Y + c'X + b_1M_1 + b_2M_2 \tag{15.3}$$

만일 W가 $X \rightarrow Y$경로도 조절한다면 model 85로 전환되며 이러한 경우에 식 (15.3)은 다음과 같이 설정된다.

$$\begin{aligned} Y &= i_Y + c'_1X + c'_2W + c'_3XW + b_1M_1 + b_2M_2 \\ &= i_Y + c'_2W + (c'_1 + c'_3W)X + b_1M_1 + b_2M_2 \end{aligned}$$

그림 15.1 model 84의 개념모형과 통계모형

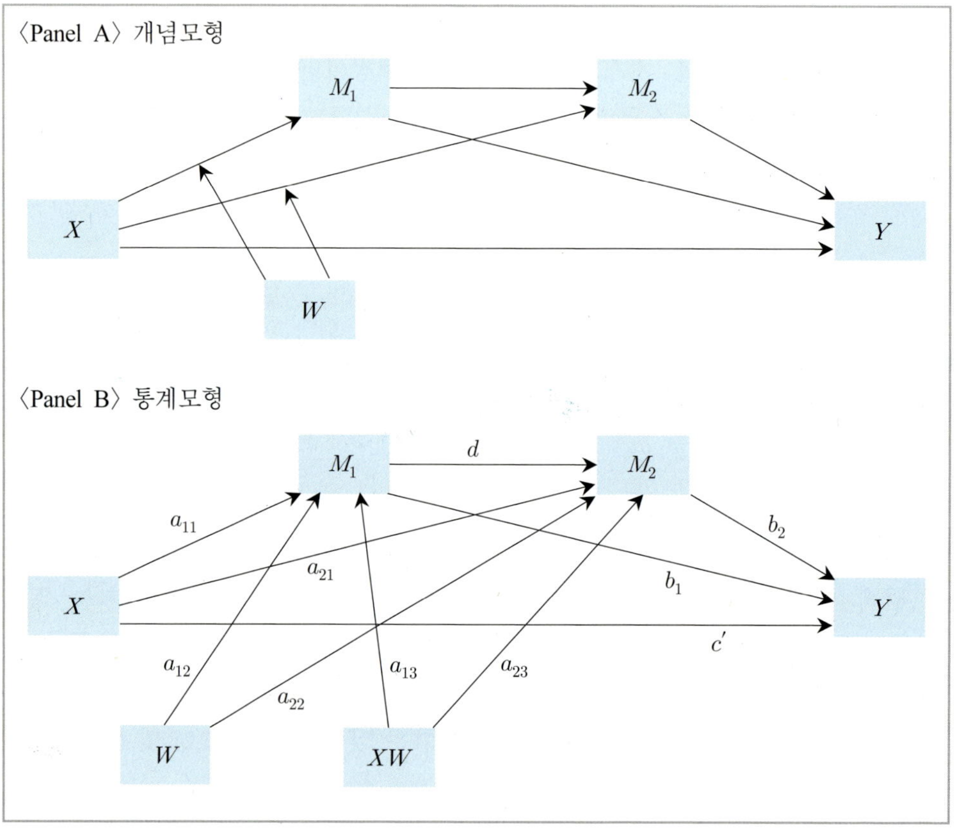

식 (15.1)에서 X가 M_1에 영향을 주는 조건부효과는 다음과 같다.

$$\theta_{X \rightarrow M_1} = a_{11} + a_{13} W \tag{15.4}$$

그리고 X가 M_2에 영향을 미치는 조건부효과는 다음과 같이 계산된다.

$$\theta_{X \rightarrow M_2} = a_{21} + a_{23} W \tag{15.5}$$

식 (15.2)에서 M_1이 M_2에 미치는 영향은 d이다. 또한 직접효과는 식 (15.3)에서 c'으로 계산된다.

다음으로 X가 M_1을 거쳐서 Y에 영향을 주는 조건부간접효과는 X가 M_1

에 영향을 주는 조건부효과와 M_1이 Y에 미치는 영향을 곱하여 다음과 같이 계산된다.

$$(a_{11} + a_{13}W) \times b_1 = a_{11}b_1 + a_{13}b_1W \tag{15.6}$$

간접효과 $X \to M_1 \to Y$의 조절된 매개지수는 식 (15.6)에서 W의 가중치인 $a_{13}b_1$으로 계산된다.

그리고 X가 M_2를 경유하여 Y에 영향을 미치는 조건부간접효과는 다음과 같이 X가 M_2에 영향을 주는 조건부효과와 M_2가 Y에 주는 영향의 적항이다.

$$(a_{21} + a_{23}W) \times b_2 = a_{21}b_2 + a_{23}b_2W \tag{15.7}$$

식 (15.7)에서 조절된 매개지수는 $a_{23}b_2$로 계산된다.

마지막으로 X가 M_1과 M_2를 순차적으로(in serial) 경유하여 Y에 영향을 미치는 조건부간접효과는 $X \to M_1$경로의 조건부효과와 $M_1 \to M_2$경로효과 및 $M_2 \to Y$ 경로효과를 모두 곱한 다음의 식과 같다.

$$(a_{11} + a_{13}W) \times d \times b_2 = a_{11}db_2 + a_{13}db_2W \tag{15.8}$$

위의 식에서 조절된 매개지수는 $a_{13}db_2$로 계산된다.

15.1.1 model 84의 예제

model 84를 분석하기 위한 자료는 FIT.sav로 저장되어 있다. 이 자료에서 X는 조직지원(POS)이고 M_1은 직무만족(JS)이며 M_2는 조직몰입(AC)으로 지정되어 있고 Y는 잔류의도(intention to remain : REMAIN)이다. 그리고 조절변수(W)는 개인-조직 적합(person-organization fit : FIT)이다. 따라서 이 모형은 조직지원이 직무만족과 조직몰입을 순차적으로 경유하여 기업에 잔류하려는 의도를 증가시키는데 개인과 조직 간의 성격 등이 일치(FIT)하면 이러한 직렬다중매개모형의 간접효과가 더욱 증가한다는 것을 의미한다.

이 모형을 분석하기 위한 PROCESS syntax는 다음과 같다.

```
process y=remain/x=pos/m=js ac/w=fit/model=84/center=1/plot=1
        /seed=72020.
```

위의 syntax에서 /m=mvlist에 제시되는 매개변수들의 순서를 정확하게 지정해야 한다. 즉, 먼저 지정한 매개변수(js)가 뒤에 지정된 매개변수(ac)에 인과적 영향을 미치는 것이다(3.4절 참조).

이러한 syntax를 실행한 결과가 [그림 15.2]에 나타나 있다.

그림 15.2 model 84의 PROCESS 결과물

```
Model  : 84
    Y  : REMAIN
    X  : POS
   M1  : JS
   M2  : AC
    W  : FIT

Sample
Size :  200

Custom
Seed :     72020

**************************************************************************
OUTCOME VARIABLE:
 JS

Model Summary
          R       R-sq        MSE          F        df1        df2          p
      .7160      .5127     1.2291    68.7365     3.0000   196.0000      .0000

Model
                 coeff         se          t          p       LLCI       ULCI
constant        3.6445      .0841    43.3358      .0000     3.4787     3.8104
POS    (a11)     .5836      .0860     6.7832      .0000      .4139      .7533
FIT    (a12)     .5148      .0550     9.3590      .0000      .4063      .6233
Int_1  (a13)     .2924      .0471     6.2072      .0000      .1995      .3854

Product terms key:
 Int_1    :        POS       x        FIT

Test(s) of highest order unconditional interaction(s):
       R2-chng          F        df1        df2          p
X*W      .0958    38.5295     1.0000   196.0000      .0000
----------
    Focal predict : POS      (X)
```

Mod var : FIT (W)

Conditional effects of the focal predictor at values of the moderator(s):

→ $\theta_{X \to M_1} = a_{11} + a_{13}W$

FIT	Effect	se	t	p	LLCI	ULCI
-2.1283	-.0388	.1158	-.3351	.7379	-.2673	.1896
.0383	.5948	.0865	6.8783	.0000	.4243	.7654
1.7050	1.0822	.1307	8.2781	.0000	.8244	1.3400

Data for visualizing the conditional effect of the focal predictor:
Paste text below into a SPSS syntax window and execute to produce plot.

```
DATA LIST FREE/
   POS        FIT        JS        .
BEGIN DATA.
     -1.1781  -2.1283    2.5947
       .4469  -2.1283    2.5316
       .8844  -2.1283    2.5146
     -1.1781    .0383    2.9635
       .4469    .0383    3.9301
       .8844    .0383    4.1903
     -1.1781   1.7050    3.2473
       .4469   1.7050    5.0059
       .8844   1.7050    5.4793
END DATA.
GRAPH/SCATTERPLOT=
 POS      WITH     JS       BY       FIT      .
```

****

OUTCOME VARIABLE:
AC

Model Summary

R	R-sq	MSE	F	df1	df2	p
.7250	.5257	1.1949	54.0261	4.0000	195.0000	.0000

Model

	coeff	se	t	p	LLCI	ULCI
constant	1.3771	.2697	5.1055	.0000	.8452	1.9091
POS (a_{21})	.2154	.0943	2.2854	.0234	.0295	.4013
JS (d)	.5153	.0704	7.3174	.0000	.3764	.6542
FIT (a_{22})	.1763	.0652	2.7033	.0075	.0477	.3050
Int_1 (a_{23})	.1360	.0508	2.6760	.0081	.0358	.2362

Product terms key:
Int_1 : POS x FIT

Test(s) of highest order unconditional interaction(s):

	R2-chng	F	df1	df2	p
X*W	.0174	7.1608	1.0000	195.0000	.0081

Focal predict : POS (X)
Mod var : FIT (W)

```
Conditional effects of the focal predictor at values of the moderator(s):
```

$\rightarrow \theta_{X \rightarrow M_2} = a_{21} + a_{23} W$

```
       FIT     Effect         se          t          p       LLCI       ULCI
   -2.1283     -.0740      .1142     -.6475      .5180     -.2993      .1513
     .0383      .2206      .0950     2.3225      .0212      .0333      .4080
    1.7050      .4473      .1497     2.9868      .0032      .1519      .7426

Data for visualizing the conditional effect of the focal predictor:
Paste text below into a SPSS syntax window and execute to produce plot.

DATA LIST FREE/
   POS        FIT        AC         .
BEGIN DATA.
   -1.1781   -2.1283    3.0646
     .4469   -2.1283    2.9443
     .8844   -2.1283    2.9120
   -1.1781     .0383    3.0996
     .4469     .0383    3.4581
     .8844     .0383    3.5546
   -1.1781    1.7050    3.1265
     .4469    1.7050    3.8533
     .8844    1.7050    4.0490
END DATA.
GRAPH/SCATTERPLOT=
 POS      WITH     AC       BY       FIT       .

**************************************************************************
OUTCOME VARIABLE:
 REMAIN

Model Summary
          R       R-sq        MSE          F        df1        df2          p
      .8158      .6656     1.0393   130.0427     3.0000   196.0000      .0000

Model
                coeff         se          t          p       LLCI       ULCI
constant        .2629      .2222     1.1833      .2381     -.1752      .7010
POS   (c')      .1227      .0812     1.5122      .1321     -.0373      .2828
JS    (b1)      .4189      .0674     6.2135      .0000      .2859      .5518
AC    (b2)      .5189      .0650     7.9826      .0000      .3907      .6471

****************** DIRECT AND INDIRECT EFFECTS OF X ON Y ******************

Direct effect of X on Y
     Effect         se          t          p       LLCI       ULCI
   .1227 (c')    .0812     1.5122      .1321     -.0373      .2828

Conditional indirect effects of X on Y:

INDIRECT EFFECT:
 POS        ->    JS         ->    REMAIN
```

```
        FIT      Effect     BootSE  BootLLCI  BootULCI
    -2.1283     -.0163      .0583    -.1482     .0862
      .0383      .2492      .0724     .1162     .4046
     1.7050      .4533      .1276     .2162     .7178

    Index of moderated mediation:
```

→ $a_{13}b_1$

```
          Index     BootSE   BootLLCI   BootULCI
FIT       .1225      .0388      .0534      .2039
---

INDIRECT EFFECT:
 POS         ->      AC          ->      REMAIN

        FIT      Effect     BootSE  BootLLCI  BootULCI
    -2.1283     -.0384      .0735    -.1926     .1029
      .0383      .1145      .0628    -.0003     .2474
     1.7050      .2321      .1021     .0507     .4508

    Index of moderated mediation:
```

→ $a_{23}b_2$

```
          Index     BootSE   BootLLCI   BootULCI
FIT       .0706      .0344      .0104      .1458
---

INDIRECT EFFECT:
 POS         ->      JS          ->      AC          ->      REMAIN

        FIT      Effect     BootSE  BootLLCI  BootULCI
    -2.1283     -.0104      .0376    -.0913     .0614
      .0383      .1591      .0505     .0783     .2765
     1.7050      .2894      .0854     .1488     .4824

    Index of moderated mediation:
```

→ $a_{13}db_2$

```
          Index     BootSE   BootLLCI   BootULCI
FIT       .0782      .0246      .0378      .1346
---

*************************** ANALYSIS NOTES AND ERRORS ***************************

Level of confidence for all confidence intervals in output:
  95.0000

Number of bootstrap samples for percentile bootstrap confidence intervals:
  5000

W values in conditional tables are the 16th, 50th, and 84th percentiles.

NOTE : The following variables were mean centered prior to analysis:
          FIT      POS
```

결과물에서 X가 M_1에 미치는 영향($a_{11}=0.584$, $p<.001$)과 M_1이 Y에 주는 영향($b_1=0.419$, $p<.001$)이 모두 양으로 나타났기 때문에 $X \rightarrow M_1 \rightarrow Y$의 효과는 양의 간접효과가 나타난다고 할 수 있다. 또한 $a_{21}=0.215(p=.023)$와 $b_2=0.519$ $(p<.001)$로 나타나서 $X \rightarrow M_2 \rightarrow Y$의 간접효과도 양수라는 것을 알 수 있다. 그리고 $M_1 \rightarrow M_2$효과($d=0.515$, $p<.001$)가 양수로 나타났기 때문에 $X \rightarrow M_1 \rightarrow M_2 \rightarrow Y$의 직렬매개효과($a_{11}db_2$)도 양수로 나타났다고 말할 수 있다.

그리고 개별경로의 조절효과를 살펴보기로 한다. 먼저 $X \rightarrow M_1$경로가 W에 의하여 조절되는 것으로 나타났다($a_{13}=0.292$, $p<.001$). 이에 관한 조건부효과가 M_1(JS)모형에 다음과 같이 제시되어 있다.

Conditional effects of the focal predictor at values of the moderator(s):

FIT	Effect	se	t	p	LLCI	ULCI
−2.1283	−.0388	.1158	−.3351	.7379	−.2673	.1896
.0383	.5948	.0865	6.8783	.0000	.4243	.7654
1.7050	1.0822	.1307	8.2781	.0000	.8244	1.3400

W가 낮은 값($W=-2.128$)을 갖는 경우에 조건부효과는 다음과 같다.

$$\begin{aligned}\theta_{X \rightarrow M_1} \mid (W=-2.128) &= a_{11}+a_{13}W \\ &= 0.584+0.292(-2.128) \\ &= -0.038\end{aligned}$$

$X \rightarrow M_1$효과는 W가 낮은 경우에는 오히려 음수로 나타났고 W가 중간값 이상인 경우에만 X가 M_1에 유의한 영향을 미치는 것으로 나타났다.

마찬가지로 W가 $X \rightarrow M_2$경로를 조절하는지에 관한 결과가 M_2(AC)모형에 다음과 같이 나타나 있다.

Conditional effects of the focal predictor at values of the moderator(s):

FIT	Effect	se	t	p	LLCI	ULCI
−2.1283	−.0740	.1142	−.6475	.5180	−.2993	.1513
.0383	.2206	.0950	2.3225	.0212	.0333	.4080
1.7050	.4473	.1497	2.9868	.0032	.1519	.7426

W가 높은 값(W=1.705)인 경우에 조건부효과는 다음과 같이 계산된다.

$$\begin{aligned}\theta_{X\to M_2}|(W=1.7058) &= a_{21}+a_{23}W \\ &= 0.215+0.136(1.705) \\ &= 0.447\end{aligned}$$

이 경우에도 W가 중간값과 높은 값에서만 X가 M_2에 유의한 영향을 미치는 것으로 나타났다.

15.1.2 조절된 매개지수와 조절된 매개의 탐색

다음으로 가장 중요한 결과인 세 가지 조절된 매개지수의 추론검정을 살펴보기로 한다. 먼저 $X\to M_1\to Y$에 대한 조절된 매개지수($a_{13}b_1=0.292\times0.419=0.123$)의 95% 부트스트랩 신뢰구간(0.053~0.204)에 0이 포함되지 않기 때문에 $X\to M_1\to Y$의 간접효과는 W에 의하여 조절된다고 말할 수 있다. 그리고 W의 세 가지 값에서의 조건부간접효과가 다음과 같이 제시되어 있다.

INDIRECT EFFECT:

POS -> JS -> REMAIN

FIT	Effect	BootSE	BootLLCI	BootULCI
−2.1283	−.0163	.0583	−.1482	.0862
.0383	.2492	.0724	.1162	.4046
1.7050	.4533	.1276	.2162	.7178

조절된 매개지수가 유의하기 때문에 조건부간접효과들의 차이는 유의하다고 말할 수 있다.

W가 중간값($W=0.038$)을 갖는 경우에 조건부간접효과는 다음과 같다.

$$\begin{aligned}(a_{11}+a_{13}W)\times b_1 &= a_{11}b_1+a_{13}b_1W \\ &= 0.584(0.419)+0.292(0.419)(0.038) \\ &= 0.249\end{aligned}$$

개별경로의 조절효과와 마찬가지로 W가 중간값 이상인 경우에만 $X\to M_1\to Y$의 양의 간접효과가 유의하다는 것을 알 수 있다.

그리고 $X\to M_2\to Y$에 관한 조절된 매개지수($a_{23}b_2=0.136(0.519)=0.071$)의 95% 부트스트랩 신뢰구간(0.010~0.146)에도 0이 포함되지 않기 때문에 $X\to M_2\to Y$의 간접효과는 W에 의하여 조절된다는 것을 확인할 수 있다. 또한 조건부간접효과들의 추론검정이 다음과 같이 제시되어 있다.

```
INDIRECT EFFECT:
POS          ->     AC          ->     REMAIN

      FIT      Effect     BootSE   BootLLCI   BootULCI
  -2.1283     -.0384      .0735     -.1926      .1029
    .0383      .1145      .0628     -.0003      .2474
   1.7050      .2321      .1021      .0507      .4508
```

위의 결과에서 W가 높은 경우에만 $X\to M_2\to Y$의 간접효과가 양수라고 말할 수 있다.

마지막으로 $X\to M_1\to M_2\to Y$의 조절된 매개지수($a_{13}db_2=0.292(0.515)(0.519)=0.078$)의 95% 부트스트랩 신뢰구간(0.038~0.135)도 0을 포함하지 않기 때문에 직렬다중매개효과는 W에 의하여 조절된다고 말할 수 있다. 이에 관한 조건부간접효과는 다음과 같다.

INDIRECT EFFECT:

POS -> JS -> AC -> REMAIN

FIT	Effect	BootSE	BootLLCI	BootULCI
−2.1283	−.0104	.0376	−.0913	.0614
.0383	.1591	.0505	.0783	.2765
1.7050	.2894	.0854	.1488	.4824

$W = 1.705$인 경우에 조건부간접효과는 다음과 같다.

$$\begin{aligned}(a_{11} + a_{13}W) \times d \times b_2 &= a_{11}db_2 + a_{13}db_2W \\ &= 0.584(0.515)(0.519) + 0.292(0.515)(0.519)(1.705) \\ &= 0.289\end{aligned}$$

여기에서의 결과도 W가 중간값 이상인 경우에만 $X \to M_1 \to M_2 \to Y$의 간접효과가 유의하게 양이라고 말할 수 있다. 이상의 내용들은 탐색작업을 동시에 실행한 것이다. 그리고 세 가지 조건부간접효과들의 결과에서 W가 증가하면 해당 간접효과가 모두 증가하는 것이 확인되었다.

15.2 PROCESS model 88

이 모형은 조절변수 W가 $M_1 \to Y$경로와 $M_2 \to Y$경로를 동시에 조절하는 조절된 매개모형이다. model 88의 개념모형과 통계모형은 [그림 15.3]과 같다.

그리고 model 88의 M_1모형과 M_2모형 및 Y모형은 다음과 같다.

$$M_1 = i_{M_1} + a_1X \tag{15.9}$$

그림 15.3 model 88의 개념모형과 통계모형

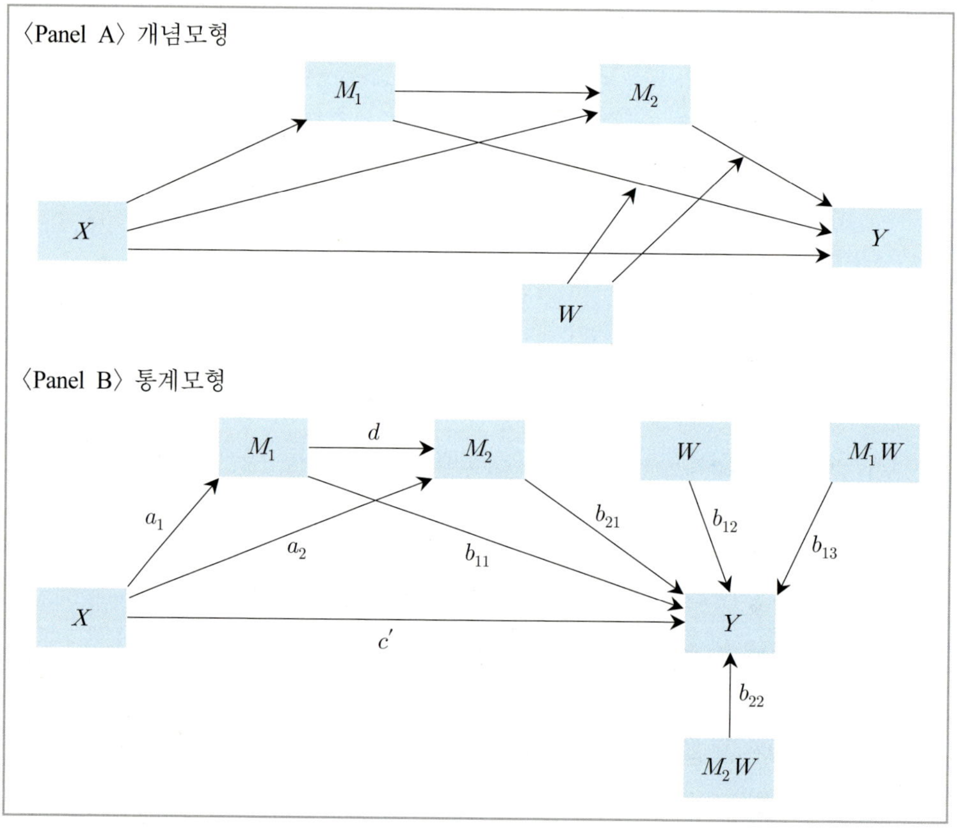

$$M_2 = i_{M_2} + a_2 X + d M_1 \tag{15.10}$$

$$\begin{aligned} Y &= i_Y + c'X + b_{11}M_1 + b_{12}W + b_{13}M_1W + b_{21}M_2 + b_{22}M_2W \\ &= i_Y + c'X + b_{12}W + (b_{11} + b_{13}W)M_1 + (b_{21} + b_{22}W)M_2 \end{aligned} \tag{15.11}$$

식 (15.11)에서 $W \rightarrow Y$효과는 이미 $b_{12}W$에 반영되어 있기 때문에 $b_{22}W$를 추가로 도입할 필요가 없다.

식 (15.11)에서 $M_1 \rightarrow Y$경로의 조건부효과($\theta_{M_1 \rightarrow Y}$)와 $M_2 \rightarrow Y$경로의 조건부효과($\theta_{M_2 \rightarrow Y}$)는 다음과 같다.

$$\theta_{M_1 \rightarrow Y} = b_{11} + b_{13}W \tag{15.12}$$

$$\theta_{M_2 \rightarrow Y} = b_{21} + b_{22}W \tag{15.13}$$

그리고 세 가지의 조건부간접효과들 중에서 첫 번째 조건부간접효과인 $X \to M_1 \to Y$의 조건부간접효과는 $X \to M_1$경로효과(a_1)와 $M_1 \to Y$경로효과($\theta_{M_1 \to Y}$)를 곱하여 다음과 같이 계산된다.

$$a_1 \times \theta_{M_1 \to Y} = a_1(b_{11} + b_{13} W) = a_1 b_{11} + a_1 b_{13} W \tag{15.14}$$

식 (15.14)에서 $X \to M_1 \to Y$에 대한 조절된 매개지수는 W의 가중치인 $a_1 b_{13}$이다.

다음으로 $X \to M_2 \to Y$의 조건부간접효과는 다음과 같다.

$$a_2 \times \theta_{M_2 \to Y} = a_2(b_{21} + b_{22} W) = a_2 b_{21} + a_2 b_{22} W \tag{15.15}$$

식 (15.15)에서 $X \to M_2 \to Y$에 관한 조절된 매개지수는 W의 가중치인 $a_2 b_{22}$이다.

그리고 $X \to M_1 \to M_2 \to Y$의 조건부간접효과는 다음과 같이 계산된다.

$$a_1 \times d \times \theta_{M_2 \to Y} = a_1 d(b_{21} + b_{22} W) = a_1 d b_{21} + a_1 d b_{22} W \tag{15.16}$$

식 (15.16)에서 $X \to M_1 \to M_2 \to Y$의 조절된 매개지수는 $a_1 d b_{22}$이다.

15.2.1 model 88의 예제

이 예제는 WFE.sav로 저장되어 있다. 여기에서 독립변수(X)는 조직지원(POS)이고 첫 번째 매개변수(M_1)는 일-가정 향상(work-family enrichment : WFE)이며 두 번째 매개변수(M_2)는 직무만족(JS)이다. 그리고 종속변수(Y)는 조직시민행동(OCB)이고 조절변수(W)는 심리적 임파워먼트(psychological empowerment : PE)로 설정하였다. 이 모형은 조직지원을 많이 받는다고 인지하면 일-가정 향상과 직무만족을 차례로 경유하여 조직시민행동을 증가시키는 양의 간접효과가 발생하는데 심리적 임파워먼트가 증가하면 이러한 간접효과가 더욱 커진다고 예측하고 있다.

이 모형을 분석하기 위한 PROCESS syntax는 다음과 같다.

```
process y=ocb/x=pos/m=wfe js/w=pe/model=88/center=1/plot=1
          /seed=72020.
```

위의 syntax의 매개변수목록의 순서를 살펴보면 WFE가 JS에 인과적 영향을 미치는 것으로 지정되어 있는 것을 알 수 있다.

이러한 syntax의 실행결과는 [그림 15.4]와 같다.

그림 15.4 model 88의 PROCESS 결과물

```
Model  : 88
    Y  : OCB
    X  : POS
   M1  : WFE
   M2  : JS
    W  : PE

Sample
Size :  308

Custom
Seed :     72020

**************************************************************************
OUTCOME VARIABLE:
 WFE

Model Summary
          R       R-sq        MSE          F        df1        df2          p
      .7108      .5052      .6551   312.3899     1.0000   306.0000      .0000

Model
              coeff         se          t          p       LLCI       ULCI
constant    -2.0751      .1261   -16.4508      .0000    -2.3233    -1.8269
POS   (a1)    .5300      .0300    17.6746      .0000      .4710      .5890

**************************************************************************
OUTCOME VARIABLE:
 JS

Model Summary
          R       R-sq        MSE          F        df1        df2          p
      .6212      .3859     1.6097    95.8235     2.0000   305.0000      .0000

Model
              coeff         se          t          p       LLCI       ULCI
constant    -1.5567      .2714    -5.7353      .0000    -2.0908    -1.0226
POS   (a2)    .3976      .0668     5.9502      .0000      .2661      .5290
WFE   (d)     .4089      .0896     4.5637      .0000      .2326      .5853
```

```
******************************************************************************
OUTCOME VARIABLE:
 OCB

Model Summary
          R       R-sq        MSE          F        df1        df2          p
      .7138      .5095     1.0807    52.1190     6.0000   301.0000      .0000

Model
                 coeff         se          t          p       LLCI       ULCI
constant        3.7971      .2437    15.5827      .0000     3.3176     4.2766
POS    (c')     -.0138      .0581     -.2373      .8126     -.1280      .1005
WFE    (b11)     .5556      .0831     6.6834      .0000      .3920      .7192
JS     (b21)     .1859      .0726     2.5613      .0109      .0431      .3287
PE     (b12)     .2212      .0701     3.1581      .0017      .0834      .3591
Int_1  (b13)     .0955      .0420     2.2718      .0238      .0128      .1782
Int_2  (b22)     .0840      .0365     2.3030      .0220      .0122      .1558

Product terms key:
 Int_1    :        WFE       x       PE
 Int_2    :        JS        x       PE

Test(s) of highest order unconditional interaction(s):
       R2-chng          F        df1        df2          p
M1*W     .0084     5.1612     1.0000   301.0000      .0238
M2*W     .0086     5.3036     1.0000   301.0000      .0220
----------
    Focal predict : WFE      (M1)
          Mod var : PE       (W)

Conditional effects of the focal predictor at values of the moderator(s):
```

$\rightarrow \ \theta_{M_1 \rightarrow Y} = b_{11} + b_{13} W$

```
         PE     Effect         se          t          p       LLCI       ULCI
    -1.9784      .3667      .1034     3.5468      .0005      .1632      .5702
      .5216      .6055      .0907     6.6781      .0000      .4270      .7839
     1.5216      .7010      .1158     6.0516      .0000      .4730      .9289

Data for visualizing the conditional effect of the focal predictor:
Paste text below into a SPSS syntax window and execute to produce plot.

DATA LIST FREE/
   WFE        PE         OCB        .
BEGIN DATA.
    -1.4123    -1.9784     2.7875
      .3377    -1.9784     3.4293
     1.3377    -1.9784     3.7960
    -1.4123      .5216     3.0034
      .3377      .5216     4.0630
     1.3377      .5216     4.6684
    -1.4123     1.5216     3.0898
      .3377     1.5216     4.3165
     1.3377     1.5216     5.0174
END DATA.
```

```
GRAPH/SCATTERPLOT=
 WFE       WITH      OCB       BY        PE        .
----------
    Focal predict : JS        (M2)
          Mod var : PE        (W)

Conditional effects of the focal predictor at values of the moderator(s):
```

$\rightarrow \theta_{M_2 \rightarrow Y} = b_{21} + b_{22}W$

```
         PE     Effect         se          t          p       LLCI       ULCI
    -1.9784      .0197      .1146      .1718      .8637     -.2059      .2452
      .5216      .2297      .0702     3.2726      .0012      .0916      .3678
     1.5216      .3137      .0794     3.9526      .0001      .1575      .4699

Data for visualizing the conditional effect of the focal predictor:
Paste text below into a SPSS syntax window and execute to produce plot.

DATA LIST FREE/
   JS         PE         OCB        .
BEGIN DATA.
    -1.9649    -1.9784     3.2667
      .1601    -1.9784     3.3086
     1.9726    -1.9784     3.3443
    -1.9649      .5216     3.4072
      .1601      .5216     3.8953
     1.9726      .5216     4.3116
    -1.9649     1.5216     3.4634
      .1601     1.5216     4.1300
     1.9726     1.5216     4.6986
END DATA.
GRAPH/SCATTERPLOT=
 JS        WITH      OCB       BY        PE        .

******************* DIRECT AND INDIRECT EFFECTS OF X ON Y ********************

Direct effect of X on Y
         Effect         se          t          p       LLCI       ULCI
     -.0138  (c')     .0581     -.2373      .8126     -.1280      .1005

Conditional indirect effects of X on Y:

INDIRECT EFFECT:
 POS         ->    WFE         ->    OCB
```

$\rightarrow a_1b_{11} + a_1b_{13}W$

```
         PE     Effect    BootSE  BootLLCI  BootULCI
    -1.9784      .1943     .0647     .0644     .3211
      .5216      .3209     .0527     .2205     .4277
     1.5216      .3715     .0684     .2393     .5059

      Index of moderated mediation :
      Index    BootSE  BootLLCI  BootULCI
PE    .0506     .0266    -.0018     .1028
---
```

$\rightarrow a_1b_{13}$

```
INDIRECT EFFECT:
 POS          ->    JS          ->    OCB              → a2b21 + a2b22 W

        PE    Effect    BootSE  BootLLCI  BootULCI
   -1.9784     .0078     .0449    -.0850     .0937
     .5216     .0913     .0358     .0294     .1683
    1.5216     .1247     .0450     .0460     .2237

      Index of moderated mediation :                   → a2b22
          Index    BootSE  BootLLCI  BootULCI
PE        .0334     .0172     .0031     .0702
---

INDIRECT EFFECT:
 POS    ->    WFE    ->    JS    ->    OCB             → a1db21 + a1db22 W

        PE    Effect    BootSE  BootLLCI  BootULCI
   -1.9784     .0043     .0246    -.0465     .0513
     .5216     .0498     .0210     .0142     .0959
    1.5216     .0680     .0269     .0224     .1271

      Index of moderated mediation :                   → a1db22
          Index    BootSE  BootLLCI  BootULCI
PE        .0182     .0100     .0016     .0409
---

************************* ANALYSIS NOTES AND ERRORS ***************************

Level of confidence for all confidence intervals in output:
  95.0000

Number of bootstrap samples for percentile bootstrap confidence intervals:
  5000

W values in conditional tables are the 16th, 50th, and 84th percentiles.

NOTE : The following variables were mean centered prior to analysis:
          PE        WFE       JS
```

결과물에서 먼저 $a_1 = 0.530(p < .001)$과 $b_{11} = 0.556(p < .001)$으로 나타나서 $X \rightarrow M_1 \rightarrow Y$의 간접효과는 양수로 나타났고 $a_2 = 0.398(p < .001)$과 $b_{21} = 0.186$ $(p = .011)$이기 때문에 $X \rightarrow M_2 \rightarrow Y$의 간접효과도 양으로 나타났다. 마찬가지로 $d = 0.409(p < .001)$이기 때문에 $X \rightarrow M_1 \rightarrow M_2 \rightarrow Y$의 간접효과도 양수임을 알 수 있다.

그리고 $b_{13} = 0.096(p = .024)$으로 나타나서 W가 $M_1 \rightarrow Y$경로를 조절하는 것이 확인되었다. 이 경로에 관한 조건부효과는 다음과 같다.

Conditional effects of the focal predictor at values of the moderator(s):

PE	Effect	se	t	p	LLCI	ULCI
−1.9784	.3667	.1034	3.5468	.0005	.1632	.5702
.5216	.6055	.0907	6.6781	.0000	.4270	.7839
1.5216	.7010	.1158	6.0516	.0000	.4730	.9289

PE가 낮은 경우에 조건부효과는 다음과 같이 계산된다.

$$\begin{aligned}\theta_{M_1 \to Y}|(W=-1.978) &= b_{11} + b_{13}W \\ &= 0.556 + 0.096(-1.978) \\ &= 0.366\end{aligned}$$

그리고 W의 세 가지 값 모두에서 M_1은 Y에 유의한 영향을 미치는 것으로 나타났다.

다음으로 $b_{22} = 0.084(p = .022)$로 나타나서 $M_2 \to Y$경로도 W에 의하여 조절되는 것이 확인되었다. 이에 관한 조건부효과는 다음과 같이 제시되어 있다.

Conditional effects of the focal predictor at values of the moderator(s):

PE	Effect	se	t	p	LLCI	ULCI
−1.9784	.0197	.1146	.1718	.8637	−.2059	.2452
.5216	.2297	.0702	3.2726	.0012	.0916	.3678
1.5216	.3137	.0794	3.9526	.0001	.1575	.4699

$W = 0.522$인 경우에 조건부효과의 계산은 다음과 같다.

$$\begin{aligned}\theta_{M_2 \to Y}|(W=0.522) &= b_{21} + b_{22}W \\ &= 0.186 + 0.084(0.522) \\ &= 0.229\end{aligned}$$

$M_2 \rightarrow Y$효과는 W의 중간값과 높은 값에서만 유의하게 나타났다.

15.2.2 조절된 매개지수와 조절된 매개의 탐색

앞에서 살펴본 개별경로의 유의성은 조절된 매개의 유의성과 큰 관계가 없다. 조절된 매개의 유의성은 조절된 매개지수의 유의성으로 판단해야 한다.

먼저 조직지원이 일-가정 향상을 거쳐 조직시민행동에 영향을 미치는 간접효과($X \rightarrow M_1 \rightarrow Y$)에 대한 조절된 매개지수($a_1 b_{13} = 0.530(0.096) = 0.051$)의 95% 부트스트랩 신뢰구간(−0.002~0.103)에 0이 포함되기 때문에 $X \rightarrow M_1 \rightarrow Y$의 간접효과는 W에 의하여 조절되지 않는다는 것을 알 수 있다. 따라서 조절된 매개의 탐색은 의미가 없다고 할 것이다. 그리고 이는 흥미 있는 결과라고 할 만하다. 왜냐하면 $a_1 b_{13}$을 구성하고 있는 $a_1(a_1 = 0.530,\ p < .001)$과 $b_{13}(b_{13} = 0.096,\ p = .024)$은 모두 통계적으로 유의하게 나타났는데 이들의 적항인 $a_1 b_{13}$은 유의하게 산출되지 않았다. 이러한 이유로 조절된 매개의 유의성은 개별경로의 유의성을 짜깁기하여(piecing together) 판단하는 것이 아니라 반드시 단일의 추론검정방법인 조절된 매개지수를 이용하여 판단해야 한다.[1]

다음으로 $X \rightarrow M_2 \rightarrow Y$에 대한 조절된 매개지수($a_2 b_{22} = 0.398(0.084) = 0.033$)의 95% 부트스트랩 신뢰구간(0.003~0.070)에는 0이 포함되지 않기 때문에 $X \rightarrow M_2 \rightarrow Y$의 간접효과는 W에 의하여 조절된다는 것을 알 수 있다. 다음으로 조절된 매개지수가 유의하게 산출되었기 때문에 조절된 매개의 탐색작업을 실시한다. 이러한 탐색은 조건부간접효과의 크기와 추세 등을 살피는 것이다. W의 세 가지 수준에서의 조건부간접효과들의 내용은 결과물에 다음과 같이 제시되어 있다.

```
INDIRECT EFFECT:
 POS        ->    JS        ->    OCB
```

---

1) 4.1절에서 설명한 것처럼 간접효과의 검정에서 인과단계방법인 Baron & Kenny(1986)방법을 이용하여 $c \rightarrow a \rightarrow b$의 순서로 검정절차를 밟는 것은 올바른 방법이 아니다. 위의 예제처럼 a와 b가 유의한 경우에도 ab는 유의하지 않을 가능성이 있기 때문이다.

PE	Effect	BootSE	BootLLCI	BootULCI
−1.9784	.0078	.0449	−.0850	.0937
.5216	.0913	.0358	.0294	.1683
1.5216	.1247	.0450	.0460	.2237

W가 높은 수준인 경우에($W=1.522$) 조건부간접효과의 크기는 다음과 같다.

$$\begin{aligned} a_2 \times \theta_{M_2 \to Y} &= a_2(b_{21} + b_{22}W) = a_2b_{21} + a_2b_{22}W \\ &= 0.398(0.186) + 0.398(0.084)(1.522) \\ &= 0.125 \end{aligned}$$

그리고 $X \to M_2 \to Y$의 양의 간접효과는 항상 발생하는 것이 아니라 조절변수가 중간값 이상의 영역에서만 유의하게 양수로 나타나는 것이 확인되었다.

그리고 $X \to M_1 \to M_2 \to Y$에 대한 조절된 매개지수($a_1db_{22} = 0.530(0.409)(0.084) = 0.018$)의 95% 부트스트랩 신뢰구간(0.002~0.041)도 0을 포함하지 않기 때문에 이러한 특정간접효과도 W에 의하여 조절된다고 말할 수 있다. 그리고 결과물에는 W값에 따른 세 가지 조건부간접효과가 다음과 같이 제시되어 있다.

```
INDIRECT EFFECT:
POS        ->     WFE        ->     JS        ->     OCB
```

PE	Effect	BootSE	BootLLCI	BootULCI
−1.9784	.0043	.0246	−.0465	.0513
.5216	.0498	.0210	.0142	.0959
1.5216	.0680	.0269	.0224	.1271

$W=1.522$인 경우에 조건부간접효과의 계산은 다음과 같다.

$$\begin{aligned} a_1 \times d \times \theta_{M_2 \to Y} &= a_1d(b_{21} + b_{22}W) = a_1db_{21} + a_1db_{22}W \\ &= 0.530(0.409)(0.186) + 0.530(0.409)(0.084)(1.522) \\ &= 0.068 \end{aligned}$$

그리고 $X \rightarrow M_1 \rightarrow M_2 \rightarrow Y$의 간접효과는 조절변수가 낮은 값에서는 유의하지 않고 조절변수가 중간값 이상의 영역에서만 유의한 것으로 나타났다.

15.3 병렬다중매개모형과 조절모형의 결합

이 모형은 병렬다중매개모형(model 4)과 조절변수를 결합한 모형이다. 다중매개모형에는 다수의 매개변수를 도입할 수 있다. 여기에서는 두 개의 매개변수를 도입하여 단일의 조절변수 W가 $X \rightarrow M_1$경로와 $X \rightarrow M_2$경로를 동시에 조절하는 모형을 분석할 예정이다.[2] 따라서 이러한 분석은 model=7을 이용한다. 이 모형은 두 매개변수들이 서로 인과영향을 미치지 않는 것으로 설정된다.

이 모형의 개념모형과 통계모형은 [그림 15.5]와 같다.

이 모형의 M_1모형과 M_2모형 및 Y모형은 다음과 같다. 여기에서도 오차항들은 생략하였다.

$$\begin{aligned} M_1 &= i_{M_1} + a_{11}X + a_{12}W + a_{13}XW \\ &= i_{M_1} + a_{12}W + (a_{11} + a_{13}W)X \end{aligned} \tag{15.17}$$

$$\begin{aligned} M_2 &= i_{M_2} + a_{21}X + a_{22}W + a_{23}XW \\ &= i_{M_2} + a_{22}W + (a_{21} + a_{23}W)X \end{aligned} \tag{15.18}$$

$$Y = i_Y + c'X + b_1M_1 + b_2M_2 \tag{15.19}$$

식 (15.17)에서 X가 M_1에 영향을 미치는 조건부효과는 다음과 같이 계산된다.

$$\theta_{X \rightarrow M_1} = a_{11} + a_{13}W \tag{15.20}$$

2) model 7을 이용하여 병렬다중매개모형의 조절모형을 분석하는 경우에 PROCESS는 default에 의하여 W가 $X \rightarrow M_1$경로와 $X \rightarrow M_2$경로를 모두 조절한다고 가정한다. 만일 두 경로 중에서 하나의 경로만 조절되는 모형을 분석하고자 하는 경우에는 제16장(사용자정의)에서 소개하는 모형수정절차를 따르면 된다.

그림 15.5 병렬다중매개모형과 조절변수의 결합모형의 개념모형과 통계모형

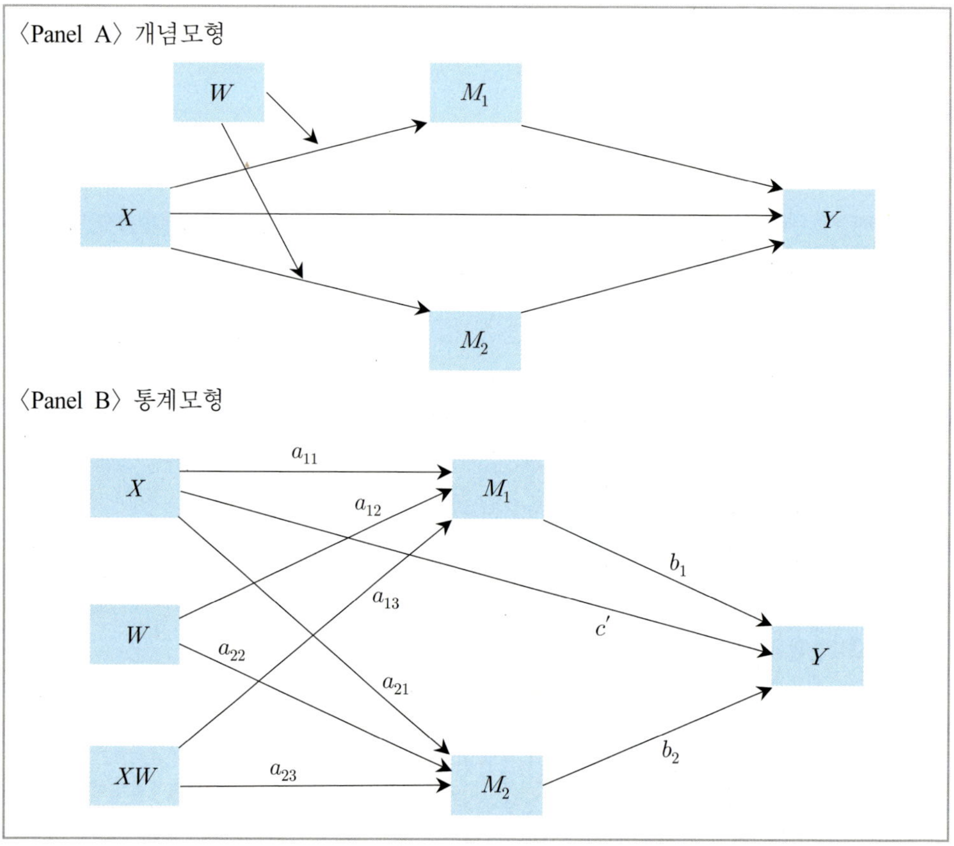

또한 $X \rightarrow M_2$경로의 조건부효과는 다음과 같다.

$$\theta_{X \rightarrow M_2} = a_{21} + a_{23}W \tag{15.21}$$

그리고 $X \rightarrow M_1 \rightarrow Y$의 조건부간접효과는 다음과 같다.

$$(a_{11} + a_{13}W) \times b_1 = a_{11}b_1 + a_{13}b_1W \tag{15.22}$$

식 (15.22)에서 $X \rightarrow M_1 \rightarrow Y$에 대한 조절된 매개지수는 $a_{13}b_1$이다. 그리고 $X \rightarrow M_2 \rightarrow Y$의 조건부간접효과는 다음과 같이 계산된다.

$$(a_{21} + a_{23}W) \times b_2 = a_{21}b_2 + a_{23}b_2W \tag{15.23}$$

식 (15.23)에서 $X \rightarrow M_2 \rightarrow Y$에 대한 조절된 매개지수는 W의 가중치인 $a_{23}b_2$이다.

15.3.1 병렬다중매개모형과 조절모형의 결합 예제

여기에서 사용하는 자료는 15.1절에서 사용한 자료이며 FIT.sav로 저장되어 있다. 즉, W(개인-조직 적합)는 조직지원(X)이 직무만족(M_1)에 미치는 경로와 조직몰입(M_2)에 미치는 경로를 동시에 조절하지만 M_1과 M_2는 서로 인과적 영향을 미치지 않는다. 그리고 이 모형은 model=7을 이용하여 분석한다.

이 모형을 분석하기 위한 PROCESS syntax는 다음과 같다.

```
process y=remain/x=pos/m=js ac/w=fit/model=7/center=1/plot=1
        /seed=72020.
```

이 모형은 병렬다중매개모형을 이용하기 때문에 /m=mvlist에 제시하는 두 매개변수의 순서는 중요하지 않다.

이러한 syntax를 실행하면 [그림 15.6]의 결과를 얻을 수 있다.

그림 15.6 병렬다중매개모형과 조절모형을 결합한 모형의 PROCESS 결과물

```
Model  : 7
    Y  : REMAIN
    X  : POS
   M1  : JS
   M2  : AC
    W  : FIT

Sample
Size :  200

Custom
Seed :     72020

******************************************************************************
OUTCOME VARIABLE:
 JS
```

```
Model Summary
          R       R-sq        MSE          F        df1        df2          p
      .7160      .5127     1.2291    68.7365     3.0000   196.0000      .0000

Model
              coeff         se          t          p       LLCI       ULCI
constant     3.6445      .0841    43.3358      .0000     3.4787     3.8104
POS    (a11)  .5836      .0860     6.7832      .0000      .4139      .7533
FIT    (a12)  .5148      .0550     9.3590      .0000      .4063      .6233
Int_1  (a13)  .2924      .0471     6.2072      .0000      .1995      .3854

Product terms key:
 Int_1    :        POS       x       FIT

Test(s) of highest order unconditional interaction(s):
       R2-chng          F        df1        df2          p
X*W      .0958    38.5295     1.0000   196.0000      .0000
----------
    Focal predict : POS       (X)
          Mod var : FIT       (W)

Conditional effects of the focal predictor at values of the moderator(s):
```

$\rightarrow \ \theta_{X\rightarrow M_1} = a_{11} + a_{13}W$

```
        FIT     Effect         se          t          p       LLCI       ULCI
    -2.1283     -.0388      .1158     -.3351      .7379     -.2673      .1896
      .0383      .5948      .0865     6.8783      .0000      .4243      .7654
     1.7050     1.0822      .1307     8.2781      .0000      .8244     1.3400

Data for visualizing the conditional effect of the focal predictor:
Paste text below into a SPSS syntax window and execute to produce plot.

DATA LIST FREE/
   POS        FIT        JS        .
BEGIN DATA.
    -1.1781    -2.1283     2.5947
      .4469    -2.1283     2.5316
      .8844    -2.1283     2.5146
    -1.1781      .0383     2.9635
      .4469      .0383     3.9301
      .8844      .0383     4.1903
    -1.1781     1.7050     3.2473
      .4469     1.7050     5.0059
      .8844     1.7050     5.4793
END DATA.
GRAPH/SCATTERPLOT=
 POS      WITH     JS       BY       FIT      .

******************************************************************************
OUTCOME VARIABLE:
 AC
```

```
Model Summary
          R       R-sq        MSE          F        df1        df2          p
      .6288      .3954     1.5152    42.7309     3.0000   196.0000      .0000

Model
                  coeff         se          t          p       LLCI       ULCI
constant         3.2553      .0934    34.8624      .0000     3.0712     3.4395
POS     (a21)     .5162      .0955     5.4036      .0000      .3278      .7046
FIT     (a22)     .4416      .0611     7.2316      .0000      .3212      .5621
Int_1   (a23)     .2867      .0523     5.4805      .0000      .1835      .3898

Product terms key:
 Int_1    :        POS       x        FIT

Test(s) of highest order unconditional interaction(s):
       R2-chng          F        df1        df2          p
X*W      .0926    30.0358     1.0000   196.0000      .0000
----------
    Focal predict : POS      (X)
          Mod var : FIT      (W)

Conditional effects of the focal predictor at values of the moderator(s):
```

$\rightarrow\ \theta_{X \rightarrow M_2} = a_{21} + a_{23}W$

```
        FIT     Effect         se          t          p       LLCI       ULCI
    -2.1283     -.0940      .1286     -.7307      .4658     -.3476      .1597
      .0383      .5272      .0960     5.4905      .0000      .3378      .7165
     1.7050     1.0050      .1452     6.9236      .0000      .7187     1.2912

Data for visualizing the conditional effect of the focal predictor:
Paste text below into a SPSS syntax window and execute to produce plot.

DATA LIST FREE/
   POS        FIT        AC         .
BEGIN DATA.
    -1.1781    -2.1283     2.4261
      .4469    -2.1283     2.2734
      .8844    -2.1283     2.2323
    -1.1781      .0383     2.6512
      .4469      .0383     3.5078
      .8844      .0383     3.7385
    -1.1781     1.7050     2.8243
      .4469     1.7050     4.4574
      .8844     1.7050     4.8971
END DATA.
GRAPH/SCATTERPLOT=
 POS      WITH     AC       BY       FIT      .

**************************************************************************
OUTCOME VARIABLE:
 REMAIN
```

```
Model Summary
          R       R-sq        MSE          F        df1        df2          p
      .8158      .6656     1.0393   130.0427     3.0000   196.0000      .0000

Model
                  coeff         se          t          p       LLCI       ULCI
constant          .2629      .2222     1.1833      .2381     -.1752      .7010
POS      (c')     .1227      .0812     1.5122      .1321     -.0373      .2828
JS       (b1)     .4189      .0674     6.2135      .0000      .2859      .5518
AC       (b2)     .5189      .0650     7.9826      .0000      .3907      .6471

****************** DIRECT AND INDIRECT EFFECTS OF X ON Y ******************

Direct effect of X on Y
       Effect         se          t          p       LLCI       ULCI
  .1227 (c')       .0812     1.5122      .1321     -.0373      .2828

Conditional indirect effects of X on Y:

INDIRECT EFFECT:
 POS         ->       JS          ->      REMAIN                 → a11b1 + a13b1W

          FIT     Effect    BootSE   BootLLCI   BootULCI
      -2.1283     -.0163     .0583     -.1482      .0862
        .0383      .2492     .0724      .1162      .4046
       1.7050      .4533     .1276      .2162      .7178

      Index of moderated mediation :                    → a13b1
      Index     BootSE   BootLLCI   BootULCI
FIT   .1225      .0388      .0534      .2039
---

INDIRECT EFFECT:
 POS         ->       AC          ->      REMAIN                 → a21b2 + a23b2W

          FIT     Effect    BootSE   BootLLCI   BootULCI
      -2.1283     -.0488     .0728     -.2104      .0852
        .0383      .2736     .0695      .1490      .4213
       1.7050      .5215     .1165      .3108      .7605

      Index of moderated mediation :                    → a23b2
      Index     BootSE   BootLLCI   BootULCI
FIT   .1488      .0377      .0845      .2331
---

************************ ANALYSIS NOTES AND ERRORS ************************

Level of confidence for all confidence intervals in output:
  95.0000

Number of bootstrap samples for percentile bootstrap confidence intervals:
  5000

W values in conditional tables are the 16th, 50th, and 84th percentiles.
```

```
NOTE : The following variables were mean centered prior to analysis:
         FIT       POS
```

위의 결과에서 $a_{11}=0.584(p<.001)$와 $b_1=0.419(p<.001)$로 나타났고 $a_{21}=0.516(p<.001)$과 $b_2=0.519(p<.001)$로 나타났기 때문에 두 특정간접효과는 양으로 계산된다는 것을 알 수 있다.

그리고 M_1모형에서 $a_{13}=0.292(p<.001)$로 유의하게 나타났기 때문에 $X \to M_1$ 경로는 W에 의하여 조절된다고 말할 수 있다. 이에 관한 조건부효과의 분석결과와 해석은 15.1절과 동일하다.

또한 M_2(AC)모형의 결과에서 $a_{23}=0.287(p<.001)$로 나타났기 때문에 $X \to M_2$ 경로 역시 W에 의하여 조절된다는 것을 알 수 있다. 이러한 조건부효과의 결과는 다음과 같이 나타나 있다.

Conditional effects of the focal predictor at values of the moderator(s):

FIT	Effect	se	t	p	LLCI	ULCI
−2.1283	−.0940	.1286	−.7307	.4658	−.3476	.1597
.0383	.5272	.0960	5.4905	.0000	.3378	.7165
1.7050	1.0050	.1452	6.9236	.0000	.7187	1.2912

위의 결과는 [그림 15.2]의 분석결과와 다르다는 것을 알 수 있다. 그 이유는 model 84의 M_2회귀식(식 15.2)과 여기에서의 M_2회귀식(식 15.18)이 서로 다르기 때문이다. $W=0.038$인 경우에 조건부효과의 크기는 다음과 같이 계산된다.

$$\begin{aligned}\theta_{X \to M_2}|(W=0.038) &= a_{21}+a_{23}W \\ &= 0.516+0.287(0.038) \\ &= 0.527\end{aligned}$$

그리고 W가 중간값 이상의 영역에서만 $X \to M_2$효과가 유의하게 나타났다. 또한 W가 증가하면 $X \to M_2$효과도 점점 증가하는 것을 알 수 있다.

15.3.2 조절된 매개지수와 조절된 매개의 탐색

결과물의 마지막 부분의 처음에 $X \rightarrow M_1 \rightarrow Y$의 간접효과에 대한 조절된 매개지수와 조절된 매개의 탐색결과가 다음과 같이 제시되어 있다.

Conditional indirect effects of X on Y:

INDIRECT EFFECT:

POS -> JS -> REMAIN

FIT	Effect	BootSE	BootLLCI	BootULCI
−2.1283	−.0163	.0583	−.1482	.0862
.0383	.2492	.0724	.1162	.4046
1.7050	.4533	.1276	.2162	.7178

Index of moderated mediation:

	Index	BootSE	BootLLCI	BootULCI
FIT	.1225	.0388	.0534	.2039

위의 결과에서 소설된 매개지수($a_{13}b_1 = 0.292(0.419) = 0.122$)의 95% 부트스트랩 신뢰구간(0.053~0.204)에 0이 포함되지 않기 때문에 $X \rightarrow M_1 \rightarrow Y$의 간접효과는 W에 의하여 조절된다고 말할 수 있다. $W = 0.038$인 경우에 조건부간접효과의 크기는 다음과 같이 계산된다(식 15.22).

$$\begin{aligned}(a_{11} + a_{13}W) \times b_1 &= a_{11}b_1 + a_{13}b_1 W \\ &= 0.584(0.419) + 0.292(0.419)(0.038) \\ &= 0.249\end{aligned}$$

W가 증가하면서 W값에 따라 달라지는 $X \rightarrow M_1 \rightarrow Y$의 간접효과는 점점 증가하지만 이러한 간접효과는 개별경로 $X \rightarrow M_1$의 조건부효과와 마찬가지로 W가 중간값 이상인 구간에서만 유의하게 나타났다.

다음으로 $X \rightarrow M_2 \rightarrow Y$의 간접효과에 대한 조절된 매개지수와 조건부간접효과의 탐색결과는 다음과 같다.

INDIRECT EFFECT:

POS -> AC -> REMAIN

FIT	Effect	BootSE	BootLLCI	BootULCI
−2.1283	−.0488	.0728	−.2104	.0852
.0383	.2736	.0695	.1490	.4213
1.7050	.5215	.1165	.3108	.7605

Index of moderated mediation:

	Index	BootSE	BootLLCI	BootULCI
FIT	.1488	.0377	.0845	.2331

위의 결과에서 $W = 1.705$일 때에 조건부간접효과의 크기(식 15.23)는 다음과 같다.

$$(a_{21} + a_{23}W)b_2 = a_{21}b_2 + a_{23}b_2W$$
$$= 0.516(0.519) + 0.287(0.519)(1.705) = 0.522$$

또한 조절된 매개지수($a_{23}b_2 = 0.287(0.519) = 0.149$)의 95% 부트스트랩 신뢰구간(0.085~0.233)에 0이 포함되지 않기 때문에 조직지원이 조직몰입을 경유하여 잔류의도에 영향을 주는 간접효과는 개인-조직 적합에 의하여 조절된다고 말할 수 있다. 그리고 이러한 간접효과는 W가 낮은 값을 가지는 경우에는 비록 유의하지는 않지만 오히려 음수로 나타났고 W가 중간값 이상인 경우에만 유의하게 양수로 나타난다는 사실을 알 수 있다.

이상의 결과는 $X \rightarrow M_1 \rightarrow Y$의 양의 간접효과와 $X \rightarrow M_2 \rightarrow Y$의 양의 간접효과는 W가 증가하면 함께 증가하지만 이러한 간접효과들은 모든 사람들에게 항상 그리고 동일하게 나타나는 것이 아니라 W가 비교적 높은 값인 경우에만 유의하게 나타난다는 함의를 제공하고 있다.

CHAPTER 16

PROCESS의 사용자정의모형

16.1 매개과정의 행렬표현
16.2 조절효과의 표기법
16.3 사용자정의를 이용한 공변량의 지정방법
16.4 숫자모형의 편집
16.5 사용자정의모형의 추가예제

PROCESS는 매개모형과 조절모형 및 조건부과정모형을 구축하기 위하여 프로그램에 미리 설정된 모형번호(model number) 체계를 이용한다. 이와 같은 기프로그램 모형들(preprogrammed models)을 이용하면 많은 인기 있는 모형들을 분석할 수 있다. 하지만 때로는 연구자가 추정하려는 모형이 기프로그램 모형에 속하지 않는 경우가 발생한다. 즉, 기존모형이 연구자가 추정하려는 모형과 비슷하지만 약간 차이가 나고 모형에서 조절작용을 제거하거나 추정하려는 경로를 추가하는 경우 그리고 자유롭게 추정되는 경로를 0으로 고정하려는 경우가 발생한다. PROCESS에서는 숫자모형(numbered model)을 수정할 수 있고 연구자가 추정하려는 모형에 맞게 사용자정의모형(custom models)을 구축할 수 있다. 또한 모형을 처음부터 연구자의 의도대로 설정할 수 있으며 숫자모형 체계를 완벽하게 우회할 수 있다. 본장에서는 숫자모형의 편집 또는 처음부터 모형을 구축하는 방법을 통하여 사용자정의모형을 설정하는 방법을 알아보기로 한다. 이러한 내용은 Hayes(2018a)의 Appendix B에 제시된 설명들을 저자가 수정하고 보충하여 제시할 예정이다. 그리고 본장을 읽다 보면 PROCESS를 이용하는 경우에 왜 dialog box 대신 syntax를 사용해야 하는지 그 이유를 이해하게 될 것이다. 즉, 사용자정의모형은 dialog box에서는 사용할 수 없고 syntax에서만 사용할 수 있다.

먼저 모형의 편집 또는 사용자정의모형 구축에서 반드시 지켜야 할 네 가지 규칙들을 알아본다.

① 매개분석과 조절분석 및 조건부과정분석에서는 인과선행변수 *X*가 결과변수 *Y*에 미치는 영향(*W*와 *Z*에 의하여 조절가능하고 한 개 이상의 매개변수를 경유할 수 있다)을 추정한다. PROCESS는 *X*가 *Y*에 영향을 미치는 직접효과와 간접효과를 추정한다. 하지만 모형에서 *X*와 *Y*는 한 개만 사용할 수 있다.

② 모형은 반드시 재귀모형(recursive model)을 전제로 한다. 재귀모형은 피드백 순환(feedback loop) 또는 양방향(bidirectional) 인과영향을 허용하지 않는다는 것을 의미한다.

③ 조절변수는 두 개까지 허용되고 항상 *W*와 *Z*로 표기한다.

④ 모형번호를 참고하지 않고 모형을 처음부터 구축하는 경우에 매개변수는 최대로 6개까지 도입할 수 있다.

이러한 제약사항들을 염두에 두고 PROCESS에서 사용자정의모형을 어떻게 구축하는지를 이해하기 위해서는 PROCESS가 모형을 내부적으로 어떻게 표현하는지를 알아야 한다. PROCESS의 내부에서는 숫자모형이 네 가지의 행렬들을 이용하여 표시된다. 이들은 B matrix, W matrix, Z matrix 및 WZ matrix이다. 이러한 행렬들은 어떠한 선행변수가 어떠한 결과변수에 영향을 미치고 어떤 효과가 어떤 조절변수에 의하여 조절되는지를 설정한다. 먼저 매개모형과 조건부과정모형의 핵심인 B matrix를 알아본다.

16.1 매개과정의 행렬표현

k개의 매개변수를 가진 재귀모형에서 [그림 16.1]과 같이 행과 열의 개수가 $k+1$개인 B행렬을 상정해 보자.

그림 16.1 B matrix

		선행변수				
		X	M_1	M_2	…	M_k
결과변수	M_1		■	■	■	■
	M_2			■	■	■
	…				■	■
	M_k					■
	Y					

위의 B행렬에서 열들(columns)은 결과변수에 영향을 미치는 선행변수들인데 첫 번째 열은 X이고 나머지 열에 있는 k개의 매개변수들은 syntax 명령문의 m=에 지정된 순서와 동일하게 나열되어 있다. 그리고 행들(rows)은 선행변수(들)에게 영향을 받는 변수들(모형에서 결과변수들)이다. k개의 매개변수들은 k개의 행을 차지하고 마지막 행은 종속변수인 Y를 의미한다.

이러한 행렬에서 j번째 열의 선행변수가 i번째 행의 결과변수에 영향을 미치는 것으로 설정되면 j번째 열과 i번째 행이 만나는 cell은 1로 고정시키는데 이는 해당효과가 0으로 고정되지 않고 자유롭게 추정된다는 것을 의미한다. 반면에 해당효과가 0으로 고정되는 경우에는 해당 cell을 0으로 고정시킨다. 그리고 재귀모형을 가정하기 때문에 $j>i$인 모든 (i, j)셀들은 항상 0으로 고정시키는데 이러한 cell들은 [그림 16.1]에서 검은 사각형(■)으로 표시되어 있다.

이러한 표기법을 이용하여 X가 인과선행변수(독립변수)이고 Y가 최종결과변수(종속변수)이며 M이 매개변수(들)인 어떠한 매개모형도 0들과 1들(0s and 1s)로 표현할 수 있다. 예를 들어 [그림 16.2]를 이용하여 표기법을 알아보기로 한다.

[그림 16.2]에서 단순매개모형인 panel A는 cell이 모두 1로 구성된 2×2행렬이다. 이 모형에서 X가 M에 영향을 미치고(X열과 M행이 만나는 cell이 1) M은 Y에 영향을 미치며(M열과 Y행이 만나는 cell이 1) X가 Y에 영향을 주기 때문에 (X열과 Y행이 만나는 cell이 1) 모든 cell들이 1로 기입되었다.

panel B는 매개변수가 두 개인 병렬다중매개모형이다. 따라서 M_1열과 M_2행이 만나는 cell은 0으로 고정되어 있다. 다른 모든 cell들은 1로 기입되어 있는데 이는 X가 모든 매개변수에 영향을 미치고 모든 매개변수는 Y에 영향을 미친다는 것을 의미한다. 이들 효과들은 0으로 고정되지 않고 자유롭게 추정된다.

병렬다중매개모형의 B matrix에서 0은 어떠한 매개변수도 다른 매개변수에 영향을 주지 않는다는 것을 말한다. 만일 이러한 제약사항이 완화된다면 X에서 Y로 이르는 경로 사이에 매개변수 간에 최소한 한 개의 연속경로가 나타난다는 것을 의미한다. 이러한 모형이 panel C인 직렬다중매개모형(매개변수가 두 개)이다. panel C에서 X는 모든 매개변수에 영향을 미치고 모든 매개변수는 Y에 영향을 미치며 M_1은 M_2에 영향을 미친다. 따라서 이들의 cell들은 모두 1로 기입되어 있다.

직렬다중매개모형(model 6)의 변형형태로 panel D는 $X\rightarrow M_1\rightarrow M_2\rightarrow Y$의 간접효과만 측정하는 모형이다. 따라서 panel C와 비교하여 $X\rightarrow Y$경로와 $X\rightarrow M_2$경로 및 $M_1\rightarrow Y$경로효과가 모두 0으로 지정되어 있다.

이러한 체계를 이용하여 매개모형을 표현하면 행과 열이 $k+1$개(k는 매개변수의 개수)인 정사각형의 행렬이 나타난다. 검은 사각형을 제외하면 행렬은 0 또는 1을 포함하는 $0.5(k+1)(k+2)$개의 cell을 가진다.

그림 16.2 B matrix를 이용한 매개모형의 표현

〈Panel A〉 단순매개모형

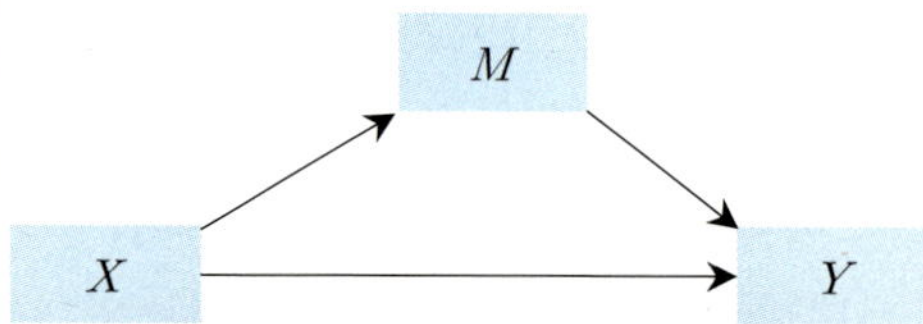

bmatrix=1,1,1

	X	M
M	1	■
Y	1	1

〈Panel B〉 병렬다중매개모형

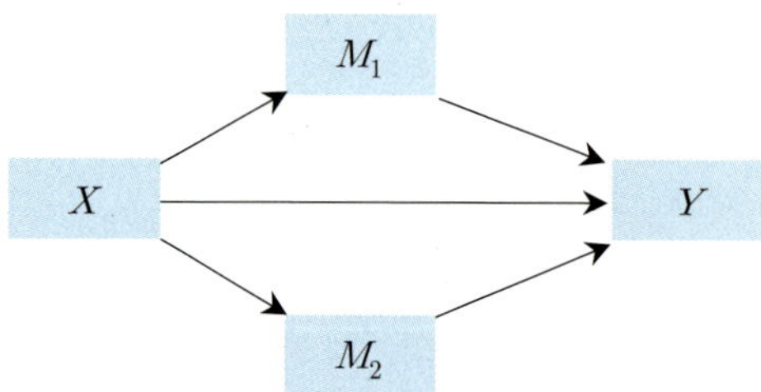

bmatrix=1,1,0,1,1,1

	X	M_1	M_2
M_1	1	■	■
M_2	1	0	■
Y	1	1	1

〈Panel C〉 직렬다중매개모형

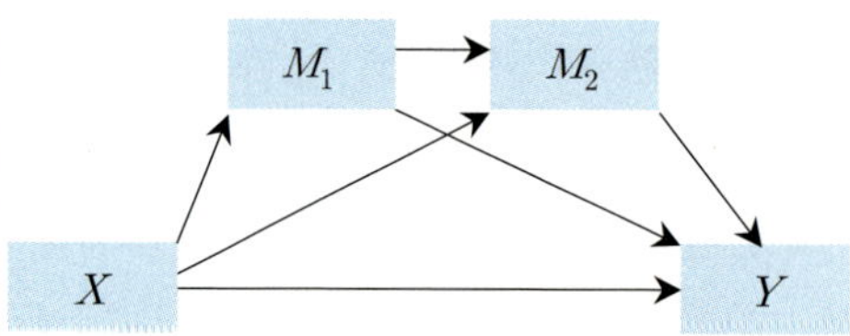

bmatrix=1,1,1,1,1,1

	X	M_1	M_2
M_1	1	■	■
M_2	1	1	■
Y	1	1	1

〈Panel D〉 직렬다중매개모형(일부 경로 삭제)

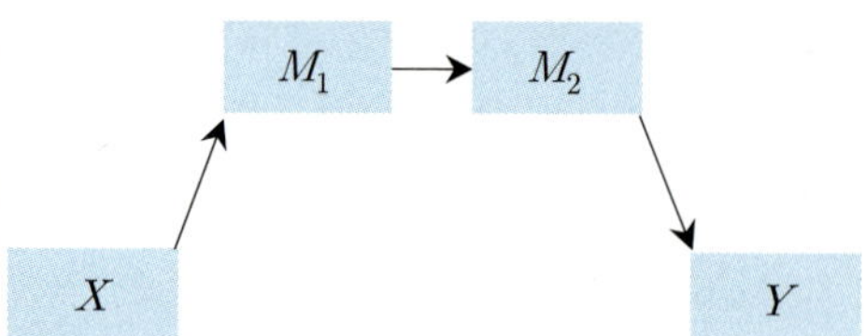

bmatrix=1,0,1,0,0,1

	X	M_1	M_2
M_1	1	■	■
M_2	0	1	■
Y	0	0	1

▌BMATRIX의 표기법

사용자가 모형번호를 지정하면 PROCESS는 위에서 설명한 방식으로 행렬을 생성한다. 예를 들어 매개변수가 두 개인 model 4(병렬다중매개모형)는 PROCESS에 의하여 내부적으로 [그림 16.2]의 panel B와 같은 행렬을 만든다. 마찬가지로 매개변수가 두 개인 경우에 model 6을 지정하면 panel C의 행렬을 만들어낸다. 하지만 연구자는 모형번호에 의존하지 않고 자유롭게 추정되는 경로와 0으로 고정되는 경로를 나타내는 자신만의 B matrix를 만들 수 있다. 이는 0들과 1들을 콤마로 구분한 bmatrix 표기법(statement)을 이용하여 달성할 수 있다. 이러한 작동원리를 이해하기 위하여 [그림 16.2]의 행렬들 중의 하나에 속해 있는 cell들을 왼쪽에서 오른쪽으로, 위에서 아래로 읽고(검은 사각형 점들은 건너뛴다) 이들이 만나는 cell의 0과 1들을 추출한다. 예를 들어 단순매개모형(panel A)은 세 개의 1들의 연속이다. 매개변수가 한 개이므로 이러한 행렬은 다음과 같은 표기법으로 프로그램할 수 있다.

```
bmatrix=1,1,1
```

마찬가지로 panel B는 다음과 같이 프로그램한다.

```
bmatrix=1,1,0,1,1,1
```

그리고 panel C의 표기법은 다음과 같다.

```
bmatrix=1,1,1,1,1,1
```

또한 panel D는 다음과 같이 작성한다.

```
bmatrix=1,0,1,0,0,1
```

이러한 체계를 이용하면 재귀모형의 전제하에 어떠한 매개모형도 프로그램할 수 있다. 단, 사용자정의모형에서 매개변수는 6개로 제한된다. 나머지 중요한 제약사항은 후에 설명할 것이다.

그림 16.3 직렬다중매개모형(일부 경로 삭제 : [그림 3.5]와 비교)

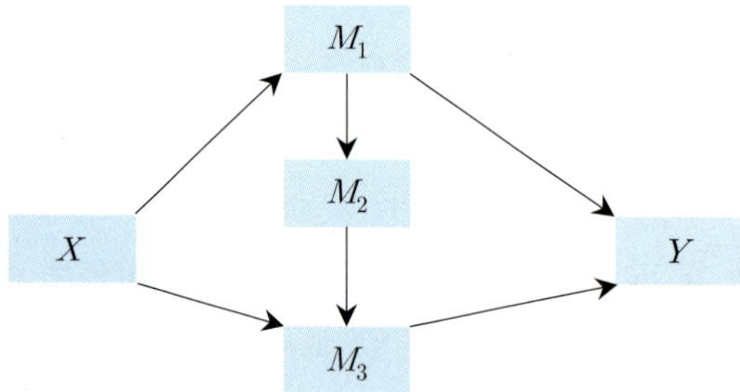

bmatrix=1,0,1,1,0,1,0,1,0,1

	X	M_1	M_2	M_3
M_1	1	■	■	■
M_2	0	1	■	■
M_3	1	0	1	■
Y	0	1	0	1

PROCESS는 사용자가 설정한 bmatrix를 이용하여 B matrix를 구성한다. bmatrix 표기법을 사용하는 경우에 PROCESS는 0과 1들을 읽어 들여서 행렬을 왼쪽에서 오른쪽으로, 위에서 아래로 채운다. 이때 열과 행의 순서는 syntax 명령문의 m=에 제시한 매개변수들의 순서와 동일하다. 예를 들어 [그림 16.3]의 직렬다중매개모형에 대하여 알아본다.

위의 모형을 분석하기 위한 PROCESS syntax는 다음과 같다.

process y= Y/m= M_1 M_2 M_3/x= X/bmatrix=1,0,1,1,0,1,0,1,0,1.

이러한 syntax에서는 model=6을 지정하지 않는다.

그리고 bmatrix 표기법을 이용하여 모형을 프로그램하는 경우에 추가로 다음의 세 가지의 제약사항이 있다는 사실을 알아야 한다.

① 모든 변수는 다른 변수에 최소한 하나의 영향을 주어야 한다. 이는 B matrix의 각 열은 최소한 하나의 1을 포함해야 한다는 것을 의미한다.

② 모든 변수는 최소한 하나의 영향을 받아야 하는데 이는 각 행은 최소한 한 개의 1을 가져야 한다는 것이다.

③ syntax에 매개변수로 지정된 어떠한 변수도 영향을 주고 동시에 영향을 받아야 한다. 정의상 매개변수는 다른 두 변수 사이에 인과적으로 설정되기 때문에 만일 어떤 변수가 영향을 주고 동시에 영향을 받지 않는다면 매개변수가 될 수 없다. 이러한 원칙에 위배되면 PROCESS는 “dangling mediator" 오류를 산출한다.

bmatrix 표기법을 이용하여 모형을 프로그램하는 경우에 필수요건을 요약하면 다음과 같다.

① 모형은 재귀모형이어야 한다.
② 매개변수는 7개 이상 사용할 수 없다.
③ 모든 변수는 최소한 다른 변수에 하나의 영향을 주어야 한다.
④ 모든 변수는 다른 변수로부터 최소한 하나의 영향을 받아야 한다.
⑤ 매개변수로 지정된 모든 변수는 최소한 하나의 영향을 주기도 하고 받기도 해야 한다.
⑥ bmatrix 옵션은 등호(=) 다음에 0과 1들만 입력해야 하며 이들은 콤마로 구분해야 한다.
⑦ 매개변수가 k개인 경우에 bmatrix 옵션은 $0.5(k+1)(k+2)$개의 0과 1들이 연속적으로 포함되어야 한다.

16.2 조절효과의 표기법

조건부과정모형에서 매개부분의 한 개 이상의 경로가 조절된다고 설정할 수 있다. PROCESS는 조절변수를 두 개까지 허용하고 있다. 이러한 사실은 W에 의하여 조절되는 경로가 Z에 의하여 다시 조절될 수 있다는 것을 의미한다. 여기에서는 매개모형에서 특정경로가 조절되는 경우에 이를 각 표기법에 어떻게 표현하는지를 알아본다.

16.2.1 WMATRIX와 ZMATRIX 표기법

앞서 설명한 바와 같이 bmatrix 표기법에 의하여 정의되는 B matrix는 매개과정에서 어느 경로가 자유롭게 추정되고 어느 경로가 0으로 고정되는지를 설정한다. 이제 [그림 16.1]과 동일한 형태를 이용하여 W matrix를 알아보기로 한다. W matrix에서는 매개모형에서 자유로운 경로와 고정되는 경로를 지정하는 것과는 다르게 B matrix로 표현되는 매개모형의 어느 경로가 선형적으로 조절되고 어느 경로는 조절되지 않는지를 0과 1들을 이용하여 나타낸다. 예를 들어 매개변수가 두 개인 모형(병렬다중매개모형)에서 조절변수 W가 [그림 16.4]와 같이 두 경로를 조절한다고 가정하자.

[그림 16.4]의 W matrix는 $M_1 \rightarrow Y$경로와 $M_2 \rightarrow Y$경로가 W에 의하여 선형적으로 조절된다는 것을 의미한다. 즉, M_1열과 Y행이 만나는 cell과 M_2열과 Y행이 만나는 cell이 1로 기입되어 있다. 그리고 다른 모든 cell들은 0으로 기입되어 있는데 이는 이러한 경로들은 W에 의하여 조절되지 않는다는 것을 말한다. 이러한 행렬은 bmatrix와 마찬가지로 연속되는 0과 1들을 사용하여 wmatrix에 의하여 프로그램할 수 있다. 따라서 이러한 W matrix는 다음과 같이 표현된다.

```
wmatrix=0,0,0,0,1,1
```

bmatrix와 마찬가지로 행렬은 왼쪽에서 오른쪽으로, 위에서 아래로 읽는다.

다음으로 좀 더 복잡한 모형을 살펴본다. 이 모형은 매개변수가 세 개이고 X가 M_2에 미치는 영향을 W가 조절하며 또한 W는 $M_1 \rightarrow Y$경로와 $M_2 \rightarrow Y$경로

그림 16.4 두 개의 경로가 조절되는 조건부과정모형

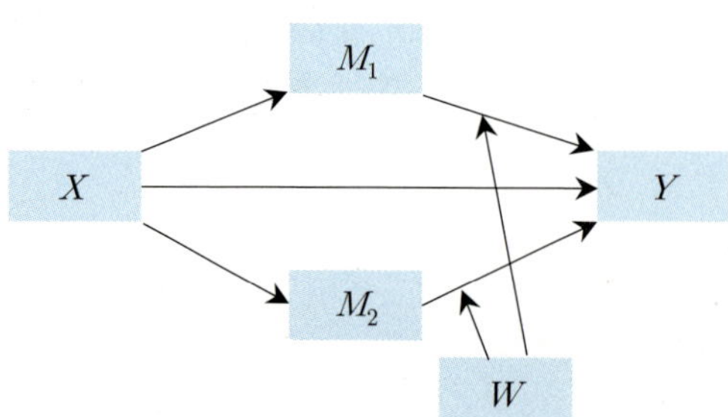

$W=$

	X	M_1	M_2
M_1	0	■	■
M_2	0	0	■
Y	0	1	1

그림 16.5 여러 경로가 조절되는 조건부과정모형

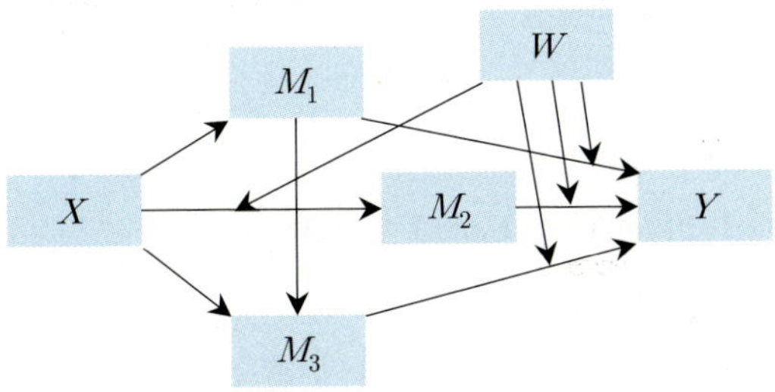

$W=$

	X	M_1	M_2	M_3
M_1	0	■	■	■
M_2	1	0	■	■
M_3	0	0	0	■
Y	0	1	1	1

및 $M_3 \rightarrow Y$경로를 조절한다. 이 모형은 [그림 16.5]와 같다.

위의 모형의 wmatrix 표기법은 다음과 같다.

```
wmatrix=0,1,0,0,0,0,0,1,1,1
```

이제 제11장의 성차별연구(model 8)를 이용하여 bmatrix와 wmatrix의 사용방법을 연습하기로 한다. model 8의 개념모형과 bmatrix와 wmatrix는 [그림 16.6]과 같다.

위의 모형을 분석하기 위한 PROCESS syntax는 11.2절에서 다음과 같이 설정하였다. 이러한 syntax는 모형번호를 이용한 것이다.

```
process y=liking/x=protest/w=sexism/m=respappr/model=8/plot=1
        /seed=72520.
```

그림 16.6 model 8의 개념모형과 bmatrix 및 wmatrix

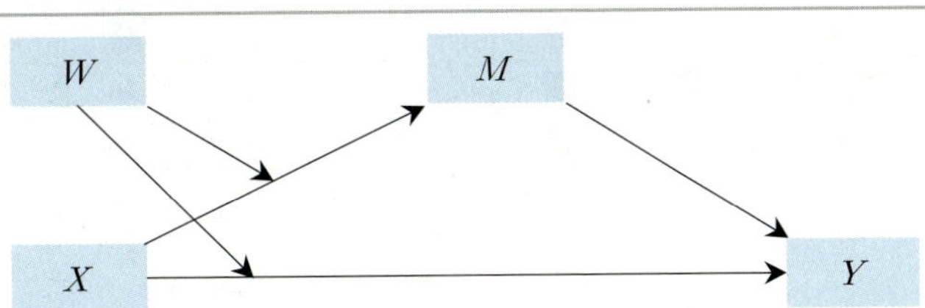

B matrix

	X	M
M	1	■
Y	1	1

W matrix

	X	M
M	1	■
Y	1	0

위의 syntax를 bmatrix와 wmatrix를 이용한 syntax로 전환하면 다음과 같다. 이러한 syntax에서는 /model=8을 지정하지 않는다.

```
process y=liking/x=protest/w=sexism/m=respappr/plot=1
        /bmatrix=1,1,1/wmatrix=1,1,0/matrices=1/seed=72520.
```

위의 syntax에서 matrices=1을 지정하면 결과물의 마지막 부분에 bmatrix와 wmatrix의 행렬구조를 보여준다. 이 결과를 보면 bmatrix와 wmatrix가 정확히 지정되었는지를 확인할 수 있다. 그리고 위의 syntax를 실행하면 [그림 11.6]과 동

그림 16.7 세 개의 행렬로 표현되는 조건부과정모형

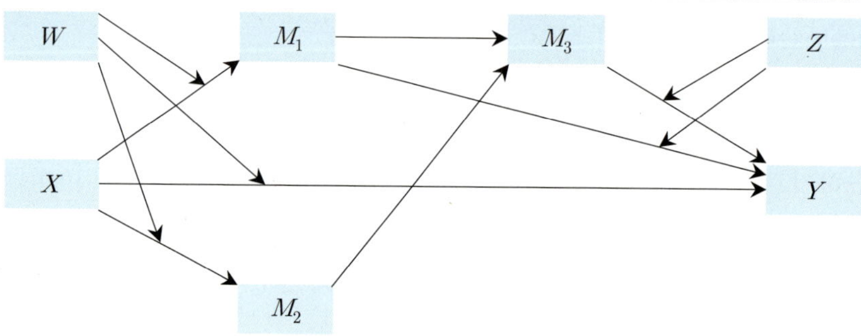

bmatrix=1,1,0,0,1,1,1,1,0,1
wmatrix=1,1,0,0,0,0,1,0,0,0
zmatrix=0,0,0,0,0,0,0,1,0,1

B matrix

	X	M_1	M_2	M_3
M_1	1	■	■	■
M_2	1	0	■	■
M_3	0	1	1	■
Y	1	1	0	1

W matrix

	X	M_1	M_2	M_3
M_1	1	■	■	■
M_2	1	0	■	■
M_3	0	0	0	■
Y	1	0	0	0

Z matrix

	X	M_1	M_2	M_3
M_1	0	■	■	■
M_2	0	0	■	■
M_3	0	0	0	■
Y	0	1	0	1

일한 결과를 얻을 수 있다.

PROCESS는 조절변수를 두 개까지 도입할 수 있고 한 경로에서도 두 개의 조절변수를 지정할 수 있다. 매개모형에서 두 번째 조절변수 *Z*가 조절하는 경로는 Z matrix에 의하여 표현할 수 있고 W matrix와 wmatrix 표기법과 동일한 절차를 이용하여 zmatrix 표기법으로 프로그램한다.

bmatrix와 wmatrix 및 zmatrix를 이용하면 복잡한 조건부과정모형들을 프로그램할 수 있다. 예를 들어 [그림 16.7]의 조건부과정모형을 상정해 본다.

bmatrix와 wmatrix 및 zmatrix를 사용하여 [그림 16.7]의 조건부과정모형을 추정하기 위한 PROCESS syntax는 다음과 같다.

process y= Y/m= M_1 M_2 M_3/x= X/w= W/z= Z
/bmatrix=1,1,0,0,1,1,1,1,0,1/wmatrix=1,1,0,0,0,0,1,0,0,0
/zmatrix=0,0,0,0,0,0,0,1,0,1.

16.2.2 WZMATRIX 표기법

두 개의 조절변수를 포함한 조건부과정모형에서 조절변수 *W*와 *Z*는 동일한 경로 또는 서로 다른 경로를 조절할 수 있다. 조절변수 *Z*는 *W*에 의하여 조절되는 경로를 다시 조절할 수 있는데 이러한 효과는 제8장에서 소개한 것처럼 조절된 조절(moderated moderation) 또는 3원 상호효과(three-way interaction)라고 부른다. 조절된 조절에서 *W*는 제1조절변수(primary moderator)이고 *Z*는 제2조절변수(secondary moderator)이다. 매개모형에서 제2조절변수는 제1조절변수가 조절하는 효과를 다시 조절한다. 예를 들어 *W*가 $X \rightarrow M_1$효과를 조절하는 경우에 조절된 조절은 *W*가 $X \rightarrow M_1$효과를 조절하는 효과를 *Z*가 조절한다는 것을 의미하는 것이다.

조건부과정모형에서 특정경로의 조절된 조절은 B matrix와 W matrix 그리고 Z matrix와 동일한 형태를 가지는 WZ matrix를 이용하여 표현한다. WZ matrix에 기입된 1은 B matrix에서 특정경로가 *W*에 의하여 조절되고 이러한 조절 자체가 다시 *Z*에 의하여 조절된다는 것을 의미한다. 0은 해당경로의 조절된 조절효과가 발생하지 않는다는 것을 말한다. WZ matrix는 bmatrix와 wmatrix 및 zmatrix

그림 16.8 조절된 조절된 매개모형

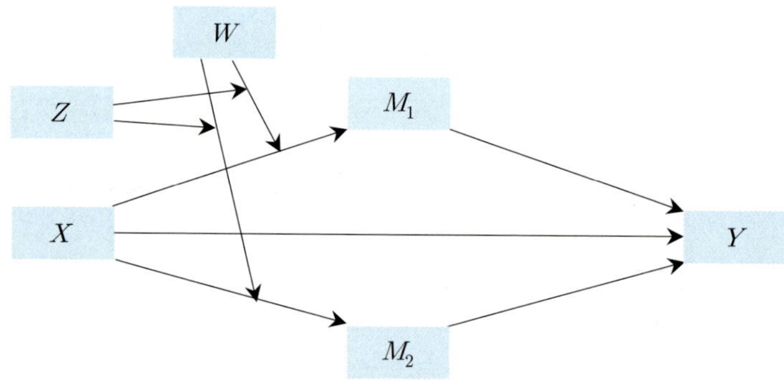

B matrix

$B=$		X	M_1	M_2
	M_1	1	■	■
	M_2	1	0	■
	Y	1	1	1

WZ matrix

$WZ=$		X	M_1	M_2
	M_1	1	■	■
	M_2	1	0	■
	Y	0	0	0

표기법과 마찬가지로 0과 1들을 이용한 wzmatrix 표기법에 의하여 프로그램된다. 예를 들어 [그림 16.8]의 조절된 조절된 매개모형을 알아본다.

위의 WZ matrix는 다음의 wzmatrix 표기법으로 프로그램된다.

```
wzmatrix=1,1,0,0,0,0
```

그리고 위의 프로그램은 $X \rightarrow M_1$경로와 $X \rightarrow M_2$경로가 W에 의하여 조절되는 효과는 다시 Z에 의하여 조절된다는 것을 의미한다.

그리고 이러한 모형을 추정하기 위한 syntax는 다음과 같다.

```
process y=Y/m=M1 M2/x=X/w=W/z=Z
        /bmatrix=1,1,0,1,1,1/wzmatrix=1,1,0,0,0,0.
```

wzmatrix를 사용하면 W matrix와 Z matrix의 해당 cell은 PROCESS에 의하여 1로 고정되는데 그 이유는 3원 상호작용은 모든 가능한 2원 상호효과를 항상 포함하기 때문이다. 따라서 위의 syntax는 다음의 syntax와 동일하다.

process y=Y/m=M_1 M_2/x=X/w=W/z=Z
/bmatrix=1,1,0,1,1,1/wmatrix=1,1,0,0,0,0
/zmatrix=1,1,0,0,0,0/wzmatrix=1,1,0,0,0,0.

만일 연구자가 wmatrix와 zmatrix를 사용하여 해당 cell을 0으로 고정한다 해도 PROCESS는 이를 무시하고 강제로 1의 값을 배정한다.

PROCESS 모형에서 경로의 조절을 지정하는 규칙들을 요약하면 다음과 같다.

① 조절변수는 두 개까지(W와 Z) 도입할 수 있고 매개모형의 어떠한 경로에도 두 개까지 조절변수를 지정할 수 있다.

② 0으로 고정시킨 경로는 조절될 수 없다. 따라서 B matrix의 cell이 0인 경우에는 W matrix와 Z matrix 및 WZ matrix의 해당 cell들을 0으로 기입해야 한다. 만일 이러한 규칙을 어기면 "0으로 고정된 경로는 조절될 수 없다"라는 에러 메시지가 뜬다.

③ 연구모형에 하나의 조절변수만 도입된다면 조절변수는 W로 표기해야 한다. 달리 말하면 W matrix가 모두 0을 포함하고 있다면 Z matrix도 모두 0이 되어야 한다.

④ 모형번호를 사용하지 않고 모형을 처음부터 구축하는 경우에는 default에 의하여 W matrix와 Z matrix 및 WZ matrix의 모든 cell들은 0으로 고정된다. 이러한 값들은 wmatrix와 zmatrix 및 wzmatrix 표기법을 이용하여 변경할 수 있다. 따라서 W matrix와 Z matrix 및 WZ matrix의 모든 기입 값이 0이라면 syntax에 wmatrix와 zmatrix 및 wzmatrix 표기법을 포함시킬 필요가 없다.

⑤ WZ matrix의 특정 cell을 1로 고정시키면 사용자가 wmatrix와 zmatrix를 이용하여 1로 고정하는 것과는 관계없이 W matrix와 Z matrix의 해당 cell은 1로 고정된다. 따라서 wzmatrix 표기법에 1로 고정시킨 내용과 다르게 연구자가 임의로 wmatrix와 zmatrix의 내용을 0으로 고정시킨다 해도 PROCESS는 이를 1로 고정시킨다. 이러한 규칙은 바뀌지 않는다.

여기에서 14.3절에서 다룬 조절된 조절된 매개모형(model 11)에 대한 사용자 정의모형을 구축해 보기로 한다. 이 모형의 개념모형과 B matrix와 WZ matrix는

그림 16.9 model 11의 사용자정의

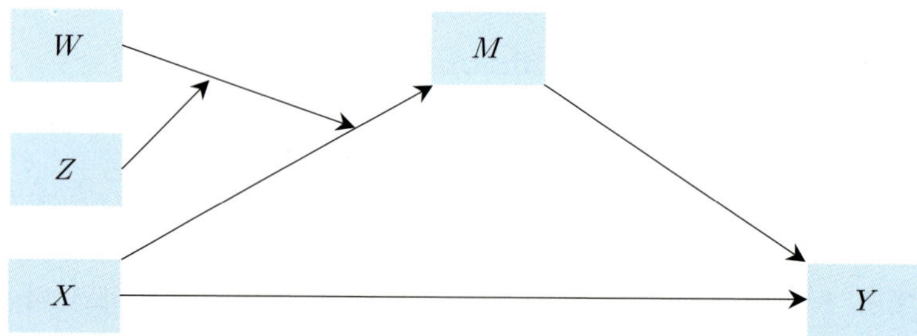

B matrix

	X	M
M	1	■
Y	1	1

WZ matrix

	X	M
M	1	■
Y	0	0

[그림 16.9]와 같다.

모형번호를 이용한 PROCESS syntax는 다음과 같이 설정된다.

```
process y=commit/x=stress/m=satis/w=efficacy/z=support/plot=1/model=11
        /center=1/boot=10000/seed=72020.
```

반면에 B matrix와 WZ matrix를 사용한 PROCESS syntax는 다음과 같다.

```
process y=commit/x=stress/m=satis/w=efficacy/z=support/plot=1
        /center=1/boot=10000/seed=72020
        /bmatrix=1,1,1/wzmatrix=1,0,0/matrices=1.
```

위의 syntax를 실행하면 [그림 14.6]과 동일한 결과물을 얻을 수 있다. 그리고 syntax에 matrices=1을 지정하였기 때문에 결과물의 맨 마지막에 다음과 같은 행렬구조가 제시된다.

```
**************** MODEL DEFINITION MATRICES ****************

FROM variables are columns, TO variables are rows.

BMATRIX: Paths freely estimated (1) and fixed to zero (0):
          stress   satis
satis       1
commit      1        1

WMATRIX: Paths moderated (1) and not moderated (0) by W:
          stress   satis
satis       1
commit      0        0

ZMATRIX: Paths moderated (1) and not moderated (0) by Z:
          stress   satis
satis       1
commit      0        0

WZMATRIX: W moderated paths moderated (1) and not moderated (0) by Z:
          stress   satis
satis       1
commit      0        0
```

위의 행렬구조를 살펴보면 각 행렬의 표기법이 다음과 같이 설정되었다는 것을 알 수 있다.

```
bmatrix=1,1,1
wmatrix=1,0,0
zmatrix=1,0,0
wzmatrix=1,0,0
```

PROCESS syntax에는 위와 같이 bmatrix=1,1,1 및 wzmatrix=1,0,0의 두 가지만 입력해도 동일한 결과가 산출된다.

16.3 사용자정의를 이용한 공변량의 지정방법

PROCESS에서는 cov= 옵션을 이용하여 covlist에 한 개 이상의 공변량(들)을 지정할 수 있다(예 : cov=tenure degree gender). 그리고 공변량은 이분형 또는 계량변수로 지정한다. 다항범주형 공변량은 PROCESS의 외부에서 적절한 코딩방법(예 : 지표코딩)을 이용하여 집단을 나타내는 코드로 입력해야 한다. 공변량으로 지정한 변수는 X, M, Y, W 및 Z로 지정할 수 없다.

공변량(들)은 default에 의하여 모든 매개변수모형(mvlist에 지정된 변수의 모형)과 *Y*모형에서 선행변수로 포함된다. 하지만 이러한 default는 covmy 또는 cmatrix를 이용하여 변경할 수 있다. covmy 옵션은 공변량을 *Y*모형 또는 mvlist 모형에만 포함될 수 있도록 지정한다. 인수를 1(covmy=1)로 지정하면 공변량이 mvlist의 모든 매개변수모형에만 포함되고 *Y*모형에는 포함되지 않는다. 반면에 인수를 2로 지정하면(covmy=2) 공변량이 mvlist의 매개변수모형에서는 제외되고 *Y*모형에만 포함된다.

0과 1들을 콤마로 구분하여 사용하는 cmatrix 옵션은 공변량을 mvlist모형과 *Y*모형에 배정하는 유용한 방법이다. 예를 들어 결과변수들이 행에 배열되고 공변량이 열에 배정되는 C행렬을 가정하자. C행렬에서 행의 순서는 med1 med2 … medk dv인데 med1 med2 … medk는 자료파일의 mvlist에 제시된 순서이고 dv는 *Y*로 지정된 변수이다. 만일 열의 공변량이 행의 결과변수 식에 포함되면 C행렬의 셀은 1로 고정되며 공변량이 해당식에서 제외되면 0으로 고정된다.

예를 들어 병렬다중매개모형(model=4)에서 두 개의 매개변수가 mvlist에 M_1과 M_2의 순서대로 입력되어 있고 *Y*변수는 *Y*로 입력되어 있으며 세 개의 공변량들은 covlist에 cov1, cov2 및 cov3의 순서로 저장되어 있다고 가정하자. 그리고 M_1모형에 cov1과 cov2 및 cov3가 모두 포함되고 M_2모형에는 cov2와 cov3만

표 16.1 세 개의 공변량이 포함된 Cmatrix

	cov1	cov2	cov3
M_1	1	1	1
M_2	0	1	1
Y	1	0	0

포함되며 Y모형에는 cov1만 포함되는 경우의 C행렬은 〈표 16.1〉과 같다.

C행렬을 PROCESS syntax 명령문에 지정하기 위해서는 cmatrix=에 연속되는 0과 1들을 콤마로 구분하여 지정해야 한다. 그리고 C행렬에 지정한 0과 1들은 왼쪽에서 오른쪽으로 그리고 위에서 아래로 읽는다. 따라서 본 예제의 cmatrix 옵션은 cmatrix=1,1,1,0,1,1,1,0,0으로 지정된다. 다른 옵션을 무시하는 경우에 이러한 옵션을 반영한 syntax 명령문은 다음과 같다.

```
process y=Y/m=M1 M2/x=X/cov=cov1 cov2 cov3/model=4
        cmatrix=1,1,1,0,1,1,1,0,0.
```

공변량이 네 개이고 매개변수는 세 개이며 Y는 단일변수인 모형을 가정하자. 이 모형에서 cov1과 cov2 및 cov3는 M_1에 포함되고 cov1, cov3 및 cov4는 M_2에 포함되며 M_3는 cov1만 포함시킨 반면에 cov2, cov3 및 cov4는 Y에 포함되는 경우에는 〈표 16.2〉와 같이 나타내고 cmatrix는 cmatrix=1,1,1,0,1,0,1,1,1,0,0,0,0,1,1,1로 지정된다.

표 16.2 공변량이 네 개인 Cmatrix

	cov1	cov2	cov3	cov4
M_1	1	1	1	0
M_2	1	0	1	1
M_3	1	0	0	0
Y	0	1	1	1

model=4인 경우의 syntax 명령문은 다음과 같다.

process y= Y/m= M_1 M_2 M_3/x= X/cov=cov1 cov2 cov3 cov4
/model=4/cmatrix=1,1,1,0,1,0,1,1,1,0,0,0,0,1,1,1.

C행렬의 각 열은 적어도 하나의 1을 포함해야 하기 때문에 만일 모든 공변량들을 모든 모형에서 제외시키려면 공변량들을 covlist에서 제거해야 한다. cmatrix의 지정이 추정하고자 하는 모형을 정확하게 반영하는지에 관하여 의심이 생기는 경우에는 PROCESS 결과물의 각 모형을 점검하거나 앞의 예제처럼 syntax에 matrices=1을 추가하여 모든 모형의 행렬을 살펴보면 된다.

16.4 숫자모형의 편집

PROCESS는 매개모형에서 어느 경로가 자유롭게 추정되고 0으로 고정되는지와 어느 경로가 어느 조절변수(들)에 의하여 조절되는지를 정의하기 위하여 네 개의 행렬을 이용하여 표현한다. 연구자가 PROCESS 명령문에 모형번호를 설정하면 모형을 처음부터 설정하는 지름길이 된다. syntax에 특정 모형번호를 지정하면 bmatrix와 wmatrix 및 zmatrix 그리고 wzmatrix 표기법을 사용할 필요 없이 모형을 정의하는 행렬을 설정할 수 있다. 하지만 숫자모형은 연구자가 추정하려는 모형과 항상 일치하지는 않는다.

모형번호를 사용하는 방법과 모형을 처음부터 구축하는 방법의 중간에 해당하는 것이 숫자모형의 편집(editing a numbered model)이다. 모형편집방법은 숫자모형을 연구자의 필요모형에 맞추기 위하여 수정하는 방법이다. 예를 들어 [그림 16.10]과 같이 매개변수가 세 개인 병렬다중매개모형을 가정해 본다.

[그림 16.10]은 X에서 세 매개변수에 이르는 세 개의 경로가 W에 의하여 조절되고 있으며 $M_1 \rightarrow Y$경로도 Z에 의하여 조절되고 있다. 그리고 이러한 모형에 해당하는 숫자모형은 존재하지 않는다.

그림 16.10 PROCESS models 7 and 21과 유사하지만 다른 조건부과정모형

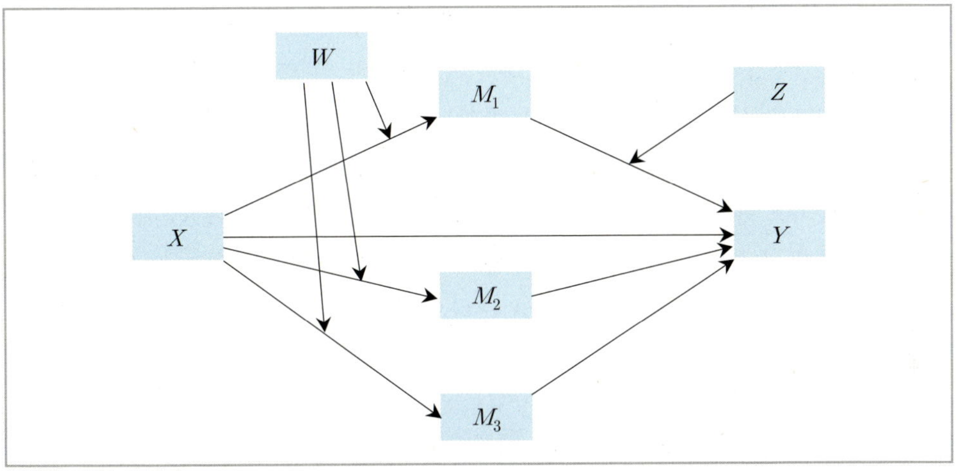

[그림 16.10]은 위에서 다룬 방법으로 처음부터 모형을 구축할 수도 있다. 하지만 [그림 16.10]을 자세히 살펴보면 일부는 숫자모형과 유사하다는 것을 알 수 있다. 예를 들어 model 7과 유사하지만 model 7은 매개변수가 Y에 미치는 영향을 조절변수가 조절하지 않고 있다. 또 다른 유사모형인 model 21은 $X \rightarrow M_k$ 효과가 W에 의하여 조절되고 $M_k \rightarrow Y$효과는 Z에 의하여 조절되는 모형이다. 그러나 [그림 16.10]은 $M_2 \rightarrow Y$효과와 $M_3 \rightarrow Y$효과가 Z에 의하여 조절되지 않기 때문에 model 21과 약간 다르다. 본절에서는 기프로그램된 숫자모형을 연구자의 모형에 맞게 편집하는 방법을 알아본다. 첫 번째 방법은 model 7에 없는 조절경로를 추가하는 방법이고 두 번째 방법은 model 21에서 불필요한 조절경로를 삭제하는 방법이다.

모형편집은 연구자의 모형이 숫자모형과 달라질 수 있도록 행렬들을 재프로그래밍(reprogramming)하는 것이다. 모형을 편집하는 경우에는 B matrix 이외의 모든 matrix를 재프로그래밍할 수 있고 model 4 이상의 모든 모형들(model 74는 예외)을 편집할 수 있다. 따라서 숫자모형에서 편집이 가능한 부분은 W matrix와 Z matrix 및 WZ matrix에 의하여 정의되는 조절부분이다. 만일 B matrix에 의하여 정의되는 매개부분을 근본적으로 수정하고자 한다면 모형편집 대신 앞에서 소개한 방법들을 이용하여 모형을 처음부터 구축하는 방법을 사용해야 한다.

사용자정의모형의 구축을 위한 규칙을 이해한다면 model 7과 model 21의 B matrix와 W matrix 및 Z matrix 그리고 WZ matrix가 어떻게 설정되는지를 알게

될 것이다. 하지만 때로는 이러한 행렬들의 구조를 파악하는 것이 이해를 도와줄 수 있다. 행렬구조를 알기 위해서는 앞에서 설명한 것처럼 matrices=1을 이용하면 된다.

matrices=1을 사용하면 최소한 한 개의 1을 포함한 모든 모형 행렬들이 결과물의 아래에 인쇄된다. model 7에는 Z가 도입되지 않았기 때문에 Z에 의하여 조절되는 효과는 없다. 또한 model 7은 조절된 조절(moderated moderation) 부분을 포함하지 않기 때문에 Z matrix와 WZ matrix는 모두 0을 포함하고 있다. model 7에서는 B matrix와 W matrix는 최소한 하나의 1을 포함하기 때문에 이들은 결과물에 제시된다.

[그림 16.10]은 model 7에 $M_1 \rightarrow Y$경로가 Z에 의하여 조절되는 효과를 추가한 것이다. 이러한 모형에 대한 B matrix와 W matrix 및 Z matrix는 다음과 같다.

B matrix

	X	M_1	M_2	M_3
M_1	1	■	■	■
M_2	1	0	■	■
M_3	1	0	0	■
Y	1	1	1	1

W matrix

	X	M_1	M_2	M_3
M_1	1	■	■	■
M_2	1	0	■	■
M_3	1	0	0	■
Y	0	0	0	0

Z matrix

	X	M_1	M_2	M_3
M_1	0	■	■	■
M_2	0	0	■	■
M_3	0	0	0	■
Y	0	1	0	0

위의 Z matrix는 $M_1 \rightarrow Y$경로만 1이고 나머지는 모두 0으로 구성되어 있다. 물론 이러한 숫자모형은 존재하지 않는다. 하지만 model 7에 변수 Z와 zmatrix를 추가하여 이러한 모형을 프로그래밍할 수 있다. 이러한 행렬을 프로그램한 zmatrix는 다음과 같다.

```
zmatrix=0,0,0,0,0,0,0,1,0,0
```

따라서 PROCESS syntax는 다음과 같이 설정할 수 있다.

process y=Y/m=M_1 M_2 M_3/x=X/w=W/z=Z/model=7
/zmatrix=0,0,0,0,0,0,0,1,0,0.

PROCESS syntax를 실행한 후에 모형의 프로그램이 정확한지를 알아보기 위하여 결과물에 Z와 M_1Z가 예측변수로 포함되어 있는지를 확인하면 된다. 또한 syntax에 matrices=1을 추가하여 확인해도 된다.

앞의 방법은 숫자모형에 추가경로를 도입하는 방법이다. 모형은 또한 불필요한 경로(효과)를 제거함으로써 수정할 수도 있다. 이를 위하여 X에서 모든 매개변수에 이르는 경로가 W에 의하여 조절되고 모든 매개변수에서 Y로 이어지는 경로가 Z에 의하여 조절되는 model 21을 생각해 본다. model 21은 $M_2 \rightarrow Y$경로와 $M_3 \rightarrow Y$경로가 Z에 의하여 조절된다는 점에서 [그림 16.10]과 다르다. 따라서 두 모형의 차이점은 Z matrix에 있다. 이러한 차이는 다음과 같이 model 21에 matrices=1을 추가하여 확인할 수 있다.

process y=Y/m=M_1 M_2 M_3/x=X/w=W/z=Z/model=21/matrices=1.

위의 syntax를 실행하면 다음의 Z matrix를 얻을 수 있다.

Z matrix

	X	M_1	M_2	M_3
M_1	0	■	■	■
M_2	0	0	■	■
M_3	0	0	0	■
Y	0	1	1	1

[그림 16.10]을 추정하기 위해서는 Z matrix에서 $M_1 \rightarrow Y$경로만 1을 포함해야 하고 다른 두 개의 1은 제거되어야 한다. 이들을 제거하기 위하여 Z matrix를 재프로그램한 syntax는 다음과 같다.

process y=Y/m=M_1 M_2 M_3/x=X/w=W/z=Z/model=21

/zmatrix=0,0,0,0,0,0,0,1,0,0.

위의 PROCESS syntax는 model 7과 유사한데 유일한 차이점은 PROCESS의 내부에서 일어나는 작동원리이다. model 7 관점에서 보면 우리는 model 7에서 모두 0으로 취급되었던 Z matrix에 필요한 1을 추가하는 것이고 model 21 관점에서 보면 Z matrix에 1로 기입되었던 몇 가지 1들을 제거하는 것이다.

위의 syntax는 다음의 Z matrix를 산출한다.

Z matrix

	X	M_1	M_2	M_3
M_1	0	■	■	■
M_2	0	0	■	■
M_3	0	0	0	■
Y	0	1	0	0

▌모형의 수정

가설모형에서는 효과가 유의할 것이라고 기대했지만 분석 후에 유의하지 않은 경로를 가지치기(pruning)하는 경우에는 앞에서 다룬 두 가지의 모형편집방법 중에서 불필요한 경로를 제거하는 방법이 유용하다. 예를 들어 [그림 16.10]의 모형을 추정한 결과 W가 $X \to M_2$경로를 조절하지 않는 것으로 나타났다고 가정하자. 이러한 경우에 연구자는 $X \to M_2$효과를 W와 독립적이라고 고정하기를 원할 수 있다. 이는 W matrix에서 해당경로($X \to M_2$)의 값을 0으로 고정하면 된다. 원래의 W matrix는 다음과 같다.

W matrix

	X	M_1	M_2	M_3
M_1	1	■	■	■
M_2	1	0	■	■
M_3	1	0	0	■
Y	0	0	0	0

그리고 위의 W matrix를 다음의 W matrix로 변경하면 된다.

W matrix

	X	M_1	M_2	M_3
M_1	1	■	■	■
M_2	0	0	■	■
M_3	1	0	0	■
Y	0	0	0	0

이러한 내용을 반영한 syntax는 다음과 같다.

```
process y= Y/m= M1  M2  M3/x= X/w= W/z= Z/model=7
        /zmatrix=0,0,0,0,0,0,0,1,0,0/wmatrix=1,0,0,1,0,0,0,0,0,0.
```

또는 model 21을 이용하면 syntax는 다음과 같다.

```
process y= Y/m= M1  M2  M3/x= X/w= W/z= Z/model=21
        /zmatrix=0,0,0,0,0,0,0,1,0,0/wmatrix=1,0,0,1,0,0,0,0,0,0.
```

모형편집은 모형을 처음부터 구축하는 방법과 매우 유사하기 때문에 앞에서 설명한 W matrix와 Z matrix 및 WZ matrix에 관한 규칙과 제약사항들은 모형편집에도 동일하게 적용된다.

이제 15.3절의 예제를 이용하여 모형편집을 알아보기로 한다.

그림 16.11 병렬다중매개모형의 조절

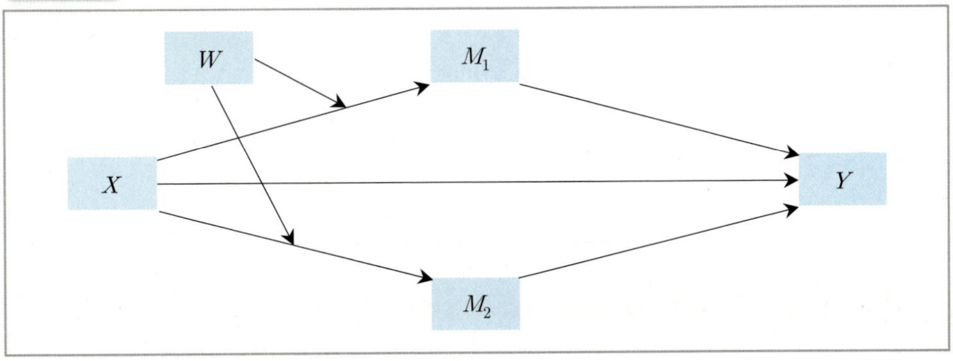

위의 연구모형에 대한 B matrix와 W matrix는 다음과 같다.

B matrix ($B=$)

	X	M_1	M_2
M_1	1	■	■
M_2	1	0	■
Y	1	1	1

W matrix ($W=$)

	X	M_1	M_2
M_1	1	■	■
M_2	1	0	■
Y	0	0	0

위의 내용을 반영한 PROCESS syntax는 다음과 같다.

```
process y=remain/x=pos/m=js ac/w=fit/center=1/plot=1
        /seed=72020/bmatrix=1,1,0,1,1,1/wmatrix=1,1,0,0,0,0.
```

위의 syntax를 실행하면 [그림 15.6]과 동일한 결과를 얻을 수 있다. 물론 결과물에는 두 간접효과에 대한 조절된 매개지수의 신뢰구간이 모두 0을 포함하지 않는 것으로 나타났다. 하지만 만일 $X \rightarrow M_2 \rightarrow Y$에 대한 조절된 매개지수의 95% 부트스트랩 신뢰구간에 0이 포함되어 해당경로의 조절작용을 삭제하고자 하는 경우에는 다음과 같이 model=7에서 wmatrix를 변경해 주어야 한다.

$W=$

	X	M_1	M_2
M_1	1	■	■
M_2	0	0	■
Y	0	0	0

이러한 내용을 반영한 PROCESS syntax는 다음과 같다.

```
process y=remain/x=pos/m=js ac/w=fit/center=1/plot=1/model=7
        /seed=72020/wmatrix=1,0,0,0,0,0/matrices=1.
```

위의 syntax를 실행한 결과는 다음과 같다.

그림 16.12 한 경로의 조절효과가 삭제된 병렬다중매개모형의 PROCESS 결과물

```
Model  : CUSTOM
    Y  : REMAIN
    X  : POS
   M1  : JS
   M2  : AC
    W  : FIT

Sample
Size :  200

Custom
Seed :     72020

**************************************************************************
OUTCOME VARIABLE:
 JS

Model Summary
          R       R-sq        MSE          F        df1        df2          p
      .7160      .5127     1.2291    68.7365     3.0000   196.0000      .0000

Model
              coeff         se          t          p       LLCI       ULCI
constant     3.6445      .0841    43.3358      .0000     3.4787     3.8104
POS           .5836      .0860     6.7832      .0000      .4139      .7533
FIT           .5148      .0550     9.3590      .0000      .4063      .6233
Int_1         .2924      .0471     6.2072      .0000      .1995      .3854

Product terms key:
 Int_1    :        POS      x        FIT

Test(s) of highest order unconditional interaction(s):
       R2-chng          F        df1        df2          p
X*W      .0958    38.5295     1.0000   196.0000      .0000
----------
    Focal predict : POS      (X)
          Mod var : FIT      (W)

Conditional effects of the focal predictor at values of the moderator(s):

          FIT     Effect         se          t          p       LLCI       ULCI
      -2.1283     -.0388      .1158     -.3351      .7379     -.2673      .1896
        .0383      .5948      .0865     6.8783      .0000      .4243      .7654
       1.7050     1.0822      .1307     8.2781      .0000      .8244     1.3400

Data for visualizing the conditional effect of the focal predictor:
Paste text below into a SPSS syntax window and execute to produce plot.

DATA LIST FREE/
   POS        FIT        JS         .
BEGIN DATA.
      -1.1781    -2.1283     2.5947
        .4469    -2.1283     2.5316
        .8844    -2.1283     2.5146
      -1.1781      .0383     2.9635
```

```
           .4469      .0383     3.9301
           .8844      .0383     4.1903
         -1.1781     1.7050     3.2473
           .4469     1.7050     5.0059
           .8844     1.7050     5.4793
END DATA.
GRAPH/SCATTERPLOT=
 POS       WITH      JS        BY        FIT       .

**************************************************************************
OUTCOME VARIABLE:
 AC

Model Summary
          R       R-sq        MSE          F        df1        df2          p
      .4153      .1725     2.0531    41.2620     1.0000   198.0000      .0000

Model
              coeff         se          t          p       LLCI       ULCI
constant     3.4406      .1013    33.9588      .0000     3.2408     3.6404
POS           .6360      .0990     6.4235      .0000      .4407      .8312

**************************************************************************
OUTCOME VARIABLE:
 REMAIN

Model Summary
          R       R-sq        MSE          F        df1        df2          p
      .8158      .6656     1.0393   130.0427     3.0000   196.0000      .0000

Model
              coeff         se          t          p       LLCI       ULCI
constant      .2629      .2222     1.1833      .2381     -.1752      .7010
POS           .1227      .0812     1.5122      .1321     -.0373      .2828
JS            .4189      .0674     6.2135      .0000      .2859      .5518
AC            .5189      .0650     7.9826      .0000      .3907      .6471

******************** DIRECT AND INDIRECT EFFECTS OF X ON Y ********************

Direct effect of X on Y
     Effect         se          t          p       LLCI       ULCI
      .1227      .0812     1.5122      .1321     -.0373      .2828

Conditional and unconditional indirect effects of X on Y:

INDIRECT EFFECT:
 POS         ->      JS          ->     REMAIN

        FIT     Effect     BootSE   BootLLCI   BootULCI
    -2.1283     -.0163      .0583     -.1482      .0862
      .0383      .2492      .0724      .1162      .4046
     1.7050      .4533      .1276      .2162      .7178

     Index of moderated mediation:
         Index     BootSE   BootLLCI   BootULCI
FIT      .1225      .0388      .0534      .2039
```

```
---

INDIRECT EFFECT:
 POS          ->     AC          ->     REMAIN

     Effect     BootSE   BootLLCI    BootULCI
      .3300      .0776      .1914       .4911

************************** MODEL DEFINITION MATRICES **************************

FROM variables are columns, TO variables are rows.

BMATRIX : Paths freely estimated (1) and fixed to zero (0):
         POS   JS   AC
JS         1
AC         1    0
REMAIN     1    1    1

WMATRIX : Paths moderated (1) and not moderated (0) by W:
         POS   JS   AC
JS         1
AC         0    0
REMAIN     0    0    0

************************** ANALYSIS NOTES AND ERRORS **************************

Level of confidence for all confidence intervals in output:
  95.0000

Number of bootstrap samples for percentile bootstrap confidence intervals:
  5000

W values in conditional tables are the 16th, 50th, and 84th percentiles.

NOTE : The following variables were mean centered prior to analysis:
          FIT      POS
```

위의 결과물에는 $X \rightarrow M_2 \rightarrow Y$의 간접효과가 W에 의하여 조절되지 않는다는 가정하에 분석결과가 제시되어 있다.

16.5 사용자정의모형의 추가예제

16.5.1 모형의 수정방법 이용

매개변수가 두 개인 경우에 위의 병렬다중매개모형과 조절변수를 결합한 모형을 model 8로 지정하면 조절변수 W는 $X \rightarrow M_1$경로와 $X \rightarrow M_2$경로 및 $X \rightarrow Y$경로를 모두 조절하는 모형을 분석하게 된다. 하지만 분석결과 $X \rightarrow M_2 \rightarrow Y$에 관한 조절된 매개지수의 95% 부트스트랩 신뢰구간에 0이 포함되어 해당분석을 제외시키기 위한 연구모형은 [그림 16.13]과 같다.

그림 16.13 model 8의 수정모형

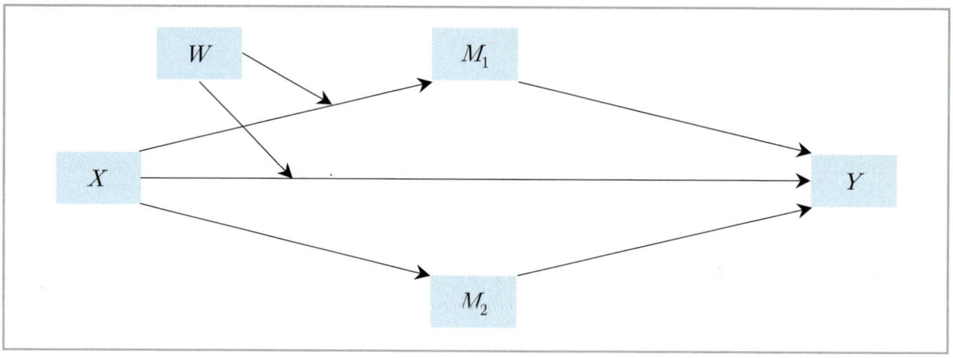

위의 모형을 분석하기 위한 B matrix와 W matrix는 다음과 같다.

B matrix

$B=$

	X	M_1	M_2
M_1	1	■	■
M_2	1	0	■
Y	1	1	1

W matrix

$W=$

	X	M_1	M_2
M_1	1	■	■
M_2	0	0	■
Y	1	0	0

이와 관련하여 모형을 처음부터 구축하는 PROCESS syntax는 다음과 같다.

process y= Y/m=M_1 M_2/x=X/w=W
/bmatrix=1,1,0,1,1,1/wmatrix=1,0,0,1,0,0.

하지만 위에서 알아본 것처럼 model=8을 지정하고 W matrix를 다음과 같이 수정할 수도 있다.

process y= Y/m=M_1 M_2/x=X/w=W
/model=8/wmatrix=1,0,0,1,0,0.

16.5.2 모형을 처음부터 구축하는 방법

그림 16.14 직렬다중매개모형의 조절된 매개모형

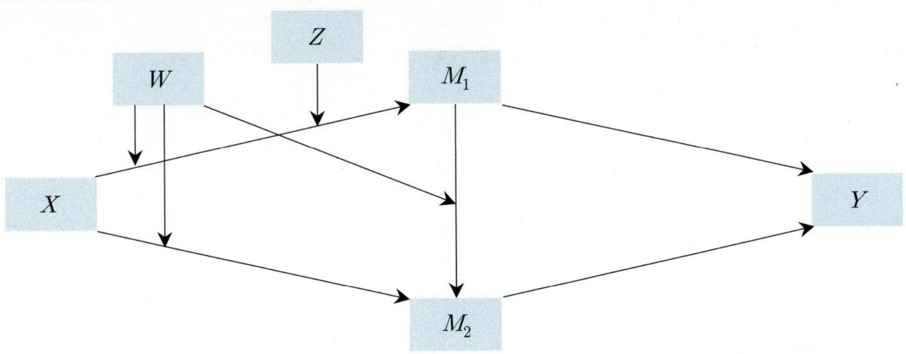

B matrix

$B=$

	X	M_1	M_2
M_1	1	■	■
M_2	1	1	■
Y	0	1	1

W matrix

$W=$

	X	M_1	M_2
M_1	1	■	■
M_2	1	1	■
Y	0	0	0

Z matrix

$Z=$

	X	M_1	M_2
M_1	1	■	■
M_2	0	0	■
Y	0	0	0

여기에서는 좀 더 복잡한 모형을 이용하여 모형을 처음부터 구축하는 방법을 알아보기로 한다. 이 모형은 직렬다중매개모형에 두 개의 조절변수 W와 Z가 도입된 모형이다. 연구모형은 [그림 16.14]와 같다.

위의 모형은 사용자정의 직렬 조절된 매개모형(custom serial moderated mediation model)을 의미하는 것이다.

[그림 16.14]를 분석하기 위한 PROCESS syntax는 다음과 같다.

process y= Y/m= M_1 M_2/x= X/w= W/z= Z/mcz=3
/bmatrix=1,1,1,0,1,1/wmatrix=1,1,1,0,0,0/zmatrix=1,0,0,0,0,0.

위의 syntax에서 조절변수 Z는 다항범주형 변수이고 코딩방법은 헬머트 코딩방법을 사용하는 것으로 지정되어 있다.

부 록

Model 1

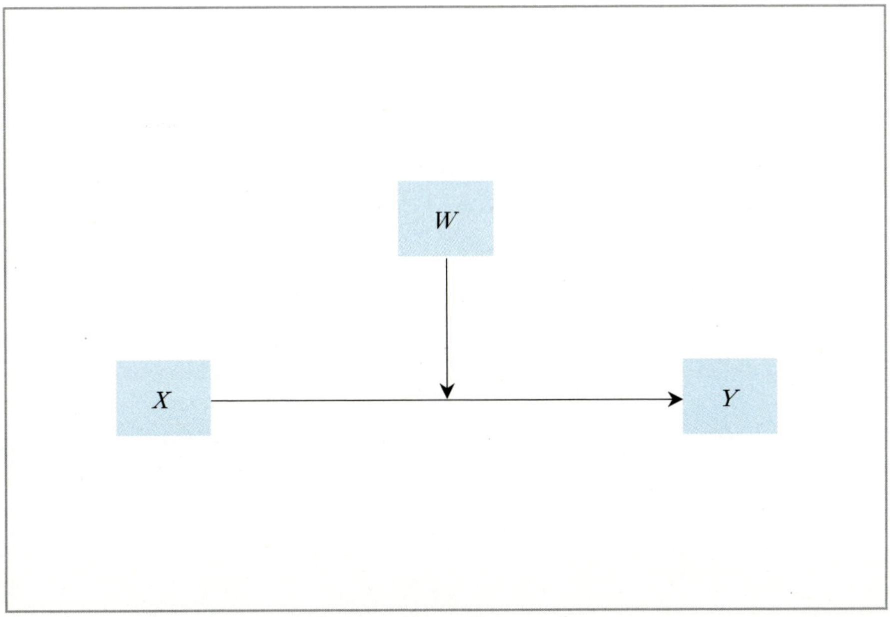

Model 2

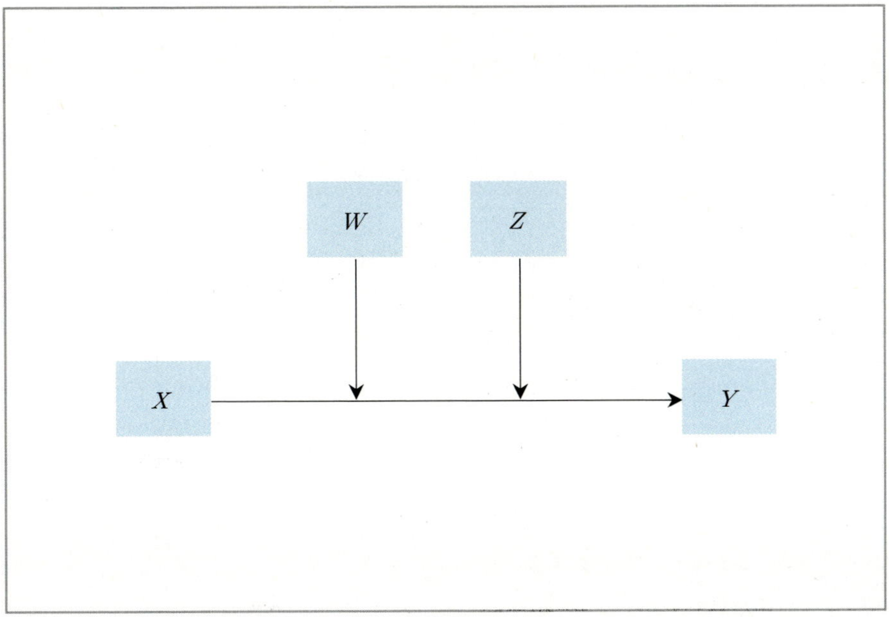

Model 3

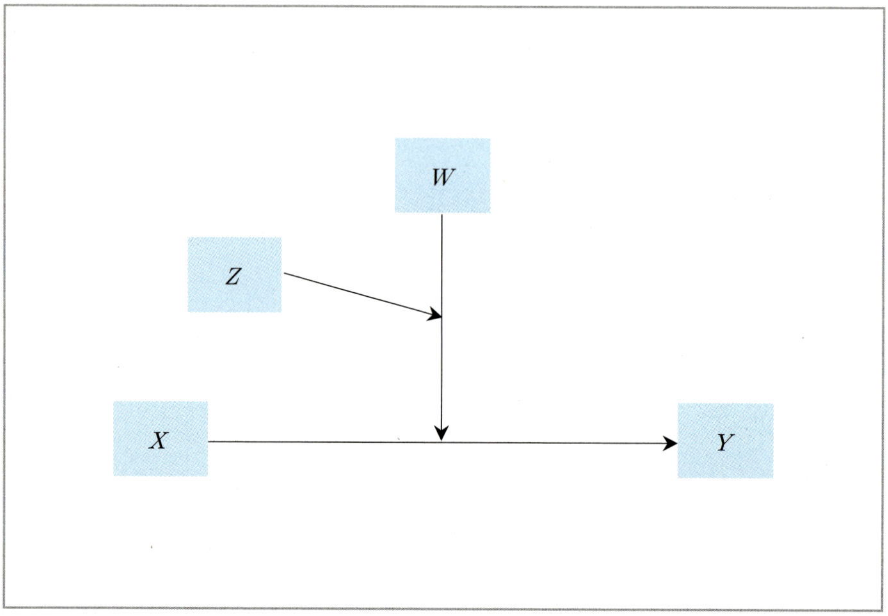

Model 4

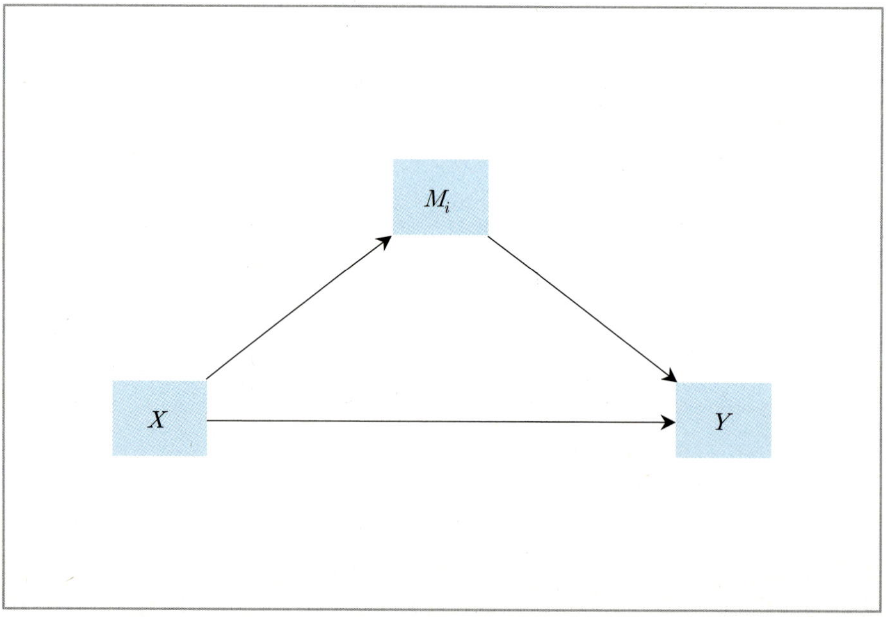

Model 5

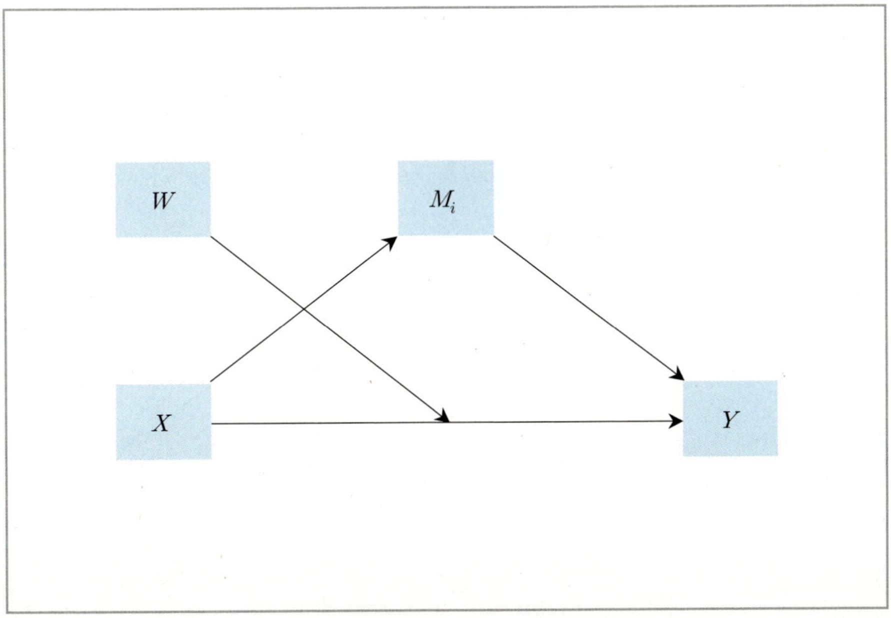

Model 6

(2 mediators)

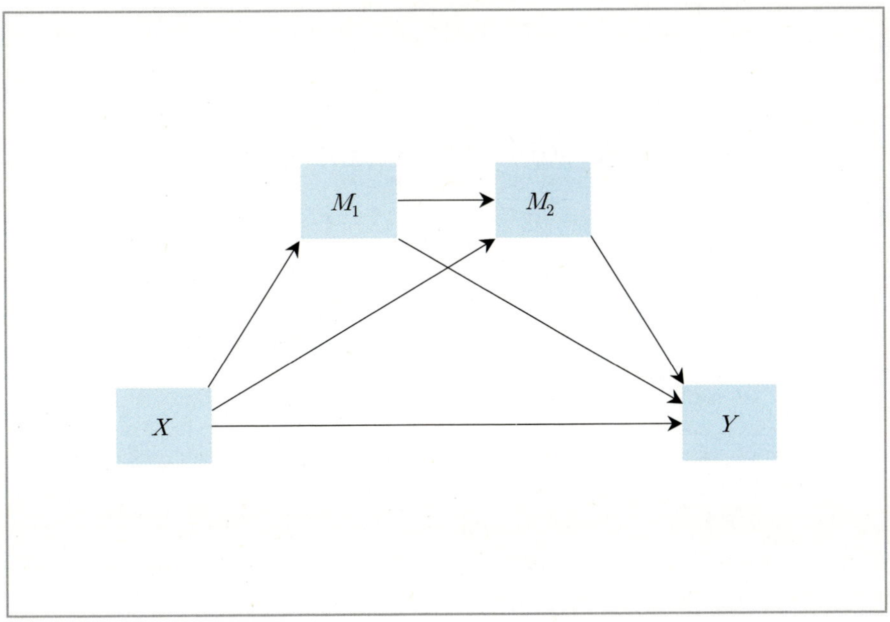

Model 6
(3 mediators)

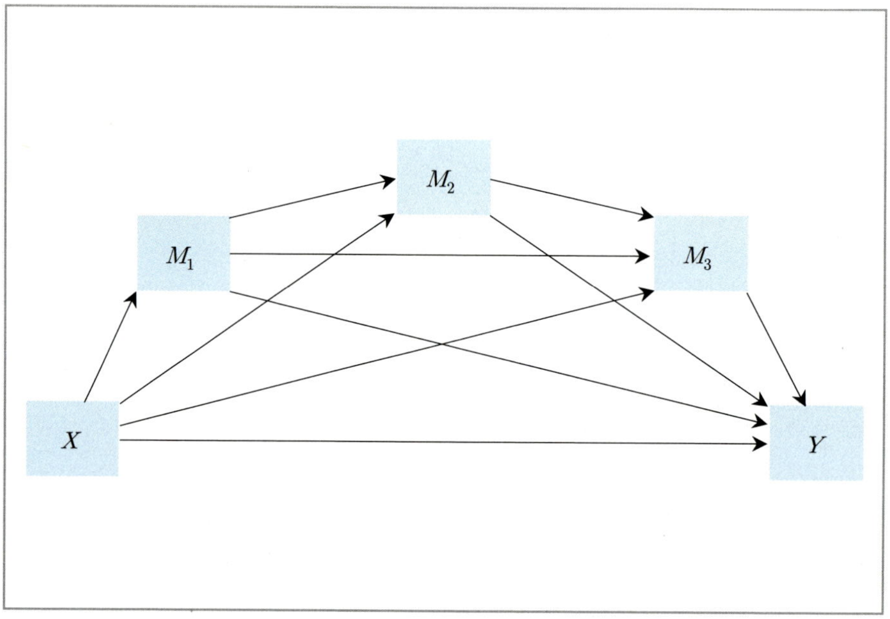

Model 6
(4 mediators)

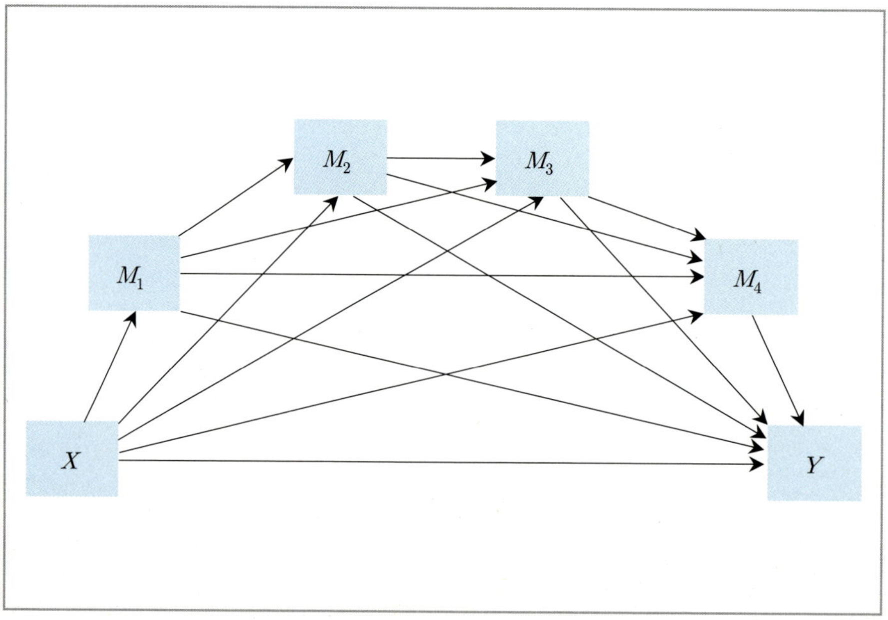

Model 7

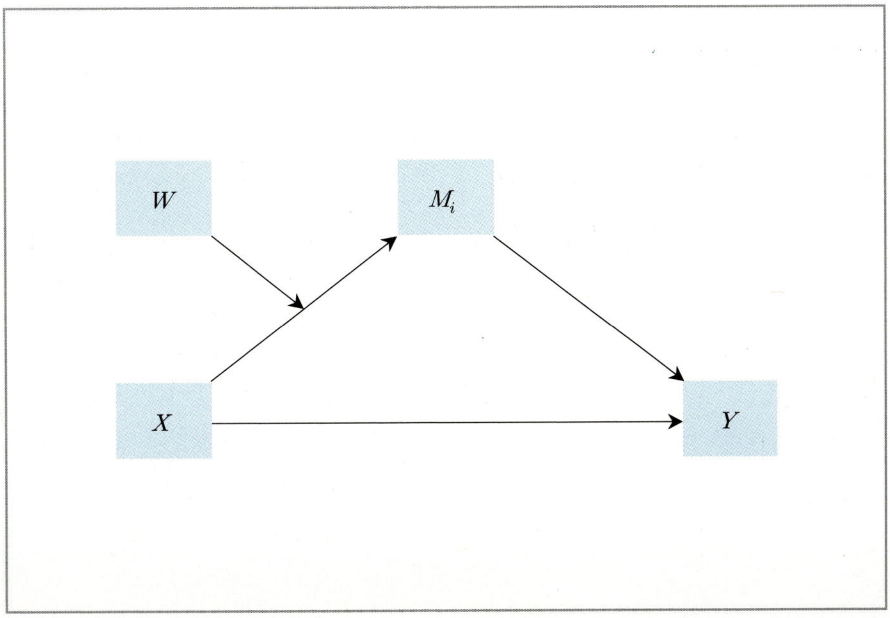

Model 8

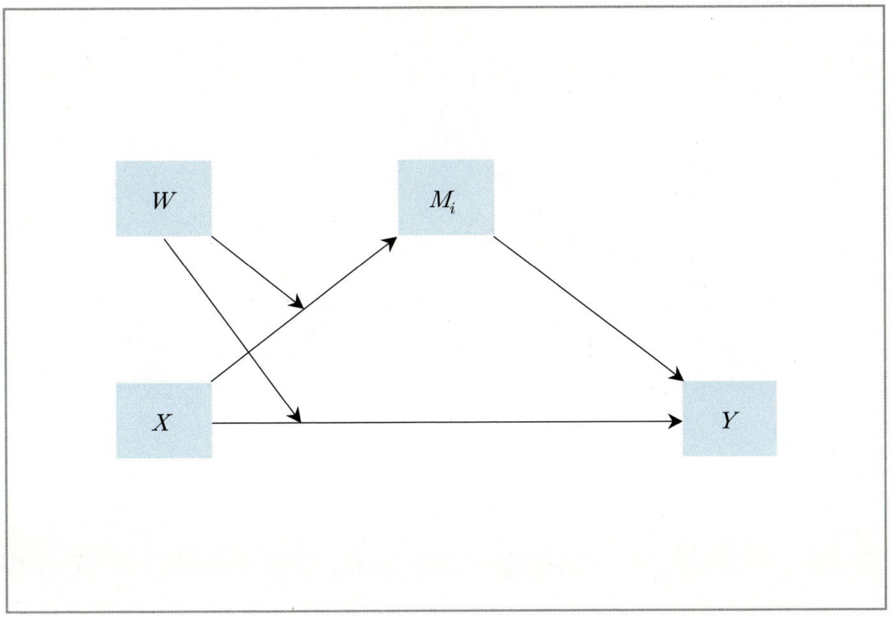

Model 9

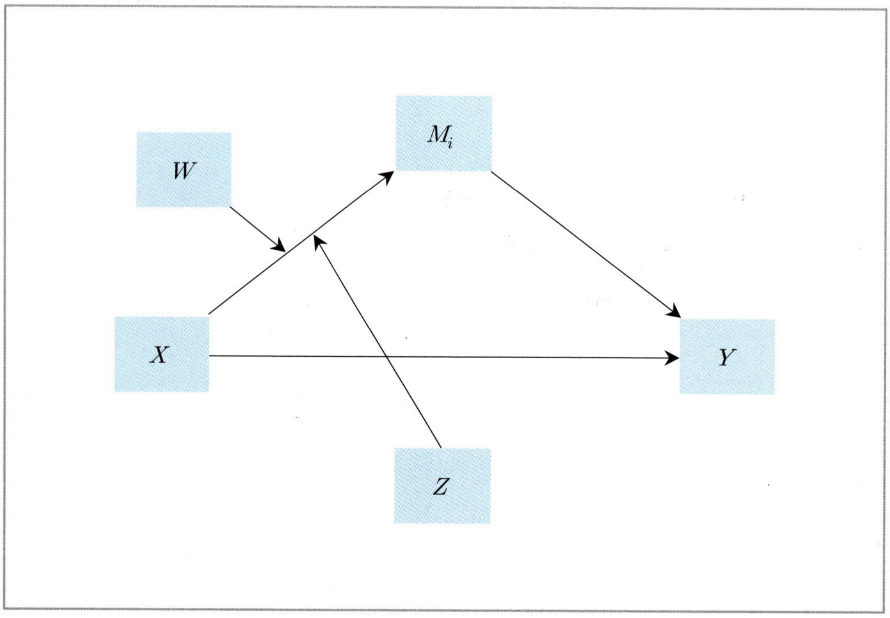

Model 10

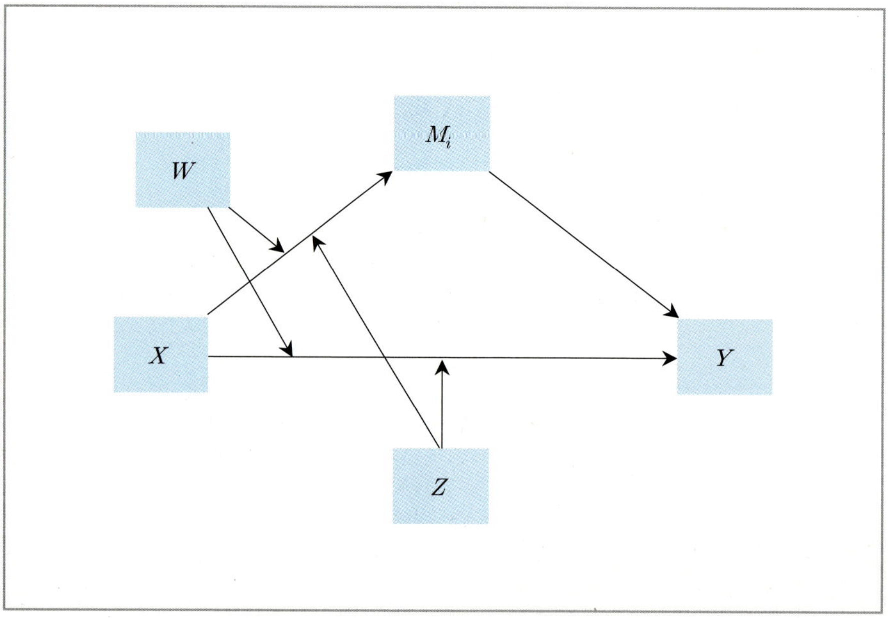

Model 11

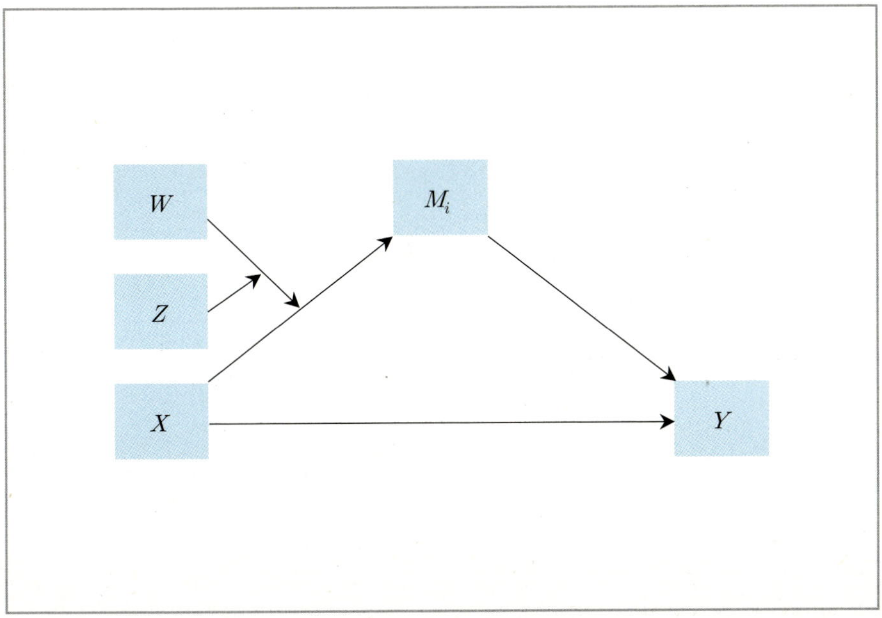

Model 12

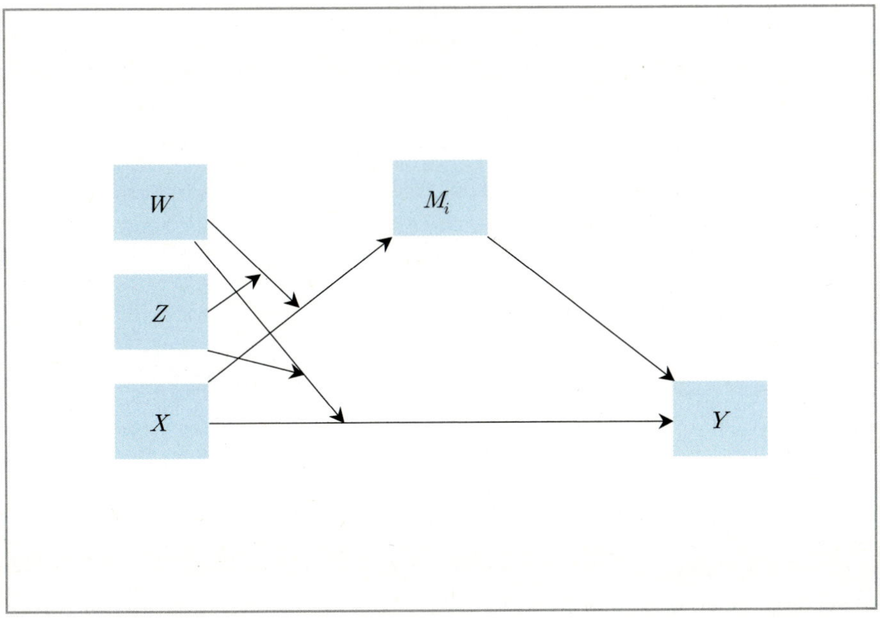

Model 13

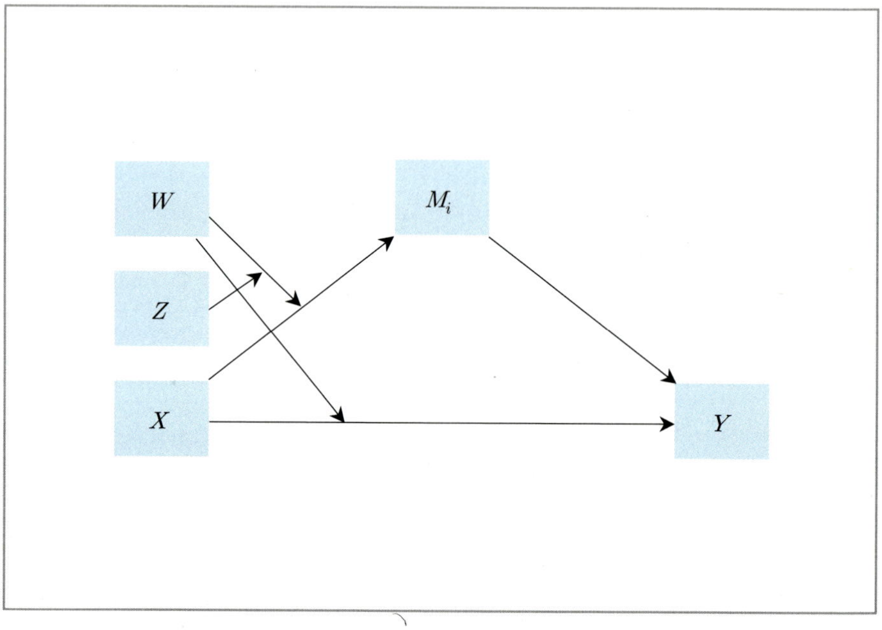

Model 14

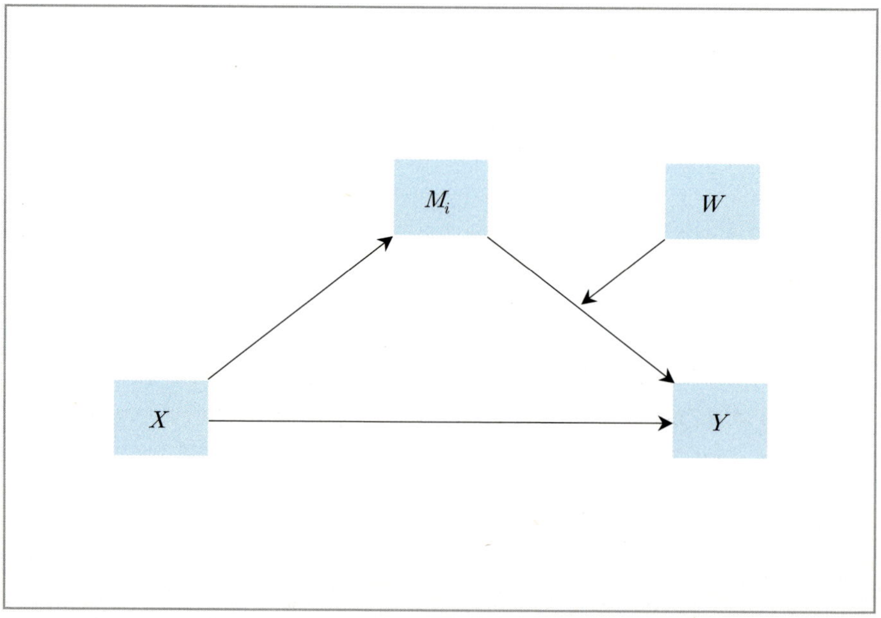

Model 15

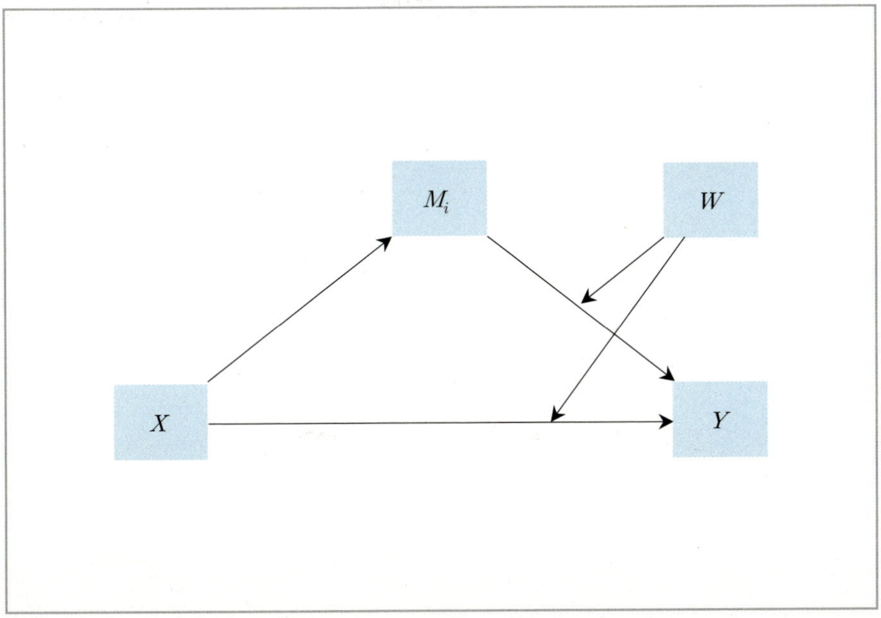

Model 16

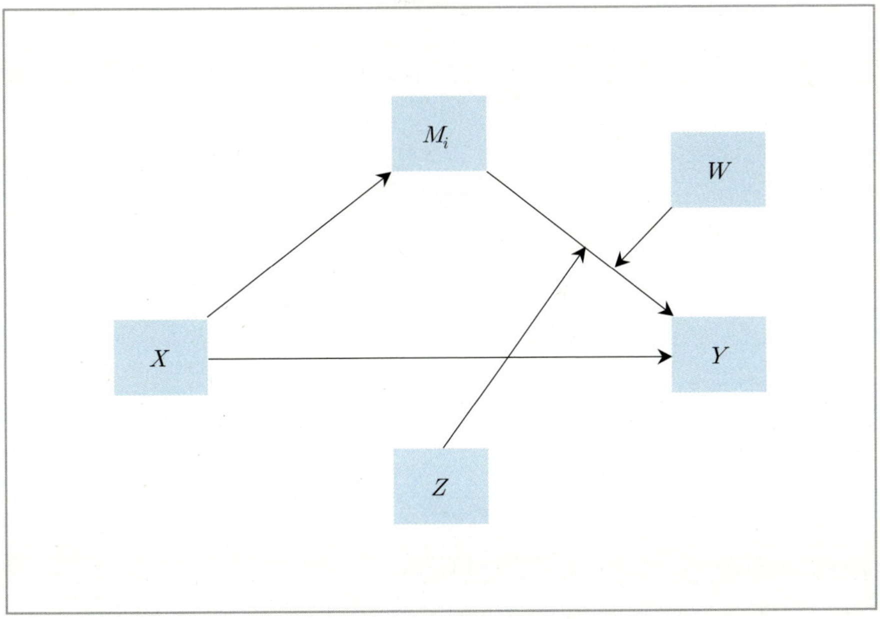

Model 17

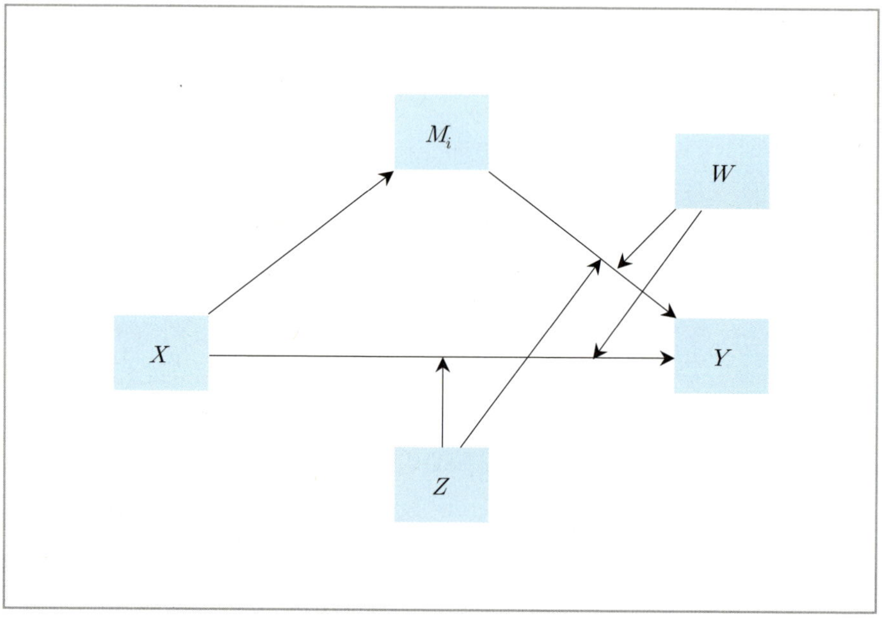

Model 18

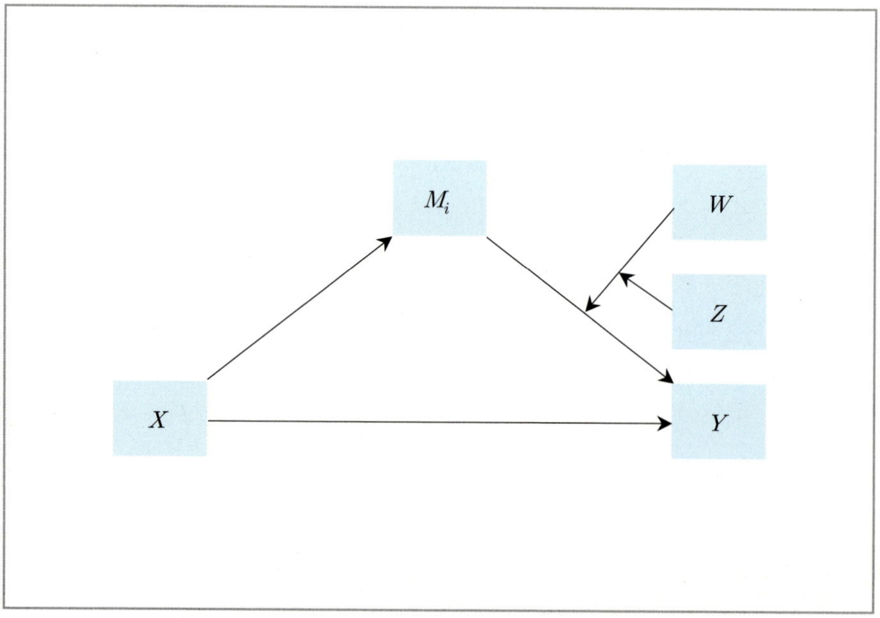

Model 19

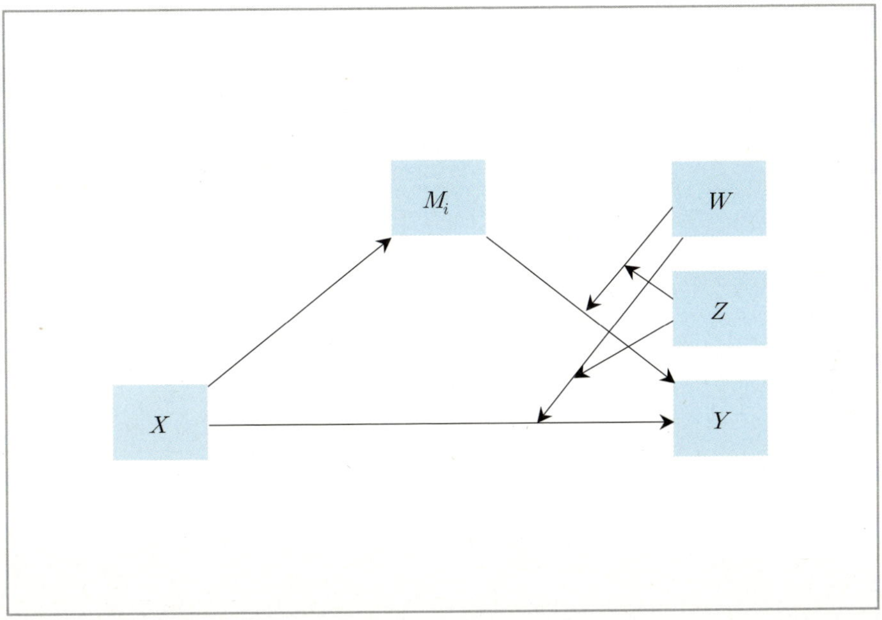

Model 20

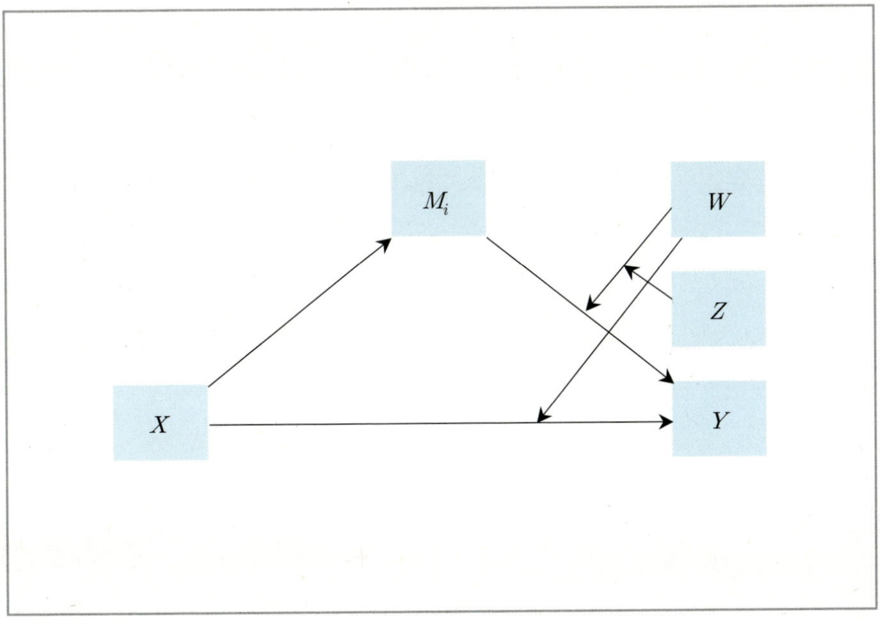

Model 21

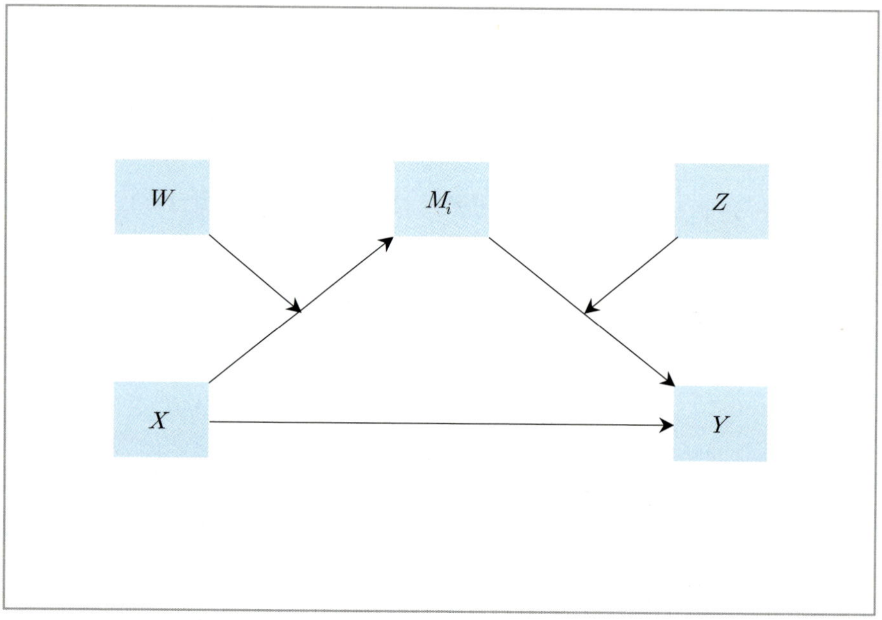

Model 22

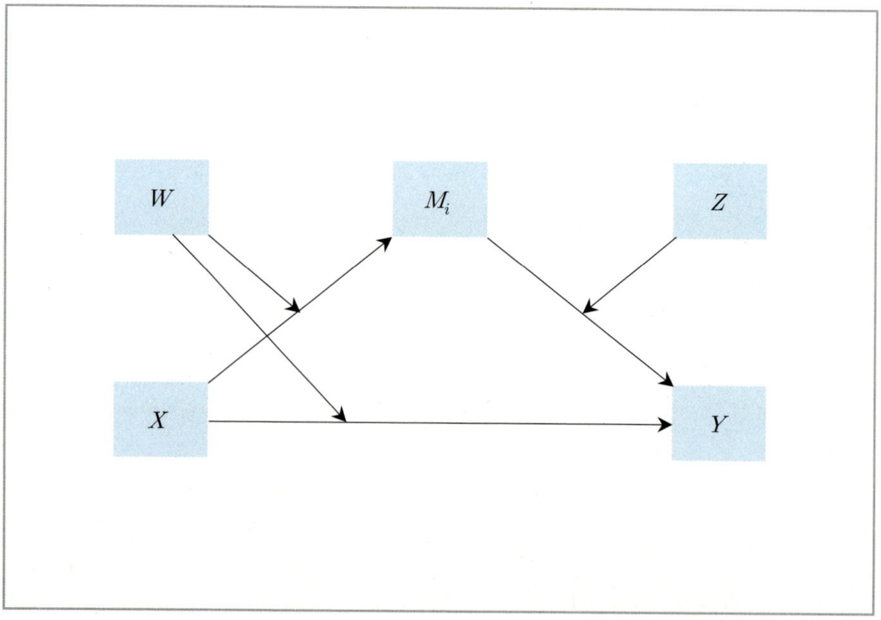

Model 28

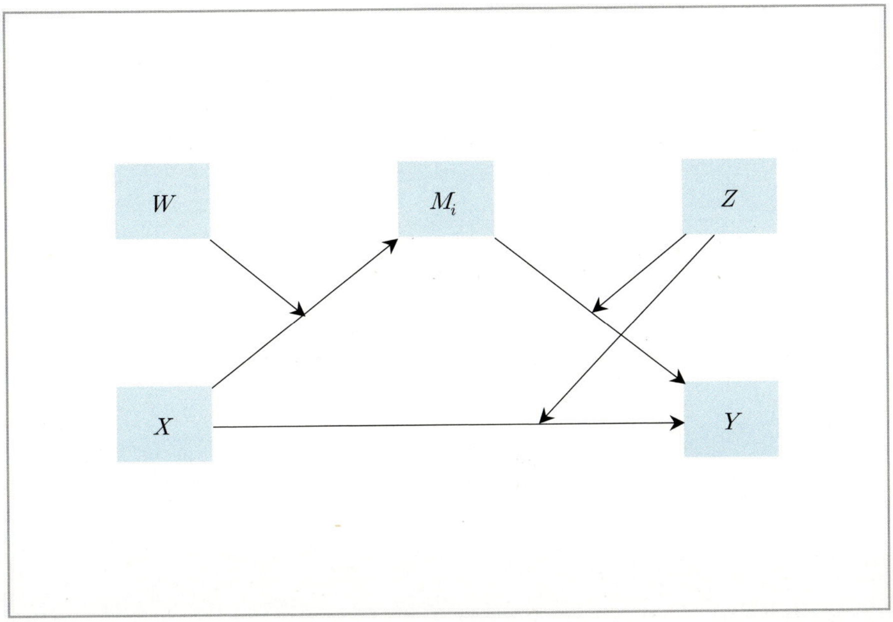

Model 29

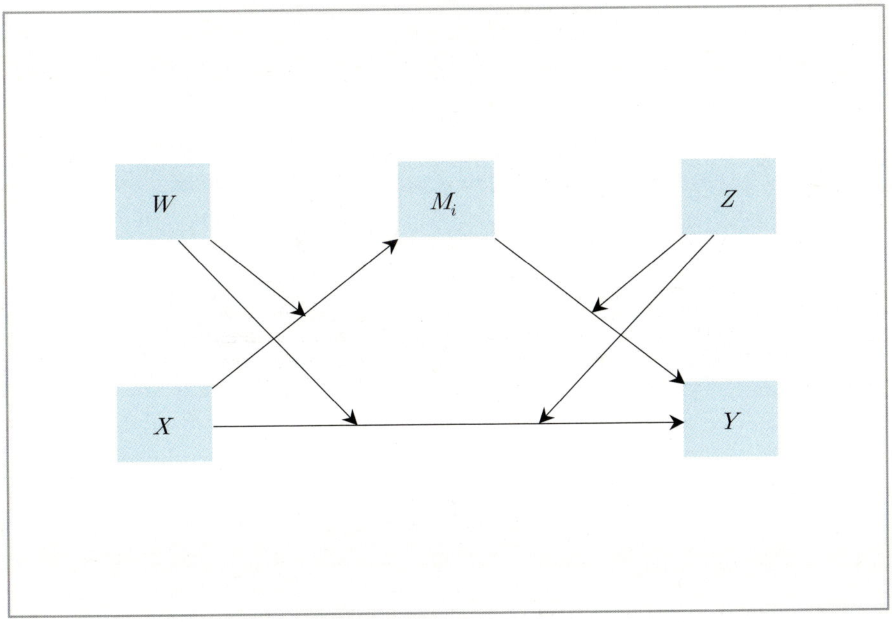

Model 58

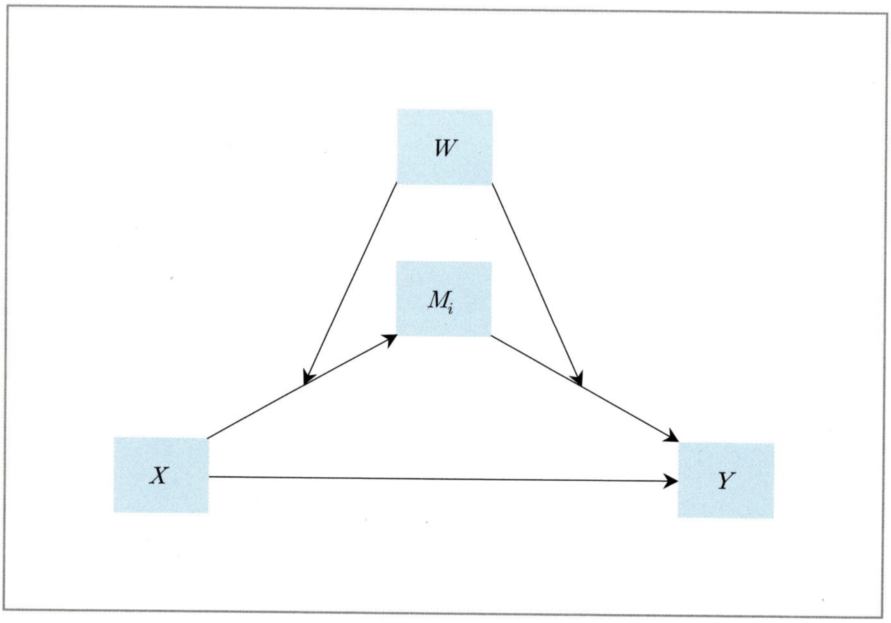

Model 59

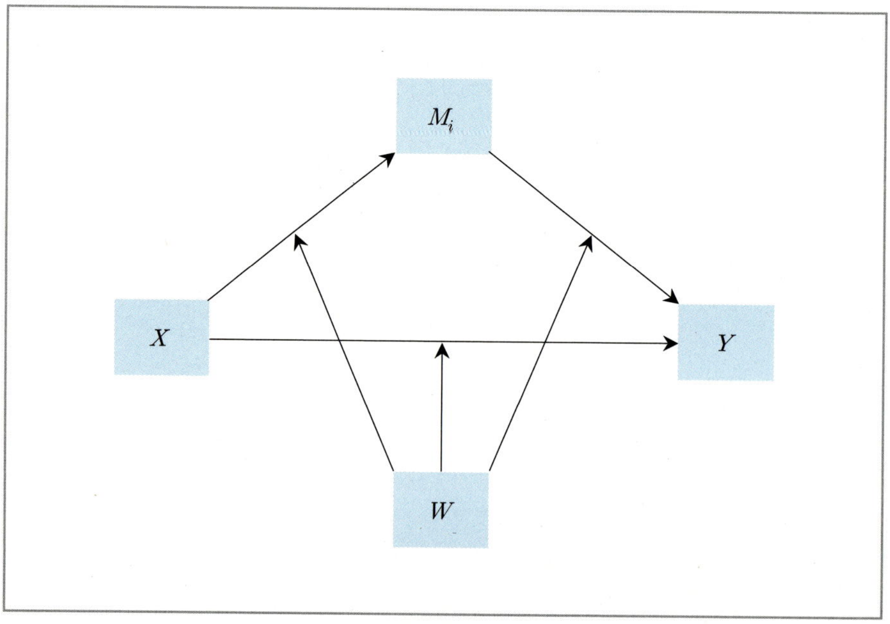

Model 60

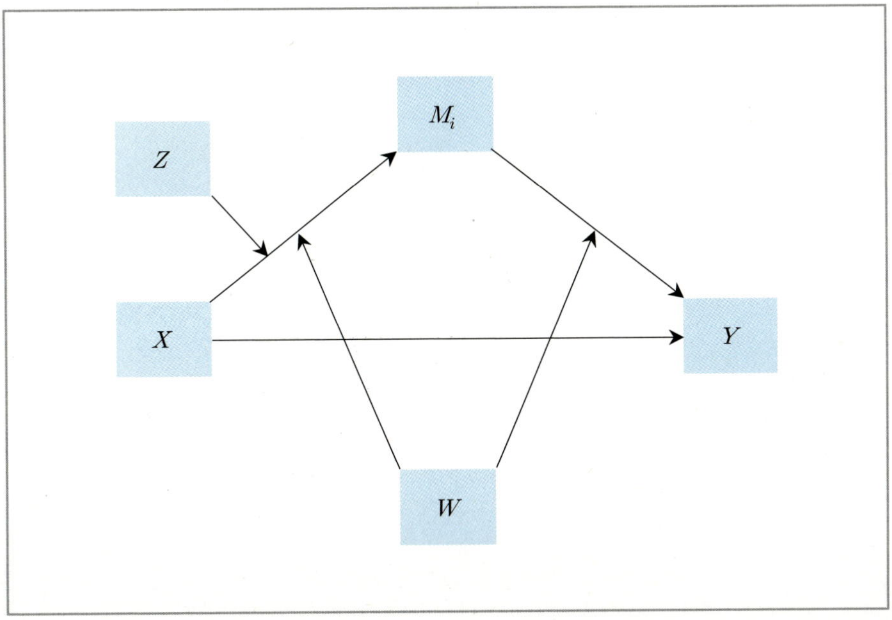

Model 61

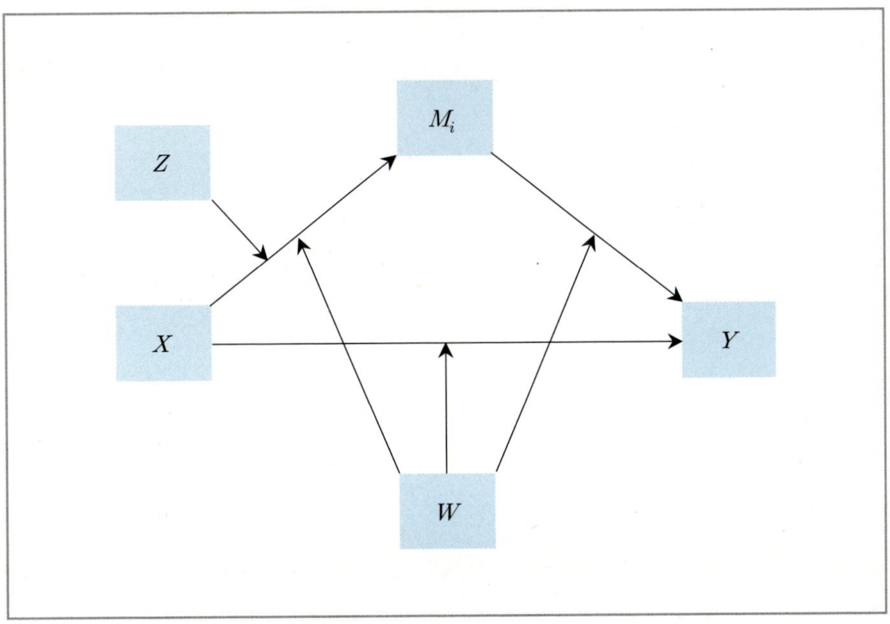

Model 62

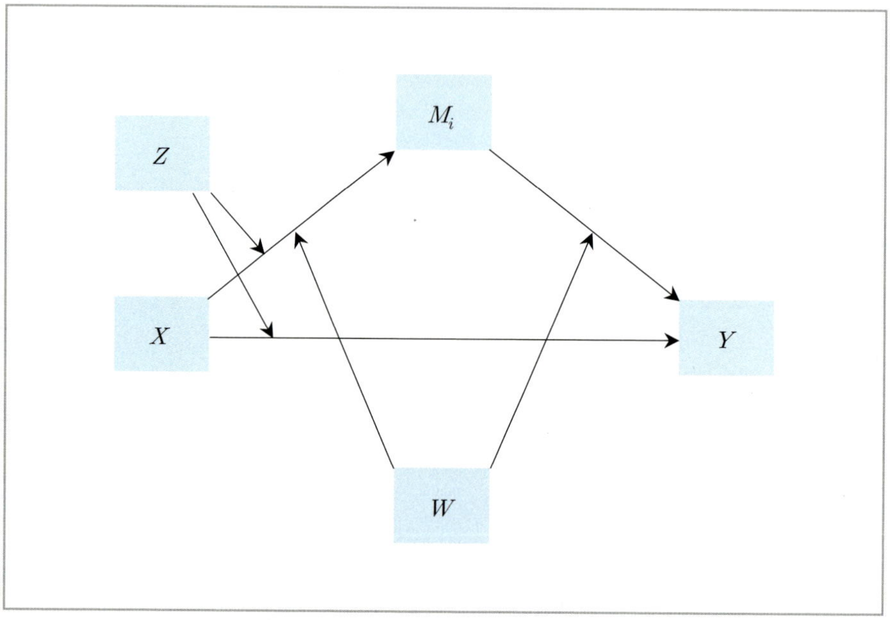

Model 63

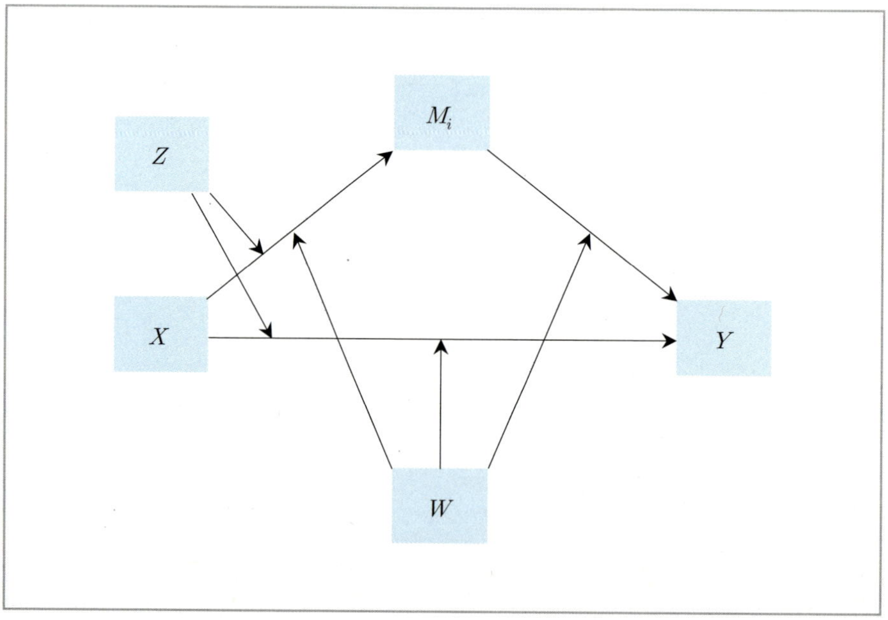

Model 64

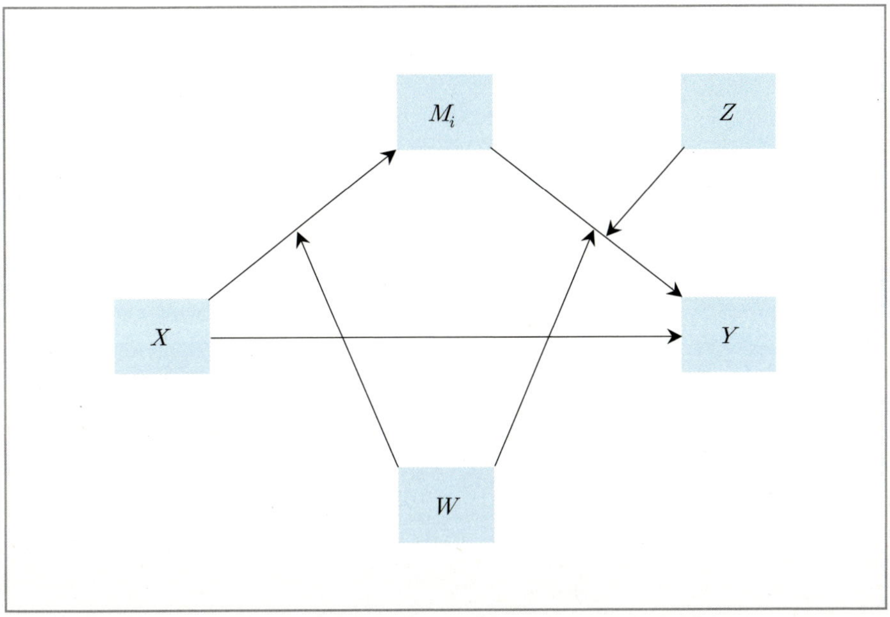

Model 65

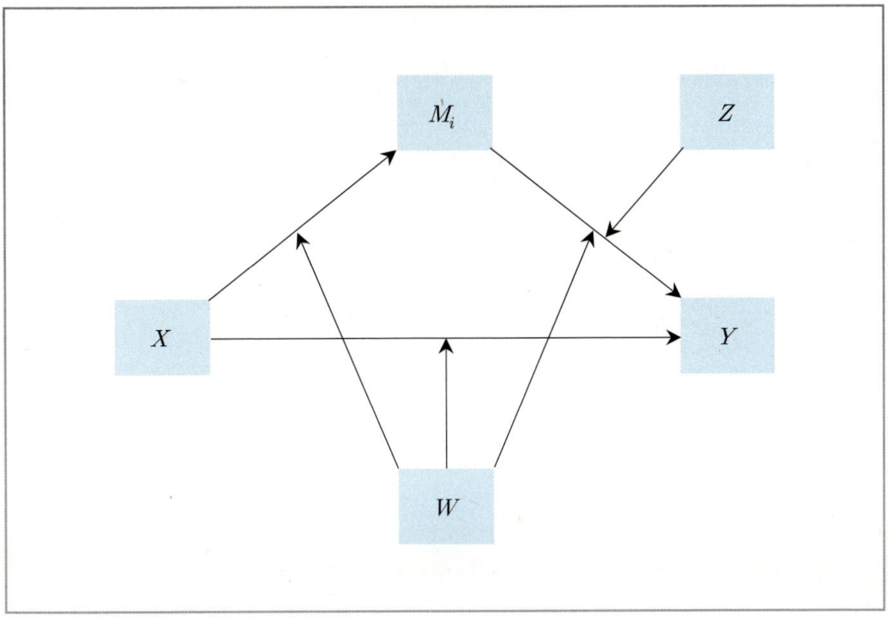

Model 66

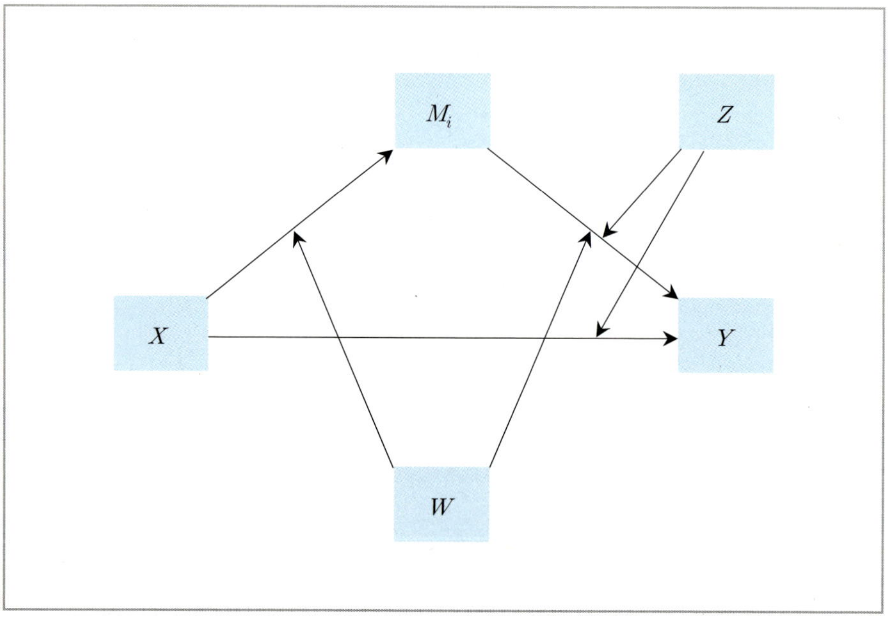

Model 67

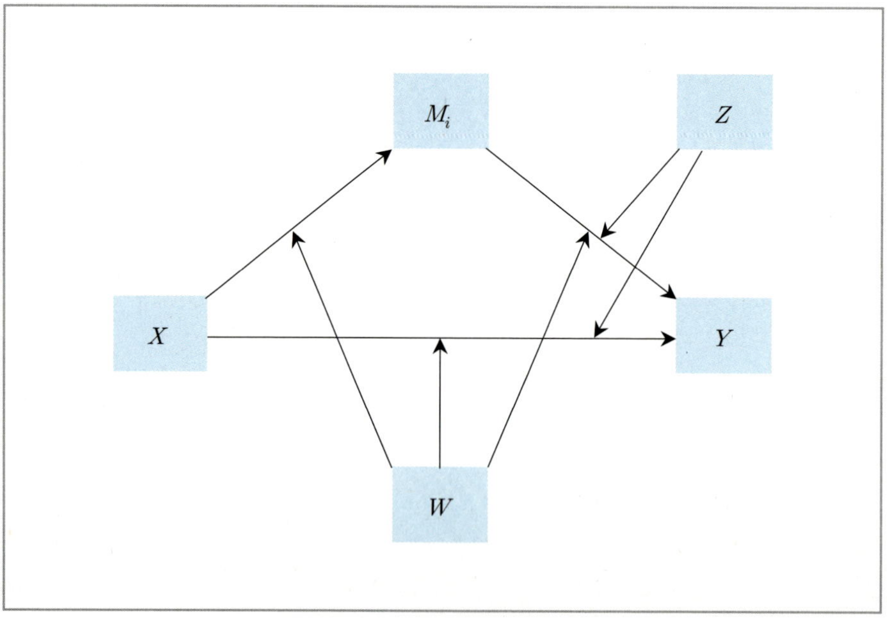

Model 68

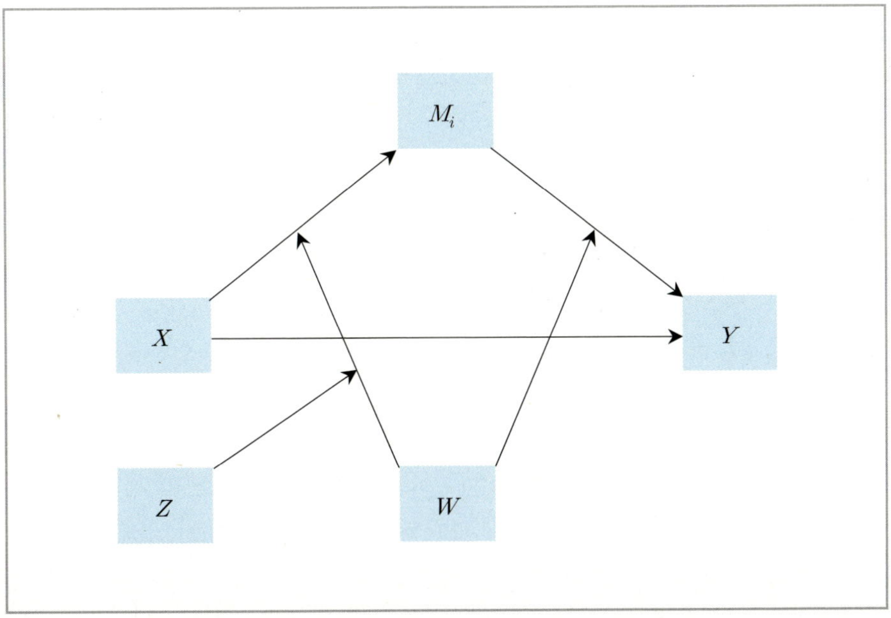

Model 69

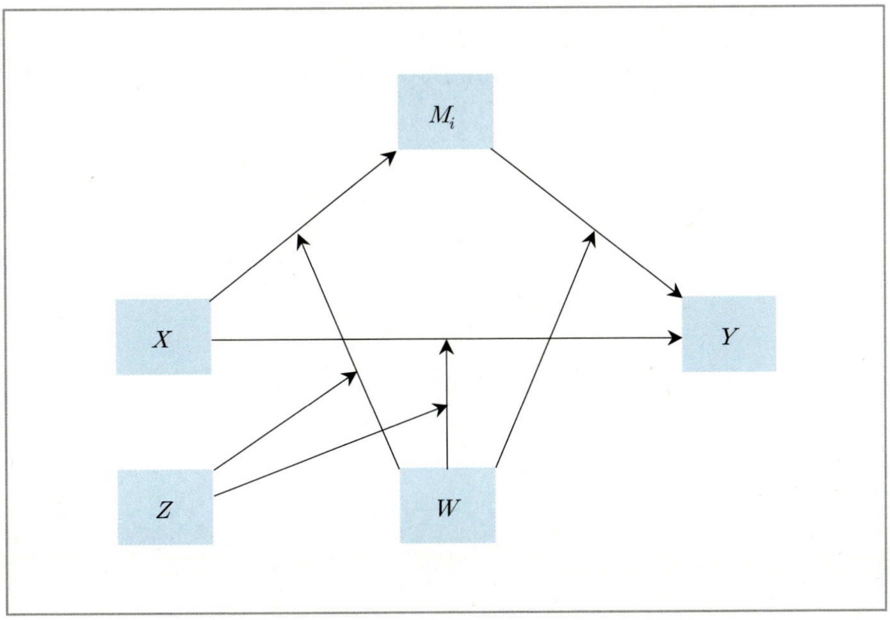

Model 70

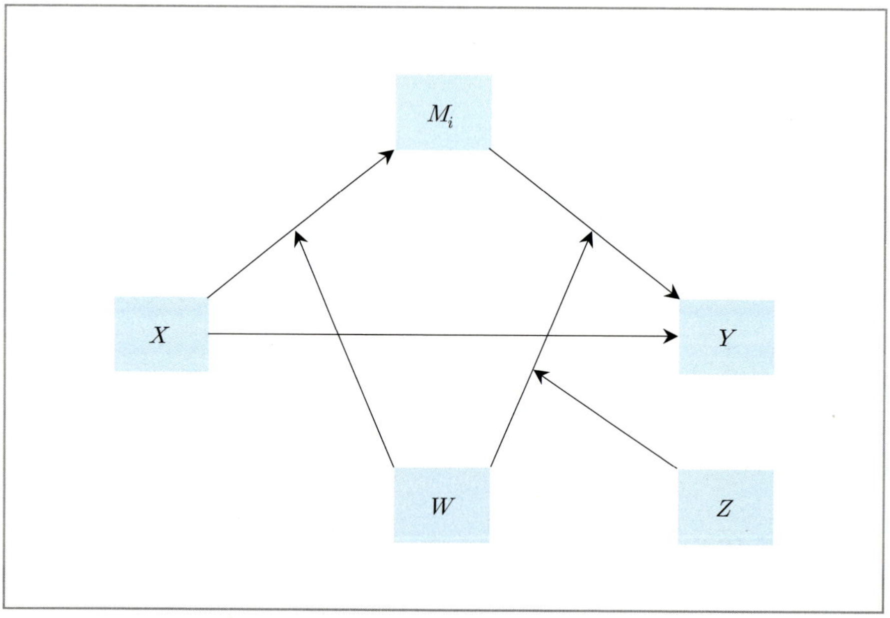

Model 71

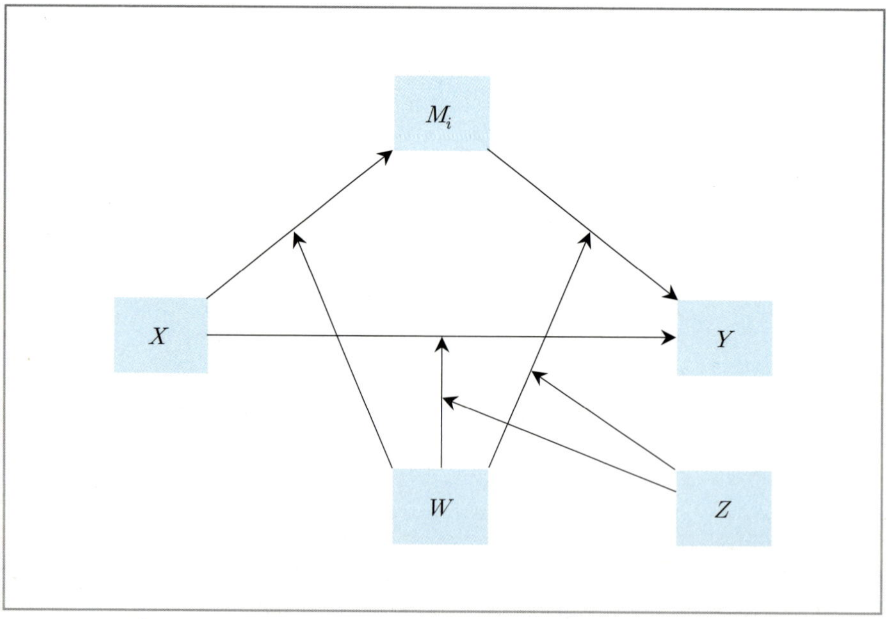

Model 72

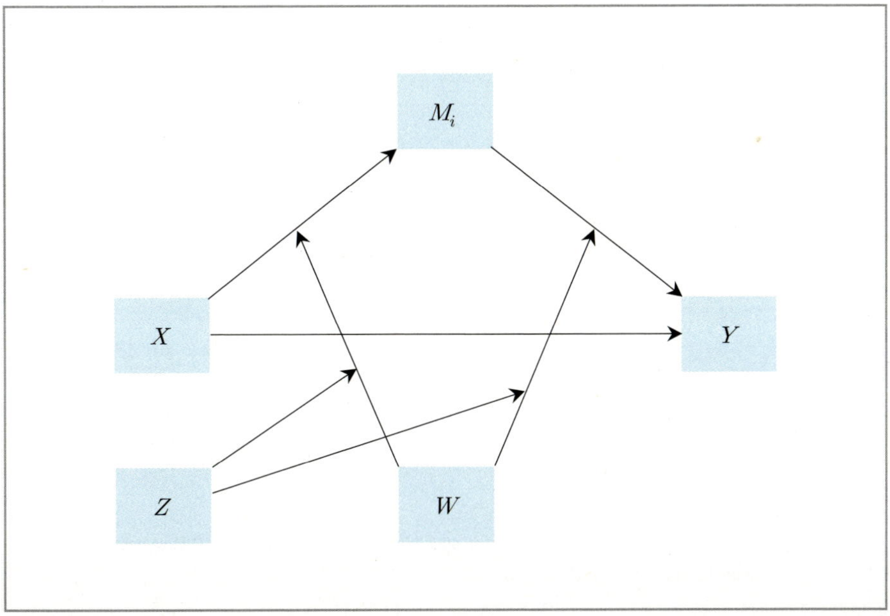

Model 73

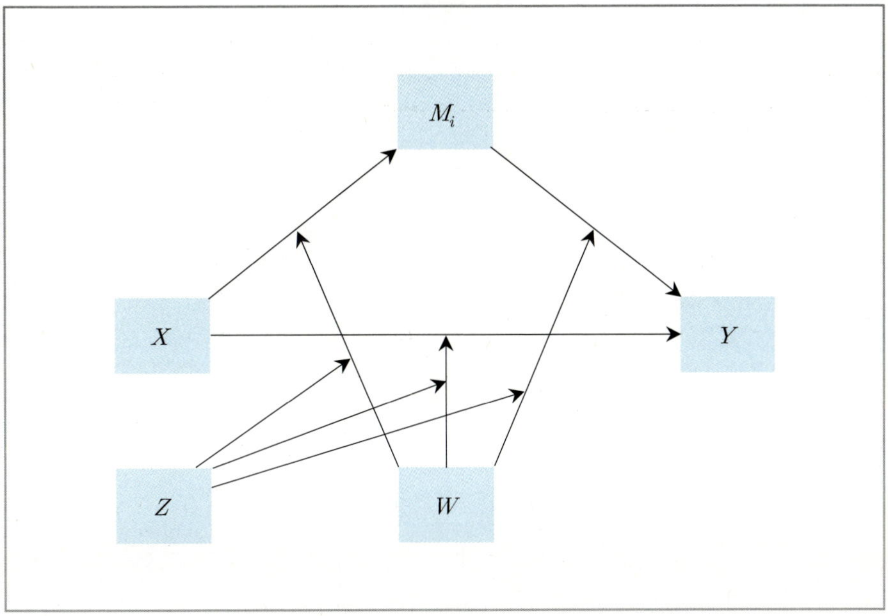

Model 74

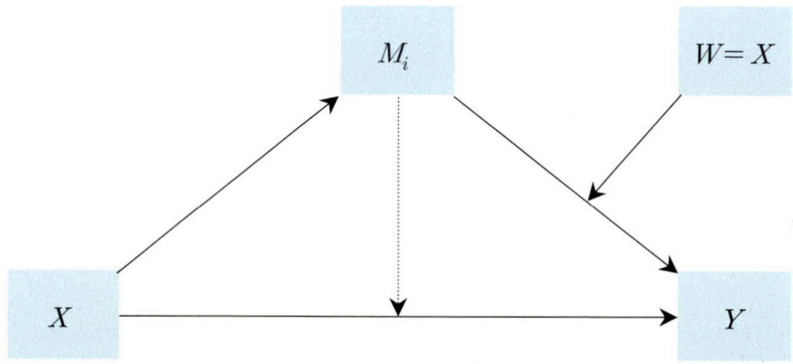

Note: In model 74, the variable specified as W should be the same variable as specified for X.

Model 75

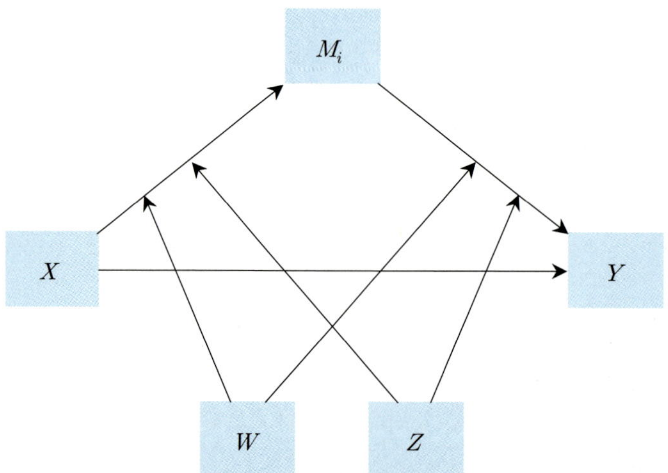

Model 76

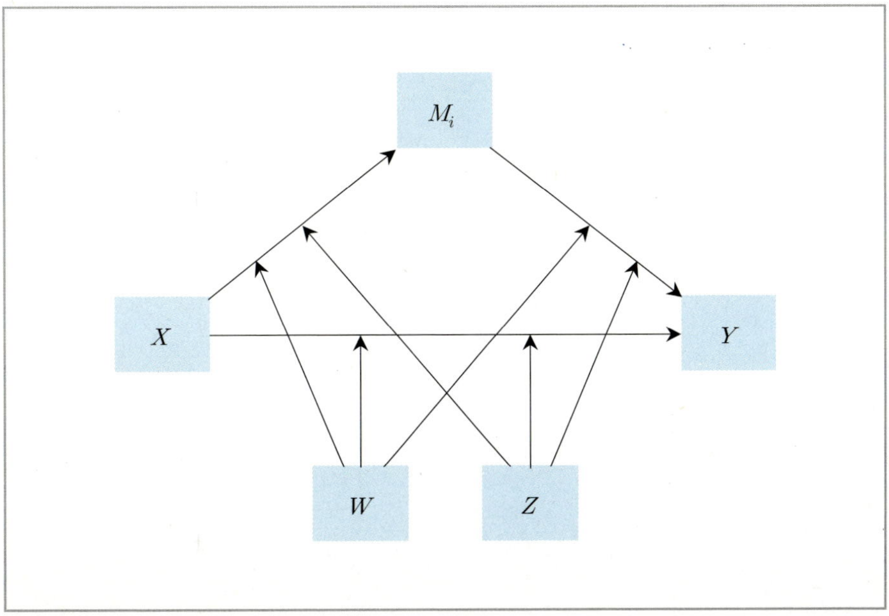

Model 80

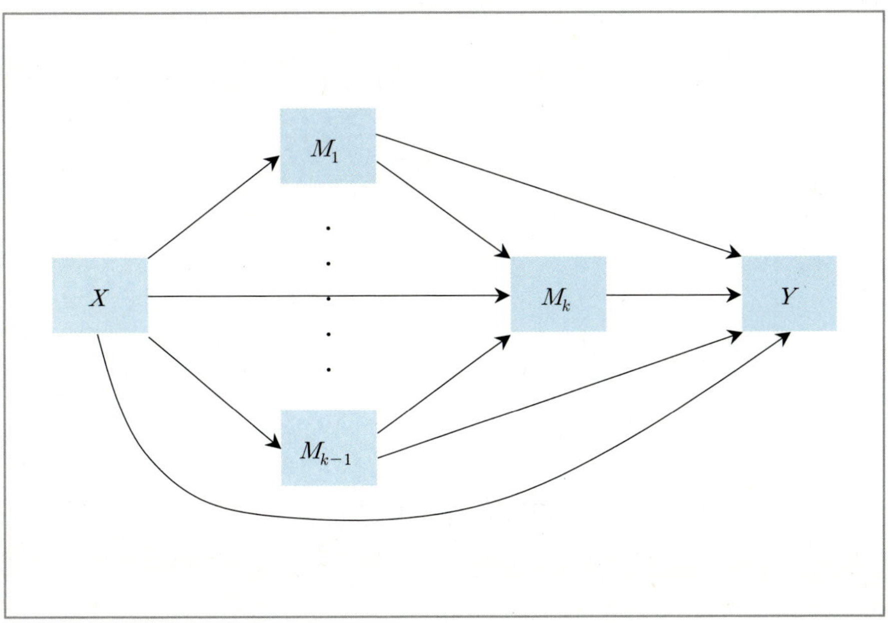

Model 81

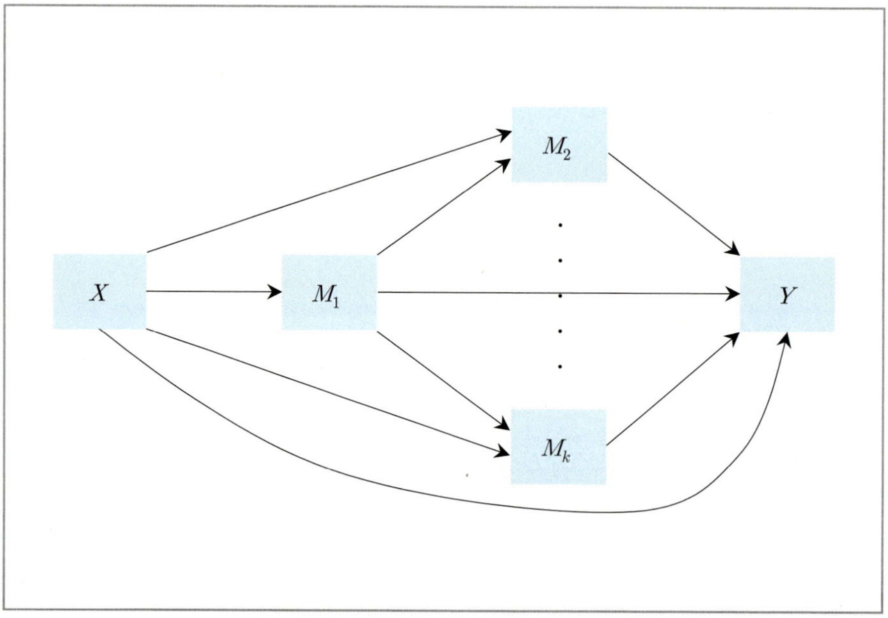

Model 82

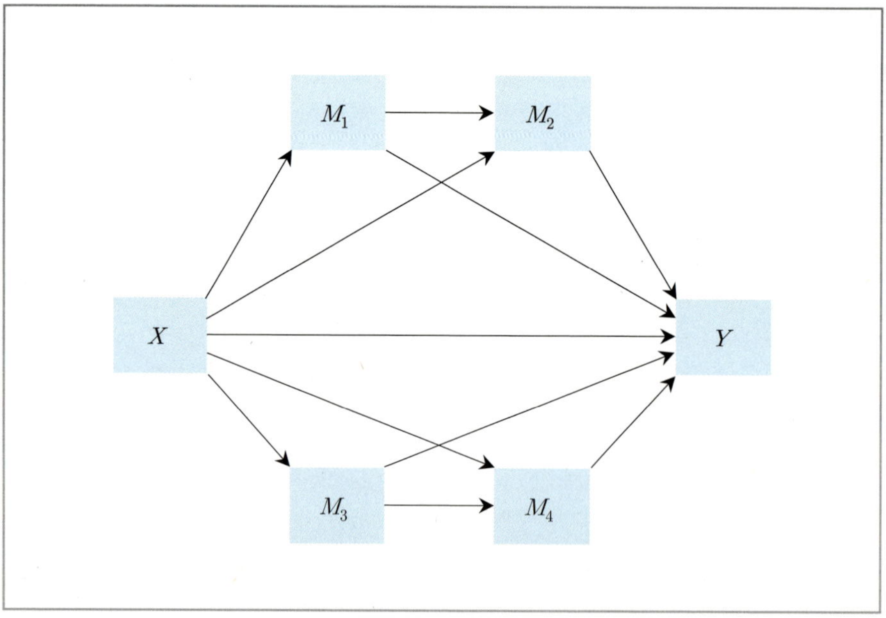

Model 83

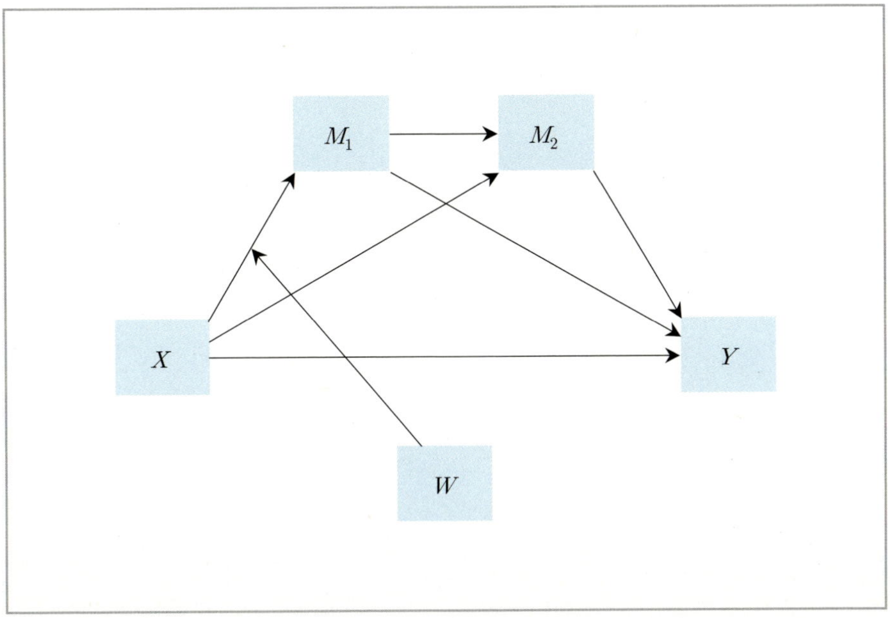

Model 84

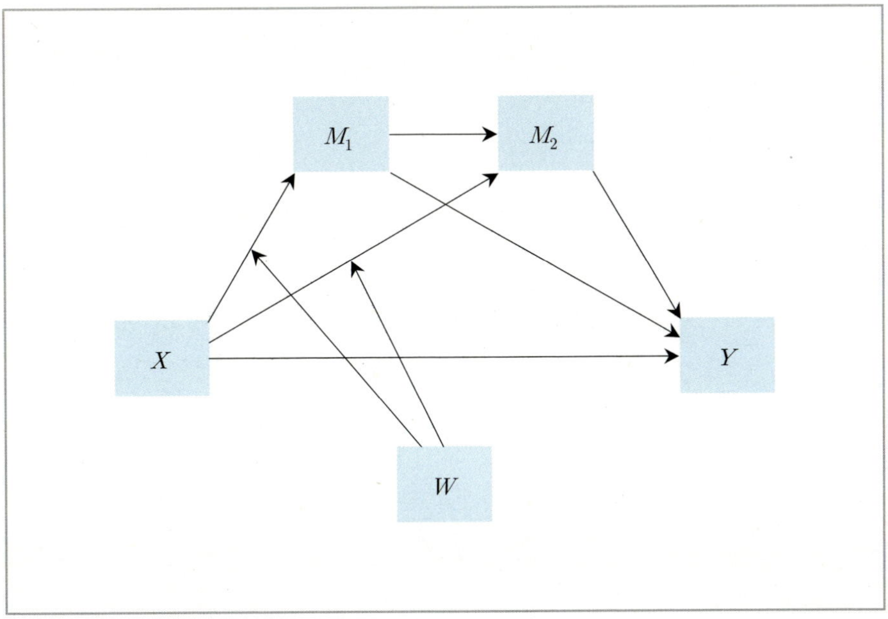

Model 85

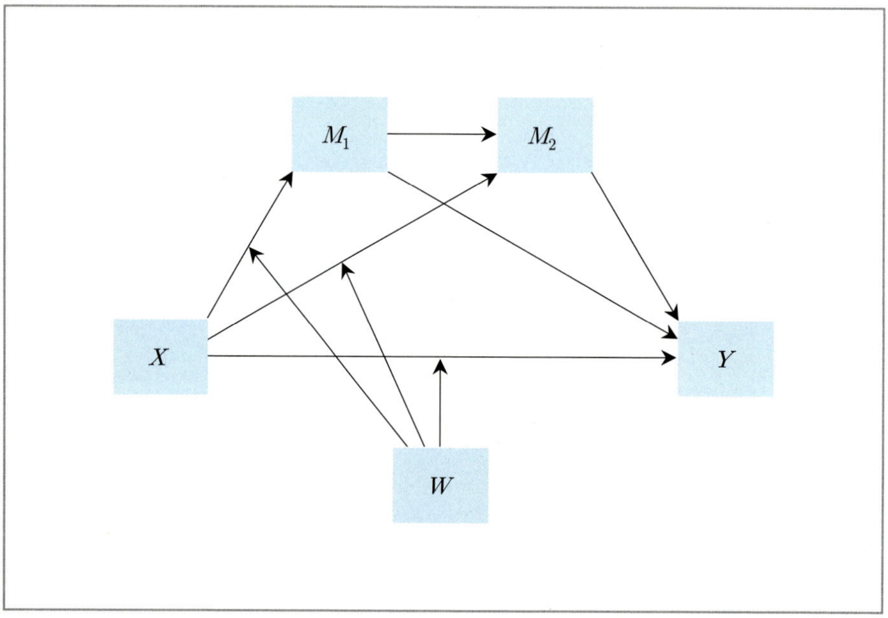

Model 86

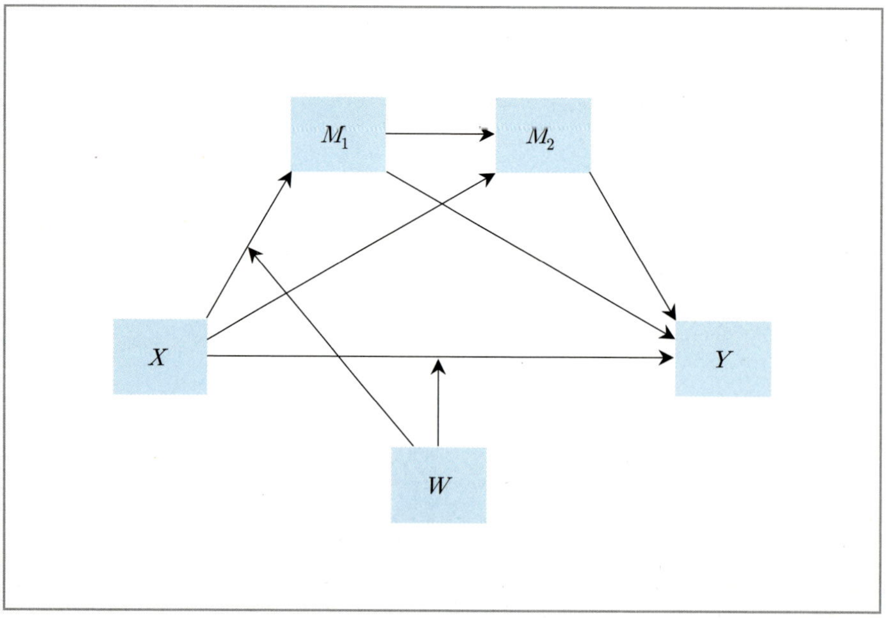

Model 87

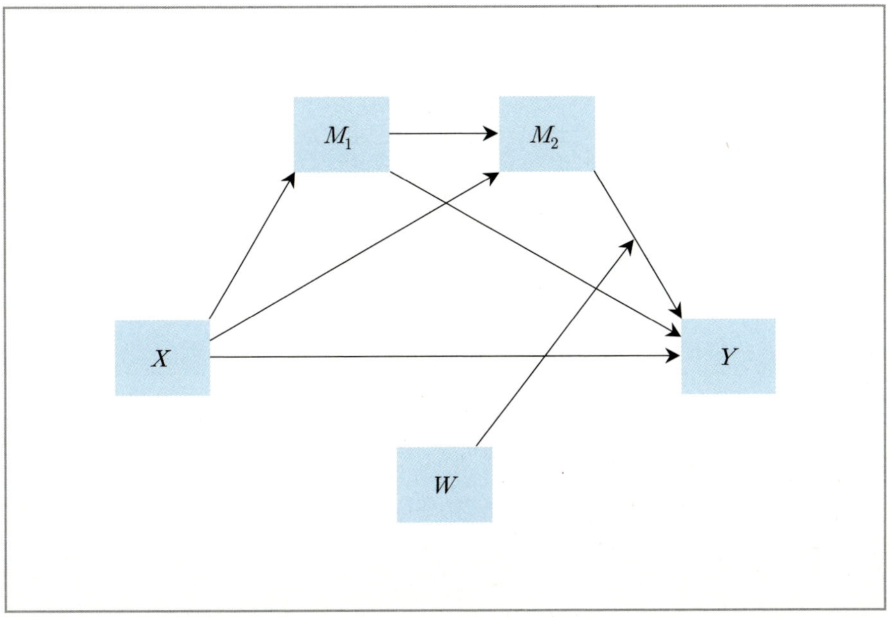

Model 88

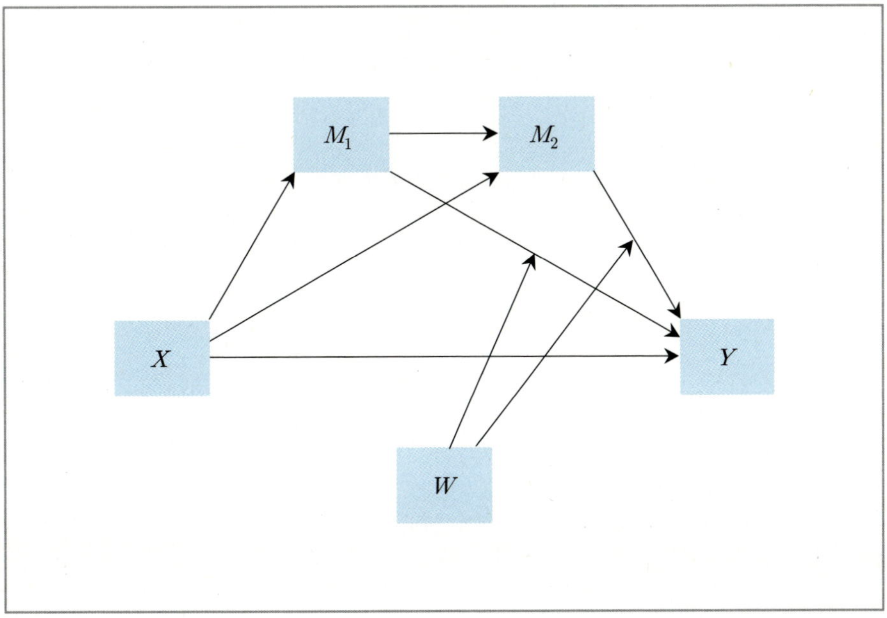

Model 89

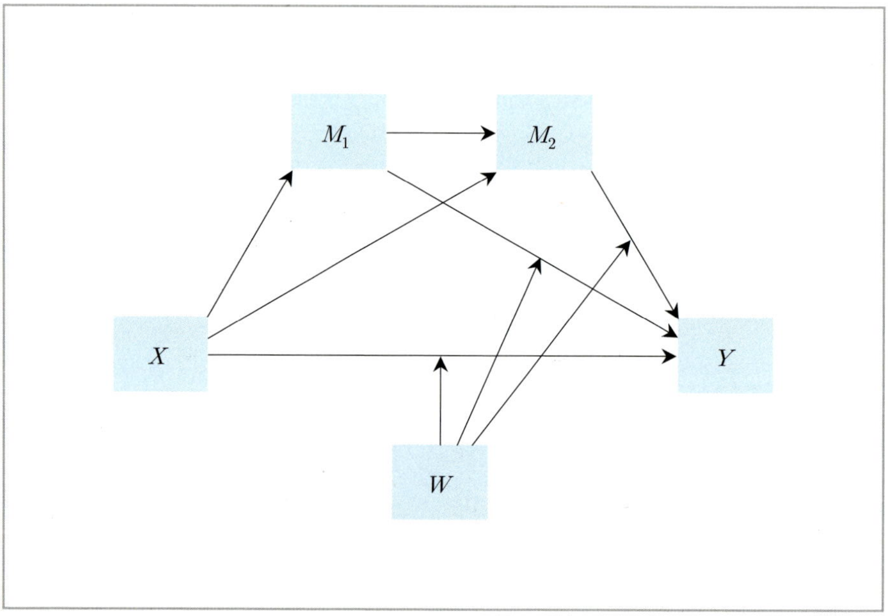

Model 90

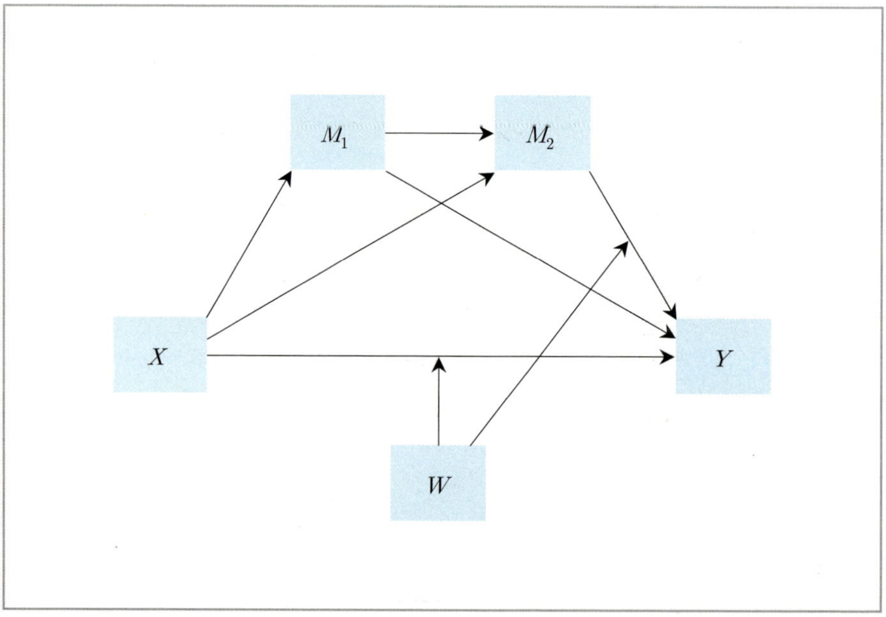

Model 91

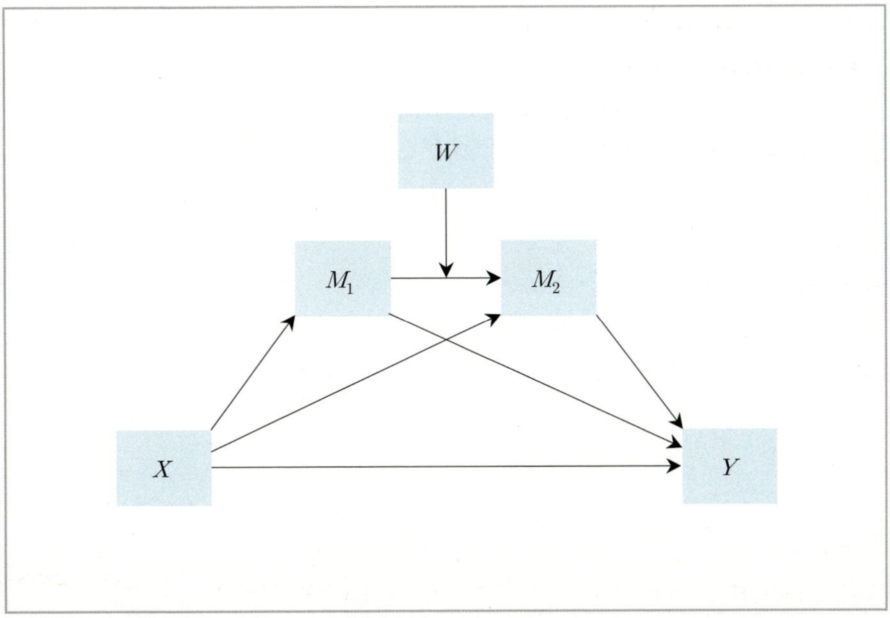

Model 92

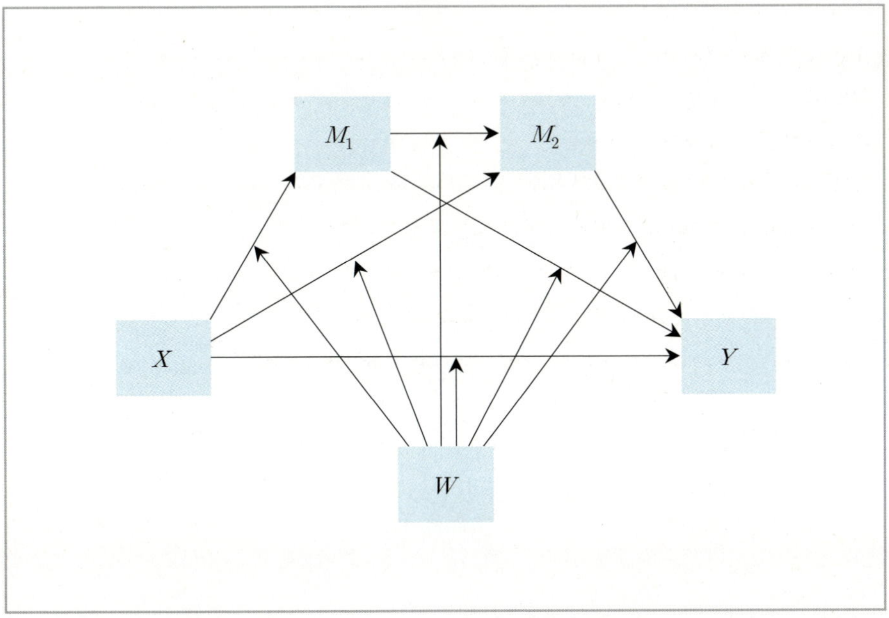

참고문헌

Aiken, L. S., & West, S. G.(1991). *Multiple regression: Testing and interpreting interactions*. Thousand Oaks, London: Sage Publications.

Alwin, D. F., & Hauser, R. M.(1975). The decomposition of effects in path analysis. *American Sociological Review*, 40, 33-47.

Andela, M., & Truchot, D.(2016). Job stressors and burnout in hospitals: The mediating role of emotional dissonance. *International Journal of Stress Management*, 23, 298-317.

Aroian, L. A.(1947). The probability function of the product of two normally distributed variables. *Annals of Mathematical Statistics*, 18, 265-271.

Baron, R. M., & Kenny, D. A.(1986). The moderator-mediator variable distinction in social psychological research: Conceptual, strategic, and statistical considerations. *Journal of Personality and Social Psychology*, 51(6), 1173-1182.

Bauer, D. J., & Curran, P. J.(2005). Probing interactions in fixed and multilevel regression: Inferential and graphical techniques. *Multivariate Behavioral Research*, 40, 373-400.

Bem, D.(1987). Writing the empirical journal article. In M. P. Zanna & J. M. Darley(Eds.), *The complete academic: A practical guide for the beginning social scientist*(pp. 171-201). Mahwah, NJ: Lawrence Erlbaum Associates.

Berry, W. D.(1993). *Understanding regression assumptions*. Thousand Oaks, CA: Sage Publications.

Biesanz, J. C., Falk, C. F., & Savalei, V.(2010). Assessing mediational models: Testing and interval estimation for indirect effects. *Multivariate Behavioral Research*, 45, 661-701.

Bissonnette, V., Ickes, W., Bernstein, I., & Knowles, E.(1990). Personality moderating variables: A warning about statistical artifact and a comparison of analytic techniques. *Journal of Personality*, 58, 567-587.

Bizer, G. Y., Hart, J., & Jekogian, A. M.(2012). Belief in a just world and social dominance orientation: Evidence for a mediational pathway predicting negative attitudes and discrimination against individuals with mental illness. *Personality and Individual Differences*, 52, 661-701.

Bollen, K. A.(1989). *Structural equations with latent variables*. New York, NY: John Wiley and Sons.

Bollen, K. A., & Stine, R.(1990). Direct and indirect effects: Classical and bootstrap estimates of variability. *Sociological Methodology*, 20, 115-140.

Brandt, M. J., & Reyna, C.(2010). The role of prejudice and the need for closure in religious fundamentalism. *Personality and Social Psychology Bulletin*, 36, 715-725.

Broeren, S., Muris, P., Bouwmeester, S., van der Heijden, K. B., & Abee, A.(2011). The role of repetitive negative thoughts in the vulnerability for emotional problems in non-clinical children. *Journal of Child and Family Studies*, 20, 135-148.

Brown-Iannuzzi, J. L., Dotsch, R., Cooley, E., & Payne, B. K.(2017). The relationship between mental representations of welfare recipients and attitudes toward welfare. *Psychological Science*, 28, 92-103.

Buckland, S. T.(1984). Monte Carlo confidence intervals. *Biometrics*, 40, 811-817.

Casciano, E., & Massey, D. S.(2012). Neighborhood disorder and anxiety symptoms: New evidence from a quasi-experimental study. *Health and Place*, 18, 180-190.

Cerin, E., & MacKinnon, D. P.(2009). A commentary on current practice in mediating variable analyses in behavioral nutrition and physical activity. *Public Health Nutrition*, 12, 1182-1188.

Chapman, D. A., & Lickel, B.(2016). Climate change and disasters: How framing affects justification for giving or withholding aid to disaster victims. *Social Psychological and Personality Science*, 7, 13-20.

Cheong, J., MacKinnon, D. P., & Khoo, S. T.(2003). Investigation of mediational processes using parallel process latent growth curve modeling. *Structural Equation Modeling*, 10, 238-262.

Cheung, M. W.(2009). Comparison of methods for constructing confidence intervals for standardized indirect effects. *Behavior Research Methods*, 41, 425-438.

Chugani, S. K., Irwin, J. R., & Redden, J. P.(2015). Happily ever after: The effect of identity-consistency on product satiation. *Journal of Consumer Research*, 42, 564-577.

Cohen, J. B.(1983). The cost of dichotomization. *Applied Psychological Measurement*, 7, 240-253.

Cohen, J., Cohen, P., West, S. G., & Aiken, L. S.(2003). *Applied multiple regression and correlation for the behavioral sciences*(3rd ed.). Mahwah, NJ: Lawrence Erlbaum Associates.

Cole, M. S., Walter, F., & Bruch, H.(2008). Affective mechanisms linking dysfunctional behavior to performance in work teams: A moderated mediation study. *Journal of*

Applied Psychology, 93, 945-958.

Cortina, J. M., & Dunlap, W. P.(1997). On the logic and purpose of significance testing. *Psychological Methods*, 2, 161-172.

Coutts, J. J.(2020). *Contrasting contrasts: An exploration of methods for comparing indirect effects in mediation models*(Unpublished master's thesis). The Ohio State University, Columbus, OH.

Darlington, R. B., & Hayes, A. F.(2017). *Regression analysis and linear models: Concepts, applications, and implementation*. New York, NY: Guilford Press.

Dawson, J. F.(2014). Moderation in management research: What, why, when, and how. *Journal of Business and Psychology*, 29, 1-19.

Dawson, J. F., & Richter, A. W.(2006). Probing three-way interactions in moderated multiple regression: Development and application of a slope different test. *Journal of Applied Psychology*, 91, 917-926.

D'Lima, G. M., Pearson, M. R., & Kelly, M. L.(2012). Protective behavioral strategies as a mediator and moderator of the relationship between self-regulation and alcohol-related consequences in first-year college students. *Psychology of Addictive Behaviors*, 26, 330-337.

Dockray, S., Susman, E., & Dorn, L. D.(2009). Depression, cortisol reactivity, and obesity in childhood and adolescence. *Journal of Adolescent Health*, 45, 344-350.

Druckman, D., & Albin, C.(2011). Distributive justice and the durability of peace agreements. *Review of International Studies*, 37, 1137-1168.

Duncan, G. T., & Layard, M. W.(1973). A Monte-Carlo study of asymtotically robust tests for correlation coefficients. *Biometrika*, 60, 551-558.

Echambadi, R., & Hess, J. D.(2007). Mean-centering does not alleviate collinearity problems in moderated regression models. *Marketing Science*, 26, 438-445.

Edgell, S. E., & Noon, S. M.(1984). Effect of violation of normality on the t test of the correlation coefficient. *Psychological Bulletin*, 95, 576-583.

Edwards, J. R.(2009). Seven deadly myths of testing moderation in organizational research. In C. E. Lance & R. J. Vandenberg(Eds.), *Statistical and methodological myths and urban legends*(pp. 143-164). New York, NY: Routledge.

Edwards, J. R., & Lambert, L. S.(2007). Methods for integrating moderation and mediation: A general analytical framework using moderated path analysis. *Psychological Methods*, 12, 1-22.

Emery, L. F., Romer, D., Sheerin, K. M., Jamieson, K. H., & Peters, E.(2014). Affective and cognitive mediators of the impact of cigarette warning labels. *Nicotine and Tobacco Research*, 16, 263-269.

Fairchild, A. J., & MacKinnon, D. P.(2009). A general model for testing mediation and moderation effects. *Prevention Science*, 10, 87-99.

Fairchild, A. J., MacKinnon, D. P., Toborga, M. P., & Taylor, A. B.(2009). *R*-squared effect-size measures for mediation analysis. *Behavior Research Methods*, 41, 486-498.

Falk, C. F., & Biesanz, J. C.(2016). Two cross-platform programs for inferences and interval estimation about indirect effects in mediational models. *SAGE Open, January-March* 2016, 1-13.

Fox, J.(1991). *Regression diagnostics*. Thousand Oaks, CA: Sage Publications.

Fritz, M. S., & MacKinnon, D. P.(2007). Required sample size to detect the mediated effect. *Psychological Science*, 18, 233-239.

Fritz, M. S., Taylor, A. B., & MacKinnon, D. P.(2012). Explanation of two anomolous results in statistical mediation analysis. *Multivariate Behavioral Research*, 47, 61-87.

Garcia, D. M., Schmitt, M. T., Branscombe, N. R., & Ellemers, N.(2010). Women's reactions to ingroup members who protest discriminatory treatment: The importance of beliefs about inequality and response appropriateness. *European Journal of Social Psychology*, 40, 733-745.

Gelman, A., & Stern, H.(2006). The difference between "significant" and "not significant" is not itself statistically significant. *The American Statistician*, 60, 328-331.

Gibbs, J. L., Ellison, N. B., & Lai, C. H.(2011). First comes love, then comes Google: An investigation of uncertainty reduction strategies and self-disclosure in online dating. *Communication Research*, 38, 70-100.

Giner-Sorolla, R., & Chapman, H. A.(2017). Beyond purity: Moral disgust toward bad character. *Psychological Science*, 28, 80-91.

Goldman, Z. W., & Goodboy, A. K.(2016). Explaining doctoral students' relational maintenance with their advisor: A psychosocial development perspective. *Communication Education*, 66, 70-89.

Goldman, Z. W., Goodboy, A. K., & Weber, K.(2016). College students' psychological needs and intrinsic motivation to learn: An examination of self-determination theory. *Communication Quarterly*, 65, 167-191.

Good, P. I.(2001). *Resampling methods: A practical guide to data analysis*(2nd ed.). Boston, MA: Birkhauser.

Goodman, L. A.(1960). On the exact variance of products. *Journal of the American Statistical*

Association, 55, 708-713.

Greenwald, A. G.(2012). There is nothing so theoretical as a good method. *Psychological Science*, 7, 99-108.

Gurmen, M. S., & Rohner, R. P.(2014). Effects of marital distress on Turkish adolescents' psychological adjustment. *Journal of Child and Family Studies*, 23, 1155-1162.

Han, Z. R., & Shaffer, A.(2014). Maternal expressed emotion in relation to child behavior problems: Differential and mediating effects. *Journal of Child and Family Studies*, 23, 1491-1500.

Havlicek, L. L., & Peterson, N. L.(1977). Effect of violation of assumptions upon significance levels of the Pearson r. *Psychological Bulletin*, 84, 373-377.

Hayes, A. F.(1996). The permutation test is not distribution-free: Testing $H_0 : \rho = 0$. *Psychological Methods*, 1, 184-198.

Hayes, A. F.(2005). *Statistical methods for communication science*. New York: Routledge.

Hayes, A. F.(2009). Beyond Baron and Kenny: Statistical mediation analysis in the new millenium. *Communication Monographs*, 76, 408-420.

Hayes, A. F.(2013). *Introduction to mediation, moderation, and conditional process analysis: A regression-based approach*. New York, The Guilford Press.

Hayes, A. F.(2015). An index and test of linear moderated mediation. *Multivariate Behavioral Research*, 50, 1-22.

Hayes, A. F.(2018a). *Introduction to mediation, moderation, and conditional process analysis: A regression-based approach*(2nd ed.). New York, The Guilford Press.

Hayes, A. F.(2018b). Partial, conditional, and moderated moderated mediation: Quantification, inference, and interpretation. *Communication Monographs*, 85, 4-40.

Hayes, A. F.(2022). *Introduction to mediation, moderation, and conditional process analysis: A regression-based approach*(3rd ed.). New York, The Guilford Press.

Hayes, A. F., & Cai, L.(2007). Using heteroscedasticity-consistent standard error estimators in OLS regression: An introduction and software implementation. *Behavior Research Methods*, 39, 709-722.

Hayes, A. F., Glynn, C. J., & Huge, M. E.(2012). Cautions regarding the interpretation of regression coefficients and hypothesis tests in linear models with interactions. *Communication Methods and Measures*, 6, 1-11.

Hayes, A. F., & Matthes, J.(2009). Computational procedures for probing interactions in OLS and logistic regression: SPSS and SAS implementations. *Behavior Research Methods*, 41, 924-936.

Hayes, A. F., & Montoya, A. K.(2017). A tutorial on testing, visualizing, and probing an interaction involving a multicategorical variable in linear regression analysis. *Communication Methods and Measures*, 11, 1-30.

Hayes, A. F., Montoya, A. K., & Rockwood, N. J.(2017). The analysis of mechanisms and their contingencies: PROCESS versus structural equation modeling. *Australian Marketing Journal*, 25, 76-81.

Hayes, A. F., & Preacher, K. J.(2013). Conditional process modeling: Using structural equation modeling to examine contingent causal processes. In G. R. Hancock & R. O. Mueller(Eds.), *A second course in structural equation modeling*(2nd ed., pp. 219-266). Greenwich, CT: Information Age Publishing.

Hayes, A. F., & Preacher, K. J.(2014). Statistical mediation analysis with a multicategorical independent variable. *British Journal of Mathematical & Statistical Psychology*, 67, 451-470.

Hayes, A. F., & Reineke, J.(2007). The effects of government censorship of war-related news coverage on interest in the censored coverage. *Mass Communication and Society*, 10, 423-438.

Hayes, A. F., & Rockwood, N. J.(2017). Regression-based statistical mediation and moderation analysis: Observations, recommendations, and implementation. *Behavior Research & Therapy*, 98, 39-57.

Hayes, A. F., & Scharkow, M.(2013). The relative trustworthiness of inferential tests of the indirect effect in statistical mediation analysis: Does method really matter? *Psychological Science*, 24, 1918-1927.

Hsu, L., Woody, S. R., Lee, H. J., Peng, Y., Zhou, X., & Ryder, A. G.(2012). Social anxiety among East Asians in North America: East Asian socialization or the challenge of acculturation? *Cultural Diversity and Ethnic Minority Psychology*, 18, 181-191.

Huang, V., Peck, K., Mallya, S., Lupien, S. J., & Fiocco, A. J.(2016). Subjective sleep quality as a possible mediator in the relationship between personality traits and depressive symptoms in middle-aged adults. *Plos One*, 11, 1-18.

Humphreys, L. G., & Fleishman, A.(1974). Pseudo-orthogonal and other analysis of variance designs involving individual-differences variables. *Journal of Educational Psychology*, 66, 464-472.

Hunter, J. E., & Schmidt, F. L.(1990). Dichotomization of continuous variables: The implications for meta-analysis. *Journal of Applied Psychology*, 75, 334-349.

Hutchinson, P. T.(2003). Dichotomization and manipulation of numbers. *Canadian Journal of Psychiatry*, 48, 429-430.

Iacobucci, D., Saldanha, N., & Deng, X.(2007). A mediation on mediation: Evidence that structural equation models perform better than regressions. *Journal of Consumer Psychology*, 17, 140-154.

Irwin, J. R., & McClelland, G. H.(2002). Negative consequences of dichotomizing continuous predictor variables. *Journal of Marketing Research*, 40, 366-371.

Jaccard, J., & Turrisi, R.(2003). *Interaction effects in multiple regression*(2nd ed.). Thousand Oaks, CA: Sage Publications.

James, L. R., & Brett, J. M.(1984). Mediators, moderators, and tests for mediation. *Journal of Applied Psychology*, 69, 307-321.

Johnson, P. O., & Fey, L. C.(1950). The Johnson-Neyman technique, its theory and application. *Psychometrika*, 15, 349-367.

Johnson, P. O., & Neyman, J.(1936). Tests of certain linear hypotheses and their application to some educational problems. *Statistical Research Memoirs*, 1, 57-93.

Jones, D. A., Willness, C. R., & Madey, S.(2014). Why are job seekers attracted by corporate social performance? Experimental and field tests of three signal-based mechanisms. *Academy of Management Journal*, 57, 383-404.

Judd, C. M., & Kenny, D. A.(1981). Process analysis: Estimating mediation in treatment evaluations. *Evaluation Review*, 5, 602-619.

Judd, C. M., Kenny, D. A., & McClelland, G. H.(2001). Estimating and testing mediation and moderation in within-subjects designs. *Psychological Methods*, 6, 115-134.

Kalyanaraman, S., & Sundar, S. S.(2006). The psychological appeal of personalized content in web portals: Does customization affect attitudes and behavior? *Journal of Communication*, 31, 254-270.

Kam, C. D., & Franzese, R. J.(2007). *Modeling and interpreting interactive hypotheses in regression analysis*. Ann Arbor, MI: University of Michigan Press.

Kan, C., Lichtenstein, D. R., Grant, S. J., & Janiszwski, C.(2014). Strengthening the influence of advertised reference prices through information priming. *Journal Consumer Research*, 40, 1078-1096.

Kenny, D. A., & Judd, C. M.(2014). Power anomalies in testing mediation. *Psychological Science*, 25, 334-339.

Kirby, A., Jones, C., & Copello, A.(2014). The impact of massively multiplayer online role playing games MMORPGs on psychological well being and the role of play motivations and problematic use. *International Journal of Mental Health Addiction*, 12, 36-51.

Kraemer, H. C.(2011). Discovering, comparing, and combining moderators of treatment on outcome after randomized clinical trials: A parametric approach. *Statistics in Medicine*, 32, 1964-1973.

Kraemer, H. C., Kiernan, M., Essex, M., & Kupfer, D. J.(2008). How and why criteria defining moderators and mediators differ between the Baron and Kenny & MacArthur approaches. *Health Psychology*, 27, S101-S108.

Kraemer, H. C., Wilson, G. T., Fairburn, C. G., & Agras, W. S.(2002). Mediators and moderators of treatment effects in randomized clinical trials. *Archives of General Psychiatry*, 59, 877-883.

Laran, J., Dalton, A. N., & Andrade, E. B.(2011). The curious case of behavioral backlash: Why brands produce priming effects and slogans produce reverse priming effects. *Journal of Consumer Research*, 37, 999-1014.

LeBreton, J. M., Wu, J., & Bing, M. N.(2009). The truth(s) on testing for mediation in the social and organizational sciences. In C. E. Lance & R. J. Vanderberg(Eds.), *Statistical and methodological myths and urban legends*(pp. 107-141). New York: Routledge.

Lecheler, S., Bos, L., & Vliegenthart, R.(2015). The mediating role of emotions: News framing effects on opinions about immigration. *Journalism and Mass Communication Quarterly*, 92, 812-838.

Lemmer, G., & Gollwitzer, M.(2017). The "true" indirect effect won't (always) stand up: When and why reverse mediation testing fails. *Journal of Experimental Social Psychology*, 69, 144-149.

Leone, L., & Chirumbolo, A.(2008). Conservatism as motivated avoidance of affect: Need for affect scales predict conservatism measures. *Journal of Research in Personality*, 42, 755-762.

Li, A., Shaffer, J., & Bagger, J.(2016). Supporting the professional learning of teachers in China: Does principal leadership make a difference? *Teaching and Teacher Education*, 59, 79-91.

Long, J. S.(1977). *Regression models for categorical and limited dependent variables*. Thousand Oaks, CA: Sage Publications.

Long, J. S., & Ervin, L. H.(2000). Using heteroscedasticity-consistent standard errors in the linear regression model. *The American Statistician*, 54, 217-224.

Lunneborg, C. E.(2000). *Data analysis by resampling*. Pacific Grove, CA: Duxbury.

Ma, Z., & Zeng, W.(2014). A multiple mediator model: Power analysis based on Monte

Carlo simulation. *Americal Journal of Applied Psychology*, 3, 72-79.

MacCallum, R. C.(2003). Working with imperfect models. *Multivariate Behavioral Research*, 38, 113-139.

MacCallum, R. C., Zhang, S., Preacher, K. J., & Rucker, D. D.(2002). On the practice of dichotomization of quantitative variables. *Psychological Methods*, 7, 19-40.

MacKinnon, D. P.(2000). Contrasts in multiple mediator models. In J. Rose, L. Chassin, C. C. Presson, & S. J. Sherman(Eds.), *Multivariate applications in substance use and research: New methods for new questions*(pp. 141-160). Mahwah, NJ: Lawrence Erlbaum Associates.

MacKinnon, D. P.(2008). *Introduction to Statistical Mediation Analysis*. New York: Routledge.

MacKinnon, D. P., Fritz, M. S., Williams, J., & Lockwood, C. M.(2007). Distribution of the product confidence limits for the indirect effect: Program PRODCLIN. *Behavior Research Methods*, 39, 384-389.

MacKinnon, D. P., Lockwood, C. M., Hoffman, J. M., & West, S. G.(2002). A comparison of methods to test the significance of the mediated effect. *Psychological Methods*, 7, 83-104.

MacKinnon, D. P., Lockwood, C. M., & Williams, J.(2004). Confidence limits for the indirect effect: Distribution of the product and resampling methods. *Multivariate Behavioral Research*, 39, 99-128.

MacKinnon, D. P., Warsi, G., & Dwyer, J. H.(1995). A simulation study of mediated effect measures. *Multivariate Behavioral Research*, 30, 41-62.

MacNeil, G., Kosberg, J. I., Durkin, D. W., Dooley, W. K., DeCoster, J., & Williamson, G. M.(2010). Caregiver mental health and potentially caregiving behavior: The central role of caregiver anger. *The Gerontologist*, 50, 76-86.

Maxwell, S. E., & Delaney, H. D.(1993). Bivariate median splits and spurious statistical significance. *Psychological Bulletin*, 113, 181-190.

Merino, H., Senra, C., & Ferreiro, F.(2016). Worry- and rumination-specific pathways linking neuroticism and symptoms of anxiety and depression in patients with generalized anxiety disorder, major depressive disorder, and mixed anxiety-depressive disorder. *Plos One*, 11, 1-14.

Montoya, A. K.(2016). Extending the Johnson-Neyman procedure to categorical independent variables: Mathematical derivations and computational tools. Unpublished master's thesis, The Ohio State University.

Montoya, A. K., & Hayes, A. F.(2017). Two condition within-participant statistical mediation analysis: A path-analytic framework. *Psychological Methods*, 22, 6-27.

Mooney, C. Z., & Duval, R. D.(1993). *Bootstrapping: A nonparametric approach to statistical inference*. Newbury Park, CA: Sage Publications.

Morgan-Lopez, A., & MacKinnon, D. P.(2006). Demonstration and evaluation of a method for assessing mediated moderation. *Behavior Research Methods*, 38, 77-89.

Muller, D., Judd, C. M., & Yzerbyt, V. Y.(2005). When moderation is mediated and mediation is moderated. *Journal of Personality and Social Psychology*, 89, 852-863.

Napier, J. L., & Jost, J. T.(2008). Why are conservatives happier than liberals? *Psychological Science*, 19, 565-572.

Newsom, J. T., Prigerson, H. G., Schultz, R., & Reynolds, C. F.(2003). Investigating moderator hypotheses in aging research: Statistical, methodological, and conceptual difficulties with comparing separate regressions. *International Journal of Aging and Human Development*, 57, 119-150.

Nir, L., & Druckman, J. N.(2008). Campaign-mixed message flows and timing of vote decision. *International Journal of Public Opinion Research*, 20, 326-346.

O'Keefe, D. J., & Jensen, J. D.(1997). The relative persuasiveness of gain-framed and loss-framed messages for encouraging disease prevention behaviors: A meta-analysis. *Journal of Health Communication*, 12, 623-644.

Osberg, T. M., Billingsley, K., Eggert, M., & Insana, M.(2012). From animal house to old school: A multiple mediation analysis of the association between college drinking movie exposure and freshman drinking and its consequences. *Addictive Behaviors*, 37, 922-930.

Parade, S. H., Leerkes, E. M., & Blankson, A. N.(2010). Attachment to parents, social anxiety, and close relationships of female students over the transition to college. *Journal of Youth and Adolescence*, 39, 127-137.

Pek, J., & Hoyle, R. H.(2016). On the (in)validity of test of simple mediation: Threats and solutions. *Social and Personality Psychology Compass*, 10, 150-163.

Pitts, B. L., & Safer, M. A.(2016). Retrospective appraisals mediate the effects of combat experiences on PTS and depression symptoms in U.S. Army medics. *Journal of Traumatic Stress*, 29, 65-71.

Pollack, J. M., VanEpps, E. M., & Hayes, A. F.(2012). The moderating effect of social ties on entrepreneurs' depressed affective and withdrawal intentions in response to economic stress. *Journal of Organizational Behavior*, 33, 789-810.

Popan, J. R., Kenworthy, J. B., Frame, M. C., Lyons, P. A., & Snuggs, S. J.(2010). Political groups in contact: The role of attributions for outgroup attitudes in reducing antipathy. *European Journal of Social Psychology*, 40, 86-104.

Preacher, K. J., Curran, P. J., & Bauer, D. J.(2006). Computational tools for probing interactions in multiple linear regression, multilevel modeling, and latent curve analysis. *Journal of Educational and Behavioral Statistics*, 31, 437-448.

Preacher, K. J., & Hayes, A. F.(2008). Asymptotic and resampling strategies for assessing and comparing indirect effects in multiple mediator models. *Behavior Research Methods*, 40, 879-891.

Preacher, K. J., & Kelly, K.(2011). Effect size measures for mediation models: Quantitative strategies for communicating indirect effects. *Psychological Methods*, 16, 93-115.

Preacher, K. J., Rucker, D. D., & Hayes, A. F.(2007). Assessing moderated mediation hypotheses: Theory, methods, and prescriptions. *Multivariate Behavioral Research*, 42, 185-227.

Preacher, K. J., Rucker, D. D., MacCallum, R. C., & Nicewander, W. A.(2005). Use of the extreme groups approach: A critical reexamination and new recommendations. *Psychological Methods*, 10, 178-192.

Preacher, K. J., & Selig, J. P.(2012). Advantages of Monte Carlo confidence intervals for indirect effects. *Communication Methods and Measures*, 6, 77-98.

Rees, T., & Freeman, P.(2009). Social support moderates the relationship between stressors and task performance through self-efficacy. *Journal of Social and Clinical Psychology*, 28, 244-263.

Robinson, E., & Sutin, A. R.(2017). Parent's perceptions of their children as overweight and children's weight concerns and weight gain. *Psychological Science*, 28, 320-329.

Rodgers, J. L.(1999). The bootstrap, the jackknife, and the randomization test: A sampling taxonomy. *Multivariate Behavioral Research*, 34, 441-456.

Rogosa, D.(1980). Comparing nonparallel regression lines. *Psychological Bulletin*, 88, 307-321.

Royston, P., Altman, D. G., & Sauerbrei, W.(2006). Dichotomizing continuous predictors in multiple regression: A bad idea. *Statistics in Medicine*, 25, 127-141.

Rucker, D. D., McShane, B. B., & Preacher, K. J.(2015). A researcher's guide to regression, discretization, and median splits of continuous variables. *Journal of Consumer Psychology*, 25, 666-678.

Rucker, D. D., Preacher, K. J., Tormala, Z. L., & Petty, R. E.(2011). Mediation analysis in social psychology: Current practice and new recommendations. *Personality and Social*

Psychology Compass, 5/6, 359-371.

Saunders, D. R.(1956). Moderator variables in prediction. *Educational and Psychological Measurement*, 16, 209-222.

Schrift, R. Y., & Moty, A.(2015). Pain and preferences: Observed decisional conflict and the convergence of preferences. *Journal of Consumer Research*, 42, 515-534.

Sedney, M. A.(1981). Comments on median split procedures for scoring androgyny measures. *Sex Roles*, 7, 217-222.

Selig, J. P., & Preacher, K. J.(2009). Mediation models for longitudinal data in developmental research. *Research in Human Development*, 6, 144-164.

Sheih, G.(2011). Clarifying the role of mean centering in multicollinearity of interaction effects. *British Journal of Mathematical and Statistical Psychology*, 64, 462-477.

Shrout, P. E., & Bolger, N.(2002). Mediation in experimental and nonexperimental studies: New procedures and recommendations. *Psychological Methods*, 7, 422-445.

Shrum, L. J., Lee, J., Burroughs, J. E., & Rindfleisch, A.(2011). An online process model of second-order cultivation effects: How television cultivates materialism and its consequences. *Human Communication Research*, 37, 34-57.

Sobel, M. E.(1982). Asymptotic confidence intervals for indirect effects in structural equation models. In S. Leinhart(Ed.), *Sociological methodology*(pp. 290-312). San Francisco, CA: Jossey-Bass.

Spiller, S. A., Fitzsimons, G. J., Lynch, J. G., & McClelleand, G. H.(2013). Spotlights, floodlights, and the magic number zero: Simple effects tests in moderated regression. *Journal of Marketing Research*, 50, 277-288.

Stone, C. A., & Sobel, M. E.(1990). The robustness of total indirect effects in covariance structure models estimated with maximum likelihood. *Psychometrika*, 55, 337-352.

Streiner, D. L.(2002). Breaking up is hard to do: The heartbreak of dichotomizing continuous data. *Canadian Journal of Psychiatry*, 47, 262-266.

Tal-Or, N., Cohen, J., Tsfati, Y., & Gunther, A. C.(2010). Testing causal direction in the influence of presumed media influence. *Communication Research*, 37, 801-824.

Taylor, A. B., MacKinnon, D. P., & Tein, J-Y.(2008). Tests of the three-path mediated effect. *Organizational Research Methods*, 11, 241-269.

Teixeira, P. J., Silva, M. N., Coutinho, S. R., Palmeira, A. L., Mata, J., Vieira, P. N., et al.(2010). Mediators of weight loss and weight loss maintenance in middle-aged women. *Obesity*, 18, 725-735.

Ter Hoeven, C. L., Van Vianen, W., & Fonner, K. L.(2016). The practical paradox of technology: The influence of communication technology use on employee burnout and engagement. *Communication Monographs*, 83, 239-263.

Usborne, E., & Taylor, D. M.(2010). The role of cultural identity clarity for self-concept clarity, self-esteem, and subjective well-being. *Personality and Social Psychology Bulletin*, 36, 883-897.

Valente, M. J., & MacKinnon, D. P.(2017). Models of change to estimate the mediated effect in the pretest-posttest control group design. *Structural Equation Modeling*, 24, 428-450.

Valeri, L., & VanderWeele, T. J.(2013). Mediation analysis allowing for exposure-mediator interactions and causal interpretation: Theoretical assumptions and implementation with SAS and SPSS macros. *Psychological Methods*, 18, 137-150.

Vargha, A., Rudas, T., & Maxwell, S. E.(2011). Dichotomization, partial correlation, and conditional independence. *Journal of Educational and Behavioral Statistics*, 58, 264-282.

Vigil, J. M.(2010). Political leanings vary with facial expression processing, and psychological functioning. *Group Processes and Intergroup Relations*, 13, 547-558.

Von Hippel, C., Issa, M., Ma, R., & Stokes, A.(2011). Stereotype threat: Antecedents and consequences for working women. *European Journal of Social Psychology*, 41, 151-161.

Walsh, L. A., Stock, M. L., Peterson, L. M., & Gerrard, M.(2014). Women's sun protection cognitions in response to UV photography: The role of age, cognition and affect. *Journal of Behavioral Medicine*, 37, 553-563.

Wang, L., & Preacher, K. J.(2015). Moderated mediation using Bayesian methods. *Structural Equation Modeling*, 22, 249-263.

Weikamp, J. G., & Göritz, A. S.(2016). Organizational citizenship behavior and job satisfaction: The impact of occupational future time perspective. *Human Relations*, 69, 2091-2115.

Weiss, J. A., & Burnham, R. P.(2015). Thriving in youth with autism spectrum disorder in intellectual disability. *Journal of Autism and Developmental Disorders*, 45, 2474-2486.

Wen, Z., & Fan, X.(2015). Monotonicity of effect sizes: Questioning kappa-squared as a mediation effect size measure. *Psychological Methods*, 20, 193-203.

Whisman, M. A., & McClelland, G. H.(2005). Designing, testing, and interpreting interactions and moderator effects in family research. *Journal of Family Psychology*, 19, 111-120.

Williams, J., & MacKinnon, D. P.(2008). Resampling and distribution of the product methods for testing indirect effect in complex models. *Structural Equation Modeling*, 15, 23-51.

Wood, M.(2005). Bootstrapped confidence intervals as an approach to statistical inference.

Organizational Research Methods, 8, 454-470.

Yuan, Y., & MacKinnon, D. P.(2009). Bayesian mediation analysis. *Psychological Methods*, 14, 301-322.

Yzerbyt, V., Muller, D., Batailler, C., & Judd, C. M.(2018). New recommendations for testing indirect effects in mediational models: The need to report and test component paths. *Journal of Personality and Social Psychology*, 115, 929-943.

Zhang, Z.(2014). Monte Carlo based statistical power analysis for mediation models: Methods and software. *Behavior Research Methods*, 46, 1184-1198.

Zhao, X., Lynch, J. G., & Chen, Q.(2010). Reconsidering Baron and Kenny: Myths and truths about mediation analysis. *Journal of Consumer Research*, 37, 197-206.

찾아보기

저자 약력

이 형 권

연세대학교 상경대학 응용통계학과(경제학사)
연세대학교 대학원 경영학과(경영학 석사/박사)
현, 세명대학교 글로벌경영학부 교수

[저서]

PROCESS macro를 이용한 매개분석 · 조절분석 및 조절된 매개분석(신영사, 2015)
Mplus를 이용한 매개효과와 조절효과 및 조절된 매개효과 분석(신영사, 2018)

[주요 논문]

종업원들의 우호성이 심층행동과 직무만족에 미치는 영향: 감성지능과 사회적 지원의 조절된 조절된 매개효과(관광연구)

Challenge Stressors, Work Engagement, and Affective Commitment among Chinese Public Servants(Public Personnel Management) 외 다수

E-mail : processmacro@naver.com

[제2판] PROCESS macro를 이용한 **조절된 매개효과분석**

2020년 12월 15일 제1판 1쇄 발행
2024년 1월 10일 제2판 1쇄 인쇄
2024년 1월 20일 제2판 1쇄 발행

저 자 이 형 권
발 행 인 권 영 섭
발 행 처 (주)**신 영 사**

경기도 파주시 심학산로 12(출판문화단지)
등 록 : 1988. 5. 2 / 제406-1988-000020호
전 화 : 031-946-2894(代)
F A X : 031-946-0799
e - mail : sys28945@naver.com
홈페이지 : http://www.shinyoungsa.co.kr

(주)신영사

정가 **47,000**원

ISBN 978-89-5501-838-7